༄། །སྐྱབས་རྗེ་སྔེ་ཁྲི་རིན་པོ་ཆེ་སྐུ་འཕྲེང་རིམ་བྱོན་གྱི་རྣམ་ཐར་བཞུགས་སོ། །

ཚ་རིས་སྐལ་བཟང་ཐོགས་མེད་ཀྱིས་སྒྲིག་རྩོམ་བྱས།

ཀྲུང་གོའི་བོད་རིག་པ་དཔེ་སྐྲུན་ཁང་།

དཀར་ཆག

༄༅། །དུས་གསུམ་སངས་རྒྱས་ཐམས་ཅད་ཀྱི་ངོ་བོ་རིགས་དང་དཀྱིལ་འཁོར་
རྒྱ་མཚོའི་མངའ་བདག་བཀའ་དྲིན་མཚུངས་མེད་སྐྱབས་རྗེ་སྡེ་ཁྲི་
རིན་པོ་ཆེ་སྐུ་འཕྲེང་རིམ་བྱོན་གྱི་རྣམ་ཐར་མདོར་བསྡུས་སུ་བཀོད་
པ་ས་གསུམ་མཛེས་པའི་རྒྱན་ཞེས་བྱ་བ་བཞུགས་སོ། །

ཚ་རིས་སྐལ་བཟང་ཐོགས་མེད་ཀྱིས་བརྩམས།

༄། །རྗེ་བཙུན་འཇམ་དབྱངས་གྲུབ་བསྟན་ཉི་མ་དཔལ་བཟང་པོའི་ཞལ་སྔ་ནས་ཀྱི་རྣམ་པར་ཐར་བ་གསང་གསུམ་བཀྲ་ཤིས་རྒྱན་གྱི་རི་མོ་ཞེས་བྱ་བ་བཞུགས་སོ། །

ཐུའུ་བཀྭན་བློ་བཟང་བཤད་སྒྲུབ་དབང་ཕྱུག་རྒྱ་མཚོས་བརྩམས།

སྒྲེང་གཞི།

༄། །ཀུན་ཁྱབ་ཤེས་བྱའི་མཐའ་ལ་རྗེས་འགྲོ་ཀུན་གཟིགས་ཡེ་ཤེས་མེ་ལོང་ནང་། །ཀུན་བཟང་སྨྲ་མའི་བཀོད་པ་འབུམ་རྫོགས་ཀུན་ཏུ་དགའ་བའི་རོལ་བ་ཅན། །ཀུན་རྨོངས་དྲི་མ་ཟད་པར་སྤངས་པའི་ཀུན་སྣང་འོད་གསལ་དག་པའི་དཔྱིད། །ཀུན་མཁྱེན་བླ་མ་འཇམ་དཔལ་དབྱངས་ཀྱིས་ཀུན་འབྱེད་ཤེས་རབ་སྒོ་ཕྱེ་ཞིག །བློ་བཟང་མཁྱེན་པས་བདེན་གཉིས་དོན་གཟིགས་པ། །འཇམ་པའི་དབྱངས་ལས་ལྷག་པར་ཁྱད་ཞུགས་ཚེ། །རྒྱལ་ཀུན་བཞད་པའི་གྲགས་པ་རབ་སྙན་པ། །དགེ་ལྡན་བསྟན་པའི་ཉི་ཟླ་ཟུང་གཅིག་རྒྱལ། །འཇིགས་མེད་སྟོབས་བཅུའི་དབང་པོའི་གསང་གསུམ་འཕྲུལ། །འགྲོ་ཁམས་རྒྱ་མཚོར་འཕྲོ་བའི་ཡབ་སྲས་ཀུན། །བསྟན་པའི་སྒྲོན་མེའི་དཔལ་དུ་རིམ་ཤར་ཀྱང་། །རོ་གཅིག་ངེས་པ་རྙེད་པས་ཕྱག་བགྱིའོ། །བདེ་གཤེགས་འཕྲིན་ལས་ནམ་མཁའ་དང་མཉམ་པ། །གསང་གསུམ་མི་ཟད་རྒྱན་གྱི་འཁོར་ལོའི་བདག །ངུར་སྨྲིག་རྒྱལ་མཚན་རྡོ་རྗེ་འཛིན་པའི་གཙོའི། །གར་བསྒྱུར་གྲུབ་པའི་དཔའ་བོར་སྙིང་ནས་གུས། །མཐུ་སྟོབས་ནུས་པའི་ཕུང་པོར་ཡོངས་གྲུབ་པའི། །གྲགས་པའི་སྒྲ་བརྒྱ་ཕྱོགས་སུ་སྒྲོགས་པ་ཅན། །ལྷ་སྲུགས་ཉིད་འཛིན་རྣལ་འབྱོར་དབང་ཕྱུག་ཆེ། །བློ་བཟང་དོན་ཀུན་གྲུབ་མཚན་རྣ་བར་སྙན། །སྲིད་དང་ཞི་བའི་ཁམས་ན་འཚལ་བའི་ངོ་མཚར་མཛེས་སྡུག་ལང་ཚོའི་དཔལ། །གཅིག་ཏུ་བསྒྲིལ་ཏེ་མིག་གི་བདུད་རྩིར་རྫོགས་བྱས་ཚངས་པའི་ན་ཆུང་མ། །པི་ཝང་རྟུང་ཞིང་སྙན་པའི་གླུ་ལེན་ངག་གི་འདོད་པ་འཇོ་བ་མོ། །ཁྱོད་ནི་བདག་གི་སྙིང་ལ་ཞུགས་ཏེ་སྨྲ་བའི་རྒྱལ་པོ་སྒྲུབ་པར་

མཛོད། །དུལ་ཞིང་ཞི་ལ་ཉེར་ཞི་འཇམ་པའི་དཔལ་ལྡན་གང་གི་ཐུགས་ནི་འཁོར་འདས་ཀུན་གྱི་དབྱིངས་སུ་ཉེར་ཞུགས་བདེ་ཆེན་མཆོག་གི་རོལ་བ་ཅན། །བཅུ་ཕྲག་དྲུག་ལ་བཞིས་ལྷག་ཚངས་དབྱངས་གསུང་གིས་འཁོར་བ་སྲིད་དུ་རྒྱུན་ཆགས་སྣ་ཚོགས་སྐད་ཀྱི་དབྱེ་བས་ཐུབ་པའི་ལམ་མཆོག་འདོམས་མཛད་པ། །ངོ་བོ་གཅིག་ལ་ལྡོག་ཆས་ཕྱེ་བའི་བཀོད་པ་འབྱམས་ཀླས་ཟུང་འཇུག་སྐུ་ནི་ཅིར་ཡང་འཆར་ལས་དགེ་སྦྱོང་ཆེན་པོའི་གཟུགས་འཆང་དྲང་སྲོང་ཆེ། །བདེར་གཤེགས་བསྟན་པའི་ཚལ་འདིར་རྒྱལ་པའི་ཉི་མ་གཉིས་པ་ལྟར་གྱུར་ཁྱབ་བདག་བླ་མ་མཆོག་གི་ཞབས་པད་གཙུག་གི་ནོར་བུ་བཞིན་དུ་བསྟེན། །དཔྱིད་ཐིག་འདུ་འཕྲོད་བརྟན་པའི་བདེ་ཆེན་ཕཱིཾ། །སྣ་ཚོགས་ལྷ་མོའི་རང་བཞིན་སྟོང་ཆེན་ཨེར། །མཉམ་སྦྱོར་ཀཱ་ལ་ཙཀྲ་གཟུགས་གཞན་དུ། །སྟོན་པའི་འཕྲུལ་བོ་ཆེ་འདི་སུ་ཡིས་བྱས། །དེ་ཕྱིར་ཁམས་གསུམ་ས་ལས་རབ་འདས་རྣམ་གྲོལ་མཆོག་གི་མཁར་འཕགས་ཤིང་། །ཞིན་པའི་གནས་མེད་འགྲོ་ལ་ཕྱི་ཕྱིར་མཆོག་ཏུ་བརྩེ་བའི་ལྷིང་འཁོར་མཁན། །གསང་བ་བསམ་གྱིས་མི་ཁྱབ་བཀོད་པ་འབྱམས་སུ་ཀླས་པའི་སྒྱུ་འཕྲུལ་གྱིས། །དཔག་ཡས་སྨིན་ཅིང་གྲོལ་བར་མཛད་གང་སོ་སོ་རང་གིས་རིག་བྱའི་ཡུལ། །གྲགས་པ་ཐུན་མོང་ཉིད་གྱུར་སྐྱེས་པའི་རབས། །དོ་ཤལ་རགས་པར་བསྟར་པའི་འཕྲེང་རྒྱུད་ཀྱང་། །བདག་ལྟའི་ཚིག་གིས་མཚོན་པའི་ཡུལ་མིན་ན། །རྟོགས་པ་བརྗོད་པ་འགལ་འདུའི་གནས་ལུགས་ཀྱང་། །བློ་གྲོས་ཆུང་དུའི་ཁབ་མིག་སྤྱོད་ཡུལ་དུ། །སྙིས་ཀྱིས་ཆུང་པའི་གང་གི་རྣམ་ཐར་འགའ། །རང་བཞིན་དྲང་པོའི་ལུགས་སུ་བརྗོད་པ་ལ། །སེམས་དང་ལྡན་པ་སུ་ཞིག་སྙན་ཀ་འཚོལ། །གསང་བ་ནམ་མཁའི་མཐའ་དང་མཉམ་བརྡལ་པའི། །བཀོད་པའི་རྒྱ་མཚོའི་ཤས་ཀྱི་ཐིགས་པ་ཅམ། །རང་གཞན་དད་པའི་བཅས་སུ་སྤེལ་བས་ཀྱང་། །རླབས་ཆེན་བསོད་ནམས་སྣུད་པས་ཡིད་རབ་དྭངས། །འདི་ན་ཐ་མལ་རྣམ་པས་རྒྱལ་བའི་བསྟན། །བཤད་

སྒྲུབ་རྣམ་པར་དག་པའི་ཉམས་བཞེས་ཀྱིས། །བསྟན་འཛིན་ཀུན་གྱི་བླ་མར་གྱུར་པའི་ཚུལ། །དོན་ལྡན་གཏམ་གྱི་སྦྱོར་བ་སྤེལ་ལ་སྒྲོ། །དངོས་གྲུབ་རྩ་བ་སློབ་དཔོན་ཉག་གཅིག་ཏུ། །བསླུ་མེད་ཚད་མའི་གཏམ་ལས་ངེས་འདྲོངས་པས། །ཁྱོད་ཀྱི་རྟོགས་པ་བརྗོད་པའི་སྐབས་རྙེད་པ། །རང་གི་སྐལ་བར་བྱིན་གྱིས་རླབས་པར་ངེས། །སྣང་མེད་ལམ་དུ་འཁྲུམས་པར་མཛད་པའི་གཉེན། །གཞན་ཕན་བདུད་རྩིར་འཛག་པ་མཚོ་ལས་སྐྱེ། །ས་སྟེང་དག་བྱེད་སྣང་བའི་ཐིག་ལེ་གསར། །རྒྱུད་མུན་ཁྱུར་གྱིས་མིད་ལ་རིངས་པ་བཞིན། །ལུང་དང་རྟོགས་པའི་ཡོན་ཏན་ཆུ་ཁུར་གྱི། །ཕྱིད་བྲལ་ཆོས་རྫུའི་སྒྲོག་གི་དྲ་བ་ཅན། །ཆེར་སྙོམས་སྟོང་བའི་སྒྲ་བརྒྱ་ལྡིར་བ་ཡི། །ཟང་ཟིང་སྤྲིན་གྱི་འདུ་འགོད་གཡོ་དེ་མིན། །སྲིད་ལས་ངེས་པར་འབྱུང་བའི་རྩ་བ་དང་། །འགྲོ་ལ་གྲིབ་ཏུ་བསིལ་བའི་ཡལ་ག་ཅན། །ཟུང་འཇུག་སྒྱུ་འཕྲུལ་དྲ་བའི་འབྲས་སྨིན་པ། །དཔག་བསམ་ཤིང་གི་ངོ་མཚར་འདི་ལ་ལྟོས། །ཅལ་གྱིས་འགྲོགས་པའི་རི་བོང་བཞིན། །འུད་ཀྱི་རྗེས་སུ་འབྲང་བ་མིན། །རྒྱུ་མཚན་ཤེས་ནས་དད་པའི་བློ། །ཐོབ་པའི་གྲི་བ་གཟེངས་སུ་མཐོ། །སྟོན་གནམ་དག་པའི་མེ་ལོང་ངོས། །རྒྱུ་སྐར་དོ་ཤལ་བཀྲ་བ་བཞིན། །མཛད་པའི་རི་མོ་མ་འདྲིས་པར། །གསལ་བར་འཆར་འདི་རྨད་དུ་བྱུང་། །དཔལ་གྱི་དུམ་བུ་ཀུན་དགའི་དྲི། །རིང་དུ་འཕྱོ་བའི་པད་དཀར་ཏེ། །ལྷར་སྣང་བཙོས་མའི་མེ་ཏོག་ལ། །འཕྱུ་བ་གསལ་བྱེད་མཚོན་པ་ཉིད། །ཆགས་པས་སྒྲོ་འདོགས་སྣང་བས་སྐྱུར་འདེབས་པའི། །རྩེ་གཉིས་འཁྱོག་པོར་གཡོ་བ་སྤྲུལ་གྱི་ལྕེ། །འཁྲུག་མེད་བདུད་རྩིའི་ཚབ་ཀྱིས་བརླན་པ་ཡི། །རོ་འཛིན་གར་གྱི་བུ་མོ་སྒྲོག་གི་ཟླ། །སྲིད་འཁོར་རྨི་ལམ་དགའ་སྟོན་ཕྲ་མོས་ཀྱང་། །འཇིག་རྟེན་ཀུན་དགར་བྱེད་འགྱུར་འདི་ལྟ་ན། །བྱང་ཆུབ་མཐའི་གཏུགས་ཕན་བདེའི་སྙིང་པོ་ཅན། །བདག་ནི་ཅིའི་ཕྱིར་ཡོངས་སུ་བཟུང་མི་བྱེད། །ཀྱཻ་ཡེ་དབྱར་དུས་ཆུ་འཛིན་གསར་བའི་འཕྲེང་མཛེས་ལང་ལོང་དལ་གྱིས་

མཁའ་ལ་འཁྲིགས་པ་ན། །ཁ་དོག་འཇའ་ཚོན་ལྟ་བུར་སྣང་བའི་རྨ་བྱའི་ཚོགས་རྣམས་སྒྲོ་གདུགས་ཕུབ་སྟེ་གར་བྱེད་བཞིན། །ག་ན་དགེ་བའི་བཤེས་ཀྱིས་ཡོངས་བཟུང་བསྐལ་བ་བཟང་པོའི་འཇུག་ངོགས་བརྟེན་ལ་སྤྲོ་བ་དག །ང་ཡི་བླ་མ་མཆོག་དེའི་རྣམ་པར་ཐར་བར་གུས་པས་གཏམ་དུ་བསྟོད་ལ་དགའ་བར་གྱིས། །

ཇི་སྐད་དུ། རྒྱ་གར་གྱི་མཁས་པ་ཆེན་པོ་དཎྜིས། ཤིས་བརྗོད་ཕྱག་བྱ་དངོས་པོ་ནི། །ངེས་པར་བསྟན་པ་དེ་ཡི་སྒོ། ཞེས་གསུངས་པ་ལྟར། སྙན་ངག་རང་གཞུང་གི་འགྲོས་དང་མཐུན་པར། དབྱུ་རའི་རྒྱུད་ལས་ངེས་པར་དྲངས་པའི་ཚིགས་སུ་བཅད་པའི་དབྱངས་ཀྱིས་སྟོན་བསུས་ཏེ་གླེང་བར་བྱ་བ་ནི། སྟོན་པ་ཐུབ་པའི་དབང་པོས་ཆོས་ཀྱི་ཕུང་པོ་ཅི་སྙེད་ཅིག་བཀའ་བསྩལ་བ་ཐམས་ཅད་གདུལ་བྱའི་བསམ་པའི་སྒོ་ནས་ཆོས་ཕུང་བརྒྱད་ཁྲི་བཞི་སྟོང་དང་། དུས་ཀྱི་རིམ་པའམ། བརྗོད་བྱ་གཙོ་བོའི་སྒོ་ནས་འཁོར་ལོ་རིམ་པ་གསུམ། ཆེད་དུ་བྱ་བའི་གདུལ་བྱའི་དབང་གིས་ཐེག་པ་ཆེ་ཆུང་གི་སྡེ་སྣོད་གཉིས། བརྗོད་བྱ་སྣ་རེ་སྟོན་ཚུལ་གྱིས་གསུང་རབ་ཡན་ལག་དགུའམ་བཅུ་གཉིས་སོགས་སུ་གསུངས་པ་ལས། རྟོགས་བརྗོད་དང་དེ་ལྟ་བུ་བྱུང་བ་དང་སྐྱེས་རབས་གསུམ་ནི་རྣམ་ཐར་དང་ཆོས་འབྱུང་གི་ཁུངས་ཡིན་ལ། དེ་ལ་བརྟེན་ནས་སློབ་དཔོན་དཔའ་བོའི་སྐྱེས་རབས་སོ་བཞི་དང་། རྒྱལ་པོ་དགེ་དབང་གི་དཔག་བསམ་འཁྲི་ཤིང་སོགས་རྒྱ་གར་འཕགས་པའི་ཡུལ་དང་། བོད་ཁ་བ་ཅན་གྱི་ལྗོངས་སུའང་དམ་པའི་རྣམ་པར་ཐར་བ་བསྒྲིགས་པའི་སྲོལ་རྒྱ་ཆེར་དར་ཞིང་། བསྒྲིགས་ཚུལ་ཡང་སྙན་ངག་རང་གི་ལམ་སྲོལ་ལྟར་ཚིགས་བཅད་རྐྱང་བ་དང་ལྷུག་པ་རྐྱང་བ་དང་བཅད་ལྷུག་སྤེལ་མ་དང་གསུམ་ལས་ཤས་ཆེར་བཅད་ལྷུག་སྤེལ་མ་ཉིད་འབྱུང་ལ། དེ་ཡང་ཐ་སྙད་རིག་པའི་གནས་ཀྱི་སྲོལ་ཙམ་མ་ཡིན་པར་སྟོན་པ་རང་ཉིད་ཀྱིས་མདོ་སྡེ་བསྐལ་བ་བཟང་པོ་ལ་སོགས་པ་རྟོགས་བརྗོད་ཀྱི་རིགས་ཕལ་ཆེར་བཅད་ལྷུག་སྤེལ་

མའི་ལུགས་སུ་བཀའ་བསྒྲུལ་བ་ཉིད་ཁུངས་སུ་བྱས་པ་ཡིན་སྣང་ངོ་། །རྣམ་ཐར་གྱི་གཞུང་བསྲིང་ཚུལ་ལ་ཡང་མདོ་སྡེ་རྒྱན་ལས། གང་ཕྱིར་དང་པོར་ངེས་པར་བྱ་བ་འདི་དཀའ་སྟེ། །དེ་ནི་བསྐལ་བ་སྟོང་ཕྲག་དུ་མར་བསྒྲུབ་པར་དཀའ། །གང་ཕྱིར་གྲུབ་ན་སེམས་ཅན་ཕན་བྱེད་དོན་ཆེ་སྟེ། །ཞེས་པ་འདི་ལ་བརྟེན་ནས་དང་པོ་ཐུགས་བསྐྱེད་ཚུལ། བར་དུ་ཚོགས་བསགས་ཚུལ། མཐར་སངས་རྒྱས་ཚུལ་གསུམ་གྱི་སྒོ་ནས་གསུངས་པ་ནི་སྟོན་པ་སངས་རྒྱས་ཀྱི་རྣམ་ཐར་བརྗོད་ཚུལ་ཡིན་ལ། བསྟན་འཛིན་གྱི་སྐྱེས་བུའི་རྣམ་ཐར་ཡང། རྒྱན་ལས། འདི་ན་དང་པོར་ཐོས་ལ་བརྟེན་ནས་ཚུལ་བཞིན་ཡིད་ལ་བྱེད་པ་འབྱུང་། །ཚུལ་བཞིན་ཡིད་ལ་བྱེད་པ་ལས་ནི་ཡང་དག་དོན་ཡུལ་ཡེ་ཤེས་འབྱུང་། །ཞེས་དང་། རྒྱལ་ཚབ་དམ་པའི་མན་ངག་བཞིན་སློབ་དཔོན་དབྱིག་གི་གཉེན་པོས་ཀྱང་། ཚུལ་གནས་ཐོས་དང་བསམ་ལྡན་པས། །སྒོམ་པ་ལ་ནི་རབ་ཏུ་སྦྱོར། །ཞེས་དང་། དེ་འཛིན་བྱེད་པ་སྨྲ་བྱེད་དང་། །སྒྲུབ་པར་བྱེད་པ་པོ་ན་ཡིན། །ཞེས་སོགས་གསུངས་པ་ལ་བརྟེན་ནས་བསྒྲིགས་ཚུལ་མི་འདྲ་བ་མང་ཡང་། རྗེ་ཐམས་ཅད་མཁྱེན་པས་རྗེ་བོའི་རྣམ་ཐར་གསུང་པའི་ཚེ། རིགས་ཕུན་སུམ་ཚོགས་པར་སྐྱེ་བ་བཞེས་པའི་ཚུལ། རྟེན་དེ་ལ་ཡོན་ཏན་བརྙེས་པའི་ཚུལ། བརྙེས་ནས་བསྟན་པ་ལ་བྱ་བ་མཛད་པའི་ཚུལ་གསུམ་གྱི་སྒོ་ནས་འཆད་པར་མཛད་པ་ནི་ཁྱད་དུ་བྱུང་བར་འདུག་གོ། །དེ་ལྟར་རྣམ་ཐར་བསྒྲིགས་པའི་དགོས་པ་ནི། སྐྱེས་རབས་ལས། གྲགས་པའི་གཞིར་གྱུར་མཚན་མ་བཟང་པོ་འདི་རྣམས་ཀྱིས། །བདེ་བར་གཤེགས་པའི་ལམ་རྣམས་གང་ཡིན་བསྟན་པར་གྱུར། །ཞེས་སོགས་འབྱུང་བ་ལྟར། དམ་པའི་རྗེས་སུ་ཁ་མིག་ཡར་ལྟོས་ཀྱིས་སློབ་པ་ཞིག་བྱུང་ན་རང་གི་དགོས་དོན་མི་བསླུ་བས་རྣམ་ཐར་གྱི་སྒྲ་དོན་ཡང་འདི་ཡིན་ལ། མ་མཐའ་དམ་པའི་རྣམ་ཐར་གྱི་ཆ་རེ་ལ་དད་པ་ཙུང་ཟད་རེ་སྐྱེས་པས་ཀྱང་ཐར་བའི་ས་བོན་ཁྱད་པར་ཅན་འཛོག་པར་འགྱུར་བས་ན་ཚུལ་

འདི་ངེས་པར་བྱ་བ་ཞིག་ཤིན་ཏུ་གལ་ཆེའོ། །དེས་ན་འདིར་བདག་ཅག་གི་དཔལ་ལྡན་བླ་མ་དམ་པ། ཚུལ་ཁྲིམས་རྣམ་པར་དག་ཅིང་གནས་པ་ལ་ཕན་འདོགས་པ་སོགས་ཆོས་འདུལ་བ་ལས་གསུངས་པའི་མཁན་སློབ་ཀྱི་མཚན་ཉིད་ཐམས་ཅད་ཡོངས་སུ་རྫོགས་པའི་གནས་བརྟན་འདུལ་བ་འཛིན་པ་ཆེན་པོ། སྡེ་སྣོད་རིན་པོ་ཆེ་གསུམ་ལ་མང་དུ་ཐོས་པ་དང་། དུལ་བ་དང་ཞི་བ་དང་ཉེ་བར་ཞི་བ་སྟེ་བསླབ་པ་རིན་པོ་ཆེ་གསུམ་གྱིས་ཐུགས་རྒྱུད་ལེགས་པར་ཕྱུག་པ་སོགས་ཐེག་པ་མཆོག་གི་དགེ་བའི་བཤེས་གཉེན་གྱི་མཚན་ཉིད་ཀུན་ནས་ཚང་བ། བདག་པས་གཞན་གཅེས་པའི་བྱང་ཆུབ་ཀྱི་སེམས་རིན་པོ་ཆེས་ཀུན་ནས་བསླངས་ཏེ་རྒྱལ་སྲས་ཀྱི་སྤྱོད་པ་རླབས་པོ་ཆེའི་ཕ་རོལ་ཏུ་ཕྱིན་པའི་སར་གནས་ཀྱི་དཔའ་བོ། རྒྱུད་སྡེ་གོང་འོག་གིས་དབྱེ་བའི་ཕྱི་དང་ནང་གི་དེ་ཉིད་ཉི་ཤུ་སོགས་རྡོ་རྗེ་སློབ་དཔོན་ཁྱད་པར་ཅན་གྱི་མཚན་ཉིད་ཐམས་ཅད་དང་ལྡན་ཞིང་། དབང་དང་དམ་ཚིག་མཚན་བཅས་མཚན་མེད་ལམ་རིམ་པ་གཉིས་སོགས་ལ་སྦྱངས་པ་མཐར་སོན་པའི་རྣལ་འབྱོར་གྱི་དབང་ཕྱུག ཁྱད་པར་དཔལ་དུས་ཀྱི་འཁོར་ལོའི་བཀའ་བབ་སྟེ་ཤར་རྒྱ་མཚོའི་མཐའི་བར་དུ་རྣམ་པར་དཀར་བའི་འཕྲིན་ལས་ཀྱིས་ཁྱབ་ཅིང་ལུང་དང་རྟོགས་པའི་ཡོན་ཏན་ཁོ་ནས་གཟི་བྱིན་གྱིས་མཁས་གྲུབ་ཀྱི་སྐྱེས་བུ་མ་ལུས་པའི་གཙུག་གི་ཅོད་པན་དུ་གྱུར་པ། བདག་གི་བཀའ་དྲིན་གསུམ་ལྡན་གྱི་རྗེ་རྡོ་རྗེ་འཛིན་པ་ཧེ་རུ་ཀཿདཔལ་དུས་ཞབས་པ་ཆེན་པོ་དོན་གྱི་སྣད་དུ་མཚན་ནས་སྨོས་ཏེ་རྡོ་བཙུན་འཇམ་དབྱངས་ཐུབ་བསྟན་ཉི་མ་དཔལ་བཟང་པོའམ་གསང་མཚན་རཏྣ་བཛྲ་ཞབས་ཀྱི་རྣམ་པར་ཐར་བ་འདུལ་བྱ་མཐུན་སྣང་དུ་གྲུབ་པ་ལས་ཉུང་ཤས་ཙམ་ཞིག་ཇི་ལྟར་དཀར་ལ་བསིལ་བའི་འོད་རླབས་བདུད་རྩིར་འཇོག་པའི་ཟླ་གཞོན་ཆུ་ཤེལ་ནོར་བུའི་དཀྱིལ་འཁོར་ནམ་མཁའི་མཐོངས་སུ་མངོན་པར་རྩེན་བཞིན་རྒྱུ་བ་ན། ཀུ་མུད་གསར་པའི་མེ་ཏོག་གི་ཕྲེང་བ་རྣམ་པར་རྒྱས་པའི་ཚོགས་རྣམས་རང་

ན་གནས་ཀྱང་མངོན་དུ་ཕྱོགས་པའི་མགོ་བོ་སྐྱོད་ཅིང་འདུད་པ་དང་འཛུམ་པའི་གེ་སར་གསལ་བར་སྟོན་ཅིང་འདབ་མའི་ཁ་ཡོངས་སུ་ཕྱེ་ནས་ཕྱོགས་དང་ཕྱོགས་མཚམས་རྣམས་སུ་རང་གི་ངོ་མཚར་ཅོ་འདྲི་བ་དང་ཚུལ་མཚུངས་པར་རང་གིས་ཀྱང་བླ་མའི་རྣམ་ཐར་ལ་རྗེས་སུ་མོས་པའི་འདུ་བྱེད་ཀྱིས་བསྐུལ་ཏེ། ལེགས་པར་སྤྱི་བོའི་ཚལ་དུ་ཟུམ་པའི་མཆོད་པ་སྟོན་དུ་འགྲོ་ཞིང་ལུས་ཀྱི་འཁྲི་ཤིང་ཉེ་བར་བཏུད་པ་དང་བཅས་དཔལ་ཀུན་ཏུ་བཟང་པོའི་སྨོན་ལམ་གྱི་སྟོབས་ལས་བྱུང་བའི་རབ་འབྱམས་རྒྱ་མཚོའི་སྤྲིན་གྱི་མཆོད་པའི་བཀོད་པ་ཡིད་ཀྱིས་མཚོན་པར་བྱས་པ་དང་ལྷན་ཅིག་ཏུ་ཆེད་དུ་བརྗོད་པའི་འཕྲེང་བ་ངག་གི་ལམ་དུ་སྤེལ་བ་ལ་ཞུགས་སོ། །

དེ་ཡང་བདག་ཉིད་ཆེན་པོ་འདི་ཉིད་དོན་གྱི་གནས་ཚོད་ལ། བླ་ན་མེད་པའི་ཡེ་ཤེས་ཀྱི་སྙིང་པོར་གཤེགས་ཤིང་མངོན་པར་བྱང་ཆུབ་སྟེ་གསང་བ་བསམ་གྱིས་མི་ཁྱབ་པར་མངའ་བརྙེས་པའི་ཚུལ་རྣམས་འཕགས་པ་ནང་པན་ཚུན་གྱི་སོ་སོ་རང་རིག་པའི་ཡེ་ཤེས་ཀྱི་སྤྱོད་ཡུལ་དུ་བཞག་ནས་སྐབས་སུ་བབས་པར་རང་ཅག་རྣམས་ཀྱི་བགོ་སྐལ་དུ་གྱུར་པའི་སྐུ་གསུང་ཐུགས་ཀྱི་མཛད་པའི་རིམ་པ་རགས་པ་ཙམ་ཞིག་སྟོན་པ་ལ་ཡང་། གུང་ཐང་འཇམ་པའི་དབྱངས་ཀྱི་ཞལ་ནས། སྒྲོ་བཏགས་ཆུ་བོ་གྱེན་དུ་གཏོར་ཡང་མཁའ་ལ་ཆགས་པའི་སྐབས་མ་མཆིས། །སྐུར་འདེབས་མེ་ལྕེ་ཐུར་དུ་ཕྱོགས་པས་རང་གི་དགེ་བའི་ཡན་ལག་བསྲེགས། །ཞེས་གསུངས་པ་ལྟར། ཡང་དག་པ་མ་ཡིན་པའི་སྒྲོ་སྐུར་གྱི་རྣམ་པར་རྟོག་པའི་མཐའ་གཉིས་བསལ་ཏེ་དབུ་མར་གནས་པའི་གཏམ་རང་བཞིན་དྲང་པོའི་ལུགས་སུ་བརྗོད་པར་བྱ་སྟེ། འདི་ལ་གཉིས། སྔོན་གྱི་སྐྱེས་པའི་རབས་དགོས་འབྲེལ་གྱི་དབང་གིས་མདོ་ཙམ་བརྗོད་པས་ཕྱིར་བསྟན་པ་དང་། སྐུ་དངོས་ཀྱི་རྟོགས་པ་བརྗོད་པ་བྱེ་བྲག་ཏུ་ཕྱེ་སྟེ་རྒྱས་པར་བཤད་པའོ། །

སྔོན་གྱི་སྐྱེས་པའི་རབས་དགོས་འབྲེལ་གྱི་དབང་གིས་
མདོ་ཙམ་བརྗོད་པས་ཕྱིར་བསྟན་པ།

དང་པོ་ནི། ཇི་སྐད་དུ། སྒྲོ་བཏགས་སྐྱེས་རབས་རྭ་བཅུའི་གདེངས་ཀ་ཅན། །ཆེ་མཐོའི་རྫ་རི་ཉུལ་བའི་ཤ་པོ་ལས། །སྐྱེས་སྤྲུངས་རིག་པའི་རྭ་རྩེ་རྣོན་པོ་ཅན། །གཞུང་ལུགས་ཐང་ལ་རྒྱུ་བའི་རྐོ་སྐྱ་བདེ། །ཞེས་གསུངས་པ་ལྟར། དེང་དུས་བླ་མ་ཞིག་གི་མིང་བཏགས་ཕྱིན་ཆད་སྐྱེ་བ་སྔོན་མའི་ལུང་རྟོགས་ཀྱི་ཡོན་ཏན་འབྲས་བུ་ད་ལྟ་བའི་རྟགས་ཀྱིས་རྒྱུ་སྔོན་དུ་སོང་བར་སྒྲུབ་རྒྱུ་སྣ་གཅིག་ཀྱང་སྣང་དུ་མི་རུང་བར། དུས་དང་ཚུལ་བསྟན་པ་ན་ལ་སྐྱབས་འགྲོ་བྱེད་བཞིན། སངས་རྒྱས་ནས་བཟུང་པཎ་གྲུབ་འགའ་གང་ཆེ་ཐམས་ཅད་འཁྲུངས་རབས་སུ་བགྲངས་ཏེ་རྒྱུ་འབྲས་གོ་ལོག་ནས་བསྟན་པའི་བདག་པོས་ལས་འབྲས་ཀྱི་རྣམ་བཞག་གསུངས་པ་རྫུན་དུ་གཏོང་བ་དག་ནི། ཛེ་ཧྲམ་བཛྲ་གྱིས། དེང་དུས་དམ་པའི་སྐྱེ་སྤྲུལ་འདི་དག་ནི། །སྟོན་སྤྲུངས་ཡོན་ཏན་སྙིགས་དུས་གཟུང་དཀའ་བར། །དགོངས་ཏེ་དག་ཞིང་བཙོལ་ནས་སྐུ་ཀྲུང་གིས། །ཕྱིན་པ་ཤ་སྟག་ཕྱིར་ན་ཐུགས་ལས་ཆུང་། །གསུངས་པ་ལས་མ་འདས་མོད། འདིར་ནི་ལུང་སྡེ་སྣོད་གསུམ་གྱི་བརྗོད་དོན། ལམ་བསླབ་གསུམ་གྱི་ཉམས་བཞེས་ཀྱི་སྒོ་ནས་ངེས་པ་དོན་གྱི་བསྟན་འཛིན་གྱི་སྐྱེས་བུའི་སྒྲ་དོན་མཐུན་དུ་འཇུག་པར་དངོས་སྟོབས་ཀྱི་རིགས་པས་འགྲུབ་ཅིང། འཁོར་ལོ་གསུམ་གྱི་མཛད་འཕྲིན་རླབས་པོ་ཆེ་གཞན་གྱིས་ལོ་ཟླ་མང་པོའི་བར་དུ་འབད་རྩོལ་གྱིས་བསྒྲུབ་ཀྱང་ཆ་ཤས་ཙམ་ཡང་མི་འགྲུབ་པ་དག་ཐུགས་ཀྱིས་བཞེད་པ་ཙམ་གྱིས་ལྷུན་གྱིས་འགྲུབ་པ་མཁས་བླུན་ཀུན་གྱིས་མངོན་སུམ་

དུ་གྲུབ་པས་ན་མ་མཐའ་ཡང་འབད་རྩོལ་རགས་པ་ཞི་བའི་དག་པའི་ས་ལ་གནས་པའི་རྒྱལ་སྲས་ཆེན་པོ་ཞིག་ཡིན་པར་ཞབས་པད་བརྟེན་པའི་རྣམ་དཔྱོད་ཅན་དག་གིས་གདོན་མི་ཟ་བར་ཤེས་སོད། ཨོན་ཀྱང་ཚུལ་འདི་ནི། རིག་པའི་དབང་ཕྱུག་གིས། གནས་གསུམ་པར་ནི་འཕོས་པ་ན། །ལུང་འདྲེན་པ་ནི་མཁས་པའི་ལུགས། །ཞེས་གསུངས་པ་ལྟར། དཔྱད་པ་གསུམ་གྱིས་དག་པའི་ལུང་ཁོ་ན་ལ་བརྟེན་ནས་ངེས་དགོས་སོ། །དེས་ན་མདོ་དབུས་ཐམས་ཅད་ལ་ཚད་མའི་སྐྱེས་བུ་འགྲུལ་མེད་དུ་གྲུབ་པ། རྗེ་བསྟན་པའི་སྒྲོལ་མེས། རབ་འབྱམས་རྒྱལ་བའི་གསང་གསུམ་འཕྲིན་ལས་ཀྱི། །ཆོས་མཛོད་སྙིང་པོ་ཟབ་མོ་རྡོ་རྗེ་ཐེག །འཛིན་སྐྱོང་སྤེལ་བའི་ཐུགས་བསྐྱེད་མཐུ་གྲུབ་པ། །རྡོ་རྗེ་འཛིན་པའི་གཙོ་ལ་གསོལ་བ་འདེབས། །ཞེས་དང་། རྗེ་དེ་ཉིད་ཀྱིས་མཛད་པའི་སྡེ་ཁན་རིན་པོ་ཆེའི་རྣམ་ཐར་གསང་ཆེན་ཆོས་ཀྱི་བརྡུགས་པའི་རོལ་མོར་ཡང་ལྷོ་བྲག་གྲུབ་ཆེན་གྱི་སྐུའི་སྐྱེ་བར་ལན་གཅིག་མ་ཡིན་པར་གསུངས་སོ། །མ་ཅིག་གི་ལུང་བསྟན་ལས། སྟོང་སྡེ་ངག་གི་དབང་ཕྱུག་དང་། གྲོལ་སྡེ་རྒྱལ་བའི་འབྱུང་གནས་གཉིས་ར་དང་ཁྲི་ཞེས་བྱ་བའི་ཡུལ་དུ་འབྱུང་ཞེས་ཀུན་མཁྱེན་བླ་མ་སྟོང་སྡེའི་སྐྱེ་བ་དང་། སྣང་རར་འཁྲུངས་རྒྱུ། སྡེ་ཁན་རིན་པོ་ཆེ་གྲོལ་སྡེའི་སྐྱེ་བ་དང་། ཁྲི་ཁར་འཁྲུངས་རྒྱུ་གསལ་བར་གསུངས་པ་བཞིན། སྟོན་གཏེར་ལུང་དུ་གཏེར་འདོན་སར་ཕེབས་སྐབས་ཡིག་ཆེན་ལམ་ཤར་གྱི་ལ་གཟིགས་ནས། ཀུན་མཁྱེན་གོང་མས། སྡེ་ཁན་ཚང་ལ་ཨ་མ་དང་རང་རེ་ཚོ་ལ་འདི་ལ་བུད་ནས་སོང་བ་རེད་ཨང་། ལམ་འདི་ཡིན་ཚོད་རེད་ཞེས་དངོས་སུ་གསུངས་པ་དང་། ཡང་ཧ་ཞིང་ཆོས་རྗེའི་སྐུའི་སྐྱེ་བར་རྗེ་འཇམ་དབྱངས་བཞད་པས་གསུངས་ཞེས་རྣམ་ཐར་དུ་འབྱུང་བ་ལྟར། ལྷོ་བྲག་ཕྱུག་རྫོར་བའི་འཁྲུངས་རབས་གྲུབ་ཆེན་རང་ཉིད་ཀྱི་གསུང་གཞིར་བཞག་ལ་ཧ་ཞིང་ཆོས་རྗེ་བསྟན་པའི་གསོལ་འདེབས་རྒྱལ་མཁན་ཆེན་གྲགས་པ་རྒྱལ་མཚན་པས་མཛད་

པ་དང་། གྲུབ་པའི་དབང་ཕྱུག་མཚན་སྒྲོགས་མཁན་ཆེན་འཇམ་དཔལ་བསྟན་པ་རབ་རྒྱས་ཀྱི་དག་སྣང་ལུང་བསྟན་ལས། ས་ཡོས་ཟླ་༦ཚེས་༡༤ལ། བུད་མེད་དམར་མོ་མེ་ལོང་འཛིན་པ་གཅིག་གིས་ནགས་གསེབ་ཏུ་ཁྲིད་སོང་བ་ཤིང་གི་ཡལ་ག་ཞིག་གི་སྟེང་དུ། རྗེ་བཙུན་འཇིགས་མེད་དབང་པོ་ཡིན་སྙམ་པའི་གཅེར་བུ་སྟག་ཤམ་ཅན། གཡས་ཤིང་ལོ་དང་གཡོན་ཁ་ཊཾ་བསྣམས་ནས་གྲུབ་ཆས་སུ་ཡོད་པས་འདི་སྐད་གསུངས། ཀྱེ་གསང་འཛིན་རྣམ་འཕྲུལ་སྒྱུ་མའི་གར། །བཟོད་མེད་ཚུ་ཟླའི་དཔེ་དང་མཚུངས། །རྟོག་ངོ་རིགས་གསུམ་སོ་སོ་ཡང་། །དག་ངོ་ངོ་བོ་ཐ་མི་དད། །ཐ་མལ་སྐྱེ་གྲངས་མི་རྟོགས་ན། །རྒྱལ་སྲས་སྤྲུལ་བ་བགྲངས་སྙམ་པ། །རྣལ་འབྱོར་ང་ནི་ཤིན་ཏུ་མཚར། །འོན་ཀྱང་སྐལ་ལྡན་འགའ་ཡི་ངོར། །རེ་གཉིས་བཟོད་ལ་འགལ་བ་ཅི། །ཡན་ལག་འབྱུང་བསྐྱེད་ཁྲིམ་བདག་རབ་ཏུ་བཟང་། །གྲུབ་ཐོབ་ཛ་ཡ་སེ་ན་དང་། །ཡོན་ཏན་འོད་སོགས་འཕགས་ཡུལ་པ། །ཁ་ཆེ་བལ་བོ་སོགས་སུ་འང་ཡོད། །བོད་དུ་བརྩོན་འགྲུས་གཡུང་དྲུང་དང་། །ཁོ་བོ་མི་ལ་རས་པའི་དུས། །ཁྲིའུ་ཆུང་རྡོ་རྗེ་གྲགས་ཀྱང་ཡིན། །ལྷ་ལུང་དཔལ་རྡོར་ཟེར་ཡང་ཆོག །དེ་ཙམ་པ་ལས་མཐའ་མི་ཆོད། །ད་ལྟ་རྒྱ་གར་ཨོ་རྒྱན་དང་། །བལ་བོ་ཁམས་དང་ཨ་མདོ་སྨད། །ཧོར་སོག་རྒྱ་ཡུལ་ནགས་སོགས་སུ། །ཁྲིམ་བདག་སྲིན་པོ་ལྷ་རྗེ་དང་། །ཀླུ་མ་སྔགས་པ་སྤྲུལ་སྐུ་དང་། །གྲུབ་སྤྱོད་སློན་པོ་རི་དྭགས་སོགས། །འགྲོ་ཕན་ལས་ཀྱིས་ཉིན་མཚན་འདའ། །དེ་ཙམ་བཛ་ཡིན་སེམས་ལ་ཚོངས། །ཚེ་དང་འཕྲིན་ལས་དར་བ་ལ། །བར་ཆད་ཆེན་པོ་ལྔ་ཡོད་པའི། །སྡེ་ལྔས་ནང་འཇིགས་སེམས་འཁྲུག་འབྱུང་། །དེ་རྣམས་བཟློག་ཐབས་འབད་གལ་ཆེ། །ལྷ་དང་བླ་མར་དྲིས་ཞེས་སྨོས། །ཕཊ་གསུངས་པས་ནམ་མཁར་འཕགས། གསོལ་བ་བཏབ་པས། ངེད་རྗེ་ཙོང་ཁ་པ་ད་ལྟ་རི་བོ་རྩེ་ལྔར་སྤྱོད་པ་ལ་གཤེགས་པའི་ཞབས་ཞུར་མྱུར་དུ་འགྲོ་དགོས་མོད། གསུངས་ནས་ཡལ་སོང་བ་ལ་འཁྲོད་པས་གཉིད་

སད། ཞོག་ཁ་གྲིབ་རྐྱེན་ཞིག་གིས་བཙེད་ནས་ཐོ་རེ་ལས་མ་བྱུང་། ཕྱིས་ཟླ་༥ཚེས་༡༠ཀྱི་ཕྱི་དྲོ་ལམ་གྱིས་དྲན་བྱུང་བ་ཡི་གེར་ཕབས་སོ། །ཞེས་གསུངས་པ་འདི་དང་། རྗེ་བླ་མ་ཉིད་ཀྱི་མནལ་ལམ་དུའང་། སྔོན་མ་ཅིག་དང་ལྷན་དུ་གཏེར་ཁ་ལ་བྱོན་ཚུལ་གསལ་བར་བྱུང་བ་འོག་ཏུ་འགོད་འགྱུར་སོགས་ལ་བརྟེན་ནས་རང་གཞན་གྱི་དད་པའི་གསོས་སུ་རུང་ཟད་འགོད་པར་བྱའོ། །

དེ་ལ་ཡང་ལྷོ་བྲག་གྲུབ་པའི་དབང་ཕྱུག་ལས་ཀྱི་རྡོ་རྗེ་ནི། རྒྱལ་བ་ཀུན་གྱི་གསང་པའི་མཛོད་འཛིན་པ་པོ་འཕགས་པ་ལག་ན་རྡོ་རྗེ་ཡིན་པར་ཚད་མའི་སྐྱེས་བུ་ཀུན་གྱིས་མགྲིན་དབྱངས་གཅིག་གིས་གསུངས་ཤིང་རིས་མེད་ཀྱི་གྲུབ་མཐའ་ཐམས་ཅད་ཀྱིས་ཚད་མར་འཛིན་པ་ཙམ་དུ་མ་ཟད། རྒྱལ་བ་གཉིས་པ་ཙོང་ཁ་པ་ཆེན་པོས་ཀྱང་རྡོ་རྗེ་གཏུམ་པོ་དངོས་སུ་གཟིགས་ཚུལ་ཡབ་སྲས་གཉིས་ཀའི་རྣམ་ཐར་དུ་ལྷ་དབང་པོར་བཞུགས་བཞིན་པ་འདི་ཡིན་པས་སུས་ཀྱང་བསྙོན་དུ་མེད་དོ། །དེ་ལ་དཔལ་གསང་པའི་བདག་པོའི་གསང་བ་གསུམ་གྱི་ཡོན་ཏན་ནི་རྫོགས་པའི་སངས་རྒྱས་ཉག་གཅིག་གི་སྤྱོད་ཡུལ་ཡིན་པས་སུ་ཞིག་གིས་བརྗོད་པར་ནུས། འོན་ཀྱང་མདོ་ལས། བསམ་མི་ཁྱབ་ལ་དད་བྱས་པའི། །རྣམ་པར་སྨིན་པའང་བསམ་མི་ཁྱབ། །ཅེས་གསུངས་པ་ལྟར། རང་གི་བསོད་ནམས་ཀྱི་བསྐལ་བར་ཐོབ་པའི་ཆ་ཤས་ཕྲ་མོ་ཙམ་གླེང་བ་ལ། མཛོད་ལས། སངས་རྒྱས་ཐམས་ཅད་ཚོགས་དང་ནི། །ཆོས་སྐུ་འགྲོ་བའི་དོན་སྤྱོད་པ། །མཉམ་པ་ཉིད་དེ། ཞེས་གསུངས་པ་ལྟར། སངས་རྒྱས་རྣམས་མཉམ་ཉིད་གསུམ་གྱི་སྒོ་ནས་མཉམ་པ་ལས་སྤངས་རྟོགས་ཀྱི་ཡོན་ཏན་ལ་རྒྱ་ཆེ་ཆུང་མེད་ན་ཡང་། རང་རང་གི་སྔོན་གྱི་ཐུགས་བསྐྱེད་དང་སྐུའི་རྣམ་པ་སྟོན་ཚུལ་གྱི་དབང་གིས་མཛད་པ་མི་འདྲ་བ་སོ་སོར་ཡོད་པ་ལས། འཕགས་པ་འདི་ཉིད་རྒྱལ་བ་ཀུན་གྱིས་བསྟན་པའི་གསང་མཛོད་མ་ལུས་པ་སྡུད་ཅིང་འཛིན་པའི་བཀའ་བབས་ཡིན་པ་ནི།

བརྒྱད་སྟོང་འགྲེལ་ཆེན་ལས། དེ་བཞིན་གཤེགས་པའི་གསང་བ་བསྟན་པའི་དབང་དུ་བྱས་ནས། དེ་བཞིན་གཤེགས་པ་ཐམས་ཅད་ཀྱི་གཟུགས་ཀྱི་སྐུ་དང་དམ་པའི་ཆོས་ཀྱི་ཚོགས་སྲུང་བ་ལ་རྣམ་པ་ཐམས་ཅད་དུ་བདག་པོར་གྱུར་པ་ཡིན་པའི་ཕྱིར་ཞེས་གསུངས་པ་ལྟར་ལགས་པས། ཉན་ཐོས་ཀྱི་ཚུལ་བཟུང་བ་འཕགས་པ་ཀུན་དགའ་བོ་དང་། ཀྱཻ་རྡོར་རྩ་རྒྱུད་ཞུ་པ་པོ་བྱང་སེམས་རྡོ་རྗེ་སྙིང་པོ། དུས་འཁོར་རྩ་རྒྱུད་ཞུ་པ་པོ་ཆོས་རྒྱལ་ཟླ་བ་བཟང་པོ་སོགས་མཚན་དང་སྐུའི་རྣམ་པ་དུ་མའི་སྒོ་ནས་མདོ་རྒྱུད་མཐའ་དག་བསྡུས་ཤིང་བསྲུངས་པ་ནི་མཛད་པའི་སྤྱི་བསྡོམ་ཡིན་པས། སྐུ་ཕྲེང་རིམ་བྱོན་གྱི་རྣམ་ཐར་གྱིས་ཀྱང་ཚུལ་འདི་རྒྱུ་ཆོས་རྗེས་དཔག་གིས་སྒྲུབ་ནུས་པ་ཞིག་ཡོད་དེ་འོག་ཏུ་འགོད་དོ། །གཞན་ཡང་ཟླ་བའི་སྒྲོན་གསལ་ལས། ཀུན་དགའ་བོ་ནི་བྱང་ཆུབ་སེམས་དཔའ་ཀུན་ཏུ་བཟང་པོ་སྟེ་ཕྱག་ན་རྡོ་རྗེ་ཡིན་ལ། རྡོ་རྗེ་འཆང་ཆེན་པོ་ཡང་དེ་ཉིད་ལས་གཞན་མ་ཡིན་ཏེ་ཞེས་གསུངས་པ་ལྟར། སྟོན་པ་རྡོ་རྗེ་འཆང་དང་ཡང་ཐུགས་རྒྱུད་གཅིག་པའི་དབང་གིས་བཤད་རྒྱུད་རྣམས་སུ་སྟོད་པ་པོའི་ཚིག་ལ་ཡང་སྟོན་པ་ཉིད་ཀྱིས་རང་འགྲེལ་མཛད་པ་སོགས་མང་མོད་ཀྱི་སྐབས་སུ་མ་བབས་ལ། འདིར་འཕགས་པ་ཀུན་དགའ་བོ་གྲུབ་ཆེན་རང་གི་གསུང་དུ་མི་འབྱུང་ཡང་རྗོ་ཆག་སྒྲིག་པ་ལྟར་ནན་གྱིས་སྦྱར་བ་མིན་པར་ཚད་མའི་ལུང་གིས་འགྲུབ་ཚུལ་ཟུར་ཙམ་སྨོས་པ་ཡིན་ནོ། །

ད་ནི་དཀྱུས་ཀྱི་འབྲུངས་རབས་དངོས་བརྗོད་པར་བྱ་སྟེ། དེ་ལ་ཐོག་མར་ཁྱིམ་བདག་རབ་བཟང་ཞེས་བྱ་བ་ནི་སྟང་ཚོད་ལ་ཕྱི་ནང་གཉིས་ཀའི་སྦྱིན་བདག་ཅིག་ཡིན་པར་འདུལ་བ་ལུང་ལས་ཤེས་ཤིང་གནས་བརྟན་ཡན་ལག་འབྱུང་གི་ཡབ་ཡིན་ལ། གནས་བརྟན་དེ་ཉིད་རྗེ་འཇམ་དབྱངས་བཞད་པའི་རྡོ་རྗེ་ཡིན་ཚུལ་པོ་ཏོ་བ་ཆེན་པོའི་རྣམ་ཐར་གྱིས་ཤེས་པས། དེ་དུས་ནས་ཡབ་སྲས་གཉིས་ཐུགས་བསྐྱེད་སྨོན་

ལམ་གྱིས་ལུ་གུ་རྒྱུད་དུ་འབྲེལ་བ་ཞིག་ཡིན་འདུག་གོ། །དེ་ནས་ལྷོ་བྲག་གྲུབ་ཆེན་རང་ཉིད་ཀྱིས་མཛད་པའི་རྣམ་ཐར་ལྟར་འཁྲུངས་རབས་རིམ་པར་འགོད་པ་ལ། དང་པོ་རྒྱ་གར་ཤར་ཕྱོགས་ཀྱི་གྲོང་ཁྱེར་ཀ་བི་ལ་ཞེས་པ་མི་ཁྲིམ་འབུམ་ཚོ་གཅིག་ཡོད་པའི་དབུས། ཕོ་བྲང་དངུལ་གྱི་རྒྱལ་མཚན་ཅན་དུ་སྤྱན་རས་གཟིགས་ཀྱི་སྤྲུལ་པའི་རྒྱལ་པོ་ཤྲཱིརཏྣ་ཧྥོ་ཧྲི་བྱ་བའི་སྲས་རྒྱལ་པོ་འགྲོ་བ་བཟང་པོ་ཞེས་བྱ་བར་འཁྲུངས། བླ་མ་ཨ་ཐ་བཛྲ་དང་། རྗེ་ལྭ་བ་པ་ལ་གསང་སྔགས་ཀྱིས་ཆོས་མང་དུ་གསན། བསྟན་པ་དང་རང་གཞན་ལ་ཕན་པ་མང་པོ་བྱུང་། །ཞེས་གསུངས་སོ། །འདིའི་ལ་བ་པ་ནི་ལྭ་ཨི་བའི་སློབ་མ་དེ་མིན་པ་འདྲའོ། །

དེ་ནས་བལ་ཡུལ་ལི་སྲ་མ་ཞེས་པར་རྒྱལ་པོ་ཛྙཱ་པ་ལ་ཞེས་པར་འཁྲུངས་ཕྱོགས་དེར་སངས་རྒྱས་ཀྱི་བསྟན་པ་མ་དར་བས། རྒྱ་གར་ནས་པཎྜི་ཏ་ཤི་ལ་བ་ལས་ཐོག་དྲངས་དགེ་འདུན་མང་པོ་སྤྱན་དྲངས་ནས་ཡུལ་ཕྱོགས་དེ་ཐམས་ཅད་ཆོས་ལ་འགོད་པར་མཛད། དེའི་འོག་ཏུ་གོང་བོ་ཤུ་ལའི་ཡུལ་དུ་ཛུ་ལང་བྱ་བའི་ཀླུའི་རྒྱལ་པོར་སྐྱེ་བ་བཞེས། དེའི་རྗེས་ཡར་ལུང་ཤར་གྱི་ཐང་རིང་བྱ་བར་བོན་པོ་ཞིག་གི་བུར་འཁྲུངས། མི་དགེ་བཅུ་སྤྱོང་གི་ཚུལ་ཁྲིམས་ལེགས་པར་བསྲུང་ཞིང་བོན་གྱི་ཆོ་ག་ལག་ལེན་ལ་མཁས་པར་བྱུང་གསུངས། དེ་ནས་རྒྱལ་པོ་མེས་ཨག་ཚོམས་ཀྱི་སྲས་ལྗང་ཚ་ལྷ་དབོན་དུ་འཁྲུངས་པ་བོད་ཁ་བ་ཅན་ན་མཛེས་པའི་དཔེར་གྱུར། དགུང་ལོ་བཅུ་དྲུག་པ་ལ་རྟས་བསྐྱུར་ནས་སྐུ་གཤེགས་ཏེ་རྒྱ་གར་ནུབ་ཕྱོགས་ཀྱི་གྲོང་ཁྱེར་ཁ་མུ་ཏ་ར་མུ་སྟེགས་ཀྱི་སྟོན་པ་རིགས་ལྡན་རྒྱལ་པོ་བྱ་བར་འཁྲུངས། ཡུལ་དེའི་མུ་སྟེགས་པ་ཐམས་ཅད་ཐབས་སྣ་ཚོགས་ཀྱིས་བཏུལ་ཏེ་སངས་རྒྱས་ཀྱི་བསྟན་པ་ལ་བཙུད་དོ། །དེ་ནས་ཁ་ཆེ་ཁྲི་བརྟན་དུ་དགེ་སློང་ཞིག་ཏུ་འཁྲུངས། སྤྱན་རས་གཟིགས་ཀྱི་སྤྲུལ་པ་ཞིག་ལ་ཀྲི་ཡའི་ཆོས་མང་དུ་ཞུས་གསུངས། དེའི་འོག་སུམ་ཅུ་རྩ་གསུམ་གྱི་ལྷ་ཞིག་གི་སྐྱེ་བ་བཞེས་

ཀྱང་ཆེར་མ་བཞུགས་པར་མོན་སྤ་གྲོང་རྣལ་འབྱོར་བ་ཆོས་ཀྱི་སེངྒེ་བྱ་བར་འབྲུངས། གཤིན་རྗེ་ར་གྲོལ་དུག་གི་འཁོར་ལོ་ལ་མཁས་པས་མཐུའི་ལས་སྦྱོར་གྱིས་མ་རུངས་པ་མང་པོ་ཚར་བཅད། དེ་ནས་ནགས་ཁྲོད་ཀྱི་ནེ་ཙོ་ཞིག་ཏུ་འབྲུངས་པའི་ཚུལ་བསྟན། མ་ཧི་མང་པོ་འདྲེན་ཞིང་སྤྱན་རས་གཟིགས་ཀྱི་སྣང་བ་འབྲལ་མེད་དུ་བྱུང་། ནེ་ཙོ་དང་སྲོག་ཆགས་གཞན་མང་པོའི་རྣ་བར་མ་ཧིའི་སྒྲ་བསྒྲགས་ཤིང་སྨོན་ལམ་འདེབས་པར་མཛད། དེའི་རྗེས་ཁམས་ཚ་བ་རོང་གི་ཨར་ལམ་རྒྱ་བོ་བྱ་བར་སླ་བ་དཀར་པོ་ཞིག་ཏུ་བསམ་བཞིན་སྐྱེ་བ་བཞེས། སླ་རྩི་མི་ལ་ཕན་པའི་སར་འདོར་ཤེས་པས། ཡུལ་དེའི་མི་རྣམས་གཉན་ནད་ཀྱི་འཇིགས་པ་ལས་སྐྱོབ་པར་མཛད་དོ། །དེ་ནས་མངའ་རིའི་སྟོད་དུ་ཁྱིམ་བདག་བྱང་ཆུབ་བཟང་པོ་བྱ་བར་སྐུ་འཁྲུངས། བྱང་གི་གནམ་རབ་ཁ་བྱ་བའི་རི་ལ་གྲུབ་ཐོབ་ཆོས་གྲགས་པ་བཞུགས་པ་གདན་དྲངས་ནས་ཕྱག་ན་རྡོ་རྗེའི་དབང་བཀའ་དང་གདམས་ངག་མང་པོ་ཞུས། དེའི་རྗེས་ལྷུང་ལོ་ཅན་དུ་གནོད་སྦྱིན་གྱི་རིགས་ཞིག་ཏུ་འཁྲུངས་ཏེ་ཕྱག་ན་རྡོ་རྗེ་ལས་གསང་སྔགས་ཀྱི་ཆོས་མང་དུ་གསན་པར་མཛད། དེ་ནས་ལྷོ་ནུབ་ཏུ་དིང་མའི་མཁས་གྲུབ་བྱ་བར་འཁྲུངས། གསང་སྔགས་ཀྱི་ཆོས་ཐམས་ཅད་ཐོགས་མེད་དུ་མཁྱེན་ཅིང་། ཁྱད་པར་དུ་གསང་སྔགས་རྙིང་མའི་གདམས་ངག་དང་བླ་སྒྲུབ་ཀྱི་ཉམས་ལེན་མཐར་ཕྱིན་པར་མཛད། དེའི་འོག་ཏུ་ལྷོ་བྲག་ཤུད་ཕུ་བའི་དཔོན་ཆེན་སེང་གེ་བྱ་བར་སྐུ་འཁྲུངས། རྗེ་བོའི་གསེར་སྐུ་དགུང་ལོ་བརྒྱད་པའི་སྐུ་ཚད་དང་། སྒྲོ་བ་གནས་སུ་གདུང་ཁང་འོད་འབར་ཆེན་མོ། དགོན་པར་སྐུ་འབུམ་ཆེན་མོ། ཐིག་ཕྱིའི་འབུམ་མོ་ཆེ་སོགས་སྐུ་གསུང་ཐུགས་ཀྱི་རྟེན་བཞེངས་དཔག་མེད་མཛད། དཔལ་ཆེ་མཆོག་ཕུར་བ་དང་། སྔགས་སྲུང་ཨེ་ཀ་ཛ་ཏིའི་ཞལ་གཟིགས། ལྷ་ཀླུ་མང་པོ་དམ་ལ་བཏགས། གདུང་རུས་ལ་ཧྲཱུྃ་དང་ཧྲཱིཿདང་ཧཱུྃ་གི་ཡི་གེ་མང་པོ་བྱུང་། དེ་ནས་སྲིན་ཡུལ་ཛ་ཡབ་གླིང་དུ་སྲིན་པོ་ཆོས་ཀྱི་གོ་ཆ་ཞེས་བྱ་བར་

འཁྲུངས། དེ་ན་ཨོ་རྒྱན་ཆེན་པོ་སྤྲ་དྲོ་ཁྲིའུ་ཚུང་ལོ་བརྒྱད་ལོན་པའི་ན་ཚོད་དང་། ཕྱི་དྲོ་ལོ་བརྒྱ་ཉི་ཤུ་ལོན་པ་ལྟ་བུའི་དྲང་སྲོང་གི་རྣམ་པས་ཆོས་གསུངས་པ་ལས་གདམས་པ་མང་དུ་གསན་ཞིང་། དཔལ་རྟ་མགྲིན་ཡི་དམ་དུ་བཟུང་ནས་བསྙེན་སྒྲུབ་སོགས་མཛད། དགུང་ལོ་རེ་དྲུག་པ་ལ་སློབ་དཔོན་ཆེན་པོས་བྱིན་གྱིས་བརླབས་ཤིང་ལུང་བསྟན་པ་བཞིན་དུ་དེ་ནས་གཤེགས་ཏེ། ལྷོ་བྲག་གྲུབ་པའི་དབང་ཕྱུག་ནམ་མཁའ་རྒྱལ་མཚན་ནམ་ལས་ཀྱི་རྡོ་རྗེ་དཔལ་བཟང་པོར་སྐུ་འཁྲུངས། རྗེ་དེ་ཉིད་ཀྱི་རྣམ་ཐར་རྒྱ་ཆེར་གཞན་དུ་འབྱུང་བ་ལྟར་ལ། དཔལ་གསང་བའི་བདག་པོའི་གསུངས་ལས། ལས་ཀྱི་རྡོ་རྗེ་བླ་མའི་མཆོག །བློ་བཟང་གྲགས་པ་སློབ་མའི་མཆོག །ཅེས་གསུངས་པ་ལྟར། རྗེ་ཙོང་ཁ་པ་ཆེན་པོ་སོགས་སློབ་མ་མཁས་གྲུབ་བསམ་གྱིས་མི་ཁྱབ་པ་བྱུང་། སྐུའི་སྐྱེ་བ་ཕྱི་མ་ལ། རྒྱ་གར་ཤར་ཕྱོགས་ཛཾ་ག་ལར་རྒྱལ་པོ་ཆེན་པོ་འདོད་པའི་སྙིང་པོ་དང་། དེ་ནས་ལྷུང་ལོ་ཅན་དུ་དཔའ་བོ་ཆོས་ཀྱི་རྡོ་རྗེ་དང་། དེའི་རྗེས་བདེ་བ་ཅན་དུ་བྱང་སེམས་རྡོ་རྗེ་སྙིང་པོ་དང་། དེའི་འོག་ཏུ་ཤར་ཕྱོགས་ཀྱི་འཇིག་རྟེན་ཁམས་རྡོ་རྗེ་འོད་ཟེར་བཀོད་པ་ཞེས་པར་བྱང་སེམས་ལེགས་པའི་བློ་གྲོས་ཞེས་བྱ་བར་འཁྲུངས་ཤིང་། འཁོར་མཚན་མཐུན་པ་ལས་ཀྱི་རྡོ་རྗེ་བྱ་བ་འབུམ་ཕྲག་གཅིག་འབྱུང་བ་དང་། ཁོང་ལ་ཆོས་འབྲེལ་ཐོབ་པ་ཐམས་ཅད་དེ་དུས་འཁོར་དུ་སྐྱེ་བར་གསུངས་། དེའི་འོག་ཏུ་ནུབ་བྱང་གི་འཇིག་རྟེན་གྱི་ཁམས་པདྨ་བཀོད་པའི་འོད་ཟེར་ཞེས་བྱ་བར། དེ་བཞིན་གཤེགས་པ་རྡོ་རྗེ་འོད་ཟེར་བཀོད་པ་ཞེས་བྱ་བར་འཚང་རྒྱ་བའི་ཚུལ་སྟོན་པར་རྗེ་བདག་ཉིད་ཆེན་པོས་ཞུས་ཏེ་གྲུབ་ཆེན་རང་གིས་མཛད་པའི་རྣམ་ཐར་སྐལ་བརྒྱད་ལྡེ་མིག་ལས་གསུངས་སོ། །

ད་ནི་དེར་མི་གསལ་ཡང་རྗེ་ཉིད་ཀྱི་འཁྲུངས་རབས་གསོལ་འདེབས་སུ་འབྱུང་བ་འགའ་ཞིག་ཐོ་ཙམ་འགོད་པ་ལ། གྲུབ་ཆེན་ཛ་ཡ་རི་བ་ནི་ལྷོ་བྲག་པའི་འཁྲུངས་

རབས་ཀྱི་ཐད་འདིར་མི་འབྱུང་ཡང་། ཕྱིའི་རྣམ་ཐར་ཆེན་མོ་སོགས་སུ་གསུངས་སྣང་ལ། གྲུབ་ཆེན་དེ་ཉིད་ནི། དཔལ་འཁོར་ལོ་ཆེན་པོའི་རྫོགས་རིམ་བྱིན་རླབས་བཞི་ལྡན་ལ་བརྟེན་ནས་སྐུ་ཚེ་དེ་ཉིད་ལ་མཆོག་གི་དངོས་གྲུབ་བརྙེས་པ་ཞིག་སྟེ། བསྐྱེད་རིམ་གསང་ཆེན་རོལ་མཚོར་གསལ་བ་ལྟར་རོ། །རྒྱན་དྲུག་མཆོག་གཉིས་ཀྱི་ནང་ནས་མཆོག་གཉིས་ཀྱི་ཡ་གྱལ་སློབ་དཔོན་ཡོན་ཏན་འོད་ཡིན་པ་ནི་རྗེ་ཉིད་ཀྱི་མཛད་པའི་བབས་ཀྱིས་ཤེས་པ་ཞིག་ཡོད་པ་ནི་འོག་ཏུ་འཆད། གཞན་ཡང་། ཁུ་སྟོན་བརྩོན་འགྲུས་གཡུང་དྲུང་དང་། ལྷ་ལུང་དཔལ་གྱི་རྡོ་རྗེ། རས་ཆུང་རྡོ་རྗེ་གྲགས་པ་སོགས་ཀྱི་རྣམ་ཐར་གཞན་དུ་གསལ་བས་འདིར་འགོད་པའི་ངལ་བ་མ་བྱས་སོ། །ཏ་ཞིང་ཆོས་རྗེ་ཞེས་གྲགས་པ་ནི། འཇམ་དབྱངས་ཆོས་རྗེའི་དངོས་སློབ། རྒྱ་ནག་ཕྱོགས་སུའང་བྱོན་པ་ཞིག་ཡིན་ཞེས་ཐོས་ཏེ། རྣམ་ཐར་ནི་མ་མཐོང་ངོ་། །རྗེ་གོང་མ་གྲུབ་པའི་དབང་ཕྱུག་བློ་བཟང་དོན་གྲུབ་པ་དང་། རྗེ་འཇིགས་མེད་ལུང་རིགས་རྒྱ་མཚོ་བ་གཉིས་ཀྱི་རྣམ་ཐར་བཀྲ་ཤིས་འཁྱིལ་གྱི་གདན་རབས་སུ་གསལ་བས་གྲུབ་ཟིན་བསྒྲུབ་པའི་ངལ་བ་མ་དགོས་སོ། །འདི་དག་ནི། རྗེ་རང་གི་བླ་མ་རྣམས་ཀྱི་གསོལ་འདེབས་བཀའ་རྩོམ་གསང་བ་རྒྱ་ཅན་ལས། བསྟན་པའི་བདག་པོ་ཐུབ་དབང་རྡོ་རྗེ་འཆང་། །གྲུབ་པའི་དབང་ཕྱུག་པདྨ་ཨཱ་ཀ་ར། །ལྷ་བརྒྱའི་གཙུག་རྒྱན་ཇོ་འབྲོམ་སྐུ་མཆེད་དང་། །སྔོན་བརྒྱུད་བདག་པོ་བློ་བཟང་ཡབ་སྲས་སོགས། །སྔོན་རབས་སྐྱེ་བའི་ཕྲེང་བ་དུ་མ་ཏུ། །ལན་གཅིག་ཙམ་མིན་ཡང་ཡང་རྗེས་བཟུང་སྟེ། །སྐུ་བཞིའི་ས་བོན་གྲུང་པོ་ཐེབས་མཛད་པ། །བླ་མ་སངས་རྒྱས་རྣམས་ལ་གསོལ་བ་འདེབས། །ཞེས་འབྱུང་བ་འདི་དང་བསྟུན་ནས་དཔྱད་ན་ཆེས་ངོ་མཚར་བའི་གནས་སུ་མ་དཔོག་པར་འགྱུར་རོ། །དེ་ལྟར་སྐྱེས་རབས་ཀྱི་སྒྲོ་བཏགས་ཕུ་ཆུ་བྲུག་པའི་ཀླུང་རྒྱུན་ཕྱོགས་ལྷུང་གི་གཙང་རོང་ཟབ་མོར་བབས་པའི་སྒྲ་དབྱངས་བློ་ལྡན་ཞིང་བའི་སྙིང་ལ་ཆགས་བྲལ་སྟེར་བའི་སྔོན་དུས་

སྤྲིན་གྱི་སྒྲ་བརྒྱ་ཀུན་ནས་རྣོད་པ་དག་དང་མི་མཚུངས་པར། དཔྱད་པ་གསུམ་གྱིས་དག་པའི་ཡིད་ཆེས་ཚད་མའི་ལུང་གིས་ཞ་ཕྱིས་ཀྱི་ལྷོ་བར་སྨྲུམ་པའི་སྐྱེས་རབས་མུ་ཏིག་གི་འཕྲེང་བ་དང་གུས་དྲི་མ་མེད་པའི་སྲིད་བུར་བློ་གྲོས་ཀྱི་སོར་མོས་བསྐར་ཏེ། ཕྱིས་འབྱུང་བློ་ལྡན་གཞོན་ནུའི་མགུལ་པའི་རྒྱན་དུ་སྤེལ་བར་བྱས་པ་འདི་ནི། སྐུ་སྐྱེས་བསྟན་དོན་དུ་བྱོན་ན། བཤད་སྒྲུབ་ལག་རྗེས་ཤིག་ཡོད་དགོས་གསུངས་པ་བཞིན་རྗེ་རང་ཉིད་ཀྱི་རྣམ་ཐར་ལ་ངེས་པ་འདྲེན་པའི་ཕྱིར་དུ་ཟུར་ཙམ་སྨོས་པ་སྟེ་རྒྱས་པར་གཞན་དུ་ཤེས་པར་བྱའོ། །

སྨྲས་པ། རབ་འབྱམས་རྒྱལ་བའི་གསང་གསུམ་ཆོས་ཆེན་ཉ། །ཡོངས་རྫོགས་གསང་བདག་ཀུ་མུད་དགའ་བའི་གཉེན། །འགྲོ་ཁམས་བསིལ་བའི་ཁམས་ལ་གསང་གསུམ་གཟུགས། །དེ་ཉིད་འཆར་བའི་གསང་བ་འབྱམས་སུ་ཀླས། །རང་ཉིད་རང་གིས་རྗེས་བཟུང་ཐུག་ཆའི་སྒྲ། །གྲུབ་མཆན་དབྱིངས་སུ་ལྡིར་བའི་ཇ་ཕ་རི། །བརྟུལ་ཞུགས་སྤྱོད་པས་ཆེས་ངལ་དམར་བའི་བཞིན། །འདུལ་ཁྲིམས་གཙང་མའི་ཡོན་ཏན་འོད་དུ་གླིང་། །རྒྱལ་བསྟན་ཉི་མའི་སྣང་བ་ភ្លབས་པོ་ཆེ། །རིས་མེད་གོ་ལར་འཕོ་བའི་ཁ་ལོ་བ། །གོས་དཀར་སྐྱ་རེངས་འོད་དང་དུར་སྨིག་གི། །མཚམས་སྤྲིན་དམར་བའི་སྤྲོན་མེ་ཅིར་ཡང་ཤར། །བདག་ཅག་ཕྱི་མཐའ་མི་མངོན་སྲིད་པའི་སྨག །ཡབ་སྲས་ཐུགས་བསྐྱེད་གསེར་གྱི་ཐེར་མ་ཡིས། །གཙོད་པའི་གཡར་དམ་རི་མོ་ལབ་སྒྲོན་མའི། །བཀའ་རྟགས་ཕྱག་རྒྱས་བཏབ་དེ་དྲན་གྱིན་དང་། །མཁྱེན་གཏེར་མཁྱེན་པའི་སྣང་བརྙན་ཡབ་གཅིག་རྗེའི། །རིགས་བདག་རིགས་ཀྱི་ཅོད་པན་རྡོ་རྗེ་འཛིན། །གསང་འཛིན་གསང་གསུམ་ངོ་བོར་གྲུབ་པའི་དབྱངས། །མ་བཅོས་མ་བཏགས་ལྷན་སྐྱེས་རོལ་མོར་ཆེ། །མཁས་དང་གྲུབ་པའི་སྐྱེས་རབས་མུཀྟི་ཀའི། །ངོ་ཤལ་ཚར་དུ་དངར་བའི་མཛུག་སྟུད་ལ། །ཚུལ་བསྟན་དབྱངས་སྙན་གསེར་ཆབ་ཀྱིས་བསྒྱུར་པའི། །ར་གན་རྫོག་པོ་

བཏགས་པའི་དོ་ བླ་མིན། །ཞེས་བྱ་བ་ནི་ཆེད་དུ་བརྗོད་པའི་ཚོགས་སུ་བཅད་པའོ། །

སྐུ་དངོས་ཀྱི་རྟོགས་པ་བརྗོད་པ་བཅུ་གྲགས་ཀྱི་
ཐེ་ཚོམ་རྒྱས་པར་བཤད་པ།

བླ་བའི་མེ་ལོང་བྱི་དུའི་ཐིག་ཕྲེང་གིས། །
བཀྲུག་པ་ཉེར་འཛིན་དབྱངས་ཀྱི་གར་མཁན་མས། །
ད་དུང་ངག་གི་དངོས་གྲུབ་སྩོལ་ཅིག་དང་། །
རྟོགས་བརྗོད་དངོས་ཀྱི་རྒྱུད་མངས་ད་སྒྲེངས་སོ། །

གཉིས་པ་སྐུ་དངོས་ཀྱི་རྟོགས་པ་བརྗོད་པ་ལ་གཉིས། དངོས་ཀྱི་དོན་དང་། མཇུག་རྣམ་པར་བསྡུ་བའོ། །

སཆ་དང་པོ། གཟུགས་སྐུ་པདྨ་དཀར་པོའི་འདབ་མ་ཐོག་མར་བཞད་པའི་ཚུལ།

དང་པོ་ནི། དེ་ཡང་བདག་ཉིད་ཆེན་པོ་འདི་ཉིད་ཀྱི་སྐུའི་ཟློས་གར་གང་དུ་ཐོག་མར་བསྒྱུར་བའི་ཡུལ་ནི། ཇི་ལྟར་མར་གད་གསར་བའི་མེ་ལོང་ལ་རིན་པོ་ཆེ་སྣ་ཚོགས་པའི་ཕྲ་ཚོམ་སྤྲོས་པ་ལྟར་ངོས་སྐོམས་ལ་ཁོད་ཡངས་པ། ཡིད་དུ་འོང་བའི་རི་ཆེ་ཆུང་དུ་མ་དང་། སྣ་ཚོགས་པའི་མེ་ཏོག་གིས་ཀུན་ནས་མཛེས་པ། མཐོང་བ་ཙམ་གྱིས་ཡིད་དགའ་ཞིང་བག་ཕེབས་པའི་སྨན་ལྗོངས། མི་རྣམས་དཔའ་ཞིང་མཛངས་ལ་དད་པ་ཆེ་བ་འབྱོར་བ་དང་ལྡན་ཞིང་གཏོང་ཕོད་ཡངས་པ་སོགས་ཡ་རབས་ཀྱི་སྤྱོད་པས་རྣམ་པར་མཛེས་པའི་སྡོད་བཙུད་ཀུན་ལ་དགེ་མཚན་གྱིས་གཡང་ཆགས་ཤིང་། བྱིན་ཆེ་ལ་བཀྲག་མ་ཉམས་པ། མཚོ་སྔོན་གཡོན་རུ་ཞེས་སྟོད་སོག་གི་སའི་ཆ། རྩེ་དྲུག་སྙིང་བདུན། རྩེ་ནྣ་མོ་ཆེ་བཅོ་བརྒྱད་དུ་གྲགས་པའི་ནང་ཚན། བེ་ལེན་ནྣ་ནན་ཞེས་འབོད་ཅིང་། རྩེ་གཞུང་ནོར་བུ་དགའ་འཁྱིལ་གྱི་དབྱིབས་སུ་ཡོད་པའི་ལྟེ་བར་གྲགས་པ་དེ་ཡིན་ལ། ཀུན་མཁྱེན་ཆེན་པོ་འཇམ་དབྱངས་བཞད་པའི་རྡོ་རྗེས། བཤད་སྒྲུབ་བསྟན་པའི་འབྱུང་གནས་དཔལ་ཆོས་ཀྱི་སྡེ་ཆེན་དགའ་ལྡན་བཀྲ་ཤིས་འཁྱིལ་ཕྱུག་འདེབས་མཛད་སྐབས། དགོན་གནས་ཀྱི་ས་དཔྱད་གཟིགས་པའི་ཚེ། བཀའ་གདམས་གླེགས་བམ་ལས། ས་རྩེ་བརྒྱད་ལྡིང་བ་ཕྱོགས་སུ་བཀྱེ། །ཀྱཻ་འཁོར་ལོ་རྩིབས་བརྒྱད་ཕུབ་པ་འདྲ། །མི་ཁྲོད་ཀྱི་མི་མཐུན་སྤྱོད་པའི་རྟགས། །ཞེས་གསུངས་པའི་ས་དཔྱད་ཀྱི་ངོས་འཛིན་འཁྲུངས་གནས་འདི་ལ་མཛད་པ་ལྟར། སྔོན་ཨུ་རྒྱན་གྱི་ཡུལ་དུ་མཁའ་འགྲོ་གསང་བ་ཡེ་ཤེས་ཀྱིས། རྒྱལ་བུ་དཀོན་མཆོག་འབབས་ལ་ལུང་བསྟན་པའི་ཡུལ་གྱི་བྱེ་བྲག་ནོར་འཛིན་དཔལ་མོའི་ལྟོ་བ་གང་དེར། སྟོབས་ཀྱི་འཁོར་ལོས་བསྒྱུར་བ་

ཆེན་པོ་ཆིང་གིར་གནམ་གྱི་རྒྱལ་པོའི་སྐུའི་གཙུང་ཏབ་ཐུ་ཏབ་སར་གྱི་གདུང་ལས། ཉི་འོག་གི་རྒྱལ་པོ་ཆེན་པོ་ཀུ་ཤྲི་ཏན་གྱི་སྲས། དེར་རྒྱལ་པོ་ཤོག་ཐུས་རྗེ་གཞུང་གིས་བཟུང་སྟེ། ཙོ་ནེ་ཚུན་ཆད་ཀྱི་རོང་བ་ཁ་སྟོད་སྨད། རེབ་གོང་ཕྱོགས། ཇ་བ་རབ་མདོ། ཟུང་ཏུ་ཙོན་དབང་དུ་བསྡུས། དབུས་སུ་འབྲུག་པའི་ཁ་གནོན་ལ་ཕེབས་སྟེ་ཕམ་པར་བྱས་པས། གངས་ཅན་རྒྱལ་བའི་ཉི་མ་ལྔ་བ་ཆེན་པོས། དགའ་ལྡན་ཨེརྡེ་ནི་པོ་ཤོག་ཐུ་ཞེས་གསེར་གྱི་བཀས་གཟེངས་བསྟོད་མཛད། དབུས་ནས་རྗེ་དྲུང་དཀོན་མཆོག་ཉི་མ་དང་། དེའི་སྐུ་མཆེད་ཁམས་ལ་ཁ་གྲུབ་ཆེན། དགོན་ལུང་ནས་རྒྱལ་སྲས་རིན་པོ་ཆེ་དང་། རོང་བོ་ནས་གྲུབ་དབང་སྐལ་ལྡན་རྒྱ་མཚོ་སོགས་གདན་ནས་བླ་མཆོད་དུ་བཀུར་བ་སོགས་ཡབ་མེས་ཆོས་རྒྱལ་གོང་མ་རྣམས་ཀྱི་སྲོལ་བཟང་པོ་བདག་གིར་གནང་སྟེ་ཉམས་པ་མེད་པར་བསྐྱངས། འདི་ཉིད་ཀྱི་སྲས་བསྟན་འཛིན་ཚེ་བརྟན་མེ་རྒེན་ནོ་ཡོན་ཞེས་མདའ་རྩལ་ཆེ་བས། མཐའ་སྨུག་ཇོངས་དམར་གྱི་སྟོད། སོག་སྐད་དུ་ཡོ་ལོ་ཏད་ཅེས་བོད་སྐད་ལ་གོ་ཚང་བྲག་ཟེར་བར་ཐང་ནས་མདའ་འཕངས་པས་བྲག་རིའི་རྩེ་མོ་བཅལ་ནས་ཕར་ནང་དུ་ཟུག་པའི་ལོ་རྒྱུས་ཡང་ཡོད་འདུག འདིའི་སྲས་ལྷ་སྐྱབས་མེར་གེན་ཏའི་ཆིང་གིས་བཀྲ་ཤིས་འཁྱིལ་གསར་འདེབས་དུས་ཡྭ་རྒྱུན་བཀྱ་ཕུལ་ཞིང་། ཀུན་མཁྱེན་ཆེན་པོའི་ཞབས་པད་སྤྱི་བོར་བསྟེན་པའི་སྐལ་ལྡན་དུ་སྣང་། དེ་ལ་སྲས་གསུམ་ཡོད་པའི་འབྲིང་བོ་དབང་ཕྱུག་རབ་བརྟན། དེ་ཉིད་ཀྱི་སྲས་དྲུག་གི་ཆེ་བ་དཔོན་ཇ་སག་ངག་དབང་དར་རྒྱས་ཡིན་འདུག་ཀྱང་། ཁོང་ལ་ཕྱིས་སུ་གོང་ནས་ཕང་གི་ཐོབ་བྱུང་བ་ཡིན་ལ། རྗེ་བླ་མ་མཆོག་གི་གདུང་རུས་ཡང་དཔོན་ཆེན་འདི་དག་དང་ཉེ་བ་ཞིག་ཡིན་འདུག་ཀྱང་ཞིབ་ཆ་མ་ངེས། གང་ལྟར་ཀྱང་དེ་ལྟ་བུའི་གདུང་རྒྱུད་ཕུན་ཚོགས་པའི་རིགས་ལས་སོན་པ། ཡབ་ཡི་བོ་ཕུན་ཚོགས་སམ་ཀ་འབུམ་སྨན་པ་ངག་དབང་ཕུན་ཚོགས་སུ་གྲགས་པ་འགྲོ་ཕན་ཤིན་ཏུ་ཆེ་བ་ཞིག

དང་། ཡུམ་ལྷ་མོ་སྐྱིད་དུ་གྲགས་པ་ལ་མིང་པོ་གསུམ་ཡོད་པའི་ཆེ་བ་དགེ་འདུན་བཟེ་བྱ་བ། ཤང་གི་ནང་འཁོར་ཆོས་སྲིད་ཀྱི་བློ་རྒྱ་ཆེ་བས། རྗེ་ཀུན་མཁྱེན་པར་བས་ཀྱང་ཐུགས་གཅིགས་ཆེ། འབྲིང་པོ་སྙིང་དཀར་བྱམས། ཆུང་བའི་མིང་མ་ངེས། མི་ཚང་འདི་བ་ཤང་ཆེན་པོའི་ཞུར་ལུགས་ཡིན་སྐབས། ཁོང་ལ་ཤང་གི་ཐོབ་བྱུང་སྐབས་ལྷན་དུ་ཚུར་ཏུ་ཡོང་བ་ཡིན་པས། ཕྱི་མ་རྣམས་ཀྱང་དཔོན་ཚང་གི་བློན་ཆེ་ཁག་གི་གྲས་ཡིན་སྣང་། ཡབ་ཡུམ་དེ་གཉིས་ཀྱི་སྲས་སུ་རབ་བྱུང་བཅུ་གསུམ་པའི་བསྐུར་བྱེད་ཅེས་པ་ས་མོ་ཕག་གི་ལོའི་གྲོ་ཞུན་ཟླ་བའི་ཡར་ངོའི་ཚེས་བརྒྱད་ཀྱི་ནམ་ཕྱེད་ཙམ་ཡོལ་པའི་དུས་ལ་བབས་པ་ན། ཚོགས་གཉིས་ཀྱི་བྱིན་རབ་ཏུ་འབབ་པས་སྐུ་ཟིལ་ཆེ་ཞིང་། དག་པ་ཡེ་ཤེས་ཀྱི་རང་མདངས་དང་མཐུན་པའི་པགས་པ་མདོག་དཀར་ལ་གསལ་ཞིང་དྲི་མ་མེད་པ། དབུ་གདུགས་ལྟར་རྒྱས་ཤིང་། ཤངས་ཀྱི་གཟེངས་མཐོ་བ། ཡན་ལག་དང་ཉིང་ལག་རྣམ་པར་འབྱེས་པ་སོགས་མཚན་དཔེས་སྤྲས་པའི་དཀྱིལ་འཁོར་ཡོངས་སུ་རྫོགས་པ། གཅིག་ཏུ་བརྩེ་བ་སྙིང་རྗེ་ཆེན་པོས་རིས་སུ་མ་ཆད་པའི་འགྲོ་བ་རྣམས་ལ་འཕྲིན་ལས་ཀྱི་འཇུག་པ་རྒྱུན་ཆད་མེད་པ་མཚོན་པའི་སྤྱན་རས་ཨུཏྤལ་མཐིང་གའི་མེ་ཏོག་ལྟར་གཡོ་བ་ཟུང་གིས་ཕྱོགས་ཀུན་ཏུ་བཙའ་ཞིང་། སྨིག་ཅིང་དགྱེས་པའི་འཛུམ་དཀར་གྱི་ཕྲེང་བ་ལྷུག་པར་བཞད་པ་དང་བཅས། ལྷ་དང་བཅས་པའི་འགྲོ་བ་མ་ལུས་པས་ཇི་ཙམ་བལྟས་ཀྱང་། ངོམས་པ་དང་ཚོག་མི་ཤེས་པའི་ཁྲིའུ་མཐོང་ན་མི་མཐུན་པ་མེད་པ་ཞིག གཙང་མའི་རིས་ཀྱི་ལྷ་རྣམས་ཀྱི་དགའ་བའི་ཅ་ཅོ་སྒྲོག་ཤིང་། ལྷ་རྫས་ཀྱི་མེ་ཏོག་ཡིད་དུ་འོང་བའི་མཆོད་སྤྲིན་ཆར་དུ་སྙིལ་བ་དང་ཆབས་ཅིག་པར། ཟླ་ཆོས་གསར་པའི་མེ་ལོང་ཆུ་འཛིན་གྱི་ཕང་བ་ནས་རིམ་པར་ཐོན་པ་བཞིན་ཡུམ་ལ་ཉེ་ཚེ་མེད་པར་ལྷུམས་ནས་བཙས་པར་གྱུར་ཏོ། །རྗེ་བླ་མ་ཉིད་སྐུ་བལྟམས་སྐབས། གུར་གྱི་ནང་ཟླ་བ་ཤར་བ་ལྟ་བུའི་འོད་དཀར་པོས་ཐམས་ཅད་གསལ་བར་སྣང་བ་བྱུང་བ་ནི། སྔོན་སྔོན་པ་འབྲུངས་སྐབས་འོད་ཀྱི་ཚོགས་བཀྱེ་བས་སྟོང་གསུམ་གྱི་འཇིག་རྟེན་

སྣང་བར་བྱས་པ་དང་སྒོ་མཐུན་པ་ཞིག་ཏུ་སྣང་ངོ་། །ཚུལ་དེས་ལྷུམས་སུ་ཞུགས་པ་ལ་མངོན་དུ་ཕྱོགས་པ་དང་། ཉམ་ན་གནས་པའི་སྐབས་དེ་དག་ཏུ་ཐ་ཕྱི་ཅེ་རིགས་པར་ཡབ་ཡུམ་དང་། དེ་གའི་ཡུལ་མི་རྣམས་ལ་རྨི་ལྟས་རྟགས་མཚན་ཁྱད་པར་ཅན་དུ་མ་ཞིག་ཡོང་ཡོད་པ་གདོན་མི་ཟ་བར་གྲུབ་མོད་ཀྱང་མ་ངེས་པས་བརྗོད་པར་མ་སྤྱོབས་སོ། །

སྨྲས་པ། ཧེ་ཏུ་ཀ་དཔལ་བརྩེ་ཆེན་ཀུང་ཀུ་མས། །དུས་ཀྱི་དགའ་མའི་བཞིན་ལ་དགེ་བའི་རིས། །དམར་བའི་ལང་ཚོར་འཕོས་པའི་ངོ་མཚར་ལ། །དམ་པའི་སྤྲུལ་བར་མེས་པོས་གཏམ་དུ་སྙིང་། །གསང་བ་ཡེ་ཤེས་ལྗགས་ཡངས་ཆུ་གཏེར་ལས། །ལུང་བསྟན་དང་མོའི་དབྱངས་སྙན་མེ་ཏོག་མདའ། །གང་དུ་ཕོག་པའི་དཔྱིག་འཛིན་མཛེས་མའི་ལྟོར། །སྲིད་པའི་གདུངས་སེལ་སྨན་གྱི་སྦྲུ་གུ་འཁྲུངས། །འཇིགས་མེད་ལུང་དང་རིགས་པའི་རྒྱ་མཚོ་ཆེ། །ཞི་བར་མནལ་གང་ཐུགས་བསྐྱེད་མཆུ་རུས། །སྤྲུབ་པའི་སྙིང་པོ་འཇམ་དབྱངས་མཁྱེན་པའི་གཏེར། །ཐུབ་བསྟན་ཉི་མ་འཇིག་རྟེན་གསུམ་དུ་ཤར། །དགའ་ཆེན་དཔའ་བོའི་དབང་ཕྱུག་པད་དཀར་ལྡོན། །མངལ་གྱི་འདམ་དུ་འཁྲུངས་པའི་ཟླ་བག་ལ། །བསྐྱེན་པ་མ་བཟོད་ཚངས་དང་བརྒྱ་བྱིན་ཡང་། །གཙུག་ནོར་འོད་སྟོང་འཕྲེད་བཞིན་ཞིང་འདིར་ལྷགས། །གསར་ཆོས་ཟླ་བའི་སྦྲུ་གུ་བཞད་པའི་འོད། །ཆོས་དཀར་འཛུམ་པའི་འཇོ་སྒེག་བཟུང་པ་ན། །སྨུ་ཏིག་འཕྲི་ཤིང་རྒྱས་པའི་ཀུན་དགའི་ཚལ། །འཕེལ་བ་རྣམ་རྩོམ་དཔྱིད་ཀྱི་ལང་ཚོ་འཛིན། །

ཞེས་ཧེ་ཏུ་ཀ་དཔལ་དུས་ཞབས་པ་ཆེན་པོ་རྗེ་བཙུན་འཇམ་དབྱངས་ཐུབ་བསྟན་ཉི་མ་དཔལ་བཟང་པོའི་ཞལ་སྔ་ནས་ཀྱི་རྣམ་པར་ཐར་བ་གསང་གསུམ་བཀྲ་ཤིས་རྒྱན་གྱི་རི་མོ་ཞེས་བྱ་བ་ལས། གཟུགས་སྐུ་པདྨ་དཀར་པོའི་འདབ་མ་ཐོག་མར་བཞད་པའི་སཀ་སྐྱེ་དང་པོའོ།། །།

སཀྲ་གཉིས་པ། ཐོས་བསམ་གསེར་གྱི་འཁོར་ལོས་ཐུབ་བསྟན་གླིང་བཞིའི་ཁྱོན་ལ་དབང་བསྒྱུར་བའི་ཚུལ།

དབྱངས་ཅན་དད་པའི་བུ་མོ་ཐམས་ཅད་དཀར། །
སྙན་དངགས་གསར་པའི་པི་ཝང་སྒྱུར་ཡོངས་དང་། །
བསྟན་པའི་བདག་པོ་བསྟན་ལ་རིམ་བསླབས་པའི། །
ཐོས་བསམ་སྒོམ་པའི་རྟོགས་བརྗོད་འདི་ན་འགོད། །

དེ་ལྟར་སྐྱེ་དགུའི་བསོད་ནམས་དང་། མཆོག་གསུམ་གྱི་བྱིན་རླབས་ཉེ་བར་འཛོམས་པའི་རྫོགས་ལྡན་དབྱར་གྱི་དཔལ་མོའི་ལང་ཚོ་མངོན་པར་བརྟས་པ་ལས། མཛེས་སྐུ་མ་ར་ཏ་ཀའི་མྱུ་གུ་ཉིན་རེ་ཞིང་འཕེལ་བ་རྩོམ་པའི་རྣམ་འགྱུར་འདུ་བྱས་པ་དང་། སྔེར་དཔོན་སྟགས་པ་ཞིག་ཡོད་པ་དེས། རིགས་རྒྱུད་ལ་འགོ་བའི་ལྷ་དང་སྲུང་མར་ལྷ་བསང་སྔོན་དུ་འགྲོ་བའི་བཀྲ་ཤིས་ཀྱི་ཆོ་ག་ལེགས་པར་བསྟར་ཏེ། རྟ་མགྲིན་སྐྱབས་ཞེས་མཚན་གསོལ། ཇི་ལྟར་མཚོ་ན་གནས་པའི་པདྨ་བཞིན་ཡབ་ཡུམ་གཉིས་ཀྱིས་མཐུན་པའི་དངོས་པོ་དུ་མས་སྐྱིད་ལེགས་པར་བསྲིང་བས། ཞག་གི་འཕྲེང་པ་རེ་རེར་ཡང་མཛེས་སྐུའི་ཟླ་བ་གསར་དུ་ཚེས་པའི་ཆ་ཤས་ནི་ཕྱི་ཕྱིར་འཕེལ། བཞེངས་བཞུགས་སྤྱོད་ལམ་གྱི་གནས་སྐབས་གང་དུའང་། བྱིས་པ་ཕལ་བ་ལྟ་བུའི་གནས་ངན་ལེན་གྱི་སྤྱོན་མཐའ་དག་དང་བྲལ་ཞིང་། རྩེད་མོའི་རྣམ་པ་མཛད་པའི་ཚེ་ཡང་། འཁོར་ལོ་གསུམ་གྱི་བྱ་བའི་རྗེས་སུ་མཐུན་པའི་སྤྱོད་པ་འབའ་ཞིག་ལ་གཞོལ་བས། སུས་ཀྱང་མཐོང་བ་ཙམ་ནས་ཡིད་དང་བར་བྱེད་པ་ཞིག་ཡོད།

ལན་གཅིག་མ་ཡིན་པར་ཡང་དང་ཡང་དུ་གོམས་པའི་དམ་པའི་རང་བཞིན་ཆུ་ཤེལ་ལྟར་དག་ཅིང་། གང་དང་གང་དུ་འགྲོགས་པའི་འགྲོ་བ་རྣམས་ལ་ནི་ལྷུག་པར་བསིལ། དུས་རྟག་ཏུ་གཞན་ཕན་གྱི་སྤྱོད་པ་ཀོ་ན་ཉིད་གཅིག་པུ་ལ་རྣམ་པར་དགྱེས་པའི་འོད་དཀར་གྱི་ཞགས་པ་རིང་པོ་རིས་སུ་མ་ཆད་པར་ཀུན་ལ་ནི་ཁྱབ་པར་འགྲོ། ཀུན་བྱང་གི་ཚུལ་རྣམས་ལ་རྨོངས་པ་མེད་ཅིང་ཕྱིན་ཅི་མ་ལོག་པར་འཇུག་པའི་བློ་གྲོས་ཀྱི་དཀྱིལ་འཁོར་ནི་ཡོངས་སུ་རྫོགས་པའི་རྒྱལ་བའི་སྲས་པོ་ས་གསུམ་གྱི་སྒྲོན་མེ་དེ་ནི། འཇིག་རྟེན་ཡོངས་ལ་དགེ་ལེགས་ཀྱི་སྣང་བ་དཀར་པོའི་གོས་བཟང་སྐྱོམས་པར་བགོ་བ་ལ་གཅིག་ཏུ་ཕྱོགས་པའི་རྩེ་དགའ་ལྷུར་བླང་བར་གྱུར། ཙུང་ཟད་སྐུ་ནར་སོན་པ་ན། སྔར་གྱི་མཚན་དེ་ནས་བོས་ན་དུ་བ་སོགས་མི་མཉེས་པའི་རྣམ་པ་མཛད་ཅིང་། སོག་སྐད་ཀྱིས་དེ་ངའི་ལྷ་མ་རེད་ཅེས་གསུངས། དེ་ཡང་སྐུ་ཆེ་སྔོན་མ་རྣམས་སུ་ཡང་དགེ་ལྡན་རིང་ལུགས་སྤེལ་བའི་བསྟན་འཛིན་རིམ་བརྒྱུད་དུ་བྱོན་པར་མ་ཟད། སྐུ་ཚེ་འདིར་ཡང་རྗེ་བླ་མའི་བསྟན་པ་རིན་པོ་ཆེ་ཉམས་པ་མེད་པར་བསྐྱངས་ཏེ། ཕ་རྗེས་བུས་ཟིན་པའི་རྣམ་པར་ཐར་བ་རང་གིར་བཞེས་པའི་དགོངས་པ་ཅན་གྱི་གསུང་དུ་མངོན་གྱིས། ཕྱོགས་རིས་ཅན་རྣམས་ལོག་པར་མ་འགྲེལ་ཞིག འབྲུངས་ཡུལ་དེར་རོང་བོའི་ཤར་ནོ་མོན་ཏན་རིན་པོ་ཆེ་ཕེབས་སྐབས་ཤིག་ཏུ། ཡབ་ཡུམ་གཉིས་ནས་མཚན་ཞུས་པས་འཇམ་དབྱངས་ཐུབ་བསྟན་ཉི་མ་ཞེས་འདོགས་པར་མཛད། དགུང་ལོ་ལྔར་སོན་སྐབས། ཀུན་མཁྱེན་བར་བ་ཤར་ཆེན་པོའི་ཨུཀྵེར་ཕེབས་རྒྱུའི་གཏམ་གསན་པས། ཐུགས་དགའ་སྤྲོ་ཚད་མེད་པ་དང་བཅས་ཞལ་ནམ་མཇལ་ན་སྙམ་སྡོད་མི་ཚུགས་པ་བྱུང་། སྐུ་ཞབས་ཆེན་མོ་ཕེབས་ཉིན་སྔ་མོ་ནས་བལྟས་ཀྱང་སྐུ་གཟུགས་ཆུང་བས་མ་གཟིགས་པར། མ་ཡུམ་ལ་ང་ཡར་བཏེགས་ནས་སྟོད་ཅེས་གསུངས་ཀྱང་། ཡུན་རིང་ལ་མ་བཏེགས་པས་ལྡི་བ་སྤུངས་ཡོད་པའི་སྟེང་དུ་ཕེབས་

ནས་གཟིགས། སྐབས་ཤིག་ཅིབས་རག་མང་པོས་བསྐོར་ནས་ཕེབས་ཏེ། རྒྱ་གླིང་འབུད་པ་གསན་པས་ཐུགས་བཟོད་གླགས་མེད་པར་སྤྱན་ཆབ་དབང་མེད་དུ་བསིལ་བྱུང་ཞེས་ཕྱིས་ཞལ་ནས་གསུངས། དེ་ནས་ཉིན་གཅིག་སྐུ་ཕྱོགས་སུ་མཇལ་བར་ཕེབས། ཀུན་མཁྱེན་ནས་སྐུ་པང་དུ་བླངས་ཏེ། ཁྱེད་སུ་བ་ཡིན་ཞེས་བཀའ་གནང་བྱུང་བར། སྡེ་བ་ཚང་ཡིན་ཞེས་ཞུས་པས། བཞད་ཆུང་དང་སྦྲགས་ཕྱག་གིས་བྱུགས་པ་མཛད་བཞིན་སྡེ་བ་ཚང་ཡིན་སྡེ་བ་ཚང་ཡིན་ཞེས་ཐུགས་མཉེས་མཉེས་མཛད། ཀུན་མཁྱེན་མཆོག་གདན་སར་ཕྱིར་ཕེབས་ནས། དགའ་ལྡན་བཀྲ་ཤིས་འཁྱིལ་གྱི་སྨད་རྒྱུད་གྲྭ་ཚང་གི་བླ་མ་དབུ་མཛད་སྨན་ལུང་བ་འཇམ་དབྱངས་གྲགས་པ་ངོ་གཡོག་ངོས་འཛིན་གྱི་སྐོར་འབུལ་དུ་བཏང་། སང་མཇལ་རྒྱུའི་དོ་ནུབ། རྗེ་ཉིད་ཀྱི་ལྷ་སྡེའི་གྲས་རྒད་པོ་ཐར་རེ་དང་གཉིས་མེ་ཤིང་སློང་ཁྲུལ་གྱིས་ཁྱིམ་དུ་སོང་ནས། རྗེ་ཉིད་ལ། ང་ངོ་ཨེ་ཤེས་ཞུས་པར། ཡོས་ཤེས་ཐར་རེ་རེད་མོ་གསུངས་པས་རྒད་པོ་དང་དེ་མིག་ནས་མཆི་མ་འཁྲུགས་པ་བྱུང་། དེའི་ཕྱི་ཉིན་ངོས་འཛིན་རྣམས་ཕུལ་བར། རྗེ་གོང་མའི་གསོལ་ཕོར་ཕྱག་ཏུ་བཞེས་ནས། འདི་ངའི་རེད་དེ་ངའི་ཕོར་བ་ལ་ལྟེ་བ་ཞིག་ཡོད་ཨང་ཞེས། སྤྱར་གསོལ་ཕོར་ཞབས་ན་དངུལ་གྱི་ལྟེ་འབུར་ཞིག་ཡོད་པ་མི་འདུག་པས་སྔོན་གནས་རྗེས་དྲན་གྱི་གསུང་གདོང་ལྡའི་ང་རོའི་དབྱངས་འཇིགས་པ་མེད་པར་བསྒྲགས་པས་ན་དེར་འཁོད་རྣམས་ཡིད་ཆེས་སྐྱེད། དེ་འཕྲལ་རྗེ་ཉིད་སྐུ་གོང་མའི་ཁྲི་ལ་འཁོད་རྒྱུའི་ཐུགས་དགོངས་གཏད་ཀྱང་། སྐྱེ་བོ་ཡོད་མི་རྟོན་ཅིང་ཕྱོགས་སུ་ལྷུང་བ་དང་རྫོངས་པའི་ནང་ཆ་ཕྱིར་འདོན་པ་དུ་མས། ཡང་སྲིད་དངོས་ཡིན་མིན་གྱི་གླེང་བརྗོད་མང་དུ་བྱུས་པར་བརྟེན། ཀུན་མཁྱེན་གོང་མའི་གསེར་གདུང་རིན་པོ་ཆེའི་དྲུང་དུ་སྐུ་ཞབས་མཆོག་ནས་ཟན་བསྒྱུར་གནང་སྐབས། གསུང་གདངས་མཐོན་པོས། ཀུན་མཁྱེན་འཇམ་དབྱངས་བཞད་པ། ཡི་དམ་རྡོ་རྗེ་འཇིགས་བྱེད། མྱུར་མཛད་ཡེ་ཤེས་

ཀྱི་མགོན་པོ། ཞེས་པ་འདི་གསུམ་གྱི་ནང་ནས། སྔེ་ཁྲི་རིན་པོ་ཆེའི་སྤྲུལ་སྐུ་འཁྲུལ་མེད་གང་ཡིན་པ་དེ་ད་ལྟ་སྟོན་ཅིག་ཅེས་དམོད་བཅོལ་གྱི་བདེན་བདར་ཚམ་ཛམ་དང་བཅས་མཚན་བྱང་བསྒྱུར་པས་རྗེ་འདི་ལ་བབས། བཀའ་ལས། ཁྱེད་ཚོར་ང་ལ་ཡིད་མི་ཆེས་ཀྱང་འཇམ་དབྱངས་བཞེད་པ་ཚང་ལ་ཡིད་ཆེས་མོད་ཅེས་གསུང་ཉུས་པ་ཅན་ཡང་ཕེབས་འདུག དེ་ལྟར་གོང་ཞབས་ནས་སྔ་གོང་དུ་གསུངས་པ་དང་འདི་སྐབས་ཟན་བསྒྱུར་མཛད་པ་གཉིས་མཐུན་པར་བབས་པས། སོམ་ཉི་སྤྲུལ་གྱི་མདུད་པ་ལྟ་བུ་དེ་རང་གྲོལ་དུ་གྱུར་ཏེ་ཡབ་སྲས་གཉིས་ལ་ངེས་པ་བརྟན་པོ་རྙེད། དེ་ནས་ཀུན་མཁྱེན་ཆེན་པོའི་བཀའི་ལུང་གིས་རྗེ་ཉིད་དགུང་ལོ་དྲུག་ཏུ་ཕེབས་པ་ཤིང་འབྲུག་ལོའི་ས་ག་ཟླ་བའི་ཡར་ཚེས་དགེ་བར་བསུ་བཀོད་ཕུན་སུམ་ཚོགས་པ་དང་བཅས་གདན་དྲངས་ནས་གསང་འཛིན་ལག་ན་རྡོ་རྗེའི་རྣམ་རོལ་དཔལ་ལྡན་གྲུབ་པའི་དབང་པོ་རྗེ་གོང་མ་རིམ་བྱོན་གྱི་ཞབས་སེན་ཉེ་བར་བཀོད་པའི་རང་གི་གདན་ཁྲི་མཆོག་ལ་མངའ་གསོལ་ཏོ། །གཞི་བྱེས་མཐའ་དག་ནས། སྤྲུལ་པའི་སྐུ་ཞལ་བཟང་མངོན་གྱུར་བའི་ལེགས་སོའི་དཔའ་དར་ཕུལ་ཞིང་ཡུལ་ལུགས་དང་མཐུན་པའི་དགའ་སྟོན་རྒྱས་པར་བྱས། དེ་ནས་སྐུ་ཚེ་དུ་མའི་རིགས་ཀྱི་ཅོད་པན་ཀུན་མཁྱེན་འཇམ་དབྱངས་ཆོས་ཀྱི་རྒྱལ་པོའི་ཞབས་དྲུང་དུ་མཇལ། ཇ་གྲལ་གནང་སྐབས་སོག་སྐད་ཀྱིས་བླ་མ་ཆོས་ཇ་མཆོད་མ་བརྗོད་པར་ཇ་འཐུང་ཨེ་ཉན་ཞུས་པར། གོང་ནས་བཞད་མོ་གནང་སྟེ་ཁྱོད་ཀྱིས་ཐོན་གསུངས་པར། བདག་སོགས་འཁོར་བཅས་ཞེས་བརྗོད་པས་སྐུ་འཁོར་རྣམས་རྒོད་གིན་འདུག་ཅེས་གསུངས་ཏེ། ཕྱིས་སྐུ་བསོད་ཆེན་པོ་འོང་པའི་རྟེན་འབྲེལ་དུ་འདུག ཚོགས་ཆེན་གྱི་ཚོགས་དབུར་གདན་དྲངས་ཏེ་གོང་གི་གསུང་བཀོད་ལྟར་བླ་མ་དབུ་མཛད་འཇམ་དབྱངས་གྲགས་པས་སྐུ་བཏེགས་ཏེ་བཞུགས་ཁྲིར་བཀོད། དགེ་འདུན་མང་ནས་མཇལ་ཁ་ཞུས་པས་ཚོགས་ལ་ཕེབས་རིམ་གྱིས་རྒྱུད་པའི་གྲྭ་བགྲེས་

འཇམ་དབྱངས་དགའ་བ་ཟེར་བ་ཐ་མར་མཇལ། སྐུ་ཞབས་ནས་མཇུག་ཏུ་སུ་མཇལ་བཀའ་འདྲི་གནང་བར། དེའི་གནས་ཚུལ་ཞུས་པས་ལེགས་པོ་འདུག་གསུངས་ནས་ཤིན་ཏུ་དགྱེས། ཚོགས་ཆེན་བཞུགས་གྲལ་སྐབས་ཨ་ཏུ་ཧོར་ཆེན་ནས་ཞབས་དྲུང་བླ་མ་ཞེས་ཧོ་ཤོ་དེ་ཀའི་སྤྱི་བླ་ཞིག་ཕེབས་འོང་ཡོད་པ་སྤྱིན་བདག་གི་གྲལ་མགོར་འདུག་རྒྱུའི་བཀོད་ཁྲབ་གོང་ནས་གནང་བ་དང་། ཕྱིས་སུ་ཤར་རྒྱ་མཚོའི་མཐའི་བར་འཕྲིན་ལས་ཀྱི་གདུགས་དཀར་གཅིག་གིས་ཁེབས་པར་འགྱུར་བ་འདིའི་ལུང་བསྟན་ཡིན་པ་གོར་མ་ཆག་གོ། །

རིང་པོ་མ་ལོན་པར་སྐུ་འཕྲེང་དུ་མའི་རིགས་ཀྱི་བདག་པོ་ས་གསུམ་གྱི་འདྲེན་པ་གཅིག་བུ། སྐྱབས་གཅིག་ཐམས་ཅད་མཁྱེན་པ། འཇམ་དབྱངས་ཆོས་ཀྱི་རྒྱལ་པོ་ཀུན་མཁྱེན་འཇིགས་མེད་དབང་པོའི་ཞལ་སྔ་ནས་ལས་རབ་ཏུ་བྱུང་སྟེ། ངུར་སྨྲིག་གི་གོས་ཀྱི་རྒྱལ་མཚན་ལེགས་པར་བཞེས་ཤིང་མཚན་སྔར་ལྟར་འཇམ་དབྱངས་ཐུབ་བསྟན་ཉི་མ་ཞེས་འདོགས་པར་མཛད། སྐབས་དེ་ནས་བཟུང་རྗེ་གོང་མའི་དུས་ལྟར་ཕྱོགས་ལས་རྣམ་པར་རྒྱལ་བའི་གཞུང་ས་ཆེན་པོ་བླ་བྲང་ཐུབ་བསྟན་ཕོ་བྲང་དུ་རྒྱུན་བཞུགས་མཛད་དུ་བཅུག་པ་སོགས་གོང་ནས་སྤྱན་སྐྱོང་ཆེ་བར་གནང་། སྐུ་ཞབས་ཆེན་མོ་དབུས་གཙང་དུ་ཆིབས་ཀྱི་ཁ་ལོ་བསྒྱུར་ནས་གྲགས་པ་དོན་ལྡན་གྱི་ཐུགས་སྲས་དམ་པ་གུང་ཐང་རིན་པོ་ཆེ་དབུས་ན་བཞུགས་པ་དང་མཇལ་འཕྲད་མཛད་སྐབས། བཀའ་ལས། རང་རེའི་ས་ཆའི་སྐད་སྐྱན་ཞིག་བཤད་རྒྱུ་ཡོད་པ་སྡེ་ཁྲི་རིན་པོ་ཆེའི་སྤྲུལ་སྐུ་འཁྲུལ་མེད་ཅིག་ལག་ཏུ་ཚུད་ཡོད་ཅེས་གསུངས། རྗེ་བླ་མ་མཆོག་ནས་ཀྱང་། དབུ་བླའི་ཁྲིད་ནས་ཀུན་མཁྱེན་ཉིད་འགྲན་གྱི་ཟླ་མེད་དུ་འཛིན་ཅིང་། ཐུགས་དང་ཐུན་མོང་མ་ཡིན་པ་ཞིག་ཡོད་པའི་དབང་གིས་མཚན་ཙམ་བརྗོད་པ་ན་ཡང་གཞན་དང་མི་འདྲ་བ་ཞིག་ཡོད་ལ། གསོལ་འདེབས་གསང་བ་རྒྱ་ཅན་དུ་འང་། གཙུག་ཕུད་

བླངས་ནས་བསྟན་པའི་སྒོ་རུ་བཅུག །དཀྱིལ་འཁོར་བརྒྱ་ཕྲག་ཞལ་ཕྱེ་དབང་བསྐུར་མཛད། །གཏན་གྱི་སྐྱབས་གནས་ཁྱབ་བདག་འགྲོ་བའི་མགོན། །དཀོན་མཆོག་འཇིགས་མེད་དབང་པོར་གསོལ་བ་འདེབས། །ཞེས་འབྱུང་བས་ན་གསུང་གི་ནུས་པས་ཀྱང་གོ་བར་ཡོད་དོ། །དཔའ་རེ་དགེ་བཤེས་དམ་ཆོས་ཟེར་བའི་འདུལ་འཛིན་དེ་དགེ་རྒན་དུ་བསྟེན་ནས། ཡི་གེ་སྦྱོར་འཕྲུལ་གྱི་གློག་སོགས་ཞིབ་ཏུ་བསླབ་ཅིང་ཁོང་ལ་སློབ་རྒྱུའི་ཆེད་དུ་དགེ་རྒན་ནས་ཀ་ཁ་རྒྱས་པ་འདི་ཡང་རྩོམ་པ་བྱས་པ་ཡིན་ཞེས་ཞལ་ནས་གསུངས། ཉིད་ལ་ཆོས་མཐུན་གྱི་བསླབ་བྱ་དོ་དམ་གང་དྲག་གནང་བས། རྗེ་ཉིད་ཀྱིས་ངས་ཡི་གེ་ཞིག་ཤེས་པ་འདི། ཁོང་གི་བཀའ་དྲིན་ཡིན་ཞེས་ཐུགས་དད་ཆེན་པོ་གནང་སྟེ། གསོལ་འདེབས་རྒྱ་ཅན་ན་ཡང་། གཙུག་ལག་ཀུན་གྱི་ཕྱི་མོ་ཡི་གེ་དང་། །སྡོམ་གསུམ་གཞི་མ་བག་ཡོད་ལ་བཀོད་དེ། །དལ་བའི་རྟེན་ལ་དོན་མཆོག་སྒྲུབ་པའི་རྗེ། །འཇིགས་མེད་དམ་ཆོས་ཞབས་ལ་གསོལ་བ་འདེབས། །ཞེས་གསུངས་འདུག་ལ། ཚུལ་འདི་རང་རེ་རྗེས་འཇུག་རྣམས་ཀྱིས་ལེགས་པར་ཤེས་དགོས་པ་ཞིག་ཏུ་སྣང་། དགུང་ལོ་བརྒྱད་པ་མེ་རྟ་ལོར། སྐུ་ཞབས་མཆོག་དབུས་ནས་མར་ཕེབས་པ་དང་ལྷན་དུ། གུང་ཐང་འཇམ་པའི་དབྱངས་ཀྱང་བྱོན་པར། མཇལ་མ་ཐག་དད་གུས་ཚད་མེད་པ་འཁྲུངས་ཏེ་དེ་ནས་བཟུང་ཞབས་པད་ཚུལ་བཞིན་བསྟེན། དགུང་ལོ་དགུ་བ་མེ་ལུག་གི་ལོར། ཀུན་མཁྱེན་ཡབ་རྗེ་རྡོ་རྗེ་འཆང་ལས། འཇིགས་བྱེད་ལྷ་བཅུ་གསུམ་མའི་དཀྱིལ་འཁོར་དུ་དབང་བསྐུར་བ་ཐོག་མར་གསན་ཞིང་། གསང་མཚན་ལ་རིན་ཆེན་རྡོ་རྗེར་བཏགས་པ་དེ་ལ་དགོས་པ་ཆེན་པོ་ཡོད་འདུག་ཅེས་བདག་གི་ཡོངས་འཛིན་བླ་མ་རྗེའི་ཞལ་ནས་གསུངས་ཏེ་རྒྱུ་མཚན་གཤམ་དུ་འཆད་པས་གསལ། དགུང་ལོ་བཅུ་བ་ས་སྤྲེལ་ཟླ་བ་གཉིས་པའི་དམར་ཕྱོགས་ཀྱི་རྒྱལ་བ་དང་པོ་ནས་བཟུང་། ཟླ་བ་གཅིག་གི་རིང་ལ། ཡབ་རྗེའི་ཞབས་དྲུང་ནས་མི་ཏྲ་བརྒྱ་རྩའི་དབང་ཆེན་མི་ཏྲ་རང་

གི་ཐུན་མོང་མ་ཡིན་པའི་དཀྱིལ་འཁོར་དྲུག་ཅུ་རེ་དྲུག་གི་དབང་ཡོངས་སུ་རྫོགས་པ་གནང་ཏེ། གསང་ཆེན་ཆོས་ཀྱི་མངའ་བདག་ཆེན་པོར་གྱུར་ཏོ། །ཆེས་ཕྲའི་ན་ཚོད་ལྗུག་ཕྲན་གཞོན་ནུ་ལ། །འཁྲིལ་བའི་མེ་ཏོག་དམར་བའི་ལང་ཚོ་འཛིན། །གསུང་ངག་ཏ་རིའི་བསུང་ཞིམ་འཐུལ་བའི་དྲིས། །སྐྱེ་དགུའི་ཡིད་ཀྱི་གདུང་བ་ཅིག་ཆར་སངས། །ཚེ་རབས་འཕྲེང་བར་འབྲེལ་བའི་ཡབ་གཅིག་གི །མཚན་སྙན་བུང་བུས་ཐོས་འཛིན་གཞིབ་པ་ན། །མ་བཟོད་རྒྱལ་སྲས་གཞོན་ནུའི་མེ་ཏོག་ཡང་། །རླུང་གིས་གཡོ་བ་མེད་པར་རིང་ཞིག་འདར། །རྒྱལ་བ་ཀུན་གྱི་ཅོད་པན་ཟུར་ཕུད་རྩེར། །རིགས་ཀྱི་བདག་པོར་ངལ་གསོ་འཛིགས་མེད་དབང་། །དུས་གསུམ་སྒྲིབ་མེད་གཟིགས་པའི་མཁྱེན་པ་ཡིས། །རང་རིགས་སྲས་ཀྱི་ཐུ་བོར་ཕྱིད་དབང་བསྐུར། །བུ་སློབ་རྒྱུ་སྐར་བྱེ་བ་བྱེ་བའི་དབུས། །རྣམ་འདྲེན་ཀུན་གྱི་གསང་བ་གསང་བའི་མཛོད། །འཛིན་མཛད་ཟླ་མེད་ཟླ་བ་འདི་འོ་ཞེས། །འཇམ་པའི་དབྱངས་ཀྱིས་འཇམ་དབྱངས་བླ་མར་གཏད། །ཅེས་པ་ནི་བར་སྐབས་ཀྱི་ཚིགས་བཅད་དོ། །

དེ་ནས་དགུང་ལོ་བཅུ་གཅིག་བཞེས་པ་ས་བྱའི་ལོར། དཔྱིད་ཆོས་ཆེན་མོའི་ཡར་འཚོགས་ལ་དཔལ་ལྡན་བཀྲ་ཤིས་འཁྱིལ་གྱི་གྲྭ་ཚང་བཞིའི་ཡ་གྱལ། ལུང་རིགས་སྨྲ་བྱེ་བའི་བསྟི་གནས་ཐོས་བསམ་གླིང་གི་ཆོས་གྲྭར་ཐེབས། གོང་གི་བཀས་རིགས་ལུང་ཞབས་ཕྱིར་བཀའ་རམས་གཞོན་གྲས་ཀྱི་དགེ་བཤེས་གསུམ། ཁ་དོག་དཀར་དམར་གྱི་འཛིན་གྲྭར་ཕབས་པ་རྣམས། བསྡུས་འབྲིང་ནས་ཡར་བུད་སླར་ཇ་བ་དར་རྒྱས་གཅིག་པུ་ཞབས་ཕྱིར་འགྲིམ་བཅུག་པ་དབུ་མ་གསར་པའི་བར་བཤད་ནས་དུས་ཀྱི་ཆོས་ཉིད་དུ་གྱུར་པ་གསོལ་དཔོན་དར་རྒྱས་འདི་ཡིན་འདུ་ཞེས་ཕྱིས་སུ་གསུངས། ལོ་འདིའི་ཟླ་བ་ལྔ་བ་ལྷག་པས། སྟོན་མའི་ནང་སྐུ་ཞབས་ཆེན་མོ་ལས། རྗེ་བོའི་ཆོས་ཚུང་བརྒྱ་རྩ། འདུལ་བ་སུམ་བརྒྱ་བ་དང་འོད་ལྡན། རྒྱལ་མཚོག་བདུན་པའི་བཀའ་རྩོམ་དུས་འཁོར་

རྒྱས་པ། དེའི་ཚེ་ག་བརྟུས་པ་པཎ་ཆེན་གསུང་། རྣམ་སྣང་མངོན་བྱང་གི་བདག་བསྐྱེད་སོགས་ཀྱི་ལུང་བཅས་གསན་པར་མཛད། དགུང་ལོ་བཅུ་གཉིས་པ་ལྕགས་ཁྱི་ལོར། ལྔ་བའི་ཚེས་དྲུག་ནས་འདུ་ཁང་ཆེན་མོར་ཀུན་མཁྱེན་འཁོར་ལོའི་མགོན་པོ་མཆོག་ལས། འཕྲེང་བ་དང་ཀྱཻ་ཡ་སྦྲགས་པའི་དཀྱིལ་འཁོར་ཞེ་ལྔའི་དབང་ཉིན་བཅོ་བརྒྱད་པའི་ལུགས་སུ་རྫོགས་པར་གསན་ཞིང་། མན་ངག་ལྷན་ཐབས་དང་། གཙོད་དབང་ནམ་མཁའ་སྒོ་འབྱེད་སོགས་ཀྱང་གསན་པས། ཕ་ནོར་བུ་ལ་འདོག་པའི་ཚུལ་ཇི་ལྟ་བར་གྱུར། དགུང་ལོ་བཅུ་བཞི་ལོན་པ་ཆུ་བྱི་ལོའི་མགོ་ཟླ་བའི་བཅོ་ལྔའི་ཉིན། རྗེ་བཙུན་འཇམ་དབྱངས་བསམ་བཞིན་པཎྜི་ཏའི་གར་གྱི་རྣམ་པར་རོལ་བ་སྐྱེགས་དུས་ཀྱི་ཐམས་ཅད་མཁྱེན་པ་ཆེན་པོ། རྗེ་གུང་ཐང་བ་དཀོན་མཆོག་བསྟན་པའི་སྒྲོན་མེ་དཔལ་བཟང་པོའི་ཞབས་པད་ནས་ཚོགས་སྟ་མ་དགེ་ཚུལ་གྱི་སྡོམ་པ་ཡང་དག་པར་གསོལ་བས། ལྷ་དང་བཅས་པའི་འགྲོ་བ་མ་ལུས་པའི་ཡོན་གནས་དམ་པར་དྲི་མ་མེད་པའི་གསེར་གྱི་མཆོད་སྡོང་བཞིན་མངོན་པར་མཛེས་པར་གྱུར། དེ་ནས་བཟུང་ཉིན་རེ་བཞིན་བསླབ་བྱ་བསྒོ་བགྲང་། བརྒྱུད་ཕྱག་ལྷ་བརྒྱ་རེ་མཎྜལ་དཔེ་འཛིན་སྐྱོར་སྦྱོང་སོགས་ལ་འབད་པ་ལྷུར་བཞེས་ངོས་ཆོས་གྲྭ་ཙམ་དུ་མ་ཟད་ཚོགས་སུའང་རྒྱུན་པར་ཕེབས་ཤིང་། ཆོས་གྲྭ་འགྲིམ་བཞིན་པའི་སྐབས་འདིར་ཕྱག་རྗེས་ཤིན་ཏུ་སྤྲབ་པོ་བྱུང་ཡང་། དཀའ་སྤྱད་དང་ཞེན་གྱིས་མཛད་པ་རྒྱད་དུ་བྱུང་བས། དབུལ་བས་མ་མནར་དོན་གཉིས་རྩེར་སོན་གྱི་རྣམ་ཐར་མང་པོ་ཡོད་འདུག་ཀྱང་ས་བོན་མེད་པས་འབྲི་བར་མ་ནུས་སོ། །

བཅོ་ལྔར་སླེབས་པ་ཆུ་གླང་ལོར་དགོན་ལུང་ནས་སྐྱབས་མགོན་གོང་མ་བློ་བཟང་ཆོས་ཀྱི་ཉི་མ་དཔལ་བཟང་པོ་ཡབ་གཅིག་ཀུན་མཁྱེན་མཆོག་གི་སྐུ་གདུང་རབ་གནས་ལ་གདན་དྲངས་པས། ཆིབས་བསྒྱུར་སྟག་རིའི་ཐད་དུ་ཕེབས་ནས་མཇལ་འཕྲད་ཞུས།

འདུ་ཁང་ཆེན་མོར། ཁྲི་ཆེན་གུང་ཐང་བས་དབུ་མཛད། དགེ་འདུན་མང་དང་ལྷན་དུ་རྗེ་དེ་ཉིད་ལས་བྱང་ཆུབ་ལམ་གྱི་རིམ་པ་བདེ་ལམ་གྱི་ཁྲིད་སྟོན་འགྲོ་ཐུན་མོང་མ་ཡིན་པ་དང་སྨྲུགས་ནས་ཉིན་བདུན་གྱི་རིང་རྗེ་བླ་མ་བྱམས་པའི་ཕྱག་བཞེས་ལྟར་ཞིབ་པར་གསན། གཞན་ཡང་མགོན་པོའི་བེ་བུམ་གྱི་མན་ངག་ཞལ་ཤེས་ཡོངས་རྫོགས་ཕྱག་ཁྲིད་དང་བཅས་པ་གསན། ཆོས་གྲྭའི་གསུང་ཆོས་ལ། ཁྲི་རིན་པོ་ཆེ་གུང་ཐང་བ་ལས་ལམ་རིམ་ཆུང་བའི་བཤད་ལུང་གནང་བ་ལེགས་པར་གསན་ཞིང་རྟགས་རིགས་ཀྱི་ཚོགས་གླེང་གནང་སྐབས་རིགས་ལུང་རྡོ་ཚབ་ཆེ་བ་བཏང་བར་ཡོངས་ཀྱི་དགེ་བའི་བཤེས་གཉེན་ཆེན་པོ་ཁ་གྱ་དར་ རྒྱས་སོགས་ཀྱིས་བསྔགས་བརྗོད་ཆེར་མཛད།

དགུང་ལོ་བཅུ་དྲུག་བཞེས་པ་ཤིང་སྟག་གི་ལོར་གཞུང་གསར་དུ་ཕེབས། འཛིན་གྲྭ་གཏུགས་སྐབས་དྲི་མ་མེད་པའི་རིགས་ལམ་གྱི་ཕྲེང་བ་སྒྲོག་ཞགས་དྲག་པོའི་གདེངས་ཀ་བཞིན་ཅིར་ཡང་འགྱུ་བས། རྟོག་གེའི་ཡོན་ཏན་གྱིས་འཁྱིང་པའི་རྣབ་པོ་དག་གི་ཁེངས་པའི་རི་བོ་མིང་གི་ལྷག་མར་བསྐྱིལ། ཆོས་གྲྭར་ཁྲི་འཇམ་པའི་དབྱངས་ལས་འགྲེལ་བ་དོན་གསལ་གྱི་སྙིང་ནས་མདོ་རྒྱན་སྦྱོར་བའི་གཟབ་བཤད་ལོ་ངོ་གཉིས་ཀྱི་རིང་གསན། དུས་རྒྱུན་རྩེ་བཞག་གི་སྐབས་སུ་ཡང་རྗེ་འདི་ལ་ཁྲི་རིན་པོ་ཆེ་ནས་ཕྱག་ཐལ་མོ་བསྣོལ་ཏེ་ཁྲི་ཐོག་ནས་དབུ་སྙུར་ནས་གུས་འདུད་གནང་བ་དང་། རྒྱུགས་སྤྲོད་སྐབས་ཀྱང་དབུ་ནས་ཙུང་ཟད་གསུང་བ་ན་མཚམས་མཛད་པས་རྗེ་འདིའི་སྐོར་ཚན་ལ་འདོན་རྒྱུ་མེད་པ་སུ་སོང་ཡང་རྒྱུགས་འཕྲོད་ཡོང་ཞེས་དེ་དུས་ཀྱི་འཛིན་གྲྭའི་སྐྱོར་དཔོན་ཕྱིས་སུ་ཚོགས་ཆེན་ཁྲིར་བྱོན་པ་ཕུན་ཚོགས་སེང་གེས་གསུངས། ཟུར་ཆོས་ཀྱི་རིམ་པའང་། དེ་ཉིད་ལས། འཇིགས་བྱེད་དཔའ་ཅིག་དང་ལྷ་བཅུ་གསུམ་མ། བདེ་མཆོག་ལཱུ་ནག་དྲིལ་གསུམ། ཕྱག་རྗེ་ཆེན་པོ་རྣམས་ཀྱི་དབང་། སྒྲུབ་ཐབས་རྒྱ་མཚོ། བ་རི་བརྒྱ་རྩ། སྣར་ཐང་བརྒྱ་རྩ། འཇམ་དབྱངས་ཆོས་སྐོར། ས་སྐྱའི་གསེར་ཆོས།

འཇམ་དབྱངས་དཀར་པོ། དབྱངས་ཅན་མ་དཀར་དམར། འཇིགས་བྱེད་ཞལ་གཅིག་ཕྱག་གཉིས། ལོ་རྒྱུན་མ་རིགས་གསུམ། ལྷ་མོ་ཤྲཱི་མ་ཊ། མགོན་པོ་བཀའ་བཅུ་གསུམ། རྣམ་སྲས་བཀའ་བཙོ་ལྔུ་ལྷོ་བྲག་སྨན་བརྒྱད་ཀྱི་དབང་རྗེས་ལུང་གསུམ། བླ་མཆོད་ཕྱག་ཆེན་བདེ་ལམ་སོགས་ཀྱི་ཁྲིད་སོགས་ལོ་སྔ་ཕྱི་ཅི་རིགས་པར་གསན་ཞིང་། བདེ་ལམ་ལ་ཟིན་བྲིས་ཀྱང་རྫད་དུ་བྱུང་བ་ཞིག་མཛད། ཁྱད་པར་རྗེ་འདི་ཉིད་ལས་ཟབ་མོ་དགུ་མའི་ལྟ་བ་རྙེད་པའི་ཚུལ་ནི། གསང་བ་རྒྱ་ཅན་ལས། སྡོམ་གསུམ་ལ་བཀོད་སེམས་རྟ་དམུ་རྒོད་བཏུལ། །སྣང་ཤེས་གདོན་ཚོགས་དམིགས་མེད་དབྱིངས་སུ་བསྒྲད། །མཐའ་བྲལ་ལྟ་བ་མཆོག་གི་མིག་སྒྲིན་མཁན། །དཀོན་མཆོག་བསྟན་པའི་སྒྲོན་མེར་གསོལ་བ་འདེབས། །ཞེས་གསུངས་པ་ལྟར་རོ། །

ཁྲི་ཆེན་དཔལ་རི་བ་དཀོན་མཆོག་བདེ་ཆེན་ལས། ལམ་རིམ་ཆེན་མོའི་བཤད་ལུང་། གསང་བ་འདུས་པའི་དབང་། མགོན་ཆེན་བཅུ་གསུམ་གྱི་རྗེས་གནང་སོགས་གསན་ཞིང་། ལྷག་པར་བླ་མགོན་དབྱེར་མེད་ཀྱི་བྱིན་རླབས་ཟབ་མོའི་སྐོར་གྱི་བཀའ་བབས་པ་ཡིན་སྣང་སྟེ། གསང་བ་རྒྱ་ཅན་ལས། བླ་མ་ཡི་དམ་རང་སེམས་དབྱེར་མེད་དུ། །བྱིན་རླབས་འདི་ཕྱི་བར་དོའི་འཇིགས་ལས་བསྒྲལ། །མཆོག་ཐུན་དངོས་གྲུབ་བདེ་བླག་སྒྲིན་མཁས་པ། །དཀོན་མཆོག་བདེ་ཆེན་ཞབས་ལ་གསོལ་བ་འདེབས། །ཞེས་སོ། །ལོ་འདིར་རང་ཅག་རྣམས་ཀྱི་མི་རྟོག་ཐོག་པའི་ལྷ་གཅིག་ཀུན་མཁྱེན་སྐུ་ཕྲེང་གསུམ་པ་ཆེན་པོར་རབ་བྱུང་འབུལ་ཆེད་དགོན་ལུང་ནས་སྐྱབས་མགོན་གོང་མ་ཡང་བསྐྱར་དུ་ཕེབས་པ་ལས། བློ་སྦྱོང་ཚིག་རྐང་བརྒྱད་མའི་ཉམས་ཁྲིད་སྨིན་རྒྱས་སུ་གསན་པས་བདག་པས་གཞན་གཅེས་པའི་བྱང་ཆུབ་ཀྱི་སེམས་རིན་པོ་ཆེ་ཐུགས་རྒྱུད་ལ་འཁྲུངས་པར་སྣང་སྟེ། གསོལ་འདེབས་རྒྱ་ཅན་ལས། བློ་བཟང་མན་ངག་ལྷ་ཡི་ཆུ་བོ་ལ། །གསེར་གླིང་སྙན་བརྒྱུད་བདུད་རྩིའི་སྨན་བཀྱང་སྟེ། །མཐའ་འཁོབ་འདུལ་

བའི་ཆོས་ཀྱི་ཉིང་ཁུས་བསྐྱངས། །བློ་བཟང་ཆོས་ཀྱི་ཉི་མར་གསོལ་བ་འདེབས། །ཞེས་གསུངས་པ་ལྟར་ལ། བྱང་ཆུབ་ཀྱི་སེམས་དང་དབུ་མའི་ལྟ་བ་འདི་འདྲ་དུས་ཕྱིས་ལྷུང་སྐྱེ་ཐམས་ཅད་མཁྱེན་པ་དང་། སློང་རྡོལ་གྲུབ་དབང་བ་སོགས་རེ་གཉིས་བྱོན་པ་ལས་ཐུན་མོང་གྲགས་ཚོད་དུ་ཆེར་མ་བྱུང་བས་ངེས་པར་བསམ་གྱིས་མི་ཁྱབ་པའི་རྣམ་ཐར་དུ་འདུག་གོ། །

ས་ག་ཟླ་བའི་ཚེས་བཅོ་ལྔའི་ཉིན་སློབ་དཔོན་ཟླ་བ་གྲགས་པའི་འབྲལ་སྤྱངས་ཐུབ་དབང་གི་སྐུ་བྱིན་རླབས་ཅན་དེའི་མདུན་དུ་དམ་པའི་ཆོས་ཀྱི་འཁོར་ལོས་བསྐྱུར་བ་ཆེན་པོ་འཇམ་མགོན་བླ་མ་དཀོན་མཆོག་བསྟན་པའི་སྒྲོན་མེ་དཔལ་བཟང་པོའི་ཞལ་སྔ་ནས་ལས། དད་པའི་དགེ་འདུན་གྲངས་ཚང་བའི་དབུས་སུ་བསྙེན་པར་རྫོགས་པ་དགེ་སློང་གི་སྡོམ་པའི་དངོས་པོ་ཡང་དག་པར་བཞེས་ཏེ་བསྟན་པ་མཐའ་དག་པའི་རྩ་བ་ལྷག་པ་ཚུལ་ཁྲིམས་ཀྱི་བསླབ་པ་རིན་པོ་ཆེ་ཡོངས་སུ་རྫོགས་པས་ཐུགས་རྒྱུད་ལེགས་པར་ཕྱུག་པས་མཉམ་མེད་ཐུབ་པའི་དབང་པོའི་ཆོས་ཀྱི་རྒྱལ་ཚབ་ཆེན་པོར་གྱུར་པ་ན། འཛིན་མ་མཐའ་དག་ནོར་བུ་རིན་པོ་ཆེའི་ཕྱུག་ཞུ་བླང་བ་ལྟར་གྱུར་ཏོ། །དེ་ནས་རི་ཁྲོད་འཛིན་པའི་གནས་བརྟན་ཞིག་གི་མདུན་ནས་ཡོ་བྱད་བྱིན་རླབས་གནང་བ་ནས་བཟུང་རྣམ་བརྟགས་དང་བྱིན་རླབས་སོགས་འདུལ་བ་ནས་གསུངས་པ་ལྟར་མཛད་ཅིང་། གུང་ཚིགས་ཀྱང་ཆག་མེད་གནང་བ་སོགས་འདུལ་བའི་ལག་ལེན་ཕྲ་མོ་ཚུན་ཆད་ཀྱང་ཉམས་སུ་བཞེས་ཏེ། ཞལ་ནས། སོག་ཡུལ་དུ་ཕེབས་ཀྱི་བར་ཉེས་ལྟུང་གིས་ཆེར་མ་གོས་པ་ལྟ་བུ་ཡིན་ཀྱང་། དེ་ཕྱིན་འབུལ་བསོད་ཆེར་བྱུང་བས་རྣམ་བརྟགས་ཙམ་ལས་ཡོ་བྱད་བྱིན་རླབས་དངོས་མ་ནུས་ཤིང་། ཐུགས་རླུང་གི་རྐྱེན་གྱིས་གུང་ཚིགས་ཀྱང་གཏན་འཇགས་མ་ཐུབ་གསུངས་ཀྱང་སྐུ་གསུང་ཐུགས་ཀྱི་དབང་པོའི་སྒོ་ལེགས་པར་བསྡམས་པའི་དབང་གིས་སྐུ་དྲུང་དུ་བཅར་བ་ན་འཛིགས་ཚུམ་པ་ཞིག

ཡོད་ཅིང་། དུས་རྒྱུན་པར་ཡང་བཞུགས་གདིངས་བཏིང་ཞིང་སྐུའི་ཉེ་འཁོར་དུ་ལྷུང་བཟེད་འཁར་གསིལ་སོགས་འཛོག་པ་གནང་བས་མཐོང་བ་ཙམ་གྱིས་དད་པས་ཡིད་འགྱུར་བ་ཞིག་ཡོད་དེ། འདི་ནི་རང་གི་སྐུ་ཚེ་སྔོན་མ་སློབ་དཔོན་ཡོན་ཏན་འོད་ཀྱི་རྣམ་པར་ཐར་བ་བདག་གིར་མཛད་པའི་འབྲས་རྟགས་སུ་འཁྲུམས། གསུང་བཤད་ཀྱི་སློངས་རྣམས་སུའང་འདུལ་བ་ལ་ཐུགས་གཙིགས་ཆེ་བའི་ཚུལ་མང་དུ་འབྱུང་ཞིང་འདུལ་བ་མདོ་རྩ་བ་འདི་སོག་ཡུལ་དུ་སོང་སྐབས་བློ་འཛིན་བྱས་པ་ཡིན། ཞེས་གསུངས་ལ། ཕྱིས་དགུང་ལོ་མཐོན་པོའི་སྐབས་སུ་ཡང་ཐུགས་ཐོག་ནས་ཤར་ཤར་ཐོན་པ་ཞིག་འདུག གོང་གི་གསུང་དེ་དག་བདག་ལྟ་བུ་རྒྱལ་ཁམས་ཆུ་བཞིན་དུ་ཉུལ་བའི་རིགས་ལ་དགག་བྱ་ཆེ་བའི་ཡུལ་དུ་འདུལ་བའི་ལག་ལེན་དོག་ཕྱོགས་ནས་བྱ་དགོས་པའི་གསུང་དགོངས་གཞི་ཅན་དུ་མངོན། རྗེ་ཉིད་ནས་རང་གིས་རང་ལ་བཀས་བཅད་ལྟ་བུར་ཉམས་ལེན་གྱི་སྡོམ་ཚིག་ཞིག་མཛད་འདུག་པ་ནི། སྔ་དྲོ་ལངས་ལ་འཕེན་བཏང་། །རྣལ་འབྱོར་གཅིག་གིས་གོས་ཚགས་བཅོས། །ཁྲུས་ཀྱི་རྣལ་འབྱོར་ཕྱག་འཚལ་ཏེ། །མི་རྟག་བྱམས་བརྩེའི་སེམས་བསྐྱེད་བསྒོམ། །དེ་ནས་བཟའ་བའི་རྣལ་འབྱོར་བྱ། །དེ་ནས་རིགས་དྲུག་སེམས་ཅན་དང་། །ལྷན་ཅིག་ཕྱག་མཆོད་གང་རྒྱས་དང་། །ཁ་འདོན་ཆོས་ཀྱི་སྦྱིན་པ་ཡིས། །ཉིན་གུང་བར་དུ་དགེ་ལ་འབད། །ཟས་ཀྱི་རྣལ་འབྱོར་ཆོས་སྟོན་བྱ། །ཇོ་བོའི་ལུགས་ཀྱི་ཚྭ་དགུ་གདབ། །བསྐོར་བ་གང་ནུས་བྱས་ནས་ནི། །གཏོང་ལེན་བསྒོམ་བཞིན་ངལ་གསོས་ལ། །སླར་ཡང་ཡན་ལག་བདུན་པ་དང་། །སེམས་བསྐྱེད་བཤགས་བསྡམས་བཟླས་བརྗོད་ཀྱིས། །འགྲོ་བ་ཀུན་དང་ཐུན་མོང་བའི། །དགེ་ལ་ཉལ་ཁའི་བར་དུ་འབད། །སང་གི་ཞོགས་པའི་དུས་ཀྱི་བར། །གལ་ཏེ་ཤི་བར་མ་གྱུར་ན། །དེ་རིང་བཞིན་དུ་འབད་སྙམ་དུ། །འཕེན་པས་གུང་གི་ཐུན་ལ་ཉལ། །སྔ་བར་ལངས་ཏེ་སྔར་བཞིན་འབད། །དེས་ནི་དགེ་སྦྱོར་འཕེལ་བར་

འགྱུར། །༼ཨཱ༽ཞེས་འབྱུང་བ་ལྟར། ཐུན་དྲུག་ཏུ་བསླབ་བྱ་བསྔོ་བགྲངས་ཕྱག་སྦྱངས་མཎྜལ་བདག་འཇུག་སོགས་ལ་འབད་པ་ལྷུར་བཞེས་ངོས། ཚོགས་ཆོས་འགྲིམ་པའི་ཞར་ལ་ཁྲི་ཆེན་འཇམ་པའི་དབྱངས་ལས་མི་འབྲུགས་པ་ལྔ་དགུ། ཚོ་དཔག་མེད། ཐིག་ལེ་བཅུ་དྲུག་རྣམས་ཀྱི་དབང་སོགས་གསན་ཞིང་། དབང་གང་ཐོབ་ཀྱི་བསྙེན་པ་ལས་ཅུང་ཁ་སྐོང་དང་བཅས་སྒྲུབ་པར་མཛད་པ་སོགས་ཅི་གསུངས་བཀའ་བཞིན་དུ་བསྒྲུབས་པས། འཇམ་མགོན་བླ་མ་ནས་ཀྱང་དགྱེས་པ་ཚད་མེད་པས་སྤྱན་གྱི་འབྲས་བུ་བཞིན་བསྐྱངས། སྐབས་འདི་ཞིག་ཏུ་དབུས་གཙང་དུ་སློབ་གཉེར་ལ་འབྱོན་བཞེད་ནས། དེའི་རྒྱུ་མཚན་ཁྲི་རིན་པོ་ཆེར་ཞུས་པས། ཁྱེད་དབུས་གཙང་དུ་ཕེབས་ནས་ཅི་བྱེད། དེ་བས་སྨད་ཕྱོགས་སུ་ཕེབས་ན་བཟང་གསུངས་པས། སྨད་ལ་འགྲོ་མི་འདོད་ཞུས་པས། ད་ལྟ་སོག་པོའི་སྟོབས་འབྱོར་ཆེར་མ་ཉམས་པར་འདུག་པས། དེ་ཕྱོགས་སུ་ཕེབས་ན་སྐུ་འདྲ་རེ་ལག་ཏུ་ཆུད་ཨེ་ཡོང་བསམ། རེ་ཞིག་བསྡད་ན་ག་འདྲ་ཡོང་མི་ཤེས། སློབ་གཉེར་ཡང་རི་བོ་རྩེ་ལྔར་ཕེབས་ནས་མཚམས་རེ་ལ་བཞུགས་ན་དེས་ཆོག་གསུངས་པས་དབུས་སུ་ཕེབས་རྒྱུ་བཤོལ། བླ་མ་འཇམ་པའི་དབྱངས་ཀྱི་བཀའ་ཕེབས་ལྟར། དུས་འཁོར་དཔོན་སློབ་ངག་དབང་དོན་གྲུབ་པ་ལས། དུས་འཁོར་འདུ་ཁང་དུ་དཔལ་དུས་ཀྱི་འཁོར་ལོའི་སྐུ་གསུང་ཐུགས་ཡོངས་སུ་རྫོགས་པའི་དཀྱིལ་འཁོར་དུ་བྱིས་པ་ལྟར་འཇུག་པའི་དབང་བདུན། གོང་མ་གོང་ཆེན། རྡོ་རྗེ་སློབ་དཔོན་བདག་པོ་ཆེན་པོའི་དབང་དང་བཅས་པ་གསན་པར་མཛད་དེ། གསང་བ་རྒྱ་ཅན་ལས། མཆོག་གི་དང་པོའི་སངས་རྒྱས་དཀྱིལ་འཁོར་དུ། །བཅུག་ནས་དབང་མཆོག་རྫོགས་པར་ལེགས་བསྐུར་བས། །དཔག་ཡས་འབྲས་བུ་བདེ་སྟག་སྟོལ་མཛད་པ། །ངག་དབང་དོན་ཀུན་གྲུབ་ལ་གསོལ་བ་འདེབས། །ཞེས་སོ། །དེ་ཡང་དུས་ཀྱི་འཁོར་ལོ་ལ་བརྟེན་ནས་འཕྲིན་ལས་ལྷག་པར་རྒྱས་ཤིང་འདིའི་དབང་ཆེན་བརྒྱ་ཕྲེད་བརྒྱལ་བ་གནང་བས་

དམ་པའི་སྐྱེས་རབས་དང་ལྷན་ཞིང་མཁས་གྲུབ་ཀྱི་ཡོན་ཏན་དང་ལུང་དང་ལས་ཀས་མཐོ་བའི་སློབ་མ་དཔག་ཏུ་མེད་པ་འདུས་ཏེ་སྲིད་ཞིའི་གཙུག་རྒྱན་དུ་གྱུར་པ་དང་དུས་འཁོར་གྲྭ་ཚང་ཡང་འགའ་ཞིག་གསར་འཛུགས་དང་། བླ་བྲང་དུས་འཁོར་གྲྭ་ཚང་དུ་ས་གར་མཆོད་གར་སོགས་རྒྱུད་ཀྱི་དགོངས་པའི་ཕྱག་བཞེས་འཁྲུལ་བ་མེད་པ་གསར་འཛུགས་གནང་བ་དང་། བསྐྱེད་རིམ་གྱི་རྣམ་བཞག་སོགས་དུས་འཁོར་གྱི་སྐོར་ལ་སྔར་མ་བྱུང་བའི་ལེགས་བཤད་འགའ་ཡང་གནང་བར་མཛད། མཛད་པའི་མཇུག་ཡང་དུས་འཁོར་གྱིས་བསྡུ་བར་གནང་བ་སོགས་ཆོས་འདི་ལ་ལྷག་པར་བཀའ་བབས་ཤིང་འབྲེལ་ཆེ་བའི་ཚུལ་མང་པོ་ཞིག་ཡོད་དེ་རིམ་གྱིས་འཆད་པར་འགྱུར་རོ། །སྐབས་ཞིག་དུས་འཁོར་གྱི་བསྙེན་པ་གནང་བར་དགོངས་ནས་ཁྲི་ཆེན་ལ་ཞུས་པར་ཐུགས་ཤིན་ཏུ་མཉེས་པས་དེ་ལེགས་པོ་འདུག སྦྱིན་སྲེག་དེ་དཀའ་རབས་ཤིག་འདུག་པས། ཨ་ལགས་དབལ་མང་ཚང་ལ་ཐབ་ཀྱི་དཔེ་རིས་ཡོད་པས་དེ་གཡར་ནས་བལྟས་ན་ཐིག་དཔོན་ཆོས་ཤེས་མོད་གསུངས་པ་ལྟར་ལྟོགས་བསྙེན་སྦྱིན་སྲེག་དང་བཅས་པ་སྒྲུབ་པར་མཛད།

དགུང་ལོ་ཉེར་གཅིག་པ་དོན་གྲུབ་ཅེས་པ་ས་ལུག་ལོར་འཛིན་གྲྭ་དབུ་མ་ཉིང་བར་ཕེབས་ཤིང་། དུས་འཁོར་གྱི་སློས་བསླང་ཞིག་བཞེངས་པར་བཞེད་ཀྱང་མ་ཡིག་མེད་པས། ཏ་ར་ན་ཐའི་བསྐྱེད་རིམ་ཆེན་མོ་ལ་ཞིབ་གཟིགས་དང་། རང་ལུགས་དང་མི་མཐུན་པ་རྣམས་ཏེག་ཆེན་དང་བསྟུན་ནས་གསར་བཞེངས་མཛད་པའི་གཙོ་སྐུ་གྲུབ་པའི་དགུང་མོ་མཚན་ལམ་དུ་རྗེ་ཉིད་ཆོས་གྲྭ་གྲོལ་ནས་བཙུགས་ཤིང་ནས་ཡར་ཕེབས་བཞིན་པ་ལ་བླ་བྲང་ནང་ནས་རྟ་དར་ཅན་མང་པོ་གཤམ་ནས་བྱུང་བ་ཅི་ཡིན་གཟིགས་པར། ཀུན་མཁྱེན་སྐུ་འཕྲེང་གསུམ་པ་དུས་འཁོར་འདུ་ཁང་ནང་དུ་ཕེབས་སོང་བས་དེ་མ་ཐག་འདུ་ཁང་དེ་དུས་འཁོར་གྱི་གཞལ་ཡས་ཁང་ཡོངས་སུ་རྫོགས་པ

གསལ་ཞིང་དྭངས་ལ་འོད་འཕྲོ་བར་གྱུར་པའི་བདེ་ཆེན་འཁོར་ལོའི་དབུས་ཀྱི་གཙོ་བོའི་གོ་སར་སྐྱབས་མགོན་རྡོ་རྗེ་འཆང་བཞུགས་འདུག་པ་ལ། ཉིད་ཀྱི་ཐུགས་དགོངས་སུ་སྐྱབས་མགོན་ཉིད་རིགས་ལྡན་ཡིན་པས་དེར་བཞུགས་པ་རེད་དགོངས་པ་ཞིག་རྨིས་ཤིང་ཕྱིས་སུ་དཔག་ན་འདུ་ཁང་དེར་སྐུ་ཞབས་མཆོག་ལ་དུས་འཁོར་གྱི་དབང་ཞུས་བ་དེའི་ལྟས་སུ་འདུག་གསུངས་ཏེ་ཡབ་སྲས་གཉིས་ཀའི་རྣམ་ཐར་བླ་ན་མེད་པ་ཞིག་གོ། །དེར་མ་ཟད་འདི་སྐུ་ཚེ་འདིའི་རྟེན་བཞེངས་ཀྱི་ཐོག་མར་འདུག་ཅིང་མཇུག་ཏུ་ཡང་དུས་འཁོར་གྱི་སྐུ་བཞེངས་ཚུལ་འཆད་འགྱུར་ལྟར་ལྷ་དང་ཆོས་འདིའི་བཀའ་བབས་ཀྱི་རྟེན་འབྲེལ་དཔག་པར་དཀའ་བ་ཞིག་ཡིན་སྣང་ངོ་། །སྐབས་འདི་ཞིག་ཏུ། ཐར་བ་རྩེར་སྐུ་མཚམས་ཞིག་ལ་བཞུགས་པའི་མཚན་ལམ་དུ་རྗེ་ཉིད་མཚམས་གྲོལ་ནས་མར་ཕེབས་ཀྱིན་འདུག་པ་ལ་དེ་ནས་བཟུང་ནང་ཆེན་གྱི་གཟིམ་ཁང་བར་དུ་མཇལ་བ་ཕོ་མོ་མང་པོ་འཕྲེང་བསྒྲིགས་ནས་ཕུས་བཙུགས་ཏེ་བསྡད་འདུག་པར་རྗེ་ཉིད་ཀྱི་ཕྱག་ཏུ་རལ་གྲི་ཞིག་བསྣམས་ནས། ཐམས་ཅད་ཀྱི་སྐེ་གཅོད་ཀྱིན་ཕེབས་པས་རྗེས་མ་ཆོས་ཀྱང་སྐེ་ལེན་དུ་རེ་ནས་མགོ་བསྒྲིངས་ནས་བསྡད་འདུག་པ་ཐམས་ཅད་ཀྱི་མགོ་བཅད་བཏང་བ་ཞིག་རྨིས་པ་ཕྱིས་རྒྱ་ནག་ཏུ་ཕེབས་སྐབས་མཇལ་མི་བྱིངས་རྣམས་སྒྲིག་ལུགས་དེ་ལྟར་དུ་འདུག་པས་འཇམ་དབྱངས་ཀུན་གཟིགས་བཞེངས་རྒྱུར་འབྲེལ་ཐོགས་པ་རྣམས་ལ་བལྟ་བར་འདུག་གསུངས་པ་ནི། དྭགས་པོ་ལྷ་རྗེས་སེམས་ཅན་མང་པོ་བསད་ནས་སྲོག་འགེམ་པ་ཞིག་རྨིས་ཚུལ། རྗེ་བཙུན་མི་ལར་ཞུས་པས། རྗེ་བཙུན་གྱིས་བུ་ཁྱོད་ལ་དེ་འདྲ་ཞིག་རེ་ཡང་རེ་སྙེ་བྱུང་ཡང་བྱུང་འདུག་གསུངས་པ་ལྟར། ཡབ་གཅིག་འཇམ་དཔལ་དབྱངས་ཀྱི་བྱིན་རླབས་ལ་བརྟེན་ནས་བདག་མེད་རྟོགས་པའི་ཡེ་ཤེས་ཀྱི་རལ་གྲིས་སྡུག་བསྔལ་ཀུན་གྱི་འབྱུང་གནས་ལས་ཉོན་གྱི་སྐྱེ་བ་རྩད་ནས་གཅོད་པའི་བརྡར་གདོན་མི་ཟ་བས་འབྲེལ་ཚད་དོན་ལྡན་གྱི་རྣམ་ཐར་དུ་

སྣང་། མཚམས་གྲོལ་ནས། མཚམས་གཡོག་པ་འཇམ་དབྱངས་དང་ལྷན་དུ་རྒྱབ་རིའི་རྩེར་ཕེབས་ནས། རྒྱ་ལོའི་བཅུ་བཞིའི་ཉིན་འཆམ་ལ་གཟིགས་པར་རྗེ་ཉིད་ནས་བཞེངས་བཞུགས་མང་པོ་གནང་ཞིང་། ཚོང་ར་ཡོད་ས་འདིར་ལྷ་ཁང་ཞིག་དང་རང་རེ་ལ་གཟིམ་ཁང་ཞིག་ཡོད་ན་ཨང་གསུངས་ཞིང་། དེ་དུས་ཕྱག་རྫས་གཏན་ནས་མེད་པ་གྲྭ་རྐྱང་ཡིན་པས་ཁོའི་བློ་ལ་མ་བབས་པས་ལན་མ་ཞུས་པར་འདུག དེ་དུས་རྗེ་བླ་མ་མཆོག་ལ་གཟིགས་སྣང་ངོ་མཚར་བ་ཞིག་ཀྱང་བྱུང་སྣང་། དེ་ནས་བཀྲ་ཤིས་དགེ་འཕེལ་གྱི་རྒྱབ་རི་རྡོ་རྗེ་བྲག་རྫོང་གི་ངོས་སུ་རྗེ་སྐལ་ལྡན་རྒྱ་མཚོའི་སྒྲུབ་ཕུག་དང་འབྲེལ་བར་སྒྲུབ་ཁང་ཤིན་ཏུ་དབེན་ཞིང་ཉམས་དགའ་བ་ཞིག་བཞེངས་པའི་ནང་དུ། གྲུབ་ཆེན་ཚོས་རྡོ་རྗེ། རྒྱལ་བ་དབེན་ས་པ། མཁས་གྲུབ་སངས་རྒྱས་ཡེ་ཤེས་སྟེ་དགེ་ལྡན་སྙན་བརྒྱུད་ཀྱི་བདག་པོ་རྣམ་གསུམ་གྱི་ལོགས་རིས་བཞེངས་ཤིང་ལོ་སྟ་ཕྱིར་ཡུན་རིང་བཞུགས་པར་མཛད།

ཉེར་གཉིས་པ་ལྟགས་སྤྲེལ་ལོར་འཛོན་གྲྭ་མཛོད་དུ་ཕེབས་ཤིང་། ལོ་འདི་དག་གི་སྟ་ཕྱིར་རིམ་གྱིས་སྔགས་མང་མཁན་ཟུར་ཁྲི་བློ་བཟང་ཆོས་དར་བ་ལས་གྲུབ་རྒྱལ་ལུགས་ཀྱི་ཚེ་དབང་གསན་པས། སྐུ་ཚེ་མཐར་ཕྱིན་པའི་བྱིན་རླབས་ཀྱི་རྟེན་འབྲེལ་ངོ་མཚར་བ་ཞིག་བརྙེས་པ་ཡིན་སྣང་སྟེ། གསང་བ་རྒྱ་ཅན་ལས། གྲུབ་པའི་དབང་མོའི་ཐུགས་བཅུད་ལེགས་བསྐུལ་ནས། །མི་བཟད་འཆི་བདག་གཡུལ་ངོ་ཀུན་བཅོམ་སྟེ། །ཚེ་མཐར་ཕྱིན་པར་བདེན་པས་བྱིན་བརླབས་པ། །བློ་བཟང་ཆོས་དར་དཔལ་ལ་གསོལ་བ་འདེབས། །ཞེས་པ་ལྟར་ལ། རྗེ་རྒྱལ་བ་གཉིས་པའི་རྒྱལ་ཚབ་ཁྲི་ཆེན་འཇིགས་མེད་རིགས་པའི་སེང་གེ་ལས། རྗེའི་གསུང་འབུམ། པཎ་ཆེན་བློ་བཟང་ཆོས་རྒྱན་དང་། ལྕང་སྐྱ་གོང་མའི་གསུང་འབུམ། ཀུན་མཁྱེན་སྐུ་ཕྲེང་བར་བའི་གསུང་འབུམ། བཀའ་གདམས་གླེགས་བམ། འཇིགས་བྱེད་ར་པོད། དཔལ་པོད། ལྷ་མོའི་

བེའུ་བུམ། ལྷམ་སྲིང་བེའུ་བུམ། སྨན་གྱི་རྒྱུད་བཞི། མན་ངག་བཀའ་རྒྱ་མ་རྣམས་ཀྱི་ལྡེགས་ལུང་། འགྲེལ་བ་བཞི་སྦྲགས་ཀྱི་བཤད་ལུང་། སྒྲུབ་ཐབས་རིན་འབྱུང་གི་ལྷ་ཚོགས་སུམ་བརྒྱའི་རྗེས་གནང་སོགས་གསན་ཞིང་། རྗེ་འདི་ལས། དཔོན་གཡོག་ཉི་ཤུ་སྐོར་གྱིས་གདུགས་དཀར་ལྷ་བཅུ་བདུན་མའི་དབང་གསན་སྐབས་གཅིག་འཁྲུས་ཀྱིས་སོ་ཤིང་རྗེ་འདི་ལ་འཕེན་བཅུག་པས། གྱེན་འགྲེང་དུ་བསྡད་པར། སྟེགས་བུ་བླ་མའི་ཕྱག་གིས་བཏེགས་ནས་ཁྱེད་ཐམས་ཅད་ཀྱིས་རིག་འཛིན་གྱི་དངོས་གྲུབ་ཐོབ་པ་འདི་རེད་ཅེས་ཐམས་ཅད་ལ་བསྟན་ཀྱང་ད་དུང་མ་ལྷུང་བར་བསྡད་ཅེས་ཞལ་ནས་གསུངས་ཏེ། ཚུལ་འདི་ནི་དཔལ་ཧེ་རུ་ཀ་ཡབ་ཡུམ་དང་དུས་ཀྱི་འཁོར་ལོའི་ལམ་བཟང་ལ་བརྟེན་ནས་མཁའ་སྤྱོད་རིག་པ་འཛིན་པའི་གོ་འཕང་བརྙེས་པར་བླ་མ་དང་ལྷག་པའི་ལྷས་ལུང་བསྟན་པར་གོར་མ་ཆག་གོ། །ཁྲི་ཆེན་དེ་ཉིད་ལས་བུམ་པ་གང་བྱོའི་ཚུལ་དུ་ཆོས་བཀའ་རྒྱ་ཆེར་གསན་ཞིང་ཐུགས་ཀྱི་སྲས་པོ་དམ་པར་གྱུར་པའི་ཚུལ་ཡང་། རྒྱ་ཅན་ལས། དབང་ལུང་མན་ངག་བདུད་བརྩིའི་བགོ་སྐལ་གྱིས། །སྙིང་གི་བུ་ལྟར་མཆོག་ཏུ་གཅེས་པར་བསྐྱངས། །འཕྲུལ་དང་ཡུན་གྱི་ཕན་བདེའི་སྒོ་བརྒྱ་ཕྱེ། །འཛིགས་མེད་རིགས་པའི་སེང་གེར་གསོལ་བ་འདེབས། །ཞེས་པ་ལྟར་རོ། །རྒྱལ་མཁན་ཆེན་གྲགས་པ་རྒྱལ་མཚན་ལས་རྒྱལ་ཚབ་མཁས་གྲུབ་ཟུང་གི་གསུང་འབུམ་ལུང་རྒྱུན་གང་ཡོད། ལྕང་སྐྱ་རོལ་བའི་རྡོ་རྗེའི་གསུང་འབུམ་དང་། སྟར་མདོ་རྩའི་བཤད་ལུང་ཁྲི་ཆེན་འཇམ་པའི་དབྱངས་ལས་གསན་ཀྱང་ཆོས་ཐུན་འགག་རེ་ཆད་པའི་རྐྱེན་གྱིས་ཡང་བསྐྱར་གྱིས་གསན་པར་མཛད་དེ། རྒྱ་ཅན་ལས། འཇམ་དབྱངས་སྲས་ཀྱི་ཐུ་བོའི་ལེགས་བཤད་རྒྱུན། །མི་ནུབ་ཆེས་ཆེར་སྤེལ་བའི་སྙིང་སྟོབས་ཀྱིས། །བདག་རྒྱུད་ལེགས་པར་བརྩེ་བས་སྐྱོང་མཛད་པ། །གྲགས་པ་རྒྱལ་མཚན་ཞབས་ལ་གསོལ་བ་འདེབས། །ཞེས་སོ། །འདི་སྐབས་སྐྱབས་མགོན་རྡོ་རྗེ་འཆང་སྐུ་ན་ཕྲ་བའི་དུས་ཡིན་

འདུག་ཀྱང་། ནམ་སྐུ་ཞབས་སུ་མཇལ་དུས་གོང་ནས་ཐུགས་ཧ་ཅང་དགྱེས་པས་ཀུན་མཁྱེན་གོང་མའི་དུས་ལྟར་གསང་བའི་རྣམ་ཐར་མང་པོ་ཞིག་རྗེ་ཉིད་ལ་རྩེད་མོའི་ཚུལ་དུ་གསུང་གནང་འདུག་གོ། །སྐབས་འདི་འདྲ་ཞིག་ཏུ་ཀུན་མཁྱེན་མཆོག་གི་བཀས། བླ་བྲང་ཆེན་མོར། ཞུགས་མཁར་སྒྲུབ་པའི་སློབ་དཔོན་མཛད་པས། བསྒྲལ་ཚོག་སྐབས་ཕྱོགས་ཕྱོགས་ནས་འཚུབ་སྐོར་མང་པོ་འདུ་བ་དང་། སྒྲུབ་གྲྭ་པ་ཞིག་གི་རྨི་ལམ་དུ་གྲྭ་ཚང་དབུ་མཛད་ཀྱི་གཟན་ཁུག་ཏུ་མང་པོ་ཞིག་ཁྱེར་འོང་ནས་རྗེ་འདིའི་སྐུ་མདུན་དུ་ཕྱུངས་པར་ནང་ཁྲོལ་ལྷངས་པ་ཐོ་ལེ་བར་འདུག་པ་རྨིས་པ་ནི། དྲག་པོ་མངོན་སྤྱོད་ཀྱི་ལས་སྦྱོར་གནད་དུ་སོང་བའི་མཚན་མ་དམ་ཅན་ཆོས་ཀྱི་རྒྱལ་པོས་མངོན་སུམ་དུ་བསྟན་པ་ཡིན་འདུག་པས། ཆོས་སྐྱོང་བྲན་དུ་འཁོར་བའི་རྣལ་འབྱོར་གྱི་དབང་ཕྱུག་ཆེན་པོའི་རྣམ་ཐར་དུ་སྣང་ངོ་། །དེ་ལ་བརྟེན་ནས་ཡབ་རྗེ་བླ་མའི་སྐུ་དགྲ་གདུག་པ་ཅན་འགའ་ཞིག་སྐྱེ་འགྲོའི་སྲོག་གི་བདག་པོས་ཁྱུར་མིད་བྱས་འདུག་གོ། །སྐབས་ཤིག་མཚན་ལམ་དུ་ཚོགས་ཆེན་འདུ་ཁང་གི་རྒྱབ་ཏུ་བྱམས་པའི་སྐུ་ཤིན་ཏུ་མཐོ་བ་རྒྱབ་རི་དང་མཉམ་པ་ཞིག་གི་སྐུའི་ནང་དུ་ཐེམ་སྐས་ཆེས་ཤིན་ཏུ་རིང་པོ་ཞིག་བཙུགས་འདུག་པ་ལ་འཛེགས་ཏེ་ཡར་ཕྱིན་པས། མགྲིན་པའི་ཐད་དུ་སྐས་མགོ་ཡངས་པོ་ཞིག་འདུག་ཅིང་དབུ་མི་ཤོང་བ་ཞིག་རྨིས། ཐེམ་སྐས་རྣམས་ལ་ཁ་བྱང་རེ་འདུག་པ་གཟིགས་པས། ཐམས་ཅད་ཀྱི་འོག་མ་དེ་ལ་འདུན་པ། དེའི་སྟེང་མ་ལ་མོས་པ་ཞེས་སོགས་བྲིས་འདུག་གསུངས། ཇི་འདྲ་འདུག་ཅེས་ཞུས་པར། རྣམ་པ་སྣ་ཚོགས་རེད་ཅེས་གསུང་དུ་མ་བཞེད། དུས་ཕྱིས་ཞིག་ཏུའང་དེ་ཁོ་ན་བཞིན་རྨིས་བྱུང་ལ་དབུ་ཤོང་ནས་ཐྲག་པ་མ་ཤོང་ཞེས་གསུངས་ཏེ། འདི་ནི་ས་ལམ་གྱི་རྟོགས་པ་ཁྱད་པར་ཅན་རིམ་གྱིས་ཐུགས་རྒྱུད་ལ་འཁྲུངས་པའི་ཚུལ་བསམ་གྱིས་མི་ཁྱབ་པའི་རྣམ་པར་ཐར་བ་དེང་དུས་ཀྱི་སྐྱེས་ཆེན་དམ་པར་གྲགས་པ་ཕལ་མོ་ཆེ་དག་ལ་ཉིན་མོ་ཡང་སྣང་དུ་མེད་པ་ཞིག་གོ། །

འདི་འཕྲོ་རྣམས་རྗེ་རང་གི་ཐོ་ཡིག་ཅིག་འདུག་པས་དེ་འགོད་པར་བྱ་སྟེ། དེའི་རྩ་བར་ཁོ་བོས་མི་གཞན་དང་གཏམ་གླེང་བར་ཐེམ་སྐས་འདིར་སྟེ་མོ་ཡང་ཡང་འགྲོ་སྒྱིང་ཡང་ད་ལྟ་ལུས་ལྷི་ཏུ་སོང་བས་བགྲོད་དཀའ་བར་འདུག་ཟེར་བཞིན་གཡས་སྐོར་གྱིས་རྒྱབ་ངོས་ཀྱི་སྒོ་ཞིག་ནས། ཡར་དུར་ཁྲིད་ལྟ་བུ་ཞིག་ཏུ་ཕྱིན་པས་དེ་ན་སྟེར་ནས་འདྲིས་ཆ་ཡོད་པའི་རྣལ་འབྱོར་བ་སྤྲང་པོའི་ཆས་སུ་ཡོད་པ་སྐབས་འགར་སྨྱོན་པའི་ཚུལ་གྱི་སྨྱོ་གཏམ་སྣ་ཚོགས་སྨྲ་བ་ཞིག་དང་། དེའི་ཉེ་གནས་བཙུན་གཟུགས་ཅན་སྐབས་ལ་ལར་ཤི་ནས་རོ་འབབ་ཞིག་དང་། སྐབས་ལ་ལར་རྣལ་འབྱོར་བའི་ཞབས་ཏོག་སྒྲུབ་པ་ཞིག་དང་གཉིས་ཡོད་པའི་ཉམས་ལ་སྐབས་དེར་ཉེ་གནས་ཀྱང་ལམ་ཁ་ན་ཤི་ཡོད་པའི་སྐབས་སུ་འདུག ཉེ་གནས་ཀྱི་རོ་ལ་གཡས་སྐོར་གྱིས་རྣལ་འབྱོར་བའི་དྲུང་དུ་ཕྱིན་པས་གདུང་མདུན་གྱི་སྒོའི་གཡས་ཡོག་ན་སྤྲང་པོར་གྱི་ནང་དུ་ཐུག་པ་འདྲ་བ་ཞིག་བཏུང་གིན་འཁྲིང་ནས་འདུག་པ་ལ། ད་རེས་འདིས་མཛད་པ་གང་འདྲ་ཞིག་གནང་ཡང་དག་སྣང་འབབ་ཞིག་སྦྱངས་དགོས་སྙམ། དར་དཀར་པོ་ཞིག་ཕྱག་ཏུ་ཕུལ་ཏེ་ཡིད་ཀྱིས་གསོལ་བ་བཏབ་པས། སྨྱོ་རྒོད་ལྟ་བུ་ཞིག་བྱས་པའི་ཐུག་པ་ལས་འབྲུ་འགའ་ཞིག་འཐོར་ནས་བྱུང་བ་ལས་ང་རང་གི་ཁར་གཉིས་གསུམ་ཙམ་སོང་། ཞལ་ནས། ཁྱོད་ཁོ་བོའི་རྩར་ཡོང་བ་ལ་དགོས་པ་ཞིག་ཡོད་ནས་ཡོང་བ་མིན་ཏེ་དགོས་པ་འདིའོ་ཞེས་ཁྱོད་ཀྱིས་ཅང་མ་སྨྲ་བའི་ཕྱིར་རོ་ཟེར། ངས་ཁོང་དང་མཐུན་པར་ལན་སྨྲས་ན་སྐར་གཏམ་ལན་མང་པོ་ཡོང་དུ་རེ་ནས། འོ་ན་ཁྱོད་ངའི་རྩར་ཡང་ཡང་ཕེབས་དགོས་པ་དང་བཅས་པ་མིན་ཏེ་བདག་ཁྱོད་ཀྱི་རྩེར་ཡོང་བའི་དགོས་པ་འདིའོ་ཞེས་གསུང་རྒྱུ་མེད་པའི་ཕྱིར་རོ། །ཞེས་ཞུས་པས། དེར་འགྲོ་བ་སྣ་ཚོགས་པ་མང་པོས་གང་ནས་ཡོང་བ་ཐམས་ཅད་བཞད་གད་ཐེག་གེ་བ་ཞིག་བྱུང་། ཕར་ལ་ཕུལ་བའི་དར་ཕྱིར་གནང་བྱུང་བར་དར་མ་བཞེས་པ་མ་ལེགས་སྙམ་པ་ཤར་ཡང་། མི་

གཞན་ཞིག་གིས་ཕྱིར་བླང་ན་ལེགས་པའི་བཟ་སྤྲད་པ་བཞིན་བླངས་ཏེ་རྗེས་སུ་འཛིན་པའི་སྐྱབས་འཇུག་ཡོད་ནས་ཞུ་བ་ཞིག་རྨིས། ཡང་ཟླ་བ་དེ་གའི་ཚེས་ལ་སྟག་ཚང་བ་དང་རང་རེ་མཐུན་པོ་བྱུང་ན་ལེགས་པ་ལ་སླམ་པ་ཤར་བའི་མོད་ལ། སངས་རྒྱས་ཐམས་ཅད་ཀྱི་ཡོན་ཏན་དང་ཡེ་ཤེས་ཀྱི་ཡུལ་ལ་འཇུག་པ་ཞེས་བྱ་བའི་མཚོ་ཆེན་པོ་ཞིག་གི་བཟའི་སྒོ་ནས་བསྟན་པ་ཁོ་བོ་ཤིན་ཏུ་དགར་བའི་མཚོ་ཆེན་པོ་ཞིག་གི་ནང་དུ་ཞུགས་ནས་འདུག་པས། མཚོའི་དབུས་ནས་ཕོར་བུ་དང་འཁྱོར་བས་ཚད་མེད་པ་ཞིག་རང་གིས་བཏུང་བ་དང་། གཞན་སེམས་ཅན་ཚད་མེད་པ་ལ་བྱིན་ཡང་ལྷོ་བར་ཅི་ཙམ་པར་མཚམས་མེད་པར་གང་ཡང་བཏུང་མི་ནུས་པ་མེད་དེ། ཅི་ལྟར་བཏུང་ཡང་མཚོའི་མཐའ་ཙུང་ཟད་ཀྱང་བྲི་བར་མི་འགྱུར་བ་ལས། ད་ནི་རྫོགས་པར་བཏུང་སྙེ་བྲི་བར་བྱའོ་སླམ་ཏུབ་གཅིག་བཏབ་པས་ཀྱང་མཚོ་མཐའ་ནས་ཆེས་ཆེར་བྲི་བར་གྱུར་ཏེ། སངས་རྒྱས་ཐམས་ཅད་ཀྱི་མཛད་པ་ཐ་དད་པ་རྣམས་ཆོས་ཀྱི་དབྱིངས་སུ་རོ་གཅིག་ཏུ་གནས་སོ། །མཛད་པ་རྣམས་རྒྱས་པར་འདོད་ན་བསྐལ་པའི་བར་དུ་ཡང་སེམས་ཅན་ཚིམ་པར་བྱེད་དེ། བསྡུ་བར་འདོད་ན་སྐད་ཅིག་ཏུ་ཡང་གཅིག་ཏུ་བསྡུ་བར་བྱེད་དོ་ཞེས་སྟོན་པ་ཞིག་རྨིས། ཡང་ལོ་དེ་གའི་གསུམ་པའི་ཚེས་ལ་བདག་བླ་མ་རྗོ་རྗེ་འཆང་གི་མདུན་ན་འདུག་པར་བླ་མའི་གཡོན་དུ་བདུད་རྩིའི་མཚོ་ཆེན་པོ་ཁ་དོག་སྔོ་ལྗང་གཏིང་མི་མངོན་པ་མཐའི་ཚད་བཟུང་དུ་མེད་པ་ལ་མཐའ་མིག་གིས་མཐོང་བ་དེའི་དབུས་སུ་ཀ་པཱ་ལ་བདུད་རྩི་ཁེད་པ་མཐོ་ཙམ་ཞིག་འདུག་པ་ལས་ཀ་པཱ་ལ་གཞན་ཞིག་གིས་ཀ་པཱ་ལའི་བདུད་རྩི་ནས་ཅི་ཙམ་བཙུས་ཀྱང་འཛད་པ་ལྟ་ཅི་ཙུང་ཟད་བྲི་བར་ཡང་མི་ནུས་པ་ཞིག་འདུག བླ་མའི་ཞལ་ནས་དུས་ཀྱི་འཁོར་ལོའི་སྐོར་ལ་བྱ་བ་བྱེད་དགོས་ཀྱི་བཀའ་མང་པོ་ཕེབས་པ་ཞིག་རྨིས་ལགས་ཞེས་སོ། །

ཡང་སྐབས་ཞིག་ཏུ་རྒྱུད་པའི་གྲྭ་བ་འཇོར་ཁུང་ཟེར་བ་ཞིག་ན་བར། རྗེ་བླ་མ་

གདན་དྲངས་ཏེ་དབང་ཆེན་ཞིག་ཞུས། དེ་ཉིད་ལྷ་བའི་ལམ་དུ་སོང་བའི་རྗེས་ཞིག་ཏུ་མཚན་ལམ་ལ་བྲག་འོག་ཞིག་ཏུ་གྲུ་བ་དེ་ཡིན་སྙམ་པའི་སྤྲུལ་བ་ཤིན་ཏུ་ཆེ་བ་རོ་སྨད་བྲག་གི་རང་བཞིན་ལ་ལུས་སྟོད་ཐོན་འདུག་པ། ལུས་ཤིན་ཏུ་སྐྱི་བས་རེག་ན་རྫོལ་འགྲོ་བ་ལྟ་བུར་སྣང་བས། ཐུགས་དགོངས་ལ་དམྱལ་བའི་ལུས་ཤིན་ཏུ་སྐྱི་བར་གསུང་བ་དེ་འདི་འདྲ་ཡིན་རྒྱུ་རེད་སྙམ་པ་རྨིས་གསུངས། ཡང་གཤིན་པོའི་དོན་དུ་ཐར་མདོ་མང་དུ་འདོན་མཁན་གྱི་གྲོང་ཚོག་པ་ཞིག་དུས་ཚོས་སུ་སོང་བར། མཚན་ལམ་དུ་ཁོ་རང་ཚོས་ཀྱི་དབུ་ཁང་རིམ་པ་ཕྱི་ནང་ཤིན་ཏུ་མང་པོ་བསླང་ཞིང་བརྩེགས་པའི་དཀྱིལ་དུ་བསྡམས་ནས་འཁྲིང་ཐབས་སུ་གནས་པའི་ལུས་ཀྱི་ནང་ཀུན་ཏུ་མེ་ཤུར་ཤུར་འབར་ཞིང་། སྤྱི་གཙུག་དུད་ཁུང་ལྟ་བུའི་ནང་ནས་མེ་ལྕེ་ཕྱིར་ཐོན་གྱིན་ཡོད་པ་ཞིག་རྨིས། ཀུན་སློང་མ་བཟང་ན་དཀོར་འདིའི་རྣམ་སྨིན་ཤིན་ཏུ་ཆེ་བར་འདུག་ཅེས་གསུངས་ཏེ། རང་ལ་གདེང་མེད་བཞིན་དུ་དད་གཤིན་དཀོར་ཟས་ཀྱི་རིགས་ལ་འཛེམ་མེད་དུ་སྤྱོད་པའི་སྐྲང་སྙིང་ཅན་དག་ཙུང་ཟད་ཐུགས་སྒྲིམ་དགོས་པར་མཆི། རེབ་ཙའི་སྨན་ཁན་ངག་དབང་ནོར་བུ་ཞེས་གསོ་རིག་སྨྲ་བའི་དབང་པོ་དེ་གཤེགས་དུས་ཐུགས་རྨིས་ལ། གཟིམས་ཁང་སྟེང་ནས་གཟིགས་པས། བྱ་ལག་གི་རི་རྩེར་མེ་ཤོར་བ་ལྟ་བུའི་འོད་ཆེན་པོའི་ནང་དུ་ཤིང་སྡོང་གི་གྲིབ་མ་ལྟ་བུ་མང་པོ་ཡོད་འདུག་པར། མི་ཞིག་ལ་དྲིས་པས། རེབ་ཙའི་སྨན་པ་དགའ་ལྡན་དུ་འགྲོ་བའི་བསུ་བར་ལྷ་སོགས་འོང་བའི་འོད་རེད་ཟེར། འོ་ན་ཤིང་གྲིབ་ལྟ་བུ་དེ་ཚོ་ཇི་རེད་གསུང་བ་ན། ལྷ་ཚོའི་ལག་ན་ཡོད་པའི་མེ་ཏོག་གི་གྲིབ་མ་རེད་ཟེར་བ་ཞིག་རྨིས་པ། ཁྲི་འཇམ་པའི་དབྱངས་ལ་ཞུས་པར། དེ་ཚོ་དགའ་ལྡན་དུ་མི་འགྲོ་ན་སུ་འགྲོ་ཞེས་གསུངས།

དགུང་ལོ་ཉེར་བཞི་བ་ཆུ་ཁྱི་ལོར་བཀའ་རམས་འཛིན་གྲྭར་ཕེབས། རྗེ་རམས་པའི་མཚན་བཏགས་ཕུལ་ཀྱང་དམ་བཅའ་མ་བཞག སྐབས་འདི་འདྲ་ཞིག་ཏུ་ཐུགས་མི་བདེ་བ་ལྟ་བུའི་སྙུན་གཞི་ངན་པ་ཞིག་གི་རྐྱེན་གྱིས། ད་སྐྱུར་དུ་ཤི་ན་དགའ་བ་ལ་

སྐྱམ་པའི་དགོངས་པ་ཡང་ཡང་ཤར་ཡང་ཕྱི་རོལ་ཏུ་གཏན་མི་མངོན་པར་མཛད་ནས་བཞུགས་ཡོད་སྐབས། ཉིན་གཅིག་བླ་མ་འཇམ་པའི་དབྱངས་ལ་མཇལ་དུ་ཕེབས་པར། ཚེ་དཔག་མེད་ཀྱི་སྐུ་རྒྱ་ནག་ལི་མ་ཅན་ཤིན་ཏུ་ལེགས་པ་ཞིག་རྒྱུ་མཚན་ཅི་ཡང་མེད་པར་གནང་ནས། ཁྱོད་ལ་ད་ལྟ་སྐུ་འདྲ་མང་པོ་མི་འདུག་པས་འདི་ཁྱོད་ལ་སྟེར་དགོས་སྙམ་ནས་བཞག་པ་ཡིན། ད་ཁྱེར་ལ་གཟིམས་ཆུང་དུ་ཞོག་གསུངས། དེའི་ཉིན་ནས་བཟུང་ཐུགས་ཀྱི་འཆར་སྒོ་དེ་ཡང་འགགས་ཤིང་། ཐུགས་རླུང་ཡང་རང་དྭངས་ལ་སོང་བ་ནི། སྐུ་ཚེ་མཐར་ཕྱིན་ཏེ་འཕྲིན་ལས་ཀྱིས་སའི་སྟེང་ཁྱབ་པར་འགྱུར་བའི་རྟེན་འབྲེལ་ཞིག་ཏུ་ཁོ་བོ་ཅག་སེམས་ཤིང་། བླ་སློབ་གཉིས་ཀའི་ཆེ་བ་རྨད་དུ་བྱུང་བ་ཞིག་གོ།

ཉེར་བདུན་བཞེས་པ་ཤིང་གླང་ལོར་གདན་ས་རང་གི་དགོན་ལག་ཚ་གན་བེ་ཤིང་གི་ཁྲིར་གོང་ནས་བསྐོ་བཞག་མཛད་པས་དེང་ལོ་གཉིས་ཙམ་བཞུགས་ཏེ་ཆོས་སྲིད་གང་ཐད་ནས་བཀའ་དྲིན་ཆེ་བར་བསྐྱངས། སྐབས་ཞིག་སོག་ཡུལ་ནས་དད་ལྡན་གྱི་སློབ་སྦྱིན་བདག་འགས་སྨད་ཕྱོགས་སུ་གདན་འདྲེན་ཞུས་པར། སྟོར་སོག་ཡུལ་དུ་ཕེབས་དགོས་རྒྱུ་ཞིག་གསུང་ཡོད་སྐབས་ཁོང་འཇམ་པའི་དབྱངས་ལ་ཞུས་པས། ད་ལམ་སོང་ཡང་དགོས་པ་མེད། སླད་ནས་ལྷང་བླེ་ལི་ཚོའི་བླ་མ་བྱས་ན་བཟང་མོད་གསུངས་པས་འདི་རེས་ཕེབས་རྒྱུ་བཤོལ། དེ་ནས་མི་རིང་བར་ཨ་རུ་ཧོར་ཆེན་ནས་དཔོན་བླེ་ལིའི་མི་སྣ་རྗེ་རམས་པ་བཟང་པོ་ངོ་གཡོག་འཁྱེར་ཏེ་གདན་དྲངས་ཀྱང་རྐྱེན་དུ་མས་ཕེབས་སྟབས་མ་འགྲིགས་པར་སྣང་། སྐབས་འདིར་སྨད་སོག་འགས་འཇམ་པའི་དབྱངས་ལ་དུས་འཁོར་གྱི་དབང་ཞུས་པར། ངས་བསྐྱེན་པ་མ་སོང་། སྟེ་བ་ཚང་ལ་ཞུས་གསུངས་པ་ལྟར། རྗེ་བླ་མ་ཉིད་ལ་གསོལ་བ་བཏབ་པས། དུས་འཁོར་འདུ་ཁང་དུ་ཐུགས་དཀྱིལ་གྱི་རྟུལ་ཚོན་ལ་བརྟེན་ནས་དཔལ་དུས་ཀྱི་འཁོར་ལོའི་དབང་ཆེན་གྱི་ཐོག་མ། ཤམྦྷ་ལའི་རྒྱལ་པོ་རིགས་ལྡན་རྣམ་གནོན་གྱི་ཁྲི་ལོ་བཅུ་གཅིག་པ། རབ་

བྱུང་བཙུ་བཞི་བའི་མི་ཡོས་ལོར་ལེགས་པར་བསྐུལ་ཏོ། །

སྨྲས་པ། ཞི་དང་ཁྲོ་བོའི་དཀྱིལ་འཁོར་ཀུན་བདག་རྩ་བའི་སངས་རྒྱས་ཨ་ཧྲུས། །རང་སྣང་གཟུང་མར་རྩེ་དགས་རོལ་ལས་རྡོ་རྗེའི་རིགས་ཀྱི་སྲས་སུ་བསྐྲུན། །བྱམས་མགོན་བླ་མའི་ཐུགས་བཅུད་ཉེར་འཐུང་ཧྣ་ཀྵ་བཛྲ་དྲང་སྲོང་གིས། །གཞན་ཕན་སེམས་མཆོག་སྙི་ཧླུག་ལེགས་གཏད་ཐེག་མཆོག་རིགས་ཀྱི་ཐུ་བོར་བྱས། །ཤེས་རབ་རལ་གྲིའི་འཁྲུལ་འཁོར་གཡོ་ལྡན་ངེས་དོན་བསྟན་པའི་སྒྲོན་མི་དེས། །ཀུན་རྫོངས་མུན་པ་དྲུངས་ནས་ཕྱུང་སྟེ་ཤེས་བྱའི་གཤིས་ལུགས་གསལ་བར་བསྟན། །ངག་ལ་དབང་འགྱུར་དོན་ཀུན་གྲུབ་པས་ཀཱ་ལ་ཙཀྲའི་དཀྱིལ་འཁོར་ཆེར། །ཀླ་ཀློ་གཞོམ་པའི་དཔུང་གི་ཏུ་འདྲེན་རྡོ་རྗེའི་ཏུ་མཚོན་ཁྱོད་ལ་གཏད། །འཆད་དང་ཉན་པའི་བརྟུལ་ཞུགས་ཆེས་ལེགས་ཀྱང་། །ཡར་བསྐྱེད་ཅི་ཡང་མེད་པ་རི་མོའི་གཟུགས། །མ་ཡིན་བླ་མའི་རྟོགས་པ་སློབ་མ་ལ། །པར་དུ་བཏབ་པའི་རྣམ་ཐར་འདི་རྨད་བྱུང་། །ཚངས་རིགས་གྲུབ་པའི་མཁྱེན་པ་སྒྲོག་གི་ལྡེ། །གསེར་འོད་འཁྱུག་པའི་སྒྲོན་མ་ཚར་དངར་བ། །ཐུབ་བསྟན་སྟོ་སངས་ལྷ་མོའི་ཐོད་ཀ་ན། །མཛའ་བས་དམ་དུ་འཁྱུད་པའི་རྩེ་དགའ་འཛིན། །རིགས་ལམ་ཉི་ཚེར་ཞེན་པ་ཀཀྐ་ཏའི། །སྤྱོད་ཡུལ་མ་གྱུར་གསང་ཆེན་རྒྱ་མཚོའི་བཅུད། །ཉེར་འཐུང་དག་པའི་སྣང་བ་འབྱམས་ཀླས་པས། །གསང་བའི་བདག་པོའི་མཚན་དོན་གཅིག་ཏུ་སྒྲུབ། །འོན་ཏེ་རྡོ་རྗེ་འཆང་དབང་ཡང་ནས་ཡང་། །ལམ་ལ་རིམ་གྱིས་སློབ་ན་གཏུགས་མཐའ་ཅི། །བདག་ཅག་རྗེས་སུ་འཛིན་པའི་ཐབས་མཁས་ཀྱི། །ངང་ཚུལ་བསམ་གྱིན་ལག་པད་སྤྱི་བོར་ཟུམ། །

ཅེས་ཧེ་རུ་ཀ་དཔལ་དུས་ཞབས་ཆེན་པོ་རྗེ་བཙུན་འཇམ་དབྱངས་ཐུབ་བསྟན་ཉི་མ་དཔལ་བཟང་པོའི་ཞལ་སྔ་ནས་ཀྱི་རྣམ་པར་ཐར་བ་གསང་གསུམ་བཀྲ་ཤིས་རྒྱན་གྱི་རི་མོ་ཞེས་བྱ་བ་ལས། ཐོས་བསམ་གསེར་གྱི་འཁོར་ལོས་ཐུབ་བསྟན་གླིང་བཞིའི་ཁྱོན་ལ་དབང་བསྒྱུར་བའི་སཀྲ་སྟེ་གཉིས་པའོ།། ༎

སྐབས་གསུམ་པ། འཕྲིན་ལས་གདུགས་དཀར་གྱི་གྲིབ་བསིལ་ཤར་ཕྱོགས་རྒྱ་མཚོའི་མཐའ་ལ་ཁྱབ་པའི་ཚུལ།

རབ་བརྟན་བརྟན་པའི་འཁོར་ལོ་དཔའ་བོ་ཆེ། །
རྗེས་ཆགས་ཆགས་པར་སྤྱོར་བའི་གཡོ་ལྡན་མས། །
སྙིང་གཏམ་གཏམ་དུ་གླིང་བའི་གྲོས་མཛོད་དང་། །
འཇམ་དཔལ་དཔའ་བོའི་ཞིང་མཆོག་སྐྱོང་ཚུལ་བྲི།

དགུང་ལོ་སུམ་ཅུ་བཞེས་པ་ས་ཕོ་འབྲུག་གི་ལོར་ཨ་ཏུ་ཧོར་ཆེན་ནས་དད་ལྡན་བསྟན་པའི་སྦྱིན་བདག་ཆེན་པོ་མིའི་དབང་ཕྱུག་དཔོན་བློ་ལི་ཡུམ་སྲས་བཅས་ནས་ཏེམ་ཆི་ངག་དབང་དཔལ་བཟང་ངོ་གཡོག་གི་གདོང་ཞུ་ཚོགས་མཐའ་སྐྱེལ་གྱིས་ཞུ་ཤོག་བསྐུར་མ་ཕུལ་བར་བརྟེན་སྐད་དུ་ཕེབས་རྒྱུའི་གྲ་སྒྲིག་མཛད། འཇམ་མགོན་བླ་མ་ཁྲི་ཆེན་གུང་ཐང་རིན་པོ་ཆེ་ནས་འཕྲུལ་ཡུན་གྱི་བསླབ་བྱ་འགག་ཆེ་བ་དང་ལུང་བསྟན་ཟུང་འབྲེལ་དུ་གནང་བ་ཐམས་ཅད་ཕྱིས་ཐོག་ཏུ་མ་ཕེལ་བ་གཅིག་ཀྱང་མ་བྱུང་བས་ཡིད་ཆེས་དང་དད་གུས་ལྷག་པར་འཕེལ་ཞེས་བཀའ་ལས་བྱུང་། ཡང་ཉིན་གཅིག་ཧོར་ཚང་རིན་པོ་ཆེར་མཇལ་དུ་ཕེབས་པར། ཁྱེད་ཀྱིས་ང་ལ་འཛིགས་བྱེད་ཞལ་ཕྱག་ཡོངས་རྫོགས་ཀྱི་རྗེས་གནང་ཞིག་བསྐུར་དགོས་གསུངས། དེ་མི་ཉུང་ཞུས་པར། ཅིས་ཀྱང་དགོས་ཞེས་ནན་ཅན་མཛད་པས་ཁྲི་ཆེན་རང་ནས་མཆོད་གཡོག་གནང་སྟེ་ངས་ཕུལ་བ་ཡིན། དེ་ཕྱིན་ཞལ་མ་མཇལ་ཡང་ཕྱིས་སུ་སྤྲུལ་སྐུ་ཚང་ནས་ཁོང་ལས་བཀའ་ཆོས་གསན་པའི་ཐོག་མ་དེ་ཡིན་པའི་རྟེན་འབྲེལ་སྒྲིག་པ་ཡིན་འདུག

གསུངས། སྨད་ཕྱོགས་སུ་ཕེབས་རྒྱུར་རྗེ་ཉིད་ནས་སྐྱབས་མགོན་རིན་པོ་ཆེར་ཐོན་ཕྱག་དང་སྐྱབས་འཇུག་རྣམས་ཞུས་ཟིན་ཀྱང་། སང་ཕེབས་རྒྱུའི་དོ་ནུབ་སྐུ་མདུན་དུ་ཤོག་གསུངས་པས་དེ་མ་ཐག་ཕེབས་པར། ཀུན་མཁྱེན་ཆེན་པོ་ནས་མཆོད་གཏོར་ཞིག་བཤམས་ནས་བཞུགས་འདུག་པ་ལ་མཇལ་བས། ངས་ཁྱེད་ལ་ཆོས་རྒྱལ་ཕྱི་ནང་གསང་གསུམ་གྱི་རྗེས་གནང་ཞིག་བསྐུར་གསུངས་ནས་ཕོང་གཅིག་ཕྱུ་ལ་བསྐུར་པར་མཛད་པ་ནི་འཇམ་དབྱངས་སྤྲུལ་པའི་ཞིང་དུ་བསྟན་འགྲོའི་དོན་རླབས་པོ་ཆེ་འགྲུབ་པའི་འཕྲིན་ལས་འཇམ་དཔལ་བཀའ་སྡོད་རྣམ་གསུམ་ལ་བླ་མ་འཇིགས་མཛད་རྡོ་རྗེས་ཆེད་དུ་གཏད་པར་ཁོ་བོ་ཅག་སྨྲའོ། །དེ་ནས་སྤྱི་སྙེར་མཐའ་དག་ནས་ཚིབས་སྐྱེལ་དང་བཅས་ཞབས་ཀྱི་པདྨ་དབང་ཕྱོགས་སུ་བཏེགས་པར་གྱུར་པ་ན། ཇི་ལྟར་དང་བའི་རྒྱལ་པོ་ནམ་མཁའ་ལ་ལྡིང་ཞིང་གཤེགས་པའམ། ཡང་ན་ཁྱུ་མཆོག་ཆེན་པོ་ལམ་དུ་ཞུགས་པ་དང་ཚུལ་མཚུངས་པར་སྣང་ཆེན་དལ་འགྲོས་ཚུལ་གྱིས་སྐད་དང་ཆ་ལུགས་མི་གཅིག་པའི་རྒྱ་སོག་གི་ཡུལ་གྲུ་དུ་མར་བརྒྱུད་དེ་ཕེབས་པས། ཨ་རུ་ཧོར་ཆེན་ནས་ལྷ་དཔོན་སོགས་ཀྱིས་མཆོན་སྐྱ་བསུ་སེར་བསུ་རིམ་པ་མང་པོ་དང་། ཚ་བབ་ཞག་བབ་སོགས་ཕུན་ཚོགས་པར་གྲ་སྒྲིག་པ་སོགས་བཀུར་སྟི་ཆེན་པོས་གདན་དྲངས་ཏེ། སྦྱིན་བདག་དམ་པ་མིའི་དབང་པོ་བླེ་ཡི་དཔོན་གྱི་ཨུརྒྱེར་ཕྱག་ཕེབས་སོ། །དེ་ནས་དཔོན་པོས་གཙོས་ཆེ་ཕྲ་མཐའ་དག་ནས་ཕྱག་དང་མཇལ་དར་འབུལ་བ་སོགས་སྟོན་དུ་འགྲོ་བས་ཡུལ་ལུགས་ཀྱིས་དགའ་སྟོན་རྒྱ་ཆེར་བསྟར། ལོ་འདིའི་དགུན་ཀུན་མཁྱེན་སྐུ་ཕྲེང་གསུམ་པ་སྐྱབས་མགོན་མཆོག་དགུས་གཙང་དུ་ཐུགས་སྦྱོང་ལ་ཕེབས་རྒྱུའི་གཏམ་ངེས་ཅན་གསན་འཕྲལ་རྫོང་འབུལ་གྱི་ཆེད་མི་སྣའི་གདོང་ལ་ཤེལ་སྤྲིང་དང་། དངུལ་སྲང་ལྔ་བརྒྱ། གོས་ཡུག་མང་བཅས་ཕེབས་རྫོང་ཚན་ཆེ་བ་ཕུལ་བས། མི་སྣ་རྣམས་སྤྲུལ་ལོར་སྐུ་ཞབས་ཆེན་མོ་སང་འབྱོན་རྒྱུའི་སྔར་ཉིན་དེར་འབྱོར་འདུག་པས་ཡ་མཚན་ཆེ་

བར་སྣང་། དགུན་པེ་ཅིང་དུ་ཙན་དན་ཇོ་བོ་ལ་མཇལ་བར་ཕེབས་ཤིང་། ཁྲི་ཆེན་ནམ་མཁའ་བཟང་པོའི་སྤྲུལ་སྐུ་ཟམ་ཚ་ཧོ་ཐོག་ཐུ་ལ་མཇལ་འཕྲད་མཛད། ཁོང་ནས་ད་ལོ་ངེད་རང་དགོན་དུ་སོང་སྐབས་སེངྒེ་ང་རོའི་ལྷ་ཁང་གསར་བསྐྲུན་གྱི་ཐིག་འདེབས་རྒྱུའི་ཆེད། སྐྱབས་མགོན་མཆོག་སྤྲུལ་རིན་པོ་ཆེའི་སྐུ་མདུན་དུ་གུང་ཐང་རིན་པོ་ཆེ། ཧོར་ཚང་རིན་པོ་ཆེ། ངེད་ཐམས་ཅད་འཛོམས་ཐོག་ཏུ། ཁྱོད་ཀྱི་དབུས་ཇོངས་འབུལ་མཁན་གྱི་ཨེལ་ཆི་སླེབ་བྱུང་བར། ཁོང་འཇམ་པའི་དབྱངས་ནས། རྟེན་འབྲེལ་བཟང་། སྔོ་བ་ཚང་གིས་ཀྱང་ལྷ་ཁང་འདི་འདྲ་ཞིག་བཞེངས་རྒྱུ་ཡིན་པ་འདྲ་ཞེས་སྐུ་རྩེད་ཀྱི་ཚུལ་དུ་གསུངས། ང་ཚོས་ཡང་དེ་བཞིན་དུ་གྱུར་ཅིག་ཅེས་མཐུན་འགྱུར་བྱས་པ་ཡིན་གསུང་བ་སོགས་གསུང་གླེང་དམར་བ་བྱུང་། བཀའ་ལས་ཀྱང་། དེ་སྐབས་རྟེན་བཞེངས་ཀྱི་རྩོལ་བ་བྱེད་འདུན་མེད་ཀྱང་། ཁྱེས་བསམ་བློ་བཏང་ཚེ་ཡབ་སྲས་ཀུན་ཞལ་མཐུན་པར་མཁྱེན་གཅིག་གིས་ལུང་བསྟན་ཏེ་བྱིན་གྱིས་རླབས་པར་གདོན་མི་ཟ་ཞེས་གསུངས། ཁོང་གི་མདུན་ནས་ཁྱབ་བདག་སྟག་ཕུ་ཆེན་པོ་གར་དབང་ཆོས་ཀྱི་དབང་ཕྱུག་གི་དག་སྣང་བླ་མེད་ལུགས་ཀྱི་སེང་ལྡེང་ནགས་སྒྲོལ་གྱི་བྱིན་རླབས་ཀྱི་དབང་ཟབ་མོ་གསན་ཞིང་། ཁྲི་ཆེན་འདི་ཉིད་རྒྱལ་འཁོར་གྱི་དབང་ཕྱུག་ཆེན་པོ་ཞིག་ཡིན་འདུག་པས། ཁོང་ལ་བརྟེན་ནས་རྟོགས་པ་ཁྱད་པར་ཅན་བརྙེས་པ་དང་གསང་བའི་རྣམ་ཐར་མང་པོ་ཞིག་ཀྱང་གསུངས་ཡོད་ཚོད་དུ་མངོན། གསང་བ་རྒྱ་ཅན་ལས། ཡི་དམ་མཁའ་འགྲོའི་འཕྲིན་གྱིས་བྱིན་རླབས་བསྐུལ། །བསྟན་སྲུང་ཚོགས་ལ་བཀའ་བསྒོས་བར་ཆད་བསལ། །སྙན་བརྒྱུད་བདུད་རྩིས་སྙིང་གི་ཚ་གདུང་བཙེམ། །འཇིགས་མེད་ནམ་མཁའ་དཔལ་ལ་གསོལ་བ་འདེབས། །ཞེས་སོ། །

དེ་ནས་ཧ་ལོའི་བར་སྐབས་ཞིག་ནས་དགོས་པ་ཁྱད་པར་ཅན་ལ་གཟིགས་ནས་རྟེན་བཞེངས་ཞིག་གནང་བར་དགོངས་ཏེ། བཀའ་ལས། བདག་སོག་ཡུལ་དུ་རང་

ངོས་ནས་རྒྱུ་ནོར་འཚོལ་ཕྱིར་ཆེད་གཉེར་གྱིས་འོང་བ་མིན་པར། སྦྱིན་བདག་གིས་དད་པས་བསྐུལ་ནས་འོང་བ་ཡིན་ཡང་གཞིན་གསོན་གྱི་འདི་ཕྱི་ལ་ཕན་དུ་རེ་བ་འདི་སྟོངས་པར་སོང་ན། བདག་ཚོ་ཕྱི་མར་འགྲོ་བ་ཅིར་འགྱུར། དེས་ན་རྟེན་བཞེངས་འདི་འདྲ་ཞིག་བྱས་ན་རང་ལ་བུ་ལོན་དུ་མི་འགྱུར་ཞིང་འབྲེལ་ཐོགས་ཀུན་རིམ་གྱིས་རྣམ་འདྲེན་སྟོང་གི་བསྟན་པ་དང་མཇལ་བར་འགྱུར་བ་དང་། མཐར་ཀུན་གཟིགས་ཀྱི་ཞིང་ཁམས་སུ་རྒྱལ་སྲས་ཀྱི་སྤྱོད་པ་རླབས་པོ་ཆེ་ལ་སློབ་པ་ཞིག་གི་རྒྱུར་ཨེ་འགྱུར་སྙམ་ནས་བློས་ཐག་བཅད་པ་ཡིན་ཞེས་གསུངས། སྔར་རྗེ་ཉིད་པོ་བྲང་དུ་ཕེབས་སྐབས་ཏཱ་ལ་ཏ་རྗེ་བཙུན་དམ་པ་རིན་པོ་ཆེ་བྱོན་པར་ཐམས་ཅད་ ཟུར་ལང་གིས་མཇལ་དུ་སོང་ཡང་རྗེ་ཉིད་ཕེབས་མ་ཐུབ་པར་འདུག ཕྱིས་མཚན་ལམ་དུ་འདིར་རིགས་ལྡན་རྒྱལ་པོ་ཕེབས་པར་ཁྱོད་མཇལ་དུ་མི་ཡོང་བ་ཅི་ཡིན་ཟེར་བ་ཞིག་བྱུང་བས་ཐུགས་དགོངས་ལ། རྗེ་བཙུན་དམ་པ་ཏཱ་ར་ན་ཐའི་སྤྲུལ་སྐུ་ཡིན་སྐབས་ཁོང་ལ་མཇལ་དགོས་པའི་བརྡར་འདུག་དགོངས་པ་བཞིན་སྐུ་ཞབས་སུ་མཇལ་བ་དང་། ཡོངས་འཛིན་ཨ་ཀྱཱ་ཚང་ལ་དབང་རྒྱུན་དཀོན་པ་འགའ་གསན་རྒྱུ་དང་ཆབས་ཅིག་ཆེད་གཉེར་གྱིས་ཏཱ་ལ་ཏར་བྱོན། སྐྱབས་མགོན་རྗེ་བཙུན་དམ་པར་མཇལ་ནས་ཆོས་འབྲེལ་ཞིག་ཞུས་པར་ཅི་དགོས་གསུངས། དགའ་ལྡན་ལྷ་བརྒྱ་མའི་ལུང་ཞིག་ཐུགས་རྗེས་གཟིགས་པ་ཞུ་ཞེས་ཞུས་པར། དེ་མི་ཐོན་དཔེ་ཆ་ཞིག་ཁྱེར་ཤོག་གསུངས། སངས་རྒྱས་ཆོས་ཚོགས་མ་གསུང་སྐབས་གསུང་འདར་ཞིང་དཔེ་ཆ་མཇུག་ནས་ཡར་ཟླ་མགོ་ནས་མར་ཟླ་ནས་ཏ་ཅང་ཐུགས་འཚབ་པའི་ཚུལ་མཛད་ནས་ཡི་གེ་ཙམ་ཡང་ཕེར་མི་ཕེར་ལྟ་བུ་གནང་། དེ་ནས་ཉིན་གཅིག་ཐང་ན་རས་གུར་ཆེན་པོ་ཞིག་ཕུབ། མི་འཚོགས་ཏ་ཅང་ཆེ་བར་འདུག་པ་ལ། ཡོངས་འཛིན་ཨ་ཀྱཱ་ཚང་ནས་ཁྱེད་ཀྱིས་སྐུ་ཕྱོགས་ལ་བཀའ་ཆོས་ཤིག་ཞུས་པ་ཨེ་ཡིན་གསུངས། དེ་མིན་ཞུས་པར། གོང་ནས་ཁྱེད་ལ་བཀའ་ཆོས་

གནང་རྒྱུ་ཡིན་གསུང་གིན་འདུག་གསུངས། དེ་ནས་རྗེ་ཉིད་ལ་འབོད་མི་བཏང་ནས་ཕེབས་གསུང་བ་ལྟར་བྱོན་པས། རས་གུར་ནང་དུ་རྗེ་ཉིད་ལ་གོས་འབོལ་སུམ་རྩེག་ཅིག་གདིང་འདུག རེ་ཞིག་ནས་སྐུ་ཞབས་མཆོག་དབུ་གདུགས་རྒྱ་གླིང་སོགས་དང་བཅས་ཕེབས་ནས་རྗེ་ཉིད་ལ་འབོལ་གདན་སྟེང་དེར་བཞུགས་གསུངས། ཁྲི་ཁར་ཕེབས་ནས་ཤེར་སྙིང་གི་དབུ་བསྐུལ་ཞིང་། དེ་ནས་ཏལ་ཏ་བ་རྣམས་ལ་བཀའ་བཀྱོན་པའི་ཚུལ་གྱིས། ངས་ཁྱེད་ཚོ་ལ་བཀའ་ཆོས་གནང་རྒྱུ་རེད་ཨེ་བསམ། ཁྱེད་ཚོ་ལ་ཆོས་མི་དགོས་ཨང་། སྡེ་བ་ནོ་མོན་ཧན་འདི་བ་ཆོས་ཀྱི་ངོས་ནས་རྒྱལ་དབང་རིན་པོ་ཆེས་ནོ་མོན་ཧན་ཞེས་ཆོས་ཀྱི་རྒྱལ་པོའི་ཆོ་ལོ་གནང་བ་རེད། ང་རང་ཚོ་ལྟར་དབུལ་གྱིས་ཉེས་པའི་ནོ་མོན་ཧན་དེ་མ་རེད། ཀུན་མཁྱེན་འཇམ་དབྱངས་བཞད་པ་ཟེར་བ་དགེ་ལྡན་པའི་བསྟན་པའི་བདག་པོ་རེད། འདི་བ་དེའི་ཐུགས་ཀྱི་སྲས་པོ་ཡིན་པས་འདི་ལ་བརྟེན་པ་ཡིན་ཞེས་སོགས་ཚོགས་གཏམ་དྲག་པོ་གནང་སྟེ། འཇམ་དཔལ་མཆོད་བརྗོད་ཀྱི་ལུང་དང་སྦྲགས་བཤད་པ་ངོ་མཚར་གནང་ཞིང་། དཔལ་ལྡན་རྒྱུ་སྐར་དཀྱིལ་འཁོར་ཅན། །ཕྱོགས་བཅུའི་ནམ་མཁའི་མཐས་གཏུགས་པར། །ཆོས་ཀྱི་རྒྱལ་མཚན་ལེགས་པར་འཛུགས། །ཞེས་པའི་མཚམས་ནས་བརྒྱངས་བསྐུམ་མ་དང་། ཉེ་གཞོན་འཆར་ཀ་མ་ཞིག་གསུངས། དེ་ནས་ཁྱེད་ཚོས་འདི་ཅི་ལ་བརྟེན་ཨེ་བསམ། བླ་མ་འདི་དགེ་ལུགས་པའི་བསྟན་འཛིན་ཆེན་པོ་རེད། དགེ་ལུགས་པའི་བསྟན་པ་གཏད་ས་ཆོས་རྒྱལ་དང་། དེའི་ནང་ནས་ནང་སྒྲུབ་ཡིན་པས་འདི་ཉིད་ཞབས་པད་བརྟན་ཕྱིར་བརྟེན་པ་ཡིན་ཞེས་སོགས་གསུངས་ཏེ། འགྲོ་ན་གདུགས་གཅིག་ཡངས་པ་སྟེ། །ཞེས་པ་མན་ཆད་ཕན་ཡོན་དང་བཅས་པ་ཤར་མར་གསུངས་ནས། མཇལ་འདོན་སྐབས་ཏར་གྱིས་བཞེངས་ནས་ཕེབས་སོང་། དེའི་རྗེས་དྲིལ་བུ་ལྷ་ལྷུའི་དབང་ཞུ་མཁན་ཞིག་གིས་སྔོན་ནས་ཞུས་ཡོད་པ་ཡང་འདི་རེས་འཁྱེར་བས། རྗེ་ཉིད་ནས་ཨ་

ཀླུ་ཚང་བརྒྱུད་དེ་གོང་ལ་དབང་གྲལ་དུ་བསྟོད་ཚིག་པ་ཞུས་པ་བཞིན། བདེ་མཆོག་དྲིལ་བུ་ལྷ་ལྔའི་དབང་ལེགས་པར་གསན་པ་ཡང་རང་འགའ་ཙམ་མ་ཡིན་པར། རྗེ་ཉིད་ལ་འདི་དུས་གཟིགས་སྣང་ཡང་མི་འདྲ་བ་ཞིག་བྱུང་སྙམ་སེམས་ཤིང་། ཤམྦྷ་ལར་སྐྱེ་བའི་སྨོན་ལམ་དུ། བདེ་དུས་ལམ་ནས་འོག་མིན་གནས་སུ་ནི། །ཞེས་གསུངས་པ་ལྟར། ཤིན་ཏུ་ཐུན་མོང་མ་ཡིན་པའི་ཚུལ་བསམ་གྱིས་མི་ཁྱབ་གསང་བ་མཆོག་གི་བྱིན་རླབས་ཀྱི་རྟེན་འབྲེལ་ཟབ་མོས་གནས་སྐབས་དང་མཐར་ཐུག་གཉིས་ཀའི་བཞེད་དོན་གྱི་སྙིང་པོ་འགྲུབ་པར་མངོན་ཏེ། གསང་བརྒྱ་ཅན་ལས། དེ་ཙ་ཀཿདཔལ་འབར་བའི་སྐུར་བཞེངས་ཏེ། །བདེ་ཆེན་ཀཱ་ལ་བ་ཡི་གྲོང་མཆོག་ཏུ། །འཁྲིད་པའི་རྟེན་འབྲེལ་ཟབ་མོས་དབུགས་དབྱུང་མཛད། །འཇིགས་མེད་རྒྱ་མཚོའི་སྡེ་ལ་གསོལ་བ་འདེབས། །ཞེས་གསུངས་པ་ལྟར་རོ། །ཡོངས་འཛིན་རིན་པོ་ཆེ་ཨ་ཀྱཱ་ཧོ་ཐོག་ཐུ་ལས། རྗོར་དབྱིངས་འཇིགས་བྱེད་ཞི་དགུ་མ། རོ་ལངས་བརྒྱད་སྐོར་སོགས་གསན་སྐབས་རྗེ་བཙུན་དམ་པ་རིན་པོ་ཆེ་ཡང་དབང་གྲལ་དུ་བཞུགས་ནས་མཉམ་དུ་གསན་པས། ཐུགས་ནང་གཤིན་པས་གསུང་འཕྲོས་ཀྱི་སྐོར་ཡང་མང་དུ་གནང་འདུག རྗེ་ཨ་ཀྱཱ་བ་ལྷག་པའི་ལྷ་དངོས་ཀྱི་རྗེས་སུ་བཟུང་བ་སོགས་སྐྱེས་ཆེན་དམ་པ་གཞན་དང་མི་འདྲ་བ་ཞིག་ཡིན་པ་ནི། རྒྱ་ཅན་ལས། བྱམས་བརྩེའི་གཟིགས་པ་དུས་ལས་མི་ཡོལ་ཞིང་། །འཕགས་མས་རྗེས་བཟུང་ལུང་བསྟན་བྱིན་གྱིས་རླབས། །འབྲལ་ཚད་དོན་ལྡན་མཛད་པ་ཆོས་ཀྱི་རྗེ། །བློ་བཟང་འཇམ་དབྱངས་རྒྱ་མཚོར་གསོལ་བ་འདེབས། །ཞེས་སོ། །རྗེ་ཉིད་ནས་ཨ་ཀྱཱ་རིན་པོ་ཆེ་ལ་རྟེན་བཞེངས་གེགས་མེད་འགྲུབ་བམ་མི་འགྲུབ་ཞུས་པས། ཁོང་ནས་མཚན་ལམ་ན་མདོ་སྡེ་སྐལ་བཟང་ཞིག་གློག་གིན་འདུག་པའི་ནང་ན་རིན་པོ་ཆེ་དཔལ་ཞེས་བྱ་བར་གྱུར་པས་རིན་ཆེན་སྣ་བདུན་ཕུལ་ནས། དང་པོར་བྱང་ཆུབ་མཆོག་ཏུ་སེམས་བསྐྱེད་དོ། །ཞེས་འདོན་པ་ཞིག་ཐོས་པས་གེགས་མེད་ལམ་རྒྱུགས་ཤིག་ཡོང་

ངོས་གསུངས། རྗོར་དབྱིངས་གནང་བའི་ཚེ་སྔོམ་བཟུང་གི་སྐབས་གསང་མཚན་ཅི་ཡིན་ཞེས་གསུང་པར་རིན་ཆེན་རྡོ་རྗེ་ཡིན་ཞུས་པས། ཁ་སང་གི་རྨི་ལམ་དང་མཐུན་པས་ཡག་པོ་བྱུང་གསུངས་ནས་དགྱེས་ཚོར་ཆེ་བར་མཛད། བཀའ་ལས། དེའི་སྔར་ཡབ་སྲས་ཀུན་གྱི་ལུང་བསྟན་རྣམས་ཀྱང་ཤིན་ཏུ་མཚུངས་པས་དགའ་དད་འཕེལ་བའི་ངང་ནས་བློས་བཅད་ཀྱི་དམ་བཅའ་ཇི་བརྟན་དུ་སོང་ཞེས་གསུངས། ཨ་ཏུ་ཏོར་ཆེན་ཨོ་བོ་ཏིས་བླ་མ་བློ་བཟང་བསྟན་འཕེལ་ལས། ཀྱཻ་རྗོར། བདེ་མཆོག འཁོར་ཆེན། བདེ་མཆོག་བོང་ཞལ་སོགས་མང་དུ་གསན། ཕྱི་མ་འདི་ལ་ཆོས་རྗེ་བཀའ་འགྱུར་བའི་དཀྱིལ་ཆོག་སྟེང་དུ་རྗེ་ཉིད་ནས་སྦྲས་དོན་ཀུན་གསལ་དང་བསྟུར་ནས་མཆན་བུ་ཡང་འདེབས་པརམཛད་འདུག དེའི་ཚུལ་ནི་རྒྱ་ཅན་ལས། རབ་འབྱམས་དཀྱིལ་འཁོར་རྒྱ་མཚོའི་ཞལ་ཕྱེ་སྟེ། །རྣམ་དག་དབང་བཞིས་དྲི་མ་ཀུན་སྦྱངས་ནས། །སྐུ་བཞིའི་ས་བོན་ཐེབས་མཛད་ཆོས་ཀྱི་རྗེ། །བློ་བཟང་བསྟན་འཕེལ་ཞབས་ལ་གསོལ་བ་འདེབས། །ཞེས་སོ། །

དེ་ནས་མཚོ་བདུན་གྱི་བཟོ་བོ་རྣམས་ལ་རྗེ་ཉིད་ཀྱི་སྐུ་ཚབ་རབ་འབྱམས་པ་འཇམ་དབྱངས་དཔལ་ལྡན་དང་། དཔོན་བླེ་ལི་ནས་ཉུ་བོ་ཨ་ཀེ་དཔལ་གྲུབ་གཉིས་ཆེད་མངགས་ཀྱིས་སངས་རྒྱས་སྟོང་སྐུའི་བཟོ་གྲྭ་འཛུགས་རྒྱུའི་འཛུག་སྟོན་གནང་། སྔར་མཚོ་བདུན་དུ་ཐོག་མར་ཕེབས་སྐབས། ཨ་ཡུ་ཤིའི་བཟོ་གྲྭ་འདི་ནས་བསུ་བ་དང་གསོལ་སྟོན་སོགས་ཕུལ་ཏེ་ཁ་དར་ཆེ་ལེགས་དངུལ་མཊ་བཅས་སྣད་ནས་རྟེན་བཞེངས་ཀྱི་རིགས་དང་། ཁྱད་པར་སངས་རྒྱས་སྟོང་སྐུ་བཞེངས་ཚེ་དེད་ཚོའི་བཟོ་གྲྭ་འདིར་ཅིས་ཀྱང་གནང་བ་མཁྱེན་ཞེས་ཞུས་པར་རྗེ་བླ་མ་མཆོག་ནས་ཀྱང་རྟེན་འབྲེལ་གྱི་ཆེད་ནས་ཞལ་བཞེས་གནང་བར་མཛད། ཕྱིས་སུ་བཀའ་ལས། དེ་ནི་མི་སྙིང་ལྷས་བསྐུལ་ཟེར་བ་བཞིན་བླ་མའི་བྱིན་རླབས་དེ་དུས་ནས་རང་གཞན་

གྱི་ཁ་སེམས་ལ་ཞུགས་པའི་རྟགས་སུ་འདུག་ཅེས་གསུངས། བྱའི་ལོར་ཐུ་མེད་བེའི་ཟེའི་དགོན་ཆེན་དུ་ཕེབས་སྐབས། འཇམ་དབྱངས་ཀུན་གཟིགས་སྐུ་ཚད་བཀྲ་ཤིས་འཁྱིལ་གྱི་འདུ་ཁང་ཕུའི་བྱམས་སྐུའི་ཚད་ཙམ་བཞེངས་པར་བཞེད་ནས། རང་ཡུལ་གྱི་ལྷ་བྲིས་པ་བཟང་བ་ཞིག་གནས་སྐོར་གྱི་ཆེད་དུ་འོང་བ་དང་སྟབས་འགྲིགས་ཏེ། དེ་ལ་སྐུ་ཚད་ཀྱི་མ་ཡིག་འབྲིར་བཅུག་པར། ཁོས་ཞལ་ཚད་འཕྱུག་སྡེ་སྔ་མ་ལས་ཉིས་འགྱུར་དང་། དེ་མཚུངས་ཀྱི་སྐུ་ཡོངས་རྫོགས་བྲིས་འདུག་པ། གྭ་སློབ་སྦྱིན་བདག་རྣམས་ནས་རྒྱུ་དངོས་འགྲོ་ཚབ་ཏ་ཅང་ཆེ་བས་ཁོང་ཚོའི་བློས་འཆུན་ཀྱང་། རྒྱལ་བ་དགེ་འདུན་གྲུབ་ཀྱི་རྣམ་ཐར་དུ་བྱམས་སྐུ་བཞེངས་པ་དང་། བླ་མ་ཞིང་གི་ལྷ་ཆེན་དཔལ་འབར་བཞེངས་པ་དང་ཆ་འདྲ་བར་བྱུང་བའི་ཚུལ་བཀའ་ལས་བྱུང་བ་ལྟར། ངེས་པར་ཐུགས་བསྐྱེད་དང་སྨོན་ལམ་ཕུལ་དུ་བྱུང་བའི་རྟགས་སུ་མངོན། འདི་གའི་ལོ་མཇུག་ཏུ་གཉེར་བ་འཇམ་དབྱངས་མཁས་མཆོག་ལྷ་ཁང་གཟིམ་ཁང་གསར་རྒྱགས་ཀྱི་ལས་དཔོན་པར་བསྐོས་ཏེ་བཀྲ་ཤིས་འཁྱིལ་དུ་བརྫངས། ཁྱི་ལོའི་དབྱར་གཟའ་སྐར་བཟང་པོ་ཞིག་ཏུ། སྐྱབས་མགོན་རིན་པོ་ཆེ། གསེར་ཁྲི་རྣམ་གཉིས་ཀྱིས་འདུས་ཚོགས་དང་ལྷན་གཅིག་ཐུགས་སྨོན་དང་བཅས་གཙུག་ལག་ཁང་གི་ཐིག་འདེབས་པར་མཛད། སྐབས་འདིར་གཙོ་ཆེར་གུང་ཐང་འཇམ་དབྱངས་བླ་མ་མཆོག་ནས་ཕྱག་གིས་ཐིག་སྐུད་བཏབ་སྟེ་གང་ཅིའི་ཞལ་བཀོད་མཐའ་ཚོད་པ་བསྐུལ། ཐུ་མེད་ཀྱི་བློ་ཐུད་ཅང་ཟེར་བའི་བཟོ་གྲྭ་དེར་ཀུན་གཟིགས་ཀྱི་སྐུ་བཞེངས་རྒྱུའི་བཀོད་ཁྲབ་བསྐུལ་ནས། ལས་བྱེད་དོ་དམ་པར་ཀྱ་རུ་ཐོ་ཡོན་བློ་བཟང་རིན་ཆེན། ཐོ་ཡོན་འཇམ་དབྱངས་མཁས་གྲུབ། ཙ་ཁི་རིག་ཆེ་བཟོད་པ་རྒྱ་མཚོ། ཐེ་ཇི་ཚེ་རིང་རྡོ་རྗེ། ཐེ་ཇི་ཐུ་གུ་སུ་ཚོག་ཐུ། ཐེ་ཇི་བ་ཡན་ཨར་བུད་ཏུ། ཐེ་ཇི་ཨ་ཙ་ལ། ཐེ་ཇི་ནོར་བུ། ཐེ་ཇི་འཇིགས་བྱེད་སྐྱབས། ཐ་བོ་ནང་ཞིབ་བཟང་པོ་སོགས་བསྐོ་བཞག་མཛད། བཟོའི་རིམ་པ་

ཕལ་ཆེར་གྲུབ་ནས་མཛོད་པ་རབ་འབྱམས་པ་དཀོན་མཆོག་ལེགས་ལྡན་སོགས་ཀྱིས་བལྟ་རྟོགས་བྱས་སྐབས། ཞལ་རས་ལ་བཟོ་སྐྲུན་ཆེ་ཙམ་འདུག་པ་ལ་ཞིབ་ཏུ་བལྟས་ཚེ་འདི་ཡིན་གྱི་ཚོད་ཐིག་དཀའ་བ་བྱུང་། ལས་འཛིན་རྣམས་ནས་གྲོས་བྱས་ཏེ་མི་བྱེད་ཀ་མེད་ཀྱིས་བཟོ་སྐྲུར་བྱེད་རྒྱུར་ཐག་བཅད། ཕྱིར་འོང་ནས་བལྟས་ན་ཆ་གང་ཐད་ནས་མཛེས་ཤིང་སྒོམས་པ་ཞིག་ཏུ་གྱུར་ནས་འདུག་པར་བསྐྱར་བཟོ་བྱེད་རྒྱུ་མ་རྙེད་པས་དོ་དམ་པ་དང་བཟོ་བོ་ཐམས་ཅད་ཧ་ལས་ཤིང་། འཁོར་ལྡན་འགའ་ཞིག་གིས་ཡེ་ཤེས་པ་མངོན་སུམ་དུ་ཞུགས་པ་ཡིན་འདུག་ཅེས་གླེང་པ་བྱུང་། བཀའ་ལས་ཀྱང་། ཕྱིས་ངོས་ཀྱིས་མཇལ་ཚོའང་སྔར་ལོ་དང་མི་འདྲ་བར་བཟོ་བཀོད་ཕུན་སུམ་ཚོགས་པ་ཞིག་རང་འབྲུངས་སུ་བྱུང་འདུག་པས། བླ་མ་དང་ཆོས་ལ་ཡིད་ཆེས་ཀྱི་ངེས་པ་རྙེད་གསུངས་ཏེ། རྗེ་བཙུན་མཁྱེན་པའི་གཏེར་དངོས་སུ་ཞུགས་པ་ལ་ཐེ་མི་ཚོམ་པས་རང་ཕྱོན་དུ་གྲགས་པའང་འདི་འདྲ་མ་གཏོགས་མེ་ལོང་ལ་གཟུགས་བརྙན་ཤར་བ་ལྟར་སློ་བུར་དུ་བྱུང་བ་མི་སྲིད་དོ། །ལས་གྲྭ་ཚུགས་པ་ནས་བཟུང་ལོ་སྔ་ཕྱིར་གྲྭ་སློབ་སྦྱིན་བདག་རྣམས་ནས་དད་འབུལ་གྱི་དངོས་པོ་རྒྱ་མཚོ་ཆེན་པོ་རྫོལ་བ་བཞིན་དཔག་ཏུ་མེད་པ་བྱུང་བ་ཐམས་ཅད་ཀྱང་རྟེན་བཞེངས་ཀྱི་རྒྱུར་འགྲོ་ངེས་མཛད། དེ་ནས་བཟོ་ཕྲ་མོ་ཚུན་ཆད་ཀྱང་ཚགས་སུ་ཆུད་ནས་ལེགས་པར་གྲུབ་བསྡུན་ལྷ་ཆེང་ཁྲི་ལོ་ཉེར་གཅིག་པ་བྱི་བའི་ལོ་གསར་སྐབས་རྒྱལ་བསྟན་འཕེལ་རྒྱས་དང་། གོང་མ་ཆེན་པོའི་ཆབ་སྲིད་བརྟན་ཕྱིར་སངས་རྒྱས་སྟོང་སྐུ་བཞེངས་པ་གོང་དུ་མཁྱེན་བཙུག་པས་ཐུགས་དགྱེས་པ་ཚད་མེད་པ་བྱུང་བས་ཕྱིར་ལན་དུ་ཚེ་རིང་གནམ་གྱི་ཤེ་མོང་བཙན་པོའི་བཀའ་རྟགས་ཀུན་ཏུ་བཀྲ་ཤིས་གླིང་ཞེས་པའི་ཅི་པེན་དང་། སྐུ་འདྲ་གདན་འདྲེན་རྒྱུའི་ཨུ་ལག་སོགས་གནང་ཞིང་། ས་སྐྱོའི་དཔོན་ཁག་རྣམས་ལ་བཀག་འགོག་བྱས་མི་ཆོག་པའི་དྲིས་ཅི་ཏ་ཟམ་ཐོག་ནས་བཏང་བ་སོགས་བདག་རྐྱེན་བླ་ལྷག་ཏུ

བསྐྱངས། བཀའ་ལས་ཀྱང་། གོང་ནས་སྨྲས་སྐྱོང་ཚད་མེད་པ་གནང་བས། ངེས་པར་རྗེ་བཙུན་འཇམ་པའི་དབྱངས་མི་རྗེའི་གཟུགས་སུ་རོལ་བའི་རང་རྟགས་སུ་ངེས་ཤེས་འདྲོངས་གསུངས། ལོ་འདིར་སྐུ་འདྲ་གདན་འདྲེན་རྩིས་ཀྱིས་ལས་འཛིན་དོ་དམ་པ་དང་། བཟོ་བོའི་ཚོགས་རྣམས་ལ་གྲོལ་སྟོན་དང་གནང་སྦྱིན་རྒྱ་ཆེ་བ་བསྩལ། གདན་དྲངས་སྐབས་གནམ་ཁད་ཤིན་ཏུ་འཇམ་པ་ལ་ཁ་བ་ཞུས་ཝུབ་ཙམ་དུ་བབ་པས་ཀུན་གྱིས་མེ་ཏོག་གི་ཆར་དུ་སླེབ་ཅིང་། རྣམ་པར་དཀར་པའི་འཕྲིན་ལས་ཀྱིས་སའི་སྟེང་མ་ལུས་པར་དཀར་འཇམ་ཡུག་གཅིག་ཏུ་ཁྱབ་པའི་རྟེན་འབྲེལ་དུ་ཡང་མངོན། དེའི་ཉིན་ཞལ་རས་མེ་རིན་ཐོག་ཐོ་རྟོའི་ཁྲིམ་དུ་གདན་དྲངས་ཏེ་མཆོད་འབུལ་དང་སྨོན་ལམ་བཏབ་པས་ཕྱིས་སུ་ཁོ་རང་གི་ལྷ་ཁང་ཆུང་ངུ་ཞིག་ཡོད་པ་དེ་ལ་རྗེ་བླ་མ་ཉིད་ནས་རྒྱ་བསྐྱེད་དེ། དུས་འཁོར་གྱི་གྲྭ་ཚང་ཞིག་འཛུགས་པར་མཛད་པ་སོགས་སྨོན་འབྲས་མིག་ལམ་དུ་སྨིན་པ་བྱུང་། སྐུ་ཡོངས་རྫོགས་སྐབས་གཅིག་གདན་འདྲེན་རྩིས་གནང་ཡང་ཏ་ཅང་རྒྱ་ཆེ་སོང་བས་ཕྱེད་ཙམ་མཛོད་པ་རབ་འབྱམས་པས་བཀྲ་ཤིས་འཁྱིལ་དུ་གདན་དྲངས། སྣང་གི་ལོར་གཉེར་བ་ངག་དབང་མཁས་མཆོག་གིས་གོང་ནས་གནང་བའི་ཙོ་པེན་དང་། ཞལ་རས་སོགས་འདྲ་སྐུའི་ལྷག་མ་གང་ཡོད། གཟུངས་གཞུག་ཏུ་འབུལ་རྒྱུར་འོད་སྲུང་དང་བདག་ཅག་གི་སྟོན་པའི་རིང་བསྲེལ་སྟོང་ཕྲག་ལྷག་བཅས་སྤྱན་དྲངས་པ་བཅུ་གཉིས་པའི་ཡར་ངོའི་ཚེས་བཅུ་ལ་གདན་སར་སླེབས། དགེ་འདུན་མང་ནས་བསུ་བ་སེར་སྦྲེང་དང་བཅས་བཀུར་སྟི་ཆེན་པོས་ལྷ་ཁང་གསར་པར་གདན་དྲངས་བསྟུན་ཁ་བ་མེ་ཏོག་གི་གོང་བུ་ལྟ་བུ་བབ་ཅིང་། རྒྱང་སྐད་ཤིན་ཏུ་ཆེ་བའི་འབྲུག་སྒྲ་ཐེངས་གསུམ་དུ་གྲགས་པ་སོགས་ཡ་མཚན་པའི་ལྟས་མངོན་སུམ་གྱི་སྤྱོད་ཡུལ་དུ་གྲུབ་པ་བྱུང་། བཀའ་ལས། ལྷོ་ཕྱོགས་སུ་འབྲུག་སྐད་ཆེས་གསལ་བ་བྱུང་བ་ལ་དཔག་ན་འབྲེལ་ཐོགས་རྣམས་ལྷོ་ཕྱོགས་ཀུན་གཟིགས་ཀྱི་ཞིང་དུ་སྐྱེ་བའི་

བརྫའ་དང་རྟེན་འབྲེལ་གྱི་སྒོ་འགྲིགས་པའི་ལྟས་སུ་འདུག་ཅེས་གསུངས། སྔར་བྱ་ཡོའི་དགུན་རབ་འབྱམས་པ་འཇམ་དབྱངས་དཔལ་ལྡན་གྱིས་སྟོང་སྐུའི་ཕྱེད་གདན་སར་སྤྱན་དྲངས་སྐབས། རྒྱ་ནག་ཏུ་བེ་ལེན་ཅོའུ་འཁྲུགས་པས་དུས་གཟར་གྱི་སྐབས་དང་ཐུག་ན་ཡང་ལམ་བགྲོད་སོགས་ཤིན་ཏུ་བདེ་བར་བྱུང་འདུག་པ་ནི་རྗེ་བླ་མའི་བྱིན་རླབས་ཀྱི་མཐུ་ཁོ་ནའོ། །དེའི་འཕྲོ་མ་ལྔ་བརྒྱ་ཡང་སླང་གི་ལོ་འདིར་རྫོགས་པར་གདན་སར་འབྱོར། རབ་འབྱམས་པ་འཇིགས་མེད་མཁས་མཆོག་དང་། དཀོན་མཆོག་བདེ་ཆེན། གཉེར་བ་སྐལ་བཟང་ཚུལ་ཁྲིམས་གསུམ་ལས་འཛིན་པར་སྐྱབས་མགོན་མཆོག་ནས་བསྐོ་བཞག་གནང་བ་དང་། རྗེ་ཉིད་ནས་མངགས་པའི་འཇམ་དབྱངས་མཁས་མཆོག་སོགས་དོ་དམ་པ་རྣམས་ནས་ཁུར་བླང་གཡོ་ཟོལ་མེད་པར་བགྱིས་ཤིང་། ཨར་བུའི་རིགས་ཀྱང་མང་སྐབས་བཞི་བརྒྱ་ལྷག་དང་། རྒྱུན་པར་ཉིས་བརྒྱ་ལྔ་བཅུའི་སྐོར་གྱིས་གཙུག་ལག་ཁང་རྣམ་རྒྱལ་ལྷའི་ཁང་བཟང་ལ་འགྲན་བཟོད་པ་ལེགས་པར་བསྐྲུན་ཞིང་། ལྷ་བྲིས་པ་སྐལ་བཟང་ནས་སྟེབ་རིས་དང་ཤིང་རྩི་རྣམས་ལེགས་པར་ཕུལ་བ་བཅས་ཆ་མཐའ་དག་ནས་ཕུན་སུམ་ཚོགས་པ་ཀུན་གྱི་ནང་ནས་ཡང་རྩེར་སོན་པ་ཞིག་བྱུང་། བཀའ་ལས། ཕྱིས་སུ་བལྟས་ཚེ་གང་ཐད་ནས་ཀུན་གཟིགས་རྣམ་འདྲེན་སྟོང་གིས་ཕྱུག་གཡོག་ཕྱིས་འབྱུང་གི་བག་ཆགས་ཐེབས་ངེས་བྱས་འདུག་པ་ནི་སྔོན་གྱི་དུས་བཟང་སྐབས་ཀྱི་བྱ་བའི་ལག་རྗེས་ལྟ་བུ་ཞིག་ཞོག་འདུག་གསུངས། གཙུག་ལག་ཁང་གི་དབུས་སུ་ཀུན་གཟིགས་འཇམ་དཔལ་དབྱངས་ཀྱི་སྐུ་ཚད་དཀྲུས་འདོམ་ལྔ་བ་སེང་ཁྲི་རྒྱབ་ཡོལ་བཅས་དཔངས་ཐོག་ཚད་བཞི་བ། རྗེ་བོ་དང་། བྱམས་པའི་སྐུ་གཉིས་ཀྱང་ཁྲུ་བདུན་རེ། སངས་རྒྱས་སྟོང་སྐུ་རེ་རེ་ནས་ཁྲུ་གང་རྣམས་བཀོད་པས་མཛེས་པར་བཞུགས་ཤིང་། ཡོགས་རིས་ཀྱི་སྐོར་ཡང་གཙོ་སྐུའི་སྟེང་ཐད་ཀྱི་གཡས་གཡོན་གཉིས་ལ་རྗེ་བདག་ཉིད་ཆེན་པོ་དང་། ཡི་དམ་རྡོ་རྗེ་འཇིགས་བྱེད། མཛད་

པ་བཅུ་གཉིས་དང་ཆོ་འཕྲུལ་གྱི་བཀོད་པ། སྙིང་གི་བར་བསྐོར་ལ་གནས་བརྟན་བཅུ་དྲུག །གཏད་རབས་བདུན། རྒྱན་དྲུག་མཆོག་གཉིས། རྗེ་བོ་ཡབ་སྲས། ཀུན་མཁྱེན་སྐུ་འཕྲེང་རིམ་བརྒྱུད། བོད་ཀྱི་ནང་ངོས་སུ་ཆོས་སྐྱོང་གི་སྐོར། སྒོ་ཁྲམས་སུ་རྒྱལ་ཆེན་བཞི། སྲིད་པའི་འཁོར་ལོ་ཆ་ལྔ་བ། རྒྱ་གར་རྡོ་རྗེ་གདན་དང་ཤམ་བྷ་ལའི་བཀོད་པ་སོགས་ཤིན་ཏུ་མཛེས་ཤིང་ངོས་གཙང་བ་དང་། གཟུངས་གཞུག་ལ་ཆོས་སྐུའི་རིང་བསྲེལ་གཙོ་བོར་གྱུར་པའི་བྱིན་རྟེན་བསམ་གྱིས་མི་ཁྱབ་པས་ཕྱུར་བུར་གཏམས་ཤིང་དྲིལ་སྒྲུབ་སོགས་ཀྱི་ཕྱག་ལེན་ཚད་དང་ལྡན་པ་བྱས་སྟེང་། སྐྱབས་མགོན་མཆོག་སྤྲུལ་རིན་པོ་ཆེ་དང་། འཇམ་མགོན་བླ་མ་གུང་ཐང་རྗེ་ཡབ་སྲས་གཉིས་ནས་ཤིས་བརྗོད་ཀྱི་མེ་ཏོག་འཐོར་འབུལ་གནང་བ་གྲུབ་བསྟུན། ཁོང་འཇམ་པའི་དབྱངས་ནས་ལྷ་ཁང་གསར་པར་སྐལ་བཟང་རྣམ་འདྲེན་རྒྱལ་བའི་ཕོ་བྲང་ཞེས་མཚན་ཀྱང་བསྩལ་བར་མཛད། ལྷ་ཁང་གི་ཕྱོགས་བཞིར་འཛོམ་རྒྱུའི་གསེར་ཟངས་ཀྱི་སེནྡྷི་ཡང་གྲུབ་ཡོད་ཀྱང་རྗེ་ཉིད་ནས་བླ་བྲང་གི་གསེར་ཁང་ཆེན་མོ་མ་གཏོགས་ཐམས་ཅད་ཀྱི་དེ་འདྲ་བཞག་ན་མགོ་མཇུག་མེད་པར་འགྲོ་གསུངས་ནས་མགོན་ཁང་དང་ལྷ་ཁང་ནང་དུ་འཛོམ་ཏུ་བཅུག འདི་དང་དུས་མཚུངས་པར་རྗེ་རང་གི་བླ་བྲང་གཟིམ་ཁང་སུམ་ཐོག་ཕྱི་ནང་གི་ར་བསྐོར་དང་བཅས་པ་གསར་བསྐྲུན་མཛད། འདིར་རྗེ་བླ་མ་ཉིད་ནས་བྱ་བ་ལས་ཀྱི་འཁོར་ལོ་རྒྱ་ཆེར་མཛད་པའི་ནང་གི་གཙོ་བོར་གྱུར་པ་དངུལ་སྲང་ཁྲི་ཕྲག་དགུ་ལྷག་གིས་ཀུན་གཟིགས་རྣམ་འདྲེན་སྟོང་དང་བཅས་པའི་རྟེན་བཞེངས་ཇི་ལྟར་སྒྲུབ་པའི་ཚུལ་རགས་བསྡུས་ཙམ་བཀོད་པ་ཡིན་པས། ཞིབ་པར་རྗེ་རང་ཉིད་ཀྱི་བཀའ་རྩོམ་དཀར་ཆག་རྫོགས་ལྡན་སྲིད་ཀྱི་ཛ་སྦྲ་ལས་ཤེས་པར་བྱའོ། །

སྐབས་འདི་ཞིག་ཏུ་གསུང་མགུར་ཞིག་གནང་འདུག་པ་ནི་འདི་ལྟར། ཨ་ཧོ། དཔལ་འབྱོར་རིན་ཆེན་ཐོབ་པས། །མཚན་ལྡན་བླ་མ་བསྟེན་ནས། །མདོ་སྔགས་དམ་

ཆོས་བགོ་སྐལ། །ཐོབ་པས་ཞེ་བློ་བདེའོ། །ས་མཐའ་ཆུ་བཞིན་བསྐོར་ཀྱང་། །འབྲེལ་ཐོག་སྐྱེ་བོ་ཕོ་མོ། །གང་འཚམས་ཆོས་ལ་བཙུད་པས། །དོན་ལྡན་བྱ་བ་བསྒྲུབས་བྱུང་། །གྲོང་མཐའ་ཁྱི་བཞིན་ཉལ་ཀྱང་། །སྡོམ་ཁྲིམས་མདོན་ཕྲིག་མ་ཤོར། །མཁན་སློབ་སངས་རྒྱས་བྱང་སེམས། །ཚུལ་འཆོས་རྫུན་གྱིས་མ་བསླུས། །གསོན་གཤིན་དགོར་གྱི་ཕུང་པོ། །ཤ་རུལ་སྤྲང་མ་བཞིན་དུ། །ཉིན་ལྟར་ཚད་མེད་འདུས་ཀྱང་། །ཧ་ཅང་རྫམ་སེམས་མ་བྱུང་། །རང་ལ་ནུས་མཐུ་མེད་ཀྱང་། །མཆོག་གསུམ་དཔུང་དུ་སྦྲན་ཏེ། །འབྲེལ་ཐོགས་ཕན་བདེའི་འཚོ་བའི། །བསྔོ་པས་རྒྱས་གདབ་བགྱིས་སོ། །བདེ་གཤེགས་འདི་ཡི་བསྟན་ལ། །མ་སྨིན་མ་གྲོལ་བ་རྣམས། །རྣམ་འདྲེན་ལྷག་མ་གཞན་གྱིས། །སྨིན་ཅིང་གྲོལ་བར་སྨོན་ནོ། །ཀུན་གཟིགས་ཞིང་དང་མ་ཉམས་པའི། །དག་པའི་ཞིང་ཁམས་བཟུང་ནས། །ཀུན་གཟིགས་རྣམ་འདྲེན་སྟོང་གི། །མཛད་པ་འགྲུབ་ཕྱིར་བསྔོས་ཡོད། །ཟབ་དོན་ཆོས་ཀྱི་འབྲེལ་བའི། །བུ་སློབ་དད་ལྡན་འདི་ཀུན། །སྔོན་བསགས་ལས་སྨོན་དབང་གིས། །ད་ལྟ་ལྷན་ཅིག་འཛོམས་བྱུང་། །དད་དང་དམ་ཚིག་གཙང་མ། །བསམ་སྦྱོར་དག་པའི་རྟེན་འབྲེལ། །གཅིག་ཏུ་གོམས་པའི་མཐུ་ལས། །ཡང་ཡང་མཇལ་བར་སྨོན་ནོ། །ཞེས་གསུངས་པ་འདིར་ཞིབ་ཏུ་བརྟག་ན་རྣམ་ཐར་གྱི་སྙིང་པོ་བསམ་གྱིན་དད་པས་སྙིང་རྩ་འདར་བའི་གནས་སུ་འདུག་གོ། །

སྐད་ཕེབས་དང་པོ་འདིར་ས་བོན་མ་བྱུང་བའི་དབང་གིས་ཐར་ཆགས་སུ་ཞིབ་པར་བརྗོད་མ་ནུས་ཤིང་། སྤྱིར་ཉིན་རེའི་འགྲོ་འདུག་བྱ་སྤྱོད་ཀྱི་རིམ་པ་མང་དུ་བྲིས་ནས་གླེགས་བམ་ཆེར་བཏང་བ་ལ་རྣམ་ཐར་གྱི་མིང་བཏགས་པ། ཏ་བོང་གི་རྒྱལ་རབས་བསྙད་པ་དག་ནི་སྣག་ཤོག་གྲོན་པ་ལས་སྙིང་པོ་ཅི་ཡང་མ་མཐོང་ཞིང་། བདག་ཅག་གི་བླ་མ་བསྟན་པའི་སྲོག་ཤིང་གཅིག་པུར་གྱུར་པ་འདི་ལྟ་བུར་སྐྱ་དུས་ཀྱི་གྲྭ་སློབ་ཉིང་པ་རྣམས་ནས་རྣམ་ཐར་གྱི་ས་བོན་འབྲི་བའི་རྩོལ་བ་མ་བྱས་པ་ནི་གོ་མ་ཆོད་

པའི་རྟགས་སུ་འདུག་གོ། །ས་འབྲུག་ལོར་སོག་ཡུལ་དུ་ཕེབས་པ་ནས་བཟུང་ཆུ་རྟའི་ལོར་བར་ལོ་བཅོ་ལྔ་ཙམ་བཞུགས་ཤིང་། དེ་དུས་ད་ལྟའི་གནས་སྐབས་འདི་ལྟ་བུ་མ་ཡིན་པར་སོག་པོ་རྣམས་སྐྱོབས་འགྱུར་གྱི་གྲྭ་མ་ཉམས་པའི་སྐབས་ཡིན་འདུག་པས། དད་ལྡན་ཆེ་ཕྲ་རང་རང་གིས་གསོལ་བཏབ་པའི་ངོར་ཕྱི་ལོགས་ནང་ལོགས་ཀྱི་ཏོ་ཤོ་ཕལ་ཆེ་བར་ཕེབས་ཤིང་། དེ་དག་སོ་སོའི་སྐལ་བ་དང་འཚམས་པར་མི་ཏྲ་ཛོར་ཕྲེང་སོགས་དབང་ཆེན། སྒྲུབ་ཐབས་བརྒྱ་རྒྱམ་དང་རིན་འབྱུང་སོགས་ཀྱི་རྗེས་གནང་། བྱང་ཆུབ་ལམ་གྱི་རིམ་པ་དང་བློ་སྦྱོང་སོགས་ཉམས་ཁྲིད། བསྒྲུབ་བྱ་ཕོ་མོ་སྟོང་ཕྲག་བརྒྱལ་བར་བསྙེན་གནས་ནས་བཟུང་དགེ་སློང་གི་བར་བསླབ་པ་ཡང་དག་པར་བཙུད་པ་སོགས་དམ་པའི་ཆོས་ཀྱི་འཁོར་ལོ་བསྐོར་ཞིང་། ཁྱད་པར་གུང་ཐང་རིན་པོ་ཆེས་ཉིད་ལ་གནང་བའི་ཆབ་ཤོག་ཏུ། རིགས་ལྡན་རིགས་ལས་པདྨ་དཀར་པོ་དེ། །དུས་མཐར་དུས་ཀྱི་འཁོར་ལོའི་བཤད་སྒྲུབ་བསྟན། །འཛིན་སྐྱོང་འཛིན་མའི་ཁྱོན་འདིར་གཤེགས་པ་བཞིན། །གསང་ཆེན་གསང་མཛོད་ཕྱེ་བའི་གཏམ་དེ་སྙན། །ཞེས་གསུངས་པ་ལྟར། དཔལ་དུས་ཀྱི་འཁོར་ལོའི་དབང་ཆེན་ལན་དུ་མར་བསྐྱལ་པས་དེ་སྐབས་ཀྱི་དམ་པའི་སྐྱེས་སྤྲུལ། མཁན་པོ། ཆོས་རྗེ། དགེ་བའི་བཤེས་གཉེན་སོགས་བླ་མའི་རིགས་དང་། ཕང་། བླེ་ཡི། བླེ་ཟེ། གུང་། ཛ་སག ཐླེ་ཅི། ཐ་བུ་ནང་སོགས་དཔོན་རིགས་ཀྱིས་མཚོན། མཆོག་འཕྲིན་བར་མ་ཕལ་ཆེ་བ་ཞིག་རྗེ་འདིའི་སློབ་མར་མ་གྱུར་པ་མེད་དོ། །ཨ་རུ་ཧོར་ཆེན་བླེ་ཡིའི་དགོན་དང་། ཉིད་ཀྱི་ཕྱུག་འདེབས་དོ་ཡོན་བུ་ལག་སོགས་སུ་དུས་འཁོར་གྱི་གྲྭ་ཚང་ཡང་རྣད་དུ་བྱུང་བ་འཛུགས་པར་མཛད། འཇམ་དཔལ་གྱི་ཞིང་ཁམས་རི་བོ་རྩེ་ལྔར་དགོས་པ་ཁྱད་པར་བ་དང་བཅས་རྗེ་ཉིད་ཆེད་གཉེར་གྱིས་ལན་དུ་མར་ཕེབས་ཤིང་། སྐབས་ཤིག་ཏུ་བུག་སྒོ་འདག་སྦྱར་གྱིས་བཅད་རྒྱའང་ཡུན་རིང་ཙམ་གནང་འདུག །ཕྱིས་ཞལ་སློབ་འགས་བསྙེན་མཚམས་འདྲ་གནང་བ་ཡིན་

ནམ་ཞུས་པས། དེ་མིན། ལམ་རིམ་མཆན་བཞི་སྦྲགས་མ་ལ་བལྟས་ནས་རང་འགར་བསྟད་པ་ཡིན་གསུང་བ་ཙམ་ལས་ཅང་མ་གསུངས། རྗེ་ཉིད་རང་འགར་བཞུགས་པ་ཙམ་མ་ཡིན་པ་འདི་དུས་གནང་བས་གསུང་མགུར་རང་མཚང་གསལ་བའི་མི་ལོང་ལ་བལྟས་ན་འང་གསུང་རབ་ལ་གོ་བ་ཆགས་པ་ཞིག་ཡིན་ཚེ་རྟོགས་པ་ཇི་ལྟར་འབྱུངས་པ་ཤེས་ནུས་སོ། །དགྲ་བཅོམ་ལྷ་བརྒྱའི་ལྷ་ཁང་གི་ཉེ་འདབས་སུ་མཆོད་རྟེན་ཆུང་དུ་ཐིན་ཅན་ཞིག་ཡོད་པ་དང་། དབུས་རིའི་ཤོད་ཀྱི་མཆོད་རྟེན་གཉིས་ཞིག་རལ་དུ་སོང་བ་བཅོས་སྐྱོར་སྐབས་གཟུངས་གཞུག་ཁྲིད་དུ་འོད་སྣང་དང་། བདག་ཅག་གི་སྟོན་པའི་རིང་བསྲེལ་འབྲུལ་མེད་ཕྱག་ཏུ་འཁྱོར་བ་ཀུན་གཟིགས་བཞེངས་སྐབས་གཟུངས་གཞུག་འབུལ་བར་མཛད། ཆོས་རྒྱལ་ མྱ་ངན་མེད་ཀྱིས་རིག་སྔགས་ཀྱི་ཚོ་ག་ལ་བརྟེན་ནས་མཆོད་རྟེན་བརྒྱ་ཙ་ནུབ་གཅིག་ལ་བཞེངས་པའི་ཡ་གྱལ་མཆོད་རྟེན་དཀར་པོར་གྲགས་པའི་མདུན་དུ་སྟོང་སྐུའི་རྟེན་བཞེངས་མཐར་ཕྱིན་པའི་ཆེད་སྟོང་མཆོད་ཕུལ་ཏེ། གསོལ་འདེབས་དང་མཚན་ཐག་ཐོགས་ཞབས་བསྐོར་གནང་བཞིན་བཞུགས་སྐབས། ཉིད་ནས་རྩེད་མོའི་རྣམ་པས་མཆོད་རྟེན་འདི་ལས་འོད་ཟེར་ད་ལྟ་རང་འཕྲོ་བ་ཞིག་མཇལ་རྒྱུ་བྱུང་ནའང་ཞེས་གསུངས་གནང་བ་དང་། དེ་མ་ཐག་མཆོད་རྟེན་གྱི་བུམ་པའི་ཐད་ནས་འོད་དཀར་པོ་གསལ་ལ་འཚེར་བ་སྐར་ཆེན་ཙམ་པ་ཞིག་ཐོལ་གྱིས་བྱུང་ནས་ལྷོ་ཕྱོགས་སུ་འགྲོ་བ་ཉེ་གནས་འཛམ་དབྱངས་བསོད་ནམས་དང་ལྷན་དུ་གཟིགས་པ་བྱུང་། ཡང་སྐབས་འགར་ཞབས་ཞུ་བ་སོགས་ལ་གསུང་གནང་ནས་མཇལ་ཁ་བཀག་སྟེ་ཤིན་ཏུ་འགོལ་བར་བཞུགས་སྐབས། གློ་བུར་དུ་ཧྲ་ཤང་སྨུག་ཆས་ཅན་དང་རྒྱའི་བན་བཙུན་ལྔ་བུ་སྐུ་མདུན་དུ་འོང་བར་ཉེ་གནས་རྣམས་ལ་བཀའ་བསྒྲོན་གནང་བས། ཕྱི་ནས་དེ་འདྲ་མ་འོང་བས་སྐུ་མདུན་པ་རྣམས་ཧ་ལས་པར་གྱུར། སྐབས་འདི་འདྲ་ཞིག་ཏུ་ཉན་སའི་སྟོམ་ཚིག་མཛད། དེ་ནས་བཟུང་གཟིགས་སྣང་ལ

དེ་འདྲ་ཡང་ཡང་འབྱུང་ཞིང་གར་སོང་ཆ་མེད་དུ་འགྲོ་བ་ཞིག་རེད་གསུངས། དེ་
ལྟར་རི་བོ་རྩེ་ལྔར་ཕེབས་རེས་བཞིན་རྟེན་སོ་སོར་དངོས་ཕེབས་ཀྱིས་མཆོད་འབུལ་
དང་། དངོས་པོ་སྣང་བའི་རིགས་ལ་གནང་སྦྱིན་གང་ལ་གང་འོས་གནང་ཞིང་། ཕྱིས་
དགུང་ལོ་མཐོན་པོར་ཕྱུར་པའི་ཚེ་ཁོ་བོ་ཅག་མཇལ་སྐབས་ཤིག་ཏུ་བཀའ་ལས། པེ་
ཅིང་དེ་ཡུན་རིང་སྡོད་ས་ཞིག་མིན་པ་མ་གཏོགས་སོག་ཡུལ་ཏུ་སོང་ན་བཟང་བའི་
ཕྱོགས་དང་། ལྷག་པར་ཡང་རི་བོ་རྩེ་ལྔར་ཕྱིན་ནས་ཡུན་རིང་ཙམ་འདུག་རྒྱུ་བྱུང་ན་
ལེགས། དེར་བསྡད་ན་གནས་ཀྱི་ཁྱད་ཡིན་ནམ་སེམས་རྒྱུད་ཇེ་བཟང་དུ་འགྲོ་བ་ལ་
ཕན་ཐོགས་ཆེན་པོ་ཡོད་ཅེས་གསུངས་པ་སོགས་ཐུགས་ཞེན་ཆེ་བ་ལྟ་བུའི་ཉམས་ཀྱིས་
རི་བོ་རྩེ་ལྔའི་སྐོར་སྐུ་དྲུང་དུ་སླེང་པ་ན་ཤིན་ཏུ་དགྱེས་པ་ཞིག་ཡོད་དོ། །རྗེ་དབལ་
མང་བ་ནས་ཀྱང་། ཨ་ལགས་སྡེ་བ་ཚང་རི་བོ་རྩེ་ལྔར་བྱོན་པ་ནས་བཟུང་རྟོགས་པ་
གློང་དུ་རྫོལ་འདུག་ཅེས་ཡང་ཡང་གསུངས། སྐུ་ཚེ་འདིར་འཇམ་པའི་དབྱངས་ལ་ལྷག་
པར་འབྲེལ་ཆེ་བ་མཛད་པའི་བབས་ཀྱིས་ཤེས་ཤིང་། དེ་ཡང་ཐོག་མར་ཀུན་མཁྱེན་སྐུ་
ཕྲེང་བར་བས་མཚན་གནང་སྐབས་འཇམ་དབྱངས་ཐུབ་བསྟན་ཉི་མ་ཞེས་འདོགས་
པར་མཛད་པ་ཡང་དགོས་དབང་འདི་ལ་གཟིགས་པ་ཡིན་ལ། གུང་ཐང་འཇམ་པའི་
དབྱངས་ཀྱི་ཞལ་ནས་ཀུན་མཁྱེན་བླ་མས། ངེད་དང་སྡེ་བ་ཚང་གཉིས་ཀྱི་མིང་ཟུར་
ལ་སྒྲོན་མེ་དང་ཉི་མ་ཞེས་བསྐུལ་བའང་ལུང་བསྟན་ཡིན་འདུག ཁོང་ཤར་རྒྱ་མཚོ་
ཚུན་ཆད་དུ་འཕྲིན་ལས་རྒྱས་པ་དང་། ང་ལ་དེ་ལྟ་བུ་མི་འོང་བ་མཁྱེན་ནས་གསུངས་
པ་ཡིན་འདུག་ཅེས་གསུངས་པ་ལ་དཔག་ན་མཚན་ཙམ་གྱིས་ཀྱང་མཛད་པའི་བབས་
སྔ་ཕྱི་བདེ་བླག་ཏུ་འདྲེན་པས་གཞུང་ལུགས་མཁྱེན་པ་རྣམས་ཀྱིས་ཞིབ་ཏུ་དཔྱད་ན་
ད་དུང་ཡང་གོ་རྒྱུ་མང་པོ་ཞིག་ཡོད་ཚོད་དུ་འདུག་ལ། མཚན་ཡང་རྣམ་ཐར་གྱི་སྡོམ་
ལྟ་བུར་སྣང་ངོ་། །སྔར་ངོས་འཛིན་སྐབས་ཀུན་མཁྱེན་ནས་མི་སྣར་བླ་མ་དབུ་མཛད་

འཇམ་དབྱངས་གྲགས་པ་བརྫངས་པ་དང་། གདན་ཁྲིར་བཀོད་དེ་དགེ་འདུན་མང་ནས་མཇལ་ཁ་ཞུས་སྐབས་ཐམས་ཅད་ཀྱི་མཇུག་ཏུ་འཇམ་དབྱངས་དགའ་བ་ཟེར་བ་དེ་མཇལ་བ་སོགས་དེང་དུས་ཀྱི་ཆེན་པོ་རྣམས་ཀྱི་ངོ་འཛིན་དུ་ནན་གྱིས་བསྒྲིགས་པ་ལྟ་བུ་མ་ཡིན་པར། ཐོག་མཐའི་རྟེན་འབྱུང་གི་སྒོ་ཕུན་སུམ་ཚོགས་པ་རང་འགྲིག་ཏུ་གྱུར་པ་ལ་རྟེན་འབྲེལ་གྱི་གནད་ཆེན་པོ་ཞིག་ཡོད་འདུག་པར་ཁོ་བོ་ཅག་སྙམ། །རྗེ་བླ་མ་མཆོག་རྣམ་པ་ཐམས་ཅད་དུ་བཀའ་གདམས་གོང་མ་ལྟར་སྦས་པའི་རྣལ་འབྱོར་ཁོ་ན་ལྷུར་མཛད་པས་ཉམས་རྟོགས་ཅན་དུ་མངོན་མངོན་མི་གནང་ཡང་། རི་བོ་རྩེ་ལྔར་རྗེ་བཙུན་འཇམ་དཔལ་དབྱངས་ལ་བརྟེན་ནས་གྲུབ་པའི་མཚན་མ་ཁྱད་པར་ཅན་བརྙེས་པ་རྗེ་དབལ་མང་དཀོན་མཆོག་རྒྱལ་མཚན་པ་ལ་གསུངས་པར་སྣང་སྟེ། དེས་མཛད་པའི་གསོལ་འདེབས་བྱིན་རླབས་རོལ་མཚོ་ལས། འཇམ་དབྱངས་བླ་མའི་བཀའ་བཞིན་ཐུབ་བསྟན་སྤེལ། །འཇམ་དབྱངས་སྤྲུལ་པའི་གནས་སུ་ཉི་མ་ལྟར། །འཇམ་དབྱངས་བྱིན་རླབས་མཚན་མ་གསལ་བར་རྙེད། །འཇམ་དབྱངས་གྲུབ་བརྙེས་མཆོག་ལ་གསོལ་བ་འདེབས། ཞེས་གསུངས་པ་ལྟར། སྤྲུལ་པའི་ཞིང་དེར་ལམ་ཟབ་མོ་རིམ་པ་གཉིས་ཀྱི་ཏིང་འཛིན་བོག་ཐོན་ཏེ་རྟོགས་པ་མཐོན་པོར་གཤེགས་པ་དང་། ཡེ་ཤེས་ཀྱིས་གཟིགས་པ་དག་པའི་སྣང་བ་རྒྱ་མཚོར་འབྱམས་ཀླས་པའི་ཚུལ་བསམ་གྱིས་མི་ཁྱབ་པ་ཞིག་ཡོད་འདུག་ཀྱང་། གསང་བའི་གནས་དེ་ཉིད་སྟོན་པར་སྐབས་སུ་མ་བབས་པར་དགོངས་ནས་གཞན་ལ་སྤེལ་བར་མ་མཛད་པས་འདི་ཙམ་ལས་འགོད་མ་ནུས་སོ། །

འཇམ་མགོན་བསྟན་པའི་མངའ་བདག །ཤར་ཕྱོགས་གོང་མའི་མཆོད་ཡུལ། ལྷུང་སྐྱུ་ཐམས་ཅད་མཁྱེན་པའི་སྐུའི་རོལ་གར་བཞི་བ། རྗེ་ཡེ་ཤེས་བསྟན་པའི་རྒྱལ་མཚན་དཔལ་བཟང་པོ་དང་པོར་མཇལ་བ་ནས་བཟུང་དམ་ཆོས་འཛིན་པའི་སློན་

ལམ་དང་ཐུགས་བསྐྱེད་ལྷུ་གུ་རྒྱུད་དུ་འཁྱུད་པའི་ཕན་ཚུན་གྱི་འབྲེལ་བ་ཟམ་མ་ཆད་པའི་དབང་གིས་ཡབ་སྲས་གཉིས་ཤིན་ཏུ་ཐུགས་བཅུགས་པར་གྱུར། ཐམས་ཅད་མཁྱེན་པའི་ཞལ་སྔ་ནས་ལས། སྨན་བླ་བདེ་གཤེགས་མཆེད་བརྒྱད་ཀྱི་དབང་གསན། ཕྱིས་སྐུ་ཞབས་མཆོག་ནས་ཀྱང་རྗེ་བླ་མའི་དྲུང་ནས་དཔལ་དུས་ཀྱི་འཁོར་ལོའི་དབང་སོགས་ཆོས་བཀའ་རྒྱ་ཆེར་གསན་པས་ཕན་ཚུན་བླ་སློབ་ཏུ་གྱུར། ཐམས་ཅད་མཁྱེན་པའི་བཀའ་དྲིན་ལ་བརྟེན་ནས་རྗེ་བླ་མ་འདིའི་འཕྲིན་ལས་ཀྱི་སྒོ་འཕར་འབུམ་ཕྲག་ཏུ་ཕྱེ་ཞིང་། གོང་དུ་ཞུས་ནས་བསྐལ་བཟང་ལྷ་ཁང་ལ་ཅོ་པེན་གནང་བཅུག་པ་དང་། གཞན་ཡང་ཐོག་མཐའ་བར་དུ་མར་སྐུ་དྲིན་བླ་ལྷག་ཏུ་ཆེ་བས། དུས་ཕྱིས་ལྕང་སྐྱ་མཆོག་དག་ཞིང་དུ་ཕེབས་སྐབས་ཐུགས་མྱ་ངན་གྱིས་ཞུམ་སྟེ་སྨྲེ་ཤན་ཆབ་མང་དུ་བསིལ་བ་སོགས་མཛད་ཅིང་། གསུང་གི་ལྡོངས་ལ་ཡང་ཐུགས་ཀྱིས་དད་ཞེན་ཧ་ཅང་ཆེ་བའི་ཉམས་ཡོད་པ་ནི་ཀུན་གྱིས་མཐུན་སྣང་དུ་གྲུབ་པ་དེའོ། །གསང་བ་རྒྱ་ཅན་དུའང་། རྒྱལ་ཀུན་ཡེ་ཤེས་གཅིག་བསྡུས་དུར་ཁྲིག་གར། །སྙིགས་དུས་བསྟན་པའི་དཔལ་དུ་ཡོངས་ཤར་བ། །སྒྲིབ་གཉིས་གཡུལ་ངོ་འཇོམས་པའི་རྒྱལ་མཚན་མཆོག །གསུམ་ལྡན་རྡོ་རྗེ་འཛིན་ལ་གསོལ་བ་འདེབས། །ཞེས་གསུངས་སོ། །

དགུང་ལོ་ཞེ་བཞིའི་ཆུ་རྟའི་ལོར་འཇམ་མགོན་བླ་མ་གུང་ཐང་རྗེ་ནས་ཉིད་ལ་ཡི་གེ་གནང་བའི་ནང་དུ། ང་ལ་ཐུག་འདོད་ན་སང་ཕོད་ཚུན་ལ་ཅིས་ཀྱང་ཡོང་དགོས་ཞེས་གསུང་འདུག་པ་འགྱོར་འཕྲལ་དུ་རིམ་གྱིས་ཡར་ཆིབས་བསྐྱོད་དེ་བྱོན་པས། གདན་ས་ནས་བླ་མ་ཁྲི་གདན་ཟུར། ལས་སྣེ་ཆེ་ཚུང་། ནང་ཆེན་ཁག་རྣམས་ཀྱིས་ཕེབས་བསུ་རིམ་པར་ཞུས་ཤིང་དགེ་འདུན་མང་ནས་སེར་སྦྲེང་དང་བཅས་དགུན་ཟླ་ཐ་མའི་ཆོས་གཅིག་གི་ཉིན་གདན་སར་འགྱོར་འཕྲལ་གཟིམ་ཁང་དུ་མ་ཕེབས་པར་ཡབ་རྗེ་བླ་མ་འཇམ་པའི་དབྱངས་ལ་མཇལ་བས། ཁོང་ཡང་གཟིམ་ཁང་གི་ར་བསྐོར་

ཏུ་ཕེབས་ཏེ་མཇལ་འཕྲད་གནང་ཞིང་། ད་ངོ་ཐུག་པས་སེམས་དགའ་བ་ཡིན་ཞེས་གསུང་ཕྱོན་པའི་རྐྱེན་གྱིས་རྗེ་ཉིད་ཐུགས་སྐྱོ་བ་དང་དད་པས་རང་དབང་མེད་པར་སྤྱན་ཆབ་བབ་པས་ཞུམ་འཕྲོ་གཅོད་མི་ཐུབ་པ་ལྟ་བུ་བྱུང་། དེ་ནས་སྐྱབས་མགོན་རྡོ་རྗེ་འཆང་གོང་ཞབས་རིན་པོ་ཆེར་འཁྱོར་ཕྱག་ཞུས་ཏེ། རྗེ་རང་གི་གཟིམ་ཁང་གསར་པར་ཕྱག་ཕེབས། སྐྱབས་མགོན་གོང་མ་ཧྣཛྙ་བཛྲ་ཞབས་བཀྲ་ཤིས་འཁྱིལ་དུ་དང་པོར་ཕེབས་སྐབས་ཀུན་མཁྱེན་སྐུ་ཕྲེང་བར་བས་སྐད་ཆས་བྱས་ནས་ཕེབས་ཞེས་གསུང་བཀོད་གནང་བཞིན་རྗེ་བླ་མ་མཆོག་ནས་ཀྱང་འདི་རེས་སྐད་ཆས་བྱས་ནས་ཕེབས་དགོངས་ཡོད་ཀྱང་། སྟ་གོང་ཞིག་མནལ་ལམ་དུ་གུང་ཐང་ཚང་དང་དབལ་མང་ཚང་གཉིས་ཀའི་ཡི་གེ་རེ་འཁྱེར་བས་སྟ་མ་དེ་ཤོག་གུ་དཀར་པོ་དང་། ཕྱི་མ་དེ་གསེར་ལྟ་བུའི་སེར་པོ་ཞིག་ལ་བྲིས་འདུག་པ་གཉིས་ཀ་མཐུན་པར་ཁྱེད་གདན་སར་འབབ་ཉིད་གྲྭ་ཆས་བྱས་ནས་ཕེབས་གསུངས་འདུག་པ་ཞིག་རྨིས་པས། དེ་ཉིན་གཟན་ཤམས་མནབ་ནས་ཕེབས་པ་ཡིན་ཞེས་རྗེ་རང་གིས་གསུངས་སོ། །

སྨྲས་པ། ཨ་མདོ་ཞེས་གྲགས་གངས་ལྗོངས་འདི་རུ་ཐུབ་བསྟན་གསལ་བའི་ཉི་མ་མཆོག །ཧོར་ཡུལ་ས་ཆེན་སྐྱོང་བའི་རྒྱལ་ཕྲན་དང་འདུན་ལྷུང་གིས་ལེགས་དྲངས་པས། །ཆེས་ཆེར་ཐུ་བའི་སྙིགས་མའི་མུན་པ་ལྷག་མ་མེད་པར་བསལ་བྱས་ནས། །ཤར་བྱང་ཡུལ་ཕྱོགས་བདེ་སྐྱིད་དགའ་ཚལ་ངེས་ལེགས་སྦྲང་རྩིས་གཏམས་པར་མཛད། །ནོར་རྫས་འཚོལ་བའི་བརྣབ་སེམས་སྲིན་པོའི་ཁ། །གདངས་ནས་ཕྱོགས་འདིར་རྒྱུག་པ་ཆེ་མང་ཡང་། །སྲོག་དབང་ས་མཐའི་ཀླིག་མར་ཕྱིན་པ་ཡི། །གསང་ཆེན་བསྟན་པའི་ཆད་མཐུད་ཁྲིད་ལས་སུ། །སྐྱ་རེངས་ལམ་དུ་རྩེན་པ་ཉི་མའི་རྟུལ། །དབང་པོའི་དྲང་སྲོང་རྒྱུག་པའི་གུར་གུམ་ཆབ། །གཽ་རིའི་མཛེས་མའི་འགྲམ་པར་འཕོས་པའི་མདངས། །བོད་ཡུལ་རྫོགས་ལྡན་ལང་ཚོའི་ཚེ་ག་དར། །འཁྱོར་ལྡན་

དད་པའི་རལ་ལྡན་སྐལ་བའི་ལྡེ། །གསང་འཛིན་རྗེས་ཆགས་བཙུད་འཕྱུང་གེང་ཤུ་ག །གཅིག་ཏུ་མཛའ་བའི་སྟོད་ལྡན་འདབ་མའི་རྒྱ། །སྟོང་ཕྲག་རྒྱལ་བའི་སྣང་བརྙན་རི་མོར་བཞད། །ཀུན་གཟིགས་རྣམ་འདྲེན་ཀུན་གྱི་ཡབ་གཅིག་གིས། །རྒྱལ་བར་བསྐུན་པའི་རྒྱལ་སྲས་སྟོང་ཕྲག་གཅིག །གསང་བདག་གསང་གསུམ་རོལ་བར་གཅིག་ཉིད་ལས། །སྒྱུ་འཕྲུལ་སྒྱུ་མའི་སྣང་བ་ཅིར་ཡང་ཤར། །འཇམ་དབྱངས་སྤྲུལ་པའི་ཞིང་ཁམས་ཁྱོན་ཡངས་པོར། །ཐུབ་བསྟན་གསལ་བའི་ཉི་མ་རོལ་བའི་རླབས། །མཁྱེན་གཏེར་མཁྱེན་པའི་སྣང་བར་རོ་གཅིག་ཏུ། །གྲུབ་པའི་རྟོགས་པ་ཕྱོགས་ཀྱིས་མཐའ་ལ་འབྱམས། །

ཞེས་ཏེ་ཙ་ག་དཔལ་དུས་ཞབས་པ་ཆེན་པོ་རྗེ་བཙུན་འཇམ་དབྱངས་ཐུབ་བསྟན་ཉི་མ་དཔལ་བཟང་པོའི་ཞལ་སྔ་ནས་ཀྱི་རྣམ་པར་ཐར་བ་གསང་གསུམ་བགྲ་ཤིས་རྒྱན་གྱི་རི་མོ་ཞེས་བྱ་བ་ལས། འཕྲིན་ལས་གདུགས་དཀར་གྱི་གྲིབ་བསིལ་ཤར་ཕྱོགས་རྒྱ་མཚོའི་མཐའ་ལ་ཁྱབ་པའི་སྐབ་སྐྱེ་གསུམ་པའོ།། །།

སན་བཞི་པ། ཕྱོགས་ལས་རྣམ་པར་རྒྱལ་བའི་ཆོས་སྲིད་ཀྱི་རྒྱལ་མཚན་བསྒྲེང་བའི་ཚུལ།

ཡིད་ཀྱི་ཆུ་མཚོར་དབྱངས་ལྡན་བློ་ཞལ་མའི། །
མཛེས་སྟུག་སྣང་བ་འགག་མེད་བཀོད་ནས་སུ། །
སྨྲ་རིག་ཆར་ཟིམ་འབབ་ལྡན་མཁྱེན་བརྩེའི་སྤྲིན། །
གངས་རིའི་མགུལ་ན་རོལ་བའི་ངོ་མཚར་འགོད། །

དེ་ནས་དགུང་ལོ་ཞེ་ལྔ་བ། ཆུ་ལུག་བླ་བ་དང་པོའི་ཚེས་གསུམ་ནས་ཚེ་འཕྲུལ་སྨོན་ལམ་ཆེན་མོ་ཉིན་བཅོ་ལྔའི་རིང་ལ་ཚོགས་པ་སུམ་སྟོང་དུ་ཉེ་བར་ཇ་ཐུག་ཉིན་བསྐྱར་གྱི་བསྙེན་བཀུར་བར་མ་ཆད་ཐོག ཆོས་བརྒྱད་ཀྱི་ཉིན་ཀུན་མཁྱེན་ཆེན་པོ་ཚོགས་དབུར་གདན་དྲངས་ཏེ་དངུལ་དཀར་སྲང་སྟོང་གིས་མཚོན་པའི་འབུལ་ཆེན་ཕུལ་མཐོ་བ་བཏེགས། ཚོགས་ཆེན་ལ་དངུལ་སྲང་རེ་ཐེབས་ངེས་ཀྱི་ཇ་འགྱེད་དང་། དུང་ཚེ་ཁ་དར་སོགས་དང་། གྲྭ་ཚང་སོ་སོར་འགྱེད་དང་། སྤྲུལ་སྐུ་ཁག་ལ་གོ་བབ་དང་བསྟུན་པའི་འབུལ་ཚན། དགོན་ལག་རྣམས་སུ་ཡང་མང་འགྱེད་དང་བཅས་གཏན་པ་མེད་པའི་མཆོད་སྦྱིན་གྱི་གཏོང་བའི་སྒོ་འཕར་ནམ་མཁའ་མཛོད་དུ་ཕྱེ། སྨོན་ལམ་གྱི་སྐབས་གཟའ་སྐར་ཚེས་གྲངས་ལེགས་པའི་ཉིན་ཅིག་ལ། སྐྱབས་མགོན་ཐམས་ཅད་མཁྱེན་པའི་དབུས། བློ་མ་འཇམ་པའི་དབྱངས། རྒྱལ་མཁན་ཆེན་གྲགས་པ་རྒྱལ་མཚན། རོང་པོའི་མཁན་ཆེན་སྤྲུལ་སྐུ་དོན་ཡོད་རྒྱ་མཚོ་སོགས་ཚོག་གྲྭ་བ་སུམ་ཅུ་སྐོར་དང་བཅས་ལྷ་ཁང་གསར་པར་ཉིན་གཉིས་ཀྱི་རིང་བཀྲ་ཤིས་སྐྱེ་

མའི་སྒོ་ནས་རབ་གནས་སྨིན་རྒྱས་སུ་མཛད་དེ་བྱིན་རླབས་ཀྱི་གཏེར་དུ་རྫོགས་པའི་མཆོད་སྡོང་ཆེན་པོར་བསྒྲུབས། དཔྱིད་ཀ་འཇམ་དབྱངས་ཆོས་སྐོར་གྱི་རྗེས་གནང་དང་ཕྱག་རྡོར་འཁོར་ཆེན་གྱི་དབང་གསུང་བཤད་རྒྱས་པ་བཅས་བསྩལ། ཉིན་ཞིག་ཁྲི་ཆེན་འཇམ་པའི་དབྱངས་ནས་ཚེ་དཔག་མེད་ཀྱི་ཞལ་ཐང་གཅིག་དང་། ལམ་རིམ་ཆེན་མོ་གནང་སྟེ་ལམ་རིམ་འདི་རྗེ་བླ་མའི་གསུང་གི་སྙིང་པོ་ཡིན་པས་འདིའི་སྒོ་ནས་བསྟན་པ་ལ་ཕན་གང་ཐོགས་གྱིས། ཚེ་དཔག་མེད་ཀྱི་འབུར་སྐུ་མང་པོ་ཁྱེད་ལ་ཡོད་འགྲོ་ཡང་འདི་གཟི་བརྗིད་ཆེ་བས་ངས་ཁྱེད་ལ་ཕུལ་བ་ཡིན། བཀྲ་ཤིས་འཁྱིལ་འདི་མི་རེ་གཉིས་ཀྱིས་ཁུར་བཟུང་གིན་བཟུང་གིན་བསྟན་པ་སྤྱིའི་བྱ་བ་སྒྲུབ་པ་ཞིག་རེད། དེ་ཐུགས་ལ་བཟུང་གསུང་འདུག་པ་ནི་མ་ཊི་བའི་རྟེན་སྣམ་སྦྱིད་ལེན་ལྟ་བུ་མ་ཡིན་པར། འཁོར་ལོས་བསྒྱུར་བའི་རྒྱལ་སྲིད་རང་རིགས་ཀྱི་སྲས་དམ་པས་འཛིན་པ་བཞིན་རྗེ་རྒྱལ་བ་གཉིས་པའི་བསྟན་པ་ནང་ཐུགས་ཀྱི་སྲས་པོ་གཅིག་པུའི་ཕྱག་ཏུ་གཏད་པར་མཛད་པས། ངེས་པར་དད་པའི་སྤྱུ་ཡོང་གཡོ་བའི་འོས་ཞིག་ཡིན་ནོ། །ཟླ་བ་ལྔ་པའི་ནང་སྐྱིད་དགུའི་བསོད་ནམས་ཀྱི་མཐུ་ཉེ་བར་ཟད་པ་དང་རང་བསྟན་གྱི་གེགས་ཆག་དུས་སུ་བདོ་བ་ལྟ་བུས། ཁྲི་ཆེན་འཇམ་པའི་དབྱངས་ཞེས་རང་རེའི་དགའ་ལྡན་བསྟན་པའི་ཉི་མ་ཆེན་པོ་དེ་ཉིད་དགའ་ལྡན་མཁའ་སྤྱོད་སོགས་དག་པའི་ཞིང་ཁམས་རྣམས་སུ་གཤེགས་པའི་ཚུལ་བསྟན་སྐབས། རྗེ་ཉིད་ནས་སྐུ་གདུང་ཡིད་བཞིན་ནོར་བུར་སྲི་ཞུ་གང་དགོས་ཁུར་དུ་བླངས་ཞིང་གདུང་མདུན་དུ་རྒྱུན་བཞུགས་མཛད། སྐུ་ཞུགས་འབུལ་ལ་ཆོས་འབྲེལ་མེད་པ་དགོས་མིན་གྱི་དོགས་པ་གླེང་བར། རྗེ་འདིས་བླ་མའི་སྐུ་གདུང་སློབ་མས་ཞུགས་འབུལ་མི་བྱེད་པར་སུས་བྱེད་གསུངས་ནས། རྗེ་རང་ནས་སློབ་དཔོན་མཛད་ནས་ཞུགས་འབུལ་མདོ་རྒྱུད་ཀྱི་དགོངས་པ་དང་མཐུན་པར་མཛད།

དགུང་ལོ་ཞེ་དྲུག་པ་སྒྲོལ་བྱེད་ཅེས་པ་ཤིང་སྦྲུལ་ལོར་གོང་ནས་བཀའ་ཕེབས་

ལྟར། དཔྱིད་ཆོས་སྟེང་ཟླ་བ་གཉིས་པའི་ཚེས་དགེ་བར་དགའ་ལྡན་བཀྲ་ཤིས་འཁྱིལ་ཞེས་མདོ་སྨད་ཀྱི་བཤད་གྲྭ་ཀུན་གྱི་ནང་ན་གུར་དཀར་པོའི་ཧོག་ལྟ་བུའི་དེའི་འཆད་ཉན་གྱི་སྒྲོལ་ཀ་འཛིན་པའི་བྱེད་པོར་ཚོགས་ཆེན་གྱི་ཁྲིར་བཞུགས། རིགས་ལུང་གི་རྒྱུགས་ཞིབ་ཏུ་བཞེས་ཤིང་། དཔྱིད་ཆོས་གཉིས་པའི་སྟེང་རྩེ་བཞག་གི་རྒྱུགས་བླང་བར་ཐུགས་ཞིབ་ཅིང་དུང་བ་དང་། གཟི་བརྗིད་ཆེ་བས་དེ་དུས་ཀྱི་གྲྭ་བ་ཚོ་ད་དུང་དེའི་གདམ་གླེང་པ་ན་སྐྲག་པ་ལྟར་འདུག་ཅེས་ཡོངས་འཛིན་རྗེས་གསུངས། དབྱར་ཆོས་ཆེན་མོའི་སྐབས་ཉིན་ཁ་ཤས་བཅའ་ཡིག་ཀློག་པ་མཛད་དེ་དྲག་ཞན་སུས་ཀྱང་བཟོད་པར་དཀའ་བའི་ཚོགས་གཏམ་བཙན་བརྗིད་ཅན་གནང་ཞིང་། ལྷག་པར་ཕམ་བཞི་ཆང་སོགས་དང་། དཔེ་མཛོད་ཀྱི་དཔེ་ཆ་ལ་འཕོར་རྐྱེན་བྱུང་བ་དང་། མགོན་ཆོས་གཉིས་ལས་གཞན་པའི་ལྷ་འདྲེ་སྣ་ཚོགས་པ་བརྟེན་མི་ཚོག་པའི་ཚུལ་ལ་ཚོགས་གཏམ་དམིགས་ཕྱུག་པར་མཛད། བཀའ་རམས་ལ་རིགས་ལུང་གི་རྒྱུགས་དང་། མཛོད་ལ་ཡང་བསྐྱར་རིགས་ལུང་གི་རྒྱུགས་བཞེས་ཤིང་། རྗེ་ཉིད་ནས་བླ་མ་གླིང་བསྲེའི་བཤད་པ་གནང་སྐབས་རྗེ་གོང་མའི་དུས་ལྟར་ཆར་བབས་པས་ཀུན་ངོ་མཚར་བར་གྱུར། ཞབས་བརྟན་ལྷ་ཁང་དུ་རྒྱུན་པར་བཞུགས་ནས་གྲྭ་ཚང་བཞི་ཀའི་ཆོས་གྲྭ་ལ་དྲ་ར་གནང་ཞིང་རིགས་གྲྭའི་གཏོང་སྒོ་ཡར་རྒྱུན་ལྟར་ཆེར་མཛད། གུང་ཚོགས་གཉིས་ཀའི་ཚོགས་དབུར་ཕེབས་ཏེ་ཚོགས་གླེང་བ་ལ་གཟིགས་རྟོག་མཛད་ཅིང་རྗེ་རམས་པའི་དམ་བཅའ་ཆེན་མོར་ཡང་ཆག་མེད་ཕེབས། སྟོན་ཆོས་ཆེན་མོའི་རྒྱུགས་ལ་སྤྱར་ནས་ཚོགས་གཏམ་ཡང་ཡང་གནང་བ་ལྟར་ཐམས་ཅད་ལ་བྱང་ཆ་ལེགས་པོ་བྱུང་། སྟོན་ཆོས་ཕྱི་མ་གཉིས་ལ་གུང་ཚོགས་ཀྱི་སྟེང་སྲོད་ཆོས་ཡང་ཆག་མེད་གནང་། དུས་རྒྱུན་ཡང་རྩེ་བཞག་ཆག་མེད་དང་། འཛིན་གྲྭ་གོང་མ་རྣམས་ལ་རྩེ་བཞག་ཡུན་ཤིན་ཏུ་རིང་པོ་མཛད། དགུན་ཆོས་ལ་ཕར་ཕྱིན་སྟོན་མོ་དང་སློན་ལམ་གྲྭ་སྐོར་བ་སོགས་

ལ་རིགས་ལུང་གཞོགས་ཆེན་པོ་གྲྭ་སའི་མིག་ལྟོས་མ་ཉམས་པ་དགོས་ཚུལ་གྱིས་རྙིང་བསྐུལ་ཚ་ནན་མཛད་པས་ཤིན་ཏུ་ཕན་ཐོགས་པ་བྱུང་། ཤིང་བྱ་ལོའི་སྨོན་ལམ་གསུང་ཆོས་ཕྱག་སྲོལ་ལྟར་མཛད་ནས་ཟམ་ཚ་ཏོ་ཐོག་བྱ་འཛིགས་མེད་ནམ་མཁའི་ལུང་བསྟན་ཡོད་པ་བཞིན་དཔྱིད་འདིར་ཁྲི་ཁུར་རྫོགས་པར་མཛད་འདུག ཛེ་བླ་མ་མཆོག་ཁྲིར་བཞུགས་རིང་ལ་ལུགས་གཉིས་ཀྱི་སྒོ་གང་སྐོར་ནས་གདན་ས་རང་གི་བསྟན་སྲིད་ཀྱི་ལ་རྒྱུར་ཕན་པའི་མཛད་བཟང་ཀུན་གྱིས་མིག་མཐོང་ལག་ཟིན་དུ་འདེབས་པར་མཛད་པས་མི་ཆེན་པོ་ལ་སྨུམ་བླུག་པ་ལྟར་འཆད་ཉན་ཀྱང་ཤིན་ཏུ་དམར་བ་བྱུང་། ཡུན་རིང་ཙམ་བཞུགས་རྒྱུར་སོང་ན་སྐུ་ཚེའི་འཕྲེང་བར་ཀུན་མཁྱེན་བླ་མའི་ཐུགས་ཀྱི་བཞེད་པ་ཡོངས་སུ་སྐོང་བའི་ཐུགས་བསྐྱེད་དང་སྨོན་ལམ་ནན་ཏན་བཏབ་པ་ལྟར། ཆོས་སྡེ་རང་གི་བཤད་སྒྲུབ་ཀྱི་བསྟན་པའི་བྱ་བ་གྲྭ་མ་ཉམས་པར་ཡོད་པའི་སྟེང་ནས་ལྷག་པར་སྐྱེད་ཐོན་ཏེ་འདྲ་བའི་ནང་ནས་མི་འདྲ་བའི་དཔེར་གྱུར་པ་ཞིག་འོང་རྒྱུར་མཆིས་ཀྱང་། དུས་སྐབས་མར་སོང་བས་དམ་སྲིའི་བར་ཆད་དང་ཀུན་གྱི་བསོད་ནམས་ཀྱི་རྙིང་ཙུང་ཞན་པས་བསམ་ཐོག་ཏུ་ཁེལ་བ་ཞིག་མ་འོང་སྣང་ངོ་། །འདི་སྐབས་ཡོ་ཞྭ་མར་ཉིད་ཀྱི་སྐུ་གོང་མའི་སྐུ་མཆེད་ཡུ་ངོགས་མཁན་ཆེན་དོན་ཡོད་རྒྱ་མཚོ་ཞེ་བར་གཤེགས་པས་ཆེད་གཉེར་གྱིས་རོང་པོར་བྱོན། གང་ཅིའི་ལས་དོན་མཐའ་དག་ལ་ཐུགས་ཁུར་ཆེར་བཞེས་ཀྱིས་གྲོགས་ཀྱི་མཆོག་ནི་མི་བསླུ་བའོ། །ཞེས་པའི་སྒྲ་དོན་སྒྲུབ་པར་མཛད། དེ་ནས་དཔའ་རེ་གོར་རྩ་དཔོན་སློབ་དང་། ཨ་སྐྱིད་རི་ཁྲོད་པ་དཀོན་མཆོག་དར་རྒྱས་གཉིས་ཀྱིས་གསོལ་བ་བཏབ་པ་ལྟར། བསྐལ་བཟང་ལྷ་ཁང་ནས་ནག་ཟླ་དང་བསྟུན་དུས་འཁོར་གྱི་དབང་ཆེན་གནང་བར་མཁས་གྲུབ་ཆེན་པོ་རྗེ་དཔལ་མང་བ་ནས་ཀྱང་གསན་པར་མཛད། གཞན་ཡང་འགྲེལ་ཆེན་དྲི་མེད་འོད་ཀྱི་བཤད་ལུང་། འཇིགས་བྱེད་ཞེ་དགུ་མ། རོ་ལང་བརྒྱད་སྐོར། བདེ་མཆོག་བོང་ཞལ་

སོགས་ཆེས་དཀོན་པའི་དབང་ལུང་དུ་མའི་སྐྱོག་གི་ཆད་མཐུད་མཛད།

དགུང་ལོ་ཞེ་བརྒྱད་བཞེས་པ་མེ་ཁྱིའི་ལོར་སྦྱིན་བདག་རྣམས་ཀྱིས་ཉེ་བར་བསྐུལ་བས་མཚམས་སྦྱར་ཏེ། སླར་ཡང་ཆེན་པོ་ཧོར་གྱི་ཡུལ་གྲུར་ཞབས་བསྐྱོད། སྔོན་འགྲོ་མགོན་ཆོས་རྒྱལ་འཕགས་པས་སོག་ཡུལ་དུ་ཧོར་གྱི་རྒྱལ་པོ་སེ་ཆེན་ཧན་ལ་ཀྱཻ་རྡོར་གྱི་དབང་ཆེན་བསྐུར་བ་སོགས་ས་སྐྱའི་ཆོས་དར་བར་བྱས་ཤིང་སངས་རྒྱས་ཀྱི་བསྟན་པ་ཉིན་མོ་ལྟར་མཛད་པའི་རྟེན་འབྲེལ་ལ་དགོངས་ནས་རིགས་ལྡན་སྟོབས་པོ་ཆེ་ཁྲི་ལོ་དང་པོ་མེ་ཕག་ལོར། ཨ་རུ་ཧོར་ཆེན་བླ་ཡིའི་དགོན་དུ་དཔལ་ཀྱཻ་རྡོ་རྗེའི་གྲྭ་ཚང་གསར་འཛུགས་དང་། དེའི་དབང་ཆེན་གནང་སྟེ་གསང་ཆེན་ཆོས་ཀྱི་ཕོ་བྲང་ཆེན་པོར་བདེ་བླག་ཏུ་འཇུག་པའི་ཐེམ་སྐས་བརྟན་པོ་བཙུགས། མཁས་གྲུབ་རྗེའི་དཀྱིལ་ཆོག་ཡོངས་རྫོགས་སོག་སྐད་དུ་བསྒྱུར་ཏེ་ས་སྐྱའི་དུས་ལྟར་ཧོར་གྱིས་རང་སྐད་དུ་འདོན་རྒྱུའི་སྲོལ་འཛུགས་པར་བྱས། ཕྱི་ལོར་བཅའ་ཡིག་གནང་བ་སོགས་ཀྱིས་མཆོད་ཧོ་ཤོ་འདི་ག་རྗེ་བླ་མའི་འཕྲིན་ལས་ཀྱི་སྒོ་ཐོག་མར་ཕྱེ་བས་རྩ་བའི་སྦྱིན་བདག་གི་མཐིལ་དུ་སོང་གཤིས་སྔ་ཕྱི་ཀུན་ཏུ་བཀའ་དྲིན་བསམ་གྱིས་མི་ཁྱབ་པས་སྐྱོང་བར་མཛད། ལོ་སྔ་མ་ཞིག་ནས་ཨ་ཙ་ར་ཞིག་འོང་བ་ལ་ཨར་སྐད་ཀྱིས་གསུང་གླེང་རྒྱུན་པར་གནང་ཞིང་། འདི་རེས་རྒྱ་ནག་ཏུ་ཞབས་ཕྱིར་ཁྲིད། འདིས་བོད་སྐད་རེ་གཉིས་ལས་མི་ཤེས་ཀྱང་། རྗེ་ཉིད་ལ་རྒྱ་གར་འཕྲུལ་སྐད་གཞན་གྱིས་མ་བསླབ་པར་རང་བཞིན་གྱིས་མཁྱེན་པ་ཡ་མཚན་ཆེ་ཞིང་། དུས་རྒྱུན་རྒྱ་གར་སྐད་གསུང་བ་ཐུགས་ཤིན་ཏུ་མཉེས་པ་ཞིག་ཡོད། ཨ་ཙ་ར་ལས་འཕགས་ཡུལ་གྱི་ལུགས་སྲོལ་མང་དུ་གསན་པས་འདུལ་བ་ལ་ཕན་ཐོགས་མང་དུ་བྱུང་གསུངས། སྤར་ཕེབས་སྐབས་གདན་ས་ནས་ལམ་རིམ་ཆུང་ངུའི་བཤད་ལུང་ཞིག་གནང་བའི་མཇུག་ཏུ། དཔལ་མང་རིན་པོ་ཆེས་གཙོས་དཔོན་སློབ་ཚང་མས་ལོ་རྗེས་མར་མ་ཕེབས་ན་ཚང་མ་ཐུགས་ནས་དོར་བ་ཡིན་ཞེས་

ནན་ཆེར་ཞུས་པ་ལྟར་མེ་ཕག་ལོར་ཨ་མདོར་ཕེབས། སྐབས་འདི་འདྲ་ཞིག་ཏུ་ཐུགས་རྗེས་ལ་འདུ་ཁང་ཕུའི་བཞུགས་ཁྲི་མཆོད་རྟེན་གྱི་བང་རིམ་ལྟར་ཡོད་པའི་སྟེང་དུ་ཀུན་མཁྱེན་གོང་མ་བཞུགས་འདུག་པའི་དབུ་སྐུ་གཟན་གྱིས་བཏུམ་ནས་ཡོན་ཏན་གཞིར་གྱུར་མ་ཞིག་དལ་བུས་གསུང་གིན་འདུག་པས་ཉིད་ཀྱི་ཐུགས་ལ་འདོན་པ་གང་ཡིན་ཀྱང་འདད་རྒྱབ་ནས་འདོན་དགོས་པའི་བཏར་འདུག་སྙམ་དུ་དགོངས་པ་དང་། བང་རིམ་རྣམས་ལ་ཁྲི་བ་རིམ་བྱོན་ཡིན་ཟེར་བའི་བླ་མ་མང་པོ་གྲལ་བསྒྲིགས་འདུག་པའི་ཁྲོད་ན་མཆོག་གྲུབ་ཚང་ཟེར་བའི་གཟི་བརྗིད་ཅན་ཅིག་འདུག་པས་ཕྱིས་བསམ་ན་རིགས་གྲྭ་ཚང་གི་དགེ་རྒན་ཡིན་འདུག་གསུངས།

དགུང་ལོ་ང་གཅིག་བཞེས་པ་ས་གླང་ལོར། སྐྱབས་མགོན་ཐམས་ཅད་མཁྱེན་པའི་བཀས་ས་སྐྱོང་ལྕང་བཀྲ་ཤིས་འབྱུང་གནས་ཀྱི་དབུར་བླར་ཕེབས། ཟླ་བ་བཅུ་བའི་ནང་རྗེ་གུང་ཐང་རིན་པོ་ཆེའི་སྤྲུལ་སྐུ་གདན་སར་འཁོད་པའི་ཆིབས་བསུར་ཁྲུང་རྩེ་ཐང་དུ་ཕེབས། ཁྲི་འབུལ་དུ་དངུལ་སྲང་ལྔ་བརྒྱ་སོགས་འབུལ་ནོད་དང་སྟོན་མོ་གཟབ་རྒྱས་ཕུལ། གདན་སར་འཁོད་པའི་ཉིན་དེའི་ཐུབ་མོ་མཚན་ལམ་དུ་འདུ་ཁང་ཆེན་མོའི་ཚོགས་ཆེན་ཁྲི་བའི་ཁྲི་མདུན་དུ་ཆོས་རྒྱལ་ནང་སྒྲུབ་དང་། གཡས་གཡོན་གྱི་གྲལ་མཐར་འཁོར་བཞི་བོ་བཅས་གཟིམ་འཕྱུག་པོར་ལོག་ནས་རྗེ་རང་གིས་པོས་ཀྱང་མི་སད་པ་རྨིས་པ་ཕྱིས་འབྱུང་གི་བརྡ་ཡིན་པར་ངེས། གླར་སྟོད་སོག་ཏུ་ཕེབས། སྟག་ལོའི་དབྱར་མདའ་ཚན་བཅུ་གཅིག །ཐུ་མེད་ཐོར་གོད་སོགས་ཀྱིས་གདན་འདྲེན་ཞུས་ནས་ཏ་ནོར་བདུན་བརྒྱ། ལུག་སྟོང་ཕྲག་གཅིག་བྱུང་བས་གདན་སར་ཁྲིན་རེ་ལྔ་བརྒྱའི་རྩིས་ཀྱིས་ཟོག་ཕོག་ཕུལ། འདི་དུས་བོད་པ་བུ་ལག་ཟེར་བར་བཞུགས་སྐབས་འདི་ཀར་བསྟོད་ན་ངའི་སེམས་སྐྱོ་བ་ཞིག་འདུག་གསུངས། དེ་ཅི་ལགས་ཞུས་པར། འཇམ་དབྱངས་བཞད་རྒན་ཚང་དང་དེད་ཚོ་ས་འདིར་བསྟོད་པ

དྲན་གསུངས། སློབ་མའི་སྐུ་འབུམ་ཞིག་ཡོལ་ཏན་ཉིན་ལ་འཛོག་རྒྱུའི་བཀོད་པ་གནང་ནས་སྐུ་པར་གྱིན་ཡོད་སྐབས། ཁ་ཆར་མང་དུ་བབས་ནས་སྐུ་མང་པོ་ཞིག་པས་ཞལ་ནས། རྨ་ཆེན་གཉན་ཆེན་གཉིས་ལ་བསང་ཐོངས། དེད་ཚོ་ལ་གྲོགས་བྱས་པ་རེད་དེ་གནོད་བྱས་པ་ལྟར་འདུག་གསུང་པ་བཞིན་བསང་བཏང་བས་ཆར་ཆད། བཅུ་བའི་ཚེས་གཅིག་ལ་སྐུ་འབུམ་རབ་གནས་མཛད་པས་དཔོན་ཚང་ནས་རྟ་དཀར་དཀར་གཅིག་གི་གཙོས་སྟོན་མོ་རྣམ་གྲངས་བརྒྱ་དང་བཅུ་ཕུལ། ཁྲི་ཁྱུར་བཞུགས་ནས་མར་ཐེབས་ཁ་དཔོན་ཡབ་ཡུམ་གཉིས་ནས་དངུལ་སྲང་ལྔ་བཅུ་མ་རེ་དང་རྟ་རེ། སྲས་སྲས་མོ་སོགས་གཟའ་མི་ཚང་མས་རྟ་རེ་དང་གོས་མང་ནོག་རེ་ཕུལ། ང་བཞི་བ་ཆུ་འབྲུག་ལོར་སྐྱབས་མགོན་རྡོ་རྗེ་འཆང་ནས་ཚོགས་མང་ལ་རྡོར་འཕྲེང་གི་དབང་ཆེན་བཀའ་དྲིན་བསྐྱངས་པས་རྗེ་ཉིད་ཀྱང་ཐེབས་ནས་གསན་པར་མཛད། དེ་དག་གི་སྐབས་སྔ་ཕྱིར་མཚན་ལམ་ཡ་མཚན་ཅན་འགའ་བྱུང་བ་ཕྱོགས་གཅིག་ཏུ་བསྒྲིགས་ཏེ་ཐོ་ཚུང་ཞིག་མཛད་འདུག་པ་ནི་འདི་ལྟར། ཡོས་འབྲུག་མཚམས་སུ། ལྷ་སྲུང་གཤོག་སྒྲའི་གླིང་བུ་ཡང་ཡང་བསྒྱུར། །ཨུ་ཧྲིག་དང་ནི་ཧྲིང་ཤག་བགྲང་ལས་འདས། །ཆོས་རྒྱལ་གཡོན་གྱི་ཞབས་པར་མི་མགོ་བརྒྱུས། །དྲུག་པ་བདུན་པའི་མཚམས་སུ། སེ་ནྡེ་ང་རོ་ཡོངས་སྐུ་ཟེར། །ཉིན་མོ་ཁྱེད་ཀྱི་བཛྲ་ཨ་ས་ན། །བདུན་པའི་ཆོས་བརྒྱད་གཡས་འཁྱིལ་གཅིག །སྐེར་བཏགས་ཁྱེད་ཀྱིས་མཆོད་ཡོན་འབུལ། །གཡོན་འཁྱིལ་རྗེ་ལ་ཁོང་སྟོང་མེད། །ཉེར་གསུམ་ལ། གཡས་འཁྱིལ་འབུད་ཅིང་ཟླ་གྲགས་ཀྱིས། །གསུང་ཆོས་འཆད་ཅིང་གཅིག་ལག་ཏུ་འོ། །དགུ་བའི་ཚེས་གསུམ་སྐྱབས་རྗེའི་སྟ་གོན་ལ། །གཙོ་བོ་རྗེར་སེམས་ལྷུང་སེར་ཞི་རྒྱས་མདོག །གཙོ་བོ་འཇིག་རྟེན་དབང་ཕྱུག་ལྗང་ནག་ནི། །རྒྱས་དང་དྲག་པོ་འདྲེས་པའི་མདོག་ཡིན་ཟེར། །འཁོར་བསྒྱུར་སྐབས། དངུལ་གྱི་མཎྜལ་ཆེ་ལེགས་ལ། གྲོ་ལ་གསེར་ཕྱུག་ཚོམ་བུ་བཀོད། །ཀླ་མ་འཛམ་པའི་དབྱངས་ལ་

ནི། །སྙིང་པོའི་ཆོས་ཞུས། བཅུ་བའི་ཉི་ཤུ་ལ། རྟ་་བ་དུ་མས་ཕྱུས་བཙུགས་འཚམས་ཞུས་ཟེར། །རྟས་ཀྱང་ཕྱུས་བཙུགས་རྟ་ཇ་རྨ་བྱའི་སྒྲོ། །ཉེར་གཉིས་ལ། བུད་མེད་རས་སྔོན་གྱོན་པས་ཆད་བུམ་དང་། །སྐྱེས་པ་གོས་དཀར་ཅན་གྱི་ལག་པ་ན། །སྤྱག་གི་མཇུག་མ་བཟུང་ནས་མཇལ་རྟེན་བྱེད། །ཉེར་གསུམ་ལ། ཞི་ཁྲོར་གོང་མའི་གཟིམས་ཁང་དུ། །སྤྱག་མང་བཞོས་པའི་འོ་མ་ཡིས། །བསྐྱེན་བཀུར་རྒྱ་དཔོན་གཅིག་པང་དུ། །ཁྲི་གཅིག་བཟུང་ནས་གསོད་གྲབ་བྱེད། །ཤིང་ལུག་གསུམ་པའི་ཉེར་གཉིས་ལ། གིར་ཧྲི་ཀ་ར་ སྲི་ཡ་ཀ་ར་དང་། བོད་ལག་མ་མང་པོ་རྡེ་མུར་ལ་འབོད་ཞེས་པ་མཚན་ཕྱེད་བྱུང་བ་བརྗེད། སྲིན་འདྲ་བབས་ནས་རྣ་ཤུབས་ཀྱི། །བརྗེད་གསོས་མཛད་དེ་ཨེ་མ་ཧོ། །ཞེས་འབྱུང་བས་གནད་དོན་མཁྱེན་པ་རྣམས་ཀྱིས་དཔྱད་པར་འཚལ། ཕྱག་བྲིས་ཞིབ་དྲག་པས་ཡིག་ནོར་ཡང་ཡོད་འདྲའོ། །གཞན་ཡང་ཉམས་སྣང་དུ་མ་ཕྱག་བྲིས་མཛད་པའི་གསུང་ཟབ་ཅིང་བརླིང་བ་མང་ཞིག་འདུག་ཀྱང་དགོངས་པ་ཁྲོལ་དཀའ་བ་དང་། ཐུན་མོང་དུ་བསྙད་པར་རུང་བའི་གནས་ཞིག་ཀྱང་མ་ཡིན་པས་འདིར་འགོད་མ་སྤོབས། སྐྱབས་མགོན་མཆོག་ལས། སླར་ཡང་དཀྱིལ་འཁོར་དུ་དབང་བསྐུར་བ་ཐོབ་ཅིང་གསང་བའི་ལུང་ལ་བརྟེན་ནས་སྐུ་བརྗེས་པ་ཙམ་མ་གཏོགས། ཡབ་གཅིག་གོང་མ་དང་ཁྱད་པར་ཅུང་ཟད་ཙམ་ཡང་མེད་པར་ངེས་པ་ཐུན་མོང་མ་ཡིན་པ་རྙེད་པའི་ཚུལ་ནི། གསང་བ་རྒྱ་ཅན་ལས།གཞན་སེམས་ཤེས་པའི་དཔལ་གྱིས་ཁྱེངས་པ་བཅོམ། །སྔོན་གནས་རྗེས་དྲན་གསུང་གིས་དབུགས་དབྱུང་མཛད། །སླར་ཡང་དཀྱིལ་འཁོར་མཆོག་ཏུ་སྨིན་མཛད་པ། །བློ་བཟང་འཛིགས་མེད་རྒྱ་མཚོར་གསོལ་བ་འདེབས། །ཞེས་མཐོང་བ་ཙམ་གྱིས་དད་པའི་ཡིད་འཕྲུལ་བ་ཞིག་གནང་འདུག་གོ།

དེ་ནས་གྲོ་པཎྜི་ཏས་སྤྲ་མའི་དབང་གིས་རྗེས་མ་ཟིན་པས། རྗེ་ཉིད་ལ་གསོལ་བ་བཏབ་པས་རྗོར་ཕྲེང་གི་དབང་གནང་ཞིང་། རྗོར་དབྱིངས་ཀྱི་བསྙེན་པ་ཁ་སྐོང་

བཅས་གནང་སྟེ། དེའི་ཟུར་བཀའི་དབང་བསྐུལ་བར་དགའ་ལྡན་ཁྲི་སྤྲུལ་རྣམ་གཉིས་དཔལ་མང་རིན་པོ་ཆེ་སོགས་ཀྱང་ཕེབས། རྗེ་དཔལ་མང་བས། སྐུ་ཕྱོགས་ནས་བརྒྱུད་པའི་རྗོར་དབྱིངས་ཞིག་དགོན་པ་འདི་ལ་ཡོང་རྒྱུ་མ་རེད་སྙམ་ཡང་། ད་སེམས་སྙིང་གི་འཇར་མ་བླང་བ་ཡིན་ཞུས་པར། བཀའ་ལས། དེ་རིང་ཆོས་ཉན་པ་ཡང་མང་པོ་འདུག ངས་ཀྱང་སྐུ་ཕྱོགས་དེའི་ཐུགས་དགོངས་རྫོགས་ཡོད་མོད་སྙམ་སེམས་ཤིན་ཏུ་དགའ་བར་འདུག་གསུངས། དེ་དང་འབྲེལ་བར་རྣམ་སྣང་མངོན་བྱང་དབང་ཡང་ཤིན་ཏུ་དགོན་པས་བཀའ་དྲིན་དུ་སྩོལ་བར་མཛད། ཐུགས་བསྐྱེད་ཚུལ་དང་བཀའ་བབ་ཚུལ་ཞིག་གིས་དབང་རྒྱུན་དགོན་པ་ཕལ་ཆེར་རྗེ་བླ་མ་མཆོག་འདི་དང་། ཟབ་ཁྲིད་ཤིན་ཏུ་དགོན་པའི་རིགས་དཔལ་མང་རིན་པོ་ཆེ་གཉིས་ནས་ཐུགས་རྩོལ་ཆེན་པོས་གསན་པར་མཛད་དེ་སྤེལ་བ་ཡིན་འདུག་པས། ཁོང་ཡབ་སྲས་ཀྱི་བཀའ་དྲིན་རང་རེའི་བུ་སློབ་རྣམས་ཀྱིས་འཁོར་བ་ཇི་སྲིད་དུ་གཞལ་བར་མི་སྤྱོད་ཀྱང་། བཀའ་དྲིན་ལ་བཀའ་དྲིན་དུ་སེམས་པ་རེ་གཉིས་ཙམ་ལས་དགོན་ཤེས་སུ་སྣང་ངོ་། །དགུན་ལྟུང་སྐྱ་ཐམས་ཅད་མཁྱེན་པའི་གསུང་འབུམ་གྱི་ལུང་དང་། རྗེ་རང་གི་བླ་མ་རྒྱལ་མཁན་ཆེན་རིན་པོ་ཆེས་ནན་གྱིས་ཞུས་པ་བཞིན་ཐུགས་རྗེ་ཆེན་པོའི་དབང་འབུལ་བར་མཛད། སྤྲུལ་ལོར་རྒྱབ་ཡོལ་རི་ཁྲོད་དུ་བཞུགས་ཏེ་བཅད་རྒྱ་ཡུན་རིང་གནང་ཞིང་འདི་སྐབས་དབུ་མའི་འཛིན་གྲྭས་ཞུས་ངོར། འཇུག་པའི་ལུང་དང་སྦྲགས་ནས་བཤད་པ་ཞིབ་མོར་གནང་བ་ལ་ཟིན་བྲིས་རྒྱས་པ་ཞིག་ཀྱང་ཡོད་འདུག སྟག་ལུང་སྐྱ་སྐྱེས་ཞུས་ངོར། སྒྲུབ་ཐབས་རིན་འབྱུང་གི་ལུང་རྗེས་གནང་ཆ་ཚང་དང་། ཛ་རོང་སྐྱ་སྐྱེས་ལ་བདེ་མཆོག་ནག་པོའི་ལུགས་ཀྱི་དབང་བཀའ་དྲིན་དུ་བསྩལ། ལོ་ཀླུ་ཏུན་བདེ་མཆོག་མཇལ་བར་ཕེབས་སྐབས་ཞིག་ལ་མཚན་ལམ་དུ་ལོ་ཏོག་ཕུན་སུམ་ཚོགས་པ་སྐྱེས་པའི་ཞིང་རྒྱ་ཁྱོན་ཤིན་ཏུ་ཆེ་བ་ཞིག་གི་སྙིང་ན་མིས་གང་བའི་གྲུ་མང་པོ་བཏང་ནས་ཀླུང་གིས་བསྐྱོད་དེ་

ཕར་འགྲོ་ཚུར་འགྲོ་བྱེད་ཀྱང་ལོ་ཏོག་ལ་མི་གནོད་པར་འདུག རྗེ་ཉིད་བལ་བོའི་མི་ཁ་ཤས་དང་ལྷན་ཅིག་གྲུ་གཅིག་ཏུ་བཞུགས་པ་ལ། ཁོང་ནས་བལ་བོ་གཅིག་ལ་གྲུ་འདི་ཚོ་ཅི་ཡིན་དྲིས་པར། འདི་དག་ས་བཙུ་ཡིན། རང་རེ་ཡོད་ས་འདི་ས་བཙུ་བ་རེད་ཟེར་བ་རྗེས། ཡང་ནུབ་གཅིག་བལ་བོ་ཞིག་གིས་བུམ་པ་དབུར་བཞག་ནས་བཛྲ་ཨ་ཙཱ་རྱ་ཀ་གསུངས་ཞེས་པ་ཙམ་ལས་ཕྱི་མ་འདི་གསལ་བར་མ་གསུངས། སྐད་ཕེབས་གཉིས་པ་ནས་ཡར་ཕེབས་པའི་སྐབས་འདི་འདྲ་ཞིག་ནས་བཟུང་། རྒྱ་གར་པཎ་ཆེན་གྱི་རྣམ་པར་ཐར་བ་འཛིན་པ། སྐན་བརྒྱུད་བསྟན་པའི་སྲོག་ཤིང་། མཁས་གྲུབ་ཆེན་པོ་ཁྲི་དཔལ་མང་རྗེ་དཀོན་མཆོག་རྒྱལ་མཚན་པ་ལས། ལོ་སྔ་ཕྱིར་རིམ་གྱིས་ལམ་ཆེན་མོ་མཆན་བཞི་སྒྲགས་མའི་བཤད་ལུང་། བདེ་གསང་འཇིགས་གསུམ་གའི་བསྐྱེད་རྫོགས་ཀྱི་དམར་ཁྲིད། ཁྲིད་ཆེན་བརྒྱད་དྲུག འཕྲུལ་འཁོར་ཁམས་གསུམ་རྣམ་རྒྱལ་སྙིང་ནས་མན་ངག་ཞལ་ཤེས་ཕྲུག་ཁྲིད་དང་བཅས་པ། མར་མེའི་ཡིག་ཆུང་ཡང་ཆུང་སྲིད་དབེན་སོ་སོའི་ལྷུགས་མཁར་གྱི་ལག་ཁྲིད་དང་། ཕྲུག་ལེན་ཕྲ་ཞིབ། ས་འཁོར་གནམ་འཁོར། ལིང་ག་སྡིགས་ཅན་སྡིགས་མེད། འཁོར་ལོ་སོ་སོའི་བྲི་ལྟེབ་སོགས་ཀྱི་ཞིབ་ཁྲིད། ཡ་ཡིག་ལས་བྱུང་ཞེས་པའི་དབུ་ཅན་གྱི་ཨ་ལོ་ཀིའི་ཡིག་ཆུང་། ནག་པོ་བའི་འཁོར་ལོ་སྡོམ་ཚུལ། ཚ་ཁོ་བའི་འཁོར་ལོའི་ལྟེབ་ཚུལ། ཡིག་ཆུང་ཏ་ལ་ནག་པོའི་ལོ་འདབ། པཎ་ཆེན་ཆོས་རྒྱན་གྱི་ཕྱི་སྒྲུབ་དང་ནང་སྒྲུབ་ལ་བརྟེན་པའི་ལྷུགས་མཁར་གྱི་ཚོ་ག་མཆོན་འབར་འཕྲུལ་འཁོར། དམ་ཅན་རྣམ་གསུམ་གྱི་ཟུར་འདེབས་དྲག་པོའི་ཕོ་ཉ། ཐྲག་དཀར་བཀའ་བཅུའི་མཛད་པའི་གསང་བའི་འཕྲུལ་འཁོར་གྱི་ཚོག་སྒྲིག དེའི་སྲིད་རྒྱུད་ལྷུགས་མཁར་གྱི་ཚོ་ག་རྣམས་ཀྱི་ལུང་། མགོན་པོའི་བེ་བུམ་གྱི་ལུང་དང་། མན་ངག་གི་ཁྲིད། ལྷ་མོ་ཕྲུག་བཞི་མ་དང་། ཀླུ་ཏྲ་བྷ་ལ་ཡབ་ཡུམ་གྱི་རྗེས་གནང་། དེའི་ཆོས་སྐོར་ཀྱི་ལུང་ཁྲིད། ཆོས་རྒྱལ་དུག་རི་ནག་པོའི་རྗེས་གནང་། བེ་བུམ་གྱི་ལུང་། གཉན་

མགོན་ཙ་ཏུར་མུ་ཁའི་བེ་བུམ། དེའི་བེ་བུམ་ཏ་ལ་ནག་པོ། འཇིགས་བྱེད་ཞལ་གཅིག་ཕྱག་གཉིས་པའི་རྗེས་གནང་། བདེ་གསང་འཇིགས་གསུམ་གྱི་སྟེགས་བཏུའི་རྗེས་གནང་། འཇམ་ལུགས་ཚེ་དབང་། གསང་འདུས་འཇིག་རྟེན་དབང་ཕྱུག འཇམ་རྡོར། དམ་ཚིག་གསུམ་བཀོད་འཇམ་དཔལ་གསང་ལྡན་རྣམས་ཀྱི་དབང་། འགྲེལ་ཆེན་དྲི་མེད་འོད་བུ་སྟོན་མཆན་མ། བདེ་མཆོག་རྒྱུད་འགྲེལ་སྦས་དོན་ཀུན་གསལ། འཇིགས་བྱེད་བསྐྱེད་རྫོགས་ཆེན་མོ། རྟོག་བདུན་མཆན་འགྲེལ་རྣམས་ཀྱི་བཤད་ལུང་། བ་སོའི་ལྷ་ཁྲིད། རྗེ་ནང་གྲོལ་མཆོག་གི་ཁྲིད་བརྒྱ། བསོད་གྲགས་པའི་གསང་འདུས་བསྐྱེད་རིམ། འབྲོང་རྩེ་བའི་དུས་འཁོར་བསྐྱེད་རིམ། འཇིགས་ཆུང་དུག་བཅས་སྐོར། སྒྲོལ་དཀར་ཆོས་སྐོར་རྣམས་ཀྱི་ལུང་སོགས་རི་བོ་དགའ་ལྡན་པའི་ཟབ་ཆོས་ཐུན་མོང་མ་ཡིན་པ་སྙན་བརྒྱུད་ཀྱི་གདམས་པའི་བདུད་རྩི་ཆུ་རྒྱུན་གྱི་ཚུལ་དུ་བཞེས། དེ་མཚུངས་ཨ་མཆོག་འབྲིང་བ་བླ་མ་བཀའ་འགྱུར་བ་དཀོན་མཆོག་དཔལ་འཛིན་ལས། བརྒྱད་སྟོང་བ། གསེར་འོད་དམ་པ། གཟུངས་འདུས་དང་རྒྱ་གཞུང་རྣམས་ལས་ལུང་ རྒྱུན་གང་ཡོད། སངས་རྒྱས་ཡེ་ཤེས་བཀའ་འབུམ། སྐྱི་ཤོད་གསུང་འབུམ། བྱམས་མགོན་བླ་མའི་གསུང་འབུམ། གློང་རྡོལ་གསུང་འབུམ། གུང་ཐང་འཇམ་པའི་དབྱངས་ཀྱི་གསུང་འབུམ། ཆོས་སྐྱོད་རབ་གསལ། གཡེར་གཤོང་བའི་མི་ཏྲའི་དབང་ཚོག་སོགས་ལུང་མང་པོ་ལོ་སྔ་ཕྱིར་གསན་པར་མཛད།

དགུང་ལོ་ང་བརྒྱད་པ་མེ་སྤྲེལ་ལོར། ཁྲི་ལས་ཐོག་པ་སྒྲུ་མ་བདེ་བར་རྟེན། ཚོགས་འདུས་ཞུས་པ་ལྟར། ལོ་གསར་གྱི་སྐབས་སྨོན་ལམ་གསུང་ཆོས་ཀྱི་མགོན་དུ་ཉིན་རེ་བཞིན་ཕེབས་ཤིང་། སྐྱེས་རབས། རྒྱུད་བླ་མ། རྗེའི་བསྟོད་འགྲེལ་གསུམ་གྱི་བཤད་པ་འབྱམས་ཀླས་པ་མཛད། དེ་ནས་ཟླ་བ་གཉིས་པའི་ཚེ་ལ་རེབ་གོང་ཕྱོགས་སུ་ཆིབས་བསྒྱུར་བས་ལམ་དུ་རོང་བོ་ནོ་མོན་ཧན་གྱི་བླ་བྲང་དང་། རོང་བོ་ནང་སོ།

ནང་ཆེན་ཁག གྲྭ་ཚང་གསུམ་སོགས་ཀྱིས་བསུ་བ་རྟ་བ་སུམ་བརྒྱ་ལྷག་གིས་ཅིབས་བསུ་ཞུས། དགོན་པའི་ཉེ་འདབས་ནས་དགེ་འདུན་སྟོང་ཕྲག་བརྒྱལ་བའི་སེར་འཕྲེང་བཅས་མཁན་ཆེན་བླ་བྲང་དུ་ཕྱག་ཕབས། ནང་ཆེན་ནས་བཞུགས་གྲལ་སྟོན་མོ་སོགས་གང་རྒྱས་བསྐྱར་ཞིང་། དད་འདུས་ཀྱི་མཇལ་བ་རྣམས་ལ་ཕྱག་དབང་བསྩལ། དེ་ནས་ཤར་བླ་བྲང་ཆེན་མོར་ཕེབས། གྲུབ་དབང་སྐལ་ལྡན་རྒྱ་མཚོའི་སྐུ་འཕྲེང་བཞི་བ། སྐུ་ཞབས་ཆེན་མོ་ལྕང་སྐྱ་རིན་པོ་ཆེའི་སྐུའི་ཚ་བོ་ནོ་མོན་ཧན་བློ་བཟང་ཆོས་གྲགས་རྒྱ་མཚོར་མཇལ་འཕྲད་མཛད། ཡུལ་ལུགས་ཀྱི་བཞུགས་གྲལ་རྒྱས་པ་ཞུས་ཐོག་ཕན་ཚུན་གསུང་གླེང་འཕེལ། བཅོ་ལྔའི་ཉིན་གྲྭ་ཚང་གསུམ་ལ་ཉིན་འཁྱོང་ཇ་ཕྱུག་བཞི་བཏང་ཐོག ནོ་མོན་ཧན་རིན་པོ་ཆེ་ཚོགས་དབུར་གདན་དྲངས་ནས་རྣམ་གྲངས་སྟོང་གིས་མཚོན་པའི་འབུལ་ཆེན་བསྟབས། གཞན་བླ་མ་ཁྲི་གདན་ཟུར་ཐམས་ཅད་ལ་འབུལ་བ་ཚན་གྲངས་དང་། ཐོས་བསམ་གླིང་ལ་ཤར་ཇ་རྒྱ་མ་དོ་དང་། རྒྱུད་དུས་འཁོར་གཉིས་ལ་རྒྱ་གང་རེའི་ཚོད་ཀྱི་སྐུ་འགྲེད་སྟེར་ཏེ་མཁན་ཆེན་དགེ་འདུན་རྒྱ་མཚོའི་སྤྲུལ་སྐུ་བློ་བཟང་དཔལ་ལྡན་རྒྱ་མཚོ་ཆོས་གྲྭར་གསར་འཛུག་མཛད། ཤར་བླ་བྲང་ནས་ཡང་བསྐྱར་གདན་དྲངས་ཏེ་ནོ་མོན་ཧན་རིན་པོ་ཆེ་དང་གསོལ་ཚུགས་ལྷན་རྒྱས་ཐོག་ཐུགས་ནང་གཤིན་པའི་གསུང་གླེང་ལུགས་གཉིས་དང་འབྲེལ་བ་ཡུན་རིང་མཛད། གསུམ་པའི་ཚེས་ལ་དུས་འཁོར་གྲྭ་ཚང་གི་བླ་མ་ལས་སྡེ་གྲྭ་རྒན་ཀུན་བློ་མཐུན་གྱིས་རྗེ་བླ་མ་མཆོག་ལ་གསོལ་བ་ནན་ཏན་བཏབ་བའི་ངོར། ས་ཚོགས་དང་རྟུལ་མཚོན་གྱི་དཀྱིལ་འཁོར་བཞེངས་པ་སོགས་སྔོན་དུ་འགྲོ་བའི་དཔལ་དུས་ཀྱི་འཁོར་ལོའི་དབང་མོ་ཆེ་སྦྱོར་དངོས་མཇུག་གསུམ་ཚང་བ། སྤྲུལ་སྐུ་བློ་བཟང་དཔལ་ལྡན་རྒྱ་མཚོ། ཆོས་རྗེ་དགེ་འདུན་གནས་བརྟན་སོགས་སྐྱེས་སྤྲུལ་མང་པོ་དང་། དུས་འཁོར་གྲྭ་ཚང་བཅས་ལ་བཀའ་དྲིན་བསྐྱང་པས་ཕྱི་ནང་གཞན་གསུམ་དུས་ཀྱི་འཁོར་ལོ་ལ་བརྟེན་

ནས་གྲོལ་བའི་སྐལ་བ་མཆོག་ལ་རེག གྲྭ་ཚང་ནས་བརྟན་བཞུགས་དང་འབྲེལ་བར་དབང་ཡོན་བཏེགས་པ་ལ་དགྱེས་པའི་བཀའ་ལན་བསྩལ། གཉན་ཐོག་ཟེར་བའི་སྔར་གྲོང་གིས་གདན་དྲངས་ཤིང་། བཀྲ་ཤིས་དར་རྒྱས་གླིང་ཞེས་པའི་དགོན་སར་ཞབས་ཀྱིས་བཅགས། དད་པས་འོང་བའི་མཇལ་བ་སྐྱ་སེར་མང་པོར་ཕྱག་དབང་དང་ཆོས་འབྲེལ་སོགས་སྐུ་གསུང་ཐུགས་གསུམ་གའི་སྒོ་ནས་བྱིན་གྱིས་བརླབས་པས་རེ་འབྲས་སྨིན་པར་མཛད། ས་ག་ཟླ་བའི་ཆོས་ལ་རྗེ་བླ་མ་ཉིད་ཤར་བླ་བྲང་ནས་སླར་ཡང་གདན་འདྲེན་ཞུས་ཏེ། ཁོང་འཁོར་བཅས་ལ་གསོལ་སྟོན་རྒྱས་པ་དྲངས་རྗེས་དངོས་འབུལ་ཕོན་ཆེ་བ་ཕུལ་ཞིང་། ནོ་མོན་ཧན་རིན་པོ་ཆེ་ནས་ཕྱོགས་འདིར་ཡང་ཡང་ཕེབས་དགོས་ཚུལ་གྱི་གསུང་ནན་ཆེ་གནང་། དེ་ནས་སྐུ་བཏེགས་ཏེ་བཀྲ་ཤིས་འཁྱིལ་དུ་ཕྱིར་ཕེབས། དགའ་ལྡན་ཁྲི་སྤྲུལ་རྣམ་གཉིས་སོགས་སློབ་མའི་ཚོགས་ཆེན་པོར་སྐལ་བཟང་རྣམ་འདྲེན་རྒྱལ་བའི་ལྷ་ཁང་ནས་དུས་འཁོར་གྱི་དབང་ཆེན་གནང་ཞིང་། སྔར་དུས་འཁོར་གྲྭ་ཚང་ལ་སྒྲིན་སྒྲིག་ཚུགས་མེད་པར་སྐབས་འདི་འདྲ་ཞིག་ཏུ་རྒྱུད་ཀྱི་དགོངས་པ་དང་། དམ་པའི་ཕྱག་བཞེས་ལྟར་གྱིས་སྒྲིན་སྒྲིག་ཚད་དང་ལྡན་པ་འཛུགས་པར་མཛད། དོན་གཉེར་ཅན་དུ་མར་སྒྲུབ་ཐབས་རིན་འབྱུང་། འགྲེལ་བ་བཞི་སྒྲགས། རིམ་ལྔ་གསལ་སྒྲོན། བཀའ་རྩོམ་དུས་འཁོར་བསྐྱེད་རིམ་གྱི་བཤད་ལུང་དང་། སློས་བསླང་ལག་ཁྲིད། བདེ་ལམ་བླ་མཆོད་ཕྱག་ཆེན་བཅས་ཀྱི་ཁྲིད་སོགས་རིམ་པར་ཆོས་བཀའ་རྒྱ་ཆེར་བསྩལ་འདུག་ཀྱང་། ལོ་ཚིགས་ཞིབ་མོ་ངེས་མ་ནུས་སོ། །

དགུང་ལོ་རེ་གཅིག་པ་ས་ཕག་ལོར། སྐྱབས་མགོན་རྡོ་རྗེ་འཆང་བྱམས་པ་འབུམ་ལུང་དང་། བདེ་མཆོག་རང་བྱོན་སོགས་ལ་འཇལ་བར་ཕེབས་སྐབས་ཆིབས་གོང་དུ་འབུད་ཁར་རྗེ་འདི་ལ་གསོལ་རས་ཞུན་ཆེན་པོ་ཞིག་བསྐུར་གནང་མཛད། ཉིན་གཅིག་རྗེ་འདིས་ཞུན་དེ་བགོས་ནས་ཞབས་ཞུ་ཆེ་རིམ་ཚང་མ་ལ་གནང་སྟེ། ང་ཆོས་སྐམ

བཤས་བཏང་བ་རེད། རྒྱ་མ་དེ་ནམ་ཞིག་འདེད་དགོས་ནའང་གསུངས། དེ་ནས་མི་རིང་པར་ཧོ་གྲུའུ་མཁར་གྱི་རྒྱ་དཔོན་ཚོས་ཟ་འདོད་ཀྱི་སྐད་འདོགས་ཀྱིས་ཕེབས་ལམ་བཀག་སྟེ། སྐུ་ཞབས་ཆེན་མོ་མཁར་ནང་དུ་བཞུགས་དགོས་བྱུང་བར། རྗེ་ཉིད་ཀྱིས་ཐུགས་ཁུར་བླངས་ནས་ལས་སྣེ་ཚོགས་འདུ་སོ་སོ་ལ་གསུང་བཀོད་གནང་སྟེ། གྲྭ་ཚང་སོ་སོར་དང་སྡེབ་འཚོགས་ཀྱི་ཞབས་བརྟན་རིམ་གྲོ་གཏོས་ཆེན་བསྒྲུབས་ཤིང་། རྗེ་ཉིད་ཚོགས་དབུས་བྱོན་ནས་གནོད་པ་ཕྱིར་ཟློག་གི་གསོ་སྦྱོང་མཛད་པ་དང་། གུང་ཐང་ཐམས་ཅད་མཁྱེན་པས་མཛད་པའི་ཆོས་རྒྱལ་གྱི་འཕྲིན་བཅོལ་འཇམ་དཔལ་དཔའ་བོ་མ་ཚོགས་སུ་འཛུགས་པར་མཛད། རིམ་གྲོ་གང་དགོས་སློ་བུར་དུ་གནང་བས་མཚན་མོ་ཚོར་ཡང་འདི་དང་འདི་སྐབས་ཅེས་འགའ་རེ་གསུངས། ཉིད་ཀྱི་བླ་བྲང་ནང་ནས་འདི་དོན་ལ་ཞབས་བརྟན་དཔག་མེད་བསྒྲུབས་པས། ཐ་ན་བསང་བཏང་བའི་ཤུག་པ་ཉོས་པའི་རིན་ཡང་ཁྲིན་ལྔ་བཅུའི་སྐོར་སོང་འདུག ཉིད་ཀྱི་ཞབས་གྲྭའི་ཁྲིད་ནས་སྨད་སོག་འབྱུང་གནས་སྐུ་གཞོགས་སུ་མངག་རྒྱུར་གཞུང་ནས་དངུལ་སྲང་མང་པོ་དང་། རྗེ་ཉིད་ཀྱི་བླ་བྲང་ནས་དངུལ་སྲང་ལྔ་བརྒྱ་བཅས་གནང་སྟེ། འདི་གྲྭ་ཚང་གི་སྤྱི་རྫས་ཡིན་པས་སྐུ་ཕྱོགས་རིན་པོ་ཆེའི་སྐུ་དོན་མ་གཏོགས་ཁྱོད་རང་གིས་འདིའི་ནང་ནས་སྐར་མ་གང་བླང་ན་ངའི་ཤ་ཟས་པ་དང་ཁྱད་མེད་ཅེས་བཀའ་ནན་དང་། གྲོ་ཆས་ཀྱི་ཐེབས་སུ་དངུལ་སྲང་བརྒྱད་ཅུ་ཟུར་དུ་བདག་རྐྱེན་མཛད། ཁོ་བོས་ཀྱང་བཀའ་དང་བླང་གིས་སོང་ནས་གནམ་གྱི་འོག་ན་གསེར་གྱི་ག་བ་ལྔ་བུའི་སློན་ཆེན་བཅུ་གསུམ་གྱི་ནང་ཚན་ལན་གྲུའུ་ཅོང་ཏུར་ཞུ་གཏུགས་བྱས། འོན་ཀྱང་སྐུ་ཞབས་ཆེན་མོ་རྒྱ་ནང་དུ་ཡུན་རིང་བཞུགས་རྒྱུ་ཐུགས་ཀྱིས་མ་པོད་པར་རྗེ་རང་ཉིད་ཧོ་གྲུའུ་མཁར་ལ་ཕེབས་ཏེ་སྐུ་ཚབ་ཏུ་བཞུགས་ཏེ་ཀུན་མཁྱེན་ཆེན་པོ་གདན་སར་ཕེབས་སུ་བཅུག དེ་ནས་མ་འགྱང་བར་ཅོང་ཏུའི་བཀས། ཁྱོད་ཐག་ལེགས་པར་ཆོད་དེ་གདུག་

པའི་རྒྱ་དཔོན་དེ་དག་ཁྲིད་འོང་ནས། བདུན་པའི་རིགས་གྲྭའི་འཆམ་གཟིགས་ཀྱི་ཉིན་མི་ཚོགས་ཀྱི་ཁྲོམ་ཆེན་པོའི་དཀྱིལ་དུ་བོད་ཀྱི་ལུགས་སྲོལ་ལྟར། གོང་ས་རིན་པོ་ཆེར་འཇལ་ནས་བཞུགས་པ་བྱེད་དུ་བཅུག ལྷ་བདག་ཆེན་པོ་རྒྱབ་ཏུ་ཡོད་པས་ཞེད་ཀྱི་རྒྱ་དཔོན་རྣམས་མགོ་མཐོ་མཁྲིགས་ཤིང་ལྷག་པར་ལ་རྒྱ་ཤོར་དོགས་ཀྱིས་གཅིག་རྗེང་གཅིག་གིས་གནོན་པ་བྱེད་པའི་དུས་འདི་འདྲ་བ་འོང་ཤིན་ཏུ་དཀའ་བས། ཡབ་སྲས་རྣམ་པ་གཉིས་ཀྱི་སྐུ་བསོད་དང་སྲུང་མའི་འཕྲིན་ལས་ཀྱི་གཟི་བྱིན་ཁོང་ཚོས་མ་བཟོད་པར་ང་རྒྱལ་གྱི་གདོང་བ་ས་ལ་སྨད་ཅིང་དགྲ་མགོ་རྗོག་པས་བཟློས་པས་གྲགས་སྙན་གྱི་རྒྱལ་རྔ་གསང་མཐོར་གྲགས་པར་གྱུར། དེ་ནས་རྗེ་ཉིད་རྒྱ་ནང་ནས་ཡར་ཕེབས་རྗེང་ཐེ་བོའི་ཆབ་ཚན་ལ་ཆིབས་བསྒྱུར་གནང་བའི་ལམ་ནས་ཨ་གསལ་ཚང་གིས་གདན་དྲངས་ཏེ་དགོན་པ་ཆུང་ངུ་ཞིག་ཡོད་པ་དང་། ལྷ་སྡེ་འགའ་ཞིག་བཅས་ཕུལ་བར་དགོན་པ་གསར་འདེབས་ཀྱི་སྒྲོར་བར་བརྩམས་ཏེ་ལམ་རིམ་ཆེན་མོའི་དབུ་མས་ཆོས་ཐུན་གཅིག་གནང་ཞིང་། བསང་ཆེན་པོ་བཏང་བས་རྒྱབ་རིའི་ནགས་ནས་སྨུག་པ་ཞིག་ཆད་དེ་བཞུགས་སྐར་སྟེང་བཏུམ་ཞིང་ཆར་ཟིམ་བུ་བབས་པ་སོགས་ཐོག་མའི་འཕྲོད་ལམ་ཆེ་བ་བྱུང་།

རེ་གཉིས་པ་ལྷུགས་བྱེ་ཡོར་ཨ་གསལ་བླ་མ། ཞིས་ཚང་དཔོན་པོ་བསོད་ནམས་རྒྱ་མཚོ། ཐང་ལུང་འགོ་བ་སོགས་ཀྱི་གཙོས་ཆོས་འཁོར་ཚོ་བ་བཅུ་གཉིས་ཀྱིས་གདན་དྲངས་ཏེ་བདེ་གསང་འཇིགས་གསུམ་གྱི་དབང་ཞུས། རྟ་ནོར་ལྡུ་བརྒྱ་སོགས་ལ་འབུལ་ཆེན་བཏེགས། དགོན་ཐྲན་སིལ་བུར་ཡོད་པ་ཀུན་བསྡུས་ཏེ་དགོན་པ་འདེབས་པར་ཐག་བཅད། བཀྲ་ཤིས་གསོ་སྦྱོང་ས་བརྟག་བསླང་ལྟོ་འཕྲེའི་ཐིག་འདེབས་པ་སོགས་རྒྱུད་སྡེ་ནས་བཤད་པ་ལྟར་མཛད་ཅིང་། ཞིང་ལའི་རྗོ་རམས་པ་བསྟན་དར་ལ་མིང་བཀྲའི་ཁྲིད་ནས་ལྟོ་འཕྲེ་བསྐོ་བ་ཐིག་སྐུད་འཛིན་འཇུག་པ་གནང་། གྲུབ་པ་དུང་རྣ་

ཟེར་བས་གཞོན་འཇོར་ཞིག་ཕུལ་ཡོད་པ་དེས་ཐོག་མར་ས་བསྐོ་བར་མཛད་སྐབས། དེ་ལྟར་དགོན་གནས་བཅགས་ནས་མར་ཕེབས་གདོང་ཚུ་བཟང་དུ་ཅིབས་ཁ་བསྒྱུར། ནག་ཟླ་དང་བསྟུན་རྟུལ་ཚོན་གྱི་དཀྱིལ་འཁོར་བཞེངས་ཏེ་སྲིད་ཞིའི་གཙུག་རྒྱན་ལྕང་སྐྱ་ཐམས་ཅད་མཁྱེན་པ་དང་དེ་ཉིད་ཀྱི་སྐུའི་གཅུང་ཚུ་བཟང་ཧོ་ཐོག་ཐུ་རྣམ་གཉིས་ལ་ལན་སྔ་ཕྱིར་དཔལ་དུས་ཀྱི་འཁོར་ལོའི་དབང་ཆེན་ལེགས་པར་ཕུལ། དབང་གྲལ་སྔ་ཕྱིར་རྣ་ཁོ་ཧོ་ཐོག་ཐུ། ན་རོ་ཧོ་ཐོག་ཐུ ཡུའུ་ཀྲུ་སྒོམ་ཆེན་གྱི་དཔོན་པོའི་སྐྱེ་བ་སྒོམ་ཞིའི་མཁན་པོ་སོགས་དགོན་སྐྱབས་སྡེ་ནས་བླ་གྲྭ་མང་པོ་འདུས། གདན་སར་ཕྱིར་ཕེབས་ནས་འཁོར་ལོ་ཆེན་པོ་དང་གདུགས་དཀར་ཟླུང་གི་དབང་གནང་། སླར་བསྟན་འགྲོའི་དོན་དུ་མར་དགོངས་ནས་སྨད་ཕྱོགས་སུ་ཆིབས་ཞལ་བསྒྱུར་བར། དགོན་པའི་བླ་གྲྭ་ཀུན་ནས་ཕེབས་སྐྱེལ་ཞུས་ཤིང་རིམ་གྱི་ཕེབས་ཏེ་འཇམ་དཔལ་སྤྲུལ་པའི་ཞིང་ཁམས་རི་བོ་རྩེ་ལྔར་ཡུན་རིང་བཞུགས་སོ། །

སྐབས་པ། ཁོ་ར་ཁོར་ཡུག་གྲིབ་ཏུ་བསིལ་བའི་ལོངས་སྤྱོད་རབ་རྫོགས་སྐྱོན་ཡོན་དུས་ཀྱི་སྐབས་ཕྱེད་ཀུན་དགའི་གཉེན། །མངོན་པར་རྟོགས་པའི་ཡོན་ཏན་སྤྲིན་གྱི་ཡོལ་གོལ་རྒྱ་ཆེན་ལུང་གི་ཆུ་ཡི་རི་མོ་རྣམ་མཛེས་པ། །གཞན་ཕན་སྙིང་རྗེ་ཤུགས་ཀྱིས་རབ་ཏུ་བསྐྱོད་དེ་གངས་ཅན་འགྲོ་བའི་ལེགས་བྱས་མཁའ་ལ་སླར་བྲེས་ཏེ། །མི་བཟད་དུ༔ཁའི་ཉེན་རྣམས་དབུགས་དབྱུང་ཕན་བདེའི་དབྱར་གྱི་དུས་སྟོན་དར་བའི་ཚོ་ག་རྫོགས་པར་བྱས། །འཆད་ཉན་ཆར་ཟེམ་འབེབས་དང་བཅས། །བཀའ་ལུང་དབྱར་རྔས་བསྒྲུལ་བ་ན། །རིགས་ལམ་གློག་གི་ཐག་པ་ཅན། །རྩོད་ངག་ཐོག་ཚང་འཕེལ་བར་ཆས། །བསྟན་པའི་གཞི་རྩ་ཁྲིམས་ཀྱི་ལྗོན། །མཁའ་གློང་རྣ་བས་བསྐོར་བ་ཡང་། །ཐུགས་བསྐྱེད་སྨུ་ཁྱུད་ཀྱིས་བཟུང་ཚེ། །བློ་ལྡན་སྙིང་ལ་བག་ཕེབས་བྱིན། །ཟླ་བའི་འོད་ཀྱིས་མ་བཏང་ཡང་། །ཉིད་འོད་དམར་པོའི་ཐྫུ་བག་ཅན། །དགེ་སྦྱོང་བརྟན་

ལ་ཁྱོད་ཀྱི་བཀའ། །དུས་ཀྱི་ཆད་པ་དུས་སུ་བབས། །དཀོན་མཆོག་གསུམ་གྱི་དབུ་འཕང་ལ། །འཕོང་སྐྱེགས་འཆའ་བའི་མ་རུང་དག །ས་བདག་བཀའ་ཡི་གནམ་ལྕགས་ཀྱིས། །ཕམ་པའི་རྒྱལ་ཛ་ཁྱོད་ཀྱིས་བརྟུད། །ནོར་རྫས་རོ་ཡིས་ལྟོ་གང་བས། །ཉམས་ཆུང་ཟླད་ན་ངར་སྐད་ཅན། །འཛིགས་པའི་སྟག་ཛ་ལྡེབས་པ་དག །ཕྲ་མོའི་བརྟུལ་ཞུགས་བླང་བར་གྱུར། །ཡབ་རྗེའི་འཕྲིན་ལས་མ་ཧྲོས་མཚོ། །ཕྱོགས་སུ་འགྲིམ་པའི་ཁ་ལོ་བ། །ཐུགས་བསྐྱེད་ཀླུ་དབང་ཁ་རླངས་ཁམས། །ཤིས་བརྗོད་ཚངས་དབྱངས་འབྲུག་སྒྲ་ཆོད། །རྒྱལ་བ་ཀུན་གྱི་སྐུ་བསྲུང་ཞིང་། །འཕྲིན་ལས་གསང་བའི་ཁྱུར་འཛིན་པའི། །གསང་བའི་བདག་པོ་རྡོ་རྗེ་འཛིན། །གཏན་ཚིགས་འདིས་ནི་ངེས་པ་རྙེད། །

ཅེས་ཧེ་ཏུ་དཔལ་དུས་ཞབས་པ་ཆེན་པོ་རྗེ་བཙུན་འཇམ་དབྱངས་ཐུབ་བསྟན་ཉི་མ་དཔལ་བཟང་པོའི་ཞལ་སྔ་ནས་ཀྱི་རྣམ་པར་ཐར་པ་གསང་གསུམ་བཀྲ་ཤིས་རྒྱན་གྱི་རི་མོ་ལས། ཕྱོགས་ལས་རྣམ་པར་རྒྱལ་བའི་ཆོས་སྲིད་ཀྱི་རྒྱལ་མཚན་བསྒྲེང་བའི་སརྒ་སྟེ་བཞི་པའོ།། །།

སཆ་ལྔ་པ། སྣར་ཡང་དབང་ཕྱོགས་སུ་ཆིབས་བསྒྱུར་ཏེ་ལེགས་བཤད་གསེར་གྱི་བུམ་པས་ཆེ་དགུའི་གཙུག་ཏོར་གྱི་རྩེ་ནས་དབང་བསྐུར་བའི་ཚུལ།

མ་ལི་གསར་པའི་སོར་གདུབ་ཀྱིས་སྤྲེག་པའི། །
ལྕུགས་ཕྲན་འཁྲི་ཤིང་རྩེ་ན་རྒྱུད་མངས་ཀྱི། །
བུང་བའི་ན་ཆུང་དབྱངས་ཀྱི་སྤྲེག་པ་མོར། །
བཅུད་ནས་སྣར་ཡང་རྟོགས་བརྗོད་དབྱངས་སུ་ལེན། །

དགུང་ལོ་རེ་གསུམ་པ་ལྕགས་སྤྲང་ཟླ་བ་དང་པོའི་ཆོས་བཅུ་དགུར་གནམ་བསྐོས་ཀྱི་རྒྱལ་ཁབ་ཆེན་པོར་ལུང་གིས་ཟིན་པའི་དགོན་སྡེ་ཉི་ཤུ་རྩ་བརྒྱད་ཡོད་པའི་ཡ་གྱལ་ལྕང་སྐྱ་བླ་བྲང་ཟུང་ཧུ་ཟིར་ཕྱུག་ཕེབས་ཏེ། སྐུ་ཞབས་ཆེན་མོ་རྗེ་ལྕང་སྐྱ་རིན་པོ་ཆེར་མཇལ་འཕྲད་མཛད། གོང་མའི་ནང་བློན་ཐུ་མེད་ཟི་བླེ་ཟི་དང་། སོ་ཉིད་ཐོ་ཡོན་ཆོས་རྗེ་སོགས་ལ་ཚེ་དབང་ཛམ་དཀར་དང་དྲག་པོ་སུམ་བསྒྲིལ་གྱི་རྗེས་གནང་བསྩལ། ཡོང་ཧྭ་ཀོང་ཞེས་སྔོན་གོང་མ་ཡོང་ཐང་རྒྱལ་ཁྲིར་མ་ཕེབས་གོང་གི་བཞུགས་གནས་ཡིན་ཞིང་། ཕྱིས་འཇམ་དཔལ་དབྱངས་ཆན་ལུང་རྒྱལ་སར་ཕྱིན་ནས། སྐྱབས་མགོན་ཐམས་ཅད་མཁྱེན་གཟིགས་རྗེ་རོལ་བའི་རྡོ་རྗེའི་ཞབས་དང་བཀའ་བགྲོས་མཛད་དེ་མདོ་སྔགས་ཀྱི་བཤད་གྲྭ་ཆེན་པོ་འཛུགས་པ་གནང་བའི་མཚན་ལ་དགའ་ལྡན་བྱིན་ཆགས་གླིང་ཞེས་གྲགས་པའི་སྡེ་འདི་གོང་མ་རང་གི་སྐུ་སྐྱེར་གྱིས་མཆོད་གནས་གྲྭ་ཚང་ལྷ་བུ་ཡིན་གཤིས། གོང་ནས་ལུང་མ་བུད་པར་ཟླ་མ་སུ་ཙུང་ཙུང་གིས་ཚོགས་ཆེན་ལ་བཀའ་ཆོས་གནང་རྒྱུའི་སྐྱོལ་མེད་ན་ཡང་། འདི་རེས་སྐུ་ཞབས་ཆེན་མོ་ནས་

ཡོང་ཧྭ་གོང་ལ་དུས་འཁོར་གྱི་དབང་གནང་དགོས་ཚུལ་གྱིས་གསུངས་ཕེབས་པ་ལྟར་ཟླ་བ་གཉིས་པའི་ཆོས་བཞིར་སློབ་མ་རྗེས་འཛིན་དང་། ཆོས་ལྔ་ནས་ས་ཚོག་གནང་། ཆོས་བཅུའི་ཉིན་སྐུ་ཞབས་ཆེན་མོ་དང་། དགའ་ལྡན་ཤྲི་ཐུ་ཧོ་ཐོག་ཐུ། སྐུ་འབུམ་ཨ་ཀྱཱ་ཧོ་ཐོག་ཐུ་གསུམ་ལ་ཚེ་དབང་ཕུལ་བར། སྐུ་ཞབས་ཆེན་མོས་སྲང་བཅུའི་མཎྜལ། དངུལ་སྲང་ལྔ་བཅུ། ཕེབས་ཐྲམས་གསར་པ་གཅིག ཁྲི་རྒྱ་ནག་པ་ཚང་ནས་སྲང་ལྔའི་མཎྜལ། སྒྲོལ་སྐུ་ལི་མ་གཅིག འཐག་གྲུབ་ཀྱི་དེབ་ཆེ་དེབ་ཆུང་གྲུ་ལམ་བཅས། གོས་སེར་པོ་གཉིས། ཨ་ཀྱཱ་ཚང་ནས་དངུལ་སྲང་ལྔའི་མཎྜལ། ཧོར་གོས་ སེར་པོ་ཁ་གསུམ་ཕུལ། བཅུ་གཉིས་ལ་སྨྲ་གོན་མཛད་ནས་བཅོ་ལྔའི་བར་དུ་ཀཱ་ལ་ཙཀྲའི་དབང་ཆེན་དང་། གདུགས་དཀར་ལྷ་བཅུ་བདུན་མའི་དབང་། ལེགས་ལྡན་མཆེད་གསུམ་གྱི་རྗེས་གནང་། ཧྭ་ཆོས་རྗེ་ལ་ཚེ་བདག་མགོན་པོ། ཨ་བླ་མ་ལ་གཏུམ་ཕྱུང་ཁྲ་ཐོག ཡང་གོང་སློས་སྐུ་ཞབས་གསུམ་ལ་དུག་དབང་ཟ་བྱ་རྒྱས་པ་སོགས་དམ་པའི་ཆོས་ཀྱི་འཁོར་ལོ་རྒྱ་ཆེར་བསྐོར། གཉིས་པའི་ཉེར་གཉིས་ལ་ཕོ་བྲང་ནས་ཐོན་ཏེ། ཉེར་བདུན་ལ་གོང་མའི་ཚ་བཤོལ་གྱི་གནས་ཡེ་ཧོར་ལ་བབ་སྟེ། ཧྭ་ཕོ་ཟེར་གནས་མལ་མཛད། ཉིན་འགར་མཆོད་མཇལ་སོགས་གནང་ཞིང་། དུས་འཁོར་རྗེས་གནང་སོགས་ཆོས་བཀའ་འགའ་ཞིག་གནང་། གནམ་གང་ལ་ཐུ་མེད་ཕྱོགས་སུ་ཕེབས། གསུམ་པའི་ཚེས་ལྔ་ལ་གོང་འབབ་སྐྱིང་མཇལ་བ་ཁྲི་ཕྲག་ལྷག་འདུས་ཤིང་། དེ་ནས་བཟུང་དགོན་དུ་འབབ་རིང་ཉིན་རེ་བཞིན་ཚ་བབ་ཞག་བབ་ཀུན་ལ་སྟོང་ལྷག་རེ་མ་མཐའ་འདུས་པར་སྣང་། ཆོས་བདུན་ལ་རྗེ་རང་གི་ཕྱག་འདེབས་དོ་ལོན་བུ་ལག་ཏུ་བབས། ཟླ་བ་གཅིག་ལྷག་ཙམ་བཞུགས། བཅུ་གཅིག་གི་ཉིན་མཆོད་རྟེན་གསུམ་གྱི་དགོན་དུ་མཇལ་བ་སྟོང་ཕྲག་ལྷག་ལ་སྐྱབས་ཁྲིད་དང་། ཆོས་སྤྱོད་རབ་གསལ་གྱི་ལུང་གནང་སྟེ། དོ་ལོན་བུ་ལག་ཏུ་ཕྱིར་ཕེབས། དུས་འཁོར་སྒྲུབ་མཆོད་ཀྱི་ཚོགས་དབུར་ལན་འགའ་ཕེབས་ཤིང་། ཉེ་འཁོར་

ཀྱི་གཙོད་པའི་བུ་ལག་སྐར་དང་། ཏ་ཡུ་ཐུའི་དགོན་ལ་འཇིགས་བྱེད་ལྷ་བཅུ་གསུམ་མའི་དབང་དང་ཐུན་དྲུག་རྣལ་འབྱོར་སོགས་བསྩལ། དོ་ལོན་བུ་ལག་ཏུ་བསྙེན་རྫོགས་བརྒྱ་དང་རེ་བརྒྱད། དགེ་ཚུལ་སུམ་ཅུ། རབ་བྱུང་བཅུ་སྒྲུབ་པ་སོགས་ཤྲཱ་ཀྱའི་སྲས་ཀྱིས་ནོར་འཛིན་མའི་ཁྱོན་གང་བར་མཛད། ལྷ་མོའི་བསྐང་མདོས་ཀྱི་དབུར་ཕེབས། སྒྲོལ་མའི་རྗེས་གནང་སོགས་ཆོས་མང་དུ་གནང་། གསུམ་པ་ལྷག་པའི་རྗེས་མའི་ཚེས་བཅུ་ལ་ཨར་བན་ཐ་བོན་ཨ་ལི་ནས་ཛཾདཀར་དང་ཇོར་སེམས། ཉེར་གཉིས་ལ་ཇ་ལན་བེ་ལིག་ནས་གཉེན་པོའི་ལྷ་གསུམ་དང་མགོན་པོ། ཉི་ཤུ་ལ་ཨུ་ལ་སུ་ཐུ་ནས་སྐྱ་སེར་སུམ་སྟོང་ཙམ་ལ་གསང་འདུས་ཀྱི་དབང་གནང་། ཨ་ཏུ་ཧོར་ཆེན་ནས་རྩ་བའི་སྦྱིན་བདག་བླེ་ལི་དཔོན་གཡོག་ཉི་ཤུ་སྐོར་དང་། ཁལ་རྟ་བཅས་བསུ་བར་འབྱོར། ཉེར་གསུམ་ལ་བསུ་བ་སེར་སྦྲེང་སོགས་དང་བཅས་ཐུ་མེད་དགོན་ཆེན་དུ་སྐུ་ཞབས་འཛམ་དབྱངས་བཞད་པ་རིན་པོ་ཆེའི་བླ་བྲང་དུ་བབས། ཕྱི་ཉིན་འདུ་ཁང་ལ་རབ་གནས་མདོར་བསྡུས་མཛལ་བ་བཞི་སྟོང་ཙམ་ལ་ཕྱག་དབང་། ཉིན་ཁ་ཤས་བཞུགས་པར་དགེ་སློང་དོན་བདུན། དགེ་ཚུལ་སོ་བདུན། རབ་བྱུང་བརྒྱ་དང་བཅས་བསླབ་པའི་གནས་ལ་བཀོད། ཀྭ་ཧྭ་ཡེ་ཚང་ནས་བདེ་ལམ་ལྷར་གྱི་སེམས་བསྐྱེད་མཆོད་པ་རྒྱས་པ་མཛད་དེ་སྐལ་བཟང་བོར་བསྒྲུབས། ཟེ་ཐེ་ཡེ་ཚང་ནས་རྒྱན་འཇུག ཨ་རག་ཤ་ཙང་གི་སུ་མུ་ལ་རབ་གནས་མདོར་བསྡུས། ཇོ་དཀར་རྗེས་གནང་། ཚེ་བརྟན་ཇ་ལན་ལ་རྣམ་རྒྱལ་མ་དང་སྒྲོལ་དཀར་རྗེས་གནང་སོགས་བསྩལ། ཤེལ་ཕན་ཐུའི་དགོན་དུ་དགེ་སློང་ཞེ་ལྔ། དགེ་ཚུལ་བཅུ་གཉིས། དགེ་བསྙེན་ཕ་མ་བཅུ་ལྷག་བསྒྲུབས། མཇལ་བ་སུམ་སྟོང་ཙམ་ལ་སྒྲོལ་དཀར་རྗེས་གནང་། གུར་ཕྱོལ་ཐུའི་དགོན་དུ་དགེ་སློང་ཞེ་དྲུག དགེ་ཚུལ་བཅུ། དགེ་བསྙེན་ཕ་མ་བཅུ་ལྷག ཞི་བ་བཟང་པོ་ཚང་ནས་ཐུགས་རྗེ་ཆེན་པོའི་དབང་བཅས་གནང་། བཞི་བའི་ཚེ་བརྒྱད་ལ་མོང་ ་གོལ་ཆེན་དགོན་ཆེན་

དུ་བབས། སྟག་ཕུའི་དག་སྣང་གི་སྒྲོལ་དབང་གནང་། ཆོས་དགུ་ལ་བསྙེན་རྫོགས་བརྒྱ་དང་བཅུ་དགུ དགེ་ཚུལ་ཉེར་བཞི་བཅས་བསྒྲུབས། ཆོས་བཅུ་ལ་བརྟན་བཞུགས་ཕུལ་ཞིང་ཉིས་སྟོང་ལྷག་ལ་མཇལ་ཁ་གནང་། ཉིན་དེར་གནམ་གྱི་ལྷའི་མག་པ་ནེ་མན་ཏཱ་ཕང་གི་ཤཱ་ཉི་མ་ཟེར་བ་དང་ཚེ་ཏོར་བླེ་ལིའི་ཤཱ་ཟླ་བ་ཟེར་བ་གཉིས་འཚམས་ཞུས་སུ་བཏང་བ་དུས་ཚོད་གཅིག་ལ་སྐུ་མདུན་དུ་འཕྱོར་བའི་ཡ་མཚན་ཆེ་བར་སྣང་། མི་ཧྲི་ཧོ་ཐོག་ཐུའི་དགོན་ནས་བསྒྲུབ་བྱ་དོན་བརྒྱད་ལ་དགེ་སློང་དང་། བཅུ་ལ་དགེ་ཚུལ་གྱི་སྡོམ་པ་བསྩལ། དུས་འཁོར་གྱི་འདོན་ཆ་དབྱངས་ལ་གཟིགས། བཅུ་བདུན་ནས་ཚེ་ཧོར་ཕྱོགས་སུ་ཕེབས་ལམ་དུ་མཇལ་བ་བགྲང་གིས་མི་ལང་བ་ལ་ཕྱག་དབང་གནང་བཞིན། བཅུ་དགུའི་ཉིན་བླེ་ལིའི་ཡུམ་དུ་བབས། ཚེ་དབང་གནང་། དེ་ནས་ཨ་ཏུ་ཧོར་ཆེན་ཕྱོགས་སུ་ཆིབས་ཁ་བསྒྱུར་བའི་ལམ་དུ་ནེ་མན་ཤར་ཧོ་ལིའི་སུ་མུ་དང་། མོན་ཚོགས་སུ་མུ། བླ་རིན་པོ་ཡོན་བལ་ཀྱོར་བླ་མའི་དགོན་པ་སོགས་ཀྱིས་གདན་དྲངས་ཤིང་བསྙེན་བཀུར་གང་རྒྱས་ཞུས། དེ་ནས་རྗེ་རང་གི་རྩ་བའི་སྦྱིན་བདག་ས་སྐྱོང་དམ་པ་ཨ་ཏུ་ཧོར་ཆེན་བླེ་ལིའི་གཙོས་སེར་སྐྱ་སྟོང་ཕྲག་ལྷག་གིས་ཆིབས་བསུ་དང་། ཇ་ཐབ་སྟོན་མོ་གང་རྒྱས་དྲངས། ཉེར་བདུན་ལ་གྲྭ་ཚང་གི་སེར་ཕྲེང་སྤྱོས་རོལ་དང་བཅས་དགོན་པར་ཕྱོགས་ཕེབས། ཧོ་ཤེ་འདིར་ཟླ་བ་གཉིས་ཙམ་བཞུགས་རིང་བསྙེན་རྫོགས་ཉིས་བརྒྱ་དང་བཞི་བཅུ་ཞེ་བདུན། དགེ་ཚུལ་བརྒྱད་ཅུ་གྱ་གསུམ། རབ་བྱུང་གཉིས་བཅས་བསྒྲུབས་ཏེ་བསྟན་པའི་བདག་པོའི་ཐུགས་ཀྱིས་བཞེད་པ་ཡོངས་སུ་བསྐངས། བླེ་ལིའི་ཨུཀྲེ་ནས་བདེ་མཆོག་དཀར་པོའི་སྒོ་ནས་བརྟན་བཞུགས་ཕུལ་ཞིང་གཅེས་ནོར་ཡོད་དགུ་ཕུལ་བ་ལྔ་བུས་འབུལ་ཆེན་བཏེགས། ཏན་སུ་མུར་གདན་འདྲེན་ཞུས་པར་བྱམས་ཆོས་སྡེ་ལྔ། མཛོད་རྩ། རྒྱུད་གཞུང་རྣམས་ཀྱི་ལྟོགས་ལུང་། ཕྱག་རྫོར་གྱི་རྗེས་གནང་སོགས་བཀའ་དྲིན་བསྐྱངས་ཤིང་། དྲུག་པའི་སྨོན་ལམ་གྱི་གསུང་ཆོས་

ལ་ལམ་གཙོའི་ཁྲིད་བསྩལ། བླ་མ་རིན་པོ་ཆེར་གྲགས་པས་གདན་དྲངས་པར་རྣམ་འཇོམས་དང་འཇམ་དཔལ་ནག་པོའི་རྗེས་གནང་། ཨོ་བ་ཧེའི་དགོན་ནས་འཇིགས་བྱེད་ཀྱི་དབང་། རྡོར་སེམས་དང་། སེང་གདོང་མའི་རྗེས་གནང་བསྩལ། བློ་རིན་ལྷང་གི་ཐོ་ཡོན་མཁན་པོ་དང་སྲས་གཉིས་པ་ཁལ་ཀ་ཨུ་ལག་བཅས་གདན་འདྲེན་ལ་འབྱོར་བ་བཞིན་ཕྱོགས་དེར་ཞབས་བསྐྱོད། བླ་རིན་བློ་ཟེ་དང་ཐུ་སྨ་ལག་ཆེ་མགོན་པོ་ཚེ་བརྟན་སོགས་ཀྱིས་གདན་འདྲེན་ཞུས་ཤིང་ཉིན་དེར་མཇལ་བ་སྟོང་ཕྲག་དུ་མ་བར་མ་ཆད་པར་འདུས། བཅུ་བཞིའི་ཉིན་བསུ་བ་སེར་སྤྲེང་བཅས་ཕྱག་ཕེབས་ཤིང་ཉིན་འདིར་སློབ་མ་རྗེས་འཛིན་གནང་། བཙོ་ལྷོ་ལ་སྲུང་འཁོར་རྒྱས་པ་སོགས་ས་ཆོག་མཛད། བཅུ་དྲུག་གི་སྔ་དྲོ་ཐིག་གདབ་པ། ཉི་མ་ཤར་བ་ཆར་བབས་པ་བྱུང་ཕྱོགས་ནས་འཇའ་ཚོན་ཤིན་ཏུ་གསལ་བ་ཤར་བ་རྣམས་དུ་འཁྲིག་པ་བྱུང་། ཞར་ལ་ལྷང་ཡབ་ཡུམ་ལ་ཉི་མ་མདུང་་གང་མའི་རྗེས་གནང་དང་། བསྒྲུབ་བྱ་ཉེར་གཉིས་ལ་ཚོགས་སྔ་ཕྱིའི་སྡོམ་པ་ཕོག ཉེར་གཉིས་ཀྱི་ཉིན་སྟ་གོན་མཛད་ནས་ཉིན་གསུམ་ལ་དཔལ་དུས་ཀྱི་འཁོར་ལོའི་དབང་ཆེན་ཚོགས་པ་སྟོང་ཕྲག་བཀྲལ་བ་ལ་རྫོགས་པར་གནང་སྟེ་སྐུ་བཞིའི་ས་བོན་ཁྱད་པར་ཅན་བསྐྲུན་པར་མཛད། ལྷང་ཆེན་པོས་གཏང་རག་གི་འབུལ་ཡོན་སྤྲམ་མཐོ་བ་བཏེགས། ཚུར་ཕེབས་ལམ་དུ་འཆི་མེད་སུ་མུས་གདན་འདྲེན་ཞུས་ཤིང་། དགོན་གནས་སྒོར་རྒྱའི་གནས་གཟིགས་མཛད། བརྒྱད་པའི་ཚེས་གཅིག་ལ་ཨ་ཏུ་ཧོར་ཆེན་དུ་ཕྱིར་ཕེབས། ཆོས་དཀར་གྲྭ་མང་དང་བཅས་སྐྱོ་སངས་ལ་བྱོན་ནས་སྤྱོད་འཇུག་ཆེན་མོ་སོགས་ཀྱི་ལུང་གནང་། བཅུ་གསུམ་ལ་ཨོང་ཉོད་ཕྱོགས་སུ་ཕེབས། དགོན་པའི་རིམ་གྲོར་བསྐང་གསོ་དང་འཇིགས་བྱེད་ཞི་བའི་སྦྱིན་སྲེག་མཛད་ཅིང་། ཆོས་འཛིན་ཏྭ་བླ་མ་སོགས་སྐུ་སེར་ཆིག་སྟོང་བཀྲལ་བར་ཚེ་དཔག་ལྷ་དགུའི་དབང་། འཇིགས་བྱེད། མགོན་པོ། ལྷ་མོ། འཇམས་དབྱངས་ནག་པོ། འོད་ཟེར་

ཅན་མ་སོགས་ཀྱི་རྗེས་གནང་བསྩལ། རིམ་གྱིས་མ་ཧཱ་སུ་མུ་སོགས་དགོན་གྲོང་དུ་མར་ཕེབས་ཏེ། ལུང་དང་རྗེས་གནང་མང་པོ་གང་འདོད་དུ་གནང་། དགེ་ཚུལ་སློང་བཅུ་དྲུག་ལ་བསླབ་པ་བསྩལ། དགུ་བའི་ཚེས་གཅིག་ལ་ཨོ་ཏན་ཕྱོགས་ཀྱི་ཏླ་མལ་སུ་མུར་མགོན་ཆོས་ལྷ་གསུམ་སོགས་ཀྱི་རྗེས་གནང་ཁ་ཤས། ཨོ་རེ་སུ་མུར་གསང་འདུས་ཀྱི་དབང་། ཆ་ཏན་ཨུ་སུའི་གུང་དཔོན་པོར་ཚེ་དབང་དང་ལུང་ཁ་ཤས། ཤིས་ཐིག་ཆེ་ཤང་ལ་འཇིགས་བྱེད་ཀྱི་དབང་དང་གཏུམ་པོ་ཁྲུང་གཤམས་ཀྱི་རྗེས་གནང་། ཛ་སག་ཤང་ལ་རྣམ་རྒྱལ་ལྷ་དགུའི་དབང་། དྲིལ་བུ་ལྷ་ལྔའི་དབང་། ཛཾ་དཀར་དང་གཏུམ་པོ་ཁྲ་ཐོགས་ཀྱི་རྗེས་གནང་། དེ་རི་སིའི་སུ་མུར་རྣམ་རྒྱལ་མའི་དབང་། ཆོས་སྐྱབས་སུ་མུར་བདེ་གསང་འཇིགས་གསུམ་གྱི་དབང་། དགེ་ཚུལ་བཅུ་གསུམ་སོགས་བསྒྲུབས། ཨོ་ཏན་ཤོག་གི་འགྲོ་དོན་གྲུབ་ནས་སྨར་ཡང་ཨ་ཏུ་ཧོར་ཆེན་དགོན་དུ་ཕེབས། ཏན་སུ་མུར་ལྷ་མོའི་བསྐང་མདོས་དང་ཧ་མགྲིན་གྱི་སྦྱིན་སྲེག བློ་ལིའི་རིམ་གྲོར་གདུགས་དཀར་ཟློག་ཆེན་གནང་། ཨུ་ཅུ་མུ་ཆེན་པེའི་ལི་དཔོན་གྱིས་གདན་འདྲེན་ལ་ཕེབས་པར་ཚེ་དབང་སོགས་འདོད་ཆོས་མང་དུ་གནང་།

དགུང་ལོ་རེ་བཞི་བ་ཆུ་སྟག་གི་ལོ་གསར་དགྱེས་སྟོན་བློ་ལིའི་དགོན་དུ་མཛད། ཆོས་དྲུག་ནས་ལམ་རིམ་ཆེན་མོའི་བཤད་ལུང་སོག་སྐད་དུ་བསྒྱུར་ནས་ཉིན་བཅོ་བརྒྱད་ལ་རྒྱས་པར་གནང་། མཇུག་ཏུ་མཆོད་པ་རྒྱ་ཆེན་པོ་དང་བཅས་སེམས་བསྐྱེད་ཆོ་གས་འཛིན་པ་མཛད་དེ་ཐར་བའི་ས་བོན་ཁྱད་པར་ཅན་བསྐྲུན། གཉིས་པའི་ཆེས་ལ་དགེ་ཚུལ་བཅུ་གསུམ་བསྒྲུབས་ཤིང་། ཐ་བོན་ཐོལ་ལོག་གེའི་སུ་མུའི་འདུ་ཁང་ལ་རབ་གནས་དང་བླ་མཆོད་ཀྱི་ཁྲིད་བསྩལ། བཅུ་གཅིག་ལ་ཅག་གྲི་སུ་ཐུའི་སུ་མུའི་ཉེར་འཁོར་གྱི་མཚོ་ཁར་ཕེབས་ཏེ། བསང་དང་གླུ་གཏོར་གནང་བས་ཤར་ཕྱོགས་ནས་ཆུ་བྱ་མང་པོ་འོང་ནས་མཚོ་ནང་དུ་བབས། བློ་ལི་དཔོན་གཡོག་རྣམས་ནས་ལོ་ཁ་ཤས་

ལ་མཚོ་འདི་བྲི་བས་དགོན་པའི་འཁྱོར་བ་ཞབ་དུ་སོང་། ད་ཆར་ཁོང་ཕེབས་པས་ཆུ་བྱ་འདུ་བ་འདི་ལེགས་པོ་ཡིན་འདུག་ཞུས་པ་ལྟར། དེ་ནས་བཟུང་མཚོ་ཤིན་ཏུ་རྒྱས་པར་གྱུར། ཏབ་བུ་གེའི་སྤྲུལ་སྐུར་སྤྱན་རས་གཟིགས་དང་ལྷ་མོའི་རྗེས་གནང་། ཏོལ་ཐུའི་དགོན་དུ་དཔལ་ཅིག་གི་དབང་གནང་ཞིང་དུས་འཁོར་གྱི་འདོན་རྟ་ལ་གཟིགས་རྟོག་མཛད་དེ། བཀའ་ལས་འདི་གར་དུས་འཁོར་འདི་འདྲ་ཞིག་ཡོད་མ་བསམ། ཤིན་ཏུ་ལེགས་པོ་འདུག་པས་བྱིན་ཆད་ཉམས་སུ་མ་འཇུག་གསུངས་ནས་ཐུ་ས་ལག་ཆེ་ལ་གོས་དར་སོགས་གནང་སྟེ། འདི་གྲྭའི་བབ་འོས་ཅན་གསུམ་ལ་ཏིམ་ཆེ་དང་སོའི་ཚོ་ལོ་བྱིན་གསུངས། རིམ་གྱིས་ནེ་མན་ཤོག་བརྒྱུད་དེ་ཕེབས། ལྷ་བཙུན་མཁན་པོའི་དགོན་པར་ཞག་ཤས་བཞུགས་པར་སྒྲོལ་མའི་རྗེས་གནང་། མོན་ཚོག་སྤྲུལ་སྐུར་བཅུ་གཅིག་ཞལ་གྱི་རྗེས་གནང་། ཏབ་ཐག་ཀའི་སྤྲུལ་སྐུར་འཇིགས་བྱེད་བཅུ་གསུམ་མའི་དབང་། སྤྱན་རས་གཟིགས་ཀྱི་རྗེས་གནང་སོགས་ཁ་ཤས། ཤར་ཏོ་ལུའི་སྤྲུལ་སྐུར་རབ་གནས་བསྡུས་པ་མཛད་ཅིང་གཞི་གསུམ་ཆོ་ག་དང་མཚན་བརྗོད་ཀྱི་ལྷུགས་ལུང་གནང་སྟེ། གསུམ་པའི་ཚེས་གཉིས་ལ་ཆོ་ཏོར་བླེ་ལེའི་ཨུརྒྱེར་བབས། བསྐང་གསོ་དང་གཡང་འབོད་གནང་ཞིང་། བཅུ་གཅིག་ཞལ་དང་སྒྲོལ་མའི་རྗེས་གནང་བསྩལ། ཚེས་གསུམ་ལ་ནེ་ཧྲི་ཏོ་ཐོག་ཐུའི་དགོན་དུ་ཕྱུག་ཕེབས། ཚེས་ལྔའི་ཉིན་ཁོང་གི་མ་འདས་པའི་ཕྱུར་ལ་སྦྱིན་སྲེག་མཛད་པས་ལས་ཅན་དུ་སྣང་། འདིར་བཞུགས་རིང་མཇལ་བ་བགྲང་གིས་མི་ལང་བ་དབྱར་གྱི་འབུ་སྲིན་བཞིན་འདུས་པས་ཉིན་རེར་སྟོང་ཕྲག་ལྔ་དྲུག་རེ་མ་མཐའ་འཚོགས། ཉིན་འགར་བསྙེན་རྫོགས་པ་བརྒྱ་དང་དོན་བདུན། དགེ་ཚུལ་ཞེ་གཅིག དགེ་བསྙེན་ཕ་མ་ཉི་ཤུ་བཅས་བསྒྲུབས་ཏེ་ཐུབ་པའི་དབང་པོའི་བཀའ་དྲིན་གཟོ་བར་མཛད། ས་ཆོག་དང་དཀྱིལ་འཁོར་བཞེངས་པ་སྔོན་དུ་འགྲོ་བའི་སྒོ་ནས་ནག་ཟླའི་བཅུ་བཞི་ལ་སྟ་གོན་དང་། བཅོ་ལྔ་ནས་ཉིན་གསུམ་གྱི་རིང་ལ་དཔལ་དང་པོའི་

སངས་རྒྱས་ཀྱི་དབང་མོ་ཆེ་ཡོངས་རྫོགས་བཀའ་དྲིན་བསྐྱང་བར་ཚོགས་པ་ཁྲི་ཕྲག་བདུན་ཙམ་བྱུང་། ཉེར་གཉིས་ཉེར་གསུམ་གཉིས་ལ་ཆོས་གྲྭར་ཕེབས་ནས་ལྷུགས་རྩོམ་དུས་འཁོར་བསྐྱེད་རིམ་དང་རྒྱུད་སྡེ་སྤྱི་རྣམ་གྱི་ལུང་གནང་། ཆོ་འཕེལ་ཀུ་ཤྲིའི་སྐུ་སྐྱེས་སོགས་གསུམ་ལ་དགེ་ཚུལ་དང་བསྙེན་རྫོགས་བསྒྲུབས། དུས་འཁོར་གྲྭ་ཚང་ལ་རྡོ་རྗེ་ཤུགས་ཀྱི་རྗེས་གནང་གནང་སྟེ། དུས་འཁོར་གྱི་ཆོས་སྐོར་ཡོངས་རྫོགས་ལྟ་བུ་བཀའ་དྲིན་དུ་བསྩལ་བར་འབུལ་ནོད་རྒྱ་ཆེར་བཏེགས། དེ་ནས་ཕྱིར་ཆིབས་བསྒྱུར་ཏེ་ནེ་མིན་ཏྲ་ཆེར་སུ་སུར་བདེ་ལམ་དང་འཇམ་དཔལ་མཚན་བརྗོད་སོགས་ཀྱི་ལུང་བསྩལ། བཞི་བའི་ཆོས་གཅིག་ལ། གོང་མ་ཆེན་པོའི་ཨེ་ཕུ་ནེ་མན་ཏྲ་ཕང་གི་ཡཱ་མུན་དུ་ཕྱག་ཕེབས། ཕྱག་རྡོར་འཁོར་ཆེན་དང་ཚེ་དཔག་མེད་ཀྱི་དབང་ཞུས་ཤིང་བསྙེན་བཀུར་གཟབ། ཏོ་ཤོའི་སུ་སུར་འཇིགས་བྱེད་དང་ཐུགས་རྗེ་ཆེན་པོའི་དབང་། མགོན་པོ་ལྷ་མོ་སེང་གདོང་མ་སོགས་ཀྱི་རྗེས་གནང་། ཐོ་ཡོན་བསྟན་འཛིན་ཉི་མ་སོགས་བསྙེན་རྫོགས་པ་བརྒྱ་དང་ང་ལྔ། དགེ་ཚུལ་དོན་ལྔ་བཅས་བསླབ་པའི་གཞི་ལ་བཀོད། གཞན་ཡང་རྣམ་རྒྱལ་མ་དང་། གདུམ་པོ་ཁྲ་ཐོགས་ཀྱི་རྗེས་གནང་སོགས་འདོད་ཆོས་དུ་མ་བཀའ་དྲིན་བསྐྱངས། ཐཱ་བོན་སུ་སུར་རབ་གནས་མདོར་བསྡུས། སྤྱན་རས་གཟིགས་ཀྱི་རྗེས་གནང་སོགས་བསྩལ་ཏེ་ཕྱིར་ཨ་ཏུ་ཏོར་ཆེན་བླེ་ལིའི་དགོན་པར་ཕེབས། དགེ་སློང་ཉི་ཤུ་དང་། ཙུ་ལུ་སུ་སུའི་ཞབས་དྲུང་སོགས་དགེ་ཚུལ་བཅུ་བདུན་བསྒྲུབས། ཏན་སུ་སུའི་ཀུ་ཤྲི་བླ་མ་གཤེགས་སར་གདན་དྲངས་པར་ཚོགས་ཁྲུས་དང་གདུང་ཞུགས་སྒྲུངས་མཛད། ལྷ་བའི་ཆོས་ལ་བླེ་རིན་ཤོག་ལ་ཕྱིན། བླེ་ཐེའི་དགོན་པར་བསྙེན་རྫོགས་པ་ཉེར་གཉིས། དགེ་ཚུལ་བཞི་ལ་སྡོམ་པ་གནང་། དཔལ་བོ་གཅིག་གི་དབང་དང་། ཞང་བློན་གྱི་རྗེས་གནང་བསྩལ་ཞིང་། སྨན་པ་གྲྭ་ཚང་གསར་དུ་ཚུགས་པའི་ཆོས་གྲྭར་རྒྱ་བ་ཐུགས་རྒྱུད་ཀྱི་ལུང་གནང་། འདུ་ཁང་དུ་རྟེན་འབྲེལ་བསྟོད་པ་དང་། ཡོན་ཏན་གཞུ

གྱུར་མའི་ཁྲིད། སྦྱོར་བའི་ཆོས་དྲུག་རྒྱས་པ་བཅས་གནང་བར་བརྟན་བཞུགས་དང་འབྲུལ་ནོད་གཏོར་ཆེར་ཕུལ། བློ་ཟླའི་ཨུརྒྱེར་གཡང་འཕོད་དང་ཚེ་དབང་གནང་། ཛ་སག་བློ་ཟླས་གདན་དྲངས་པར་ཐུགས་རྗེ་ཆེན་པོ་རྒྱལ་བ་རྒྱ་མཚོའི་དབང་བསྐུལ་ཞིང་བསྙུབ་བྱ་ཉེར་གཅིག་ལ་དགེ་སློང་དང་། བཅུ་བཞི་ལ་དགེ་ཚུལ་གྱི་སྡོམ་པ་གནང་། ས་སྐྱོང་ཆེན་པོ་དྭ་ཕང་གིས་གདན་འདྲེན་ཞུས་པར་ཕྱུག་རྫོར་འཇིགས་བྱེད་ལྷ་མོ་གསུམ་གྱི་རྗེས་གནང་དང་། ཡཱ་ཨུན་སུ་ཨུ། ཧོ་མེ་རིན། ཙང་ཀེ་ཕྱུག་རྫོར་སོགས་ཀྱིས་སྤྱན་དྲངས་པར་ཆོས་བཀའ་གང་འདོད་གནང་ནས་ཕྱིར་ཨ་ཏུ་ཧོར་ཆེན་དུ་བབས། ཧ་ཏུ་གུ་ཐེ་ཡན་ཆེའི་སྐུ་སྐྱེས་སོགས་ དགེ་ཚུལ་བདུན། དགེ་སློང་སུམ་ཅུ་བསྙེན་པ་ལ་བཀོད་དེ། ལོ་སྟ་ནས་ཡང་ཡང་གདན་འདྲེན་ཞུས་པ་བཞིན་ཨུ་ཆེན་བློ་ལིའི་ཤོག་ཏུ་ཞབས་བསྐྱོད། དྲུག་པའི་ཆོས་བརྒྱད་ལ་སྟ་གོན་མཛད་ནས་དཔོན་བློ་ལི་ཆེན་པོ་དང་། ཐོ་ཡོན་བླ་མ། རྗེ་རམས་པ་ཡར་འཕེལ་སོགས་ཉན་མཁན་བདུན་བརྒྱ་སྐོར་ལ་ཕྲེང་བ་དང་ཀྱི་ཡའི་དཀྱིལ་འཁོར་ཞི་ལྷའི་དབང་ཆེན་ཡོངས་སུ་རྫོགས་པ་བཀའ་དྲིན་བསྐྱལ། དབང་གི་གསེང་བར་ལ་དགེ་སློང་དྲུག་ཅུ་རེ་བརྒྱད། དགེ་ཚུལ་བཞི་བཅུ་ཞེ་བཞི། རབ་བྱུང་གཉིས་རྣམས་ཚོགས་སྟ་ཕྱིའི་སྡོམ་པ་ལ་བཀོད། ཕྱུག་རྫོར་འཁོར་ཆེན་དང་། སྟག་ཕུའི་དག་སྣང་སྒྲོལ་དབང་བཅས་རྗེ་རྗེ་ཐེག་པའི་སྨིན་བྱེད་ཀྱི་སྒོ་བརྒྱ་ཕྱེ། བཀའ་བཅུ་བླ་མའི་དགོན་པར་གདུགས་དཀར་ལྷ་མང་གི་དབང་། ལེགས་ལྡན་གསུམ་གྱི་རྗེས་གནང་། བསྙུབ་བྱ་གཉིས་རབ་བྱུང་དང་ཞེ་གཉིས་དགེ་ཚུལ། དོན་དྲུག་དགེ་སློང་དུ་བསྙུབས་ནས་ཤཱ་ཀྱའི་སྲས་སུ་བསྐྲུན། དུས་འཁོར་གྲྭ་ཚང་གི་ཚོགས་དབུ་དང་འདུ་ཁང་ལ་རབ་གནས་བསྟུས་པ་གནང་ཞིང་། ལམ་རིམ་ཆེན་མོའི་དབུ་ནས་མཚོད་བརྗོད་ཀྱི་སྐོར་ཙམ་ལ་སོག་སྐད་དུ་བཤད་པ་རྒྱས་པར་མཛད། ཧ་བིལ་དགོན་པར་ཚེ་དཔག་མེད་དང་སྤྱན་རས་གཟིགས་ཀྱི་དབང་། འཇིགས་བྱེད་སྟགས་བཏུའི་རྗེས་

གནང་། བློ་ལིའི་དགོན་གསར་དང་འདི་གཉིས་ལ་དགེ་ལེགས་ཆར་འབེབས་ལྟར་གྱི་རབ་གནས་རྒྱས་པ་རེ་བཀའ་དྲིན་བསྐྱངས། མགོན་བཀའ་བཅུ་གསུམ། ལྷ་མོ་དང་སྟ་ཚོགས་ཡུམ། རྗོར་སེམས་སོགས་ཀྱི་རྗེས་གནང་བཅས་ཆོས་འཁོར་རྒྱ་ཆེར་བསྐོར། མགོན་པོའི་བསྐང་བ། མཉྫལ་བཞི་བ་སོགས་རིམ་གྲོ་ཁ་ཤས་གནང་། མཇུག་ཏུ་བདེ་མཆོག་དཀར་པོའི་སྒོ་ནས་བརྟན་བཞུགས་ཕུལ་ཏེ་འབྲུལ་ནོད་རྒྱ་ཆེན་པོ་ཕུལ། བླ་བ་བརྒྱུད་པའི་ཆོས་ལ་སྣར་ཨ་ཏུ་ཧོར་ཆེན་དུ་བབས། བློ་རིན་ཏྲ་ཕང་ཡང་བསྐྱར་མཇལ་དུ་ཕེབས་པར། ཀུ་ཏུ་ཀུལླིའི་དབང་དང་། དམ་ཅན་གྱི་རྗེས་གནང་བསྩལ་ཏེ་མིའི་དབང་པོའི་ཐུགས་བཞེད་བསྐངས། བསྙེན་རྫོགས་བཞི་དང་། དགེ་ཚུལ་བཞི་བསྒྲུབས། རྩ་བའི་སྦྱིན་བདག་དཔོན་བློ་ལི་ཆེན་པོས་གཙོས་སྐྱ་སེར་སྟོང་ཕྲག་ཙམ་ལ་གདུགས་དཀར་གྱི་དབང་། བཀའ་སྡོད་གསུམ་གྱི་རྗེས་གནང་བཅས་གནང་། རྗོ་རམས་པ་སངས་རྒྱས་བཀྲ་ཤིས་སོགས་འཁོར་ལྔན་དུ་མས་གདན་དྲངས་པར་འདོད་ཆོས་དང་རིམ་གྲོ་མཐའ་ཡས་པ་བཀའ་དྲིན་བསྐྱངས།

དགུ་པའི་བཙོ་ལྔ་ལ་ཨོང་ཉིད་བློ་ལིའི་ཤོག་ཏུ་ཆིབས་བསྒྱུར་ནས་བཅུ་དགུ་ལ་ཧོ་ཤོའི་དགོན་པར་ཕེབས། བྱམས་སྐུ་གསར་བཞེངས་ཀྱི་གཟུངས་གཞུག་ལ་ཞལ་བཀོད་མཛད་ཅིང་། སྐུ་གྲུབ་ནས་ལྷ་བབས་དུས་ཆེན་དང་བསྟུན་རབ་གནས་རྒྱས་པ་ཉིན་གསུམ་གནང་། སྨན་བླ་མཆེད་བདུན་དང་། ཕྱག་རྡོར་གཏུམ་པོའི་རྗེས་གནང་གསར་རྩོམ་བྱམས་པའི་སྟོང་མཆོད་ཀྱི་ལུང་སོགས་བསྩལ། བསྒྲུབ་བྱ་སུམ་ཅུར་བསྙེན་རྫོགས་དང་། བློ་ལིའི་ཐུགས་བཞེད་བཞིན་སྒྲོལ་མ་ཉེར་གཅིག་གི་རྗེས་གནང་དང་། རིམ་གྲོར་མཎྜལ་བཞི་བ་གསུངས། འཇམ་ལུགས་ཚེ་དབང་གིས་མཇུག་བསྡུས་པར་བརྟན་བཞུགས་དང་འབྲུལ་ནོད་སྤྲམ་མཐོ་བ་བཏེགས། བཅུ་བའི་ཚེས་ལ་ཨོ་ཏན་ཤོག་ཏུ་ཕྱིན་ནས་ཇ་སག་ཕང་གི་ཡུ་མུན་ལ་བབས། གཡང་འབོད་དང་རབ་གནས་བསྡུས་པ་

གནང་། རིམ་གྱིས་བླ་བྲེའི་ཡུལ་ལྗུན་དུ་ཕེབས། ཚེ་དཔག་ལྷ་དགུའི་དབང་། སྣག་ཕུའི་སྒྲོལ་དབང་། ཞ་ར་ཧེའི་བྱིན་རླབས། ཡོ་ཀྱོན་མའི་རྗེས་གནང་བཅས་བསྩལ། དགོན་ཕྲན་ཁ་ཤས་ཀྱིས་གདན་འདྲེན་ཞུས་པའི་རེ་བ་བསྐང་ཞིང་། ཉེར་གསུམ་ལ་ཐུ་མེད་དགོན་ཆེན་ཧོ་ཆེན་ཧོ་རོར་ཕེབས། བཅུ་གཅིག་པའི་ཚེས་ལ་མོང་གོལ་ཆེན་དུ་བྱོན། བླ་ལའི་སྤྲུས་ལ་ཚོགས་སྟ་མའི་བསླབ་པ་བསྩལ། ལམ་བར་ཨོང་ཉོད་ཨུ་རེ་སུ་ལྗུར་ཕྱག་རྗོར་འཁོར་ཆེན་དང་སྨན་བླ་ཁྲུང་ཁྲའི་རྗེས་གནང་། ཨེ་ཧིང་ཙང་གི་དང་། དཀོན་མཆོག་ལེགས་གྲུབ། ཆོས་སྐྱབས། ཞི་བ་བཟང་པོ། ཏ་མགྲིན་སྐྱབས། ཐ་དུ་ནང་བཟུ། སངས་རྒྱས་ཟེར་བ་སོགས་ཀྱིས་གདན་དྲངས་པར་འཇིགས་བྱེད་ཀྱི་སློབ་དབང་ཙམ་དང་། མི་འཁྲུགས་པ་ལྷ་བཅུ་གསུམ་མའི་དབང་། ཇཾ་དཀར། ཇཾ་དམར། སྒྲོལ་མ་དཀར་ལྗང་། ཡོ་ཀྱོན་མ་སོགས་ཀྱི་རྗེས་གནང་། ཚེ་དབང་། དགེ་མཚན་སྤྱེལ་བའི་ཆོ་གའི་སྒོ་ནས་གཡང་འབོད་སོགས་གནང་སྟེ་སོ་སོའི་ཡིད་ཀྱི་རེ་འབྲས་སྨིན་པར་མཛད། ཉི་ཤུ་སྐོར་ལ་ཕྱིར་ཐུ་མེད་དགོན་ཆེན་དུ་བབས།

དགུང་ལོ་རེ་ལྔ་བཞེས་པ་ཆུ་ཡོས་ཟླ་བ་དང་པོའི་ཚེས་གཅིག་ལ་འདུ་ཁང་དུ་དཔལ་ལྡན་སྲིད་གསུམ་གྱི་བདག་མོའི་ཆོས་གཏོར་གྱི་གྲལ་དབུར་བྱོན། ལོ་སར་གྱི་བཞུགས་གྲལ་རྒྱས་པ་ཚོགས་སྤྱིང་སོགས་ལུགས་གཉིས་དང་འབྲེལ་བའི་དགའ་སྟོན་ཕུལ་ཞིང་གྲྭ་མང་ལ་ཕྱག་དབང་བསྩལ། ཆོས་དྲུག་དང་བཅོ་ལྔ་ལ་སྨོན་ལམ་གསུང་ཆོས་ཀྱི་མགོན་དུ་ཕེབས་ནས་རྗེ་རྒྱལ་བ་གཉིས་པའི་ཕྱག་བཞེས་བཟང་པོ་ཉམས་པ་མེད་པ་མཛད། བཅུ་དྲུག་གི་ཉིན་ཆོས་གྲྭ་ནས་བཀའ་པོད་ལྔའི་རྩི་བཞག་གནང་། འདུ་ཁང་ནས་སེར་སྐྱ་ཁྲི་ཕྲག་ཙམ་ལ་གདུགས་དཀར་གྱི་དབང་སྐུ་ཟུང་འབྲེལ། རྒྱུད་ཁང་དུ་འཇིགས་བྱེད་ཀྱི་རྗེས་གནང་། རྒྱུད་གཞུང་གི་ལུང་སོགས་བཀའ་དྲིན་བསྩལ། དེའི་རི་ཁྲོད་དུ་གསང་འདུས་བདག་འཇུག་གསར་དུ་བཙུགས་པར་དེ་

གའི་དོང་ཆེ་ཁྲོན་རེའི་འགྲེད་གནང་། གཉིས་པའི་ཚེས་གཅིག་ནས་ལམ་རིམ་ཆེན་མོའི་
བཤད་ལུང་རྒྱས་པར་གནང་བའི་མཇུག་ཏུ་སེམས་བསྐྱེད་ཆོ་གའི་འཛིན་པ་སོགས་
ཐམས་ཅད་མཁྱེན་པའི་ས་བོན་གྲུང་པོ་ཐེབས་པའི་སྐལ་ལྡན་དུ་བྱས། དགེ་སློང་རེ་
བཞི། དགེ་ཚུལ་སུམ་ཅུ། དགེ་བསྙེན་ཕོ་མོ་བཅོ་ལྔ་བཅས་བསྒྲུབས། ཊ་རེ་ཊ་ཡེ་དང་
བསྟན་འགྱུར་སྐྱབས་སོགས་ཀྱིས་གདན་འདྲེན་ཞུས་ཤིང་བསྙེན་བཀུར་གཟབ། རིམ་
གྱིས་ཕེབས་པར་ཕྱོར་བན་སོབ་རགས་ཀྱི་དགོན་པར་ལམ་གཙོའི་བཤད་ལུང་དང་
དབང་བསྐུལ་ཞིང་ཏོ་ལོན་བུ་ལག་ཏུ་ཕྱུག་ཕེབས་ཏེ་བཞུགས། བསྙེན་རྫོགས་ཉིས་བརྒྱ་
གྱ་བརྒྱད། དགེ་ཚུལ་རེ་གསུམ། དགེ་བསྙེན་ཕོ་མོ་བརྒྱ་ལྷག་བཅས་ཤཱཀྱའི་རྒྱལ་པོའི་
བསྟན་པ་ལ་བཙུད། ཆ་གན་ཐུ་བུ་ལག་གི་བཀའ་འགྱུར་རབ་གནས་དང་མི་འཁྲུགས་
པ་ལྔ་དགུའི་དབང་། ཛ་ལན་བེ་ལིག་ཐུར་སྐྱབས་ཁྲིད། ཚེ་དཔག་མེད་དང་ཧཱུཾ་དཀར་
ཀྱི་རྗེས་གནང་སོགས་བསྐུལ། གསུམ་པའི་ཚེས་ལ་དོ་ལོན་བུ་ལག་ནས་ཞབས་བཏེགས་
པའི་ཕེབས་ལམ་དུ་ཨོ་ཏན་ཤིས་ཐེག་ཆེ་ཕང་སྐུ་གཤེགས་པའི་བསྔོ་རྟེན་འགྲོར་བར་
ཁྲུས་ཚོག་དང་སྨན་བླ་སོགས་བཀའ་དྲིན་བསྐྱངས། ཨོ་རིན་སུ་མུར་ཚེ་དཔག་མེད་ཀྱི་
དབང་། ཤེ་ནེ་སུ་མུར་ཧ་མགྲིན་གྱི་རྗེས་གནང་སོགས་གནང་སྟེ། ཉེར་གཉིས་ལ་ཨ་ཏུ་
ཧོར་ཆེན་ཨེ་གེའི་དགོན་དུ་བབས། དེར་དུས་འཁོར་གྱི་ས་ཚོག་གནང་སྟེ་གནམ་གང་
ལ་སྟ་གོན། ས་གའི་ཚེས་ལ་དབང་བདུན། གཉིས་ལ་གོང་མ་གོང་ཆེན་ཇོར་སློབ་ཀྱི་
དབང་བཅས་ཚོགས་པ་སུམ་སྟོང་བརྒྱལ་བ་ལ་གནང་སྟེ་རིགས་ལྡན་གྱི་རྒྱལ་པོའི་སྲས་
སུ་བསྐྱུན། གཞན་གསང་འདུས་དང་འཇིགས་བྱེད་ཀྱི་དབང་ཡང་བསྐུལ། བློ་ལིའི་
དགོན་དང་འདི་གཉིས་ཀར་དགེ་སློང་ཉིས་བརྒྱ་སོ་གཅིག །དགེ་ཚུལ་བརྒྱད་ཅུ་གྱ་
གཉིས། རབ་བྱུང་བཞི་བཅས་བསྒྲུབས་ཏེ་རྒྱལ་བའི་བསྟན་པ་ལ་བྱ་བ་མཛད། དེ་ནས་
ཞུ་ཅི་མུ་ཆེན་ཕང་གི་ཤོག་ཏུ་ཆིབས་བསྒྱུར་གནང་སྟེ་ལྔ་བའི་ཚེས་དྲུག་ལ་ཕང་ཆེན་

པོའི་ཨུརྒྱན་བབས། ཕང་གི་དགོན་དུ་འཛིགས་བྱེད་ཀྱི་དབང་དང་། བསྙེན་རྫོགས་སོ་བརྒྱད། དགེ་ཚུལ་ཉེར་དྲུག །རབ་བྱུང་གཅིག་བཅས་བསྩལ། ཨུརྒྱན་དུས་དབང་གི་ས་ཚོག་གནང་སྟེ་ཉི་ཤུའི་ཉིན་སྟ་གོན་དང་ཉེར་གཅིག་ནས་དཔལ་དུས་ཀྱི་འཁོར་ལོའི་དབང་མོ་ཆེ་ཡོངས་རྫོགས་བཀའ་དྲིན་བསྩལ་བར། ཨུ་ཅི་མུ་ཆིན་ཕང་། གུང་གཉིས། པཎྜི་ཏ་བླ་མ་དང་། ཆོས་རྗེ་བླ་མའི་སྤྲུལ་སྐུ་སོགས་དད་འདུས་ཉིས་སྟོང་ལྷག་བྱུང་། ཉེར་བརྒྱད་ལ་མཆོད་བདུན་ཞོག་ཏུ་ཆིབས་བསྒྱུར། སྐུ་ཞབས་ཆེན་མོ་ལྕང་སྐྱ་རིན་པོ་ཆེ་ནས་ཕེབས་བྱམས་དང་། དེ་འདྲེགས་པའི་མི་བཞི་ཧ་ཆེན་བཅུ་གཉིས་བཅས་བསུ་བར་གནང་། ཆོས་དྲུག་གི་དུས་ཆེན་དང་བསྟུན་ཤར་ཕྱོགས་ས་དབང་ཆེན་པོའི་གཙུག་ན་མཛེས་པའི་ཏཱ་གཱཾ་ཤྲཱི་ལྕང་སྐྱ་རིན་པོ་ཆེར་མཇལ་འཕྲད་མཛད་པར་གསོལ་སྟོན་རྒྱས་པ་གནང་། ཆོས་བརྒྱད་ནས་གཟིམ་ཁང་གསར་པར་རབ་གནས་དགེ་ལེགས་ཆར་འབེབས་གནང་བར་སྐུ་ཞབས་ཆེན་མོ་ནས་སྐུ་དངོས་ཀྱིས་མཆོད་གཡོག་མཛད་པ་སོགས་རིགས་ཀྱི་ཅོད་པན་དུ་བཀུར་བར་མཛད། ཆོས་བཅུར་རྗེ་བླ་མ་མཆོག་དབུས་དང་། ལྕང་སྐྱ་རིན་པོ་ཆེ་དང་། ཁྲི་རྒྱ་ནག་པ་ཚང་རྣམ་གཉིས་གཡས་གཡོན་དུ་བཞུགས་པའི་གདོང་གྲལ་དུ་སོ་ཉིད་ཏཱ་ཕང་དང་། ཨ་ཅི་མུ་ཆིན་ཕང་། དགོན་པ་གཉིས་ཀའི་ཏཱ་བླ་མ་ཧེམ་ཆི་མགྲོན་གཉེར་སོགས་ལུང་ལས་ཀྱིས་མཐོ་བའི་བླ་དཔོན་ཆེ་གཉན། མཛོས་སྒྲིགས་ཀྱིས་སྤྲ་བའི་མི་དྲུག་སོགས་གདན་འཛོམས་པར་ལྕང་སྐྱ་བླ་བྲང་ཆེན་མོ་ནས་སྟོན་མོ་གང་རྒྱས་དང་མང་ལ་མནོག་ཆེ་བའི་དངོས་འབུལ་བཏེགས། ཉིན་ཁ་ཤས་ལ་ལྕང་སྐྱ་རིན་པོ་ཆེ་དང་ཡབ་སྲས་གཉིས་ལྷན་དུ་མཆོད་བདུན་གྱི་ཕྱོགས་སོ་སོར་བྱོན་ནས་བུམ་གཏེར་སྦ་བ་དང་། ལབ་ཙེ་བསྟོད་པ་སོགས་ཡུལ་ཕྱོགས་སུ་དགེ་མཚན་འཕེལ་བའི་ཐབས་བཀའ་དྲིན་གནང་བར་སྤྱིན་བདག་རྣམས་ཀྱི་སྟོན་མོ་རྒྱས་པ་བསྟར་ཐོག་ཆི་གེ་དྲང་ཞིང་སྒྱུ་རོལ་སྟེབ་པ། མི་རྟའི་བང་དང་མདའ་རྩལ་འགྲན་པ།

སྐབས་ཆེན་གྲུད་ཀྱི་ཤེ་མོང་སྟོན་པ་སོགས་སོག་ལུགས་མི་ཆོས་ཀྱི་གནའ་སྲོལ་བཟང་པོ་དགྱེས་པའི་མཆོད་པར་ཕུལ། བདུན་པའི་ཚེས་ལ་ཁྲི་རྒྱ་ནག་པ་ཚང་ལ་ཚེ་དབང་དང་མགོན་པོའི་རྗེས་གནང་བསྩལ་ཏེ་ཆིབས་ཁ་བསྒྱུར། སོ་ཉིད་ཤོག་གི་ཆ་གན་ཚེ་ལོ་ཐུ་སོགས་དགོན་གྲོང་དུ་མར་ཆོས་བཀའ་ཐོར་བུ་མང་དུ་གནང་བཞིན་གཡོན་རུའི་ཧོ་ཤོའི་དགོན་པར་ཕྱག་ཕེབས། ཤོལ་ཟླ་བདུན་པའི་ཚེས་གཉིས་ནས་ལྔའི་བར་དུ་གཉིས་མེད་རྒྱུད་ཀྱི་རྒྱལ་པོ་དཔལ་ལྡན་དུས་ཀྱི་འཁོར་ལོའི་དབང་མོ་ཆེ་གནང་ཞིང་། བསྙུབ་བྱ་ལྔ་བཅུ་ང་གཅིག་བསྙེན་རྫོགས་དང་། དགེ་ཚུལ་བཅུ་གཅིག རབ་བྱུང་བཅོ་བརྒྱད་བསྒྲུབས། མི་བདག་ཏཱ་ཁང་ལ་ཚེ་དབང་། མགོན་པོ་སྙིང་ཞུགས་ཀྱི་རྗེས་གནང་བསྩལ། ཁང་གི་དགོན་པར་རྣམ་སྲས་བཀའ་བཅོ་ལྔའི་རྗེས་གནང་དང་། ཉིན་གསུམ་ལ་རབ་གནས་རྒྱས་པ་གནང་། ཧོ་ཤོ་སྤྱིའི་རིམ་གྲོར་ལྷ་མོའི་བསྐང་མདོས་གསུངས། གསོལ་སྟོན་འབུལ་ནོར་སོགས་རྒྱ་གང་ཆེ་ཕུལ། དེ་ནས་ཨུ་ཅི་མུ་ཆིན་ཤོག་ཏུ་ཕྱིན་ཏེ་ཨུ་ལན་ཧལ་ཀའི་དགོན་པར་འཛིགས་བྱེད་དཔའ་ཅིག་གི་དབང་། མགོན་ཆོས་ལྷ་མོ་རྣམས་ཀྱི་རྗེས་གནང་བསྩལ། དགེ་སློབ་བརྒྱ་དང་ཉེ་ཤུ། དགེ་ཚུལ་བཞི་བཅུ་ཞེ་གཅིག་ཚངས་སྤྱོད་ཀྱི་དཔལ་ལ་བཀོད། རིག་བྱེད་མ་དང་། སེང་གདོང་མའི་རྗེས་གནང་སོགས་བཀའ་དྲིན་བསྐྱངས། ཁང་གིས་གདན་དྲངས་ཏེ་རིགས་སྲས་རྗེ་ཉིད་ལ་སྐྱབས་ནས་ཐ་མོང་དཀར་པོ་གཅིག་དང་། རྟ་བརྒྱད་ཕུལ། ཨུ་ཅི་མུ་ཆིན་བློ་ཡིའི་ཨུཀྲེར་ཕེབས་ནས་ཞག་འགའ་སྐྱ་ངལ་གསོ་བ་མཛད་ཅིང་། བརྒྱད་པའི་བཅུ་དགུར་ས་ཚོགས་ཉེར་བརྒྱད་ལ་སྟ་གོན་གནང་ནས་ཉིན་གསུམ་ལ་དཔལ་ཀཱ་ལ་ཙཀྲའི་དབང་ཆེན་བསྩལ་བར་མཇལ་བ་བགྲང་གིས་མི་ལང་བ་འདུས། གཞན་ཡང་བདེ་མཆོག་ལྷ་ལྔའི་དབང་། རྣམ་སྲས་བཀའ་བཅོ་ལྔའི་རྗེས་གནང་སོགས་དམ་པའི་ཆོས་ཀྱི་ཆར་ཕབ། བློ་ཡིའི་རིམ་གྲོར་འཇིགས་བྱེད་ཞི་བའི་སྦྱིན་སྲེག་དང་མནྟྲལ་བཞི་བ་གསུངས་

པར་བསྐྲུན་བཀུར་ཚད་མེད་པ་བཞུས། དེ་ནས་ཕྱིར་ཨ་རུ་ཧོར་ཆེན་དུ་ཕེབས་ནས་བཞུགས་ཡོད་ཐོག་ནེ་མན་ཧྲ་ཕང་དཔོན་མོ་དང་བཅས་འཁོར་ཏེ་ཁོང་གི་ཧོ་ཤོ་ལ་མིཧྲའི་དབང་ཆེན་གནང་དགོས་ཀྱི་ཆེད་དུ་གདན་འདྲེན་གྱི་སྙན་གསན་ཞུལ། འཇམདབྱངས་གོང་མའི་ནང་བློན་ཆེན་པོ་འདི་འདྲ་ལམ་ཐག་རིང་པོར་དཀའ་ཚེགས་ལམ་གཟིགས་པར་སྐུ་དངོས་ཀྱིས་གདན་འདྲེན་དུ་ཕེབས་པ་ངེས་པར་ཆོས་རྒྱལ་གྱི་རྣམཐར་དུ་སྣང་། ཁོང་གིས་ཞུས་ངོར་རྗོར་སེམས་དང་མགོན་དཀར་སེང་གདོང་མ་གསུམགྱི་རྗེས་གནང་། དུག་དབང་དང་ཉི་མ་མདུང་གང་མ་བཅས་གནང་སྟེ་མི་དབང་ཡབཡུམ་ཕྱིར་ཐེག དེ་ནས་ཡང་ཐུ་མེད་དུ་ཆིབས་བསྒྱུར་ནས་བོད་ལོའི་ཚེས་གཅིག་ལ་དོལོན་ནུ་ལག་ཏུ་འཁོར།

དགུང་ལོ་རེ་དྲུག་པར་ཤིང་འབྲུག་གི་ལོ་སར་གྱི་དགེས་སྟོན་དང་། སྨོན་ལམགསུང་ཆོས་ལ་ཕེབས་ཏེ་སྐྱབས་ཁྲིད་ཞིབ་རྒྱས་གནང་། ཐུགས་རྗེ་ཆེན་པོའི་དབངདང་རྗེས་གནང་། རྟོར་གཙོད་ཀྱི་ལུང་བཅས་བསྩལ། ཞོར་བན་སོབ་རག་ཏུ་ཕེབསཏེ་བདེ་གསང་འཇིགས་གསུམ་གྱི་དབང་གནང་། དེར་རྒྱུད་གྲྭ་གསར་ཚུགས་མཛདཔར། རྗེ་ཉིད་ནས་ཁྲི་འདོན་དང་ཁྲི་བཤད་སོགས་མཛད་ཅིང་། ཆོས་གྲྭར་འགྲེལབ་བཞི་སྒྲུགས་ཆོས་ཐུན་གཅིག་དང་། མདོ་རྒྱུད་ཀུན་གྱི་བླ་མ་དཔལ་གསང་བ་འདུསཔའི་རྩ་རྒྱུད་ཀྱི་བཀླག་ལུང་བསྩལ། ཐུགས་རྗེ་ཆེན་པོའི་དབང་ལན་གཉིས་བཀའདྲིན་བསྐྱངས་ནས་ཕྱིར་དོ་ལོན་ནུ་ལག་ཏུ་བབས། ཟླ་བ་གཉིས་པའི་ཚེས་བཅུ་ནསཚོགས་པ་ཤིན་ཏུ་མང་པོ་རྡོ་རྗེ་ཕྲེང་བའི་དབང་ཆེན་བཞི་བཅུ་ཞེ་ལྔ་ཡོངས་སུ་རྫོགསཔ་གནང་སྟེ་རྡོ་རྗེ་ཐེག་པའི་རིགས་ཅན་དཔག་ཡས་སྨིན་པར་མཛད། འདི་སྐབསརྡོར་དབྱིངས་ཀྱི་དབང་གི་སྐབས་དཀྱིལ་འཁོར་གྱི་ཐད་དྲང་གི་ནམ་མཁར་འཇའ་གུརདཀར་པོ་ཟླུམ་པོ་ཞིག་གློལ་རག་ལ་བསྟད་པ་ཀུན་གྱིས་མཐོང་། ཉིན་གསུམ་ལ་དགེ་

སློང་སུམ་བརྒྱ་དང་ཞེ་བདུན། དགེ་ཚུལ་སུམ་ཅུ་སོ་བརྒྱད། དགེ་བསྙེན་ཕོ་མོ་དགུ་བཅུ་བཅས་སོ་སོའི་བསླབ་གཞིར་བཀོད་དེ་ཆོས་འདུལ་བ་ལ་བྱ་བ་བྱས་བསྙེན་བཀུར་གཟབ་རྒྱས་ཞུས་ཏེ་ཡོན་མཆོད་ཀུན་གྱིས་རྣམ་དཀར་གྱི་བྱ་བ་རླབས་པོ་ཆེ་བསྒྲུབས། རིམ་གྱིས་ཐེབས་པར་གུར་གོལ་ཐུའི་སྐར་ནས་འཇིགས་བྱེད་ཀྱི་དབང་དང་རྟ་མགྲིན་གྱི་རྗེས་གནང་། བླ་མ་མཆོད་པའི་ཁྲིད། རྒྱན་འདྲུག་གི་ལུང་། ཡང་ཐུ་ས་ལག་ཆི་ལ་བདེ་མཆོག་གི་དབང་། ཞིལ་ཀན་ཐེ་བླ་མའི་སྐུ་སྐྱེས་ལ་དགེ་ཚུལ་གྱི་སྡོམ་པ་གནང་། ཉེ་མན་ཧོ་ཤོའི་སུ་མུར་ཕྱུག་ཐེབས་ཏེ། སྔར་ནས་ཞུས་ཡོད་པ་བཞིན་གསུམ་པའི་བཅོ་བརྒྱད་ནས་མི་ཏྲ་བརྒྱ་རྩའི་དབང་ཆེན་ཡོངས་སུ་རྫོགས་པ་བསྐྱལ་བར། ས་སྐྱོང་ཧྭ་ཡང་གིས་གཙོས་རྗེ་རྗེའི་སློབ་ཚོགས་དཔག་མེད་འདུས། གསེང་བར་ལ་བསྙེན་རྫོགས་ཉིས་བརྒྱ་དང་གཅིག དགེ་ཚུལ་ལྔ་བཅུ་བསྒྲུབས་ཤིང་འབུལ་ནོད་དཔག་མེད་ཕུལ། དེ་ནས་ཧོར་ཆེན་ཤོག་ཏུ་ཕྱིན་ནས་ཧོ་ཤོའི་དགོན་པར་བཞུགས། དགེ་སློང་བདུན་ཅུ་དོན་བཞི་དང་། མཁན་སྤྲུལ་སོགས་དགེ་ཚུལ་ཉེར་ལྔ་བསྒྲུབས། རིམ་གྱིས་བླ་རིན་ཏྭ་ཡང་གི་ཨུརྒེར་ཐེབས། དེར་འཇིགས་བྱེད་དམར་པོའི་དུག་དབང་དང་། དྲིལ་བུ་ལྷ་ལྔའི་དབང་བསྐྱལ། མཚོ་བདུན་བརྒྱུད་ནས་རིམ་གྱིས་སོ་ཉིད་དུ་ཐེབས། བཀའ་བཅུའི་བླ་མའི་དགོན་པར་ཀྱི་རྗོར་གྱི་དབང་འཇིགས་བྱེད་སྟགས་བཏུའི་རྗེས་གནང་ཆོས་རྒྱལ་གསུམ་གྱི་རྗེས་གནང་། པྲ་རོང་སོ་ཉིད་ཀྱི་ལུ་ཐོ་ཧྭ་ཐུའི་སུ་མུར་སྒྲོལ་མ་ཉེར་གཅིག་གི་དབང་། ཏྭ་ལེའི་ཆོས་རྗེའི་དགོན་པར་གསང་འདུས་དང་ཀུན་རིག་གི་དབང་། ཆ་ཧན་ཚོ་ལོ་ཐུའི་དགོན་དུ་ཚེ་དཔག་མེད་དང་སྤྱན་རས་གཟིགས་ཀྱི་དབང་། འཇམ་དབྱངས་ནག་པོ། ཁྱུང་ཁྲ། སྨན་བླ། ལྷ་མོ་ཤྲཱ་མ་ན་རྣམས་ཀྱི་རྗེས་གནང་བསྐྱལ། དགོན་སྡེ་དེ་དག་ཏུ་ཕྱིན་བསྡོམས་དགེ་སློང་ལྔ་བཅུ་རྩ་གསུམ། རབ་བྱུང་སོ་བདུན་བཅས་ལ་བསླབ་པ་གནང་། སོ་ཉིད་ཏྭ་ཡང་གི་ཨུརྒེར་ཐེབས་ཏེ། ལྕང་སྐྱ་མཆོག་དེར

བཞུགས་པ་དང་མཇལ་འཕྲད་མཛད། ཕྱང་ལ་འཁོར་ལོ་ཆེན་པོའི་དབང་། མཁན་པོ་བློ་མར་འཇམ་དབྱངས་ཚོས་སྐོར་གྱི་རྗེས་གནང་བསྩལ། ཏོ་ཤོ་སྤྱིའི་རིམ་གྲོར་ལྷ་མོའི་བཟློག་མདོས་གསུངས་ཞིང་བརྟན་བཞུགས་དང་འབུལ་ནོད་རྒྱ་ཆེར་ཕུལ། ཕྱིར་ལམ་ཀུ་ཙི་མི་ཆེན་ཡིད་འཇགས་དགོན་དུ་ལོ་རྒྱུན་མའི་རྗེས་གནང་བསྩལ་ཏེ་ཨ་ཏུ་ཧོར་ཆེན་དུ་དགུན་བཞུགས་མཛད།

དགུང་ལོ་རེ་བདུན་པ་ཤིང་སྦྲུལ་གྱི་ལོ་སར་རྒྱས་པར་གནང་། གཉིས་པའི་ཚེས་བརྒྱད་ནས་ལམ་རིམ་ཆེན་མོའི་བཤད་ལུང་ཧོར་གྱི་རང་སྐད་དུ་བཀྲོལ་ནས་ཚོགས་པ་ཉིས་སྟོང་ལྷག་ལ་རྒྱས་པར་གནང་། བཅོ་ལྔའི་ཉིན་མཆོད་པ་རྒྱ་ཆེན་པོ་དང་བཅས་སེམས་བསྐྱེད་མཆོད་པ་མཛད་ནས་ཐེག་པ་ཆེན་པོའི་རིགས་གཅིག་ཀྱང་སད་པར་བྱས། ཀུ་རོད་བློ་ལིས་ཞུས་ངོར་དཔའ་བོ་གཅིག་པའི་དབང་དང་། མི་ཧྲི་ཧོ་ཐོག་ཐུ་མཇལ་བར་ཕེབས་པ་ལ་སྨན་བླ་དང་མི་འཁྲུགས་པའི་དབང་། དུག་དབང་དང་དམ་ཅན་གྱི་སྲོག་གཏད་བཀའ་དྲིན་བསྩལ། ཏན་སུ་མུར་ཆ་གན་ཏྭ་ཡན་ཆིའི་སྐུ་སྐྱེས་གསོས་སྟོང་ལྷག་ལ་ཚེ་ལྷ་གསུམ་གྱི་རྗེས་གནང་བསྐུར། ཨ་པྭ་ཐུ་སྭ་ལག་ཆིས་གདན་དྲངས་པའི་སར་ནེ་མན་ཨེ་ཕུ་ཏྭ་ཕྱང་མཇལ་དུ་བྱོན་པ་ལ་ཇཾ་ལྷའི་རྗེས་གནང་། སྨན་བླ་དང་མི་འཁྲུགས་པའི་དབང་སོགས་གནང་། རྫ་བའི་སྦྱིན་བདག་བློ་ལིའི་དགོན་པར་དགེ་སློང་ལྔ་བརྒྱ་དང་གྱ་ལྔ། དགེ་ཚུལ་ཉིས་བརྒྱ་དྲུག་ཅུ། རབ་བྱུང་བཅུ་རྣམས་ལ་བསླབ་པ་བསྩལ་ཏེ་ཤར་ཕྱོགས་ནོར་འཛིན་གྱི་ཁྱོན་ཡངས་ཤཱཀྱའི་སྲས་དུར་ སྨྲིག་གི་རྒྱལ་མཚན་ཐོགས་པས་ཁྱབ་པར་མཛད། དཔལ་གསང་བ་འདུས་པའི་དབང་སྦྱ་གོན་བཅས་བསྩལ་བར་སྦྱིན་བདག་ས་སྐྱོང་དམ་པ་ནས་འབུལ་བའི་རྣམ་གྲངས་ཟད་མི་ཤེས་པ་ཕུལ། ཧོར་ཟླ་བཞི་བའི་བཅུ་གསུམ་ལ་སྐར་ཆེན་གྱི་གཞི་བཏེགས་ཏེ་ཉེ་མ་ནུབ་ཕྱོགས་ཀྱི་ཨ་མདོ་བོད་ཕྲེང་བ་ཅན་གྱི་རྒྱལ་ཁམས་སུ་གསེར་ཞལ་བསྒྱུར་བའི་རྟེས་མཛད། བློ་

རིན་འཆི་མེད་དགོན་པར་དགེ་སློང་ཉེར་བརྒྱད། དགེ་ཚུལ་ལྔ་བཅུ་བསྐྱབས་ཤིང་གསང་བདག་འཁོར་ཆེན་གྱི་དབང་བཀའ་དྲིན་བསྩལ། བླ་རིན་ཧྭ་ཕང་གི་ཡུ་མུན་ལ་ཕེབས་ཏེ་སྨན་བླའི་དབང་གནང་། དེ་ཀའི་ཆབ་ཚན་ལ་ཞག་འགའ་འཕྲོད་བསྟེན་མཛད། མཚོ་བདུན་ཤར་སུ་མུར་ལྕང་སྐྱ་སྐུ་ཞབས་ཆེན་མོའི་མདུན་དུ་མཇལ་ཏེ་ཞག་ཉི་ཤུ་ལྷག་བཞུགས། རྗེ་ཉིད་ནས། རྡོ་རྗེ་འཆང་གོང་མ་ཐམས་ཅད་མཁྱེན་པ་དེ་ཉིད་དཔལ་འཁོར་ལོ་སྡོམ་པ་ལ་བརྟེན་ནས་མཆོག་གི་སར་གཤེགས་པའི་མ་རྒྱུད་ཀྱི་བཀའ་བབས་ཆེན་པོ་ཡིན་གཤིས་སྐུ་ཞབས་ཆེན་མོར་བདེ་མཆོག་གི་དབང་ཞུས་པར། ཁྱེད་ལ་དེས་ཅི་བྱེད་བདེ་མཆོག་གི་དབང་གིས་སློག་པ་ཞིག་བཟོས་ན་འདང་འགྲོ་མོད་ཅེས་ཞལ་རྩེད་གནང་ནས་ཐུགས་བཞེད་བཞིན་དཔའ་བོ་ཆེན་པོ་ཧེ་རུ་ཀའི་དཀྱིལ་འཁོར་དུ་དབང་བསྐུར་བར་མཛད། ཡབ་རྗེ་སྐྱབས་མགོན་རྡོ་རྗེ་འཆང་ལ། ཆེན་པ་ཆིང་གི་སྲོལ་འདིར་གནམ་འོག་ན་ཆེ་བའི་འཇའ་ས་ཧྭི་ཤྲི། ཀོ་ཤྲི ཆན་ཤྲི་གསུམ་ལས། ཆན་ཤྲིའི་ཐོབ་ཐུར་གན་བརྒྱུད་གོང་ནས་ལེན་རྒྱུའི་སྐོར་སོགས་ནང་ལུགས་ཀྱི་གསུང་འཕྲོས་དམར་བར་མཛད། ལྕང་སྐྱ་མཆོག་གི་ཐུགས་བཞེད་བཞིན་མགོན་པོའི་རྗེས་གནང་དང་ཚེ་དབང་ཕུལ། དེ་ནས་སོ་ཉིད་ཤོག་བརྒྱུད་དེ་ཕྱིན་པར་བ་ཡན་ཁུ་རེ་སུ་མུར་བདེ་གསང་འཇིགས་གསུམ་གྱི་དབང་། བླ་ལིའི་དགོན་དུ་དཔའ་ཅིག་དང་སྨན་བླ་ཐུགས་རྗེ་ཆེན་པོ་གསུམ་གྱི་དབང་། ཆ་གན་ཚོ་ལོ་ཐུའི་དགོན་པར་བརྒྱད་པའི་བཅོ་བརྒྱད་ལ་ས་ཚོག་གནང་ནས་ཉེར་བཞི་ལ་དཔལ་དང་པོའི་སངས་རྒྱས་ཀྱི་དཀྱིལ་ཞལ་ཕྱེ་བར་སྟ་གོན་དང་། ཉེར་ལྔ་ནས་ཕྱིས་དབང་བདུན། གོང་མ་གོང་ཆེན། རྡོར་སློབ་བདག་པོ་ཆེན་པོ་དང་བཅས་པའི་དབང་མོ་ཆེ་དང་། ཐུགས་རྗེ་ཆེན་པོ་རྒྱལ་བ་རྒྱ་མཚོ་དང་སྨན་བླའི་དབང་། བིར་ཏན་བླ་མས་གདན་དྲངས་པར་སྨན་བླའི་དབང་། ཆ་གན་ཐ་ལ་ཤོག་གི་ཙ་ར་དགེ་བཤེས་ལ་བདེ་མཆོག་དཀར་པོའི་རྗེས་གནང་། ཨོ་ལན་ཏུ

དག་དགོན་དུ་འཇིགས་བྱེད་བཅུ་གསུམ་དང་སྨན་བླ། ཛ་རག་ཆི་ཚང་ལ་ཐུགས་རྗེ་ཆེན་པོ་དང་སྨན་བླའི་དབང་། ཆ་གན་ཨོ་པོ་སུ་མུར་ལམ་གཙོའི་བཤད་པ་རྒྱས་པ་དང་། ལུང་ཕྲན་ཁ་ཤས། འཁོར་ཆེན་དང་ཚེ་དཔག་མེད་ལྷ་དགུ་སྨན་བླའི་དབང་། ཆོས་གྲྭར་བརྩི་བཞག་དང་རྒྱུད་པ་ལ་བདེ་མཆོག་རྩ་རྒྱུད་ཀྱི་ལུང་སོགས་དམ་པའི་ཆོས་ཀྱི་སྒོ་མོ་འབུམ་ཕྲག་དུས་གཅིག་ཏུ་ཕྱེ་སྟེ་སྐལ་ལྡན་དཔག་ཏུ་མེད་པ་སྨིན་ཅིང་གྲོལ་བར་མཛད། པླ་རོང་སོ་ཉིད་ཀྱི་མོ་ཧོ་སུ་མུ་ནས་འཁོར་ཆེན་དང་། དཔའ་ཅིག་གི་དབང་། རྒྱུད་གཞུང་གི་ལུང་། ཆོས་གྲྭར་བརྩི་བཞག ཐེ་ཇིམ་ནེ་འབུམ་གྱི་དགོན་པར་ཡང་སྨན་བླའི་དབང་དང་ཚེ་དབང་སོགས་གནང་། ཞང་གི་ཨུཀྲེར་ཕེབས་ཏེ་འཇིགས་བྱེད་ཀྱི་དབང་དང་དེའི་རྟགས་བཏུ། སྨན་བླའི་དབང་དང་། འཇམ་དབྱངས་དཀར་པོའི་རྗེས་གནང་། དམར་པོ་མདའ་འགེར་བདེ་ལམ་གྱི་ཁྲིད་རྒྱས་པ་སོགས་འདོད་ཆོས་དུ་མ་བཀའ་དྲིན་བསྐྱལ། སོ་ཉིད་ཀྱི་ཤོག་འདིར་བྱོན་བསྡོམས་དགེ་སློང་བརྒྱ་དང་ཉེར་བརྒྱད། དགེ་ཚུལ་བརྒྱ་དང་དགུ རབ་བྱུང་དྲུག་ཅུ་རྩ་གཉིས་རྣམས་བསླབ་པ་ཡང་དག་པར་བཙུད་དེ་བསྟན་པའི་བདག་པོའི་བཀའ་དྲིན་གཟི་བར་མཛད།

དེ་ཡང་འདི་རིས་སྨད་དུ་ཕེབས་པའི་དགོས་དོན་ཡང་ཉིད་ཀྱི་མཛད་པ་འབའ་ཞིག་གིས་སྲིད་པའི་འཆིང་བ་མི་བཟད་པ་ལས་གྲོལ་བར་འགྱུར་བའི་གདུལ་བྱ་ལས་དང་སྐལ་བ་ལྡན་པ་རྣམས་ཀྱི་ཕྱིར་ཡང་ཡིན་ལ། གཙོ་བོར་གོང་དུ་ཟུར་ཙམ་བསྟན་པ་ལྟར། ཡབ་གཅིག་འཁོར་ལོའི་དབང་ཕྱུག་གང་གི་སྐུ་དོན་ལ་ཆེད་གཉེར་གྱིས་ཕེབས་པ་ཡིན་ཞིང་། འདི་ལ་རྗེ་ཉིད་ནས་སྐུ་ཐུགས་ཀྱི་ངལ་བ་ཆེན་པོ་མང་དུ་བརྟེན་པ་དང་། ཕལ་གྱི་བློར་ཚད་པར་དཀའ་བའི་ཕྱུག་རྗེས་འཕང་མེད་དུ་བཏང་སྟེ་འབད་པས་བསྒྲུབས་པ་སོགས་གཞུང་ས་ཆེན་པོ་བླ་བྲང་ཐུབ་བསྟན་ཕོ་བྲང་གི་བསྟན་སྲིད་ལ་རྒྱའི་སྐོར་ལ་རྗེ་ཉིད་བཀའ་དྲིན་བླ་ལྷག་ཏུ་ཆེ་བར་སྣང་བས། སྐྱེ་བོ་

ཟ་བ་དང་སྙིང་མེད་པ་རྣམས་ཀྱི་དྲན་པ་རྣལ་དུ་ཕོག་ལ་སྐུ་དྲིན་ཤེས་པར་གྱིས་ཤིག དེ་ལྟར་རྨུགས་འཛིན་གྱི་གྲོང་ཁྱེར་ས་ལ་འཕོས་པ་ལྟ་བུའི་ཧོར་གྱི་རྒྱལ་ཁམས་ཆེན་པོར་ཞབས་བསྐྱོད་དེ། འཁོར་ལོ་གསུམ་དང་འབྲེལ་བའི་རྒྱལ་སྲས་ཀྱི་སྤྱོད་པ་རླབས་པོ་ཆེས་བསྟན་འགྲོའི་དོན་མཐའ་ཡས་པར་སྒྲུབ་པ་ལ་བྱང་ཆུབ་སེམས་དཔའ་ཀུན་ཏུ་བཟང་པོའམ་འཇམ་དཔལ་དབྱངས་མི་ཡུལ་དུ་བྱོན་པ་ལྟ་བུ། ཞི་ཞིང་དེས་ལ་རབ་ཏུ་བཙུན་པའི་སྐུ་མཐོང་ན་མི་མཐུན་པ་མེད་པའི་འཁོར་གྱི་ཚོགས་ཆེན་པོས་བསྐོར་ཏེ་ཕེབས་པ་ནི། མཉམ་མེད་ཤཱཀྱའི་རྒྱལ་པོ་ལྷ་དང་མིའི་འཁོར་རྣམས་ཀྱི་མདུན་དུ་བདར་ཏེ་ལྡོངས་རྒྱུ་བར་གཤེགས་པ་ལྟ་བུ། འཇིག་རྟེན་ན་མངོན་པར་མཐོ་བ་རྣམས་ཀྱིས་གཙུག་ཏུ་བཀུར་ཏེ་ཞབས་ཀྱི་པདྨ་སྤྱི་བོར་ལེན་པ་ནི་ལྷའི་དབང་པོ་བརྒྱ་བྱིན་ནོར་བུའི་ཁྲི་ལ་འཁོད་པ་ལྟ་བུ། གདུལ་བྱའི་ཁམས་དང་བསམ་པ་དང་བག་ལ་ཉལ་ཇི་ལྟ་བུར་གཟིགས་ནས་གང་ལ་གང་འཚམ་གྱིས་དམ་པའི་ཆོས་ཀྱི་འཁོར་ལོ་རྒྱ་ཆེར་བསྐོར་བ་ལ་བསྟན་པ་འདིར་སྟོན་པ་སླར་ཡང་བྱོན་པ་ལྟ་བུ། དཔལ་ལྡན་དང་པོའི་སངས་རྒྱས་ཀྱི་དཀྱིལ་འཁོར་དུ་གདུལ་བྱ་དཔག་ཏུ་མེད་པ་སྨིན་པར་མཛད་པ་ནི་རིགས་ལྡན་འཇམ་དཔལ་གྲགས་པས་དྲང་སྲོང་ཉི་མའི་ཤིང་རྟ་སོགས་ཤམ་བྷ་ལའི་ཡུལ་མི་ཐམས་ཅད་རྡོ་རྗེའི་རིགས་གཅིག་ཏུ་ངེས་པར་མཛད་པ་ལྟ་བུ། ཟབ་མོ་རྟེན་ཅིང་འབྲེལ་བ་འབྱུང་བའི་ཚུལ་རང་དབང་དུ་འདོམས་པའི་སྨྲ་བ་ཀུན་གྱི་རྒྱལ་པོར་གྱུར་པ་གནམ་ག་བ་མེད་པའི་འོག་ན། སེངྒེ་དཀར་པོ་སྲབ་མེད་འཕྱོ་བ་ལྟ་བུ། ནད་དང་གདོན་དང་འཇིགས་པ་ཆེན་པོས་གཙེས་པའི་སྐྱེ་བོ་མགོན་དང་སྐྱབས་མ་མཆིས་པ་རྣམས་ལ་མཐུ་སྟོབས་ཀྱི་དབང་ཕྱུག་འཕགས་པ་ལག་ན་རྡོ་རྗེ་དངོས་སུ་ཕེབས་པ་ལྟ་བུ། དད་པས་ཕུལ་བའི་ཟང་ཟིང་གི་འབྱོར་བའི་དངོས་པོ་ཉིན་རེ་བཞིན་སྐུ་དྲུང་དུ་ལྷགས་པ་དབྱར་དུས་ཀྱི་ལྷོ་སྤྲིན་ཕྱུག་མོ་ནམ་མཁའི་ངོས་སུ་འདུ་བ་ལྟ་བུ། མདོར་ན་ཇི་ལྟར་འཇིག

རྟེན་གྱི་མེས་པོ་ཚངས་པ་ཆེན་པོ་སྟོད་བཅུད་སྨྲུལ་པ་ལ་ཞུགས་པ་བཞིན་བསྟན་གཡོ་རབ་འབྱམས་ལ་མངའ་བརྙེས་པའི་ངང་ནས་གསང་བ་གསུམ་གྱི་རོལ་གར་རྒྱ་མཚོས་མ་བསྡུས་པ་བསྡུས། བསྡུས་པ་སྨིན། སྨིན་པ་གྲོལ། གྲོལ་བ་མཐར་ཕྱིན་པར་མཛད་པ་སོགས་ཐུགས་ཀྱི་བཞེད་པ་ཡོངས་སུ་གྲུབ་ཟིན་པ་ན། དུས་ལ་བབས་པའི་ཁྲུ་བྱུག་རང་ཡུལ་ལྷོ་མོན་གྱི་རོང་དུ་བསླེགས་པ་བཞིན་རིམ་པར་རང་ཕྱོགས་སུ་ཕེབས་པར་གྱུར་ཏོ། །འདི་རེས་ཡར་ལམ་བདེ་མཆོག་རང་བྱོན་མཇལ་དགོངས་ཡོད་ཀྱང་། ལམ་སྐབས་མ་འགྲིག་པར་ལམ་གཞན་བརྒྱུད་ནས་ཀ་ཙུར་འབབ་པའི་ནུབ་དེར། གོས་དཀར་པོ་དྲི་མ་མེད་པ་གཡང་ཤམས་ཀྱི་ཚུལ་དུ་གྱོན་པ་སྤྲུགས་འཆང་གཟུགས་རིང་ལ་གདོང་སྨུག་པ་རལ་བ་ས་ལ་འཛོལ་བ་ཞིག་འོང་ནས། ཁྱོད་ད་རེ་ངའི་རྩར་འོང་མོད་སྙམ་ཡང་། ཁོ་བོ་ཁྲིམ་པ་ཡིན་པས་ཁྱེད་དགེ་སློང་ཚོ་མི་འོང་བ་ཡིན་འདུག་ཅེས་ཙུང་ཟད་མ་རངས་པའི་ཉམས་མཛད་པ་སྐྱེས་གསུངས། དེ་ནས་དགུང་ལོ་རེ་བརྒྱད་བཞེས་པ་མེ་རྟ་ལོའི་ཟླ་བ་དང་པོའི་ཚེས་ལ་དགའ་ལྡན་ཁྲི་སྤྲུལ་རྣམ་གསུམ་བླ་བྲང་ཕྱུག་མཛོད་ཆེན་མོ། བླ་མ་ཁྲི་གདན་ཟུར་མཁན་པོ་རྣམ་པ་སོགས་རྟ་བསུ་རིམ་པ་མང་པོ། ཆོས་འཁོར་ཚོ་བཅུ་གཉིས་ཀྱི་བསུ་བ་ཇ་ཐབ་གྲྭ་ཚང་གི་སེར་ཕྲེང་བཅས་ཆོས་བཞིའི་ཉིན་རྗེ་རང་གི་བླ་བྲང་དུ་ཕྱུག་བབས་སོ། །

སྐྱེས་པ། མཁྱེན་པའི་ཡོན་ཏན་ཡོངས་སུ་དག་པའི་བཻཌཱུཪྻ་སྔོན་པོ་ཞུན་མའི་ཆབ་ཀྱི་རྒྱུན། །བརྩེ་བའི་ཡོན་ཏན་རིན་ཆེན་བྱེ་མའི་ཚོགས་འདྲེན་ལེགས་བཤད་རླབས་འཕྲེང་གྲོད་པ་ཅན། །ཞི་བའི་མཐའ་ལ་མི་གནས་འཁོར་བར་སྲིད་འཇུག་སྙིང་རྗེའི་འཇམ་དཀར་གཡོ་བ་བཅས། །རིང་ནས་ཉེར་བསགས་ལེགས་སྨོན་ཡུར་ལམ་དྲང་པོ་ལ་བརྟེན་ཧོར་ཡུལ་གདུལ་བྱའི་རྒྱ་མཚོར་བབས། །གསང་གསུམ་དཀྱིལ་འཁོར་རབ་རྒྱས་ཉ་ཡི་ཟླ། །ཆད་བྱུངསྣང་བ་དམ་པའི་འཇུག་ངོགས་སུ། །ཉེར་བརྟེན་དང་བའི་

འཕྲི་ཤིང་རྒྱས་པའི་ཚུལ། །གཏོང་བའི་ཀུ་མུད་བཞད་པའི་ཚོ་ག་རྫོགས། །ཐུགས་རྗེའི་སྤྲིན་སྟོན་རོལ་བའི་གླིང་ཡངས་ལས། །ཐེག་གསུམ་ཆོས་ཆར་མུ་ཏིག་འཕྲོ་བའི་འཇུམ། །སྣ་ཚོགས་་ཁམས་ཀྱི་ཞིང་བརྒྱུར་གཡོ་བ་ཡིས། །བགྲང་ཡས་རིགས་ཀྱི་སྨྱུ་གུ་གཅིག་ཅར་སད། །ཐོགས་རིག་ཁམས་ཀྱིས་དབེན་པའི་སྟོང་བའི་མཁའ། །དགུ་ཚིགས་ཐག་པས་བསྐམས་པའི་ཁྱུར་དེ་ཅི། །མཐའ་དག་འཛིན་མའི་དཀྱིལ་འཁོར་ཡངས་པའི་ཁྱོན། །འཕྲིན་ལས་འཕྲུལ་ཞགས་གཅིག་གིས་བཅིང་མིན་ནམ། །ཉི་ཚེའི་རྫིང་བུར་འཕུར་ལྡིང་གིས་རྩེན་པས། །སྔོངས་པ་འཕྲུལ་སྣང་བསྒྱུར་བྱེད་གྲངས་མང་ཡང་། །ཚོགས་གཉིས་རྒྱ་མཚོའི་མཐའ་ལ་འཕུར་བའི་རྩལ། །རྫོགས་པའི་ངང་བའི་དེད་དཔོན་ཁྱོད་ལས་སུ། །

ཞེས་ཧེ་རུ་ཀ་དཔལ་དུས་ཞབས་པ་ཆེན་པོ་རྗེ་བཙུན་འཇམ་དབྱངས་ཐུབ་བསྟན་ཉི་མ་དཔལ་བཟང་པོའི་ཞལ་སྔ་ནས་ཀྱི་རྣམ་པར་ཐར་པ་གསང་གསུམ་བཀྲ་ཤིས་རྒྱན་གྱི་རི་མོ་ལས། སླར་ཡང་དབང་ཕྱོགས་སུ་ཆིབས་བསྒྱུར་ཏེ་ལེགས་བཤད་གསེར་གྱི་བུམ་པས་ཆེ་དགུའི་གཙུག་ཏོར་གྱི་རྩེ་ནས་དབང་བསྐུར་བའི་སྐབས་སྟེ་ལྔ་པའོ།། །།

སཆ་དྲུག་པ། སྨད་ཕྱོགས་སུ་ལན་བཞི་བར་ཕེབས་ཏེ་ལེགས་བཤད་གཡས་སུ་འཁྱིལ་བའི་དུང་དཀར་འཛམ་གླིང་ཆེ་དགུའི་རྣ་བར་བཞད་པའི་ཚུལ།

གཞོན་ལུས་འཕྲི་ཤིང་གསར་པའི་རྩེར་སྨིན་པའི། །
དགྱེས་ཞལ་ཟླ་བའི་མེ་ཏོག་བཞད་པའི་ངོགས། །
འཛུམ་དཀར་གེ་སར་རྒོད་པའི་ན་ཆུང་མའི། །
མཛེས་སྡུག་སྣང་བ་ཡིད་ཀྱི་ཆུ་མཚོར་རོལ། །

དེ་འཕྲལ་སྐྱབས་མགོན་ཐམས་ཅད་མཁྱེན་པར་མཇལ་འཕྲད་ཞུས། ཆོས་བརྒྱུད་ཀྱི་ཉིན་ཚོགས་ཆེན་ལ་ཇ་ཐུག་དང་ཇ་བགས་རེའི་འགྱེད་གནང་། བཅུ་གསུམ་ནས་བཟུང་མགོན་པོ་བཀའ་བཅུ་གསུམ་གྱི་རྗེས་གནང་བསྩལ། རྗེ་ཉིད་སྨད་ལ་ཕེབས་ཤུལ་ནས་གཉེར་བ་འཇམ་དབྱངས་ཀྱིས་ལས་ཁུར་བཟུང་ནས། ཆོས་འཁོར་དགོན་གསར་དགའ་ལྡན་ཆོས་འཁོར་གླིང་གི་འདུ་ཁང་བླ་བྲང་ཚོགས་ཆེན་འདུ་ཁང་དང་མཉམ་ལ་ཁད་པ་ཕུའི་བྱམས་ཁང་མགོན་ཁང་། ནང་ཆེན་གྱི་གཟིམ་ཁང་སོགས་བསྐྲུབས་ཡོད་བསྟུན་དཔྱིད་འདིར་ཆོས་འཁོར་ལ་ཕེབས། གསེར་ཟངས་ཀྱི་རྒྱལ་མཚན་ཁ་བཅུ་དགུ་རེ་ཡོད་པ་ཆ། དེ་མཚུངས་ཀྱི་གཞི་ར། སྣར་ཐང་པར་མའི་བཀའ་བསྟན་འགྱུར་སོགས་ཀྱི་འཛོག་རྒྱ་ཆེ་བ་བཞག ཇ་བགས་རེའི་འགྱེད་བཏང་བར་སྐལ་བ་ལྔ་བརྒྱ་ལྷག་སོང་། ཆོས་གྲྭའི་རིགས་ལུང་ལ་གཟིགས་ཤིང་དཔོན་པོ་འགོ་བ་སོགས་ལ་བདག་རྐྱེན་སྨྱམ་མཐོ་བ་བསྩལ། ཕྱིར་ཕེབས་ནས་ལྩང་སྐྱ་སྐྱ་ཞབས་ཆེན་མོ་ཆུ་བཟང་དུ་ཕེབས་ཡོད་པ་གསན་ནས་དེར་ཕྱིན། ལམ་ནས་པིས་མདོ་སྨར་བས་གདན་དྲངས་པར་ཀུན་རིག

གི་དབང་གནང་། ཀ་མདོས་ཀྱང་གདན་འདྲེན་ཞུས། ཆུ་བཟང་དགོན་དུ་འབྱོར་ནས་ལྕང་སྐྱ་མཆོག་གི་ཐུགས་བཞེད་ལྟར་ཁོང་ལ་ཀུན་རིག་དབང་ཆེན་ཕུལ། སྐབས་དེར་མཚན་ལམ་དུ་མཁས་གྲུབ་སངས་རྒྱས་ཡེ་ཤེས་ཕེབས་གིན་འདུག་ཅེས་ཟེར་བར། རྗེ་རང་གིས་ཀྱང་མཇལ་བར་དགོངས་ནས་ཕེབས་པར་ལྕང་སྐྱ་རིན་པོ་ཆེ་ཡིན་འདུག་པས། རྟ་དཀར་པོ་ཞིག་ཅིབས་ནས་ཕེབས་ཏེ་ཉིད་ཀྱི་དབུར་ཞབས་ཀྱིས་མཇལ་ཁ་ཞིག་གནང་སྟེ། ཁྱོད་བདེ་མོ་ཀྱིས་གསུངས་ནས་ཐག་རིང་པོ་ཞིག་ཏུ་ཕེབས་སོང་བ་ཅིག་ཆིས་གསུངས། དེ་ནས་མ་འགྱངས་བར་ཞྭ་སེར་བསྟན་པའི་ཉི་མ་ཆེན་པོ་དེ་ཉིད་དག་ཞིང་དུ་ཕེབས་པར་གདུང་མདུན་དུ་དཔལ་འཁོར་ལོ་སྡོམ་པའི་བདག་འཇུག་བཞེས་པ་སོགས་ཐུགས་ཀྱི་དགོངས་པ་ཡོངས་སུ་སྨིན་པར་མཛད། ཚུར་ཕེབས་ལམ་དུ་རྒན་ཀྱིའི་བྲག་དཀར་ཞེས་མ་དང་ཌཱ་ཀི་འདུ་བའི་གནས་ཆེན་ཁྱད་པར་ཅན་དེར་དྲིལ་བུ་ལྷ་ལྔ་གསུངས་སྟེ་ཚོགས་ཀྱི་འཁོར་ལོ་ཆེམ་པ་དྲུག་ལྡན་དུ་རོལ་བ་མཛད། དྲུག་པའི་ཉེར་དགུ་ལ་གདན་སར་བབས། རིགས་གྲྭ་གྲོལ་ནས་ཆོས་འཁོར་ལ་ཕེབས་ཞོར་དུ་སྡོན་པོ་ཐང་དང་། ཨ་མཆོག་དགོན་པ་སོགས་ཀྱིས་གདན་འདྲེན་ཞུས། ཆོས་འཁོར་དུ་བཞུགས་ཡོད་ཐོག་ནང་གི་བློན་ཆེན་ཏལ་ཏ་ཁྲི་ཤང་གོང་མའི་བཀས་མངགས་ཏེ་ཐམས་ཅད་མཁྱེན་པ་གོང་མའི་དུས་ལྟར་ལྕང་སྐྱ་མཆོག་གི་སྐུ་གདུང་རི་བོ་རྩེ་ལྔར་གདན་འདྲེན་ཚུལ་གསན་པས། མགྱོགས་ཤད་དུ་ཆུ་བཟང་དུ་ཕེབས་ནས་སྐུ་གདུང་རིན་པོ་ཆེར་ཆིབས་བསྐྱེལ་མཛད། ཕྱིར་ཕྱོན་ཏེ་དགུན་གདན་ས་རང་དུ་བཞུགས།

དགུང་ལོ་རེ་དགུ་བ་མེ་ལུག་ལོའི་དཔྱིད་ཀར་གུང་ཐང་མཆོག་སྤྲུལ་རིན་པོ་ཆེས་ཞུས་ངོར་སྒྲུབ་ཐབས་རྒྱ་མཚོའི་རྗེས་གནང་། རྒྱ་གཞུང་གི་ལུང་བླ་རི་བརྒྱ་རྩའི་རྗེས་གནང་། གཞན་ཡང་ཞུ་བ་བོ་སོ་སོའི་ངོར་ས་སྐྱའི་གསེར་ཆོས་བཅུ་གསུམ། དེའི་སྔོན་འགྲོ་དྲིལ་བུ་ཕྱི་ནང་གི་དབང་། སྦྱོང་རྒྱུད་དཀྱིལ་འཁོར་བཅུ་གཉིས་ལས་མི་ཏྲའི་ནང་

བཞུགས་བཅུའི་ཟུར་བཀའ་སོགས་བསྐུལ་ཞིང། གུང་ཐང་སྤྲུལ་པའི་སྐུ་ཉིད་ཀྱིས་ཀྱང་རྗེ་བླ་མ་མཆོག་བསམ་སྦྱོར་གཉིས་ཀྱི་སྒོ་ནས་ཚུལ་བཞིན་བསྟེན་པས་ཐུགས་ཀྱི་སྲས་པོ་དམ་པར་ཀུན་གྱི་མཐུན་སྣང་དུ་གྲུབ་པ་དེའོ། །རྗེའི་ལྷ་མཆོད་ཆེན་མོའི་ཉིན་ལམ་རིམ་ཆེན་མོ་མཆན་བཞི་མའི་དབུ་བཙུགས་ཏེ། དབུ་ཞྭ་སྔོ་རིང་བཞེས་ཤིང་ཐུགས་དགྱེས་ཉམས་ཆེན་པོ་དང་བཅས་བཤད་པ་ཤིན་ཏུ་རྒྱས་པ་གནང་། ཆོས་མཚམས་ལ་རྒྱུད་འདེབས་མཆན་བུ་དང་བཅས་བརྩམས་ཏེ་ཉིན་རེར་ཆོས་ཐུན་རིང་པོ་གཉིས་རེ་ལེགས་པར་བསྐུལ་བས་རྒྱལ་བ་དགྱེས་པའི་ལམ་བཟང་པོར་འཇུག་པའི་སྐལ་བ་ཅན་དུ་བྱུང་བ་ལ་སྦྱོར་བར་མཛད། དགུང་ལོ་བདུན་ཅུར་སླེབས་པ་ས་སྤྲེལ་ལོའི་སྟོན་ཀོང་ས་ཐམས་ཅད་མཁྱེན་པར། གནམ་གྱིས་བསྐོས་པའི་ཚངས་པ་མི་ཡི་གཟུགས་ཅན་བདག་ཉིད་ཆེན་པོ་རབས་དྲུག་པ་གོང་མ་ཧོའུ་བཀྲང་ཞེས་ས་གསུམ་རྣམ་པར་རྒྱལ་བའི་ལྷ་དེས་བཀའ་ཐམ་གསར་པ་གནང་བ་ཡར་འབྱོར་རྒྱུའི་ཡི་གེ་འབྱོར་འཕྲལ། རྗེ་རང་གིས་བཀོད་ཁྲབ་མཛད་ནས་བསུ་བ་རིང་ཐུང་རིམ་པ་མང་པོ་དང། ཐུའུ་སེའི་མདོར་བླ་བྲང་ཆེན་མོའི་ཇ་ཐབ་སྟེང་དུ་རྗེ་ཉིད་དང། དགའ་ལྡན་ཁྲི་ཆེན་རྣམ་གསུམ་སོགས་ཀྱི་ཞབས་ཞུ་ཞུས་ནས། ཀུན་མཁྱེན་ཆེན་པོ་ཐམས་ཅད་ཀྱིས་གཙུག་གིས་བཀུར་ཏེ་ཕེབས་ཤིང་ཚངས་པའི་ལུང་ལ་བསུ་བ་བྱས། སྐུ་ཞབས་ཆེན་མོ་སྔོན་ལ་ཕེབས་ཏེ་གཟིམ་ཁང་སྒོར་ཡབ་སྲས་རྣམས་ཀྱིས་སྣར་ཡང་བསུ་རྒྱུ་བྱས་ཏེ། རྗེ་ཉིད་གསེར་ཡིག་དང་མཉམ་དུ་ཕེབས། བླ་བྲང་ཆེན་མོའི་སྒོ་མོ་ཆེར་སླེབས་དུས་རྒྱའི་ལུགས་སྲོལ་ལྟར་མེ་མདའ་ཚར་གསུམ་འཕེན་པ་སོགས་བྱས་ནས་གནམ་གྱི་བཀའ་ལུང་བཀུར་སྟི་ཆེན་པོ་དང་བཅས་ཏེ་གདན་དྲངས་ནས། གཟིམ་ཁང་གསར་པ་གཟི་བྱིན་འཁྱིལ་བར་རྗེ་འདིས་གསེར་ཡིག་ལྷུགས་ཀློག་གནང་ནས་ཐམ་གསར་བཅས་གོང་ཞབས་རིན་པོ་ཆེའི་ཕྱག་ཏུ་ཕུལ། རྗེ་འདིས་ཐོག་དྲངས་གསེར་ཁྲི་རྣམ་གསུམ། ཁྲི་གདན་ཟུར། མཁན་

སྤྲུལ་རྣམ་པ་བཅས་ནས་བཀྲ་ཤིས་པླ་ཡར་གྱི་དཔའ་དར་ཕུལ་ཏེ་མཇལ། སྟོན་མོ་དྲང་མཐར་ར་བསྐོར་དུ་ཕེབས་ནས་ཡབ་སྲས་རྣམས་ཀྱིས་ཤར་ཕྱོགས་སུ་ཕྱུས་མོ་བཙུགས་ནས་གནམ་གྱི་ལྷར་ཕྱག་དགུ་ཕྲུགས་སུ་འཚལ་བ་རྒྱ་ནག་གི་ལུགས་སྲོལ་ལྟར་མཛད། བརྒྱད་པའི་བཅོ་ལྔའི་ཉིན་སྐྱབས་མགོན་རྗེ་རྗེ་འཆང་ཚོགས་དབུར་སྤྱན་དྲངས་ཏེ། གདོང་གྲལ་གྱི་དབུས་ནས་རྗེ་འདིས་གསེར་གྱི་ལུང་ཁྲིམ་སྒྲོག་མཛད་དེ་ཚོགས་གཏམ་མདོར་བསྡུས་གནང། གོང་སར་རྗེ་ཉིད་ནས་བརྟན་བཞུགས་ཀྱི་ཞུ་འབུལ་རྒྱས་པ་དང་བཅས་དངུལ་སྲང་བདུན་བརྒྱ་སོགས་དངོས་འབུལ་སྤྲམ་མཐོ་བ་བཏེགས། སྐྱབས་མགོན་མཆོག་ནས། སྤྱིར་འགྲོ་བའི་ཕན་བདེ་བསྟན་པ་ལ་རག་ལས་ཚུལ་དེ་བསྟན་འཛིན་གྱི་སྐྱེས་བུ་ལ་རག་ལས་ཚུལ། རྒྱ་བོད་དུ་བསྟན་པའི་སྦྱིན་བདག་རྒྱལ་པོ་ཆེན་པོ་རྣམས་ཀྱིས་བསྟན་འཛིན་དམ་པ་རྣམས་ལ་བཀུར་སྟི་གཟིངས་བསྟོད་ཕུལ་ཚུལ། དགོས་སུ་འཇམ་དཔལ་དབྱངས་དངོས་བཞད་པའི་རྗེ་རྗེ་ཡི། །བཞེད་དོན་སྒྲུབ་ལ་མྱུར་མཛད་མགོན་པོ་སོགས། །བསྟན་སྲུང་དུ་མས་ལུང་བསྟན་ཆོས་ཀྱི་རྗེ། །ཞེས་གསུངས་པ་ལྟར། རྗེ་སྟེ་ཐན་རིན་པོ་ཆེ་ནི། སྟོན་ཀུན་མཁྱེན་གོང་མ་རྣམ་གཉིས་ཀྱི་དུས་སུ་མཛད་པ་འཕྲིན་ལས་ཀྱི་གསེར་གྱི་ཤིང་རྟ་ཁ་ལོ་བསྒྱུར་བའི་ཁྱེད་པོ་གཅིག་ཕྱུར་གྱུར་ཅིང། ད་ལན་ཡང་སྟོན་གོམས་ཐུགས་བསྐྱེད་བཟང་པོའི་མཐུ་དང། ཐུགས་རྗེའི་ཐབས་མཁས་ཀྱི་འཕྲུལ་ལ་བརྟེན་ནས་གནམ་གྱིས་བསྐོས་པའི་སའི་ཚངས་པ། བདག་ཉིད་ཆེན་པོ་རབས་དྲུག་པ། འཇམ་པའི་དབྱངས་གོང་མ་བདག་པོ་ཆེན་པོ། ཏཱ་བཀང་ནས་ས་མ་ཧྲི་པཏྱིའི་ཐམ་ག་དང་བཀའ་ཤོག་གི་བདག་རྐྱེན་གཟིངས་བསྟོད་བྱུང་བའི་དགའ་སྟོན་པླ་ཡར་དང་འབྲེལ་བར་བརྟན་བཞུགས་ཀྱི་གསོལ་འདེབས་ཞུས་དོན་བཞིན། བླ་མ་མཆོག་གསུམ་ལ་གསོལ་བ་བཏབ་སྟེ་ཡུན་དུ་འཚོ་བའི་སྨོན་འདུན་ནམ་ཡང་མི་ལྡོག་པ་བགྱིད་ཅེས་སོགས་གསུང་ལན་རྒྱས་པར་བསྩལ། ཆོས་

བཅུ་དྲུག་ལ་གཞུང་ནས་འདུ་ཁང་ཆེན་མོར་བཀྲ་ཤིས་པ་ཡར་གྱི་སྟོན་ཆེན་རྒྱས་པའི་ཐོགས། ཡབ་སྲས་ཐམས་ཅད་གདན་འཛོམས་པའི་སྤྱན་སྔར་དགེ་བཤེས་གཉིས་ཀྱིས་ཚོགས་གླེང་སོགས་ལུགས་གཉིས་ཀྱི་དགའ་སྟོན་ཆེས་ཆེར་སྤེལ། ཕྱི་ཉིན་བླ་བྲང་ཆེན་མོ་ནས་རྒྱུ་རྐྱེན་སྦྱར་ཏེ་བཞུགས་གྲལ་རྒྱས་པ་མཛད་པར། སྐུ་ཞབས་ཆེན་མོའི་སྐུ་དྲུང་དུ་ཚོགས་ཆེན་ཁྲི་བའི་བཞུགས་ཁྲིའི་ཁར་རྗེ་འདི་བ་བཞུགས་སུ་བཅུག་སྟེ། ཁྲི་ཟུར་ཐོག་ག་ཚང་ལ་བརྟན་བཞུགས་ཞུ་འབུལ་བྱེད་བཅུག་ནས་དངུལ་སྲང་ལྔ་བརྒྱ་སོགས་གོང་ནས་བཀའ་དྲིན་གཟི་བའི་འབུལ་ཆེན་བཏེགས། རྗེ་བླ་མས་ཞུ་ལན་དུ་སྐུ་ཕྱོགས་རིན་པོ་ཆེའི་ཞབས་པད་བརྟན་ན་བླ་རྒན་ལོ་ལོན་ནས་འཚོལ་འགྲོ་བའི་བར་ཕྱག་གཡོག་ལོས་སྐྱབ་ཅེས་ཞལ་བཞེས་གནང་བ་ཕྱིས་སུ་དེ་ཁོ་ན་ལྟར་གྱུར། ཞབས་སྟོད་གྲས་སྐད་སོག་འབྱུང་གནས་སོགས་དྲག་རིམ་རྣམས་ལ་གོང་ནས་བབས་འོས་ཚོ་ལོ་རིམ་པར་བདག་རྐྱེན་དུ་བསྩལ། ཐམ་ག་འདིའི་དོན་ལ་རྗེ་ཉིད་ནས་ཕྱག་རྫས་དངུལ་སྲང་སྟོང་ཕྲག་དྲུག་དང་བདུན་བརྒྱ་སྐོར་སོང་འདུག ཕྱིས་སུ་བཀའ་ལས་ངའི་འཇིག་རྟེན་ཆོས་བརྒྱད་ཅིག་འདོད་ན་སྐུ་ཕྱོགས་ཚོགས་དབུ་ལ་གདན་དྲངས་ཏེ་དངུལ་དེ་ཕུལ་ན་ནང་ཆེན་ནས་འདུ་ཁང་གི་བར་དུ་ལྔ་བཅུ་མ་གཤར་ནས་འཕྲེར་རྒྱུ་ཞིག་ཡོད་མོད། སུས་མཐོང་ཀྱང་མ་མཐོང་ཀྱང་སྐུ་ཞབས་རིན་པོ་ཆེར་ཕུལ་བས་ཚོགས་རྫོགས་ཡོད་སྙམ་སེམས་དགའ་བ་འདུག་གསུངས། དེ་ཡང་རྗེ་ཉིད་སྐུ་ཕྲེང་སྔ་ཕྱིའི་གནས་སྐབས་གང་དུའང་ཀུན་མཁྱེན་ཆེན་པོ་ནི་རིམ་གྱིས་མཛད་འཕྲིན་བླ་ནས་བླར་སྤེལ་བ་ལ་བྱ་ཆེན་གཞན་དག་དང་མི་མཉམ་པའི་སྙིང་སྟོབས་དང་སྨོན་ལམ་རླབས་པོ་ཆེའི་མཐུ་ཡོངས་སུ་རྫོགས་ཤིང་། གང་ཁུར་དུ་བཞེས་པའི་དོན་དེ་ཉིད་འབད་རྩོལ་ལ་ཆེར་མི་ལྟོས་པར་རང་གི་བཞེད་པ་བཞིན་ཤུགས་འབྱུང་དུ་འགྲུབ་པར་འགྱུར་བ་ནི། རྗེ་ཡབ་སྲས་རྣམས་ཀྱི་རྣམ་པར་ཐར་པ་ལས་རྟོགས་པར་འགྱུར་ལ། གནས་འདི་

ཡང་འཇིག་རྟེན་གྱི་གྲགས་པ་ཙམ་མ་ཡིན་པར་བསྟན་འགྲོའི་དོན་ཆེན་པོ་འབའ་ཞིག་ཐུགས་ལ་བཟུང་བ་ཡིན་ཏེ། ཆོས་ཀྱི་དབང་དུ་བྱས་ན་ཡང་དབང་ཕྱུག་གི་ཡོན་ཏན་དང་ལྡན་ན་ཆོས་ཕུན་སུམ་ཚོགས་པར་འགྱུར་བའི་ཚུལ་མདོ་དང་རྒྱུད་སྡེ་རྣམས་ནས་ལན་དུ་མར་འབྱུང་ཞིང་། འཇིག་རྟེན་གྱི་དབང་དུ་བྱས་ན་ཡུལ་གྱི་མི་རྣམས་རྗེ་བོའི་རྗེས་སུ་འགྲོ་བ་འཁོར་བའི་རང་བཞིན་ཡིན་པས་རྒྱལ་པོ་ཆེན་པོ་དག་གིས་བཀས་བཀུར་དང་གཟིངས་བསྐྱོད་པས་ཀྱང་བདག་རང་གཞན་གྱི་དོན་ཆེན་པོ་ཕལ་མོ་ཆེ་རང་དབང་དུ་སྒྲུབ་ནུས་པ་དང་། ཞི་བས་གདུལ་བར་མི་ནུས་པ་སོགས་བཙན་ཐབས་ཀྱིས་དང་། རིགས་དང་སྟོབས་ཀྱིས་སྙེམས་པ་དག་ཆོས་ལ་འཇུད་པ་སོགས་ཀྱི་དགོས་པ་དུ་མ་དང་ལྡན་པར་སྟོན་གྱི་བྱུང་བ་དག་གིས་འགྲུབ་བར་འགྱུར་བས། དོན་གྱི་དབང་འདི་ཉེ་བར་གཟིགས་ནས་འཕྲིན་ལས་ཀྱིན་འདེགས་ཀྱི་ཕྱག་གཡོག་ཡབ་གཅིག་འཇམ་དབྱངས་ཆོས་ཀྱི་རྒྱལ་པོའི་ཐུགས་ཟིན་ངེས་སུ་སྒྲུབ་པ་འདི་ལྟ་བུ། དེང་དུས་ཀྱི་སློབ་མ་དད་པ་ཅན་དང་། འཁོར་འཇིག་རྟེན་གྱི་མེས་པོ་ཚངས་པ་ལྟ་བུ། གང་གིས་ཀྱང་བསྒྲུན་དུ་མེད་པ་ཞིག་ཡིན་ནོ། །

དགུང་ལོ་དོན་གཅིག་པ་ས་བྱའི་ལོར་དུས་འཁོར་འདུ་ཁང་དུ་གྲྭ་ཚང་གཞུང་གི་བདག་འཛུག་གི་རྟུལ་ཚོན་ལ་བརྟེན་ནས་ནག་ཟླའི་བཅུ་བཞི་ལ་སྟ་གོན་དང་། བཅོ་ལྔ་ནས་དབང་བདུན་གོང་མ་གོང་ཆེན་བཅས་སྐུ་ཞབས་ཆེན་མོར་དཔལ་དང་པོའི་སངས་རྒྱས་དུས་ཀྱི་འཁོར་ལོའི་དབང་མོ་ཆེ་ཡོངས་སུ་རྫོགས་པ་ཕུལ། དེ་ནས་བཟུང་ཐུགས་ནམ་ཁོམ་ལ་བླ་བྲང་ཆེན་མོར་གདན་དྲངས་ཏེ་འཇིགས་བྱེད་ཞི་དགུ་མ། རོ་ལང་བརྒྱད་སྐོར། ཕྱག་རྡོར་འཁོར་ཆེན། གཤེད་དམར་དགྲ་ནག གསང་འདུས་འཇམ་རྡོར། འཇིག་རྟེན་དབང་ཕྱུག བདེ་མཆོད་བོང་ཞལ། རས་ཆུང་སྙན་བརྒྱུད། ཀྱི་རྡོར། རྡོར་དབྱིངས། འཇམ་དཔལ་གསང་ལྡན། དམ་ཚིག་གསུམ་བཀོད་རྣམས་ཀྱི་

ཟུར་བཀའི་དབང། མགོན་པོ་སྐྱིད་ཞུགས་དང། མདའ་འགེང་དམར་པོའི་ཁྲིད། བདེ་གསང་འཇིགས་གསུམ་གྱི་སྔགས་བཅུའི་རྗེས་གནང་སོགས་ཆོས་བཀའ་རྒྱ་ཆེར་ཕུལ་བར། གོང་ནས་བསྙེན་བཀུར་དང་དངོས་འབུལ་སོགས་གཟབ་རྒྱས་ཞུས། འགྲེལ་ཆེན་དྲི་མེད་འོད་བུ་སྟོན་མཆན་མ་རྗེ་རང་གི་གཟིམ་ཚུང་ནས་གསེར་ཁྲི་རྣམ་གསུམ་སོགས་རགས་བསྡུས་སྐོར་ལ་གནང་། དབྱར་ཐོག་འདིར་དུས་འཁོར་གྲྭ་ཚང་ལ་གནང་རྒྱུའི་ཐུགས་བཞེད་ཀྱིས་ཚོམས་ཆེན་ནས་སྔོན་འགྲོར་དུས་འཁོར་གྱི་བཀའི་དབང་བསྐུར་ཏེ་བསྡུས་རྒྱུད་འགྲེལ་ཆེན་མཆན་དང་བཅས་པ་མཇུག་ཏུ་ལྷ་ཞལ་རྣམ་གསུམ་གྱི་རྗེས་གནང་བཅས་རིམ་བཞིན་བཀའ་དྲིན་བསྐྱལ། མཇུག་ཏུ་དུས་གྲྭ་ནས་བརྟན་བཞུགས་ཕུལ་བར་ཐུགས་བརྩེ་བས་གསུང་བགོད་ཡིད་འཕྲུལ་བ་མཛད། དེ་མཚུངས་རྒྱུད་གྲྭ་ནས་ཞུས་ངོར་བདེ་གསང་འཇིགས་གསུམ་གྱི་སྔགས་བཅུའི་རྗེས་གནང། དམ་ཅན་གྱི་སྲོག་གཏད། སྨན་གྲུབ་སྨན་བླའི་དབང། མི་འཁྲུགས་པ་ལྷ་གུའི་དབང། ཞང་བློན་གྱི་རྗེས་གནང་སོགས་བསྐྱལ་ཏེ་དགེ་འདུན་འདུས་པའི་ཚོགས་དུ་མའི་ཐུགས་བཞེད་ཡོངས་སུ་བསྐངས། དབྱར་ཐོག་ཆོས་འཁོར་དགོན་གསར་ལ་ཕེབས་ནས་ཀུན་མཁྱེན་ཆེན་པོ་གདན་འདྲེན་ཞུས་ཏེ། འབབ་ཉིན་རྗེ་ཉིད་སེར་འཕྲེང་གི་མགོར་ཆིབས་བསྒྱུར་ཕེབས་ཡོད་པ་གཟིགས་མ་ཐག སྐུ་ཞབས་ཆེན་མོ་ཕེབས་བྱམས་ལས་བཤོལ་ཏེ། མི་མང་གི་དབུས་སུ་ཕྱག་ལན་མཛད་པ་སོགས་དབུ་བླར་བཀུར་བའི་ཆོས་ཀྱི་ཆེ་བ་འདོམས་པར་མཛད། གཟའ་སྐར་བཟང་པོའི་ཉིན་ཞིག་ཏུ་ཚོགས་དབུས་སུ་གདན་དྲངས་པ་དང་རྗེ་རང་གི་བླ་བྲང་དུའང་གདན་འདྲེན་ཞུས་ཏེ་དགོན་ཆོས་གཞི་དང་བཅས་པ་ཡབ་རྗེ་རྡོ་རྗེ་འཆང་ལ་ཕུལ་ནས། དེང་ཕྱིན་ཆད་བླ་མ་ལས་སྣེ་སོགས་གོང་ནས་བསྐོ་བཞག་དང། བཅའ་ཡིག་འཛུག་རྒྱུའི་སྐོར་སོགས་གསེར་སྐྱན་དུ་སྩོལ་པར་མཛད། རྗེ་ཉིད་ནས་གསེར་ཟངས་ཀྱི་རྫ་བོ་དང་མགོན་ཆོས་འཇིགས་

གསུམ་གྱི་འབབ་སྐུ། དགའ་བྱ་ཞབས་དྲུང་གི་བྱམས་པའི་སྐུ་ཆེན་པོ་སོགས་བཞེངས་གྲུབ་པར་ཀུན་མཁྱེན་ཆེན་པོ་ལ་རབ་གནས་རྒྱས་པ་ཞུས་པས་དམ་ཡེ་གཅིག་ཏུ་བསྲེ་བའི་ཚོ་ག་སྨིན་རྒྱས་སུ་མཛད་དེ་རྟེན་དང་བརྟེན་པར་བཅས་པ་ལ་ཡེ་ཤེས་ཀྱི་བྱིན་ཆེན་པོ་ཕབས། གོང་ནས་མར་རྒྱ་མ་སུམ་བརྒྱའི་རྫིས་ཀྱི་ཛ་ཐུག་ཉིན་འཁྱོང་དང་། སྤྱི་འཛོག་སོགས་བདག་རྐྱེན་གཟབ་རྒྱས་བསྐྱལ། སྤར་དགེ་འདུན་གྱི་བཞེས་པ་བྱུང་ཚད་ཅུང་དུ་འགྲོ་བ་དང་། སྐུམ་བཙུད་མེད་པ་ལྷ་བྱ་ལ་འདི་ཉིན་ནས་བཟུང་ཛ་ཐུག་གང་བྱུང་སྐུམ་བག་དང་ལྡན་ཞིང་ཟད་མི་ཤེས་པ་ལོངས་སུ་སྤྱོད་པ་བྱུང་། ཡང་དེ་ན་ཆུ་ཆེན་ལ་ཟམ་འཕང་ཡོད་པ་ལོ་བསྐྱར་བཞིན་ཆུས་བཤིག་ནས་སྔོད་འཇུག་མ་ཐུབ་པར་སྐྱབས་མགོན་རྗོ་རྗེ་འཆང་ལ་ཞུས་པས། དེ་ཕྱིན་ཆུའི་འཁྱིར་མ་ནུས་པ་སོགས་ལོ་རྒྱུས་ངོ་མཚར་བ་ཡོད་འདུག ཕྱིས་སུ་རྗེ་རང་ཉིད་ཀྱིས་ཀྱང་ཆོས་འཁོར་དགོན་གསར་བཏབ་དུས་མི་ལོ་ལོན་བསམ་བློ་ཐོང་དུས་ཡིན་པས་ངེས་པར་སངས་རྒྱས་ཀྱི་བསྟན་པའི་དོན་བསམ་པ་མ་གཏོགས་ཀུན་སློང་གཞན་མ་འདྲེས་པས་དེ་ལམ་དུ་སོང་ཡོད་སྙམ་པ་འཆར་གསུངས། དགོན་འདིའི་མདུན་དུ་གླུ་ཆུར་གྲགས་པའི་གླུང་ཆེན་འབབ་བཞིན་པ་དགོན་དང་ཁད་ཧ་ཅང་ཉེ་བས་ཕར་ལོག་རྒྱུའི་ཆེད་དུ་ཆུ་རགས་བརྩིགས་ཏེ་རྟེན་འབྲེལ་གྱི་བཅོས་ག་སོགས་མཛད་པས་ཆུ་ཕར་ལོག་སོང་བ་གླང་རི་ཐང་པའི་རྣམ་ཐར་དང་འདྲ་ཚད་པ་བྱུང་། འདིར་མ་ཟད་སྨད་དུ་བཞུགས་སྐབས་སྤྲ་ཕྱིར་ཆུ་འཛིགས་ཆེན་པོ་ཡོད་ས་འགའ་ཞིག་གིས་སྐྱབས་ཞུས་བྱས་པར་དེར་ཕེབས་ནས་བཞུགས་སྐར་བཏབ་སྟེ་བཞུགས་པས་ཆུ་ཕར་ལོག་པ་སོགས་བྱུང་བ་སེམས་མེད་པའི་བེམ་པོ་ཡང་ལས་སུ་བཀོལ་ནུས་པ་ཕྱི་ནང་གི་རྟེན་འབྲེལ་གྱི་ཆོས་ལ་མངའ་བརྙེས་པའི་རྣམ་ཐར་རོ། །ཐུ་མེད་ཤོག་ཕྱོར་བན་སོ་བར་རག་གི་མཁར་གྱི་ཉེ་འདབས་ན་རྒྱ་ཁྲིམས་ཀྱིས་མི་གསོད་ས་ཞིག་ཡོད་པ་དེར། གྲི་འདྲེ་གདུག་པ་ཅན་ཞིག་གནས་ནས་ཡུལ་མི་རྣམས

གནོད་འཚེ་བྱེད་ཀྱིན་འདུག་པ། རྗེ་བླ་མ་ཕྱོགས་དེར་ཕེབས་ན་ལོ་འགའ་མེད་འགྲོ་ཞེས་དེ་ཀའི་མི་དག་སླེང་།

དཀྱུས་ལ་འཇུག་སྟེ་དགོན་གསར་འདི་ཉིད་ཕྱག་འདེབས་ཀྱི་སྐོར་ལ་སྔ་ཕྱིར་རགས་རྩིས་ཀྱི་དངུལ་སྲང་ཁྲི་ཕྲག་གཉིས་ལྷག་དང་། གཞན་རྒྱུ་དངོས་ཀྱི་འགྲོ་སྐོའི་རིམ་པའང་དཔག་ཏུ་མེད་པ་སོང་འདུག་པས་འདིའི་བཀའ་དྲིན་ཁོ་ནའང་སུས་གཟོ་མི་ནུས་མོད། འོན་ཀྱང་སྐུ་དྲིན་ལ་ངོ་ཤེས་པའི་སྒོ་ནས་གུས་པ་སྐྱེད་ཅིག དགོན་འདིར་འཆམ་ཚུགས་རྒྱུད་ཀ་མདོའི་འཆམ་རྙིང་ལ་བསྒྱུར་བཀོད་གནང་སྟེ་ཆོས་རྒྱལ་ཡབ་ཡུམ་དང་ལྷ་མོ་གཙོ་འཁོར་གསུམ་བསྟན་དྲུག་ཅུ་བ་དང་འབྲེལ་བར་བསྒྲལ་ཚོག་ལ་དབེན་སའི་ལུགས་མཁར་གྱི་འཆམ་རྟང་བྱེད་རྒྱུའི་གསུང་བཀོད་དང་འཆམ་གོས་ཞལ་འབག་དར་དུང་ཆེན་རྐང་གླིང་སོགས་འཛོམ་པ་གནང་བ་བཞིན་ཕྱིས་སུ་ལེགས་པར་ཚུགས། རྗེ་ཉིད་སྨད་ཕེབས་ཀྱི་ཤུལ་ནས་འཚུབ་ཆ་ཅུང་ཟད་བྱུང་བར། ལྷ་མོ་བསྟེན་དགོས་ཀྱི་མོ་ལུང་བབས་པར་བརྟེན་རྗེ་བླ་མ་ལ་ཞུས་པར་དེ་ལེགས་བྱེད་ཚོའི་ལྷ་མོ་དེ་ལ་ལབ་རྒྱུ་མང་པོ་འདུག ལྷ་མོ་ལ་གནས་ཁང་ཞིག་བཞེངས་ཐབས་ཀྱིས། ཀུན་གསུམ་གྱི་དབུས་མ་ལ་ལྷ་མོའི་སྐུ་དང་། གཡས་སུ་རྟ་མགྲིན་ཆེ་ཚད། གཡོན་དུ་རྣམ་ཆེན་ལ་རྫོང་ལྷ་བཅུ་གསུམ་གྱིས་བསྐོར་བ་བྲིས་གསུངས་ཀྱང་། བཞེངས་ལུགས་བཀའ་ལྟར་མ་བྱུང་འདུག་པས་ཅུང་མ་མཉེས་པར་སྣང་། ཕྱོགས་དེ་ན་རྒྱལ་འདྲེ་གདུག་པ་ཅན་ཞིག་ཡོད་འདུག་པས། གཉེན་པོར་ཟམ་སྟེར་རྟ་མགྲིན་གྱི་སྐུ་འབུམ་བཞེངས་པ་ཕྱིས་སུ་བྱིན་རླབས་ཤིན་ཏུ་ཆེ་བར་གྲགས། གདན་སར་ཕྱིར་ཕེབས་ནས་ཆུ་བཟློག་གནང་བའི་རྐྱེན་ལྟ་བུས་སྐུ་བསྣུང་བཞེས་པར་ཞབས་བརྟན་མང་དུ་བསྒྲུབས། མི་ལོང་ཟླ་འབེབ་ཅིག་བྱས་པར་རྗེ་ཉིད་དབུ་ཐོག་ཏུ་སྐར་མ་བརྩེགས་པ་ནམ་མཁའི་དབྱིངས་སུ་སྣེབས་པ་དང་། ཆོས་རྒྱལ་གྱིས་ཐོད་དབྱུག་ཕྱར་ནས་ཁོང་ལ་དལ་བུས་བསྐོར་ར་

ཅིད་པ་ཤར། དེའི་རྒྱུ་མཚན་ཁྲི་བྱུར་རྗེ་དཔལ་མང་བར་ཞུས་པས། སྐར་མ་དེ་རྟོགས་པའི་ཡོན་ཏན་ཞིག་གི་རྟགས་ཡིན་པས་བཤད་མི་ཤེས། ཆོས་རྒྱལ་ཤར་བ་འཁྲིན་ལས་སྐྱབ་པའི་རྟགས་སུ་འདུག དྲན་པ་སྐུ་རྟེན་གྱི་ལྷ་ལུང་ལ། ལྷོ་ལྷུགས་མཁར་གྱི་བདག་པོའི་གཏོར་སྒྲུབ་གྱིས། གསུང་འདུག་པས་ཆོས་རྒྱལ་ཞི་བའི་གཏོར་སྒྲུབ་ཚུགས་གསུངས། ཡང་ལན་གཅིག་རྗེ་དཔལ་མང་བས། ཁོང་གི་མཚན་ལམ་དུ་གུང་ཐུའི་མཁའ་འགྲོ་མས་དར་དམར་པོ་ཞིག་བཟུང་ནས་ཨ་ལགས་སྲེ་བ་ཚང་གདན་འདྲེན་ལ་འོང་བ་ཡིན་ཟེར་བ་རྨིས་པས། མཁའ་འགྲོའི་བསུ་བཟློག་ཅིག་སྒྲུབས་གསུངས། སེམས་དཔའ་ཆེན་པོ་བསོད་གྲགས་ཚང་དང་མཁའ་འགྲོ་མ་གཉིས་ནས་གནད་སྨིན་བསྒྲུབས་པས་སྐུ་བསྟན་ཕྲལ་དུ་དྭངས། ཕྲ་ནང་དུ་ཤར་བ་དེ་བདེ་དུས་གང་ཟུང་གི་རྫོགས་རིམ་གྱི་ལྟས་ཡིན་ནམ་ཞེས་དཔྱོད་ལྡན་དག་གླེང་ངོ་། །དགུན་ཐོག་མེ་ཏྲི་ཏོ་ཐོག་ཟླ་ལ་བྱུར་བཀའི་དབང་རྒྱུན་དཀོན་པ་མང་དུ་གནང་།

དོན་གཉིས་པ་ལྷུགས་ཁྲིའི་ཡོར་ཆས་པ་རྒྱ་མཁར་བླ་མ་ཆེ་བས་ཞུས་དོར། གཉིས་པའི་ཆོས་བརྒྱད་ལ་སྟ་གོན་མཛད་ནས་གུང་ཐང་སྤྲུལ་པའི་སྐུ་སོགས་བླ་སྤྲུལ་ཆེ་རིགས་ཆོས་ཉན་པ་སུམ་བརྒྱ་ཙམ་ལ་མི་ཏྲ་བརྒྱ་རྩའི་དབང་ཆེན་ལེགས་པར་བསྐུལ་མཐར་བླ་མཆོད་ཀྱི་ཚོགས་འཁོར་རྡོ་རྗེའི་གླུ་དང་བཅས་སྣང་སྲིད་ཐམས་ཅད་བདེ་བའི་འཁོར་ལོར་གཅིག་ཏུ་སྒོམ་པར་མཛད། ལྔ་བའི་ཉི་ཤུ་བདུན་གྱི་དགུང་མོར་མནལ་ལམ་ལ། ཁང་ལམ་ལྷ་བུ་ཞིག་གི་ནང་དུ་སྐྱབས་མགོན་ཀུན་མཁྱེན་གསུམ་པ་སྔོན་ལ་ཕེབས། རྗེས་སུ་རྗེ་རང་ཉིད། ཁོང་གི་གཡས་སུ་དཔལ་མང་ཚང་རྒྱབ་ཏུ་བསོད་གྲགས་ཚང་རྣམས་ཕེབས་ཀྱིན་ཡོད་པ་ལ། རྗེ་ཉིད་ལམ་གསུམ་ཡོད་པའི་དབུས་མར་ཕེབས་ནས་སྐུ་ཕྱོགས་རིན་པོ་ཆེ་འདིར་ཕེབས་དང་ཀུན་མཁྱེན་གོང་མའི་ཕེབས་ལམ་རེད་ཞུས་པར། སྐུ་ཕྱོགས་ཡང་དེར་ཕེབས། ཡང་སྐུ་ཕྱོགས་ནས་བཀའ་ཆོས་ཞིག་གནང་ཉམས་

མཛད་གིན་འདུག ཁོང་དང་དཔལ་མང་ཚང་གཉིས་གཤིབ་ནས་བཞུགས་པར། ཉིད་ཀྱི་རྒྱབ་ཏུ་བསོད་གྲགས་ཚང་བཞུགས་པ་ལ་སྐུ་རྒྱབ་གཏད་དེ་བཞུགས། སྐུ་ཕྱོགས་ནས་ཁ་དར་དམར་པོ་ཤིན་ཏུ་ཆེ་བ་ཞིག་བསྣམས་ནས་ཕེབས་འོང་སྟེ། དཔལ་མང་ཚང་ལ་མགུལ་དར་སྒྲོན་པ་གནང་། ཁྱེད་ལ་སྔགས་ཀྱི་བསྟན་པ་གཏད་པ་ཡིན་པས་འཛིན་སྐྱོང་གྱིས། སྔགས་ཀྱི་བསྟན་པ་འཛིན་པ་ལ་རྒྱུད་སྡེའི་ཆ་ག་ཞིག་ལྡོར་བྱུང་བར་ཡོད་ན་བཟང་བས་གསང་འདུས་ཀྱི་ཆོ་ག་ཐུགས་ལ་ངེས་པོ་ཞིག་ཟུངས་གསུངས། ཁོང་གིས་དཔལ་མང་ཚང་ལ་སྐུ་ཕྱོགས་ཀྱིས་ཁྱེད་ལ་བསྟན་པ་གཏད་པ་བཀའ་དྲིན་ཆེ་ཞེས་སྐུ་པང་དུ་དབུ་ཐུགས་ལན་གསུམ་མཛད་པ་ཞིག་རྨིས་གསུངས།

དོན་བཞིར་ཕེབས་པ་ཆུ་བྱི་ལོར་ཆོས་འཁོར་དགོན་གསར་དུ་གདན་དྲངས་པ་བཞིན་ཕེབས་ཞོར་འབྲུངས་ཡུལ་སོག་པོར་ཕེབས། ཏེབ་བསང་གཞུང་ཞེས་ཐང་ཆེན་གཡུ་ཡི་མེ་ལོང་འདྲ་བའི་དཀྱིལ་ནས། ཡབ་གཅིག་རྡོ་རྗེ་འཆང་དང་རྗེ་རྣམ་གཉིས་ཞལ་འཛོམས་མཛད། འདི་སྐབས་ཕྲན་ཀྱང་སྐྱབས་མགོན་རིན་པོ་ཆེའི་ཕྱག་ཕྱིར་ཡོད་པས་རྗེ་འདིའི་ཞལ་ཐོག་མར་མཇལ། ཡབ་སྲས་གཉིས་ཕན་ཚུན་ཕྱག་འབུལ་རེས་སོགས་གནང་སྟེ་ཡུན་རིང་ཙམ་གསུངས་གླེང་མཛད། དེ་ནས་ཏེབ་བསང་ནས་ཞག་འགའ་བཞུགས། ཉིན་ཁ་ཤས་ལ་གྲྭ་བ་ཚོར་སྡེ་བརྒྱད་མཆོད་པ་བཟློར་བཅུག ཉིན་གཅིག་སེར་པ་དྲུག་པོ་འོང་བས་ཐོག་མར་སེར་བ་རེ་གཉིས་བབས་འཕྲལ་གཅིག་ཁྱེར་ཞོག་གསུངས་ནས་སེར་རྡོག་གཅིག་ཕྱག་ཏུ་ཕུལ་བར་བསྣམས་ནས་ཞུར་བཙུག་པས་སྐར་སྐྱིད་དུ་ཆུ་ཆར་ལས་མ་བབ་ཀྱང་ཁོར་ཡུག་ཏུ་སེར་བ་དབྱར་དུས་དེར་ཉིན་ཁ་ཤས་ལ་ཞུ་མི་ཐུབ་པ་བབས། དེ་ནས་རྩེ་གཞུང་དུ་ཆིབས་བསྒྱུར་བར་ལྷང་ཆོས་རྒྱལ་ཆེན་པོས་ཕེབས་བསུ་ཞུས་པར་ཕེབས་བྱམས་བཤོལ་ཏེ་ཐུགས་དགྱེས་ཉམས་ཆེན་པོས་མཇལ་འཕྲད་མཛད། དེ་ནས་ཨུ་རྒྱེར་བབ་སྟེ་ཟླ་ཕྱེད་ཙམ་བཞུགས། ས་སྐྱོང་ཆེན་པོར་

ཡེ་ཤེས་ཀྱི་མགོན་པོའི་རྗེས་གནང་བཀའ་དྲིན་བསྐྱལ། དེ་ནས་ཕྱིར་ཆིབས་བསྒྱུར་བར་བ་ཡན་ཐུ་ཁྲུམ་ཐང་བར་དུ་མིའི་དབང་པོ་མཆོག་ནས་ཆིབས་སྐྱེལ་ཞུས་པར་དགྱེས་པ་ཆེན་པོས་འབྲལ་མི་ཕོད་པ་ལྷ་བུར་མཛད། མར་ལམ་ཁེས་ཆག་ལ་ཐོག་ཏུ་བསང་ཆེན་བཏང་། རླུང་རྟའི་དར་ལྕོག་བཙུགས། ཕེབས་བྱམས་འབྲུངས་ཕྱོགས་སུ་ཞལ་བསྒྱུར་ཏེ་གང་སེར་མ་དང་། དགེ་ལྡན་བསྟན་འབར་མ་གསུངས་ཞིང་ཕྱག་ནས་འཐོར་བར་མཛད། དེའི་རིང་ལ་དེ་ཕྱོགས་སུ་རྒྱ་གླིང་ཆ་འབུད་བྱེད་དུ་བཙུག་ཤིང་། དགྱེས་ཉམས་ཀྱིས་ཕྱོགས་དེར་ཡུན་རིང་གཟིགས་ནས་བཞུགས་ཤིང་དེ་ཕྱིན་ཕྱོགས་དེར་མ་ཕེབས་སྣང་ངོ་། །དེ་ནས་ལམ་བར་གྱི་སྡེ་སོ་སོའི་བསྙེན་བཀུར་དང་བཅས་གདན་སར་ཕྱག་ཕེབས། སྨད་ནས་ཡང་བསྐྱར་གདན་འདྲེན་པ་འོང་བར་ཐུགས་སྲས་ཁྲི་ཆེན་རྣམ་གཉིས་སོགས་བླ་མ་ཁྲི་གདན་ཟུར་དགེ་འདུན་མང་བཅས་ནས་སྐུ་ན་ཆེས་སྨིན་སྐབས་ནན་གྱིས་བཤོལ་བཏབ་ཀྱང་མི་སྣ་ཆོས་ཏ་ཙང་ཞུ་ཚུགས་ཀྱིས་ཕོད་བཙོང་བས་ཐབས་མ་རྙེད་པར། དོན་ལྔ་བཞེས་པ་རབ་ཡིད་ཆུ་གླང་ལོར་ཟླ་བ་གཉིས་པའི་བཅུ་གཅིག་ལ་སྨད་དུ་ཕེབས་བཞེད་ཀྱི་ལམ་འབུད་དམ། སྐར་འབབ་གནང་ནས་ཕྱིར་ཟླ་བྲང་ཆེན་མོར་འབབ་དགོས་ཚུལ་སྐྱབས་མགོན་མཆོག་གིས་བཀའ་ཕེབས་པ་བཞིན་ཟླ་བྲང་དུ་བབ། གོང་ནས་དཔོན་གཡོག་ཚང་མར་གསོལ་སྟོན་རྒྱས་པ་དང་། ཕེབས་རྫོངས་སུ་དངུལ་སྲང་ལྔ་བརྒྱ། རྟ་འཕྲུག་སོགས་དང་ཞབས་ཕྱི་ཀུན་ལ་འཕྲུག་རེ་གནང་། ཕེབས་རྒྱུའི་སྔ་ཉིན་གོང་དུ་ཐོན་ཕྱག་ཞུ་བར་མཇལ་དུ་ཕེབས། མར་ཕེབས་སྐབས་སྐུ་ཞབས་ཆེན་མོ་ཟླ་བྲང་གི་སྒོ་མོ་ཆེའི་ནང་བར་དུ་གཟན་འབེབས་གུས་འདུད་དང་བཅས་ཕེབས་སྐྱེལ་གནང་ཞིང་འབྲལ་མི་ཕོད་པ་ལྷ་བུ་མཛད། དེ་ནས་དཔལ་མང་རིན་པོ་ཆེར་མཇལ་བར་གསུངས་གླིང་ཐུན་མོང་ཡིན་མིན་དུ་མ་ཞིབ་རྒྱས་དང་། ཞྭ་འཕྲུག་སེར་པོ་འབྲེལ་མ་ཞིག་ཕྱག་གིས་ཕུལ་ཏེ་སྨོན་ལམ་གནང་། གནམ་ལའི་མཚམས་པ་

འཕྲིན་ལས་ཀྱིས་ཞུས་པ་བཞིན་བྱིན་རླབས་དཔུང་ཞུས་ཀྱི་སྙིང་ནས་ལམ་ཁྲིད་རྒྱས་པར་གནང་བའི་མཇུག་ཏུ་བསྐལ་བཟང་ལྷ་ཁང་དུ་མཆོད་བཤམས་བསམ་མི་ཁྱབ་དང་བཅས་གུང་ཐང་སྤྲུལ་པའི་སྐུས་གཙོས། བླ་མ་ཆེ་ཆུང་དང་། དགེ་འདུན་མང་པོའི་ཚོགས་ལ་ཡོངས་འཛིན་ཡེ་ཤེས་རྒྱལ་མཚན་པའི་ཕྱག་ལེན་ལྟར་སེམས་བསྐྱེད་ཆོ་ག་རྒྱས་པར་གནང་། མཇུག་ཏུ་ཐམས་ཅད་ཀྱི་སྙན་ཤལ་རྗེ་བླ་མའི་ཕྱག་ཏུ་བསྟམས་ནས་ཐུགས་སྨོན་དང་བཅས་གཙོ་སྐུ་འཇམ་དབྱངས་ཀུན་གཟིགས་ལ་འབུལ་བར་མཛད། འདིའི་སྐབས་ཀྱི་གསུངས་བཤད་ལ་དགེ་བའི་བཤེས་གཉེན་ཤེས་རབ་རྒྱ་མཚོ་བས་ཟིན་བྲིས་གདུང་སེལ་སྨན་གྱི་སྦུ་གུ་ཞེས་པ་ཞིག་ཀྱང་མཛད་འདུག བཅུ་དྲུག་གི་ཉིན་གདན་ས་ཆེན་པོ་དགའ་ལྡན་བཀྲ་ཤིས་གཡས་སུ་འཁྱིལ་བའི་གླིང་ནས་ཧོར་ཡུལ་གྱི་གདུལ་བྱ་ཐ་མའི་དོན་དུ་ཉེ་བར་དགོངས་ཏེ་ཆིབས་ཀྱི་ཁ་ལོ་མངོན་པར་བསྒྱུར་བར་གྱུར་ཏོ། །

གཡའ་སྤང་གངས་ཀྱི་རི་བོའི་ཚོགས་འཁྲིགས་པར། །བཻཌཱུར་སྨུག་པ་སྔོན་པོའི་སྙིད་ཆིངས་ཅན། །མཐོ་ལ་གསང་བ་གངས་རི་གཉན་གྱི་མགུལ། །ཕྱུག་ན་པདྨོའི་འདུལ་ཞིང་ཁ་བ་ཅན། །གང་གི་ཐུགས་བསྐྱེད་སོ་གའི་དུས་སྟོན་གྱིས། །ཡོངས་བཟུང་ཀུན་དགའི་བདུད་རྩི་མངར་བའི་རོ། །བཏུང་བ་སྙིང་ནི་རྣམ་པར་གྲོལ་བ་ཡིས། །སྐྱེ་བོའི་ཚོགས་རྣམས་སྐྱིད་ཀྱི་ཀང་བྲོ་འཁྲབ། །ཧོཾ་བཀྲང་རྒྱལ་པོའི་བཀའ་རྟགས་གནམ་གྱི་ལུང་། །ཐོ་ཅོའི་སྤྱོད་པས་མ་ཡིན་ལུགས་སྲོལ་བཞིན། །དོ་གལ་ཆེན་པོས་ཉེ་བར་སྤྱན་དྲངས་ནས། །ནོར་བུ་བཞིན་དུ་ཡབ་རྗེ་བླ་མར་ཕུལ། །དང་པོའི་སངས་རྒྱས་དཀྱིལ་འཁོར་ཆེན་པོ་རུ། །ཀླ་ཀློ་གཞོམ་པའི་རུ་མཚོན་ཇམ་པོ་ཆེ། །ཡབ་སྲས་གཅིག་ནས་གཅིག་ཏུ་གཏད་པ་ཡིས། །ཁམས་གསུམ་ཆོས་ཀྱི་རྒྱལ་པོར་མངའ་དབང་བསྐུར། །མ་འོང་དུས་བུ་བཅུ་གཉིས་ས་ཡི་བྱོན། །རྗེ་བཙུན་ཡབ་སྲས་དབང་བར་མཛད་པའི་

ཚོ། །བདག་ཅག་འཁོར་གྱི་ཐོག་མར་རྗེས་བཟུང་ཞེས། །འཁོར་ལོའི་མགོན་པོ་ཁྱོད་ལ་སྙིང་ནས་གསོལ། །ཞེས་པ་ནི་བར་སྐབས་ཀྱི་ཚིགས་བཅད་དོ། །

གསུམ་པའི་བཙོ་ལྔའི་ཉིན་ཨ་ལག་ཤྭ་རྗེ་དྲུང་དགོན་དུ་ཆིབས་བསུ་དང་བཅས་ཕེབས། དཔའ་ཅིག་དང་དྲིལ་བུ་ལྷ་ལྔའི་དབང་། འཁོར་ཆེན་བསྐྱེད་རིམ་གསང་ཆེན་རོལ་མཚོའི་ལུང་རྣམས་བཀའ་དྲིན་བསྐྱངས་ཏེ་འདུན་པ་བསྐངས། བཞི་བའི་བཅུ་གསུམ་གྱི་ཉིན་མཁར་སྟོན་ཤེ་རེ་ཐུ་དཔོན་གཡོག་མི་ཉུང་ཙམ་གྱིས་ཅིབས་བསུ་བྱས་ཤིང་ཁོང་གི་བླ་བྲང་དུ་ཕེབས། ཤེ་རེ་ཐུས་གཙོས་དོན་གཉེར་ཅན་དུ་མར་སྐྱ་བར་བའི་གསུང་གི་མཇལ་བཞི་བ་སོགས་ལུང་ཕྲན་འགའ་ཞིག་གནང་། ལྔ་བའི་ཚེས་བཞིའི་ཉིན་རི་བོ་རྩེ་ལྔའི་མཆོད་རྟེན་ལྟར་གྱུར་མཇལ་ཏེ་ལུང་བའི་མདོར་ཕེབས་པ་ན་མདུན་ཕྱོགས་ནས་སྤྲིན་དཀར་པོ་དར་གྱི་ལྡ་ལྡི་འཛིན་པ་ལྟ་བུའི་ནང་ནས་ཆར་ཟིམ་བུ་ཕོན་ཆེ་བ་ཞིག་བབས་པ་འཛམ་པའི་དབྱངས་ཀྱིས་ལྷ་རྣམས་ལ་སྤྲན་ཏེ་བསུ་བ་བགྱིས་པ་ཡིན་སྙམ། དེ་ནས་དགོན་སོ་སོའི་བསུ་བ་བར་མ་ཆད་པ་དང་བཅས་བྱོན། ཐོག་མར་ཕོའུ་ས་ཏེང་ཞེས་བྱང་ཆུབ་སེམས་དཔའི་སྤྱོར་གྲགས་དེར་བབས། སྤྲིན་གྱི་ཚོགས་དེ་མ་ཐག་དྭངས་ཏེ། ནམ་མཁའ་དག་པ་རྒྱ་མཐིང་བཟང་པོས་ཁྱབ་པ་ལྟར་གྱུར་ཅིང་། ཉི་མའི་དཀྱིལ་འཁོར་ཡོངས་སུ་གསལ་བར་གྱུར་པ་སོགས་ཡ་མཚན་པ་བྱུང་། དེ་ནས་འཇམ་དབྱངས་མདའ་ཟུག་མ་ལ་སོགས་པར་མཇལ་ཏེ་སྔོན་མའི་སྐབས་རྣམས་སུ་ལན་དུ་མར་བཞུགས་པའི་ཞུའུ་ཤིང་ཟེའམ་མཚར་སྟུག་སྐུ་བརྟན་གླིང་དུ་ཕེབས། ལོ་འདིར་ཆར་ཆུ་ཅང་དཀོན་པས་ཐན་པ་ཤིན་ཏུ་ཆེ་བ་ལ་རྗེ་ཉིད་ཕེབས་ཕྱིན་ནས་ཆར་ཤོད་ཆེ་རུ་སོང་བས་རྩི་ཤིང་ལོ་ཏོག་རྣམས་རྒྱས་པར་གྱུར་པ་ན། བོད་སོག་ཏུ་མ་ཟད་རྒྱ་མི་ཚོས་ཀྱང་བླ་མ་འདིའི་ཐུགས་རྗེ་ཡིན་ཞེས་མགྲིན་གཅིག་ཏུ་སྙིང་ཞིང་ཐམས་ཅད་དད་པའི་གནས་གཅིག་ཏུ་འདུས་པར་མཛད། དྲུག་པའི་ཚེས་གསུམ་ལ་ཆོས་རྒྱ་མཚོའི་

གླིང་ཞེས་གྲགས་པ་ཅིན་ཧེའི་ཟེར་བྱོན་ནས། ཚེས་བཞིའི་ཉིན་ལྷུང་སྐྱ་ཐམས་ཅད་མཁྱེན་པ་རོལ་བའི་རྡོ་རྗེའི་སྐུ་གདུང་ཡིད་བཞིན་གྱི་ནོར་བུ་སྙིང་པོར་བཞུགས་པའི་མཆོད་རྟེན་མཐོང་བ་ཙམ་གྱིས་སྲིད་ཞིའི་རྒུད་པ་མ་ལུས་པ་འཕྲོག་པར་བྱེད་པའི་བྱིན་རླབས་ཀྱི་གཏེར་ཆེན་པོར་མཆོད་མཇལ་མཛད་པ་ན་དྭངས་ཤིང་བསིལ་བའི་བདུད་རྩིའི་རྒྱུན་བབས་པ་བྱུང་། ཚེས་ལྔར། ལྷུང་སྐྱ་སྐུ་ཕྲེང་བཞི་བའི་འདས་མཆོད་དུ་སྐུ་གདུང་མདུན་ནས་བླ་མཆོད་གསུངས་ཤིང་ཚོགས་འཁོར་བསྐོར། མཆོད་ཐེབས་སུ་དངུལ་སྲང་དུག་ཅུ་ལྷག་སྒྲོར་འཇགས་གནང་། ཚེས་དྲུག་ལྷུང་སྐྱ་བླ་བྲང་བར་མ་བདེ་མཆོག་སུ་མུར་ཕེབས་ནས་བཞུགས་སྐབས། ཏལ་ཏྲ་ཏྲ་ཁུ་རེའི་ཚོས་རྗེ་ངག་དབང་བསྟན་པས་ཞུས་ངོར་རི་ཁྲོད་འཁྲིམ་པ་བརྒྱ་ལྷག་ཙམ་ལ་རྗེ་རྒྱལ་བ་གཉིས་པའི་ཐུགས་ཀྱི་བཅུད་བྱུང་བ། བྱང་ཆུབ་ལམ་གྱི་རིམ་པའི་དམར་ཁྲིད་བདེ་ལམ། ཚེས་བཅུ་ནས་དགུ་བཙུགས་ཏེ་ཧོར་གྱི་སྐད་དུ་གཟབ་བཤད་དང་། བཅོ་ལྔ་ཡོངས་འཛིན་ཡེ་ཤེས་རྒྱལ་མཚན་པའི་ཕྱག་བཞེས་ལྟར་གྱི་སེམས་བསྐྱེད་མཆོད་པ་དང་འབྲེལ་བར་གསུང་བཤད་རླབས་ཆེ་བ་གནང་། གནས་བཟང་པོར་བླ་མ་བཟང་པོ་ལས་ཚོས་འདི་འདྲ་ཉན་རྒྱུ་བྱུང་བ་ནི་ངེས་པར་བསྐལ་བཟང་པོར་སྣང་། དགེ་སློང་དཀོན་མཆོག་བཀྲ་ཤིས་ཟེར་བས་མཐུན་རྐྱེན་སྦྱར་ཏེ་བརྟན་བཞུགས་ཞུལ་བར་བརྩེ་བའི་གསུང་གིས་དགྱེས་དགྱེས་ཐུགས་དབྱུངས། སྤྲ་སོར་དཔལ་མང་རིན་པོ་ཆེ་ནས་ཕྱག་རྫས་ཡོད་དགུ་ཚོགས་སུ་བཏང་སྐབས་ཁོང་ཉིད་ཀྱི་ན་བཟའི་གྲས་གོས་བལ་བཟང་པོ་ཞིག་རྗེ་འདི་ལ་ཕུལ་ཡོད་པ་དེ་འདི་སྐབས་མནབ་ནས་བཀའ་ཆོས་གནང་། དཔུན་ཐོག་རྗེ་དེ་ཉིད་དག་ཞིང་དུ་ཕེབས་སྐད་གསན་འཕྲལ་ཞལ་ནས། སྤར་རི་བོ་རྩེ་ལྷར་ངས་ཨ་ལགས་ཚང་གི་ན་བཟའ་དེ་གྱོན་ནས་བཀའ་ཆོས་བྱས་པ་ཐུགས་དགོངས་རྫོགས་ཆེད་ཡིན་ཏེ། སྔར་འདས་དང་དུས་འགྲིགས་པས་གཞན་གྱི་བསྔོ་རྟེན་དང་མི་འདྲ་བ་ཞིག་བྱུང་འདུག་

ཨང་གསུངས། བཅུ་དྲུག་ལ་ཧལ་ཧྭ་སར་ཐོ་དྷ་ཛ་སག་གི་ཐོ་ཡོན་མཁན་པོ་འཇམ་དབྱངས་བསྟན་དར་སོགས་བསྒྲུབ་བྱ་སུམ་ཅུ་ཉེ་བར་དགེ་སློང་གི་སྡོམ་པ་ཐོག་སྟེ་བསླབ་པ་ཡོངས་སུ་རྫོགས་པའི་གཞི་ལ་བཀོད། ཉེ་ཤུའི་ཉིན་ཁྱོགས་ལ་བཞུགས་ཏེ་ཐོག་མར་ནུབ་རིའི་རྩེ་སྐོར་ལ་ཕེབས། རྩེར་འབྱུང་དུ་ཉེ་བ་ནི་སྤྲིན་དཀར་པོ་ཧ་བ་འཕྲེང་བསྒྲིགས་ཀྱིས་རྒྱུག་པ་ལྟ་བུས་མདུན་ནས་གཡས་བསྐོར་གྱི་ཚུལ་དུ་བསུ་བཞིན་པར་རི་རྩེར་ཕེབས་ནས་གནས་མཇལ་མཛད་ཅིང་དབུས་རིའི་རྩེར་ཞག་བཞུགས་གནང་། ཉེར་གཅིག་ལ་གནས་དེར་ཕྱག་རྗེས་ཞབས་རྗེས་འགའ་ཞིག་དང་། རྡོ་ཡིག་རང་བྱུང་སོགས་ཡོད་པར་གཟིགས་རྟོག་སྐབས། ཕ་བོང་ཆེ་བ་ལེབ་མོ་ཞིག་གི་སྟེང་དུ་བྱམས་བཞུགས་མཛད་ནས་བཞུགས། དེ་ནས་བཞེངས་པའི་ཤུལ་དུ་གཡུང་དྲུང་གི་རི་མོ་གསལ་བར་བབ་འདུག་པ་སྐུ་འཁོར་བ་རྣམས་ཀྱིས་མཐོང་བས་ཤིན་ཏུ་ངོ་མཚར་བར་གྱུར། རིམ་གྱིས་ཕེབས་པའི་བྱང་རིའི་རྩེར་ཚ་བབབ་དང་ཤར་རིའི་རྩེར་ཞག་བབས་མཛད། ཕྱི་ཉིན་སྲིད་མེད་བུའི་ཕུག་པར་མཇལ་ཞིང་དད་ལྡན་མང་པོར་དགའ་ལྡན་ལྷ་བརྒྱ་མ། ཡིག་བརྒྱ། རིགས་གསུམ་མགོན་པོའི་བཟླས་ལུང་བཅས་གནང་ནས་ཞུའུ་ཆིང་ཟེར་ཕྱིན། ཉེར་དགུའི་ཉིན་ལྷོ་རིའི་རྩེ་སྐོར་ལ་ཕེབས་ནས་རིའི་ལྟེབས་ཤིག་ཏུ་ཞག་བཞུགས་ཀྱི་སྐར་བཏབ་སྟེ་བཞུགས། གུང་ཚིགས་གསོལ་སྐབས་གློ་བུར་དུ་བཞེས་འཕྲོ་བསྡུས་ནས་ད་ལྟ་རང་རྩེར་འགྲོ་གསུངས། གསོལ་དཔོན་གྱིས་བཞེས་པ་གནང་ཚར་ནས་ཕེབས་ན་ཞུས་པར་མི་དགོས་གསུངས་ནས་དེ་མ་ཐག་རྗེ་ཉིད་བཞེངས་ཏེ་ཞབས་ཐང་ལ་སྔོན་དུ་ཕེབས། ཅིག་སྒྲིམས་ཀྱང་ཡར་ཁྲིར་ཤོག་གསུངས་པ་བཞིན་ཁྲིར་ནས་རི་རྩེའི་མཆོད་རྟེན་ལ་ཞལ་ཕྱོགས་པར་ཕུབ་པས་དེ་ནུབ་དེར་བཞུགས་པ་མཛད། ཞབས་ཕྱི་ཚོ་ལ་ཡར་མར་ན་ཅང་ཨེ་རིག་གིན་ལྟོས་གསུངས་པར་ཐམས་ཅད་ཀྱིས་བསྒྲིམས་ནས་བལྟས་པས་སྐབས་ཤིག་སྤྲིན་ཁ་དོག་སྣ་ཚོགས་པ་ཞིག་

ཉུབ་ངོས་ཀྱི་ལུང་པའི་ནང་ནས་སློ་བུར་དུ་བྱུང་བ་རིམ་གྱིས་དཀར་པོར་སོང་ནས་རིའི་རྩེ་ཐམས་ཅད་ཁྱབ་འགྲོ་བ་ཞིག་མ་གཏོགས་གཞན་གང་ཡང་མ་མཐོང་། དེ་དག་གི་རྒྱུ་མཚན་ཞུས་པར་ལན་གཞན་ཅི་ཡང་མི་གནང་བར། གནས་བསྐོར་ལ་སོང་ཟེར་བ་འདི་འདྲ་ཞིག་ལ་ཟེར་བ་ཡིན་ཞེས་གསུངས་ནས་ཐུགས་ཤིན་ཏུ་སྤྲོ་བའི་རྣམ་པ་མཛད། གནམ་གང་ལ་རིགས་གསུམ་མགོན་པོའི་སྒྲུབ་ཁང་སོ་སོར་མཆོད་མཇལ་ལ་ཕེབས་ཤིང་གྲང་ཏའི་ཟེར་བཞུགས། བདུན་པའི་ཚེས་གཅིག་གི་ཉིན། ལྷུང་སྐྱ་ཐམས་ཅད་མཁྱེན་པའི་གསེར་གདུང་རིན་པོ་ཆེ་ལས་ཡང་བསྐྱར་དུ་བདུད་རྩིའི་རྒྱུན་མང་ཙམ་བབས། རྒྱུས་ཡོད་ཕལ་ཆེ་བས་ད་རེས་ཀྱི་བདུད་རྩི་འདི་རྗེ་ཉིད་ཀྱི་ཐུགས་རྗེ་ཁོ་ན་ལས་བྱུང་བ་རེད། བདུད་རྩི་སྟོན་དཔྱིད་ལ་ཤས་ཆེར་འབབ་པ་མ་གཏོགས་དབྱར་གཞུང་ལ་འབབ་པའི་གྲོས་གཏན་ནས་མེད་ཅེས་གླེང་། དེ་གའི་གནས་ཆེན་སོ་སོར་མཇལ་སྐབས་གང་དུའང་། རྗེ་རང་གིས་དབུ་བསྐུལ་ཏེ་བཟང་སྤྱོད་ལས་འབྱུང་བའི་ཡན་ལག་བདུན་པ། སྒྲོལ་དཀར་ལྗང་གི་བསྟོད་པ་གཉིས། སངས་རྒྱས་ཆོས་ཚོགས་མ། བྱང་ཆུབ་སེམས་མཆོག་རིན་པོ་ཆེ་ཞེས་སོགས་དང་། ཡང་དག་ལྟ་བ། ཕ་མ་སེམས་ཅན་ཐམས་ཅད་བདེ་དང་ལྡན་གྱུར་ཅིག་སོགས་དང་དགེ་ལྡན་བསྟན་འབར་མ་རྣམས་དལ་བུས་གསུངས་ཏེ། བསྟན་འགྲོར་སྨན་པའི་ཐུགས་སྨོན་ཤུགས་དྲག་མཛད། ཆོས་བརྒྱུད་ཀྱི་ཉིན་རྗེ་བླ་མ་མཆོག་གི་འཁྲུངས་སྐར་དང་འབྲེལ་བར། ལྷུང་སྐྱ་བླ་བྲང་ནས་མཎྜལ་སྐུ་གསུང་ཐུགས་རྟེན་དངུལ་སྲང་བརྒྱ་སོགས་ཀྱིས་བརྟན་བཞུགས་ཞུ་ལ། ཞུའུ་ཟ་ཏེང་ལ་དངུལ་རྫ་ཚད་བཞི་གནང་སྟེ་ཞབས་བརྟན་ལ་དམིགས་ནས་མ་ཎི་སྒྲུབ་ཏུ་བཅུག་པ་ཉིན་འདིར་གྲོལ་བས་ཚོགས་དབུར་རྗེ་ཉིད་གདན་དྲངས་ཏེ་ཛ་སོག་བླ་མ་དགའ་ལྡན་ཤར་རྩེའི་ལྷ་རམས་པ་བློ་བཟང་རྣམ་རྒྱལ་ནས་བརྟན་བཞུགས་ཞུ་ལ། ཆོས་དགུར་ལྷུང་སྐྱ་བླ་བྲང་དུ་སྣར་ཕེབས། ཐོ་ཡོན་འཇམ་དབྱངས་

བསྟན་དར་གྱིས་གསོལ་བཏབ་པའི་ངོར་ཆོས་བཅུ་ནས་དབུ་བཙམས་ཏེ་བློ་སྦྱོང་དོན་བདུན་མའི་བཤད་ལུང་སོག་སྐད་དུ་བསྒྱུར་ནས་རྒྱས་པར་གནང་། སྐྱབས་མགོན་གོང་མ་རྣམ་བཞི་ཞབས་ཀྱི་ལྷུགས་རྩོམ་སྙིང་ནས་བླ་མེད་རྫོར་སེམས་ཀྱི་རྗེས་གནང་བསྩལ་ནས་ཞུའུ་ཤིང་ཟིར་ཕེབས། བདུན་པའི་ཉེར་བརྒྱད་ལ་སྐར་ཆེན་བཏེགས་ནས་ཕེབས་པའི་ལམ་དུ་འཇམ་དབྱངས་ཕྱི་དབུ་མར་མཇལ་ནས་ དགེ་ལྡན་བསྟན་འབར་མ་གསུངས། ཀ་ལ་བིང་གའི་ལུང་བའི་མདོར་སླེབས་པ་ན་ཞལ་ཕྱིར་བསྒྱུར་ཏེ་སླར་ཡང་དགེ་ལྡན་བསྟན་འབར་མ་གསུངས་པར་མཛད་པ་སྐུ་འདིས་རི་བོ་རྩེ་ལྔར་སླར་ཕེབས་མི་ཐུབ་པའི་བརྡར་གོ། ལམ་དུ་ཆ་ཧར་ཡུག་ཅོར་བླ་མ་དང་། བཀའ་འགྱུར་བ། གུ་ཤྲཱི་མི་འགྱུར་རྡོ་རྗེ་སྐུ་སྐྱེ། པཎ་རོན་བླ་མ་སོགས་ཀྱིས་གདན་འདྲེན་ཞུས་པ་ལྟར་དེ་གའི་དགོན་པར་ཕེབས། འཇིགས་བྱེད་བཅུ་གསུམ་མ། དཔའ་ཅིག ཐུགས་རྗེ་ཆེན་པོ། སྨན་བླ་བཅས་ཀྱི་དབང་། འཇིགས་བྱེད་ཞལ་ཕྱག་ཡོངས་རྫོགས་སྟགས་བཏུ། མགོན་པོ་ཕྱག་དྲུག་པ་དང་། དམག་ཟོར་མ། ཀྵེ་ཏ་པཱ་ལ། བླ་མེད་རྫོར་སེམས་རྣམས་ཀྱི་རྗེས་གནང་། ལྷུགས་རྩོམ་འགའི་ལུང་བཅས་ཆོས་ཀྱི་བདུད་རྩིས་ཚིམ་པར་མཛད། དགུ་བའི་ནང་བྷ་རིན་དུ་ཕེབས། ཧྭ་ཤང་གི་ཡུལ་མོན་དུ་བཞུགས། ཐབ་བསུ་བཞེས་སྒོ་སོགས་བསྙེན་དཀུར་ཕུན་སུམ་ཚོགས་པ་ཞུས། བཅོ་ལྔའི་ཉིན་ཨ་ཏུ་ཧོར་ཆེན་དུ་སྐུ་བསྐྱོད། ཕེབས་ལམ་དུ་ཚིབས་བསུ་ཇ་ཐབ་དང་འབབ་ཉིན་སེར་འཕྲེང་དང་བཅས་རྩ་བའི་སྤྲིན་བདག་དམ་པ་ས་སྐྱོང་བླེ་ལའི་དགོན་པར་ཕྱག་བབ། གོང་མའི་བཀའ་བློན་ཀོ་ཤོག་ཨམ་ཧྭན་ནེ་མན་ཨེ་ཕུ་ཕང་རྗེ་བླ་མ་མཆོག་ལ་མཇལ་ཕྱིར་གོང་དུ་ཟླ་ངོ་ཙམ་གྱི་གནང་བ་ཞུས་ཏེ། རང་གི་ཧོ་ཤོ་ལ་ཕེབས་ཡོད་པའི་རྒྱུ་མཚན་དང་བཅས་ཨེལ་ཆི་གདན་འདྲེན་པ་འཁོར་བ་བཞིན་ཚིབས་བསྒྱུར། ཕེབས་ལམ་དུ་བསུ་བ་ཇ་ཐབ་སོགས་བཀུར་སྟི་ཆེན་པོས་གདན་དྲངས་ཏེ་ཡུལ་མོན་ཏུ་བཞུགས། མི་དབང་ལ

གསང་འདུས་ཀྱི་དབང་ཆེན་སྟ་གོན་དང་བཅས་པ་ཉིན་གཉིས་ལ་གནང་། གོང་མའི་ཆབ་སྲིད་བརྟན་ཆེད་རིམ་གྲོ་ཞིག་ཞུས་པའི་ངོར་རྗེ་བླ་མ་ནས་མགོན་པོའི་གློ་བུར་ལས་བཟློག་མཛད། འདི་སྐབས་ཕྱིས་ཀྱི་འབྱུང་འགྱུར་ལ་བལྟ་བ་འདྲ་བའི་ཐུགས་རྨིས་ཡ་མཚན་པ་ཞིག་ཀྱང་བྱུང་འདུག ཕྱང་ཆེན་པོར་ལྷ་སྲས་ཞིག་སྐྱེས་ནས་བླ་ཤས་སོང་ཀྱང་མིང་མ་བཏགས་པར་རྗེ་ཉིད་ལ་བསྐུགས་ནས་ཡོད་པར། འདི་རེའི་མིང་ཞུས་པས་ཞལ་བཞེས་གནང་ཡང་མ་བཏགས། ཕྱི་ལོའི་དགུན་ཐོག་འདིར་ཕེབས་སྐབས་ཡང་ཞུས་པས་འཕྲོར་འདོགས་གསུངས། ས་སྐྱོང་ཉིད་གོང་མའི་ནང་འཁོར་སྐུ་གཉན་དུ་སོང་གཤིས། ཞབས་སྡོད་རྣམས་ནས་ཀྱང་སྐན་བསྐུལ་ཡང་ཡང་ཞུས་ཤིང་ཉིན་གཅིག་དྲུང་ཐུབ་ནས་ལྷ་སྲས་ལ་མིང་ཞིག་མ་གནང་ན་དཔོན་པོའི་ཐུགས་ལ་ཇི་དགོངས་མི་ཤེས་མིང་ཞིག་ཐུགས་རྗེས་གཟིགས་ན་ཞུས་པར། ངས་དེ་ལ་མིང་འདོགས་རྒྱུ་མི་སྙེད་གསུངས་པས་ཞུར་མ་སྤོབས། དེ་ནས་ཆེར་མ་འགྱངས་བར་ལྷ་སྲས་དེ་ཉིད་མཐར་བྱེད་ཀྱི་དབྱུག་པ་ཕོག་སྟེ་སྐྱེས་ཆེན་བརྟེགས་པར་གྱུར་འདུག བཞུགས་རིང་ལ་བསྙེན་བཀུར་རྒྱ་ནོམ་པ་དང་བླངས་ཀྱིས་འབུལ་ཆེན་བསྟབས། བཅུ་གཅིག་པའི་ཚེས་མགོར་ཨ་ཏུ་ཧོར་ཆེན་དུ་ཕྱིར་ཕེབས་དགུན་གྱི་རིང་བཞུགས་ཤིང་། དོན་དྲུག་པ་ཤིང་སྟག་ལོ་སར་གྱི་དགའ་སྟོན་ཡང་དེར་བཞེས། གསུམ་པའི་ཚེས་ལ་ཕ་ཏ་སུའི་ཆབ་ཚན་ལ་ཕེབས། ལམ་ནས་པུ་རིན་ཧྲ་ཕྱང་གི་སར་ཕེབས། ཁོང་ལ་འཇིགས་བྱེད་དཔའ་ཅིག་གི་དབང་གནང་། བཞི་བའི་ཚེས་ནས་བདུན་ཕྲག་གསུམ་གྱི་རིང་ལ་ཆབ་བཞུགས་མཛད་པས་སྐུ་ལ་ཤིན་ཏུ་འཕྲོད་པ་བྱུང་། ཁོ་བོ་ཅག་བགས་པེ་ཅིང་དུ་སླེབས་ནས་གོང་མའི་གསེར་ཞལ་མཇལ་ཟིན་ཐོག ཏར་ཆེན་དུ་ཐོན་ཡོད་པས་སྐབས་འདིར་ངོས་ཀྱི་ཨ་ཁྱུ་བླ་མ་སེ་ཆེན་ཞབས་དྲུང་ལགས་ལ་དངུལ་སྲང་ལྔ་བཅུ་བཅས་ཡེ་ཧོར་དུ་ཡབ་ཇན་མ་འཚོ་བར་དམིགས་བསྒོ་རྗེན་འབུལ་དུ་བཏང་བ་ཞབས་པད་དུ་འཁྱོར། འདིར་

ཨུ་ཅི་མི་ཆིན་ཕང་དངོས་ཀྱིས་ཕེབས་ནས་གདན་འདྲེན་ཞུས། ལྟ་བའི་ཆོས་ལ་ཁོང་གི་ཨུཀྲེར་བབ། ཚེ་དཔག་མེད་ལྷ་དགུའི་དབང་གནང་ཞིང་ཟླ་ངོ་གཉིས་ཀྱི་རིང་བསྙེན་བཀུར་ཀྱི་ནོམ་པ་ཞུས། ཧོ་ཤོ་དེ་གའི་དགོན་ཆེ་ཆུང་ཕལ་ཆེར་ལ་ཕེབས་བཞུགས་མཛད། དགའ་ལྡན་ལྷ་བརྒྱ་མ་དང་ལམ་གཙོའི་ཁྲིད་སོགས་འདོད་ཆོས་མང་དུ་བསྩལ། ལོ་འདིར་ཟླ་བ་བདུན་པ་ལྷག་པའི་སྔོན་མའི་ནང་ཨུ་ཅི་མི་ཆིན་བློ་ལེའི་ཨུཀྲེ་དང་། དེ་གའི་དགོན་སོ་སོ་རྣམས་སུ་ཕེབས། ཟླ་བ་གཅིག་ལྷག་ཙམ་བཞུགས་པར་མཆོད་བཀུར་གཟབ་རྒྱས་ཕུལ། ཧོ་ཤོའི་འདི་གཉིས་ནས་དགེ་སློང་བདུན་བརྒྱ་ལྷག་དང་། དགེ་ཚུལ་ཉིས་བརྒྱ་ཙམ་བསླབ་གཞི་ལ་བཀོད། འདི་དུས་མཛོད་པས། དགུང་ལོ་མཐོ་སྐབས་བསྙེན་རྫོགས་འདི་སྐུ་ཚོག་ཆེ་བས་སྐུ་རླུང་རེ་ལངས་ཨེ་འགྲོ་ཕྱིན་ཆད་མང་པོ་མ་གནང་ན་ཞུས་པར། དཀའ་ལས་ལ་འཛེམ་ན་ལོ་ཚོད་འདི་རེད། ས་ཐག་རིང་པོ་འདི་རེད། འདི་ཚོ་ཤེས་བཞིན་དུ་འདིར་ཅི་ལ་ཡོང་། རྒྱ་མི་ཕྱུག་པོ་ཚོ་ལྟར་འཇིག་རྟེན་གྱི་སྐྱིད་པོ་ཞིག་བྱེད་འདོད་ན་བླ་བྲང་དུ་བསྡད་ནས་ཟས་གང་ཞིམ་བརྒྱུག་རག་ལ་ཟོས། གོས་གང་བཟང་རེས་མོས་ཀྱིས་གྱོན་ཡང་ཁྲོ་ཁ་ནི་འཆད་ས་མེད། གུང་ཉལ་གུང་ལང་བྱས་ནས་སྤྱོ་ལུག་ལ་བསྡད་ཀྱང་བླ་ཀྲན་ལ་མ་རེད་ཟེར་མཁན་སུ་མེད། ངའི་འདང་རྒྱུག་ལ་སོག་ཡུལ་འདི་ཏ་ཅང་རྒྱ་ཆེ་ཞིང་མི་འཚོགས་ཆེས་མང་བས་རབ་བྱུང་བསྙེན་རྫོགས་རེ་བསྒྲུབ་རྒྱུ་བྱུང་ན་རང་གི་ཚེ་འདིའི་གཞན་དོན་འདྲ་བོ་འདིའི་གཙོ་བོ་ཞིག་དང་། ཁོ་རང་ཚོས་ཀྱང་ལུས་རྟེན་འདི་ལ་སྙིང་པོ་དེ་ལས་ལྷག་ཅི་ལེན་སྙམ་པ་ཡིན་ཞེས་ཞལ་རྒྱེད་ཀྱི་རྣམ་པས་ཅུང་མ་རངས་པའི་གསུངས་ཕེབས། ཤོལ་ཟླའི་ནང་ཨ་ཏུ་ཧོར་ཆེན་དུ་ཕྱིན་པའི་ལམ་ནས། ཧར་གོ་དེ་ཡན་ཆིའི་སྐུ་སྐྱེས་ཀྱིས་གདན་དྲངས་པར་རྒྱལ་བ་རྒྱ་མཚོའི་དབང་བསྩལ། དགུ་བའི་ཆོས་ལ་ནེ་མན་ཧོ་ཤོའི་སུ་མུར་ཕྱུག་ཕེབས། མཚན་ཉིད་གྲྭ་ཚང་གསར་འཛུགས་མཛད་པར་འཛིན་གྲྭ་

གསུམ་དུ་ཕྱེ། ཆོས་བཅུ་ནས་བཟུང་ཉིན་ཁ་ཤས་ལ་ཚོས་གྲྭར་ཕེབས་ཏེ་གསུང་ཆོས་སུ་ལམ་རིམ་ཆེན་མོ་བསྒྲུལ། འཛིན་གྲྭ་གོང་འོག་རིམ་པར་གཞི་གསུམ་ཚོ་ག ཀུན་མཁྱེན་བླ་མའི་སྐབས་དང་པོ། བཙན་པོའི་བསྡུས་གྲྭ་རྣམས་ཀྱི་རྩི་བཞག་གནང་། འདི་སྐབས་ངེད་ཙག་ཨོ་ཏན་དུ་ཡོང་སྐབས་ཡིན་པས་ཡོངས་འཛིན་རིན་པོ་ཆེ་ཆེད་གཉེར་གྱིས་མཇལ་དུ་བྱོན་པ་སྐུ་དྲུང་དུ་སླེབས། ཆོས་གྲྭ་སོགས་སུ་རེས་ཡོངས་འཛིན་རྗེ་ཕྱུག་ཕྱིར་འཁྲིད་པ་གནང་ཞིང་། ཐུགས་ལོང་སྐབས་ཅི་རིགས་སུ་དགྱེས་པའི་གསུང་གླེང་མང་དུ་འཕེལ། ཕྱིས་ཀྱང་ཡོངས་འཛིན་རྗེ་འདི་བར་ཐུགས་ཀྱི་གཏིང་ནས་རྣམ་པར་དགྱེས་པ་གཞན་དང་མི་འདྲ་བ་ཞིག་ཡོད་པ་ནི་ཁོ་བོས་མངོན་སུམ་གྱིས་གྲུབ་པོ། །བཅུ་བའི་ཚེས་ལ་ཏལ་ཏ་ཚོ་ཧོར་བླེ་ཡིའི་དགོན་དསར་དུ་ཕེབས། ཆོས་བཞི་ནས་ས་ཚོག་མཛད་དེ་ཐུགས་དཀྱིལ་གྱི་རྟུལ་ཚོན་ལ་བརྟེན་ནས་དཔལ་དུས་ཀྱི་འཁོར་ལོའི་དབང་གི་སྟ་གོན་དང་། དངོས་གཞི་མཐའ་རྟེན་བཅས་ཡོངས་སུ་རྫོགས་པ་སྐྱ་སེར་ཁྲི་ཕྲག་བརྒྱལ་བར་གནང་སྟེ་རྡོ་རྗེའི་རིགས་གཅིག་ཏུ་སྨིན་པར་མཛད། བཅོ་ལྔའི་ཉིན་བཀའ་ཆོས་འགྲུབ་སྟོན་སོག་སྐད་ཀྱི་བརྟན་བཞུགས་ཞོག་དོན་འཇེབས་ཤིང་འབྲེལ་ཆགས་པ་དང་དངུལ་སྲང་ལྔ་བརྒྱ་སོགས་དངོས་འབུལ་རྒྱ་ཆེ་བ་ཕུལ། དབང་གནང་ཡུན་ཟླ་བ་ཕྱེད་ཙམ་གྱི་ཁོངས་ལ་དགུན་གྱི་གྲང་ངད་དང་རླུང་གི་རྒྱུ་བ་ཕྲ་མོ་ཙམ་ཡང་མེད་པར་དབྱར་དུས་ལྟར་ཁད་ཤིན་ཏུ་འཇམ་པ་དང་། གནམ་གཤིས་ལེགས་པ་བྱུང་འདུག་པ་ནི་རྡོ་རྗེ་སློབ་དཔོན་ཁྱད་པར་ཅན་རྫོགས་པའི་རིམ་པ་ལ་དབང་འབྱོར་པའི་ལྟས་སུ་གོ། དེ་ནས་རིམ་གྱིས་ཕེབས་པས་ཀླ་ཆེན་སུ་མུ་དང་ཨོ་ཏན་ནས་གདན་དྲངས་པ་བཞིན་ཕང་གི་སར་ཕེབས། ཉིན་བཅུ་ལྷག་ཙམ་བཞུགས་ཤིང་ཆོས་ཀྱི་འབྲེལ་བ་བཞག་སྡེ་ཐུ་མེད་དུ་བྱོན། ཕོར་བན་སོབ་རག་དང་། ཇོ་ལོན་བུ་ལག་གི་དགོན་པ་རྣམས་སུ་ཕེབས་བཞུགས་མཛད་ནས་འདོད་ཞུས་ཀྱི་ཆོས་གནང་བས་རེ་བ་བསྐངས། བཅུ་

གཉིས་པའི་ཆོས་མགོར་པེ་ཅིང་རྒྱལ་ཁབ་ཆེན་པོར་ཕེབས་བཞེད་ཀྱིས་སྐུ་བསྐྱོད། ལམ་ནས་ཐུ་མེད་དང་ཧོར་ཆེན་ཤོག་གི་དགོན་སྡེ་ཁ་ཤས་ལ་ཞབས་ཀྱིས་བཅགས། ཐུ་མེད་དགོན་ཆེན་དུ་ཕེབས་སྐབས་དེད་ཅག་དེར་ཡོད་པའི་དགོན་དུ་བབས་འཕྲལ་མཇལ་ཕྱག་ཞུས་ཤིང་ཚུར་ཡང་ཕེབས། སྟོན་འཁོར་ཚང་མར་གསོལ་སྟོན་ཡང་དྲངས། ཉེར་ལྔའི་ཉིན་པེ་ཅིང་གི་ལྷུང་སྐྱ་བླ་བྲང་ཆེན་མོ་ཟུང་དུ་ཟིར་ཕྱག་བབས། འདི་ཉིན་ཐམ་ཀ་བླ་མ་ཁྲི་ཐོག་པ་ཟམ་ཚ་ཧོ་ཐོག་ཐུས་གཙོས། ཡུང་དགོན་དང་། ཟུང་གྲུ་སོགས་ཀྱི་བླ་མ་ལས་སྡེ་ཁག་གིས་ཆིབས་བསུ་དང་། དགོན་པའི་སེར་འཕྲེང་སོགས་ཧོ་ཐོག་ཐུ་ཆེ་ཁག་ཕེབས་པའི་ལུགས་སྲོལ་ལྟར་བྱས་འདུག་པ་རྗེས་སུ་ཡི་རངས་འབུལ་པའི་འོས་སུ་མཆིས། ཟླ་ངོ་གསུམ་ཙམ་ཕོ་བྲང་དུ་བཞུགས་པས། ལོ་སར་ཆོས་གཅིག་གི་ཉིན་ལྷུང་སྐྱ་བླ་བྲང་གི་ཞབས་ཕྱི་བ་རྣམས་ཀྱིས་ནན་ཆེར་ཞུས་པ་ལྟར། ཐམས་ཅད་མཁྱེན་པ་ན་རིམ་གྱི་བཞུགས་ཁྲིའི་སྟེང་ནས་དགུང་ལོ་དོན་བདུན་བཞེས་པ་ཤིང་མོ་ཡོས་ཀྱི་གནམ་ལོ་གསར་ཆོས་ཀྱི་དགའ་སྟོན་བཞེས་པར་མཛད། ཡུང་དགོན་མཚན་ཉིད་གྲྭ་ཚང་དང་། དུས་འཁོར་གྲྭ་ཚང་གཉིས་སོགས་མཇལ་བར་ཡོང་བའི་ཚོགས་པ་སྟོང་ཕྲག་ལྷག་ལ་མཇལ་ཁ་དང་དགའ་ལྡན་ལྷ་བརྒྱ་མའི་ཁྲིད་དང་། མཚན་བརྗོད་ཀྱི་ལུང་སོགས་གནང་། ཕོ་བྲང་ནང་གི་བླ་དཔོན་ཕལ་ཆེར་དང་། ཏལ་ཏའི་རྒྱལ་པོ་བཞིར་གྲགས་པའི་ཡ་གྱལ། ཐུ་ཤི་ཡ་ཐུ་ཏན་དང་། ཙོ་རིག་ཐུ་ཏན་སོགས་ཁམས་ཀྱི་རྒྱལ་སྡེ་མང་པོ་གོང་མ་ཆེན་པོར་ལོ་སར་གྱི་འཚམས་ཞུར་ལྷགས་པ་རྣམས་མཇལ་དུ་ཕེབས་པ་ལ་ཕྱག་དབང་དང་ཆོས་འབྲེལ་སོགས་འཚམ་མེད་དུ་གནང་། ལྷུང་སྐྱ་མཆོག་སྤྲུལ་རིན་པོ་ཆེ་སྨད་ནས་བླའི་ཅིང་དུ་ཕེབས་དུས་བརྟན་བཞུགས་འབུལ་རྒྱུའི་དོད་ཡིན་ཞེས་དངུལ་ཏ་ཚིག་མ་བཅུ་གཅིག་ནང་གི་ཐམ་ཀ་བླ་མ་ཛ་སོག་རྒྱ་མཚོ་སོགས་ཟུང་དུ་ཟིའི་ཞབས་ཞུ་དྲག་པོ་ཚོ་ལ་སྦྱད་དེ། དེ་ལུགས་ཀྱི་བཀོད་ཁྲབ་གནང་

ཡོད་པ་བཞིན་བརྟན་བཞུགས་ཞུལ། བསྐྱབ་བྱ་བརྒྱ་ལྷག་ཙམ་ལ་བསྙེན་རྫོགས་གནང་ནས་བསླབ་པར་སྦྱར། བླའི་ཅིང་ནས་སྐུ་བཏེགས་ནས་ཡེ་ཧོར་དུ་ཕེབས། དེར་ཆབ་ཚན་ཞིག་ཡོད་པར་ཞག་བདུན་འཕྲོད་བསྟེན་གནང་། རང་མཉམ་རྒྱལ་རིགས་བྱེ་བའི་ཁྲོད་ན་ལུགས་གཉིས་དཔྱོད་པའི་དོ་གེར་ཁྱད་པར་དུ་འཕགས་པའི་ས་ཡི་དབང་ཕྱུག་ཧར་ཆེན་ཧྭ་ཤང་ཆེན་པོ་དེ་ཉིད་ཀྱི་སྣན་གྱི་བུ་གར། རྗེ་བླ་མའི་མཚན་སྙན་བདུད་རྩིའི་ཐིགས་མ་ཡང་ཡང་སིམ་པས། གང་གི་ཞལ་ལ་བལྟ་བ་དང་། གསུང་གི་བདུད་རྩི་མྱང་བར་བཞེད་ནས་གདན་དྲངས་པ་ལྟར་རིམ་གྱིས་ཕེབས། ལམ་དུ་བསུ་བ་རིང་ཐུང་དུ་མ་དང་། ཚ་ཞག་གི་གནས་མལ་སོགས་བཀུར་སྟི་ཆེན་པོ་ཞུས་ཞིང་འབབ་ཉིན་ས་སྐྱོང་དོས་འཁོར་བརྒྱ་ཕྲག་བརྒྱལ་བས་ཕེབས་བསུ་དང་བཅས་ཡུ་མོན་ལ་འབྱོར་དུ་ཉེ་བ་ན་དུར་སྦྲིག་རྒྱལ་མཚན་ཐོགས་པའི་སེར་སྤྲེང་། འབྱོར་ཆས་ཀྱིས་སྤེག་པའི་སྐྱེ་བོ་གཞོན་ནུ་དུ་མས་རོལ་མོའི་ཁྱད་པར་མི་འདྲ་བ་སྣ་ཚོགས་པ་ཐོགས་པས་མདུན་བསུས་ནས་ཕོ་བྲང་ལྷ་དབང་མཐོང་སྨོན་དུ་བབས། ཞག་བཅུ་ལྷག་ཙམ་གདན་འཛུགས་པར་རྗེ་བླ་མ་སྟོན་འཁོར་ལ་ཞབས་ཏོག་བསྙེན་བཀུར་ཕུན་སུམ་ཚོགས་པ་བསྒྲུབས། མི་དབང་ཉིད་མཁྱེན་པ་ཡངས་པའི་སྙིང་ཐུགས་ཞིབ་པས། ཕྱི་ནང་གི་ཁྲིམས་སྲོལ་ཐ་ན་ལས་ཀ་ཕྲ་མོ་ཚུན་ཆད་ཀྱང་ངོས་དག་པས་ཀུན་གྱིས་དཔེར་བྱེད་པ་ཞིག་ཡོད། དེའི་དབང་གི་རྗེ་བླ་མ་མཆོག་བཞུགས་རིང་དེར་ཐུགས་ཤིན་ཏུ་སྤྲོ་བ་དང་བག་ཕེབས་པ་བྱུང་། ཕྱིས་ཞལ་སློབ་འགས་ཀྱང་། ཕྱི་ནློན་ནང་ལོག་གི་བླ་ཆེན་དཔོན་ཆེན་མང་པོའི་སར་སོང་ཡང་། ཧོར་ཆེན་ཧྭང་གི་ཡུ་མོན་ཕྱི་ནང་དང་དབའ་ཡོན་སྐྱིད་ཚལ་འདི་འདྲ་བ་མཐོང་མ་མྱོང་ཞེས་དངོས་སུ་གླེང་བ་ཐོས། ཕོ་བྲང་གི་གནས་འདི་ས་གཉན་ས་ལྟ་བུས་ཙུང་རྒྱབ་ཆེ་བར་བརྟེན། གཉེན་པོའི་ཡི་དམ་གྱི་དབང་ཞིག་ཞུས་པར་རྗེ་ཐམས་ཅད་མཁྱེན་པའི་ཐུགས་དམ་གྱི་ལྷ་བར་ཆད་སེལ་བར་མཆོག་ཏུ་བརྟགས་པ་གཉིས་

ལས། གསང་བདག་འཁོར་ལོ་ཆེན་པོའི་དཀྱིལ་འཁོར་དུ་དབང་བསྐུར་བ་གནང་། རྗེ་བླ་མ་མཆོག་ལྷོ་བྲག་ཕྱག་རྡོར་བའི་རྣམ་པར་འཕྲུལ་བ་ཡིན་པས་ཁོང་ལས་ཆོས་འདི་ཐོབ་པ་གསང་བདག་དངོས་ལས་གསན་པ་དང་ཁྱད་མེད་པས་ཕང་དཔོན་སློབ་རྣམས་ཀྱང་ངེས་པར་སྐལ་ལྡན་དུ་སྣང་ངོ་། །ས་སྐྱོང་མཆོག་ནས་ཚེ་རབས་ཀྱི་འཕྲེང་བར་རྗེས་སུ་འཛིན་པའི་སྐྱབས་འཇུག་དང་། ཞབས་པད་བརྟན་པའི་རྟེན་འབྲུང་གི་སྒོ་འཕར་ཡངས་པོར་ཕྱེ་སྟེ་དངོས་འབྱུལ་གྱི་མཆོད་སྦྱིན་རྒྱ་ཆེ་བ་སྦྱོར། དེ་ནས་ཨོད་ཉིན་དུ་ཞབས་ཀྱི་པདྨོ་བཏེགས་པར་ཆིབས་སྐྱེལ་ཞུས། ཨོད་ཉིད་ཕང་ལ་ཕྱག་རྡོར་གོས་སྔོན་ཅན་གྱི་དབང་གནང་། བླ་བ་བཞི་པའི་ཚེས་དྲུག་ལ་ཐུ་མེད་ཤོག་གི་དོན་ཡོན་བུ་ལག་ཏུ་ཕེབས། དུས་འཁོར་སྒྲུབ་མཆོད་ཀྱི་ཚོགས་དབུར་ཕྱོན། རྗེ་བླ་མ་ཉིད་ནས་ས་གར་དང་མཆོད་གར་གསར་འཛུགས་མཛད་པ་ལ་གཟིགས་རྟོག་གནང་བས་ཐུགས་ཀྱི་དགོངས་པར་སོན་པས་དགྱེས་པའི་ཡང་རྟེར་གྱུར། ཕྱོགས་ནས་ཆེད་གཉེར་གྱིས་འོང་བའི་བསྒྲུབ་བྱ་ལྔ་བརྒྱར་ཉེ་བ་ལ་དགེ་ཚུལ་སློང་གི་སྡོམ་པ་ཕོག་སྟེ་ཤཱཀྱའི་སྲས་སུ་བསྐྲུན། ཉིན་བཅུ་བདུན་གྱི་རིང་ལ་མི་ཏྲ་བརྒྱ་རྩའི་དབང་ཆེན་སྔ་གོན་གཤེད་དམར་དང་འབྲེལ་བ་དད་འདུས་ཀྱི་སྐྱ་སེར་ཁྲི་ཕྲག་ཚོགས་པར་གནང་སྟེ་ཟབ་མོ་སྨུགས་ཀྱི་སྨིན་ལམ་དུ་འཇུག་པར་མཛད། རྗེ་རང་གི་འབྲུངས་སྐར་དང་འབྲེལ་བར་ཡོན་ཏན་གཞིར་གྱུར་མའི་སྙིང་ནས་ལམ་ཁྲིད་ཡོངས་རྫོགས་དང་། མཇུག་ཏུ་སེམས་བསྐྱེད་མཆོད་པ་རྒྱས་པར་གནང་། ཀོར་བན་སོབ་རག་ཏུའང་ལམ་ཁྲིད་གནང་ནས་ཐུ་མེད་དགོན་ཆེན་དུ་ཕྱོན། ཚོགས་མང་ལ་རྗེ་བོའི་ལུགས་ཀྱི་སྒྲོལ་མ་ཉེར་གཅིག་གི་རྗེས་གནང་དང་། ལམ་གཙོའི་ཁྲིད། ཞིལ་དཀན་ཐུའི་དགོན་པར་འཇིགས་བྱེད་བཅུ་གསུམ་མའི་དབང་དང་། སྨྲ་གོན་དཀྱུས་གཅིག་ལ་བསྐུལ། བླ་བྲེད་ཅམ་བཞུགས། བརྒྱད་པའི་ཚེས་ལ་མོང་གོལ་ཆེན་ནས་གདན་དྲངས་པར་ཡཱ་མོན་དང་དགོན་ཆེན་སོགས་སུ་

ཕེབས། དེ་ཡན་ཆི་ཀི་ཀེན་སྤྲུལ་སྐུ་དང་། བློ་ལི་དཔོན་གཡོག་ཚོགས་མང་བཅས་འཛིགས་བྱེད་བཅུ་གསུམ་མའི་དབང་། སྒྲོལ་མ་ཉེར་གཅིག །སྒྲོལ་དཀར། ཀུ་རུ་ཀུ་ལླེ། ཁྲུང་ཁྲ་འཇམ་དཔལ་ནག་པོ། རིགས་གསུམ་མགོན་པོ། མགོན་ཆོས་ལྷ་མོ་རྣམས་ཀྱི་རྗེས་གནང་སོགས་དམ་པའི་ཆོས་ཀྱི་ཆར་ཕབ། བཅུ་བའི་ནང་པེ་ཅིན་ཐུ་ཤང་གི་ཧོ་ཤོ་ལ་བྱོན་ནས་དགོན་པར་བཞུགས། མི་ཏྲ་ལུགས་ཀྱི་འཁོར་ཆེན་དང་། རྒྱལ་བ་རྒྱ་མཚོའི་དབང་བསྐུར། སྐབས་དེར་མཚན་ལམ་དུ་སྐྱབས་མགོན་མཆོག་ཆས་འཇུག་མཐབ་ནས། ཐུགས་ཀར་ཁྱིས་པ་ཆུང་ངུ་ཞིག་བསྣམས་ནས་བཞུགས་པ་ལ་རྗེ་ཉིད་ཀྱིས་དར་ཚོན་སྣ་ལྔ་ཕུལ་ནས་མཇལ་བ་ཞིག་རྨིས་གསུངས། ནང་འཁོར་གྲྭའི་ཀ་ཞབས་ནས་བླ་མ་སེམས་དཔའ་སུམ་བརྩེགས་ཅན་མཇལ་བར་ལེགས་སམ་ཞུས་པས། བཀའ་ལས། དེ་མིན་འདྲ། གདུང་མཇལ་རེད་ཨང་གསུངས། དེ་དུས་ནས་ལོ་འདིར། ཀུན་མཁྱེན་མཆོག་ཞལ་མི་བཞུགས་པ་མཁྱེན་ནས་གསུང་འདི་བྱོན་པ་ཡིན་སྣང་། ཕྱིས་སུ་སྨྱུ་ངན་ལས་འདས་པའི་གཏམ་གསན་མ་ཐག་སྤྱན་ཆབ་མང་དུ་བྱུང་ཞིང་ཐུགས་སྐྱོ་བ་ཚད་ལས་འདས་པ་བྱུང་། དེ་མཚུངས་གཟིམ་རྨིས་ལ་རི་བོ་རྩེ་ལྔར་དཔལ་མང་ཚང་གཉིས་བཞུགས་འདུག་པར་མཇལ་བས་གཅིག་དགུང་ལོ་ལྔ་བཅུ་དྲུག་བཅུའི་ཚད་རེད་གསུངས་འདུག བཅུ་གཅིག་པའི་ནང་སི་ཐྲི་ཧོ་ཐོག་ཐུའི་དགོན་པར་བབས། ཞག་བཅུ་སྐོར་ཙམ་བཞུགས་ནས་ནེ་མན་ཧོ་ཤོའི་སུ་མུར་ཕེབས། མཚན་ཉིད་གསར་འཛུགས་ཀྱི་རིགས་ལུང་གི་རྒྱུགས་ཕུལ་བ་གཟིགས་རྟོག་མཛད། བཅུ་གཉིས་པའི་ནང་ཨ་རུ་ཧོར་ཆེན་ཏུ་ཕྱིར་ཕེབས། བློ་ལིའི་དགོན་དུ་དོན་བརྒྱུད་པ་མེ་འབྲུག་ལོ་སར་གྱི་དགའ་སྟོན་མཛད། ཟླ་བ་དང་པོའི་ཆོས་བརྒྱད་ལ་ཧོར་ཆེན་ཇོ་རིག་ཐུ་ཀླུ་ཤང་གི་ཞོག་ཏུ་ཆིབས་བསྒྱུར། སོ་རིའི་སུ་མུར་ཡོན་ཏན་གཞི་གྱུར་མའི་བཤད་ལུང་རྒྱས་པར་གནང་། ཚེས་བཅུ་གཅིག་ནས་ས་ཚོག་གནང་སྟེ་རྟུལ་ཚོན་གྱི་དཀྱིལ་འཁོར་

ལེགས་པར་བཞེངས་པའི་སྟེང་ནས་བཅོ་བརྒྱད་ལ་སྟ་གོན། བཅུ་དགུ་ནས་ཉིན་གསུམ་གྱི་རིང་ཕྱིས་དབང་བདུན། གོང་མ་གོང་ཆེན། རྡོར་སློབ་དང་བཅས་པའི་དཔལ་དང་པོའི་སངས་རྒྱས་ཀྱི་དབང་མོ་ཆེ་འབྱམས་ཀླས་པའི་གསུང་བཤད་བཏང་འཕྲོད་ངོས་ཀྱི་སྒོ་ནས་ཚོགས་པ་ཁྲི་ཕྲག་བཀྲལ་བ་ལ་བསྐུལ་ཏེ་ཤམྦྷ་ལར་རིག་འཛིན་གྱི་རྟེན་ལ་གྲོལ་བའི་བག་ཆགས་བརྟན་པོ་བཞག ཡང་ལ་སྨན་བླའི་དབང་། མི་ཏྲ་བརྒྱ་རྩའི་ནང་ཚན་འཁོར་ཆེན་དང་བདེ་མཆོག་ལྷ་ལྔའི་དབང་། རྣལ་འབྱོར་མའི་སིནྡྷུ་རའི་བྱིན་རླབས་སོགས་དཀྱིལ་འཁོར་དུ་མའི་ཞལ་ཕྱེ། དངུལ་རྗེ་ཚད་བཅུ་སོགས་ཚན་གྲངས་རེ་མང་བཏེགས། ཟླ་བ་གཉིས་པའི་ཚེས་མགོར་དར་ཧན་ཆེན་ཡང་གི་ཨུཀྲར་ཕྱག་བབས། དཔལ་ཀྱི་རྡོ་རྗེའི་དབང་གནང་། སྲས་ཐོ་ཡོན་ནོར་བུ་དབང་ཕྱུག ཁུ་རྐེ་སུ་མུར་གཞི་བཅས་དང་གསེར་དངུལ་གོས་དར་རྟ་ཟོག་སོགས་དངོས་འབུལ་ཡོན་ཆེ་བ་དད་མོས་ཀྱིས་ཕུལ་བས་ཕོ་བོ་སྐྱབས་རོལ་དུ་འཇུག་པར་མཛད། ཐད་རག་སུ་མུར་འཛིགས་བྱེད་བཅུ་གསུམ་མའི་དབང་སྟ་ཟུང་འབྲེལ། སྨན་བླའི་དབང་། མི་ཏྲའི་ནང་ཚན་ཀུན་རིག་རྩ་བའི་དཀྱིལ་འཁོར་གྱི་དབང་སོགས་བཀའ་དྲིན་བསྐྱལ། ཟླ་བ་གསུམ་པའི་ཚེས་ལ་སླར་ཡང་ཨ་རི་ཧོར་ཆེན་དུ་བབས། བཞི་བའི་ཚེས་དྲུག་ལ་ཨུ་བ་ཧེའི་དགོན་པར་ས་ཚིག་གནང་སྟེ་སྐུ་གསུང་ཐུགས་ཡོངས་སུ་རྫོགས་པའི་དཀྱིལ་འཁོར་བཞེངས། བཅུ་བཞི་ནས་བཅུ་དྲུག་གི་བར་མདོ་རྒྱུད་གཞན་དང་མི་འདྲ་བའི་ཤིང་རྟའི་སྲོལ་ཆེན་རྒྱུད་ཀྱི་རྒྱལ་པོ་དཔལ་ཀཱ་ལ་ཙཀྲའི་དཀྱིལ་འཁོར་ཞལ་ཕྱེ་སྟེ་སྦྱོར་དངོས་མཇུག་གསུམ་ཡོངས་སུ་རྫོགས་པའི་དབང་ཆེན་ཚོགས་པ་སྟོང་ཕྲག་བརྒྱད་དུ་ལོངས་པ་ལ་བསྐུར་བས་སྟོང་གཟུགས་ཕྱག་རྒྱ་ཆེན་པོ་འགྲུབ་པའི་སྐལ་བ་མཆོག་ལ་སྦྱར། བསྒྲུབ་བྱ་ལྔ་བརྒྱར་ཉེ་བ་ལ་དགེ་ཚུལ་སློང་གི་སྡོམ་པ་བསྐུལ་ཏེ་སངས་རྒྱས་ཀྱི་བསྟན་པ་རིན་པོ་ཆེར་བཙུད། ལྔ་བའི་ཚེས་གསུམ་ལ་རྩ་བའི་སྦྱིན་བདག་ཆེན་པོ་ཨ་རི་ཧོར་ཆེན་བློ་ལེའི་

དགོན་ནས་སྐར་ཆེན་བཏེགས་ཏེ་རང་ཡུལ་ཨ་མདོ་བོད་ལྗོངས་ཆེན་པོར་རང་ཅག་རྣམས་ཀྱི་དོན་དུ་ཆིབས་ཀྱི་ཁ་ལོ་སྒྲར་ཡང་བསྒྱུར། ཕེབས་ལམ་དུ་བཱེ་རིན་ཏཱ་ཞང་དང་། བཱེ་ཟི་གཉིས་སོགས་ཀྱི་གདན་དྲངས་པར་དེ་དང་དེར་ཞབས་ཀྱིས་བཅགས། ཉེར་བདུན་ལ་མཚོ་བདུན་དུ་འབྱོར། དྲུག་པའི་ཚེས་གསུམ་ནས་ཁྲུ་ལོ་སུ་མུར་འཛིགས་བྱེད་ཀྱི་སྒོ་ནས་རབ་གནས་རྒྱས་པ་མཛད་ཅིང་། བསྒྲུབ་གྲྭ་འགའ་ལ་བསྙེན་རྫོགས་ཀྱང་གནང་། དེ་ནས་ཕེབས་པའི་ལམ་དུ་ཟམ་ཚ་རིན་པོ་ཆེའི་ལབ་ཙེ་ཞིག་ཡོད་པར་ཕྱག་ནས་འཛོར་བ་སོགས་བྱིན་རླབས་མཛད། ཆ་ཧར་ཕྱག་རྫོང་ཨོཾ་ཧྲན་གྱིས་གདན་དྲངས་པ་བཞིན་དེར་ཕེབས། བཙོ་བརྒྱད་ནས་ས་ཚོག་གནང་སྟེ་གཉིས་མེད་རྒྱུད་ཀྱི་རྒྱལ་པོ་དུས་ཀྱི་འཁོར་ལོའི་དབང་ཆེན་ཟམ་ཚ་སྤྲུལ་པའི་སྐུ་གཙོས་བླ་སྐྱ་སྟོང་ཕྲག་བཀྲལ་བར་བཀའ་དྲིན་བསྐྱངས། ཨོཾ་ཧྲན་པོ་རང་གི་ལྷ་ཁང་ཞིག་ཡོད་པར་རབ་གནས་རྒྱས་པར་མཛད། ཨབ་ཤ་ནས་ཉང་ཚང་བླ་མས་གདན་འདྲེན་ཞུས་པ་བཞིན་ཁོང་གི་སར་ཕེབས། མཁན་པོ་བླ་མའི་སྐུ་སྐྱེ་སོགས་བསྒྲུབ་གྲྭ་བརྒྱ་ལོངས་པ་ལ་དགེ་ཚུལ་སློང་གི་སྡོམ་པ་གནང་། ཉེར་གཅིག་ལ་སོ་ཉིད་ཏཱ་ཞང་གི་ཨུ་ཀྲེར་ཕྱག་བབས། ཚེས་ཉེར་གཉིས་ནས་ས་ཚོག་གནང་སྟེ་རྡུལ་ཚོན་གྱི་དཀྱིལ་འཁོར་དུ་བརྒྱད་པའི་ཚེས་གཅིག་ནས་སྡེ་གོན་དངོས་གཞི་མཐའ་རྟེན་དང་བཅས་པ་ཡོངས་སུ་རྫོགས་པའི་དུས་འཁོར་གྱི་དབང་མོ་ཆེ་ཉིན་གསུམ་གྱི་ཁོངས་སུ་སྒོ་མང་མཁན་པོ་ངག་དབང་དགེ་ལེགས་པའི་སྤྲུལ་སྐུ་ཞང་བཱེ་ལི་སོགས་བླ་དཔོན་ཆེ་ཆུང་མང་པོ་དང་། སེར་སྐྱ་སྟོང་ཕྲག་དུ་མར་བསྐྱལ་ཏེ་དང་པོའི་སངས་རྒྱས་ཀྱི་སྲས་སུ་བསྐྲུན་པའི་སྐལ་བཟང་ཐོབ། བསྒྲུབ་གྲྭ་བརྒྱ་ཕྲག་ལོངས་པར་ཚིགས་སྡུ་ཕྱིའི་སྡོམ་པ་ཐོག བཅུ་ཐམ་པའི་ཉིན་ཆ་གན་ཨོ་བོ་ཞབས་དྲུང་དང་། དཔོན་དར་ཧན་བཱེ་ཤིས་གདན་འདྲེན་ཞུས་ངོར། དེ་ཕྱོགས་སུ་ཕེབས་པས་ཉི་ཤུ་ལ་དགོན་པར་བབས། ཉེར་གཅིག་ལ་མི་ཧྭའི་ནང་ཚན་རྒྱལ་བ་རྒྱ་མཚོའི་དབང་

དངོས་སྣ་ཟུང་འབྲེལ་དུ་གནང་། དགེ་ཚུལ་སློང་བརྒྱ་ཕྲག་ཉེ་བ་ཙམ་བསྒྲུབས་ནས་ཏཱ་ལའི་ཆོས་རྗེའི་སྐོར་དུ་ཕེབས། ཉེར་དགུའི་ཉིན་མི་ཏྲའི་བདེ་མཆོག་ལུ་ཨི་པའི་དབང་དངོས་ལྷ་ཟུང་འབྲེལ་དང་། བརྒྱད་ཙུ་སྒོར་ལ་དགེ་ཚུལ་སློང་གི་སྡོམ་པ་གནང་། དགུ་བའི་ཆོས་གཉིས་ལ་ཆ་གན་ཚོ་ལོ་ཕྱུར་ཕེབས། དེར་མི་ཏྲའི་ཀུན་རིག་རྩ་བའི་དཀྱིལ་འཁོར་གྱི་དབང་སྣ་གོན་དང་བཅས་གནང་བ་སོགས་གསང་ཆེན་ཐེག་པའི་སྒོ་བརྒྱ་རྣམ་པར་ཕྱེ། སྨད་ཕེབས་ཕྱི་མ་གཉིས་ཀའི་ས་བོན་གྱི་མཇུག་མི་འདུག་པ་སྐྱུ་ཕྱི་མ་རྣམས་སུ་ཡང་ཕྱོགས་འདིར་འཕྲིན་ལས་ཀྱི་འཇུག་པ་རྒྱུན་མི་འཆད་པའི་རྟེན་འབྲེལ་དུ་སེམས་སོ། །

མགོ་ཟླའི་ཆོས་ལ་ཨ་ལག་ཤ་རྗེ་དྲུང་དགོན་པར་བབས། སྔར་ནས་གསོལ་བ་བཏབ་ཡོད་པ་ལྟར་ས་ཆོག་སྟོན་དུ་འགྲོ་བའི་རྟུལ་ཚོན་གྱི་དཀྱིལ་འཁོར་ལ་བརྟེན་ནས་དཔལ་དང་པོའི་སངས་རྒྱས་ཀྱི་དབང་ཡོངས་རྫོགས་གནང་། བརྟན་བཞུགས་དང་འབུལ་ཆེན་བཏེགས། རྒྱལ་སྲས་དགོན་པར་ཡང་ཕེབས་ནས་འདོད་ཆོས་འགའ་ཞིག་བསྩལ། སྨད་ཕེབས་རྗེས་མའི་སྐབས་འདིར་ནུབ་གཅིག་དཀར་མེ་མ་སྦར་བའི་སྟོན་དེར་སྐུ་མདུན་དུ་སུ་ཡང་མེད་ཀྱང་རྒྱ་སོག་བོད་གསུམ་གྱི་སྐད་གང་ཡང་མ་ཡིན་པའི་སྐད་རིགས་ཤིག་གིས་ཡུན་རིང་གསུང་གླེང་མཛད་པར། གསོལ་དཔོན་སོགས་ཀྱིས་སྒོའི་ཟུར་ནས་བལྟས་ཀྱང་གང་ཡང་མ་མཐོང་ལ་ལན་ཞུ་བ་ཡང་མི་ཚོར་ཡང་རྗེ་ཉིད་སྐུ་སྒྲུར་ནས་སྟན་གྱི་སྟེང་དུ་ཕྱག་བཀོད་དེ་གསན་ཅིང་ལན་ཞུས་པ་ལ་ཉམས་མ་ཚོར་བ་ལྟ་བུ་གནང་བཞིན་བཞུགས་པ་མཐོང་ཞིང་། གསོལ་དཔོན་རྐན་པ་ཚོས་ཀྱང་དེ་འདྲ་ཞིག་སྔ་མོ་ནས་ཡོད་ཟེར། ཡང་དུས་རྒྱུན་པར་གཟིགས་སྣང་ཞིག་ལ་སྟེང་འོག་བར་གསུམ་ཐམས་ཅད་མི་བྱད་དབྱིབས་མི་འདྲ་བ་དཔག་ཏུ་མེད་པས་ཁྱིགས་ཚོད་ཚོགས་ཞིང་བྲིས་ཐང་གི་ལྷ་ཁྲོམ་ཚོགས་ལྟར་མདུན་མ་རྣམས་ཀྱི་རྒྱབ་ནས་ཕྱི་མ་

ཚོའི་ཀེ་ཡན་མཐོང་བ་ལྟ་བུའི་བགྲེས་གཞོན་སྣ་ཚོགས་འཚར་བ་ཞིག་ཡོད་པས་ཡང་དེ་འཚར་གྱིན་འདུག་ཅེས་ཐུགས་སུན་པ་ལྟ་བུར་གནང་བ་རྩ་རླུང་གི་ཉམས་ཤིག་ཏུ་མངོན་ནོ། །དེ་ལྟར་ཏོར་གྱི་གླིང་ན་འཕོད་པའི་གདུལ་བྱ་ལྷག་མར་ལུས་པའི་རིགས་ཇི་སྙེད་པ། སྐུ་གསུང་ཐུགས་ཀྱི་གསང་བ་མི་ཟད་པའི་རྒྱན་གྱི་འཁོར་ལོས་གདུགས་མཐའ་བྲལ་པའི་སྲིད་པའི་རྒྱུན་རིང་ཡང་འབྱུང་མེད་པ་བཅད་དེ། བསོད་ནམས་བརྒྱ་ལས་མངོན་པར་སྐྱབ་པའི་ཞབས་ཟུང་འཁོར་ལོས་མཚན་པས་རེག་པའི་བཀྲ་ཤིས་པའི་རྟུལ་དེ་ན་སྤྱོད་པའི་འགྲོ་བ་རྣམས་ཀྱིས་མཆོད་པ་དང་དང་བའི་རྟེན་དུ་ཉེ་བར་བཞག་ནས་གཟུགས་སྐུ་ཉིན་བྱེད་འབར་བའི་དཀྱིལ་འཁོར་ཚུ་ལྷའི་ཕྱོགས་སུ་གཞོལ་བ་ལ་མངོན་པར་ཕྱོགས་ཀྱང་རྗེས་སུ་བརྩེ་བའི་ཐུན་མཚམས་དམར་པོའི་འོད་ཞགས་རིང་པོས་ཤུལ་དུ་བཞག་པ་རྣམས་སྐྱོངས་བཞིན་པར་རིམ་གྱིས་བྱོན་ཏེ་བཅུ་གཉིས་པའི་ནང་ཀ་ཏུར་བབས། གཞུང་ས་བླ་བྲང་ཆེན་མོའི་མི་སྣ་ཡང་དེར་སླེབས། ཉེར་དྲུག་ལ་དེ་ནས་བཏེགས་ཏེ་ཕེབས། ཕྱག་མཛོད་མཁན་པོ་ཚང་དང་གླིང་སྤྲུལ་པའི་སྐུ་རྣམ་གཉིས་གསོས་སེར་སྐྱ་མི་ཉུང་ཙམ་གྱིས་ཏོར་རྩང་ནས་མཇལ་བསུ་ཞུས། ཉེར་བརྒྱད་ལ་ཀན་གྱའི་རྟེང་རིང་དུ་བབས་ཐོག་ཁྲི་ལས་ཐོག་པ་གྲུང་ཐང་སྤྲུལ་པའི་སྐུ་རིན་པོ་ཆེའི་གསོས་བླ་སྤྲུལ་ཆེ་ཁག་གོང་ས་མཆོག་གི་རྒྱལ་ཚབ་ཏོར་ཚང་རིན་པོ་ཆེ་དང་། ཕྱག་མཛོད་ཆེན་མོ་རྣམ་གཉིས་ཀྱི་གསོས་རྩེ་དྲུང་ཚང་མ། གཞུང་ནས་ཚག་བཙུགས་པའི་གྲྭ་བགྲེས་གཞོན་དཔོན་ཆོས་མཛད་སོགས་ཀྱི་ཞག་བསུ་རིམ་པ་དུ་མ་ཆོས་འཁོར་ཚོ་བ་བཅུ་གཉིས་སོགས་ཕྱོགས་ཀྱི་སྐྱ་བསུ་སེར་བསུ་ཇ་ཐབ་གྲྭ་ཚང་བཞིའི་སེར་ཕྲེང་དང་བཅས་ཡབ་རྗེ་ཆོས་ཀྱི་རྒྱལ་པོའི་གདན་ས་ཆེན་པོར་ཕྱག་ཕེབས་སོ། །

སྨྲས་པ། མེ་ཏོག་བཅུད་ཅན་དཔྱིད་ཀྱི་མཛར། །གཡོ་བ་རླུང་གི་ཤིང་རྟས་རོལ་བ་མོ། །མཐའ་ཡངས་འཁོར་བའི་ནགས་ན་རོལ་བའི་གར། །སྲིད་པའི་རྒྱན་

དུ་གཏམ་གྱི་རྒྱུད་དུ་སླེང་། །འཁོར་བའི་ཐིགས་ཀྱིས་མ་བཟུང་རྣམ་བྱང་ཆབ། །ཡེ་གེ་རྒྱ་ཡིས་ཡོངས་བཏང་མཐའ་ཀླས་རྟུལ། །བདེ་བའི་མྱུ་ཁྱུད་གཅིག་གིས་བཟུང་བ་ལ། །འཁོར་ལོ་སྡོམ་པར་རྒྱུད་ཀྱི་རྒྱལ་པོས་བཏིགས། །ཤར་ཕྱོགས་ཡངས་པའི་ནོར་འཛིན་མ། །སྲིད་འབྱོར་ལང་ཚོས་རབ་སྒེག་ཀྱང་། །སྨུན་པའི་གོས་ཀྱི་འཚོ་བ་མོ། །གློ་བུར་གོས་དཀར་གྱོན་པར་གྱུར། །ནོར་བཟང་ནོར་ནི་བརྟན་པའི་བུས། ཡིད་ནི་ཡིད་འཕྲོག་མར་སོང་བཞིན། །རྒྱན་གྱི་བརྒྱན་གྱུར་ཁྱད་པར་ལ། །ཆགས་སྤྱངས་ཆགས་པའི་རི་མོ་འཛིན། །གང་ལ་རེ་བའི་མིག་ཡངས་འཆའ་བ་ཡི། །སྐྱེ་བོའི་ཚོགས་རྣམས་མངོན་དགར་བྱས་པའི་མཐར། །རྒྱལ་སྲས་དཔའ་བོ་ཁྱུ་བྱུག་གཞོན་ནུ་དེ། །རང་ཡུལ་ལྷོ་རོང་མོན་གྱི་ནགས་སུ་ཆས། །དུས་འཁོར་བཤད་སྒྲུབ་སྙིགས་མའི་མར་གྱི་དུས། །དུས་ངན་དྲི་མས་མ་སྦགས་ལེགས་བཤད་ཆ། །ཆ་ཤས་ཀུན་ནས་རྫོགས་པ་གསལ་བའི་ཟླ། །ཟླ་མེད་འདི་གོ་ཐུབ་བསྟན་ལྷ་ལམ་བརྒྱན། །

ཞེས་ཧེ་རུ་ཀ་དཔལ་དུས་ཞབས་པ་ཆེན་པོ་རྡོ་རྗེ་བཙུན་འཛམ་དབྱངས་ཐུབ་བསྟན་ཉི་མ་དཔལ་བཟང་པོའི་ཞལ་སྔ་ནས་ཀྱི་རྣམ་པར་ཐར་བ་གསང་གསུམ་བཀྲ་ཤིས་རྒྱན་གྱི་རི་མོ་ཞེས་བྱ་བ་ལས། སྨད་ཕྱོགས་སུ་ལན་བཞི་བར་ཕེབས་ཏེ་ལེགས་བཤད་གཡས་སུ་འཁྱིལ་བའི་དུང་དཀར་འཛམ་གླིང་ཆེ་དགུའི་རྣ་བར་བཞད་པའི་སརྒ་སྟེ་དྲུག་པའོ།། །།

སྐབས་བདུན་པ། གཟུགས་སྐུའི་གསེར་ཞ་ཞི་བ་མཆོག་གི་རྒྱ་གཏེར་དུ་ཞུགས་པའི་ཚུལ།

རྒྱལ་ཡུམ་མཚོ་བྱུང་དང་བའི་བུ་མོ་དཀར། །
ལེགས་བཤད་མགྲིན་པའི་ཛ་ཛ་འཁྲོལ་བ་མོ། །
ཡོངས་སྤྱོད་འཁོར་ཡོར་དགྱེས་པའི་གར་མཛོད་དང་། །
གངས་ཅན་བསོད་ནམས་སྐལ་བ་དབྱངས་སུ་ལེན། །

དོན་དགུར་ཕེབས་པ་མི་སྤྲུལ་ཡོའི་དཔྱིད་ཀ་ཁྲི་རིན་པོ་ཆེའི་ཁྲུར་བཞེས་ཀྱིས་གྲྭ་ཚང་གིས་བརྟན་བཞུགས་ཕུལ་བར། དགྱེས་པའི་ཞལ་བཞེས་དང་སྤྲུལ་སྐུ་ཆེ་ཁག་རྣམས་སྐུ་མདུན་དུ་དམ་བཅའ་ཚུགས་བཙུག་སྟེ་གཟིགས་རྟོག་མཛད། ཐེ་བོའི་ཆབ་ཚན་དུ་ཆིབས་བསྒྱུར་སྐབས་སློ་བུར་དུ་ཆབ་ཚན་ནས་སྨུག་པ་དུམ་ཞིག་ཆད་དེ་འོང་ནས་རྗེ་ཉིད་ཕེབས་ལམ་དུ་ཆར་ཟེམ་ཞིག་བབས་ནས་ཕྱིར་ཆབ་ཚན་ཁའི་བྲག་རི་ལ་ཐིམ་པས། རྗེ་བླ་མའང་འཕྲུལ་དུ་ཆབ་ཚན་ཁར་ཕེབས་ནས་བསང་ཞིག་གཏོང་བ་གནང་བས་ལྷ་སྨན་བྱང་ཆུབ་སེམས་མས་བསུ་བ་བྱས་པར་མཁས་བླུན་ཀུན་གྱིས་གླེང་། སྐྱབས་མགོན་ཆེན་པོའི་སྐུ་གདུང་མཆོད་རྟེན་བཞེངས་མཁན་གྱི་མགར་བ་ཆ་ཏར་ནས་ཁྲིད་འོང་བ་རྣམས་ཀྱིས་ལས་མགོ་ཚུགས་ཉེན། མཆོག་སྤྲུལ་རིན་པོ་ཆེ་གསར་ཕེབས་ཀྱི་དོན་སྐོར་ལ་མཚན་ལམ་ཤིན་ཏུ་གསལ་བ་བྱུང་། སྔད་ནས་དུས་འཁོར་གྱི་གར་འཆམ་ཁྲུངས་དག་ཅིག་རྙེད་པ་ཐུ་མེད་ཤོག་གི་དོ་ཡོན་བུ་ལག་དགོན་པ་དང་། ཨ་རོ་ཏོར་ཆེན་ཨོ་བོའི་དགོན་གཉིས་ཀར་བཙུགས། གར་དཔོན་དེ་ཉིད་སླར་ཕྱག་ཕྱིར་ཁྲིད་ནས་འོང་བ་ལ། དུས་འཁོར་གྱི་གྲྭ་རིགས་ཉི་ཤུའི་སྐོར་ལ་སློབ་ཏུ་

འཇུག་པ་མཛད། འཆམ་གོས་ཉུས་རྒྱན་སོགས་གཙང་ཞིང་སྤུས་དག་པ་གསར་སྒྲིག་དུས་འཁོར་གྲྭ་ཚང་ལ་སྦྱོར་འཛུགས་གནང་། ནག་ལྷའི་སྒྲུབ་མཆོད་སྐབས་ས་གར་དང་མཆོད་གར་གསར་དུ་ཚུགས་པའི་ཚོགས་དབྱུར་གཟིགས་རྟོག་ལ་ཕེབས། གྲྭ་ཚང་ནས་བཀའ་དྲིན་གཟོ་བའི་འབུལ་བ་དང་བརྟན་བཞུགས་ཕུལ། གར་དཔོན་ལ་དངུལ་སྲང་ལྔ་བཅུ་སོགས་ཀྱི་བདག་རྐྱེན་སྨམ་མཐོ་བ་གནང་ཞིང་། འདི་སྐོར་ལ་འགྲིག་ཡིག་བླ་བྲང་ཆེན་མོ་ནས་གནང་རྒྱུའི་བསྐུལ་མ་མཛད། བཞི་བའི་འཛིན་གྲྭ་གཏུགས་སྐབས་ཉིན་རེ་བཞིན་ཕེབས་ཤིང་། ཁྲབ་མཐའ་འགོད་ལུགས། ཁྲབ་འགྲིགས་གཙོད་ལུགས་སོགས་གང་ཅིར་ཁྲི་རིན་པོ་ཆེར་གསུང་བཀོད་མཛད་པས་བཀའ་དང་དུ་བཞེས་པའི་རིགས་ལུང་བྱིན་ཆགས་པ་བྱུང་། རྗེ་དབལ་མང་བའི་ཡང་སྲིད་ཐག་བཅད་དེ་རབ་བྱུང་གནང་། དེ་མཚུངས་ལོ་སྟ་ཕྱིར་རྒྱལ་མཁན་པོ། སྒོ་མང་། གླིང་སྤྲུལ་སྐུ་སོགས་ལ་བསླེབ་རྗོགས་གནང་། བདུན་པའི་ནང་གསེར་གདུང་ཆེན་མོ་གསར་བསྐྲུན་ལ་དགེ་ལེགས་ཆར་འབེབས་ལྟར་གྱི་རབ་གནས་རྒྱས་པ་ ཕུལ་ཏེ། བརྒྱད་པའི་ནང་ལྷུང་སྐྱ་མཆོག་སྤྲུལ་རིན་པོ་ཆེར་མཇལ་འཛོམས་ཀྱི་ཆེད་ཆུ་བཟང་དུ་བྱོན། སྤྲུལ་པའི་སྐུ་རིན་པོ་ཆེ་ཡང་རྗེ་གོང་མའི་བླ་མར་དགོངས་ནས་ལུང་བའི་མདོ་བར་དུ་ཅིབས་བསུར་ཕེབས། དེ་ནས་དགེ་འདུན་མང་གིས་སེར་འཕྲེང་བཅས་ཆུ་བཟང་ཕུན་ཚོགས་རྣམ་རྒྱལ་གླིང་གི་ལྷུང་སྐྱ་བླ་བྲང་ཆེན་མོར་ཐུག་ཕེབས། ཞག་ཁ་ཤས་བཞུགས་པར་སྟོན་འཁོར་ཚང་མར་བསླེབ་བཀུར་གྱི་ནོམ་པ་ཕུལ། སྤྲུལ་པའི་སྐུ་ཉིད་ལ་སྐྱབས་ཁྲིད། སྲིད་རྒྱུད་ལུགས་ཀྱི་བླ་མའི་རྣལ་འབྱོར། ཡོན་ཏན་གཞི་གྱུར་མ་རྣམས་ཀྱི་ཁྲིད། བདེ་གསང་འཇིགས་གསུམ་གྱི་དབང་བཅས་ཕུལ། དེ་ནས་ཕྲན་ལ་དངོས་འཕྲད་གནང་བཞེད་ནས་དགོན་ལུང་དུ་ཕེབས་པར། གདན་ས་རང་ནས་ཁྲི་རིན་པོ་ཆེས་གཙོས་བླ་སྤྱི་ཁག་སོ་སོ་དང་། གཞུང་ནས་ཚགས་བཙུགས་པའི་གྲྭ་རིགས་མང་ནས་ཅིབས་

བསུ་ཞུས། དཔའ་རིན་ཐང་ལ་ངོས་ཀྱི་ལྷ་བྲང་དང་སྤྱི་སོའི་ཇ་ཐབ་ཡོད་པའི་ཐོག་དེར་ཆིབས་བསྒྲོལ་པ་མཛད། གླིང་འདབས་ནས་མཆོད་རོལ་གྱིས་སྣ་དྲངས་པའི་དགེ་འདུན་མང་གིས་སེར་འཕྲེང་དང་བཅས་ཕོ་བྲང་ཆེན་པོ་བཀྲ་ཤིས་འོད་འབར་དུ་ཕྱག་ཕེབས་ཏེ་ཞག་གསུམ་ཙམ་བཞུགས། འདུས་སྤྱི་ནས་གསོལ་བཏབ་པ་བཞིན་འདུ་ཁང་ཆེན་མོའི་ནང་དུ་ཚོགས་དབུར་གདན་དྲངས་ཏེ་དགེ་འདུན་མང་ལ་མཇལ་ཁ་དང་བྱིན་རླབས་དཔུང་ཞུས་ཀྱི་ཁྲིད་སྨིན་རྒྱས་སུ་བསྩལ། ཕྲན་གྱིས་སྙད་ནས་རྗེ་བླ་མ་མཆོག་གི་སྐུ་དྲུང་དུ་བཀའ་ཆོས་ཀྱི་སྐོར་ཉན་རྒྱུའི་སྙན་གསན་ཕུལ་བར། ཐུགས་ལ་བཏེགས་པའི་བཀའ་ལན་རྒྱས་པར་བསྩལ་བས་དགུགས་དབྱུང་། དེ་ནས་བཟུང་རྗེ་བླ་མ་མཆོག་གི་ཞབས་རྟུལ་སྤྱི་བོས་ལེན་པ་དང་། ཆ་ཙམ་ཐོས་པས་ཀྱང་སྲིད་པ་རྟུལ་པོར་བྱེད་པའི་གསུང་གི་བདུད་རྩི་ལ་ལོངས་སྤྱོད་པའི་སྐལ་བཟང་མངོན་དུ་གྱུར། ཡོངས་འཛིན་རྗེ་ནས། བཀའ་འབངས་བདག་བླ་མ་རྡོ་རྗེ་འཆང་གི་ཐུགས་རྗེས་རྗེས་སུ་འཛིན་དགོས་པའི་ཞུ་དོན་ཟབ་ལ་འབྲེལ་ཆགས་པ་བྲག་ཐོག་ནས་ཆུ་འཕྱོ་བ་ལྟར་ཕུལ་བས། ཕ་བླ་མ་ཁྱབ་བདག་འཁོར་ལོའི་མགོན་པོ་གང་གི་སྐྱབས་རོལ་ནས་ནམ་ཡང་འདོར་བ་མེད་པའི་བཀའ་ལན་བདུད་རྩིའི་ཕྲེང་བ་ལྷུག་པར་གནང་བས་དགའ་དད་ཚད་མེད་པས་ལུས་ཀྱི་བ་སྤུ་གཡོ་བ་བྱུང་། དེ་ནས་ཆིབས་ཁ་བསྒྱུར་བར་ཕོ་བོ་ཅག་དང་གདན་སའི་མཁན་པོ། ལས་སྣེ་མོ་བ་རྣམས་དང་། ལྷ་བྲང་སོ་སོའི་མཛོད་གཉེར་བཅས་རྟ་བ་མི་ཉུང་ཙམ་གྱིས་ཆིབས་སྐྱེལ་ཞུས་ཤིང་། མར་རྩང་དུ་ཞག་མལ་མཛད། ཁྲི་ཉིན་ཙོང་ཆུའི་ཁ་ནས་ལྷ་ཆེན་པོར་གཟིགས་ཏེ་དགེ་ལྡན་བསྟན་འབར་མ་གསུང་ཞིང་། ཀྱོ་ཀུའི་གཞི་ཁར་ཞག་བབས་གནང་། འདི་རེས་ཙམ་དུ་མ་ཟད་བྱང་རྒྱུད་ཙོང་ཁའི་ཡུལ་གྱི་དགོན་ཆེན་སྐུ་འབུམ་ཆོས་བཟང་གསེར་ཁོག་དགོན་ལུང་རྣམས་སུ་ལན་ཁ་ཡར་ཕེབས་ཤིང་། བྱ་ཁྱུང་དུས་འཁོར་གྲྭ་ཚང་དུ་སྤྱི་འཛོམ་ཡང་མང་དུ་

གནང་འདུག་ཀྱང་ལོ་ཚིགས་དང་ཞིབ་ཆ་མ་ངེས་སོ། །དེར་ཆ་ཀན་ཧོ་ཐོག་ཐུ་ཆེད་གཉེར་གྱིས་ཕྱོན་པར་བསྙེན་རྫོགས་ཀྱི་སྡོམ་པ་བསྩལ། ཀ་མདོ་དགོན་ནས་ཀྱང་ཀུན་རིག་སྤྱི་བཀའི་དབང་གནང་། སྐྱོར་ཧ་ཕྱུག་རྒྱ་གསར་སློབ་ལ་གཟིགས་རྟོག་དང་། དེ་གར་སྟོན་གྱི་འཆམ་རྙིང་ཞིག་འདུག་པ་གཟིགས་ནས་ཕྱིས་ཆོས་འཁོར་དགོན་གསར་དུ་འཛུགས་པར་མཛད། གཙུ་འཁོར་དགོན་དུ་དགའ་ལྡན་ལྷ་བརྒྱ་མའི་ཁྲིད། སེ་ཆིང་དུ་མཆན་བརྗོད་ཀྱི་ལུང་བསྩལ། དུས་འཁོར་གྱི་འདོན་ཧ་དབྱངས་སོགས་ལ་གཟིགས་ནས་བཅོས་བསྒྱུར་ཡང་འགའ་ཞིག་གནང་། ཧྭ་གིས་རོལ་གནས་ཆབ་ཀྱིའི་བྲག་དཀར་དུ་ཧེ་ཏུ་ཀའི་ཚོགས་ཀྱི་འཁོར་ལོ་བསྐོར་བར་མཛད་དེ་ཕྱི་ཉིན་གདན་སར་བབས།

དགུང་ལོ་བརྒྱད་ཅུར་ཕེབས་པ་ས་ཧའི་ལོར་འདུ་ཁང་ཤུའི་བྱམས་ཆེན་གྱི་གཟུང་གཞུག་ལ་སྐྱོན་ཞུགས་པ་བཅོས་སྐྱོང་བྱེད་དགོས་ཀྱི་ཞལ་ཏ་གནང་ཞིང་། འཛིན་གྲྭ་གཏུགས་སྐབས་ཚོགས་དབུར་ཡང་ཕྱོན་པར་མཛད། སྐབས་འདི་འདྲ་ཞིག་ལ་མཆན་ལམ་དུ་གོས་སྐུའི་ཐང་དུ་མེ་ཏླུང་གི་འཚུབ་མའི་དབུས་སུ་ཆོས་རྒྱལ་ནང་སྒྲུབ་ཤེན་ཏུ་ཁྲོས་པ་སྐུ་ལས་གནམ་ལྕགས་འབབ་ཅིང་ལྟ་བར་མི་བཟོད་པ་གཡས་ཀྱི་གྲི་གུག་བཀྱངས་པས་མདུན་རི་ཡང་སྒྲིབ་འདུག་པ་དང་། དེ་ཐད་ཀྱི་སྒྲིང་འདབས་གཡས་སུ་ནང་སྒྲུབ་འཁོར་དང་བཅས་པ་ཡོངས་རྫོགས་བཞུགས་པ་ཞིག་བྱུང་འདུག འདི་སྐབས་ཞིག་གམ་ཀློང་རྡོལ་བླ་མའི་སྐུ་བརྟན་གྱི་མཐའ་སྐོར་དུ་མཆོད་བཤམས་དང་རྣམ་རྒྱལ་བུམ་པའི་ཁར་བ་ལྕིའི་འཆིང་བུ་དུར་བ་བཙུགས་པ་དང་ལས་བུམ་སོགས་བཀོད་དེ་ཡུན་རིང་སྐུ་མཚམས་མཛད་ཅིང་བལྷོས་ཚོད་ལ་དུས་རྒྱུན་ལྟར་རང་འགར་བཞུགས་པ་ལྟ་བུ་མ་གཏོགས་སྔོས་ཀྱི་ཐུན་འཛིན་པའི་རྣམ་པ་སོགས་མ་མཛད་པར་འདུག རྒྱུན་པར་ཡང་ཀློང་རྡོལ་སྐུ་བརྟན་དེའི་གསུང་འབུམ་པོད་གཉིས་ཀར་ཕེབས་ཀྱང་འཕྲལ་སྤྱངས་གནང་སྟེ་ཐུགས་གཅིགས་ཆེ་བར་ཡོད། མནལ་ལམ་དུ་གྲུབ་དབང་

དེ་ཉིད་ལ་ཡང་ཡང་མཇལ་ནས་བཀའ་ཆོས་གསན་པ་ཞལ་འཕྲོས་མཛད་པ་ཐུགས་བརྟག་ཞུ་སྣམ་པ་སོགས་སྣ་ཚོགས་ཞིག་ཡོད་ཅེས་ཞལ་ནས་གསུངས། བྱམས་སྐུའི་དོན་ལ་ནུབ་གཅིག་བརྟག་པ་གནང་བར་ལྷ་ཡུལ་དུ་བྱམས་པ་ཆེན་པོ་ཞིག་བཞེངས་པའི་ཁྲ་རྒྱན་སློང་ཟེར་བའི་མི་ཞིག་འོང་ནས་རྒྱུ་མཚན་ཞུས་པར། སྐུ་ག་འདྲ་ཞིག་བཞེངས་གསུངས་པས་འདི་རེད་ཟེར། ནམ་མཁའ་ལ་མཛུབ་སྟོན་བྱེད་པར་ཉི་མའི་དཀྱིལ་འཁོར་གཉིས་པ་ཞིག་ཤར་བ་འོད་ཟེར་བསམ་གྱིས་མི་ཁྱབ་པ་འཕྲོ་བ་དང་། ཡང་ནུབ་གཅིག་རྗེ་རང་གིས་དྲེའུ་དཀར་པོ་ཞིག་ཆིབས་ནས་མདུན་རིའི་རྩེ་ཕེད་ནས་ཤར་ཕྱོགས་སུ་ཕེབས་བཞིན་པས་ཐུགས་དགོངས་སུ་གཏེར་ཁ་ལ་གཟིགས་སྣམ་པ་དང་། དགོན་པའི་གནས་ཚོལ་ལ་ཕེབས་གིན་ཡོད་པའི་ཉམས་དང་། མ་ཅིག་དང་ལྷན་དུ་འདི་ནས་སོང་བ་རེད་སྣམ་པ་སོགས་ཐུགས་རྨིས་ཡ་མཚན་པ་བྱུང་བ་སྟོན་སྟོང་སྡེ་དང་གྲོལ་སྡེའི་དུས་ཀྱི་སྐུའི་སྐྱེ་བ་དྲན་པར་སུས་ཀྱང་བསྙོན་དུ་མེད་དོ། །བྱམས་མདུན་དུ་ཕེབས་ནས་གསེར་ཁྲི་རྣམ་གཉིས་དང་བཅས་ཨར་ཆོག་མཛད་ནས་གཟུངས་གཞུག་བླང་བར་ཀུན་མཁྱེན་གོང་མས་གཏེར་ནས་བཞེས་པའི་ཚེ་དཔག་མེད་ཀྱི་སྐུ་དང་དགེ་འདུན་འདུ་འཁོར་སོགས་གཟུངས་གཞུག་གི་སྐོར་ཚགས་བྱས་ནས་བླ་བྲང་ཆེན་མོར་གདན་དྲངས། དེ་ནས་སྐུ་གཟུགས་བསྐྲུན་དེ་གསར་གཟོ་བྱས་པར་བཀའ་ལས། སྔར་བྱམས་པ་འདི་ལ་དབུ་རྒྱན་མེད་པས་འབུལ་མི་དགོས། འདི་འདུ་ཁང་གི་རྟེན་གཙོ་ཡིན་པས་དགེ་སློང་གི་ཆ་བྱད་བྱས་ན་བཟང་གསུངས། ཁྲི་རིན་པོ་ཆེ་ནས་ཕྱག་མཚན་འཛོག་ཨེ་དགོས་ཞུས་པར་རིལ་བ་སྤྱི་བླུགས་ནི་བྲམ་ཟེའི་རིགས་ཀྱི་ཆ་བྱད་ཅིག་ཡིན་འདུག སྐུ་ཤིང་གང་དུ་འཚང་རྒྱ་བའི་བྱང་ཆུབ་ཀྱི་ཤིང་རེད། འཁོར་ལོ་མེད་ཀྱང་ཆོག་པ་འདྲ་གསུངས། ཡོངས་འཛིན་རྗེ་ནས་གསུང་འདིས་བློ་སྐྱིད་ཆེན་པོ་བྱུང་ཞེས་ཁོ་བོ་ལ་དངོས་སུ་གསུངས་པས་ངེས་པར་སྔར་མ་ཐོན་པའི་ལེགས་བཤད་ཡིན་འདུག གཟུངས་

འཇུག་སྔོན་མ་ཡོངས་རྫོགས་ཀྱི་སྙིང་དུ་བྱམས་པའི་དམ་བཅས་པའི་གཟུངས་བྱེ་བ། བྱམས་ཆོས་སྡེ་ལྔ་སྟོང་ཕྲག་ཁ་ཤས། གཞན་གཟུངས་གཞུག་རྒྱས་བསྡུས་ཚར་མང་པོ་བཅས་པར་འདེབས་པ། དྲིལ་སྒྲུབ་པ་སོགས་ཁྲི་གུང་ཐང་རིན་པོ་ཆེ་ནས་ཁུར་བཞེས་ཏེ། ཁོང་དང་གནས་བརྟན་ཆེན་པོ་བསྟན་འཛིན་པ་རྣམ་གཉིས་ཀྱིས་ཕྱག་བདར་ནས་ཕུལ་ཞིང་། བརྒྱད་པའི་ནང་རྗེ་བླ་མས་སློབ་དཔོན་མཛད་ནས་ཁྲི་རིན་པོ་ཆེ་དང་རྣམ་གཉིས་ཆོག་སྒྲུ་བ་བཅས་རབ་གནས་རྒྱས་པ་མཛད། འོག་ཤོད་དུ་ཕེབས་ནས་མཆོད་པ་རྒྱས་པ་ཕུལ་ཞིང་བྱམས་པའི་སྐུ་གཟུགས་མ་དང་བསྟན་འབར་མ་བཅས་གསུངས་ཞིང་བསྟན་པ་རྒྱས་པའི་ཐུགས་སྨོན་ནན་ཏན་མཛད། སྟར་སྐྱབས་མགོན་མཆོག་དག་ཞིང་དུ་ཕེབས་རྗེས་རང་འདོད་ཀྱི་གཏམ་སྣ་ཚོགས་བསྒྲགས་པ་ལ་བརྟེན་ནས་གསེར་ཁྲི་རྣམ་གཉིས་ཀྱི་བར་དུ་ཕྲ་མ་ཤོར་བས་ཐུགས་མི་མཐུན་པ་ལྟ་བུར་ཡོད་པ་ལ། རྗེ་བླ་མ་མཆོག་ནས་ཞལ་ཏ་མང་དུ་གནང་ཡང་བསྐྱེད་ཆེར་མ་ཐོན་པའི་རྐྱེན་གྱིས་འདི་གའི་ལོ་མཇུག་ཏུ་སྐུ་ཙུང་ཟད་བསྙུང་བ་དང་། སླར་ཡང་རྒྱ་ནག་རི་བོ་རྩེ་ལྔར་ཕེབས་རྒྱུའི་གསུང་གནང་བ་སོགས་ཀྱིས་གསེར་ཁྲི་རྣམ་གཉིས་སྐུ་མདུན་དུ་ཕེབས་ནས། ཐུགས་དག་པས་ཨུ་ཚུགས་མཐར་སྐྱེལ་གྱིས་གསོལ་བ་བཏབ་པར། བཀའ་ལས། སྟ་སོར་ཀུན་མཁྱེན་གོང་མའི་རྗེས་སུའང་དམ་སྲིའི་ཆོ་འཕྲུལ་གྱིས་ཟིང་ཆ་བྱུང་ཚུལ། སྐུ་བར་མ་གདན་སར་བཀོད་ནས་མཛད་པ་འཕྲིན་ལས་རྒྱས་པས་དམ་སྲིའི་གནོད་པ་ཟིལ་གྱིས་མནན་ཚུལ། ད་རེས་ཀྱང་དེའི་ཆོ་འཕྲུལ་ཡིན་འདུག་ཀྱང་རང་རྒྱལ་དང་ཕྲག་དོག་གི་བྱེད་ལས་མ་གཏོགས་དམ་སྲི་དང་རྒྱལ་འགོང་གི་གནོད་པ་ཞེས་གཞན་ཞིག་ཕྱི་རོལ་ན་མེད་པས། རང་རྒྱུད་དུལ་བ་དགོས་ཚུལ་སོགས་བསླབ་བྱ་གནད་ཆེ་བ་དང་འབྲེལ་བའི་གསུང་ཤིན་ཏུ་ཐྱི་བ་གནང་བས། ཐུགས་སྲས་རྣམ་གཉིས་ནས་ཀྱང་སྐུ་ལ་ཚད་བཙུག་པའི་ཞལ་མནའ་དང་བཅས་དམ་བཅས་པར། རྗེ་རང་གི་གསོལ་ཕོར་ནང་ནས

གསོལ་ཇའི་བཞེས་འགྲོ་མནའ་ཆུའི་ཚུལ་དུ་བསྐྱལ། དེ་འཕྲལ་གསེར་ཁྲི་རྣམ་གཉིས་པན་ཚུན་གསོལ་ཇ་འདྲེན་རེས་སོགས་ཐུགས་ནང་གཤིན་པར་མཛད་དེ་བཀའ་དང་དུ་བླངས། སྨད་ནས་ཡར་ཕེབས་སྐབས་གདན་སའི་རྫོང་གླིང་གི་ཡི་གེ་སྐུ་མདུན་དུ་འབྱོར་རྒྱུའི་སྔ་ནུབ་ཆོས་རྒྱལ་ནམ་མཁའ་གང་བ་གར་འཆམ་གྱིས་ནུབ་ཏུ་ཕེབས་པ་ཞིག་རྨིས་གསུངས་པ་ལ་དཔག་ན། དོན་རྩ་འདིར་ལྷ་ཆེན་ཉི་མའི་བུའི་འཕྲུལ་ཞད་ཙུང་འདྲེས་པར་སྣང་པས་དཔོན་སློབ་ཀུན་གར་འཁྲབ་པ་ལ་ཐུགས་དབང་མ་མཆིས། དབྱར་གྱི་སྐབས་ཤིག་འཇམ་དཔལ་ཁྲིམས་པ་མ་ཧེའི་ཞལ་ཡབ་ཡུམ་སྐུ་དངོས་ཀྱི་སྙོམས་པར་ཞུགས་པས་གསང་བའི་བདུད་རྩི་གནང་བ་ཞལ་དུ་བཞེས་པའི་ཉམས་སྣང་ངོ་མཚར་བ་བྱུང་ཞིང་ལྕགས་སྦྲུལ་ལོའི་བཅུ་གཉིས་པའི་ནང་ཞིག་ཏུའང་མཚན་ལམ་ཡི་དམ་འདི་ཉིད་ཀྱི་འབག་སྐུ་ཞིག་ལ་རབ་གནས་མཛད་སྐབས་དེ་ཉིད་སྒྲོ་བུར་དུ་སྐུ་དངོས་སུ་གྱུར་ཏེ་སྟར་བཞིན་བསང་རྫས་གནང་བྱུང་བ་ནི་ངེས་པར་ལྷག་པའི་ལྷས་གསུངས་པའི་དབང་དངོས་སུ་བསྐུར་བ་གོར་མ་ཆག་པས་བྱང་སེམས་སྲིད་པ་ཐ་མ་བ་མི་སློབ་པའི་ཟུང་འཇུག་མངོན་དུ་བྱེད་ཁར་ཕྱོགས་བཅུའི་སངས་རྒྱས་རྣམས་ཀྱི་དབང་བཅུ་གཉིས་པ་དངོས་དབང་དུ་བསྐུར་བ་དང་ཚུལ་མཚུངས་པ་ཞིག་གོ། །

ཀྱི་གཅིག་པ་ས་ལུག་ལོའི་སོས་ཀ་དུས་འཁོར་གྲྭ་ཚང་ནས་ཞུས་ངོར། བླ་ཤོལ་གྱི་དབང་གིས་བོད་རྩིས་སམ། དུས་འཁོར་རང་ལུགས་ཀྱི་ནག་ཟླའི་ཆོས་དྲུག་ལ་སོགས་ཆེན་འདུ་ཁང་ནས་ས་ཚོག་མཛད་དེ། སྟོང་ཆེན་ཡི་གེ་ལྔའི་བདག་ཉིད་མི་འགྱུར་བའི་བདེ་ཆེན་ཐབས་ཀྱི་རང་བཞིན། འགྱུར་མེད་ཡི་གེ་དྲུག་གི་བདག་ཉིད་རྣམ་མེད་སྟོང་ཉིད་ཀྱི་ཕྱག་རྒྱ་ཆེན་མོ་དང་མཉམ་པར་ཞུགས་པའི་ཟུང་འཇུག་དུས་ཀྱི་འཁོར་ལོའི་སྐྱར་བཞེངས་ཏེ། བཅུ་བཞི་ལ་སྟ་གོན་དང་བཅོ་ལྔ་ལ་དབང་བདུན། བཅུ་དྲུག་དང་བཅུ་བདུན་གཉིས་ལ་གོང་མ་གོང་ཆེན། སློབ་དཔོན་གྱི་དབང་བཅས་ཚོགས་པ་ཁྲི་

ཕྲག་བརྐྱལ་བར་དཔལ་དུས་ཀྱི་འཁོར་ལོའི་དབང་མོ་ཆེ་ཡོངས་སུ་རྫོགས་པ་བསྐྱལ་ཞིང་། ཁྲི་གུང་ཐང་རིན་པོ་ཆེར། ཉུས་རྒྱན་སྒྲོན་པ་དང་། དབང་སྔེགས་ལ་བཀོད་པ་སོགས་མཛད། མཇུག་ཏུ་གྲྭ་ཚང་སོ་སོའི་འཆད་ཉན་མ་ཉམས་པ་དགོས་ཚུལ་གྱི་གསུང་བཀོད་རྒྱས་པར་གནང་། འདི་དུས་ཞལ་སློབ་ནང་མ་ཞིག་ལ་དབང་གི་དུས་གོ་ལས་འཕྲོས་ནས། ད་སྟོབས་པོ་ཆེ་ལ་ལོ་གྲངས་བདུན་ཅུར་ཉེ་བ་ཙམ་འདུག དེའི་རྗེས་མ་དེ་སུ་ཡིན་ན་གསུངས་པར་དེ་སུས་ཤེས་ཞུས་པས་མ་འགག་པ་རྣད་པོ་ཉི་ཟླ་རྣན་ཡིན་རྒྱུ་རེད་ཨང་ཞེས་ཐུགས་འཕུར་བའི་ཉམས་ཀྱིས་གསང་བའི་ལུང་ཡང་གནང་འདུག་ཀྱང་བཀའ་ལས། ད་དུས་འཁོར་གྱི་དབང་ཚར་སོང་བ་ཡིན་སྙམ་སྟེ། ད་དུང་གཅིག་བསྐྱར་དགོས་འདུག ཉམས་མཚར་ཞེས་གསུང་བ་ཕྱིས་དེ་བཞིན་གྱུར། འདི་རེས་གླིང་མཐའི་སྤྲང་པོ་ཡན་ཆད་ལ་བུམ་ཆུ་འཕྱིར་འཇུག་པ་གནང་སྟེ། འཁོར་བ་མཐའ་ཅན་དུ་བྱེད་པའི་མཛད་བཟང་རྨད་དུ་བྱུང་བའོ། །ལོ་སྟ་མ་ནས་བཟུང་སྟེ་བའམ། ཉུས་སམ། ཁྲིམ་ཚང་གི་མིང་སོགས་ལ་རྒྱ་ཟེར་བ་ཞིག་ཏུ་སྤྲུལ་སྐུ་རེ་ཨེ་འདུག ཅེས་རྩད་གཅོད་མཛད། སྐབས་འདིར་སྐྱེ་དགེའི་རྒྱ་སྐྱེ་ཁག་གསུམ་དུ་སྤྲུལ་སྐུ་ཡིན་ཟེར་མཁན་ཞིག་ཡོད་ཚུལ་གསན་པས་དེ་དང་ཕྱོགས་གཞན་འགར་ཡང་བལྟ་མི་མངགས་པ་རྣམས་ཕྱིར་འཁྱོར་བསྡུན། གསེར་ཁྲི་རྣམ་གཉིས། ཕྱག་མཛོད་ཆེན་མོ། གསོལ་དཔོན་ཆེ་ཆུང་སོགས་སྐུ་མདུན་དུ་བོས་ནས་བཀའ་འདྲི་གནང་བར། ཨ་རིག་ཕྱོགས་སུ་དཔོན་ལྷ་ཆེན་གྱི་བུ་བྱིས་པ་གསལ་པོ་ཞིག་ཡོད་ཚུལ་སོགས་འགའ་ཞུས་པས། ཨ་རིག་གི་དེ་ལ་ངའི་བརྟག་པ་བྱས་ཀྱང་རང་རེའི་ཕྱོགས་འདི་ལ་ཕན་རྒྱུའི་སྤྲུལ་སྐུ་ཞིག་མིན་པ་འདྲ། སྐྱེ་དགེ་ན་ཡོད་པ་དེ་ལ་བལྟ་རྟོག་བྱས་ན་བཟང་ཚོད་རེད་གསུངས་པ་བཞིན་གསོལ་དཔོན་བསྟན་པ་དོས་འཛིན་འབུལ་བར་སོང་། ཕྱིར་འཁྱོར་བ་ནས་བཟུང་། སྐུ་དགེར་འབྱུངས་པ་འདི་ཉིད་ཡང་སྲིད་འཁྲུལ་མེད་ཡིན་རྒྱུའི་གསུང་ཡང་

ཡང་གནང་བར་སྐྱབས་མགོན་གོང་མའི་ཞལ་ཆེམས་ཀྱི་ཡི་གེ་ཞལ་མ་ཕྱེ་བར་ཡོད་སྐབས། རྗེ་ཉིད་ཀྱི་ཞབས་གྲུས་རྣམས་སེམས་འཚབ་སྟེ་ད་ལྟ་ནས་བཀའ་འདི་འདྲ་གནང་ན་ཨེ་དགའ་ཞུས་པར་གསན་བཞེས་མ་གནང་། ཡང་བསྐྱར་སྙད་ནས་མི་མང་གིས་ཀྱང་ཅི་ཟེར་མི་ཤེས་པ་དང་། ཐམས་ཅད་ཀྱིས་ཡང་སྤྲུལ་འཁྲུལ་མེད་ཅིག་ལག་ཏུ་ཨེ་ཚུད་དམ་ཟེར་བ་སོགས་ཞུས་པར། ཁ་རོག་སྡོད། མི་ཁ་ཡོད་ན་ང་ལ་ཡོད་མོད་ཁྱེད་ཚོ་ལ་ཅི་ཡོད། ཁོ་རང་ཚོ་ལ་སྤྲུལ་སྐུ་འཁྲུལ་མེད་དགོས་པ་བདེན་པ་རེད། ང་ལ་མི་དགོས་པ་ཨེ་རེད་གསུངས། ཕྱིས་སུ་ཁྲི་ཆེན་རྣམ་གཉིས། ཕྱག་མཛོད་ཆེན་མོ་སོགས་འཛོམས་ཐོག་ཞལ་ཆེམས་ཀྱི་ཡི་གེ་ཞལ་ཕྱེ་བར་ཡབ་སྲས་གཉིས་ཞལ་མཐུན་དུ་འདུག་པས་ཐམས་ཅད་ཡིད་ཆེས་ཀྱི་དད་པ་འཕྲོངས། སྐབས་འདིར་བསྟན་པའི་གེགས་ཆག་གིས་ཁྲི་གུང་ཐང་རིན་པོ་ཆེ་སློ་བུར་དུ་སྐུ་བསྟུང་བར་གཟིམ་ཁང་དུ་རྗེ་བླ་མ་འདི་ཉིད་ཚོགས་དབུར་ཕེབས་ནས་འཇིགས་བྱེད་ཀྱི་ལྷོ་སྒོ་དང་། དྲུག་ཅུ་བ་བསྟོ་པ་སོགས་མཛད་ཅིང་ཞབས་རིམ་སོགས་ལ་ཞལ་བཀོད་དང་སྤྱན་དམིགས་ནན་ཏན་མཛད་ཀྱང་། སྐྱེ་འགྲོའི་བསོད་ནམས་དམན་པས་ཞི་བར་མནལ་བས་ཀུན་རིག་གི་ཚོག་ཁྲུས་དང་། ཞབས་ཕྱི་རྣམས་ལ་སེམས་གསོ་ཞལ་ཏ་གནང་། རྗེ་ཉིད་ཀྱང་ཐུགས་ཤིན་ཏུ་སྐྱོ་བའི་ཉམས་ཚད་ལས་འདས་པ་བྱུང་། ཐོས་བསམ་གླིང་གི་དེང་བརྩམས་མ་དང་། ལེགས་བྲིས་མ། སྐྱབས་འགྲོའི་འདོན་ཧ་དགེ་ཚུལ་གྱི་ཕྱིར་བཅོས་སོགས་ཉམས་བཅོས་ཞིབ་མོ་མཛད། དགུང་ལོ་གྱ་གཉིས་བཞེས་པ་ལྕགས་སྤྲེལ་ལོར་ཀུན་མཁྱེན་མཆོག་སྤྲུལ་རིན་པོ་ཆེ་ཁྲི་ཕེབས་ཀྱི་སྐུ་དོན་ཆེ་ཕྲ་མཐའ་དག་ལ་གསུང་བཀོད་ཞིབ་ཏུ་མཛད། ཁྱུང་རྩེའི་ཐང་དུ་ཅིབས་བསུར་ཕེབས་ནས་ཐོག་མའི་མཇལ་འཕྲད་ཐོག དར་ཚོན་སྣ་ལྔ་དུང་དཀར་གཅིག་བཅས་ཕུལ་ཏེ། ཆོས་དུང་ཆེན་པོའི་སྒྲ་ཡིས་ནི། །སེམས་ཅན་སྡུག་བསྔལ་མཐར་བགྱིད་ཤོག །བསྐལ་བ་བྱེ་བ་བསམ་ཡས་སུ། །ཆོས་སྟོན་མཛད་

ཅིང་བཞུགས་སྒྲུར་ཅིག །ཅེས་རྗེ་ཉིད་ཀྱིས་དབུ་བསྐུལ་ཏེ་གསུངས་པ་སོགས་ཀུན་མཁྱེན་པར་མའི་དུས་བཞིན་འཕྲིན་ལས་ཀྱི་སྒོ་བརྒྱ་ཕྱེ་བའི་རྟེན་འབྲེལ་བསྒྲིགས། སྐྱབས་མགོན་རིན་པོ་ཆེ་གདན་སར་མྱུར་དུ་ཕེབས་པ་བཀའ་དྲིན་ཆེ། ང་རང་ལོ་བརྒྱད་ཅུ་བརྒལ་སོང་ཞུས་པར། ཞལ་ནས་དེ་ཡག་པོ་རེད་ཅེས་སྐུ་གོང་མའི་དུས་ལྟར་གྱི་གསུང་བྱོན་པས་རྗེ་བླ་མ་མཉེས་ཚོར་ཆེ་བར་མཛད། དེ་སྐབས་རྗེ་ཉིད་ཀྱི་སྤྱན་མི་གསལ་བ་དང་། མཆོག་སྤྲུལ་རིན་པོ་ཆེའི་བཞུགས་ཁྲི་མཐོ་ཞིང་། མི་མང་གིས་འཚུབ་ཆེ་བས་མི་གཟིགས་པ་མ་གཏོགས། རྒྱ་ནག་ཏུ་བཞུགས་དུས་མཚན་ལམ་དུ་བྱུང་བའི་ཞལ་རས་མ་བརྗེད་འདུག་པས། ཞལ་མཐོང་ན་ཤེས་ས་ཡོད་གསུངས། དཔྱིད་འདིར་ཁོ་བོ་ཅག་མཆོག་སྤྲུལ་རིན་པོ་ཆེའི་ཁྲི་འདོན་གྱི་ཐོག་མའི་མཇལ་ཕྱག་གི་ཆེད་དུ་སོང་བར་བླ་མ་རྡོ་རྗེ་འཆང་ནས་ལམ་དུ་བསུ་བ་ཆེད་མངགས་དང་། བླ་བྲང་ཆེན་མོར་བབ་འཁྲུལ་འཚམས་ཞུར་སྐུ་ཚབ་གཏོང་བ་སོགས་བཀའ་དྲིན་བསྐྱངས། ཕྲན་གྱིས་གསོལ་བ་བཏབ་པའི་ངོར་ལམ་གྱི་གཙོ་བོ་རྣམ་གསུམ་གྱི་བཤད་ལུང་། གསང་འདུས་འཕགས་ལུགས་དང་བདེ་མཆོག་དྲིལ་བུ་ཕྱི་ནང་གི་དབང་། བཛྲ་ཕར་ཧིའི་བྱིན་རླབས། ཀུ་རུ་ཀུལླེའི་རྗེས་གནང་། དུག་དབང་རྨ་བྱ་རྒྱས་པ། གྲུབ་རྒྱལ་ཚེ་དབང་བཅས་གནང་བས་སྐལ་བ་བཟང་པོ་ཐོབ། སྐུ་ན་ཏ་ཅང་སྨིན་ཆེ་ཡང་། དབང་ཆོག་ཚང་མ་ཐུགས་ཐོག་ནས་ལྷག་ཆད་མེད་པར་ཤར་ཤར་ཐོན་པ་ཞིག་འདུག ཉིན་གཅིག་ངོས་འཁོར་ཚང་མར་གསོལ་རས་ཀྱི་བདག་རྐྱེན་བསྐྱལ་བ་ཞུ་རུ་ཕྱིན། ཕྲན་སྐུ་དྲུང་དུ་བསྡད་ནས་རྒྱ་ནག་གི་ལུགས་སྲོལ་ལྟར་གྱིས་ཟས་སྣ་རྣམ་གྲངས་མང་པོ་གནང་བས་མིག་དང་ལྟོ་བ་ཡོངས་སུ་འགེངས་པར་བྱས། སླབ་པར་དུ་གཟིམ་ཁང་སྟེང་འོག་ཚང་མར་མཇལ་དུ་ཕྱིན། དྲུང་ཡིག་ཐུབ་བསྟན་ལ་མགོན་ཁང་མདོའི་གཟིམ་ཁང་ཚུང་དུར་ཨེ་ཕེབས་གསུངས། ཕེབས་རྒྱུ་རེད་ཞུས་པར། དེ་ན་མཁའ་སྤྱོད་སྐོར་གསུམ་གྱི་གསང་

ཐང་བཞེངས་ཡོད། དེ་གཟིགས་ན་ཁ་སང་དབང་བསྐུར་དུས་གཏན་ནས་དཔེ་ཆ་ཡང་མ་མཐོང་བ་ལྟ་བུར་འདུག་ཀྱང་། འདི་ན་ཡང་བླ་རྒན་གྱིས་མགོ་མི་ཐུག་པ་ཞིག་བྱས་འདུག་ཐུགས་ལ་དགོངས་རྒྱུ་རེད་ཅེས་ཞལ་རྩེད་གནང་འདུག ཕྲན་ལ་གསུང་གླེང་གནང་བའི་སྐབས་ཞིག་ཏུ་དེང་དུས་ཀྱི་བླ་མ་དག་གི་མཛད་སྤྱོད་ལས་འཁྲོས་ནས། བཀའ་ལས། དེང་སང་གི་བླ་མ་ཚོ་ལ་གྲུབ་ཆེན་བྱེད་རྒྱུ་མང་། སྐུ་ཕྱོགས་ཐུའུ་བཀྭན་ཚང་བུ་ངན་པ་ཡིན་ནམ་སྐུ་འཕྲེང་འགའ་ལ་གྲུབ་ཆེན་བྱེད་མི་ཐུབ་གསུངས་ནས་བཞད་མོ་མཛད། ཡང་ད་ལྟ་བླ་མ་བཟང་པོ་ཐམས་ཅད་གཤེགས་ནས་སྤྲུལ་སྐུར་ཕེབས་འདུག ད་ཡང་མཛད་པ་ཅི་འདྲ་རེ་སྟོན་ནམ་སྙམ། ང་མི་ལོ་ལོན་ཡིན་པས་སེམས་མི་བདེ་བར་འདུག ཁྱོད་ཤེས་རབ་ཆེ་བས་མཁས་པ་ཞིག་ཡོང་རྒྱུ་རེད། མཁས་པས་མི་ཆོག་བཙུན་དགོས། ལྷག་པར་དུས་སྙིགས་པས་བཙུན་པ་རང་གལ་ཆེ། དེས་མི་ཆོག་བཟང་དགོས། གསུམ་པོ་དེ་འཛོམས་པ་ཞིག་གལ་ཆེ་ཞེས་དང་། བཀའ་གདམས་གོང་མའི་གསུང་རྣམས་ལ་བལྟ་རྟོག་བྱས་ནས་ལེགས་ཚུལ། རྩོམ་པ་ཡང་བརྡ་སྐད་སྔ་ཚོགས་མི་བསྲེ་བར་རྗེ་ཐམས་ཅད་མཁྱེན་པའི་གསུང་ལྟ་བུའི་ལད་མོ་བྱས་ན་ལེགས་ཚུལ་སོགས་གནད་ཐོག་ཏུ་མེ་བཙའ་བཞག་པ་ལྟ་བུའི་བསླབ་བྱ་འགང་ཆེ་བ་བསྩལ་ཞིང་། ཕྱིས་སུ་བསམ་ཚེ་མ་འོངས་རྗེན་པར་གཟིགས་པའི་ལུང་བསྟན་དུ་འདུག ཚུལ་ཡོང་ཁར་རྒྱལ་བ་སྟོང་ཁ་པ་ཆེན་པོའི་སྐུ་བརྙན་ཞིག་ཆེད་དུ་གནང་བར་མཛད། དབྱར་ཐོག་སྐབས་ཞིག་ཏུ་ཚེ་རིང་མཆེད་ལྔར་གསོལ་མཆོད་བྱེད་དགོས་པར་འདུག་གསུངས་ནས། མཆོད་གཏོར་གཟབ་རྒྱས་དང་བཅས་གསོལ་མཆོད་གཏོང་དུ་བཅུག ཉིན་དེར་སྐུ་ཙ་སྐྱེ་དགེ་ཨ་མགོན་གྱིས་ལ་སྟོད་གངས་ཀྱི་ཡིན་ཟེར་བའི་བུར་དཀར་ཞུལ་བས་ཐུགས་དགྱེས་ཏེ། འདི་ཟས་ཀྱི་མཆོག་སྙེར་མི་གཡོ་བློ་བཟང་མས་ཁྱེར་འོང་བ་རེད་ཅེས་བཞད་མོ་མཛད་ཅིང་མཆོད་གྲལ་དུ་འཇོག་བཅུག དེ་ནས་

བཟུང་ཐང་ཀ་ཡང་ཆེད་དུ་བཞེངས་ཏེ་ཟླ་རེ་བཞིན་གསོལ་མཆོད་འཆར་ཅན་བྱེད་རྒྱུའི་བཀོད་ཁྲབ་བསྒྲུལ། སྔ་སོར་ཕྱོགས་འདིར་གཏན་ནས་དར་སོ་མ་བྱུང་བ་ལྟ་བུ་ལ་ད་རེས་འདི་ཅི་ལ་དགོངས་ཞུས་པར། བཀའ་ལས། དེ་ནུབ་གཅིག་བུ་མོ་ལོ་བཅུ་གཉིས་བཅུ་གསུམ་གྱི་ཚོད་གོས་རྒྱན་བཟང་པོ་ཅན་ལྔས་སྒོ་དྲུང་འདིར་གར་མཛེས་པ་སྣ་ཚོགས་འཁྲབ་གིན་འདུག ཆུ་མཚན་ཞིག་ཡོད་དེ་ལམ་དུ་སོང་ཡོད་པ་འདྲ་གསུངས། ལོ་སྔ་མ་ནས་ཙན་དན་གྱི་དུས་ཀྱི་འཁོར་ལོའི་སྐུ་ཆེ་ཚད་ཅིག་བཞེངས་བཅུག་པ་ལོ་འདིར་འགྲུབ་ཅིང་། དེའི་མཐར་བཞུགས་རྒྱུའི་རིགས་ལྡན་ཉེར་ལྔའི་སྐུ་གཟུགས་འབྲས་སྤུངས་མཆོད་རྟེན་བཅས་གསེར་ཟངས་ལས་སྒྲུབ་པ་རྣམས་ལ་རབ་གནས་མཛད་པ་རྟེན་བཞེངས་ཀྱི་ཐ་མ་སྟེ་རིགས་ལྡན་རྒྱལ་པོར་ཕེབས་རྒྱུའི་གྲྭ་སྒྲིག་མཛད། རབ་གནས་དགེ་ལེགས་ཆར་འབེབས་ཀྱི་ཕྱག་ལེན་མི་ཉམས་པའི་ཆེད་གྲྭ་ཚང་ཞིག་ལ་འཛུགས་བཞེད་ནས། སྔོན་འགྲོར་སྟོང་སྐུའི་ལྷ་ཁང་དུ་ཚུགས། བརྒྱུད་པའི་ནང་རྒྱུད་པའི་འདུ་ཁང་སྟེང་ཤོད་ཀྱི་ལམ་རིམ་ལྷ་ཁང་རབ་གནས་ལ་གདན་འདྲེན་ཞུས་པར་ཐུགས་དགྱེས་ནས་རྒྱུད་གྲྭ་འདི་འདེབས་པ་བོ་སྟེ་ཏན་ཚང་གི་གསོལ་ཕོར། དབུ་ཞྭ། ལྷུང་བཟེད་བག་ཁུག་རྣམས་བསྣམས་ནས་ཕེབས། རྗེ་ཉིད་བླ་མ་དབུ་མཛད་ཀྱི་གོ་སར་བཞུགས་ཤིང་། སྐྱབས་མགོན་མཆོག་སྤྲུལ་རིན་པོ་ཆེ་ཡང་ཚོགས་དབུར་གདན་དྲངས་ནས་རབ་ཡངས་མའི་ཤིས་བརྗོད་མཛད། སྐུ་ཞབས་ཕེབས་རྗེས་གསང་འདུས་ཀྱི་ཆོ་གའི་སྒོ་ནས་ཚོགས་ཡོངས་དང་ལྷན་དུ་རབ་གནས་མདོར་བསྡུས་མཛད། མཇུག་ཏུ་རྗེ་བླ་མ་ཉིད་ནས་དབུ་བསྐུལ་ཏེ་བདེ་གསང་འཇིགས་གསུམ་གྱི་སྨོན་ལམ་ཡིད་འཕྲུལ་དངོས་སུ་གསུངས། མཉམ་བཞེས། མཉམ་བསྡུ་ཕུད་གཏོར་སོགས་རྒྱུད་ཀྱི་འཁྲིག་ལམ་རྣམས་ཚོགས་མང་དུ་མཐུན་པར་གནང་། ཚོགས་གྲོལ་ནས་རྗེ་གོང་མའི་གདུང་མདུན་དང་མགོན་ཁང་དམ་ཅན་བཙན་ཁང་རྣམས་ལ་ཕེབས་འདོད་གསོལ་

འཕྲིན་བཅོལ་གང་རྒྱས་དང་། གདུང་མདུན་ནས་འདི་སྔོན་གྱི་ཟླ་རྒན་ཚོས་ལེགས་པོ་ཞིག་བཞེངས་འདུག་ཅིང་སྐབས་ཁ་ཡང་བདེ་མོ་འདུག་ཅེས་འདུག དེ་དུས་འཇའ་ཚོན་ཤིན་ཏུ་གསལ་བ་ཞིག་གཟིམ་ཁང་གི་སྟེང་དུ་ཟུག་ཅིང་ཆར་འབབས་པ་སོགས་བྱུང་བ་ཕྱིས་སྐུ་གདུང་དེར་བཞུགས་རྒྱུའི་ལྟས་ཡིན་པ་འདྲ་ཞེས་ཡོངས་འཛིན་རྗེས་གསུངས་སོ། །རྗེ་འཇིགས་མེད་ལུང་རིགས་རྒྱ་མཚོ་ཡུལ་དབུས་ནས་མར་ཕེབས་སྐབས་ལྷ་བཟོ་སྐལ་བཟང་གི་ཕ་ཨེ་བ་མགོ་རིས་ཟེར་བ་ཁྲིད་འོང་ནས་ལམ་རིམ་ཟླ་བརྒྱུད་བཞེངས་པར་རྒྱ་གར་པའི་འདྲ་འབག་གྲུབ་བསྟུན། ཚོགས་ཆེན་འདུ་ཁང་དུ་འཇོག་བཞེད་ཀྱི་བཀའ་རམས་ལ་གཟུངས་གཞུག་འབུལ་དུ་བཅུག་མཚམས་དེར་ཕོང་ཞིང་བརྗེས་པས་མཇུག་མ་རྫོགས་པར་ལུས། ཕྱིས་འདུ་ཁང་སྟེང་དུ་བཀུར་སྟི་མེད་པར་བཞུགས་པ་རྗེ་འདིའི་ཐུགས་ཀྱིས་མ་བཟོད་པར་གཟིམ་ཁང་དུ་གདན་དྲངས། ལྷག་མ་ཁ་སྐོང་འདུན་གྲིས་རིམ་འགྲུངས་སུ་ལུས་པ་ས་ཧ་ཡོར་གྲུབ་སྟེ་མཚན་བྱང་ལྟར་རེ་རེ་བཞིན་ཀུན་དགའ་ར་བར་བཞུགས་སུ་གསོལ་སྐབས་མཚོ་སྔ་བ་ཆེན་པོ་སླེབས་པའི་སྐབས་སུ་བཀའ་རམས་འཛིན་གྲྭས་འདུལ་བ་མདོ་རྩའི་བཤད་ལུང་ཞུར་འོང་བ་དུས་འགྲིགས་པས། བཀའ་ལས། ཉིད་ཀྱི་སྐུ་བར་མ་ཚོགས་ཆེན་ཁྲིའི་སྐབས་བཀར་རམས་ལ་འདུལ་བའི་རྒྱུགས་ལེན་རྒྱུ་ཡིན་གསུངས་པར་བཀའ་རམས་སྐྱོར་དཔོན་འཇམ་དབྱངས་གྲགས་པས་ཐམས་ཅད་ཀྱིས་མདོ་རྩ་བཟུང་འདུག་པས་དེའི་རྒྱུགས་ཕུལ་ན་ཞུས་པར། མདོ་རྩའི་དབུ་ནས་ཤོག་ལྷེབ་ལྔ་དྲུག་ཙམ་གྱི་རྒྱུགས་བླངས་ནས་མཚམས་མཛད་པ་རེད། ད་རེས་ལུང་ཙམ་ཞིག་འདོན་ཐུབ་ཀྱང་རྟེན་འབྲེལ་ཞིག་ཡོད་འདྲ་གསུངས།

གྱི་གསུམ་པ་ལྕགས་བྱའི་ལོར་རྒྱུད་སྨེ་འོག་མ་ཆེས་ཉག་ཕྲ་བ་ཐུགས་ཀྱིས་མ་བཟོད་པར་དུས་གྲུར་རྣམ་སྣང་མངོན་བྱང་འཛུགས་བཞད་ཀྱིས་ཟླ་གྲུ་ཙུང་བསྡུས་ལ་

དེའི་དབང་ཆེན་བསྐུལ། དབྱར་ཐོག་སྟོར་ཞུས་པའི་འདུལ་བ་མདོ་རྩའི་བཤད་ལུང་རྩ་བ་ཐུགས་ཐོག་ནས་གསུངས་ཤིང་། རྗེ་རང་གི་མཛད་པའི་ས་བཅད་དང་སྦྲགས་ནས་གཞི་སྟོད་རྫོགས་པར་གནང་། ཁོ་བོ་ཅག་ནས་དུས་འཁོར་གྱི་དབང་ཆེད་དུ་ཕུལ་བའི་ཡི་གེ་གསར་བཞེངས་འབྲས་སྤུངས་མཆོད་རྟེན་ལ་བཙོས་སྐྱོར་འགག་བྱེད་དུ་བཙུག་ནས་མདུན་དུ་ཁྲིར་འོང་བ་དང་ལྷན་དུ་སྐུ་དྲུང་དུ་འཁྱོར་བས་དགྱེས་ཚོར་ཆེ་བ་མཛད་ཅེས་ཁོ་བོས་ཡོངས་འཛིན་རྗེའི་ཞལ་ནས་ཐོས། བདག་མངོན་ཆུང་གི་རྣམ་པས་རྒྱ་ལམ་བརྒྱུད་དེ་སོང་བར་བླ་བྲང་དུ་འབབ་ཉིན་རྗེ་ཉིད་ནས་བསུ་མི་སྐྱེར་དུ་མངགས་པ་མཛད། སླེབས་འཕྲལ་འཁྱོར་ཕྱག་ཞུ་བར་ཞབས་པད་དུ་ཕྱིན་པར་གསོལ་ཇ་སོགས་གནང་སྟེ་ཐུགས་དགྱེས་པའི་གསུང་གླེང་ཅི་ཡང་འཕེལ། དེ་ནས་ཕྲན་གྱིས་ཞུས་པ་བཞིན་སློབ་མ་རྗེས་འཛིན་དང་། ས་ཆོག་སོགས་ལེགས་པར་བསྒྲུབས་ཏེ། དྲུག་པའི་ཚེས་བཅུ་ལ་བདག་འཇུག་བཞེས། བཅུ་གཅིག་ལ་སྟ་གོན། བཅུ་གཉིས་ལ་བྱིས་དབང་བདུན། བཅུ་གསུམ་ལ་གོང་མ་གོང་ཆེན། བཅུ་བཞི་ལ་རྡོར་སློབ་བདག་པོ་ཆེན་པོ་སྟེ་གཉིས་མེད་རྒྱུད་ཀྱི་རྒྱལ་པོ་ཤྲཱི་ཀཱ་ལ་ཙཀྲའི་དབང་ཆེན་རིགས་ལྡན་སྟོབས་པོ་ཆེ་ཤམྦྷ་ལར་རྒྱལ་ཐབས་ཀྱི་ཁྲིར་འཁོད་པའི་གནམ་ལོ་སོ་ལྔ་བ། ལྷུགས་བྱ་ཆུ་སྟོད་ཟླ་བའི་དཀར་ཕྱོགས་ཀྱི་བཟང་པོ་གསུམ་པའི་ཉིན། རེས་གཟའ་ཕུར་བུ་དར་བ། ཟླ་སྐར་ས་ག འཕྲོད་སྦྱོར་ལྡན། སྦྱོར་བ་དགེ་བ། དོན་གྱི་བྱེད་པ་གདབ་པ་ལ་ཉེ་བར་བབས་པ་ན། འབྲུངས་པའི་རབས་ཀྱིས་མཛེས་པའི་སྐྱེས་ཆེན། ལུང་དང་རྟོགས་པའི་ཡོན་ཏན་གྱིས་མཐོ་བའི་སློབ་དཔོན། མང་ཐོས་ཚུལ་བཞིན་དུ་སྒྲུབ་པའི་དགེ་བའི་བཤེས་གཉེན་སོགས་དགེ་འདུན་འདུས་པ་རྒྱ་མཚོ་དང་ལྷན་ཅིག་པར་ཕ་བླ་མ་དུས་ཞབས་པ་ཆེན་པོའི་དྲུང་ནས་ལེགས་པར་ཐོབ་པས་ངེས་པར་སྐལ་ལྡན་དུ་གྱུར། འདི་ཉིན་ཕྲན་ལ་རྗེ་ཉིད་ཀྱི་མནབ་བཞིན་པའི་ཐུས་རྒྱན་སྤྲིན་པ་གནང་ནས་དཀྱིལ་འཁོར་

ལ་བསྐོར་བ་བྱས་པའི་མཐར་སློབ་མ་ལྷ་ལ་འབུལ་བ་སོགས་མཛད་པས་བསམ་གྲུབ་དད་པས་མིག་ནས་མཆི་མ་འཁྲུགས་པ་བྱུང་། མཇུག་ཏུ་ཕྱི་རྩམ་བྲེ་བདུན་གྱིས་ཚོགས་གཏོར་ཆེན་པོ་བྱེད་བཅུག་ནས་ཐུགས་ཤིན་ཏུ་སྤྲོ་བ་བཅས་ཚོགས་ཀྱི་འཁོར་ལོ་བསྐོར་ཞིང་དུས་འཁོར་གྱི་སྨོན་ལམ་དང་། བསྟན་འབར་མས་མཐའ་བརྒྱན་པ་ནི་དབང་གི་ཐ་མ་ཡིན་ནོ། །

རྗེ་གོང་མ་རྣམ་བཙུ་ཞབས་ཀྱིས་སྐུ་གཟན་གྱ་ཚང་འདི་གར་མ་ཞུས་པར་དད་རྟེན་དུ་གནང་འདུག་པ་འབྱུང་འགྱུར་འདི་ལ་དགོངས་ནས། ཕོ་བོ་རྗེས་སུ་འཛིན་པའི་རྟེན་འབྲེལ་བསྒྲིགས་པ་ཡིན་སྣང་ངོ་། །བཙོ་ལྔའི་ཉིན་རྗེ་ཙུང་སྐྱ་གོང་མའི་ཁྲིད་ཡིག་སྙིང་ནས་བློ་སྦྱོང་ཚིག་རྐང་བརྒྱད་མའི་ཉམས་ཁྲིད་བཀའ་དྲིན་བསྐྱངས། ཕྱག་རྗོར་འཁོར་ལོ་ཆེན་པོའི་དབང་ཞུས་ཀྱང་གནང་རྒྱུར་མ་སོང་བར་རྗེས་སོར་གནང་རྒྱུ་བྱས་པ། ཕྱིས་སུ་བསམ་ཚེ་ལྷ་དང་བླ་མ་གང་ཐད་ནས་རྟེན་འབྲེལ་བཟང་བ་འདྲ་སྙམ། ཚུར་འོང་རྒྱུའི་སྔ་ཉིན་ཞབས་དྲུང་དུ་ཐོན་ཕྱག་འབུལ་དུ་ཕྱིན། འདི་ཕྱིའི་གནས་སྐབས་ཐམས་ཅད་དུ་རྗེས་སུ་འཛིན་པའི་སྐྱབས་འཇུག་ཞུས་མཚུངས་སྙིང་ནས་བཟོད་གླགས་མེད་པར་དུ་རྒྱུ་ཞིག་བྱུང་ནས་དུས་ནས་བསྡད་པ་ན། ཞལ་འཛུམ་པ་དང་བཅས་ཕྱག་གླང་བོ་ཆེའི་སྣ་ལྟར་བརྐྱངས་ཏེ་མགོ་ལ་བྱུལ་བྱུལ་མཛད་ཅིང་། བཀའ་ལས་མ་དུ་རང་རེ་མྱུར་དུ་མཇལ་འོང་བས་དེ་ཙམ་སྡུག་མི་དགོས། སྔར་ཁ་ཏ་གང་བྱས་སེམས་ལ་ཟུངས་དང་། ངའི་ཡིད་ནས་མི་འབོར་བ་བྱེད་ཅེས་གསུང་གིས་དབུགས་དབྱུང་བར་མཛད། སྐུ་མདུན་ནས་ཕྱིར་གཏན་ནས་འོང་མི་འདོད་པ་ལྟ་བུས་ཡིད་ཤིན་ཏུ་འཕྲང་བ་ཞིག་བྱུང་བ་ནི་ལས་ངན་པ་བདག་ཕྱིས་ཞལ་མཇལ་མ་ཐུབ་པས་འདི་ལ་ལྟ་བ་ཡིན་ནམ་སྙམ། བདུན་པའི་རིགས་གྲྭ་གྲོལ་ནས་སྔར་གྱི་མདོ་རྩའི་བཤད་ལུང་གི་མཇུག་དང་། འདུལ་བ་སུམ་བརྒྱ་བའི་ལུང་། འོད་ལྡན་ལ་དབུ་ཚུགས་ཙམ་མཛད་པ་བཀའ

ཆོས་ཀྱི་ཐ་མ་ཡིན་སྐད། འདི་དུས་སུམ་བརྒྱ་བ་རྩ་འགྲེལ་འདི་ངས་སྐུ་ཕྱོགས་སྐུ་བར་མའི་མདུན་ནས་ཐོབ་པས་སངས་རྒྱས་བཅོམ་ལྡན་འདས་དངོས་ལས་ཐོབ་པའི་འདྲ་ཤེས་ཡོད་གསུངས། མཇུག་ཏུ་གྲྭ་མང་ནས་དད་འདུན་རྩེ་གཅིག་པས་གནས་བརྟའི་བརྟན་བཞུགས་གསུངས་ཤིང་། མཁན་པོ་ངག་དབང་དགེ་ལེགས་ཀྱི་སྤྲུལ་པའི་སྐུ་ནས་ཞུ་འབུལ་གནང་བར་དགྱེས་པའི་བཀའ་ལེན་བསྩལ། དགུན་ཐོག་སོག་འགྲུལ་བ་རྣམས་འཁོར་བར། སྔ་ལོ་སོ་ཉིད་ཆེ་ཀན་ཨོ་བོ་སྐུ་སྐྱེས་ལ་གཏད་གཉེར་གནང་བས་རྣམ་སྣང་མངོན་བྱང་འཇུགས་ཐེབས་ཀྱི་དཀྱིལ་འཁོར་བསྐྲུན་དུས་གྲྭར་འཛུགས་རྒྱུའི་ཞལ་བཀོད་མཛད། ལོ་འདིར་མཚན་རྨིས་ཞིག་ལ་རྗེ་ཉིད་རྒྱང་རིང་ཞིག་ཏུ་འགྲོན་རྩིས་ཀྱི་ཕེབས་བྱམས་སོགས་ར་སྐོར་དུ་ བླང་། ཉིད་དཔོན་གཡོག་ལྷ་ཁང་ལྷ་བུའི་གྲྭ་གསུམ་ཞིག་ཏུ་མཆོད་མཇལ་མཛད་པར་གཡས་གྲྭ་དུ་ཁོང་གི་བཞུགས་མལ་ཡིན་རྒྱུ་ལ་བཞུགས་གདན་སོགས་གང་ཡང་མི་འདུག དབུས་མར་རྗེ་རིན་པོ་ཆེའི་སྐུ་གཟི་བརྗིད་ཅན་ཅིག་བཞུགས་པའི་མདུན་ནས་སྨོན་ལམ་གནང་བཞིན་ཀྱིས་བསྟན་འབར་མ་གསུང་བཞིན་འབྲུ་དཀར་འཐོར་ཞིང་ཕེབས་པའི་གྲྭ་གཡོན་མར་སྤྱན་རས་གཟིགས་ཞིག་བཞུགས་པའི་མདུན་དུ་སླེབས་དུས། བཅེ་བའི་རྒྱུ་ཡིས་ཤ་ཁྲག་དང་། །འཚོ་བ་ཡོངས་སུ་བཏང་གྱུར་ཅིང་། །ཞེས་པའི་མཚམས་དེར་སླེབས་འདུག་པ་རྨིས་པས་ངན་སོང་དུ་མི་སྐྱེ་བ་འདྲ་གསུངས། ཡང་ནུབ་གཅིག་གསོལ་དཔོན་དར་རྒྱས་བྲེལ་སྐབས་ཀྱིས་འོང་ནས། རིགས་ལྡན་འཇམ་དཔལ་གྲགས་པ་འདི་ན་ཕེབས་འདུག་ཟེར། ཁོང་ནས་གང་ན་བཞུགས་དྲིས་པར། གུར་གཡས་མའི་ནང་དུ་བཞུགས་ཟེར། རྗེ་ཉིད་ཀྱི་ཐུགས་ལ། ཁོང་སྐྱེས་བུ་དམ་པ་ཡིན་པར་མ་ཟད། གནའ་དུས་ཀྱི་མི་ཡིན་པས་ལྟད་མོ་དང་སྐད་ཆ་ཡང་ཡོད་རྒྱུ་རེད་དགོངས་ནས་མྱུར་བར་བཞེངས་ཏེ་ཕེབས་པར། ཉིད་ཀྱི་བཞུགས་ཁྲིའི་སྟེང་དུ་སེངྒེ་ཉལ་སྟབས་ཀྱིས་གཟིམས་འདུག

པ་ལ་ཕྱག་འཚལ་ནས་བོས་པས་མ་སད། ན་བཟའ་ནས་འཐེན་ཏེ་སྐད་མཐོན་པོར་བོས་ཀྱང་གཏན་ནས་མ་སད་པ་ཞིག་རྨིས་གསུངས་ཏེ། རིགས་ལྡན་ཆེན་པོ་དེ་ཉིད་སྤྲུལ་པ་སྤྲུལ་གཞིའི་གནས་སུ་སྟུད་པའི་བརྡར་སེམས།

དགུང་ལོ་གྱ་བཞིར་ཕེབས་པ་ཆུ་ཁྱི་ལོའི་སྨོན་ལམ་སྐྱེང་སོག་འགྲུལ་རྣམས་ལ་ཚེ་དབང་གནང་། ལོ་སྟོ་མའི་མཇུག་ཙམ་ནས་སྐུ་ཁམས་རིམ་ལྷོད་ཀྱི་ཚུལ་བསྟན་ཞིང་བླ་བྲང་རང་གི་ལས་དོན་གང་ཅིར་གསུང་བཀོད་དང་། སྨོན་ལམ་སྐྱེང་མི་ཚོགས་མང་དུས་ཡིན་པས་ནང་ཆེན་མི་ཁོམ་པར་གཏད་མི་ཉུང་། སྨོན་ལམ་གྲོལ་ན་རན་ཞེས་མི་བཞུགས་པའི་ཕྱོགས་ཀྱི་ཕེབས་སྒོ་མང་དུ་བསྐུལ་ཞིང་། སྐུ་ཀླུང་ལྷ་བྲིས་ཞལ་དང་ལྗགས་སྐམ་འགྲོ་བ་བྱུང་བ་ན། ཞལ་རྩེད་ཀྱི་ཚུལ་དུ་བཀའ་ལས་ལུས་ཀྱི་མེའི་ཁམས་ཀྱིས་ཆུ་ཉམས་པར་བྱས་པས། ངའི་འབྱུང་བ་སྟུད་རིམ་འདི་དུས་འཁོར་དང་མཐུན་འདུག་ཨང་གསུངས། སྨོན་ལམ་གྲོལ་ནས་ཀྱང་སྨད་སོག་གི་འགྲུལ་བ་འདི་ཚོ་སོང་ན་བཟང་། གཉིས་པའི་གདུང་མཆོད་ཟེར་བས་དེ་དང་འབྲེལ་ན་བཟང་ཞེས་བཀའ་གནང་། གཉིས་པའི་ཚེས་གཅིག་ནས་སྐུ་གཟུགས་ཆེར་སྟུང་ཚུལ་བསྟན་པས། བླ་བྲང་རང་ནས་ཞབས་བརྟན་རིམ་གྲོ་གཏོར་ཆེ་བ་བསྒྲུབས་ཤིང་། གྲྭ་ཚང་ཡང་གྲྭ་སྐོར་དུ་ཕེབས་ནས་ཞབས་རིམ་མཇོས་ཚོས་ཙམ་མ་ཡིན་པར་དད་འདུན་རྩེ་གཅིག་པས་གསུངས། གཞུང་སོགས་ནས་བརྟན་བཞུགས་ཞུ་བར་བཀའ་ལས། ང་ལ་ནད་གདོན་གང་ཡང་མི་འདུག་གཞན་དུ་བྱུང་ཕྱུར་གནོད་ན་སེང་གདོང་གཏོར་ཟློག་གྱིས། རྒྱལ་གདོན་ཡིན་ན་རྟ་མགྲིན་གཏོར་ཟློག་ཐོན་ཟེར་སོད། དེ་འདྲ་ཅི་ཡང་མ་རེད། ལོ་ཟད་སོང་བས་འདུག་ས་མེད་པ་རེད་དེ། འོན་ཀྱང་སྐྱབས་མགོན་མཆོག་གི་བཀའ་གནང་གི་རིམ་གྲོ་འདི་ཚོ་བསྒྲུབ་ན་བདེ་འགྲོ་མོད་ཅེས་གསུང་ཕེབས། སྐུ་ཞབས་མཆོག་སྤྲུལ་རིན་པོ་ཆེ་སྟན་འདྲིར་ཕེབས་པར་ཐུགས་དགྱེས་པས་སྐྱབས་ཞུས་གནང་། དེ་

རྗེས་ཐུགས་ཤིན་ཏུ་སྒྲོ་བའི་ཉམས་ཀྱིས་སྙན་ཟུག་བརྗེད་པ་ལྟ་བུ་མཛད་ཅིང་། བཀའ་ལས། སྐུ་ཕྱོགས་རིན་པོ་ཆེ་སྐུ་ན་བསྐྱེད་ཐོན་འདུག ཞལ་ཆོ་ཆེན་པོ་ལྟ་བུར་འདུག་ཨང་ཞེས་དགྱེས་དགྱེས་མཛད། ཡོངས་འཛིན་རྗེ་ནས་ཆོ་ལྷ་རྣམ་གསུམ་གྱི་ཐང་གསར་ལེགས་པ་ཞིག་གཟིམ་འགག་བརྒྱུད་དེ་སྐུ་མདུན་དུ་ཕུལ་བར་ཐུགས་ཤིན་ཏུ་མཉེས། ཕྱི་ཉིན་ནས་བཞེས་པ་སོགས་གཏན་མི་མཛད་ཅིང་ཏིང་ངེ་འཛིན་ལ་ཐུགས་འབྱམས་པའི་ཚུལ་གྱིས་བཞུགས་ཤིང་གུང་ཐང་ཚང་དང་། བསོད་གྲགས་ཚང་ནང་ཆེན་གཉིས་ནས་སྤྲུལ་སྐུའི་དོན་སྐོར་ཞུས་པ་སྤ་སོར་ཐག་གཅོད་བཞེད་གནང་ཡང་རྐྱེན་ཞིག་གིས་ཐུགས་འགྱུར་བས་གདུང་ཤུགས་དྲག་པོས་གསོལ་བ་ནན་ཏན་དུ་བཏབ་ཀྱང་གསལ་ཁ་མ་གནང་བར་ལུས། ཞབས་སྟོད་པ་རྣམས་ནས་རྗེ་རང་གི་ཡང་སྲིད་ཕེབས་རྒྱུའི་སྐོར་ལ་གསོལ་བ་རྩེ་གཅིག་ཏུ་བཏབ་པར་སྣར་ནས་ཟུར་ཙམ་གསུང་གནང་ཡོད་འདུག་པས་འདི་རེས་དེ་ག་ཙམ་ལས་མ་གསུངས་པར་འདུག དེ་ནས་ཧོར་ཟླ་གཉིས་པའི་ཆོས་བཞིའི་སྤ་དྲོ་འབྲུག་གི་དུས་ཚོད་ལ་ཉེ་བར་བབ་པ་ན། སྐུའི་བཀོད་པ་འདི་ཉིད་ཀྱི་སྔོ་ནས་ཞིང་འདིའི་སྐྱེ་བོ་རྣམས་གདུལ་བར་བྱ་བའི་དོན་ལྷག་མ་མེད་པར་རྫོགས་པས་དང་། གང་ཟག་རྟག་འཛིན་ཅན་རྣམས་སྐྱོ་བ་བསྐྱེད་དེ་ཆོས་ལ་བསྐུལ་བའི་ཕྱིར་དང་། སླར་ཡང་གཞན་ནུའི་ལུས་ལ་བརྟེན་ནས་བསྟན་འགྲོའི་དོན་རླབས་པོ་ཆེ་སྒྲུབ་པ་སོགས་དོན་དུ་མར་དགོངས་ཏེ་སྤྱད་རིམ་གྱི་རྣལ་འབྱོར་མཆོག་ལ་གཞོལ་བའི་ངང་ནས་སྟོང་བ་གསུམ་རིམ་གྱིས་ཐིམ་པའི་མཐར་འཆི་བ་འོད་གསལ་ཆོས་ཀྱི་སྐུར་མངོན་པར་བྱང་ཆུབ་ཏེ་དག་པ་ཡེ་ཤེས་ཀྱི་སྒྱུ་མའི་སྐུ་རླུང་སེམས་ཙམ་ལས་གྲུབ་པ་དེ་ཉིད་དཔག་པར་དཀའ་བའི་རྫུ་འཕྲུལ་གྱི་བཀོད་པ་སྣ་ཚོགས་པ་དང་བཅས་དགའ་ལྡན་དང་མཁའ་སྤྱོད་ལྔང་ལོ་ཅན་སོགས་དག་པའི་ཞིང་ཁམས་རབ་འབྱམས་སུ་རྒྱལ་བ་རྒྱ་མཚོའི་སྤྱན་སྔར་གཤེགས་པར་གྱུར་ཏོ། །དེ་འཕྲུལ་ཀུན་མཁྱེན་མཆོག་སྤྲུལ་རིན་

པོ་ཆེར་ཐུགས་དམ་གསལ་འདེབས་སྙན་འབུལ་ཞུས་ཤིང་མཚན་མོ་དེར་སྐུ་གདུང་རིན་པོ་ཆེ་ཚོམས་ཆེན་དུ་གདན་དྲངས་ནས་མཆོད་པའི་ཡོ་བྱད་མང་པོས་མཛེས་པར་བྱས་ཏེ་བཞུགས་སུ་གསོལ། ཕྱི་ཉིན་དགའ་ལྡན་བསྟན་པའི་རྩ་ལག་ཧོར་ཚང་གསེར་ཁྲི་རིན་པོ་ཆེ་གདན་འདྲེན་ཞུས་པར་ཕེབ་ནས་དཔལ་དུས་ཀྱི་འཁོར་ལོའི་དཀྱིལ་འཁོར་ཆེན་པོ་ཞལ་ཕྱེ་སྟེ། བདག་ཉིད་འཇུག་ཅིང་དབང་བླང་བའི་རིམ་པ་རྒྱས་པར་མཛད། པ་བླ་མ་རྡོ་རྗེ་འཆང་ཆེན་པོ་རང་གི་བཀའ་ཆེམས་གནང་བ་ལྟར། རྗེ་ཡོངས་འཛིན་པས་གསོས་གསུང་ལས་སྐྱེས་པའི་ཞལ་སློབ་དམ་གཙང་བཞིས་རྗེ་རང་གི་ཐུགས་དམ་གྱི་ལྷ་ཐུན་མོང་མ་ཡིན་པ་བདེ་མཆོག་དྲིལ་བུ་ལུས་དཀྱིལ་གྱི་བདག་བསྐྱེད་བུམ་ཆོག་རྒྱས་པ་སྔོན་དུ་འགྲོ་བའི་ལུས་དཀྱིལ་ལ་བརྟེན་པའི་བླ་མའི་རྣལ་འབྱོར་གྱི་གཞུང་བསྒྲིགས་ཏེ་གདུང་ཆོག་རིན་ཆེན་སྒྲོན་མེའི་སྙིང་ནས་གདུང་ཁྲུས་ཕྱུར་བཟླས་སོགས་ཚད་ལྡན་དུ་སྒྲུབ་པ་ཡུན་རིང་བྱས། གྭ་ཚང་བཞིའི་ཁྲི་བ། མཁན་སྤྲུལ་རྣམ་པ་སོགས་རིམ་པར་གདན་དྲངས་པ་དང་། འཕྲིག་ལམ་ལྟར་ཚོགས་ཆེན་དང་གྭ་ཚང་སོ་སོ་བྱས་ནས་གདུང་མདུན་དུ་ཕེབས་པས་གཟིམ་ཁང་ཕྱི་ནང་ཀུན་ཁྲིགས་ཆོད་ཀྱིས་གང་དང་འདུན་རྩེ་གཅིག་པས་རང་རང་གི་འདོན་མོས་བཞིན་བདག་འཇུག་བླ་མཆོད། བྱམས་ཆོས། བཀའ་པོཏ་ལྔའི་རྩ་བ། རྒྱུད་གཞུང་མཚན་བརྗོད་སོགས་གསུངས་པས་ཁུར་སྒྲས་རི་བོ་རལ་བ་ལྟ་བུས། ནམ་ལངས་ཁའི་དུས་ཚོད་གཅིག་ཙམ་མ་གཏོགས་ཉིན་མཚན་བར་མ་ཆད་པ་བྱུང་། ཡང་བཀའ་ཆེམས་ཡོད་པ་བཞིན་ཚེས་བཅུའི་བར་དུ་ནང་འཁོར་སྐུ་མདུན་པ་རྣམས་ནས་གདུང་མདུན་དུ་ཚོགས་སྐོར་དང་། བཅུ་གཅིག་ལ་སྔར་ནས་སྐར་མ་གཟིགས་ཡོད་པ་ལྟར་སྒོ་མང་མཁན་རིན་པོ་ཆེ་ཆོས་དར་བའི་སྤྲུལ་སྐུས་སློབ་དཔོན་མཛད་ནས་སྐུ་གདུང་རིན་པོ་ཆེ་ཞུགས་འབུལ་ཞུས་ཤིང་། ཕྱུར་ཁང་དུ་གདན་འདྲེན་སྐབས་ཁ་བ་མེ་ཏོག་གི་ཆར་ལྟ་བུ་བབས། ཞུགས་འབུལ་དུས་

རི་མཐོན་གྱི་རྩེར་ཉི་མ་ཤར་མ་ཤར་གྱི་ཚོད་ལ་འཇའ་ཚོན་གྱིས་ནམ་མཁའ་ཁེབས་པར་གྱུར། བཅུ་གསུམ་གྱི་ཉིན་ཚོགས་ཆེན་ལ་ཇ་ཐུག་དང་ཇ་བག་རེའི་འགྱེད་བཏང་། སྐྱབས་མགོན་མཆོག་སྤྲུལ་རིན་པོ་ཆེ་ཚོགས་དབུར་གདན་འདྲེན་ཞུས་ནས་འབུལ་བ་སོགས་རྒྱ་ཆེར་བཏེགས། གདུང་རུས་རྣམས་སྣར་གདན་དྲངས་ཤིང་གདུང་ཚོག་པ་རྣམས་ནས་ལྷ་བཏེགས་སོགས་གཞུང་ལྟར་བྱས་ཏེ་གྲོལ། ཉིད་ཀྱི་བླ་བྲང་ནང་ནས་བདེ་གསང་འཇིགས་གསུམ། དུས་འཁོར་འཁོར་ཆེན་རྣམས་ཉིན་བདུན་རེ། ཀུན་རིག་རྡོར་དབྱིངས་མི་འཁྲུགས་པ་སོགས་དཀྱིལ་འཁོར་ཆེན་པོ་དུ་མའི་སྒྲུབ་མཆོད་བདག་འཇུག་ཞག་ཞེ་དགུའི་བར་དུ་བསྒྲུབས། སྐུ་གདུང་མཆོད་རྟེན་རྒྱུད་དུས་འཁོར་གྱི་གྲྭ་ཚང་གཉིས་ནས་ཞུ་ནན་ཆེ་བས་འཐེན་ཁྱེར་ཅུང་ཟད་བྱུང་ཡང་། རྗེ་བླ་མ་རང་གི་དགོངས་བཞེད་ལྟར་རོང་བོ་མཁན་ཆེན་སྤྲུལ་པའི་སྐུ་གཙོས་ཞབས་སྟོད་རྣམས་ཁྲོས་ཐོག་ནས་རྒྱུད་པའི་འདུ་ཁང་དུ་བཞུགས་རྒྱུ་དང་། དེ་མཚུངས་གོང་སློས་བཞིན་རབ་གནས་རྒྱས་པའང་ཐེབས་དང་བཅས་རྒྱུད་པ་གྲྭ་ཚང་ལ་ལོ་བསྐོར་ཆགས་སུ་ཚུགས་རྒྱུ་བྱས་པ་སོགས་ཕྱག་རྗེས་རླབས་པོ་ཆེ་བསྐྲུན། གདུང་མཆོད་མང་པོ་ཡོད་ན་ཆོས་ཐོག་ཆོས་མཚམས་ཁྱད་མེད་ལྟ་བུར་འགྲོ་བས། ཟླ་མཆོད་མི་དགོས་ཚུལ་གྱི་བཀའ་གནང་བར་བརྟེན་རྗེ་གོང་མའི་ཟླ་མཆོད་ཀྱིས་ཚོག་པར་བྱས། གདུང་རུས་རྣམས་ལ་སྐུ་པར་མང་དུ་བཏབ་ནས་གཞན་གཟུངས་གཞུག་མང་པོ་དང་བཅས་དྲུག་པའི་ཆོས་གཅིག་ལ་རྒྱུད་ཁང་དུ་གདན་དྲངས། དངུལ་དཀར་རྐྱང་གི་མཆོད་རྟེན་ཆེན་པོ་ཕྲ་རྒྱན་གྱིས་མཛེས་པར་བྱས་པའི་ནང་དུ་བཞུགས་སུ་བཅུག་ནས། སྐུ་གོང་མའི་གདུང་རྟེན་གྱི་གཡོན་ངོས་སུ་བཞག །རྗེ་བླ་མ་རང་ཉིད་ཀྱི་དགོངས་པར་གདུང་རྟེན་ལ་འབྲས་སྤུངས་མཆོད་རྟེན་གྱིས་འཕྲུལ་རྩིས་གནང་ནས་གསེར་ཟངས་ལས་བསྒྲུབས་ཡོད་པ་ཡིན་ཡང་། ཞབས་སྟོད་རྣམས་ནས་གསང་སྟབས་ཀྱིས་གོང་སློས་ལྟར་དངུལ་

གྱི་མཆོད་རྟེན་བཞེངས་པ་ལ་འབྲས་སྤུངས་མཆོད་རྟེན་གྱི་ནང་གཞུག་ཏུ། དུས་འཁོར་གྱི་སྐུ་པར་ལ་གདུང་རྡུས་བསྲེས་ནས་འཇོག་དགོས་ཚུལ་གྱི་བཀའ་ཆེམས་གནང་འདུག་པ་བཞིན་ལེགས་པར་བསྒྲུབས་ཏེ་ བླ་བྲང་རང་གི་གཟིམ་ཁང་གི་བར་ཐོག་དུས་འཁོར་ལྷ་ཁང་དུ་བཀོད་པས་མཛེས་པར་བྱས་ཏེ་བཞུགས་སུ་གསོལ། ཚེས་བཞི་ནས་ཉིན་གསུམ་གྱི་རིང་ལ་རྗེ་རང་གི་བུ་ཆེན་ཧོར་ཚང་རིན་པོ་ཆེས་དབུ་མཛད། རྒྱུད་པ་གྲྭ་ཚང་ནས་དཔལ་གསང་བ་འདུས་པའི་ཆོ་ག་ལ་བརྟེན་ཏེ་དགེ་ལེགས་ཆར་འབེབས་ལྟར་གྱི་སྦྱིན་དབྱེའི་ཆོ་ག་ཚད་ལྡན་མཛད། དེ་ཡང་སྔ་སོར་ནས་རབ་གནས་བློ་འཛིན་དང་རྒྱུད་སྨད་ལྟར་གྱི་ཕྱག་ལེན་འདོན་རྟ་དབྱངས་སོགས་ལ་དགེ་འདུན་བགྲེས་གཞོན་ཚང་མས་ཐེག་པ་ཁུར་བླང་གནང་བས། འདི་སྐབས་སྒྲ་དག་གསལ་གསུམ་བྱུང་ཆ་དང་བཅས་ཚོགས་འདོན་མཐའ་དབུས་མེད་པ་བྱུང་། བླ་བྲང་རང་ནས་མང་འགྱེད་ཀྱི་ནོམ་པས་བསྙེན་བཀུར་ཞུས། དེ་མཚུངས་དུས་གྲྭར་རྣམ་སྣང་མངོན་བྱང་འཇུགས་རྒྱུར། དགེ་བའི་བཤེས་གཉེན་དཀོན་མཆོག་བསྟན་འཛིན་པས་དབང་གནང་ཞིང་ཆོ་ག་ལ་དག་ཐེར། རྟུལ་ཚོན་བཞེངས་ལུགས། ཕྱག་རྒྱ་སོགས་གང་ཅིར་ཐུགས་ཁུར་ཆེ་བཞེས་ཀྱིས་ཞིབ་སློབ་དང་། སྦྱིན་སྲེག་ཀླུ་ཆོག་སོགས་ཕྲལ་རྫོམ་མཛད་ནས་བརྒྱད་པའི་བཅུ་བདུན་ནས་བཟུང་། ཉིན་བདུན་རིང་བདག་འཇུག་ནམ་མཁའ་རྡེ་སྲིད་གནས་ཀྱི་བར་ཚུགས་པ་ལ་གྲྭ་ཚང་གིས་ཁུར་ལེན་གྱིས་སྔ་མོ་ཞིག་ནས་ཚུགས་ཡོད་པ་ལྟ་བུས་དང་བ་འདྲེན་ངེས་བྱུང་བ། རྗེ་འདིའི་ཐུགས་སྨོན་དང་བྱིན་རླབས་ཀྱི་མཐུར་ཚང་མས་མགྲིན་གཅིག་ཏུ་གླེང་། བླ་བྲང་རང་ནས་གྲྭ་ཚང་གཉིས་ཀར་སོ་སོའི་ཐེབས་ཀྱི་དངུལ་བཞག་སྟེ། ཕ་བླ་མ་དུས་ཞབས་པ་ཆེན་པོ་དེ་ཉིད་ཀྱི་དགོངས་པ་ཡོངས་སུ་བསྐང་བའི་ཕྱིར་བསྟན་པའི་རྒྱུན་ལ་ཕན་ངེས་བྱས་སོ། །

སྨྲས་པ། ཀུན་ལ་ཀུན་ཏུ་བརྩེ་ལྡན་རྡོ་རྗེ་འཛིན། །རང་རིགས་རང་འདྲའི་

སློབ་མའི་འཁོར་གྱི་དབུས། །གསང་ལས་གསང་ཆེན་ཆོས་ཀྱི་རོལ་མོའི་སྒྲ། །བརྗོད་མེད་བརྗོད་པའི་ངག་གི་དབྱངས་སུ་བླང་། །ཁོར་ར་ཁོར་ཡུག་དགེ་མཚན་རི་མོ་འབུམ། །བཀྲ་བ་བཀྲ་ཤིས་འཁྱིལ་གླིང་ཆོས་ཀྱི་སྡེར། །རིགས་ལྡན་རིགས་ཀྱི་ཆོས་རྒྱལ་མ་འགགས་པ། །དགེ་ལྡན་དགེ་སྦྱོང་གཟུགས་སུ་གབ་ཅིང་རྒྱུ། །དྲག་པོ་རིགས་ལྡན་དྲག་པོ་འཁོར་ལོ་ཡི། །དམག་མིའི་དམག་དཔུང་སྟུད་པའི་བྱ་མ་རྟས། །ཀླ་ཀློ་བརླགས་པའི་ཀླ་ཛན་བཀྱེ་བ་ལ། །དུས་མཐར་དུས་འཁོར་བསྟན་པ་སྤེལ་ལོ་ལོ། །མངོན་སུམ་མངོན་པར་མཁྱེན་པའི་མེ་ལོང་ལ། །གསང་གསུམ་གསང་བ་རབ་འབྱམས་བྱང་ཆུབ་པས། །སྐྱབས་གཅིག་སྐྱབས་མགོན་མཆོག་དེའི་སྤྲུལ་པའི་སྐུ། །རྒྱང་ནས་རྒྱང་རིང་ཡོད་ཅེས་ལུང་དུ་བསྟན། །རྒྱ་ཡིས་བཏབ་པའི་སྐྱབས་རྗེ་གོང་མའི་ལུང་། །རྒྱ་མ་བཀྲོལ་བར་ཁྱེད་ཀྱིས་གསལ་གཟིགས་ནས། །རྒྱ་སྡེ་ཁ་གསུམ་ཉིད་ན་ཡོད་དོ་ཞེས། །རྒྱ་མ་བཏབ་པར་ཀུན་ལ་ཁྲིམ་དུ་བསྒྲགས། །རྒྱལ་ཀུན་གསང་བ་ཀུན་འདུས་རིགས་བརྒྱའི་བདག །རྣམ་ཀུན་མཆོག་ལྡན་བདེ་ཆེན་དུས་འཁོར་ལོ། །དཔྱིད་ཐིག་འབར་འཛག་དཔའ་བོ་ཧེ་རུ་ཀའི། །རགས་པའི་རྩ་ཁམས་མཁའ་འགྲོའི་གྲོང་ཁྱེར་དུ། །འཁོར་གྱི་ཐ་མར་གྱུར་པ་བདག་ཅག་རྣམས། །གསང་བ་མཆོག་གི་ལམ་དུ་སྨིན་བྱས་ནས། །གསང་ཆེན་ཆོས་ཀྱི་ཉི་མ་རྡོ་རྗེ་འཛིན། །འོད་གསལ་ཟུབ་གྱི་རི་བོར་ཕྱུགས་པར་གྱུར། །མཁའ་སྤྱོད་དབང་མོའི་བཀའ་རྟགས་དར་དམར་གྱི། །གཡབ་མོས་བྲེལ་བའི་གནས་སུ་མཁའ་འགྲོའི་དཔུང་། །ནམ་མཁའ་ཁྱབ་པས་དགྱེས་པའི་གར་དང་བཅས། །འོད་གསལ་མཁའ་སྤྱོད་ཞིང་དུ་མངོན་པར་བསུས། །རིང་ནས་ལྷན་སྐྱེས་གཉིས་སུ་གྲུབ་པ་ཡི། །བརྩེ་ཆེན་འོད་དམར་ཞགས་པས་བདག་ཅག་རྣམས། །སྲིད་པའི་ཕྱི་མཐར་གཏོང་བར་མ་བྱེད་ཅེས། །དཔའ་བོའི་དབང་ཕྱུག་ཁྱོད་ལ་སྙང་དུ་གསོལ། །

ཞེས་ཧེ་རུ་ཀ་དཔལ་དུས་ཞབས་པ་ཆེན་པོ་རྗེ་བཙུན་འཇམ་དབྱངས་ཐུབ་བསྟན་

ཉི་མ་དཔལ་བཟང་པོའི་ཞལ་སྔ་ནས་ཀྱི་རྣམ་པར་ཐར་པ་གསང་གསུམ་བཀྲ་ཤིས་རྒྱན་གྱི་རི་མོ་ལས། གཟུགས་སྐུའི་གསེར་ཉ་ཞི་བ་མཆོག་གི་ཆུ་གཏེར་དུ་ཞུགས་པའི་སཀ་སྐྱེ་བདུན་པའོ།། །།

སཀ་བརྒྱད་པ། བསྟན་པ་མཐའ་དག་གྲུ་བཞི་ལམ་དུ་འཆར་བའི་དཔལ་བེའུ་རི་མོ་གཅིག་ཏུ་བསྡུས་པའི་ཚུལ།

མཁྱེན་གཏེར་གུར་གུམ་གཞོན་ནུའི་མེ་ཏོག་གི། །
དགྱེས་འཛུམ་མཚམས་སྦྱིན་ལི་ཁྲིའི་དམར་འོད་དང་། །
འགྲོགས་པའི་དབྱངས་ཅན་ཟླ་བ་གསར་བའི་བཞིན། །
སྙིང་ལ་བཀོད་ནས་རྟོགས་བརྗོད་སྟོམས་སུ་བསྡུ། །

གཉིས་པ་རྣམ་ཐར་གྱི་དོན་བསྡུ་བ་ནི། གོང་གི་གླེང་གཞིའི་སྐབས་སུ་སྨོས་པ་ལྟར། རྟེན་འདི་ལ་ཡོན་ཏན་བརྟེན་པའི་ཚུལ་དང་། བརྟེན་ནས་བསྟན་པ་ལ་བྱ་བ་མཛད་པའི་ཚུལ་གཉིས། དང་པོ་ལ་གཉིས། རྒྱུ་ལུང་གི་ཡོན་ཏན་བརྟེན་པའི་ཚུལ་དང་། འབྲས་བུ་རྟོགས་པའི་ཡོན་ཏན་བརྟེན་པའི་ཚུལ་ལོ། །དང་པོ་ལ། རྩ་བ་བཤེས་གཉེན་བསྟེན་པའི་ཚུལ་དང་། བརྟེན་ནས་ཇི་ལྟར་སྦྱངས་པའི་རིམ་པའོ། །དང་པོ་ནི། སྐུ་ཕྲེང་དུ་མའི་རིགས་ཀྱི་ཅོད་པན་འཇམ་དབྱངས་ཆོས་ཀྱི་རྒྱལ་པོ་དཀོན་མཆོག་འཇིགས་མེད་དབང་པོའི་སྐྱེ་སོགས་བཤེས་གཉེན་དམ་པ་བཅུ་ཕྲག་ལྷག་གི་ཞབས་པད་ཚུལ་བཞིན་དུ་བསྟེན་པར་མཛད་དེ། སྐུ་ན་ཤིན་ཏུ་ཕྲ་མོའི་དུས་སུའང་ཡབ་རྗེ་རྡོ་རྗེ་འཆང་གི་མཚན་ཐོས་པ་ཙམ་གྱིས་དད་པའི་སྤུ་ལོང་གཡོས་ཤིང་། སངས་རྒྱས་དངོས་ཀྱི་འདུ་ཤེས་འབྲལ་མེད་དུ་ཡོད་ཚུལ་དངོས་སུ་གསུངས་པ་དང་། དེའི་དབང་གིས་སྐུ་འཕྲེང་གསུམ་པ་རྗེ་རྡོ་རྗེ་འཆང་ཆེན་པོ་ཉིད་དང་ཕྱིས་སུ་མཆོག་སྤྲུལ་རིན་པོ་ཆེའི་སྐུ་དོན་སོགས་ལ་རྗེ་ཉིད་ཀྱི་སྐུ་སྲོག་དང་ཕྱག་རྫས་གང་ལ་ཡང་ལྟོས་པ་

མེད་པར་ཕྱུག་གཡོག་ཚུལ་བཞིན་དུ་སྐྱབ་ཚུལ་གོང་དུ་གསལ་བར་བྲིས་ཟིན་པ་ལྟར་ལ། དེས་མཚོན་ནས་གོ་ས་དང་སྐུ་ཡོན་སོགས་ལ་མ་ལྟོས་པར་གང་ཆོས་འབྲེལ་གསན་པའི་བླ་མ་ཐམས་ཅད་ལ་དག་སྣང་དད་གུས་ཀྱིས་བསྟེན་ཏེ། ཉིད་ཀྱི་ཞལ་འདོན་གྱི་ཆེད་དུ་གསོལ་འདེབས་མཚན་སྟགས་དང་བཅས་པ་སྒྲིག་པར་མཛད། དུས་རྒྱུན་དུ་མིག་བཙུམ་ཐལ་སྦྱར་གྱིས་བརྗོད་ཆོས་ལ་མི་བརྟེན་ཙུང་། གནད་འགག་ལ་ཐུག་པའི་ཚེ་བཤེས་གཉེན་བསྟེན་ཚུལ་འདི་འདྲ་ཞིག་ཡིན་རྒྱུ་རེད་སྙམ་དུ་ལག་ལེན་དམར་ཁྲིད་དུ་འདེབས་པ་ཞིག་ཡོད། དེ་ཡང་གསོལ་འདེབས་གསང་བ་རྒྱ་ཅན་འདིར། རྗེ་རྗེའི་ལུས་ལ་གནད་དུ་བསྣུན་པ་ཡིས། །ཐབས་ལམ་གྱིས་དྲངས་བདེ་ཆེན་ཡེ་ཤེས་ཀྱིས། །ཚེ་འདི་ཉིད་ལ་ཟུང་འཇུག་སྟེར་མཛད་པ། །རྣལ་འབྱོར་ཆེན་པོའི་ཞབས་ལ་གསོལ་བ་འདེབས། །ཞེས་དང་། དེའི་མཚན་སྟགས་བཟླ་ཁ་ཧུྃ་བི་ཀྲ་མ་ཞེས་གསུངས་འདུག་པས་མིའི་བླ་མ་ཞིག་མ་ཡིན་པ་ངེས་ཀྱི་གཞན་འདི་ཡིན་གྱི་ཁ་ཚོན་གཅོད་པར་མི་ནུས་ཀྱང་། བྱིན་རླབས་ཀྱི་རྒྱུད་པ་ཡ་མཚན་ཅན་དུ་སྣང་ངོ་། །གཉིས་པ་ནི། སྐུ་ཚེའི་སྟོད་ལ་སྐུ་ཆས་ཤིན་ཏུ་བཀྲེན་ཀྱང་ནོར་རྫས་ཀྱི་རྩོལ་སྒྲུབ་མ་མཛད་པར་འཛིན་གྲྭ་བཀའ་རམས་ལ་སླེབས་ནས་ཀྱང་ལོ་ཁ་ཤས་སོང་གི་བར་དུ་གྲྭ་རྐྱང་དཀྲུས་མའི་ལུགས་བཞིན་ཚོགས་ཆོས་འགྲིམ་སྟེ་བཀའ་པོད་ལྔ་ལ་སྦྱངས་པ་མཐར་ཕྱིན་པར་མཛད་ཅིང་། དེ་གའི་ཞར་ལ་མདོ་སྔགས་ཀྱི་ཆོས་བཀའ་རྒྱ་ཆེར་གསན་པ་གོང་དུ་སྨོས་ཟིན་པ་ལྟར་རོ། །

གཉིས་པ་རྟོགས་པའི་ཡོན་ཏན་བརྙེས་པའི་ཚུལ་ནི། བསླབ་པ་རིན་པོ་ཆེ་གསུམ་དུ་ངེས་པས། དང་པོ་ཚུལ་ཁྲིམས་ཀྱི་བསླབ་པ་ལ་གསུམ་ལས། སོ་ཐར་གྱི་སྡོམ་པ་མཆོག་དང་ལྡན་ཚུལ་ནི་བསླེན་པར་རྫོགས་ཕྱིན་ཆད་ནས་བཟུང་ཡོ་བྱད་བྱིན་རླབས་དང་རྣམ་བརྟག་སོགས་འདུལ་བ་རང་སྐད་ལྟར་མཛད་ཅིང་། རྒྱ་ནག་ཏུ་ཕེབས་པ་ནས་བཟུང་ཡོ་བྱད་ཚན་ཆེ་བས་བྱིན་རླབས་མ་གྲུབ་ཀྱང་། གཞན་དོན་ཁོ་ནར་བསྒོ་

བར་མཛད་པའི་དབང་གིས་ཕམ་ལྷག་ལྔ་ཅི། རང་ཅག་ལ་འབྱུང་ཉེ་བ་སྤྱང་ལྟུང་གི་སྐོར་གྱི་ཆ་ཤས་ཕྲ་མོས་ཀྱང་གོས་པ་མེད་དོ། །འགྲོ་འདུག་སྤྱོད་ལམ་ལ་བརྟེན་པའི་ཉེས་བྱས་རྣམས་ཀྱང་ཕྲ་མོ་ནས་བསྲུང་བར་མཛད་དེ། དུས་རྒྱུན་པར་བཞུགས་གདིང་བཏིང་ཞིང་། སྐུ་ཚོས། ལྷུང་བཟེད། འཁར་གསིལ་རྣམས་འབྲལ་མེད་དང་། སྐུ་གཟན་སྐད་ཅིག་ཀྱང་མི་འབྲལ་བས། ཐ་ན་སྐུ་གཟན་བརྗེ་བའི་སྐབས་སུ་ཡང་ཕྱི་མ་དེ་མ་ཕུལ་བར་སྔ་མ་བླང་ན་བཀའ་བསྐྱོན་པར་མཛད། སྐུ་ན་ཤིན་ཏུ་བགྲེས་པའི་སྐབས་ཀྱང་ཤམ་ཐབས་ཀྱི་ལྟེབ་མ་ཚོམས་པ་ཡན་ཆད་མཛད་ནས་མཐང་གོས་མི་འབྲལ་ཞིང་། སོག་ཡུལ་དུ་དགུན་ཧ་ཅང་གྲང་བ་ཆེ་བས་ཆུ་ལ་ཆབ་རོམ་ཆགས་པའི་ཡུལ་དུ་ཀོ་ལྭགས་བརྟེན་ཆོག་པར་གསུངས་པ་བཞིན། ཕུ་ཐུང་མ་གསོལ་བའི་ཐབས་མེད་ཀྱང་སྐུ་གཟན་མི་འབྲལ། དབྱར་དུས་རྒྱུན་གཟན་ཤམ་གསོལ་ཞིང་བཀའ་ལས་ཀྱང་རབ་བྱུང་གི་གོས་འདི་དགེ་སྦྱོང་གི་དྲན་པ་གསོ་བའི་ཆེད་ཡིན་པས། འདི་གྱོན་ན་ངོ་ཚ་ཁྲེལ་ཡོད་སྐྱེ་བ་ལ་ཁྱད་ཆེ། གཟན་རེ་ཙམ་གྱོན་ན་ཡང་གཟན་ཅན་ཞིག་ཡིན་སྙམ་དུ་དྲན་ཤེས་སྐྱེ་བའི་ཁྱད་ཡོད་གསུངས། མདོ་རྩ་བ་ཐུགས་ལ་བྱང་བར་བཟུང་ནས་སྐྱོར་སྦྱངས་རྒྱུན་པར་མཛད་པས་བྱ་བ་གང་ལའང་ལུང་འདྲེན་ཤར་གྱིས་ཐོན་པ་ཞིག་ཡོད། དགེ་བཤེས་དང་ཉམས་ལེན་ཅན་རྣམས་ལ་གཞུང་དེ་འཛིན་རྒྱུའི་གསུང་བསྐོད་གནང་བ་སོགས་ཐུགས་གཙིགས་ཤིན་ཏུ་ཆེ་བ་ནི་ཡོན་ཏན་འོད་ཀྱི་བག་ཆགས་སུ་མངོན། བསླབ་བྱ་སྟོང་ཕྲག་མང་པོ་བསླེན་རྗོགས་མཛད་ཀྱང་ཕྱག་ལེན་ཕྲ་ཞིང་ཞིབ་པར་མཛད་པ་སོགས་བསྟན་པའི་རྩ་བ་ལ་གཅེས་སྤྲས་ཆེན་པོ་མཛད། མདོར་ན་ཙང་མི་ཙང་གི་ཚབ་ཚུབ་མང་པོས་ཨུ་ཐུག་ཀུ་ཐུག་མི་མཛད་ཙང་། མངོན་ལྐོག་གང་དུའང་སྤྱོད་ལམ་རྣམ་དག་པོ་ནས་ཆོས་འདུལ་བའི་ཕྱག་ལེན་མཛུབ་ཁྲིད་དུ་སྟོན་པ་ཞིག་ཡོད་དོ། །བྱང་ཆུབ་སེམས་དཔའི་སྡོམ་པ་དང་ལྡན་པ་ནི། ཐེག་ཆེན་གྱི་བཅས་

པ་ཐམས་ཅད་ཕྱིན་དྲུག་གི་མི་མཐུན་ཕྱོགས་སྤང་བའི་ཆེད་ཡིན་པས། མཐུན་ཕྱོགས་སྒྲུབ་པ་ཉིད་ཀྱིས་མི་མཐུན་ཕྱོགས་ཁེགས་པར་འགྱུར་བས་ན། འདིར་རྒྱལ་སྲས་ཀྱི་ཉམས་ལེན་གྱི་སྡོམ་ཆེན་པོ་ཕ་རོལ་ཏུ་ཕྱིན་པ་དྲུག་གི་སྙིང་ནས་བཤད་པར་བྱའོ། །དེ་ལ་སྦྱིན་པའི་ཉམས་བཞེས་ནི། དངུལ་སྲང་དགུ་ཁྲི་ལྷག་གིས་སྐལ་བཟང་རྣམ་འདྲེན་རྒྱལ་བའི་ཕོ་བྲང་བསྐྲུན་པ་དང་། ཉིད་ཀྱི་བླ་བྲང་དུ་སྐུ་གསུང་ཐུགས་རྟེན་གྱིས་ཕྱུར་བུ་བཀང་ཞིང་གོང་གསལ་ལྟར། ཡབ་རྗེ་རྡོ་རྗེ་འཆང་ལ་སྣ་ཕྱིར་དངུལ་སྲང་ཁྲིར་ཉེ་བ་ཕུལ་ཞིང་། སྲང་ཁྲི་ཕྲག་གཉིས་ལྷག་གིས་དགའ་ལྡན་ཤར་ཕྱིན་གླིང་གསར་བསྐྲུན་དང་། ལྷུང་སྐྱ་ཐམས་ཅད་མཁྱེན་པར་ཡང་སྣ་ཕྱིར་འབུལ་ནོད་རྒྱ་ཆེར་ཕུལ། དམན་པའི་ཞིང་ལ་ཡང་ཉིད་ཀྱི་ལྷ་སྡེ་རྣམས་རང་དོན་དུ་འོང་བ་ལ་ཡང་ནང་ཆེན་ནས་ཇ་རྩམ་རྒྱུན་བསྟར་དང་། ཕེབས་བཞུགས་གང་གི་སྐབས་སུ་ཡང་གྲ་ལྷག་ཅི་ཙམ་ཡོད་ནའང་ཁལ་ཏ་བྲོ་ཆས་འཛོམ་མེད་ཀྱིས། ཐ་ན་ངན་སློང་ཡན་ཆད་གསོས་ནས་ཕེབས་པ་དང་། མདོར་ན་མཆོག་དམན་གྱི་ཞིང་གང་ལ་གང་འཚམས་སུ་འབུལ་ནོད། ན་བཟའ། གསོལ་ཆས་སོགས་དང་། བོད་དང་སོག་ཡུལ་གྱི་དགེ་འདུན་གྱི་སྡེ་དུ་མར་བསྙེན་བཀུར་འཛོམ་པ་རྟེན་བཞེངས་མཆོད་རྫས་སོགས་གནང་བ་བགྲང་གིས་མི་ལང་ལ། གདན་ས་རང་གི་ནང་ཆེན་ཐམས་ཅད་ལ་དངུལ་སྲང་མང་པོའི་གཡར་པོ་མཛད་ཅིང་། དེ་ཡང་སྐྱིད་ལེན་པ་དང་ཚ་དྲག་གིས་འདེད་པ་སོགས་གཏན་མི་མཛད་པས། སྐུ་འཁོར་རྣམས་ནས་ཀྱང་རྗེ་རང་གི་སྤྱན་ལྗོངས་ཀྱི་དེ་བཞིན་དུ་འཛོག་པར་འདུག་པས་ཕན་ཐོགས་ངེས་མཛད། ཆོས་ཀྱི་སྦྱིན་པ་ནི་སྨོས་མི་དགོས་ལ། མི་འཇིགས་པའི་སྦྱིན་པ་ལ་ཡང་ལུས་སྲོག་ལོངས་སྤྱོད་ལ་ཆད་པས་ཉེན་ནས་སྐྱབས་འཚོལ་བ་རྣམས་ལ་མགོ་བ་ལ་ངོ་ཆེན་ངོ་བརྒྱུད། དམའ་པ་ལ་གསུང་ཚིག་དང་གནང་སྦྱིན་ཡན་ཆད་ཀྱིས་ཐུས་ཏེ་སྐྱོབས་པར་མཛད། ནད་གདོན་གྱི་ཉེན་པ་ལ་སྲུང་བ་དང་

རིམ་གྲོ། སྨན་པ་ལ་གསུང་བཀོད། ཞལ་འཚོའི་གྲྭ་རྐྱུང་རྣམས་ལ་ནད་འཚོ་བའི་བར་
དུ་ནང་ཆེན་ནས་བཟའ་བཏུང་གནང་བ་དང་། བྱིས་སུ་འགྲོ་མཁན་དག་ལ་ཆུ་རབ་
གྲུ་ཟམ་དགྲ་ཐག་སོགས་ལས་སྐྱོབ་ཆེན་བཀའ་ཤོག་གནང་སྦྱིན་སྐྱེལ་མ་སོགས་ཀྱིས་
ཕན་ཐོགས་གྲངས་མེད། མདོར་ན་གོས་སྨན་གྲགས་ཟས་གོས་གནས་མལ་ས་ཞིང་སུ་
ཅུག་སོགས་ཡིད་ལ་རེ་བ་དང་བཅས་ཏེ་གང་ཞུས་ཐམས་ཅད་པོ་རང་གི་ཞུས་པ་ལས་
ལྷ་ལྷག་དང་བཅས་པས་ཚིམས་པར་མཛད་དེ་ཞལ་གྱིས་འཛུམ་པས་བསུས། གསུང་
གིས་དབུགས་དབྱུང་ནས་ང་ལ་བཀའ་དྲིན་ཆེ་བར་བྱུང་སྙམ་པ་མ་གཏོགས་སྐྱོབ་ནུས་
བཞིན་དུ་ཡལ་བར་བོར་བ་ཞིག་རྣམ་པ་ཐམས་ཅད་དུ་མི་སྲིད་དོ། །ཚུལ་ཁྲིམས་ཀྱི་
ཉམས་བཞེས་ཀྱང་ཉེས་སྤྱོད་སྡོམ་པ་ཕལ་ཆེར་གོང་དུ་སོང་ལ། ཐབས་པོ་ཆེ་བྱང་ཆུབ་
ཀྱི་ཐུགས་ཀྱི་མཐུས་སྐུ་གསུང་ཐུགས་ཀྱི་མཛད་པ་ཇི་མཛད་སེམས་ཅན་དོན་བྱེད་དང་།
དགེ་བ་ཆོས་སྤྱོད་དུ་ཡོད་པ་བློ་ལྡན་དག་གིས་ཤེས་ནུས་སོ། །བཟོད་པ་ལ་ཆོས་ལ་ངེས་
སེམས་འོག་ཏུ་འཆད་ལ། གནོད་བྱེད་ལ་ཅི་མི་སྙམ་པ་ཡང་བསྟན་འགྲོ་དང་ཕ་རོལ་
པའི་དོན་དུ་འགྱུར་ན་མ་གཏོགས་ཚིག་རྩུབ་གཏན་མི་གསུངས་ཞིང་། རང་དོན་དུ་ཁྲོ་
བ་དང་འཁོན་འཛིན་ལྟ་ཅི་སྨོས། རྗེ་ཉིད་ལ་ཞལ་འཚོ་བའི་མཛའ་འབྲེལ་ཞིག་ཡོད་
ཕྱིན་པོ་རང་གི་ངོས་ནས་ལོག་སྒྲུབ་ཇི་ལྟར་བྱས་ཀྱང་ཐབས་སྣ་ཚོགས་ཀྱིས་ཕར་བསྟུན་
པ་ལས་རེ་འཁང་འགྱུར་ལྡོག་གཏན་མི་མཛད་པས། ཇི་ཙམ་འགྲོགས་ཀྱིན་གཏད་
ཐུབ་ཀྱི་གཞུང་ཇེ་བཟང་དུ་འགྲོ་བ་ཞིག་ཡོད་དེ། ཞལ་ནས་ཀྱང་བདག་ཚེ་འདིར་ངོ་
ཤེས་པ་ཞིག་ལ་འཁོན་གཏན་ནས་མ་སྐྱོང་གསུངས་སོ། །བརྩོན་འགྲུས་ཀྱི་ཉམས་ལེན་
ཡང་། དུས་རྒྱུན་པར་དཔྱད་འཛོག་དང་བཀླགས་བརྗོད། བསྟན་འགྲོའི་དོན་འབའ་
ཞིག་ལ་གཞོལ་ནས་བཞུགས་པ་མ་གཏོགས། ད་རེས་བག་ཡངས་སུ་བཞུགས་འདུག་
སྙམ་པ་ཞིག་ནམ་ཡང་མི་སྲིད་ལ། མངོན་ལྐོག་གང་དུ་ཡང་སྤྱོད་ལམ་གཅིག་པོ་ནས་

བཞུགས་པ་མ་གཏོགས་བཅོས་དགོས་ནམ་ཡང་མེད་པ་ནི། རྗེ་མི་ལས། སྤྱོད་པ་མ་བཅོས་ལྷུག་པར་ཞོག །གསུངས་པ་ལྟར་ཚུལ་ཁྲིམས་དག་པའི་མཆོག་སྟེ། རང་རེས་ཀྱང་འདི་འདྲ་ལ་མིག་ལྟོས་བྱས་ན་ཤིན་ཏུ་ཕན་པ་མྱོང་བས་གྲུབ་པོ། །རྟག་ཏུ་གཞན་དོན་བྱ་བ་བཅུ་གཅིག་གི་སྒོ་ནས་བསྟན་འགྲོའི་དོན་ལ་ངལ་བ་མེད་པས་སྐུ་ན་ཤིན་ཏུ་སྨིན་ཏེ་བཞེངས་བཞུགས་གཏན་མི་ཐུབ་པའི་སྐབས་སུ་ཡང་། དུས་འཁོར་གྱི་དབང་ཆེན་ལན་གཉིས་ཀྱིས་མཚོན་ཆོས་བཀའ་གང་ཞུས་གནང་བ་དང་། སྤྱན་གྱིས་མི་གཟིགས་ཀྱང་གཞན་གྱིས་ཀློག་པ་གསན་ཏེ་དབང་ཆོག་སོགས་ཐུགས་འཛིན་དང་། སྟེ་མ་མང་པོར་བརྗེད་གསོས་མཛད་པ་དང་། མདོར་ན་ཧ་ཅང་ཚ་དྲག་གིས་ཟས་སྐོམ་མི་དྲན་པ་ལྟ་བུའི་ངང་ཐུང་མི་མཛད་པར་སྦྱོར་བ་ཐར་ལྷོད་མེད་པར་ཆུ་བོའི་རྒྱུན་བཞིན་གཞོལ་བའི་སེམས་དཔའ་ཆེན་པོའི་བརྩོན་འགྲུས་ཀྱི་ཉམས་ལེན་གཞུང་ལས་བཤད་ཚོད་ལྟར་ཡོད་དོ། །བསམ་གཏན་ཡང་དུས་རྒྱུན་པར་ཧིང་ངེ་འཛིན་ལ་འབྱམས་ནས་བཞུགས་པའི་ཉམས་རྒྱུས་ཡོད་ཀུན་གྱིས་ཤེས་ཤིང་། ཞལ་ནས་ཀྱང་ཞི་གནས་ཤིག་སྒྲུབ་ན་སྤྱོད་ལམ་ཐམས་ཅད་སྒོམ་དང་བསྲེ་ཐུབ་པས་དེ་ཙམ་ཞིག་ཡོད་ན་བཟང་གསུངས་པར། ཞི་གནས་འགྲུབ་པ་དཀའ་འམ་ཞུས་པས། དེ་ཙམ་དུ་དཀའ་བ་ཞིག་མ་རེད་གསུངས། ཐུན་མོང་མ་ཡིན་པའི་བསམ་གཏན་ནི་འོག་ཏུ་འཆད་ལ། ཤེས་རབ་ཀྱི་ཕར་ཕྱིན་ཡང་ཟབ་མོ་ལྟ་བའི་སྐོར་ལ་མྱོང་ཐོག་ནས་བསྐུལ་བའི་གསུང་སྒྲོས་ངོ་མཚར་བ་དུ་མ་ཡོད་ཀྱང་བྲིར་མི་ལང་ལ། གསུང་ལས་ཀྱང་འདང་རྒྱག་ལུགས་ཤིག་མ་ཤེས་པས་ཅུང་ཟད་ཙམ་གྱིས་ཁེངས་ཡོད་པ་མ་གཏོགས་འཕྲིག་ཞིག་ཚུད་ན་ལས་སླ་པོ་ཞིག་རེད་གསུངས་སོ། །གཞན་ཡང་རྒྱ་གར་བའི་ཕྲལ་སྐད་དང་སོག་ཡུལ་གྱི་སྐད་རིགས་ཐ་དད་པ་སོ་སོར་ཐོགས་པ་མེད་པས། དེ་དག་གི་སྐད་དུ་ཆོས་གསུང་པ་ཡང་ལོ་ཙཱ་བ་མཁས་པ་དག་ལས་ལྷག་པའི་ཁྱད་ཆོས་ཕུལ་དུ་བྱུང་བ་ཞིག་ཡོད་ལ་སོ་སོའི་སྐད་

རིགས་ལ་བརྟེན་ནས་གོ་བ་མི་འདྲ་བ་དང་། ལུགས་སྲོལ་མི་འདྲ་བ་སྣ་ཚོགས་པ་ཞིག་མཁྱེན་པས་གསུང་རྩོམ་པོ་རེ་རེས་ཆོས་སྲིད་ཀྱི་དོན་རྒྱ་ཆེན་པོ་ལ་གོ་བ་བོག་ཆོད་དུ་སྟེར་བ་ཞིག་ཡོད་དོ། །གསང་སྔགས་ཀྱི་ཚུལ་ཁྲིམས་མཆོག་དང་ལྡན་པ་ནི་རྩ་ལྟུང་དང་སྡོམ་པོས་གོས་པ་ལྟ་ཅི་སྨོས། སྲུང་རྟེན་བཟའ་པའི་དམ་ཚིག་རྣམས་ཀྱང་ཚུལ་བཞིན་དུ་བསྲུང་བར་མཛད་དེ། རྫོར་དྲིལ། ཅང་ཏེའུ། ཁ་ཊྭཾ་ག རྒྱན་དྲུག ཐོད་པ་སོགས་གསང་བའི་དམ་རྫས་རྣམས་འབྲལ་སྐྱངས་མཛད་པ་དང་། བགྲང་ཕྲེང་འགའ་ཞིག་ཡོད་ཅིང་ཉེ་གནས་ཚོ་ལ་ཡང་མཐོང་དུ་མི་འཇུག ཟས་ཀྱི་རྣལ་འབྱོར་ལ་རྗེ་རང་གིས་མཛད་པའི་འདུས་པའི་ཟས་མཆོད་ཚོགས་བཅད་མ་དང་། རྗེ་རོལ་པའི་རྡོ་རྗེས་མཛད་པའི་བདེ་མཆོག་གི་ཟས་མཆོད་རྣམས་ཉམས་བཞེས་མཛད་ཀྱང་ཕྱི་རོལ་དུ་མངོན། གཟིམ་ཆུང་འོད་གསལ་ཕུག་ཏུ་ཐུགས་དམ་གསང་ཐང་བདེ་གསང་འཇིགས་གསུམ། ཀྱེ་རྡོར། མཁའ་སྤྱོད་སྐོར་གསུམ་སོགས་བཞེངས་ནས་གསང་དམ་པར་མཛད་པ་སོགས་དམ་ཚིག་གི་རྨང་གཞི་ཤིན་ཏུ་དམ་པར་མཛད་དོ། །དེ་ལྟར་སྡོམ་གསུམ་དག་པ་གཞིར་བཟུང་བའི་སྟེང་ནས་གོང་དུ་བཀོད་པ་ལྟར། སྐུས་ནུས་རིང་ལ་བརྐྱང་ཕྱག་མཉྫལ། སྐུ་དང་སྣཱཙྪ་འདེབས་པ་དང་། དུས་རྒྱུན་ཐུན་དྲུག་རྣལ་འབྱོར། སྔ་དྲོ་ཐུན་རིང་པོ་རེ་དང་། ཕྱི་དྲོ་ལུས་སྦྱིན་མགོན་པོའི་སྲོས་སྐྱོར་གྱི་ཐུགས་དམ་སོགས་ཞབས་བཞུགས་གང་གི་སྐབས་སུའང་ཆག་མེད་མཛད། རྒྱུད་སྡེ་སོ་སོའི་སྒྲི་བཀའ་དང་ཟུར་བཀའི་ལས་ཚང་གི་བསྙེན་པ་དང་། རྒྱུན་པར་འཇིགས་གསང་བདེ་གསུམ་གྱི་བདག་འཇུག་ཀྱང་བཞེས་པར་སྣང་སྟེ། ཞལ་ནས་གསང་འཇིགས་གཉིས་སྔ་མོ་ནས་འདོན་གིན་ཡོད། དུས་སྐབས་པས་མ་རྒྱུད་ཀྱི་ཉམས་ལེན་བྱས་ན་བདག་ལྟ་བུས་སྡོམ་མགོ་ཡང་མི་ཐོན་པ་སྲིད་སྙམ་ནས་བཞག་ཀྱང་། ཕྱིས་ཤིག་མནལ་ལམ་དུ་མི་ནག་པོ་གཟི་བརྗིད་ཅན་ཞིག་གིས་ཐོད་པ་དུམ་བུ་གཅིག་པ་ཞིག་དང་། ཅང་ཏེའུ།

ཚངས་སྐུད། གསེར་ཟངས་ཀྱི་ཁ་ཊཾ་ཀ་རྩེ་མོར་གྲི་གུག་གིས་མཚན་པ་ཞིག་ཁྱེར་འོང་ནས་ཉིད་ཀྱི་སྐུ་རུམ་དུ་བཙན་ཐབས་ཀྱིས་བཙུག་པ་ཞིག་བྱུང་། གྲི་གུག་གིས་མཚན་པ་ལ་དཔག་ནས་དེ་ཕྱིན་ཆད་བདེ་མཆོག་དྲིལ་བུ་ལུགས་བཏོན་པ་ཡིན་གསུངས་ཏེ་ཚངས་སྤྱོད་ལ་གཅེས་སྤྲས་ཀྱི་གསུང་ཤིན་ཏུ་གོ་དགོས་པ་ཞིག་ཡིན་ཀྱང་། རྗེ་ཉིད་ནས། འདིའི་རིམ་གཉིས་ཉམས་ལེན་གྱི་མཐིལ་དུ་མཛད་པའི་ཚུལ་མང་དུ་ཡོད་དོ། །

དེ་ལྟར་སྤྲོས་བཅས་དང་སྤྲོས་མེད་ཀྱི་ཉམས་ལེན་རྒྱུན་པར་མཛད་པས། སྤྲུལ་པའི་གནས་མཆོག་རི་བོ་རྩེ་ལྔར་རྒྱལ་ཀུན་ཡབ་གཅིག་འཇམ་དཔལ་དབྱངས་ཀྱིས་མངོན་སུམ་དུ་རྗེས་སུ་བཟུང་བ་རྟོགས་པའི་གླིང་རྫོལ་བ་དང་། མནལ་ལམ་འོད་གསལ་གྱི་ངང་ནས་འདས་མ་འོངས་ཀྱི་བྱ་བཞག་མངོན་སུམ་དུ་གཟིགས་པ་དང་། ལྷ་དང་བླ་མའི་གཟིགས་སྣང་དཔག་ཏུ་མེད་པ་བྱུང་བས་འགའ་ཞིག་གོང་དུ་སྨོས་ཟིན་ལ། ཕྱིས་བརྒྱད་ཅུ་བ་ས་རྟའི་ལོར་རྡོ་རྗེ་འཇིགས་བྱེད་ཡབ་ཡུམ་གྱི་བསང་རྫས་དངོས་སུ་གནང་བ་ལན་གཉིས་བྱུང་ཞིང་། སྐབས་དེ་འདྲ་ཞིག་ནས་བཟུང་ཞིང་སྐྱོང་གི་མཁའ་འགྲོ་མས་ལམ་གྱི་གྲོགས་མཛད་ཚུལ་ཟུར་ཙམ་སྨོས་ཟིན་ལྟར་དང་། གླིང་རྫོལ་གྲུབ་པའི་དབང་ཕྱུག་དུས་རྟག་པར་མཚན་ལམ་དུ་བྱོན་ནས་འབྱུང་འགྱུར་མང་པོ་ལུང་བསྟན་མཛད་པ་སོགས་དེང་སང་གྲུབ་ཐོབ་ཏུ་གྲགས་པ་དག་གིས་བསྙུན་དུ་མེད་པའི་ངེས་དོན་གྱི་གྲུབ་པའི་མཚན་མ་མང་དུ་ཡོད་དོ། །དེ་ལྟར་ལྷ་མཐོང་འདྲི་མཐོང་གི་ཙ་ཙོ་འབྲུག་ལྟར་སྒྲོགས་ཤིང་། སྔོ་འགྲང་སོས་ངལ་དུས་མངོན་ཤེས་ཐོགས་པ་མེད་ཅིང་བྱིན་རླབས་ཆེ་ཆེ་ལྟ་བུར་ཡོད་ཙང་གལ་ལ་ཐུག་པའི་ཚེ་ཉེས་ན་ཕ་རོལ་པོའི་ལས་དང་། ལེགས་ན་རང་གི་བྱིན་རླབས་སུ་སྒྲོགས་ལ། མངོན་ཤེས་ཡང་མོ་སྟོན་ཕག་མགོའི་དཔེར་འགྲོ་བ་དག་དང་མི་མཚུངས་པར་སྤྱན་དམིགས་རེ་ཙམ་གྱིས་གྲུབ་པའི་མཚན་མ་མངོན་སུམ་དུ་ཐོན་པ་དང་ཕེབས་བཞུད་རེ་གནང་བ་ཙམ་གྱིས་ཀྱང་

ནད་གདོན་གྱིས་འཚེ་བ་ཐད་ཆད་དུ་སོང་བ་དང༌། གཞན་སུས་ཀྱང་འབེབས་མ་ནུས་པའི་སར་ཆར་གྱི་རྒྱུན་ཆེན་པོ་བབས་པ་སོགས་ལན་དུ་མར་བྱིས་ཟིན་ལ། མ་འོངས་གཟིགས་པའི་ཞལ་བཞེས་གཏན་མི་མཛད་པར་བཀའ་གདམས་ཀྱི་ཚུགས་བཟང་པོ་སྐྱོང་ཟུང་བསྟན་འགྲོའི་དོན་གལ་ཆེན་དང་གཏད་ཐུབ་ཀྱི་བློ་རྩེ་གཏད་ན་བསླུ་མེད་ཀྱི་གདེངས་མིག་མཐོང་ལག་ཟིན་དུ་གྲུབ་པ་ཆེས་མང་ངོ་། །

གསུམ་པ་བསྟན་པ་ལ་བྱ་བ་མཛད་པའི་ཚུལ་ལ། བོད་མདོ་སྨད་དུ་མཛད་པའི་ཚུལ་དང༌། ཆེན་པོ་ཧོར་གྱི་ཡུལ་དུ་མཛད་པའི་ཚུལ་གཉིས་གོང་དུ་རྒྱས་པར་བྲིས་ཟིན་པས། འདིར་མདོ་ཙམ་བཤད་ན། ཀློག་པ་ཐོས་བསམ་གྱི་སྒོ་ནས་བསྟན་པའི་དོན་མཛད་ཚུལ་ནི། གོང་དུ་སྨོས་པ་ལྟར་ཀུན་མཁྱེན་འཇིགས་མེད་ཞབས་ལས་བརྒྱུད་པའི་དབང་རྒྱུན་ཤིན་ཏུ་དཀོན་པ་མཐའ་དག་གསན་ཅིང་སྤེལ་བར་མཛད་པས། ངེས་པར་གསང་ཆེན་པའི་བསྟན་པའི་སྲོག་གི་ཆད་མཐུད་དུ་གྱུར་པ་མཐུན་སྣང་དུ་གྲུབ་པ་འདི་ལགས་ཤིང་གཞན་ཡང་སྤྱི་ཟུར་གྱི་དབང་རྗེས་གནང༌། ལུང་ཁྲིད་ཀྱི་རིགས་མཐའ་ཡས་པ་སྤེལ་ཞིང༌། ཁྱད་པར་དུ་དཔལ་དུས་ཀྱི་འཁོར་ལོའི་དབང་ཆེན་ལན་གྲངས་འདི་ཙམ་ཞིག་བསྐྱལ་བ་སྟོན་གྱི་མཁས་གྲུབ་འཕྲིན་ལས་ཀྱིས་ས་སྐྱེང་ཁྲབ་པ་དག་ལའང་མ་བྱུང་སྣང་བ་ནི་ལྷ་ཆོས་ཀྱི་བཀའ་བབས་དུས་བབས་ཞིག་ཏུ་སྣང་མོད། གཞན་རྒྱ་ནོར་ལ་དམིགས་ནས་བསྐུར་བར་འདོད་ཀྱང༌། ཡུལ་དང་ཡུལ་ཅན་གྱི་རྟེན་འབྲེལ་མ་འགྲིགས་པས་ཏིང་ཤག་ཡ་གཅིག་ལ་སྦྲ་མ་གྲག་པ་མང་དུ་བྱུང་སྣང་ངོ་། །གསུང་ལས་སྐྱེས་པའི་སློབ་མ་ཡང་གནམ་གྱིས་ས་བཀབ་པ་ལྟ་བུ་བྱུང་བ་ལས་གཙོ་བོར་གྱུར་པ་རགས་རིམ་སྨོས་ན། ཊཱ་ཀོ་ཤྲཱི་ཨུང་སྐྱ་ཐམས་བཅད་མཁྱེན་པའི་སྐུའི་རོལ་གར་བཞི་བ་དང་ལྔ་བ། སྐུའི་གཅུང་ཚུ་བཟང་ཧོ་ཐོག་ཐུ། སའི་བདག་པོ་ཏཱ་ཆན་ཤྲཱིའི་བཀའ་དྲིན་རྩལ་བ་ཁོ་བོ་ཅག་དང༌། གཞན་ཡང་ཨཱཀྲ་ཧོ་ཐོག་ཐུ། ར་ཁོ་ཧོ་ཐོག་ཐུ། ན་རོ་

ཧོ་ཐོག་ཐུ། སྟོང་སྐོར་ཧོ་ཐོག་ཐུ། སྒོམ་ཞིས་མཁན་པོ་སོགས་བྱུང་བརྒྱུད་ཀྱི་བླ་ཆེན་དང་། བཀྲ་ཤིས་འཁྱིལ་རང་ནས། སྐྱབས་མགོན་རྡོ་རྗེ་འཆང་ཆེན་པོའི་སྐུ་ཕྲེང་གསུམ་པ་དང་། ད་ལྟའི་མཆོག་སྤྲུལ་རིན་པོ་ཆེ། རྗེ་རྒྱལ་བ་གཉིས་པའི་རྒྱལ་ཚབ་དགའ་ལྡན་ཁྲི་ཆེན་རྣམ་གསུམ་སོགས་བླ་མ་ཆེ་ཆུང་ཐམས་ཅད་དང་རོང་པོ་ནས་མཁན་ཆེན་དགེ་འདུན་རྒྱ་མཚོའི་ཡང་སྲིད་སོགས་ལྔ་བརྒྱུད་ཀྱི་དུས་ཐོག་དེ་ཀའི་མཁས་གྲུབ་ཀྱི་སྐྱེ་སྤྲུལ་ཕལ་ཆེར་དང་། ཆེན་པོ་ཧོར་གྱི་ཡུལ་དུ་ནང་གི་ཚོ་ཆེན་ཞེ་དགུ་དང་། ཕྱིའི་ཚོ་ཆེན་ང་བདུན་དུ་ཆང་གིར་གནམ་གྱི་རྒྱལ་པོའི་གདུང་བརྒྱུད་ལས་བྱུང་ཞིང་། འཇམ་དབྱངས་གོང་མའི་ལུང་ལས་ཀྱི་མཐོ་བའི་ཕང་བེ་ལི་སོགས་རྒྱལ་ཕྲན་མཐའ་དག་དང་ཡུལ་མི་ཁྱིངས་གཅིག་ཀྱང་མ་ལུས་པ་ལྟ་བུར་ཡོད་ལ། དེ་ལྟར་དྲིགས་ཞན་ཀུན་གྱི་གཙུག་ནོར་དུ་གྱུར་པ་ཡང་ནང་གི་རྟོགས་པའི་ཡོན་ཏན་ཁོ་ནའི་གཟི་བྱིན་ཡིན་གྱི་ཁས་དྲག་དབང་ཆེ་ངན་གཡོ་སྒྱུ་ཐབས་སོགས་ཅུང་ཟད་ཀྱང་མ་འདྲེས་པ་ནི་དེང་གི་དུས་སུ་རྗེ་བླ་མ་འདི་གཅིག་པུ་ལྟ་བུར་སྣང་ངོ་། །རྩོམ་པ་ལེགས་བཤད་ཀྱི་སྐོར་ཡང་གཙོ་བོར་གྱུར་པ་དེང་དུས་ཀྱི་རྡོ་རྗེས་སློབ་དཔོན་དག་ལ་ཕན་ཞིང་དབང་རྒྱུན་གྱི་གསོས་སུ་གྱུར་པ་དཀྱིལ་ཆོག་གི་སྐོར་དང་། དུས་འཁོར་གྱི་གཞུང་བསྐྱེད་རིམ་འཇམ་དཔལ་ཞལ་ལུང་། རྩ་ལྟུང་རྣམ་བཞག བསྙེན་པའི་ཡི་གེ ཐུགས་དཀྱིལ་ངག་འདོན་སྨིན་སྲིག་ཆེ་ཆུང་སོགས་རྒྱུད་དང་འགྲེལ་བ་གྲུང་བསྒྲིགས་པའི་སྟོན་མེད་ཀྱི་ལེགས་བཤད་སྙིང་གི་བདུད་རྩི་ལྟ་བུ་དུ་མ་བཀའ་དྲིན་དུ་སྩོལ་བར་མཛད་དོ། །མདོར་ན་འཁོར་ལོ་གསུམ་གྱི་སྒོ་ནས་བསྟན་འགྲོའི་དོན་རླབས་པོ་ཆེ་མཛད་པའི་ཐུན་མོང་དང་ཐུན་མོང་མ་ཡིན་པའི་རྣམ་པར་ཐར་བ་དག་ལ་རྗེས་སུ་འཇུག་པ་བློ་གཟུ་བོར་གནས་པ་དག་གི་ཡིད་ཆེས་ཀྱི་དད་པ་འཕེལ་བའི་ཕྱིར་དུ་མདོ་ཙམ་བཀོད་པ་ལགས་སོ། །

སྨྲས་པ། བཤེས་གཉེན་འདབ་བརྒྱ་བྱེ་བའི་གེ་སར་བཅུད། །ཁྱོད་ཐུགས་བུང

བས་སྤྲང་རྩེར་གཞན་པ་ན། །བརྒྱད་ཁྲི་བཞི་སྟོང་ཆོས་ཀྱི་དགའ་བའི་ཚལ། །ཪོ་བརྒྱའི་བཅུད་བདའ་མིང་གི་ལྷག་མར་བྱས། །འཆད་པ་འབྲུག་གི་སྒྲ་དང་ཉེར་འགྲོགས་པའི། །རྩོད་པ་གློག་གི་ཕྲེ་ཊུའི་འཕྲི་ཤིང་ཅན། །རྩོམ་པ་དག་གི་འདོད་འཇོ་མུ་ཏིག་ཆབ། །བཤེས་གཉེན་དབྱར་སྐྱེས་འདི་ཡི་ཁྱད་པར་ཡིན། །ཀློག་པ་ཐོས་བསམ་འདབ་སྟོང་གྲོལ་བའི་ངོགས། །སྤྱངས་པ་བསམ་གཏན་སྤྲང་རྩེའི་སྐྱེས་ཀྱིས་མཛེས། །བྱ་བ་ལས་ཀྱི་མཚོ་ཆེན་ཡིད་འོང་བྱེད། །འཁོར་ལོ་གསུམ་འབྲེལ་ཚལ་འདི་ཡི་གར་འོང་། །

ཞེས་རྟེ་ཙུ་ཀ་དཔལ་དུས་ཞབས་པ་ཆེན་པོ་རྗེ་བཙུན་འཇམ་དབྱངས་ཐུབ་བསྟན་ཉི་མ་དཔལ་བཟང་པོའི་རྣམ་པར་ཐར་བ་གསང་གསུམ་བཀྲ་ཤིས་རྒྱན་གྱི་རི་མོ་ཞེས་བྱ་བ་ལས། བསྟན་པ་མཐའ་དག་གྲུ་བཞི་ལམ་དུ་འཆར་བའི་དཔལ་བེའུ་རི་མོ་གཅིག་ཏུ་བསྡུས་པའི་སཀྐ་སྟེ་བཀྲ་ཤིས་ཀྱི་གྲངས་བརྒྱད་པའོ།། །།

མཇུག་བྱང་།

སྨྲས་པ། ཁམས་ཀྱི་སྙིང་པོ་རང་བྱུང་རིག་པ་རྟོག་པའི་གོས་བྲལ་གཅེར་བུ་ཉིད། །འཁོར་འདས་ཀུན་གྱི་དྭངས་མའི་རང་སྒྲོག་མཁའ་ཁམས་གཅེར་མོའི་མཁའ་ཀློང་དུ། །དཔྱིད་ཐིག་འབར་དང་འཛག་པའི་སྒྲོང་སྣང་གཅིག་ལས་ད་དུང་གཅིག་གྱུར་པའི། །བདེ་ཆེན་དཔའ་བོ་ཅིར་ཡང་བཟྲུ་བ་ཅིར་ཡང་བཟོད་མེད་སེམས་ཀྱི་གཤིས། །གཞི་ལ་གནས་པའི་རྩ་ཐིག་འཁོར་ལོ་གནས་གསུམ་ཀླ་ཀ་ཀླ་ཀླིའི་དཔུང་། །ཐབས་ལམ་ཟབ་མོའི་རིམ་པ་བཞི་ཡིས་མི་བསྐྱོད་འཁོར་ལོར་སྟོབས་བསྐྱིལ་ཏེ། །དཔའ་བོའི་ཞལ་ភྲངས་ཚ་བའི་དད་ལྡན་དཔའ་མོའི་སྙིང་གཏམ་རིམ་ལྡིའི་ཆང་། །འཐུང་བས་རབ་སྨྱོས་རིག་པའི་རལ་གྲིས་སྒྲིབ་གཉིས་སྒྲོག་རྩ་དབྱིངས་

སུ་བཅད། །རིག་འཛིན་དབང་མོའི་ཐུགས་སྲོག་འབྲུ་ཡི་བཅུད། །བདེ་མཆོག་སྦྲས་ཚུའི་སྙིང་པོ་ཕབ་ཀྱི་རྩིས། །སྙིང་གི་དཔྱིད་དུ་སྨིན་པའི་དྲིལ་བུ་བ། །ཧྥོ་ཏའི་ལྗོངས་འདིར་ངུར་སྨྲིག་གཟུགས་ཀྱི་རྒྱུ། །གསལ་སྟོང་རྫོགས་པ་ཆེ་དང་ཕྱག་རྒྱ་ཆེས། །ཞག་གཅིག་འོད་སྐུར་གྲོལ་བའི་ཁུད་ཀྱིས་ཅི། །སྔགས་དོན་བལྟ་བའི་མིག་འབྱེད་ཙོང་ཁ་པའི། །ལེགས་གསུང་འབྲས་བུ་མངོན་གྲུབ་ཁྱོད་ལས་སུ། །མ་རྒྱུད་རྒྱལ་པོ་བདེ་དགྱེས་དུས་གསུམ་གྱི། །དགོངས་པ་གཅིག་པའི་རབས་ཞིག་སྟོན་ནས་གླིང་། །རྒྱུད་དོན་ཉམས་སུ་སྐྱོང་པའི་དཔའ་གདེང་གིས། །མི་འཇིགས་སྨྲ་བའི་གྲུབ་དབང་ཁྱོད་དུ་ངེས། །གསང་གསུམ་ཆུ་རིས་གཡོ་ལྡན་ཆུ་འཛིན་སྒྲོན། །རྗེས་ཆགས་བདེ་ཆེན་བདེ་འཐུང་སཱི་ན་ཀ །གསང་ཆེན་ཆོས་ཀྱི་སྤྲིན་རྫས་རོལ་བ་མོ། །སྲིད་ཞིའི་རལ་བའི་སྐྱོང་ན་འཁོར་ཞིང་རྒྱུ། །འབྲས་མེད་ཚིག་གི་འཕྲུང་བ་ཐན་པའི་སྐྱེ། །གཞན་གྱི་ངག་སྒྲོས་བསྒྲིགས་པ་སྤྲང་བོའི་ཕྱེ། །མ་ཡིན་རྒྱལ་བ་དགྱེས་པའི་རྣམ་ཐར་གྱི། །འདབ་བརྒྱ་གཅིག་ཆར་ཁྲོད་འདི་ཐུབ་བསྟན་རྒྱན། །ཁྱོད་ཀྱི་ཉེས་ཚོགས་དབྱིངས་སྐྱེས་ཀྱི། །ཨུཏྤལ་མཐིང་ཀའི་ཚུན་འཕྲུང་ཅན། །མཁྱེན་ལས་འདས་པའི་མི་ན་ཀ །སྣང་མེད་ལམ་ན་གར་དུ་རྩེན། །ཁྱོད་ཞལ་ཉི་མའི་རྗེས་སོང་བ། །འཛུམ་ལྡན་དད་པའི་གེ་ས་ར། །གཏོང་བའི་སྦྲང་རྩི་སྐྱུག་པ་ཡིས། །མཁའ་དབྱིངས་ཁབ་ཀྱི་བུག་པ་བཞིན། །ལེགས་གསུང་དབྱངས་སྙན་སྒྲོགས་པ་གཞན་གྱི་གསོས། །ཐུབ་བསྟན་དཔྱིད་ཀྱི་ཕོ་ཉ་ལྟར་འཆོས་ཀྱང་། །གལ་ལ་བབས་ཚེ་ཁྭ་ཏའི་གསུང་འདོན་པ། །བསྟན་ལ་ཐན་སྐད་སྐྱེལ་བའི་ངོ་ཟླ་མེད། །ཆེར་སྐྱེགས་དུས་ཀྱི་སྤྲིན་པོས་ཁམས་གཅིག་ཁུ། །ཟ་བའི་རེས་སོན་ཐུབ་བསྟན་ལུས་ཕྲ་མ། །རབ་རྟོན་མཆེ་བའི་ཕྲག་ན་འགྲོས་ལྡོག་མཁན། །མཐུ་ཆེན་རྒྱལ་སྲས་དཔའ་བོ་ཁྱོད་ཀྱིས་འཕྲོག །ཀུན་ཏུ་དགེ་བའི་སྤྱོད་ཚུལ་མེ་ཏོག་ནི། །སློག་འཕྲུའི་འཕྲེང་བ་བཞིན་དུ་མཛེས་པ་ཡི། །གཞན་ཕན་ཐབས་ཀྱི་རྣམ་པ་རྫོགས་པའི་

ལྡོན། །དཔག་བསམ་ཤིང་གཞན་བཞིན་དུ་སྲིད་ན་མཛེས། །མ་ལ་ཡར་སྐྱེས་ནགས་ཀྱི་དཔལ་མོའི་རྒྱན། །གེ་སར་རྒྱས་པའི་ཁུར་བརྟེན་བ་ལ་ཤའི། །ལྡོན་ཕྲེང་ལྗོ་གླིང་འཛིན་མར་དཔྱིད་ཀྱི་ནི། །དགའ་བ་སྒྲུབ་ཕྱིར་ཉེ་བར་ལྷགས་པ་བཞིན། །དེ་ཡི་ཌོ་མཚར་མཚམས་སྦྲིན་དམར་པའི་ཚང་། །འཁྲུང་བས་རབ་སྨྱོས་དད་པའི་ཟླ་བཞིན་མ། །ཀུན་བཟང་དགེ་བའི་མངལ་གྱི་སྙིག་པ་ཡི། །མཛའ་བའི་སྙིང་གཏམ་སྙན་པའི་དབྱངས་སུ་བླང་། །ཀུན་རྟོག་སོར་མོས་མནན་དང་བརྟེགས་པ་ཡི། །བསྟོད་སྣད་ཕྲ་སྲོམ་འཆར་བ་རྒྱ་གླིང་དབྱངས། །ཀུན་བྱང་བླང་དོར་སྟོན་པའི་མཐུ་མེད་ཀྱང་། །རྨོངས་པའི་སྐྱེ་བོའི་རྣ་བའི་བདུད་རྩི་ཉིད། །འདིར་ནི་གསང་གསུམ་རི་མོ་གཡས་ཕྱོགས་སུ། །ལེགས་པར་འཁྱིལ་བའི་ཌོ་མཚར་ཆོས་ཀྱི་དུང་། །སྲིད་པའི་རིམས་ནད་སེལ་ལ་རིངས་པ་བཞིན། །སྐལ་བཟང་སྐྱེ་བོ་འཇུག་པའི་དབྱངས་སུ་བཞེད། །ལྷག་བསམ་གསེར་གྱི་ཡུ་བས་མདོན་བརྟེགས་སྒྲ་དོན་རྒྱན་གྱི་ཐུར་མ་བརྒྱུས། །དཔལ་ལྡན་རིགས་རྣམས་ཀུན་གྱི་ཁྲབ་བདག་གསང་གསུམ་གོས་ཀྱི་ཤམ་བུའི་རིས། །ཌོ་མཚར་བཀྲ་ཤིས་རྒྱན་གྱི་རི་མོའི་རྟགས་བརྒྱད་ཁོར་ཡུག་བཀྲ་བའི་གདུགས། །སྲིད་དང་ཞི་བའི་བླ་ན་བརྟེགས་པའི་དགེ་བའི་གྲིབ་བསིལ་འབབ་གྱུར་ཅིག །འབྲུལ་བྲལ་དགེ་ལྡན་ལུགས་བཟང་ལྷ་ཡི་ཆབ། །སྙིགས་མའི་གླང་པོ་ཁྲིས་པའི་གོམ་སྟབས་ཀྱིས། །རྙོག་པོར་བྱས་གང་དམ་པའི་རྣམ་ཐར་གྱི། །ནོར་བུ་ཀེ་ཏ་ཀ་ཡིས་བསྒྱུར་གྱུར་ཅིག །བློ་གསལ་ཐར་བ་དོན་གཉེར་བྱི་རུའི་འཕྲེང་། །ལོག་ལམ་ཐང་སྟོང་དག་ཏུ་འཕྱུན་མིན་པར། །འཕགས་ཆེན་དམ་པའི་རྣམ་ཐར་གསེར་བཟང་གི། །སྲད་བུ་དྲང་པོར་ལེགས་པར་བསྒྲར་གྱུར་ཅིག །ཛོ་ཛེ་འཆང་དབང་ཡབ་སྲས་བདག་ཅག་གི། །མགོན་དུ་རིམ་པར་བྱོན་པའི་ཉི་མའི་འཕྲེང་། །སྟོན་བྱོན་གོང་མའི་རྣམ་ཐར་གོ་ལའི་ལམ། །དྲང་པོར་འགྲིམ་པའི་མཛད་བཟང་ངོམས་གྱུར་ཅིག །མ་ཉུང་སྙིགས་མའི་གདོན་གྱིས་

དབྱིན་སྦྱོས་པའི། །སྙིགས་མའི་སྐྱེ་བོའི་སྤྱོད་ཚུལ་འཐབ་མོའི་གྲྭ། །རྒྱལ་སྲས་དཔའ་བོའི་རྣམ་ཐར་སྣ་ཁྲིད་ཀྱིས། །རྒྱལ་བ་དགྱེས་པའི་ལམ་ལ་བསྟུམ་གྱུར་ཅིག །བདག་ཀྱང་ཚེ་རབས་འཕྲེང་བའི་མེ་ཏོག་དཀར། །དམ་པའི་ཉིན་བྱེད་འོད་ཀྱིས་མི་གཏོང་ཞིང་། །ཐུན་མོང་ཐུན་མོང་ལས་འདས་ལམ་བཟང་གི། །སྤྲང་རྩིའི་བཅུད་ཀྱིས་རྟག་ཏུ་འཚོ་བར་ཤོག །ཁྱད་པར་མ་འོང་བྱང་ཕྱོགས་ཤམྦྷ་ལར། །དཔལ་ལྡན་བླ་མ་མཆོག་ཁྱོད་རིགས་ལྡན་གྱི། །ས་སྐྱོང་ཆེན་པོའི་རྣམ་པར་རོལ་བའི་ཚེ། །རིགས་ཆོས་སྲས་ཀྱི་ཐུ་བོར་འགྱུར་བར་ཤོག །དེར་ནི་མཁའ་འགྲོའི་ཐུགས་བཅུད་ཧེ་རུ་ཀའི། །ལམ་བཟང་མཆོག་དང་དཔལ་ལྡན་དུས་འཁོར་ལོའི། །རྒྱུད་དོན་ཟུང་དུ་འབྲེལ་བའི་མྱུར་ལམ་གྱིས། །ཚེ་གཅིག་རྡོ་རྗེ་འཛིན་པའི་གནས་ཐོབ་ཤོག །བསྟན་བསྲུང་དམ་ཅན་རྒྱ་མཚོའི་སྡེ་དཔོན་མྱུར་མཛད་ཕྱག་དྲུག་ཡེ་ཤེས་མགོན། །དགེ་ལྡན་བསྟན་པའི་སྲུང་མར་ཁས་བླང་སྟོབས་ཆེན་གཤིན་རྗེ་རྒྱལ་པོས་ཀྱང་། །ཚད་བྱུང་མཛད་པའི་རུ་མཚོན་ཆེ་འདི་སྲིད་རྩེར་བསྒྲེང་དང་ཆབས་ཅིག་ཏུ། །བསྟན་པའི་རྒྱལ་མཚན་ཕྱོགས་སུ་ཚུགས་པའི་ཁུར་འདི་ཁྱོད་ཀྱི་ལས་སུ་གཏད། །གང་ཞིག་འཆི་མེད་ལམ་གང་བླ་མ་རྒྱལ་བ་དེ་སྲས་སློབ་མར་བཅས། །ལྷ་དང་དྲང་སྲོང་རིག་འཛིན་གྲུབ་པའི་ཚོགས་རྣམས་ཤིས་བརྗོད་སྒྲ་དབྱངས་དང་། །མཐོ་རིས་བུ་མོའི་ལག་པད་ཀྱིས་གཏོར་གསེར་གྱི་མེ་ཏོག་དཀའ་ཆར་གྱིས། །དགེ་མཚན་ཕུན་སུམ་ཚོགས་པའི་དཔལ་གྱིས་འཛིག་རྟེན་འདི་དག་སྐྱོང་གྱུར་ཅིག །

ཅེས་སྙིགས་དུས་ཀྱི་བསྟན་འགྲོའི་མགོན་སྐྱབས་གཅིག་པུ། མཁས་གྲུབ་བྱེ་བའི་གཙུག་རྒྱན། ཁྱབ་བདག་ཧེ་རུ་ཀ་དཔལ་དུས་ཞབས་པ་ཆེན་པོ་རྗེ་བཙུན་འཇམ་དབྱངས་ཐུབ་བསྟན་ཉི་མ་དཔལ་བཟང་པོའི་ཞལ་སྔ་ནས་ཀྱི་རྟོགས་པ་མདོ་ཙམ་བརྗོད་པ་གསང་གསུམ་བཀྲ་ཤིས་རྒྱན་གྱི་རི་མོ་ཞེས་བྱ་བ་འདི་ནི་མཛད་པ་དགེ་

སློང་འཇམ་དབྱངས་ཚུལ་ཁྲིམས། གསོལ་དཔོན་བྱ་མེད་པ་འཇམ་དབྱངས་དར་རྒྱས། གཉེར་བ་འཇམ་དབྱངས་སོགས་ཞབས་གྲྭས་ཐུབ་མོང་ནས་དུང་དཀར་གྱི་ཐོག་དྲངས་འབུལ་བའི་ཚན་གྲངས་དང་བཅས་ཐོག་མར་བསྐྱལ་ཞིང་། དེ་མཚུངས་རྗེ་བླ་མ་མཆོག་གི་ཞལ་སློབ་གཞུང་ལུགས་རབ་འབྱམས་སྨྲ་བ་ཀ་མདོ་ཞབས་དྲུང་དཀོན་མཆོག་ཚུལ་ཁྲིམས་དང་། གནས་ལྷ་རིག་པ་དྲུང་ཡིག་དགེ་སློང་ཐུབ་བསྟན་རྒྱ་མཚོ་གཉིས་ནས་ཀྱང་བསྐྱལ་བ་དང་། རོང་པོ་ནས་མཁན་ཆེན་དགེ་འདུན་རྒྱ་མཚོའི་སྤྲུལ་སྐུ་གསུམ་པ་བསྟན་པའི་གསལ་བྱེད་བློ་བཟང་དཔལ་ལྡན་རྒྱ་མཚོས་གསུང་ཤོག་གི་ལམ་ནས་བསྐྱལ་མ་ནན་ཆེར་མཛད་ཅིང་། ལྷག་པར་བཀའ་དྲིན་ཐུགས་རྗེ་མཚུངས་ཟླ་མ་མཆིས་པ་ཡོངས་འཛིན་བླ་མ་འཇམ་དཔལ་དབྱངས་ཀྱིས་བཀའི་འཕྲེང་བ་སྤྱི་བོར་བཅིངས་པ་དང་། བདག་ཉིད་ཀྱང་རབ་ཏུ་སོས་པའི་སེམས་ཀྱིས་འཚམས་སྦྱར་ཏེ་ཉེར་བར་བཀོད་པ་ལ་རྣམ་ཐར་གྱི་ས་བོན་ཞལ་སློབ་དཔྱོད་ལྡན་རེ་གཉིས་ཀྱི་ཟིན་ཐོ་རགས་བསྡུས་ཙམ་ལས་མགོ་མཇུག་ཚང་བའི་ཞིབ་རྒྱས་ཞིག་མ་བྱུང་ཡང་། ཡོངས་འཛིན་རྗེ་ནས་གྲྭ་རིགས་སྙིང་པ་རྒྱུས་ཅན་སོགས་ལ་དྲི་རྟོག་མཛད་པ་རང་གི་མཁྱེན་ཡུལ་དུ་གྱུར་པ་རྣམས་ཀྱིས་ཁ་བསྐང་སྟེ། ཐུགས་རྗེས་ཆེན་པོས་ས་བོན་ཤོག་དྲིལ་དུ་ཕབ་ཡོད་པ་ལ་གཞིར་བྱས་ཏེ་རིམ་པར་སྤེལ་བའི་དང་པོའི་ཡི་གེ་བ་ནི་དྲུང་ཡིག་དགེ་སློང་ངག་དབང་དཔྱིག་གཉེན་གྱིས་བགྱིས་ཏེ། རྗེ་བླ་མ་ཐུགས་རྗེ་ཆེན་པོ་དང་ལྡན་པ་དེ་ཉིད་ཀྱི་བཀའ་འབབས་སུ་གྱུར་པ། ཐུའུ་བཀྭན་ཧོ་ཐོག་ཐུ་བློ་བཟང་བཤད་སྒྲུབ་དབང་ཕྱུག་རྒྱལ་མཚོས་ཡུལ་མདོ་སྨད་ཀྱི་བཤད་གྲྭ་ཀུན་གྱི་ཕྱི་མོ་དགོན་ལུང་བྱམས་པ་གླིང་གི་བླ་བྲང་བཀྲ་ཤིས་འོད་འབར་དུ་རང་ལོ་ཉེར་དྲུག་པ་རབ་ཡིད་ཤིང་ཕྱི་ལོའི་སྟོན་ཟླ་བའི་ཚེས་དྲུག་རྒྱལ་ཕུར་སྟོབས་གསུམ་འཛོམས་པའི་ཉིན་བཟང་པོའི་རྫོགས་པར་སྦྱར་བའི་ཡི་གེ་བ་ནི་གནས་བདག་འོད་འབར་རྒྱལ་མཚན་གྱི་སྐུ་ཕྱག་པ་བདེ་

དགུ་ནང་སོ་དཔལ་རྒྱན་ནོར་བུས་བགྱིས་པ་ཛ་ཡནྟུ། །

ཨོཾ་སྭ་སྟི། འཇམ་དཔལ་དབྱངས་ཅན་དགྱེས་བཞེད་རྡོ་རྗེ་དང་། །དབྱེར་མེད་ཐུབ་དབང་བསྟན་པའི་ཉི་མ་མཆོག །ས་གསུམ་ཕན་བདེའི་པད་ཚལ་བཞད་པའི་གཉེན། །དང་པོའི་སངས་རྒྱས་རྗེ་བཙུན་བླ་མ་ཡི། །ངོ་མཚར་མཛད་པའི་རྒྱུད་ལས་ཉེར་དྲངས་ཏེ། །མདོ་སྔགས་གཞུང་ལུགས་ས་ཆེན་པོར་ཡུག་ཁྱོན། །གཅིག་ཆར་གསལ་པའི་ཆོས་ཀྱི་ཉིན་མོར་བྱེད། །གྲགས་པ་དོན་མཐུན་སྙན་ཡང་ཤར་བ་དེས། །དོན་ཟབ་ཞི་བའི་རྩེ་དགའ་རྒོད་པ་ཅན། །སྐལ་ཆོག་འོད་ཀྱི་གདེངས་ཀ་འབུམ་འགྱེད་པས། །དམ་པའི་ལམ་བཟང་མ་ནོར་མཚོན་པ་ཡི། །ལེགས་བཤད་སྣང་བ་གསར་པའི་དུས་སྟོན་སྤེལ། །ཚུལ་དེས་བློ་གསལ་བློ་ཡི་མིག་ཕྱེ་སྟེ། །གཏན་མདུན་གཏན་པ་མེད་པའི་བདུད་རྩིའི་སྣོ། །མི་ནུབ་སྲིད་མཐར་སྲིད་ཞིའི་དགེ་མཚན་དུ། །དར་བའི་དར་ཆེན་བཙུགས་པ་ཨེ་མ་རྨད། །གསུང་རབ་གཏམ་གྱི་རྒྱུན་བཟང་ཆད་མེད་པར། །སྐལ་བཟང་ཡིད་མཚོར་རོལ་བའི་ཡུར་བ་རུ། །བཀྲ་ཤིས་ཀུན་ཚང་བཤད་སྒྲུབ་ཡོངས་འདུའི་ཚལ། །དགོན་གསར་ཆོས་འཁོར་གླིང་ནས་པར་དུ་བསྒྲུབ། །དགེ་བས་འགྲོ་ཀུན་དང་ནས་བྱང་ཆུབ་བར། །ཐེག་མཆོག་བཤེས་གཉེན་གཙུག་རྒྱན་གདུགས་དཀར་པོའི། །གསུང་གསང་འགོག་པ་མེད་པའི་གྲིབ་བསིལ་དང་། །འགྲོགས་པས་སྒྲིབ་གཉིས་ཚ་གདུང་མྱུར་སེལ་ཤོག །ཁྱད་པར་པར་འདིར་འབྲེལ་བ་ཐོགས་པ་ཀུན། །འདི་ནས་བྱང་ཕྱོགས་ནོར་བུའི་ཕོ་བྲང་དུ། །རིགས་ལྡན་སྲས་ཀྱི་ཐུ་བོར་རྗེས་བཟུང་སྟེ། །ཟག་མེད་བདེ་བའི་ལོངས་ལ་སྤྱོད་པར་ཤོག །བློ་བཟང་ལུང་རྟོགས་པད་དཀར་དྲི་བསུང་གིས། །མཐའ་དག་ཕྱོགས་ཀྱི་ཐར་འདོད་བུང་བའི་ཚོགས། །སྐྱུ་བཞིའི་མགྲོན་དུ་འགུག་པའི་རྫོགས་ལྡན་དཔལ། །སྐྱེ་དགུའི་ཉེར་འཚོར་ཡུན་རིང་འབར་གྱུར་ཅིག །

ཅེས་རྣམ་ཐར་གྱི་པར་བྱང་སྨོན་ཚིག་འདི་ནི། ལུང་དང་མངོན་པར་རྟོགས་པའི་

ས་ཆེན་པོ་ལ་འདོད་དགུར་དབང་བསྒྱུར་བའི་ཆོས་ཀྱི་རྒྱལ་པོ་ཡི་ངོགས་མཁན་ཆེན་སྤྲུལ་པའི་སྐུ་རིན་པོ་ཆེ་བློ་བཟང་དཔལ་ལྡན་རྒྱ་མཚོས་འཕྲིན་ཡིག་གི་ལམ་ནས་ནན་ཆེར་བསྐུལ་བའི་གསུང་གི་མེ་ཏོག་སྙིམ་པར་བླངས་ཏེ། བཙུན་གཟུགས་ངག་དབང་ཐུབ་བསྟན་རྒྱ་མཚོས་བྲིས་པའོ།། །།

འཇམ་དབྱངས་གསང་བདག་ཕྱག་ན་པདྨོ་ཡི། །གསང་གསུམ་ཡོན་ཏན་གཅིག་ཏུ་རྫོགས་པའི་གཏེར། །ཐུབ་བསྟན་ས་ཆེན་མཛེས་པའི་རྒྱན་གཅིག་པུ། །སྨྲ་བའི་ཉི་མ་ས་གསུམ་སྐྱེ་དགུའི་གཉེན། །གང་དེའི་ངོ་མཚར་མཛད་པའི་ཆུ་གཏེར་ལས། །ཉེར་བྲངས་རྟོགས་བརྗོད་ལེགས་བཤད་བདུད་རྩིའི་རྒྱུན། །སྐལ་བཟང་དད་གུས་མྱུ་གུའི་གསོས་སྨན་དུ། །མི་ཉམས་སྲིད་མཐར་གནས་ཕྱིར་པར་དུ་བསྒྲུན། །དགེ་བས་ཇི་སྲིད་ལྡན་པོ་གནས་དེ་སྲིད། །མཆོད་སྦྱིན་འདིས་ཀྱང་མཐའ་ཡས་འགྲོ་བ་ལ། །ཡང་དག་ལམ་བཟང་ལྟ་བའི་མིག་ཕྱེ་སྟེ། །ཕུན་ཚོགས་སྡེ་བཞིའི་དགའ་སྟོན་རྒྱས་གྱུར་ཅིག །ཅེས་པ་འདི་ཡང་པར་བྱང་སྔ་མའི་བསྐུལ་པ་པོ་དེ་ཉིད་ཀྱི་བཀའི་མེ་ཏོག་སྤྱི་བོར་བསྒྱུལ་བ་གྱིན་ལྡོག་མ་ནུས་པར། བཙུན་གཟུགས་བློ་བཟང་ཚུལ་ཁྲིམས་རྒྱ་མཚོས་སྦྱར་བའོ། །

ཚུལ་འདིར་འབྲེལ་བ་ཐོགས་པའི་སྐྱེ་བོ་ཀུན། །
དཔལ་ལྡན་བླ་མ་དང་པོའི་སངས་རྒྱས་ཀྱིས། །
འབྲེལ་བ་མེད་པར་རྗེས་སུ་འཛིན་པ་དང་། །
གནས་སྐབས་བཀྲ་ཤིས་རྒྱ་མཚོས་སྐྱོང་གྱུར་ཅིག །སརྦ་མངྒ་ལཾ། །

༄། །དུས་གསུམ་སངས་རྒྱས་ཐམས་ཅད་ཀྱི་ངོ་བོ་ རིགས་དང་དཀྱིལ་འཁོར་རྒྱ་མཚོའི་མངའ་ བདག་བཀའ་དྲིན་མཚུངས་མེད་སྐྱབས་ རྗེ་སྡེ་ཁྲི་རིན་པོ་ཆེ་སྐུ་འཕྲེང་རིམ་བྱོན་ གྱི་རྣམ་ཐར་མདོར་བསྡུས་སུ་ བཀོད་པ་ས་གསུམ་མཛེས་ པའི་རྒྱན་ཞེས་བྱ་བ་ བཞུགས་སོ། །

ཆ་རིས་སྐལ་བཟང་ཐོགས་མེད་ཀྱིས་བརྩམས།

གླེང་གཞི།

༄། །རྗེ་བཙུན་བླ་མ་དམིགས་པ་མེད་པའི་ཐུགས་རྗེ་ཆེན་པོ་དང་ལྡན་པ་རིགས་དང་དཀྱིལ་འཁོར་རྒྱ་མཚོའི་མངའ་བདག་རྒྱལ་བ་ཁྱབ་བདག་རྡོ་རྗེ་འཆང་དངོས་དང་ངོ་བོ་དབྱེར་མ་མཆིས་པའི་ཞབས་ལ་གུས་པ་ཆེན་པོས་ཕྱག་བགྱིད་ཅིང་སྐྱབས་སུ་མཆིའོ། །ངེས་འབྱུང་བྱང་སེམས་ཡང་དག་པའི་ལྟ་བ་ཁྱད་པར་ཅན་རྒྱུད་ལ་སྐྱེ་བར་བྱིན་གྱིས་བརླབ་ཏུ་གསོལ།

བསོད་ནམས་ཡེ་ཤེས་ཚོགས་ཀྱི་རྩ་བ་བརྟན། །རྣམ་ཀུན་ཕན་བདེ་མཆོག་གི་གྲིབ་བསིལ་སྟུག །ལུང་རྟོགས་བདུད་རྩིའི་ག་བུར་འཇོ་མཁས་པ། །དཔལ་ལྡན་བླ་མ་སྙིང་གི་མུན་སེལ་རྒྱལ། །རླབས་ཆེན་ཐུགས་བསྐྱེད་ཆུ་གཏེར་བསྲུབས་ལས་ལེགས་འཁྲུངས་ས་བཅུའི་ཤར་རིའི་རྩེ་མོར་འཕགས། །གང་གདུལ་སྐུ་ཡི་གཟུགས་བརྙན་སྒྱུ་འཕྲུལ་ལྷག་བསམ་འབུམ་གྱི་དབྱིངས་སུ་རྣམ་པར་སྤྲོས། །ལེགས་གསུང་ཟབ་ཞི་བསིལ་པའི་བདུད་རྩིས་ཐར་པ་འདོད་རྣམས་སྙིང་གི་འདབ་བརྒྱ་གྲོལ། །ལྷར་བཅས་སྐྱེ་དགུའི་འདྲེན་མཆོག་ཤཱཀྱའི་རྒྱལ་པོ་སྣང་བ་འབུམ་གྱི་དཀྱིལ་འཁོར་རྒྱལ། ། སྒྲིབ་ཀུན་དབྱིངས་སུ་དག་པའི་ཡེ་ཤེས་གཟུགས། །དམར་སེར་མཚན་དཔེའི་ལང་ཚོར་ལྡེམས་པའི་གར། །རྫོ་དང་རལ་གྲིའི་འཁྲི་ཤིང་གཡོ་བ་གང་། །སྙིང་གི་པདྨོར་བསྟེན་ནོ་རྟག་སྐྱོངས་མཛོད། །མཁའ་ཁྱབ་ཞིང་གི་རྒྱལ་རྣམས་མ་ལུས་པ། །གསང་བ་བསམ་མི་ཁྱབ་པའི་ཡེ་ཤེས་འཕྲུལ། །མཐུ་སྟོབས་ནུས་པའི་གཟུགས་སུ་རྣམ་རྩེན་པ། །གང་དེ་བྱང་ཆུབ་བར་དུ་གཙུག་གིས་མཆོད། །འཇམ་པའི་དབྱངས་ཀྱིས་འཇམ་དབྱངས་

ལྟར། །གསུང་དབྱངས་རྫོགས་པའི་དཔལ་གྱིས་ཕྱུག །ཐུ༷བ་བསྟ༷ན་འཛིན་མའི་ཁྲོན་ཡངས་སུ། །གདུལ་བྱ་རྒྱ༷་མཚོ༷་ཡོངས་འཁྱིལ་པ། །གང་དེའི་འབྲུངས་བརྒྱུད་གསེར་རིའི་འཕྲེང་པ་ཡི། །འཕྲིན་ལས་འབུམ་གྱི་ཉི་མ་འོད་པོ་ཆེ། །ས་གསུམ་སྐྱེ་འགྲོའི་གསོས་སུ་སྨིན་པའི་ཚུལ། །རོ་འཛིན་སྟོང་དུ་སྤྲུལ་ཀྱང་བརྗོད་མཐའ་ཟད། །འོན་ཏེ་འདི་ན་ཤུགས་དྲག་དད་པའི་མེས། །སྙིང་གི་ཆུ་གཏེར་ཁོལ་པ་ཉེར་འཛིན་པ། །འདི་དག་གདུང་སེལ་འཕྲུལ་གྱི་ཇ་ཡབ་རྩེར། །ཆུ་ཐིགས་ཙམ་ཞིག་བླངས་ཏེ་གསོས་སུ་བསྐྱུན། །

ཇི་སྐད་དུ། སློབ་དཔོན་དཔའ་བོས། གྲགས་པའི་མཚན་མར་གྱུར་པ་བཟང་པོ་འདི་རྣམས་ཀྱིས། །བདེ་བར་གཤེགས་གྱུར་ལམ་རྣམས་གང་ཡིན་བསྟན་པར་འགྱུར། །ཡིད་ལ་དད་པ་མེད་པ་རྣམས་ཀྱང་དད་པར་འགྱུར། །ཆོས་དང་ལྡན་པའི་གཏམ་གྱིས་རབ་ཏུ་དགའ་བར་འགྱུར། །ཞེས་དང་། དབལ་མང་པཎྜི་ཏས། ངོ་མཚར་ཡོན་ཏན་གསལ་བྱེད་སྒྲོན་མེ་དང་། །བློ་སྣ་ཆོས་ལ་འགུགས་པའི་ལྕགས་ཀྱུ་སྟེ། །ཡོག་ལམ་འཕྱན་པ་རྣམས་ལ་དེད་དཔོན་མཆོག །དམ་པའི་རྣམ་ཐར་གཏམ་ལས་གཞན་ཡོད་མིན། །ཞེས་གསུངས་པ་ལྟར། སྟོན་འབྱོན་སྐྱེས་ཆེན་དམ་པ་དག་གི་རྣམ་ཐར་བརྗོད་ན་དགེ་མཚན་ཆེན་པོ་ལྡན་ནའང་། རྒྱལ་སྲས་ཆེན་པོ་ཞི་བ་ལྷས། སྟོན་ཆད་མ་བྱུང་བ་ཡང་འདིར་བརྗོད་མེད། །སྡེབ་སྦྱོར་མཁས་པའང་བདག་ལ་ཡོད་མིན་ཏེ། །ཞེས་གསུངས་པ་ལྟར། ཁོ་བོ་ལྟ་བུ་སྐྱེས་སྦྱངས་ཀྱི་ཡོན་ཏན་གྱིས་དམན་ཞིང་རྣམ་པ་ཀུན་ཏུ་ཉོན་མོངས་ཀྱིས་ཀུན་ནས་བསླངས་པའི་ཁ་བ་མ་ཐོ་བས་ཉིན་མཚན་འདའ་བ་ཞིག་ལ་སྟོན་མ་བྱུང་བའི་གཏམ་གསར་ངོ་མཚར་ཅན་དང་ཚིག་སྦྱོར་སྡེབ་ལེགས་གང་ཡང་མེད་པས་དམ་པའི་རྣམ་ཐར་སྤེལ་བའི་འོས་མེད་ནའང་། ཡང་དེ་ཉིད་ལས། དགེ་བ་གོམས་ཕྱིར་བདག་གི་དད་པའི་ཤུགས། །འདི་དག་གིས་ཀྱང་རེ་ཞིག་འཕེལ་འགྱུར་ལ། །བདག་དང་སྐལ་པ་མཉམ་པ་གཞན་གྱིས་ཀྱང་། །ཅི་སྟེ་འདི་དག

མཐོང་ན་དོན་ཡོད་འགྱུར། །ཞེས་གསུངས་པ་ལྟར། རང་ཉིད་དགེ་ལ་གོམས་ཕྱིར་དང་། སྐྱེས་བུ་དམ་པའི་མཛད་སྤྱོད་ལ་རྒྱུས་ལོན་བྱས་པར་བརྟེན་ནས་རང་ཉིད་ཀྱི་དད་པའི་ཤུགས་འཕེལ་བ་དང་། རང་དང་འདི་འདྲའི་རྣམ་ཐར་ལ་མཇལ་བའི་སྐལ་པ་དང་ལྡན་པ་དག་གི་ཆེད་དུ་དམིགས་ཏེ། སྐྱབས་རྗེ་དམ་པ་གང་གི་སྐུ་འཕྲེང་རིམ་བྱོན་གྱི་རྣམ་པར་ཐར་པ་རྒྱ་མཚོ་ལྟ་བུའི་ཆ་ཤས་ལས་ཆུའི་ཐིགས་པ་ཙམ་ཞིག་བླངས་ཏེ་སྐལ་བཟང་སྐྱེ་བོ་དག་གི་དད་པའི་གསོས་སུ་འགོད་པར་བྱའོ། །

དེ་ལ་འདིར་བདག་ཉིད་ཆེན་པོ་གང་དེའི་སྐྱེས་པའི་རབས་སྔ་མ་དག་གི་མཚན་ཙམ་དགོས་འབྲེལ་གྱི་དབང་གིས་མདོར་བསྡུས་སུ་བཀོད་པ་དང་། སྐུ་དངོས་ཀྱི་སྐུ་འཕྲེང་རིམ་བྱོན་གྱི་རྣམ་ཐར་ཙུང་ཟད་སྤྲོས་ཏེ་བཀོད་པ་གཉིས་ལས། དང་པོ། སྐྱེས་པའི་རབས་སྔ་མ་དག་གི་མཚན་ཙམ་དགོས་འབྲེལ་གྱི་དབང་གིས་མདོར་བསྡུས་སུ་འགོད་པ་ལ། སྐྱབས་རྗེ་འདི་ཉིད་ནི་སྔོན་བསྐལ་པ་དཔག་ཏུ་མེད་པའི་སྔ་རོལ་ནས་ས་བཅུའི་ཡོན་ཏན་མ་ལུས་པ་ཡོངས་སུ་རྫོགས་པར་མཛད་ནའང་། མ་དག་པའི་འཇིག་རྟེན་གྱི་ཁམས་སུ་ལ་ལ་ལར་ནི་འཁོར་ལོས་བསྒྱུར་བ་དང་། ལ་ལ་ལར་ནི་ཁམས་ཀྱི་རྒྱལ་པོ་དང་། འགའ་ཞིག་ཏུ་ནི་བརྒྱ་བྱིན་དང་ཚངས་པའི་གཟུགས་དང་། དེ་བཞིན་དུ་བྱང་ཆུབ་སེམས་དཔའ་ཁྱིམ་པ་དང་རབ་ཏུ་བྱུང་བའི་ཚུལ་ལ་སོགས་པ་གདུལ་བྱ་དང་འཚམ་པའི་སྐུའི་རྣམ་པར་འཕྲུལ་པ་དཔག་ཏུ་མེད་པ་ཇི་ལྟར་ནམ་མཁའི་ལམ་ལས་ཟླ་བའི་དཀྱིལ་འཁོར་གཅིག་ཉིད་ཀྱིས་སའི་སྟེང་དུ་ཆུ་སྣོད་ཐ་དད་པ་སྣ་ཚོགས་པ་ཞིག་གི་ནང་དུ་ཅིག་ཅར་རང་གི་གཟུགས་བརྙན་སྟོན་པ་དེ་བཞིན་དུ་འབད་རྩོལ་མེད་པར་ཉེ་བར་བསྟན་ཚུལ་ནི་དཔེར་ན། འབྲུངས་རབས་གསོལ་འདེབས་འདོད་དོན་ལྷུན་འགྲུབ་ལས། གསང་བའི་བཀའ་སྡུད་ཕྱག་ན་རྡོ་རྗེ་དང་། །ཀླུ་ལ་ཙཀྲའི་རྒྱུད་འཛིན་ཟླ་བ་བཟང་། སྟོན་པའི་ཉེ་གནས་གནས་བརྟན་ཀུན་

དགའ་བོ། །ཞེས་དང་། ཡན་ལག་འབྱུང་གི་ཡབ་གྱུར་རབ་བཟང་ཞབས། །འཁོར་ལོ་ཆེན་པོའི་གྲུབ་བརྙེས་ཛྙཱ་བ་རི། །རྒྱ་གར་ཤར་ཕྱོགས་རྒྱལ་པོ་འགྲོ་བ་བཟང་། །ཞེས་དང། ས་གསུམ་བརྙེས་པའི་སློབ་དཔོན་ཡོན་ཏན་འོད། །བལ་བོའི་ཡུལ་དུ་ཧྣ་ཨྨ་པཱ་ལར་གྲགས། །མཚར་སྡུག་གཟི་འབར་ལྷང་ཚེ་ལྷ་ཡི་སྲས། །ཞེས་དང་། མུ་སྟེགས་ཚར་བཅད་རིགས་ལྡན་ཆོས་ཀྱི་རྒྱལ། །བོད་ཡུལ་འདུལ་མཛད་དགེ་སློང་སེམས་དཔའ་ཆེ། །རྣལ་འབྱོར་དབང་ཕྱུག་ཆོས་ཀྱི་སེང་གེའི་སྐྱེ། །ཞེས་དང་། ཡོངས་སྐྱོང་དཔལ་ལ་དབང་བསྒྱུར་གདེངས་ཅན་དབང་། །རིམས་ནད་ཀུན་བསྲུངས་སྨན་སྦྱིན་སྨྲ་བ་དཀར། །སྨྲ་མཁས་ནེ་ཙོ་གཉིས་སྐྱེས་ཡོངས་ཀྱི་མགོན། །ཞེས་དང། ཡོག་སྐྱོད་རྒྱལ་པོ་ལེགས་བཀུལ་དཔལ་རྡོ་རྗེ། །བཀའ་གདམས་བཤེས་གཉེན་བརྩོན་འགྲུས་གཡུང་དྲུང་ཞབས། །མི་ལའི་ཐུགས་སྲས་རས་ཆུང་རྡོ་རྗེ་གྲགས། །ཞེས་དང་། རྒྱུད་སྡེ་མངའ་བདག་ཛ་ཡ་སེ་ནའི་ཞབས། །གྲོལ་སྡེ་རྒྱལ་བའི་འབྱུང་གནས་མ་ཅིག་སྲས། །གསང་སྔགས་གདམས་པའི་གཏེར་མཛོད་སེང་གེའི་སྐྱེ། །ཞེས་དང་། སྲིན་ཡུལ་ཆོས་བཀོད་ཆོས་ཀྱི་གོ་ཆའི་སྐྱེ། །ལྷོ་བྲག་གྲུབ་ཆེན་ལས་ཀྱི་རྡོ་རྗེ་ཞབས། །རྒྱ་གར་ཤར་ཕྱོགས་འདོད་པའི་སྙིང་པོའི་སྐྱེ། །ཞེས་དང་། ཞྭ་སེར་བསྟན་འཛིན་ཏ་ཞང་ཆོས་རྗེའི་ཞབས། ཞེས་གསུངས་པ་ལྟར། དམ་པ་འདི་ཉིད་བསྐལ་བ་དཔག་ཏུ་མེད་པའི་སྔ་རོལ་ནས་ཀུན་གཟིགས་ཡེ་ཤེས་ཀྱི་ངོ་བོར་སངས་རྒྱས་ཟིན་ཀྱང་སྣང་བསྟན་འགྲོའི་དོན་དུ་གསང་བའི་བཀའ་སྡུད་པ་པོ་གསང་བདག་ཕྱག་ན་རྡོ་རྗེ་དང་། ཀཱ་ལ་ཙཀྲའི་རྒྱུད་འཛིན་ཟླ་བ་བཟང་པོ། སྟོན་པའི་ཉེ་གནས་ཀུན་དགའ་བོ། གནས་བརྟན་ཡན་ལག་འབྱུང་གི་ཡབ་རབ་བཟང་། འཁོར་ལོ་ཆེན་པོའི་གྲུབ་པ་བརྙེས་པ་གྲུབ་ཆེན་ཛྙཱ་ཥ་རི་བ། རྒྱ་གར་ཤར་ཕྱོགས་ཀྱི་རྒྱལ་པོ་འགྲོ་བ་བཟང་པོ། ས་གསུམ་བརྙེས་པ་སློབ་དཔོན་ཡོན་ཏན་འོད། ལྷ་ལུང་དཔལ་གྱི་རྡོ་རྗེ། ཁུ་སྟོན་བརྩོན་འགྲུས་གཡུང་དྲུང་། རས་

ཚུང་རྡོ་རྗེ་གྲགས་པ། ལྷོ་བྲག་ནམ་མཁའ་རྒྱལ་མཚན། རྟ་ཞང་ཆོས་རྗེ་སོགས་དམ་པ་མང་པོའི་སྐྱེ་བ་བཞེས་ཏེ། ཇི་སྐད་དུ། ཐུགས་བསྐྱེད་ཤར་རིའི་རྩེར་འཕགས་གཟུགས་སྐུའི་ཟླ། །གྲངས་མེད་འགྲོ་བློའི་ཐིང་བུར་འཆར་བཟོད་པའི། །སྤྲུལ་པའི་ཟློས་གར་གཅིག་མིན་དུ་མ་ཡིས། །ལུས་ཅན་རྗེས་བཟུང་མཛད་ལ་གསོལ་བ་འདེབས། །ཞེས་གསུངས་པ་ལྟར་གང་ལ་གང་འཚམས་ཀྱི་འགྲོ་དོན་རྒྱ་ཆེར་སྤེལ་བ་ཡིན་ནོ། །

གཉིས་པ། སྐུ་དངོས་ཀྱི་སྐུ་འཕྲེང་རིམ་བྱོན་གྱི་རྣམ་ཐར་ཙུང་ཟད་སྤྲོས་ཏེ་བཀོད་པ་ལ་བརྒྱད་ལས།

དང་པོ། སྐྱབས་རྗེ་སྡེ་ཁྲི་རིན་པོ་ཆེ་སྐུ་འཕྲེང་དང་པོ་གྲུབ་པའི་དབང་ཕྱུག་ཆེན་པོ་བློ་བཟང་དོན་འགྲུབ་པ་དཔལ་བཟང་པོ།།

བློ་གྲོས་མཁའ་ལྟར་མཉམ་པའི་སྤོབས་པ་ཡིས། །
བཟང་པོའི་འཕྲིན་ལས་ཕྱོགས་མཐར་རྒྱས་པ་དང་། །
དོན་ཀུན་ལྷུན་གྱིས་གྲུབ་པའི་ཤུགས་འཆང་པ། །
གྲུབ་པའི་དབང་ཕྱུག་གང་དེ་རྒྱལ་གྱུར་ཅིག །

སྐྱབས་རྗེ་སྐུ་འཕྲེང་དང་པོ་གྲུབ་པའི་དབང་ཕྱུག་ཆེན་པོ་སྡེ་ཁན་བློ་བཟང་དོན་འགྲུབ་པ་དཔལ་བཟང་པོ་ནི། མ་ཅིག་ལབ་སྒྲོན་གྱི་ལུང་བསྟན་ལས། གྲོལ་སྡེ་རྒྱལ་བའི་འབྱུང་གནས་ནི། །ཁྲི་ཞེས་བྱ་བའི་ཡུལ་དུ་འབྱུང་། །ངུར་སྨྲིག་ཚུལ་འཛིན་དགེ་འདུན་སྐྱོང་། །ཞེས་མ་ཅིག་ལབ་ཀྱི་སྒྲོན་མས་ལུང་དུ་བསྟན་པ་ལྟར། མདོ་སྨད་ཁྲི་ཀའི་སའི་ཆ་ལན་ཀྱོ་ཞེས་བྱ་བའི་ཡུལ་དུ་ལྷག་རིང་གི་རུས་ལས་ཡབ་བླ་དྭགས་དགེ་བསྙེན་ཟེར་བའི་སྲས་སུ་རབ་བྱུང་བཅུ་གཅིག་པའི་ཆུ་སྦྲུལ་(༡༨༧༣)ལོར་བསམ་བཞིན་སྐུ་འཁྲུངས། ཆུང་ངུའི་དུས་ནས་སྔོན་གོམས་བག་ཆགས་བཟང་པོ་ཡོངས་སུ་སད་པས་བག་མེད་ཀྱི་སྤྱོད་ལམ་རིང་དུ་སྤངས་ཤིང་དམ་པའི་སྤྱོད་བཟང་ལྷུན་གྱིས་གྲུབ་པ་ཞིག་ཡིན་པར་ཡོངས་སུ་གྲགས། དགུང་ལོ་དྲུག་བཞེས་པའི་ཚེ་ལ་མོ་བདེ་ཆེན་དགོན་དུ་ཁྲུ་བོ་རབ་འབྱམས་པ་ཞིག་ཡོད་པའི་མདུན་ཀློག་སློབ་ཏུ་ཕེབས། ཀློག་སོགས་དཀའ་ཚེགས་མེད་པར་བརྗོད་སྦྱོར་ཙམ་གྱིས་ཐུགས་སུ་ཆུད་ཅིང་། ཁྲུ་བོ་རབ་འབྱམས་པས་ཀྱང་ཚོ་ག་ཆོས་སྤྱོད་སོགས་ཀྱི་དཔེ་ཆ་མང་དུ་ཕུལ་ནས་གཟིགས་སུ་བཙུག་པ་རྣམས

ལན་རེ་ཙམ་བསླྒགས་པས་འཛིན་ཐུབ་པ་དང་། ཁྱད་པར་དུ་ཡི་དམ་འཇིགས་བྱེད། ཆོས་རྒྱལ། གསང་བདག དམག་ཟོར་མ་རྣམས་ལ་ཆོ་རབས་དུ་མར་འབྲེལ་བའི་རྟགས་མཚན་ཆུང་དུའི་དུས་ནས་མང་ཞིང་། སྐྱབ་ཐབས་གཏོར་ཆོག་བཟླས་པ་སོགས་ཀྱང་ཆག་མེད་ནན་ཏན་ཆེ་བར་མཛད་པ་ཞིག་བྱུང་ངོ་། །

དམ་པ་འདི་ཉིད་ཀྱི་རབ་བྱུང་དང་དགེ་ཚུལ་གྱི་མཁན་སློབ་གང་ཡིན་མ་ངེས་ཀྱང་། ཚོགས་ཕྱི་མ་བསྙེན་རྫོགས་ཀྱི་སྡོམ་པ་ནི་ཀུན་མཁྱེན་རིན་པོ་ཆེ་ལས་མནོས་པ་ཡིན་ཏེ། ཁོང་གིས་བསྔོ་བའི་སྐབས་སུ་དོན་གྱི་སྐད་དུ་མཚན་ནས་སྨོས་ཏེ་བདག་གི་མཁན་རིན་པོ་ཆེ་ཐམས་ཅད་མཁྱེན་པ་ངག་དབང་བརྩོན་འགྲུས་པའི་ཞལ་སྔ་ནས་ཞེས་གསུང་གི་ཡོད་ཅེས་གདན་རབས་ལྷའི་ཪྣ་ཆེན་དུ་གསུངས་པ་དང་། ཡང་འཇམ་པའི་དབྱངས་དཀོན་མཆོག་བསྟན་པའི་སྒྲོན་མེས་ཀྱང་། ཀུན་མཁྱེན་བླ་མ་འཇམ་དབྱངས་བཞད་པའི་རྡོ་རྗེ་ཞལ་སྔ་ནས་ལས་བསྙེན་རྫོགས་ཀྱི་སྡོམ་པ་མནོས་ཏེ་སྡོང་བདུན་འཁོར་བཅས་ཀྱི་ཚུལ་ཁྲིམས་རྣམ་པར་དག་པའི་བདུད་རྩིས་ཐུགས་ཀྱི་བུམ་བཟང་ཡོངས་སུ་གཏམས་པར་མཛད་ཅེས་གསུངས་སོ། །

དགུང་གྲངས་བཅུ་དྲུག་བཞེས་པ་རབ་བྱུང་བཅུ་གཉིས་པའི་ས་འབྲུག་(༡༧༤༨)ལོར་དབུས་འགྱུར་ཆོས་ཀྱི་ཞིང་ཁམས་སུ་ཆིབས་ཀྱི་ཁ་ལོ་བསྒྱུར། རྗོ་ཤྲཱི་རྣམ་གཉིས་རང་བྱོན་ལྷ་ལྡན་སོགས་ལ་སྐྱན་ཤལ་ཕུལ་ཏེ་ཐོས་བསམ་སྒོམ་གསུམ་གྱི་བྱ་བ་མཐར་ཕྱིན་ལེགས་འགྲུབ་ཡོང་བའི་གསོལ་འདེབས་དང་སྨོན་ལམ་གནད་སྨིན་བཏབ་པར་མཚན་རྟགས་ཡ་མཚན་ཅན་ཐོན། དེ་ནས་གངས་ཅན་བསྟན་པའི་འབྱུང་ཁུངས་མཁས་གྲུབ་གདེངས་ཅན་བྱེ་བའི་རོལ་མཚོ་འབྲས་བཀྲ་ཤིས་སྒོ་མང་གི་ཆོས་གྲྭར་ཞུགས་ཏེ། སྟྲ་བའི་དབང་ཕྱུག་བྱེ་བྲལ་དགེ་འདུན་ཕུན་ཚོགས་བླ་མར་བསྟེན། བདག་ཉིད་ཆེན་པོ་དཔོན་སློབ་དོན་གྲུབ་རྒྱ་མཚོའི་དྲུང་ནས་བསྡུས་གྲྭའི་བཅེ་བཞག་ཐོག་

མར་གསན། ཕར་ཕྱིན་ཡང་བླ་མ་འདི་ལས་གསན་ཞིང་པོ་ཧི་ལྷག་མ་རྣམས་ཆོས་རྗེ་དྭ་དཔོན་པ་ཀུན་དགའ་འོད་ཟེར་ལས་གསན་པས། ཕྱིས་སུ་ཁོང་གིས་བླ་མ་འདི་གཉིས་ཀྱི་མཚན་བརྗོད་དུས་ཀྱང་འཇམ་དབྱངས་བླ་མ་ཞེས་གུས་པ་ཆེན་པོ་མཛད་པར་དངོས་སློབ་དག་གིས་གསུངས་ཞེས་དབལ་མང་པཎྜི་ཏས་གསུངས། དང་ཐོག་ལོ་གཅིག་གཉིས་ཙམ་གྱི་རིང་བསྡུས་གྲྭར་གྲགས་པ་ཚད་མ་རྣམ་འགྲེལ་གྱི་རིགས་པའི་སྒོ་དྲུ་མ་ཕྱོགས་གཅིག་ཏུ་དྲིལ་པ་དང་། བློ་རྟགས་སོགས་རྟོག་གེའི་གསང་ཚིག་མ་ལུས་པ་ཐུགས་སུ་ཆུད། དཔོན་སློབ་རིན་པོ་ཆེ་ནས་དགྱེས་གཟིགས་ཆེ་ཆེར་གནང་ཞིང་། འཛིན་གྲྭ་ཐོད་ཀྱིས་གཞུང་གསར་དུ་ཕེབས། རྒྱན་རྩ་འགྲེལ། རྣམ་བཤད། གསེར་འཕྲེང་། ཀུན་མཁྱེན་ཆོས་འབྱུང་གི་ཡིག་ཆ་རྒྱས་བསྡུས་སོགས་རྒྱ་བོད་ཀྱི་གཞུང་དུ་མ་བློ་འཛིན་མཛད། སྐབས་དེར་ཁོང་ཉིད་ནས་ཉིན་གཅིག་ལ་འདི་ཙམ་འཛིན་དགོས་སྙམ་པའི་གྲངས་བཅད་དུས་ཐོག་ཏུ་འཛིན་ཐུབ་པའི་ཐུགས་རབ་འགྲན་ཟླ་དང་བྲལ་པས། ཞལ་ནས་ཀྱང་དེད་རང་འཛིན་བཟང་ཞིང་བརྗེད་ངས་ཆུང་བས་ཆོས་མཚམས་སྐབས་སུ་ཉི་མ་ཁ་ཤས་རེ་ལས་ཆོས་མཚམས་ཡོངས་རྫོགས་ལ་དཔེ་ཆ་འཛིན་མི་དགོས་ཤིང་སྐྱོར་སྦྱངས་ལ་ཏ་ཙང་སྡུག་ཙུས་བྱེད་དགོས་པ་མ་བྱུང་ཞེས་གསུངས་པར་གྲགས། སྐབས་སྐབས་སུ་མཚན་ཕུད་རེ་མཛད་དུས་མཚན་རིལ་པོར་ཆར་བབས་ཀྱང་ཧ་མི་སླམ་པར་བཞུགས་ཤིང་། ཐུགས་འཛིན་དང་འཛིན་རྒྱ་གྲྭ་ཐོག་དེ་ན་རྗེ་འདི་དང་མཉམ་པ་མེད་པར་གྲགས་པ་དོན་ལ་གནས་པ་ཡིན་ནོ། །དེ་ནས་དཔོན་སློབ་ཀུན་དགའ་འོད་ཟེར་གྱི་མདུན་ནས་དབུ་མ་མཐོང་འདུལ་བ་གསུམ་ལ་གསན་སྦྱོང་མཛད། ལྷག་པར་དབུ་མའི་སྐབས་སུ་ཟབ་མོ་གནས་ལུགས་འཚོལ་བར་བྱང་ཆུབ་སེམས་དཔའ་འཕགས་པ་རྟག་ཏུ་ངུ་ལྟ་བུའི་ཐུགས་བརྩོན་དོན་གཉེར་གྱི་འདུན་པ་ཤུགས་དྲག་བསྐྱེད་པའི་སྟོབས་ཀྱིས་རྣམ་བཤད་དགོངས་པ་རབ་གསལ་དང་། སྟག་ལུང་གྲགས་

པའི་དབུ་མ། དབུ་མའི་རྣམ་བཤད་ཐེག་ཆེན་རྒྱ་མཚོར་འཇུག་པའི་གྲུ་རྫིངས་སོགས་ཡིག་ཆ་མི་གཅིག་པ་བདུན་ཙམ་ཐུགས་འཛིན་བྱས་ཏེ་རྒྱུན་མར་སྐྱོར་སྦྱངས་མཛད། རྗེ་དཀོན་མཆོག་བསྟན་པའི་སྒྲོན་མེས་ཀྱང་། འདི་འདྲ་བ་མཚན་ཉིད་པའི་སྟོན་ཆེན་གཞན་སུ་ལ་བྱུང་བའི་སྒྲོས་ཙམ་ཡང་དཀོན་པར་སྣང་། ཞེས་གསུངས། འཛིན་གྲྭ་མཛོད་ཀྱི་དུས་སུ་སླེབས་དུས་སུའང་ཆོས་མངོན་དང་། ཐར་ལམ་གསལ་བྱེད་སོགས་ཡིག་ཆ་མི་འདྲ་བ་དུ་མ་དང་། ཆོས་མངོན་རིན་ཆེན་འདྲེན་པའི་ཤིང་རྟ་ཡོངས་སུ་རྫོགས་པ་ཉིན་བདུན་གྱི་རིང་དུ་ཐུགས་འཛིན་གནང་། འདུལ་བའི་ཡིག་ཆའང་མང་པོ་ཐུགས་ལ་བཟུང་ཐོག ལུང་སྡེ་བཞི་དང་། མདོ་རྩ་འགྲེལ། གླིང་འབུམ་སོགས་ལ་གཟིགས་རྟོག་ཞིབ་རྒྱས་གནང་ཞིང་འདུལ་པའི་བཅས་མཚམས་མ་ལུས་པ་ཐུགས་སུ་ཆུད་པས། ཚིག་དོན་གཉིས་ཀའི་ཆ་ནས་ངེས་པ་དོན་གྱི་འདུལ་པ་འཛིན་པ་ཆེན་པོར་གྱུར། དེ་ལྟར་ཡུན་ཐུང་ཡང་རྟག་གུས་ཀྱི་སྦྱོར་པར་བརྟེན་ནས་གཞུང་ཆེན་པོ་བཀའ་པོད་ལྔའི་དགོངས་དོན་ལ་དབང་འབྱོར།

དགུང་ལོ་ཉེར་ལྔ་བཞེས་པ་རབ་བྱུང་བཅུ་གཉིས་པའི་མེ་གླང་(༡༨༡༧)ལོར། སྔོ་མང་དཔོན་སློབ་རིན་པོ་ཆེ་ཆོས་ཀྱི་རྗེ་ཀུན་དགའ་འོད་ཟེར་རམ་འོད་ཟེར་རྒྱ་མཚོར་གྲགས་པའི་ཞལ་སྔ་ནས་ཀྱིས་བཀའ་ནན་མཛད་པ་ལྟར། ལྷ་ལྡན་སྨོན་ལམ་ཆེན་མོའི་དུས་རྗེ་བོ་ཤཱཀྱ་མུ་ནེའི་མདུན་སར་གདན་ས་གསུམ་གྱི་མཁས་མང་རྒྱ་མཚོ་ལྟ་བུ་འཚོགས་པའི་དབུས་སུ་དམ་བཅའ་བཞག་སྟེ་ལེགས་པར་བཤད་པའི་དགའ་སྟོན་ཀུན་ཏུ་བཟང་པོའི་མཆོད་སྤྲིན་རྒྱ་ཆེར་སྤྲོས། དེའི་ཚེ་གྲྭ་ས་ཕན་ཚུན་གྱི་གཟུར་གནས་མཁས་པའི་དབང་པོ་ཐམས་ཅད་ཀྱིས་འདི་ལྟ་བུའི་ན་ཚོད་གཞོན་ནུ་ལ་ཡོན་ཏན་གྱིས་གཏིང་ཟབ་པ་དཀོན་ཞེས་བསྟོད་བསྔགས་ཀྱི་མེ་ཏོག་དཀར་པོས་ལན་མང་པོར་མངོན་པར་མཆོད། དེ་ནས་ཁོང་གི་ཐུགས་སུ་སྔར་ཀུན་གཟིགས་བླ་མ་མཆོག་ནས་རི་

བོ་དགེ་འཕེལ་དུ་བྱང་ཆུབ་ལམ་གྱི་རིམ་པའི་ཉམས་ཁྲིད་སྨིན་རྒྱས་ལོ་ལྟར་ཡང་ཡང་གནང་བའི་གདམས་པའི་ཉིང་ཁུ་མ་ལུས་པ་ཐུགས་ཀྱི་དཔལ་བེའུར་འཆང་ཡང་། ད་དུང་ཡང་རྗེ་འདི་ལྟ་བུའི་དགེ་བའི་བཤེས་གཉེན་རྙེད་པར་དཀའ་བས། མདོ་སྔགས་ཟབ་རྒྱས་ཀྱི་གདམས་པ་མ་ཚང་བ་མེད་པ་ཞིག་ཞུས་ཏེ། བས་མཐའ་དབེན་པའི་གནས་ཤིག་ཏུ་གཞི་ཚུལ་ཁྲིམས་རྣམ་པར་དག་པ་ལ་གཞོལ་ཅིང་སྒྲུབ་པ་སྙིང་པོར་མཛད་ནས་གཏན་གྱི་བཙན་ས་ཟིན་པ་ཞིག་བགྱི་སྙམ་པའི་འདུན་མ་ཤུགས་དྲག་ནར་མར་འབྲུངས་མོད་ཀྱང་། དེ་དུས་གྲྭ་ས་གྲྭ་ཚང་སོ་སོར་སྐྱིད་སྡུག་གནད་ཐུབ་ཀྱི་རེས་འཛོག་བར་འགྱུར་མེད་པར་བྱུང་བ་དང་། ཁོང་ཆོས་སྲིད་གང་ཐད་ནས་ཀྱང་མཁྱེན་རྒྱ་ཆེ་ཞིང་གཏིང་མི་དཔོག་པ། ངང་ཚུལ་བརྟན་ཅིང་བྱ་བ་ལ་མི་སྐྱོ་བ། ཀུན་དང་འགྲོགས་མཁས་ཞིང་བློ་གཏད་མི་བསླུ་བ་སོགས་ཡོན་ཏན་དུ་མའི་དགེ་མཚན་གྱིས་ཕྱུག་པས། ལྷ་བཟང་ཏན་སོགས་ཀྱིས་བསྟན་འགྲོའི་དོན་ཁུར་དུ་བཞེས་དགོས་ཚུལ་གྱི་བཀའ་སྤྲོ་བོར་བབས་པ་དང་། ལྷག་པར་དུ་རབ་བྱུང་བཅུ་གཉིས་པའི་ལྕགས་འབྲུག་(༡༧༠༠)ལོ་ནས་ཀུན་མཁྱེན་བླ་མ་སྔོ་མང་གི་ཆོས་ཁྲིར་བཞུགས་དགོས་པ་བྱུང་བས། དེ་སྔོན་བླ་སློབ་ཐུགས་མར་བྱེད་པའི་སྲོལ་ཡོད་པ་འཇིག་རྟེན་གྱི་གཡེང་པའི་ཁུར་ཆོས་འཆད་ཉན་གྱི་སད་དུ་འགྱུར་བ་དང་། ཁྱད་པར་བླ་སློབ་ཀྱི་དམ་ཚིག་ལ་ཡང་གནོད་པ་འབྱུང་བའི་དགག་བྱ་དང་དགོས་པ་མང་དུ་གཟིགས་ཏེ་ཀུན་མཁྱེན་བླ་མ་མཆོག་གི་ཞལ་ནས། ངེད་ཀྱིས་ཆོས་འཇིག་རྟེན་གཉིས་ཀའི་ཁུར་འཛིན་མི་ནུས་པར་འདུག་པས། ཁྱོད་ཀྱིས་སྔོ་མང་སྡེ་བའི་འགན་བཞེས་དགོས་གསུངས་པར། གཅིག་ཏུ་བླ་མའི་བཀའ་སྒྲུབ་པ་ལས་ལྷག་པ་མེད་པ་དང་། གཉིས་སུ་བསྟན་པའི་གཞི་མ་དགེ་འདུན་གྱི་སྡེ་འདི་ལྟ་བུའི་ཞབས་འདེགས་རྣལ་མ་ཞིག་ཡོང་ན་དེ་ལས་ལྷག་པ་ཞིག་མི་འདུག་དགོངས་ནས་བཀའ་སྤྲོ་བོར་བླངས། དེ་དུས་འཇིག་རྟེན་གྱི་བྱ་བཞག་རླབས

ཆེ་ཞིང་ཕྱུགས་བརྟན་པ། བྱེད་ཚུལ་ཐབས་མཁས་ཤིང་གཞན་དབང་དུ་མི་འགྲོ་བ་སོགས་ཀྱིས་སྡེ་སྲིད་སངས་རྒྱས་རྒྱ་མཚོས་ཀྱང་ཐུགས་དགྱེས་པོ་མཛད་དེ་གཞུང་གི་ཚོགས་འདུའི་གྲས་སུ་ནན་གྱིས་འཛོག་གནང་མཛད་ཅིང་། རྒྱལ་བ་ཚངས་དབྱངས་རྒྱ་མཚོའི་སྐུ་མདུན་པའང་བྱེད་དགོས་བྱུང་སྟེ། དེའི་ཚུལ་ནི་ཙ་ན་ཀ་རྒྱལ་པོའི་ལུགས་ཀྱི་བསྟན་བཅོས་ལས། བྱ་བ་མ་ཡིན་མི་བྱེད་ཅིང་། །བཤམས་པ་མཁོས་ལ་ཕེབས་པ་དང་། །ཡུལ་གྱི་འདོད་པ་ཐག་བསྲིང་བའི། །སྐྱེས་བུ་མཁས་པ་སུས་མི་བཀུར། །ཞེས་གསུངས་པ་ལས་མ་འདས་སོ། །

རྗེ་ཉིད་ཀྱིས་གཉེར་བའི་ཁུར་བཞེས་པའི་སྐབས་ནམ་ཞིག་ཡིན་རུང་དགེ་འདུན་གྱི་སྤྱི་རྫས་རང་དོན་དུ་ཅུང་ཟད་ཙམ་ཡང་མི་སྤྱོད་པར་དཔལ་ལྡན་ཇོ་བོ་རྗེའི་རྣམ་ཐར་ལྟར་བཞེས་པར་མཛད་དེ། དང་པོ་གྲྭ་ཁང་དུ་སྡོ་སྐབས་ཕྱག་གཡོག་པས་གདན་གཅིག་དང་། ན་བཟའ་ཁུར་ནས་སོང་པ། ཕྱིས་སུ་ཕྱིར་ཕེབས་སྐབས་ཀྱང་དེ་མ་གཏོགས་ཅི་ཡང་མེད་པའི་ལོ་རྒྱུས་ད་ལྟ་ཡང་གྲགས་ཆེ་ཞེས་རྗེ་དཀོན་མཆོག་བསྟན་པའི་སྒྲོན་མེའི་ཞལ་ནས་གསུངས། དགེ་འདུན་རྣམས་ཀྱང་ལོག་འཚོ་ལ་སྦྱོར་མི་རུང་ཐུགས་ལ་དགོངས་ནས། ཁ་གསག གཞོག་སློང་། ཉེད་པས་ཉེད་པ་འཚོལ་བ་སོགས་གཡོ་སྒྱུ་གཏན་ནས་མི་མཛད་ལ། གཞན་གྱིས་དད་འབུལ་དང་ཡོང་འབབ་གང་ཡོད་ཏིལ་འབྲུ་ཙམ་ཡང་ཚུད་ཟོས་སུ་འགྲོར་མི་འཇུག་པར་དགེ་འདུན་གྱི་ཆ་རྐྱེན་དུ་ཅི་སྦྱོར་གནང་བས་ནར་མའི་མཐུན་རྐྱེན་ཕྱུལ་དུ་ཕྱིན་པ་བྱུང་། དེར་མ་ཟད་དེ་དུས་གྲྭ་ཚང་ལ་མཆོད་གཞིས་སོགས་དེ་འདྲ་རྒྱ་ཆེ་བ་མེད་ཀྱང་། སྐབས་དེར་ལྷ་བཟང་ཧན་གྱིས་ཀུན་མཁྱེན་བླ་མ་རིགས་ཀྱི་ཅོད་པན་དུ་བཀུར་བཞིན་པ་དང་། རྗེ་འདི་བ་ལྷ་བཟང་གི་ཀློན་པོ་ནང་ཆེན་ལྷ་བུར་ཐུགས་གཙིགས་ཆེ་བ་བཅས་ཀུན་མཁྱེན་འཇམ་དབྱངས་བཞད་པའི་རྡོ་རྗེའི་ཐུགས་བསྐྱེད་དང་། རྗེ་འདི་བའི་ཐབས་མཁས་ཟུང་དུ་འབྲེལ་བ་ལ་

བརྟེན་ནས་སྔོ་མང་ལ་མཆོད་གཞིས་གསར་པ་དུ་མ་མང་དུ་འཕེལ་བ་བྱུང་ཞིང་། དགེ་འདུན་རྣམས་སྲིད་ཀྱི་ངོས་ནས་ཆོས་སྒྲུབ་པའི་མཐུན་རྐྱེན་གྱིས་ཕོངས་པ་མེད་པར་མཛད། ཡིག་ཆའི་ཕྱོགས་ནས་ཀྱང་རྗེ་འདི་ཉིད་ཀྱིས་གྲྭ་བགྲེས་བློ་ཁ་མཐོ་བ་རྣམས་ལ་རང་རེའི་གྲྭ་ཚང་འཆད་ཉན་གྱི་བཤད་གྲྭ་འགྲན་ཟླ་མེད་པ་འདི་ལྟ་བུ་ཞིག་གཞན་གྱི་ཡིག་ཆ་ལ་བརྟེན་དགོས་པ་དགེ་མཚན་ཆུང་ཞིང་། ཕྱིན་ཆད་ཀུན་མཁྱེན་བླ་མ་ལྟ་བུའི་མཁས་པ་འབྱུང་དཀའ་བས་མཇོད་འདུལ་གཉིས་ཀྱི་ཡིག་ཆ་བཀའ་རྩོམ་ཞུས་ཏེ་པོ་ཏི་ལྷེ་ཆ་ཚང་ཞིག་བྱུང་ན་ལེགས་ཚུལ་གྱི་ཐུགས་འཆར་བསྟན་པ་བཞིན། ཐམས་ཅད་མཁྱེན་གཅིག་གིས་དེ་ལྟར་གསོལ་བ་བཏབ་པའི་དོན་འབྲས་སུ་སྨིན་པ། ད་ལྟ་རང་ཅག་རྣམས་ཀྱིས་གཞན་ལ་འགྲམ་ཆུ་ལྟང་མི་དགོས་པ་ཞིག་བྱུང་བའི་བཀའ་དྲིན་འདི་གཅིག་པུ་ཡང་ཤར་ཕྱོགས་རྒྱ་མཚོའི་མཐའི་བར་གྱི་དགོན་མ་ལག་དང་བཅས་པས་གཞལ་བར་དཀའ་བ་ཞིག་གོ། །དེ་ཡང་ཇི་སྐད་དུ། དམ་པ་དཔོན་དུ་བསྐོས་གྱུར་ན། །དོན་གྲུབ་པ་དང་བདེ་སྐྱིད་འཕོབ། །ཅེས་གསུངས་པའི་རྣམ་ཐར་ལས་མ་འདས་སོ། །

དེ་སྐབས་སྲིད་ཀྱི་ཐུགས་ཁུར་ཧ་ཅང་ཆེ་ཡང་དེར་སྙད་བཏགས་ནས་ཆོས་མིན་གྱིས་གཡེང་བའི་འཁོར་ལོ་མ་བསྐོར་བར་རྒྱལ་བའི་བཀའ་འགྱུར་རིན་པོ་ཆེ་ཚར་བཞིར་ལྷུགས་གློག་དང་། ཐུགས་ཤིན་ཏུ་སྐམ་པས་དབུ་མ་ལུང་རིགས་གཏེར་མཛོད་ཐུགས་ལ་བཟུང་ནས་དཔྱད་པ་རྒྱ་ཆེ་བ་གནང་ཞིང་ལྟ་བའི་གནད་ལ་ངེས་པ་གཏིང་ཕྱིན་པ་ཉིད་པར་མཛད། སྔོ་མང་གི་མཆོད་གཞིས་མི་སེར་ལ་ལྟ་རྟོག་བྱེད་སྐབས་ངོ་ཚབ་མངགས་བཞིན་པ་ཡིན་ནའང་། སྐབས་ཤིག་གས་པོ་ཧ་ཞང་གཉིས་ལ་རང་ཉིད་ཕེབས་འདོད་སྐྱེས་ནས་ཕེབས་བཞུད་གནང་བར་ཧ་ཞང་ཆོས་རྗེའི་གཟིམ་ཁང་ཞིག་རུལ་དུ་སོང་བ་མཐོང་ནས་ཐུགས་ཤིན་ཏུ་སྐྱོ་བ་ཞིག་བྱུང་། ཚུར་ཕེབས་ཏེ་ཀུན་མཁྱེན་

བླ་མ་གང་ཉིད་ཀྱི་དྲུང་དུ་མཇལ་བས། ཁྱོད་ཀྱི་ཁང་བ་གང་འདྲ་གསུངས་པར། ངེད་ཀྱི་ཁང་བ་གང་ཡིན་ཞེས་སྐྱབས་མཆོག་ཉིད་ལ་ཞུས་པས། རྟ་ཞང་ཆོས་རྗེའི་ཁང་བ་མ་མཐོང་ངམ། སྔོན་འཇམ་དབྱངས་ཆོས་རྗེའི་བུ་ཆེན་ཆོས་རྗེ་རང་གི་སྐུ་ཚབ་ཏུ་རྒྱ་ནག་སོགས་སུ་ཕེབས་ནས་ཆོས་སྲིད་ཀྱི་འཕྲིན་ལས་སྤེལ་མཁན་གོང་མའི་ལུང་དང་ལས་ཀས་མཐོ་བ་ཞིག་ཡིན། ཁྱོད་དེའི་སྐྱེ་བ་ཡིན་པར་འདུག་ཅེས་གསུངས།

དགུང་ལོ་སོ་བཞི་བཞེས་པ་རབ་བྱུང་བཅུ་གཉིས་པའི་མེ་ཕྱི་(༡༧༠༨)ལོར་ཀུན་མཁྱེན་རིན་པོ་ཆེ་མཆོག་གི་ཞལ་ནས། ད་ལྟ་མི་ཚོ་ཚབ་ཚུབ་ཆེ་བར་འདུག་པས་ཁྱོད་ལ་གནས་སྐབས་གཉེར་གྱི་ལས་ཁུར་ལྟོ་བ་འདུག་ཅང་ཤེན་ཏུ་བསྒྲིམས་དགོས་པའི་དུས་ཡིན་པས། དགེ་བསྐོས་གཉེར་པ་ཟུང་འབྲེལ་བྱེད་དགོས། དེར་མ་ཟད་རྗེས་སོར་ང་རང་ཚོ་གང་ལ་འགྲོ་དགོས་ཀྱི་ཚོད་དཔག་དཀའ་བར་སྣང་བས། ངའི་བསམ་དོན་ཐམས་ཅད་ཁྱོད་ཀྱིས་བསྒྲུབ་དགོས་པ་ཞིག་ཡོང་ཞེས་ནང་སྦྱར་གྱི་རྒྱུ་མཚན་ཞིབ་ལྷུག་ཏུ་གསུངས་པར་བཀའ་དང་དུ་བླངས་ཏེ། དགེ་གཉེར་སུམ་སྦྲེལ་བྱེད་དགོས་པ་བྱུང་། འདི་ཡང་རྗེ་དཔལ་མང་པའི་ཞལ་ནས། གསུང་དང་མཛད་སྤྱོད་འདི་དག་ལ་དཔགས་ན་ཟིང་ཆ་ཆེ་བའི་སྐབས་དེ་དག་ཏུ་རྗེ་གོང་མ་ལ་མྱུར་མཛད་ཡེ་ཤེས་ཀྱི་མགོན་པོ་སོགས་བསྟན་སྲུང་དུ་མའི་གཟིགས་སྣང་རྒྱུན་མི་འཆད་པར་བྱུང་འདུག་པས་དེ་དག་གིས་དེ་ལྟར་ལུང་བསྟན་པ་ཡིན་ནམ་སྙམ། ཞེས་གསུངས།

དགེ་བསྐོས་ཀྱི་སྐབས་སུའང་ཐབས་མཁས་པས་སྒོ་མཐའ་དག་ནས་སྡིག་ལམ་གྱི་སྟེང་གནོན་ཚ་རན་སྒོམས་ཤིང་ལེ་ལྷོར་མེད་པར་མཛད་པས། གྲྭ་ཚང་གཞན་དག་ཏུ་རེ་དོགས་སྣ་ཚོགས་པས་སྤྱག་སྐྱོས་དང་གྱོད་བདལ་གྱི་གཏམ་ལས་ཆོས་ཀྱི་སྒྲ་མི་གྲག་པ་ལྟ་བུ་བྱུང་བའི་ཚེ། སྲི་འདིར་འཆད་ཉན་ཡར་ངོའི་ཟླ་བཞིན་གོང་འཕེལ་ལས་གྲི་བ་མེད་པར་གྱུར། སྐབས་ཞིག་ཀུན་མཁྱེན་རིན་པོ་ཆེ་ནས་གཏམ་གསར་པ་ཞིག

ཐོས་པར་འདུག་པས། དེ་རིང་ང་ཚོ་ལྷ་སར་འགྲོ་གསུངས་ནས་གཙུག་ལག་ཁང་དུ་མཆོད་མཇལ་མཛད་དུས། ཀུན་མཁྱེན་བླ་མར་རྒྱན་དྲུག་མཆོག་གཉིས་སོགས་དང་གཞན་ཡང་ལྷ་དུ་མས་འབྱུང་འགྱུར་གྱི་ལུང་བསྟན་མང་པོ་གནང་བ་རྗེ་འདི་ཉིད་ཀྱིས་གསན་མོད་ཀྱང་མ་གསན་པ་ལྟར་མཛད། ཡང་ཀུན་མཁྱེན་མཆོག་ལྷ་ཁང་གཞན་ཞིག་ཏུ་ཕེབས་སྐབས་རྗེ་འདི་བ་ཙུང་ཟད་རྗེས་སུ་ལུས་ནས་ཕྱིན་པས། ཆོས་རྒྱལ་སྲོང་བཙན་སྒམ་པོའི་སྐུ་བརྙན་ཞིག་གིས་སྔོན་ཀླུ་མེས་ཀྱི་དུས་སུ་ཟེར་ནས་གསུང་མང་པོ་ཞིག་གནང་བྱུང་བར་རྗེ་འདིས་ཀུན་མཁྱེན་བླ་མར་མང་པོ་ཞིག་བཤད་ཀྱིན་འདུག་པ་དེ་སུ་རེད་ཅེས་མ་མཁྱེན་པ་ལྟར་ཞུས་པས་སྲོང་བཙན་གྱི་སྐུ་འདི་ད་རེས་གཅིག་པུ་མ་ཡིན་པར་ང་ནམ་མཇལ་བའི་དུས་གསུང་འཕྱོན་གྱིན་ཡོད་གསུངས། འདིས་མཚོན་པའི་སངས་རྒྱས་བྱང་སེམས་པཎ་གྲུབ་ཆོས་སྐྱོང་དུ་མའི་གཟིགས་སྣང་ཐུན་མོང་བ་ཡང་མང་དུ་ཡོད་ལ། ཀུན་མཁྱེན་མཆོག་ནས་ཀྱང་། དེ་འདྲའི་གཟིགས་སྣང་དང་སྐུ་འཕྲེང་སྔ་ཕྱི་སོགས་གསང་བའི་རྣམ་ཐར་གྱི་རིགས་རྗེ་འདི་ལ་ཙུང་ཟད་ཀྱང་སྦ་གསང་མ་མཛད་པར་གསུང་ཕེབས་པ་འདི་ཡང་། རྗེ་འདི་ཉིད་རྒྱལ་བ་ཀུན་གྱི་གསང་བའི་མཛོད་འཛིན་པའི་ཆོས་ཀྱི་བདག་པོར་ངེས་པའི་གཏན་ཚིགས་འཁྲུལ་པ་མེད་པ་ཡིན་ནོ། །ཡང་རྗེ་འདི་བ་ལྷོ་བྲག་གྲུབ་ཆེན་ལས་ཀྱི་རྡོ་རྗེའི་སྐུའི་སྐྱེ་བ་ཡིན་པར་ཀུན་མཁྱེན་བླ་མས་གསུངས་པར་གྲགས་ཤིང་། མཁན་ཆེན་རྡོ་རྗེ་འཆང་དགེ་འདུན་རྒྱ་མཚོ་མཆོག་གི་ཞལ་སྔ་ནས་ཀྱིས་རྗེ་འདི་ཉིད་ཀྱི་མཆོག་གི་སྤྲུལ་པའི་སྐུ་འཇིགས་མེད་ལུང་རིགས་རྒྱ་མཚོ་དཔལ་བཟང་པོར་བསྟོད་པ་མཛད་པ་ལས་ཀྱང་། གསང་འཛིན་ལས་རྡོར་ལ་སོགས་མཁས་གྲུབ་ཀྱི། །སྐྱེ་འཕྲེང་རིམ་བརྒྱུད་ལུང་རྟོགས་ཡོན་ཏན་དང་། །མཛད་འཕྲིན་དབྱར་གྱི་ཆུ་མཚོ་ལྟར་རྒྱས་པའི། །མཚུངས་བྲལ་མཆོག་སྤྲུལ་དམ་པར་གསོལ་བ་འདེབས། །ཞེས་གསུངས་པས་ཀྱང་རྟོགས་ཐུབ་བོ། །

དེ་ནས་ཆེར་མ་འགོར་བར་དཔོན་ཧྲུ་ནང་གིས་མི་སྣ་གཏོང་ཆེ་བ་མངགས་པ་རྣམས་ལྷ་སར་འབྱོར་བས། ཀུན་མཁྱེན་རིན་པོ་ཆེ་མདོ་སྨད་དུ་བསྟན་འགྲོའི་སྤྱི་དོན་དུ་འབྱོན་དགོས་ཀྱི་གསོལ་པ་ནན་ཆེར་བཏབ་པ་ལ། ཀུན་མཁྱེན་བླ་མས་ལོ་རྗེས་མར་ཕེབས་པའི་ཞལ་བཞེས་མཛད། དེ་ནས་རྗེ་འདི་བ་དགུང་ལོ་སོ་བདུན་པ་ས་སྙིང་(༡༧༠༨)གི་ལོར། ཀུན་མཁྱེན་བླ་མའི་ཞལ་ནས་ངེད་རང་གི་ཕྱག་ཕྱིར་མདོ་སྨད་དུ་འགྲོ་དགོས་གསུངས་པར། རྗེ་འདི་བས་ཡུལ་དུ་མི་འགྲོ་བའི་དམ་བཅའ་ཡོད་པས་གནང་བ་སྦྱིན་དགོས་ཚུལ་ནན་གྱིས་ཞུས་ཀྱང་། ཀུན་མཁྱེན་བླ་མས་ཕ་ཡུལ་དུ་འགྲོ་མི་དགོས། ངེད་རང་ཚོས་མདོ་སྨད་དུ་དགོན་པ་བཏབ་ན་བསྟན་འགྲོ་ལ་ཕན་པ་འོང་གསུངས་པས། རྗེ་ཉིད་ཀྱིས་ཀྱང་སྔོན་མ་ཅིག་ཡུམ་སྲས་ཀྱི་ཐུགས་བསྐྱེད་སྨིན་པའི་དུས་ལ་ཐོན་པར་དགོངས་ནས་མདོ་སྨད་དུ་སླར་འབྱོན་རྒྱུའི་ཐུགས་བཞེས་གནང་། དེ་སྐབས་ཉེར་བསྒོགས་འགངས་ཆེའི་རིགས་རྣམས་རྗེ་ཁོང་ལ་གཏད་དེ་ཀུན་མཁྱེན་བླ་མ་ཉིད་ནས་དཀྱུན་གྱི་རིང་ལམ་གྱི་གེགས་སེལ་དང་དགོན་པ་གསར་བཞེངས་ཀྱི་དོན་ལ་དམིགས་པའི་ཐུགས་དམ་བཅད་རྒྱ་མཛད། འབྱོན་ལ་ཉེ་བའི་ཚེ་ཀུན་མཁྱེན་བླ་མའི་ཕྱག་མཛོད་རབ་འབྱམས་པ་ངག་དབང་གློ་བུར་སྐུ་གཤེགས་པའི་ཚབ་ཏུ་སླར་ཡང་ཕྱག་མཛོད་ཀྱི་འགན་བཞེས་དགོས་བྱུང་སྟེ་གང་ཅིའི་ལས་དོན་ཐམས་ཅད་འོས་འཚམ་དུ་བསྒྲུར་པར་མཛད་དོ། །

མདོ་སྨད་དུ་ཕེབས་ཁར་བྱང་རྩེ་མཁན་རིན་པོ་ཆེ་དགེ་འདུན་ཕུན་ཚོགས་ནས་ཉིད་ལ་ཇ་གྲལ་དང་ཕེབས་རྫོངས་ཟུར་དུ་བསྟབས་ཏེ། ཀུན་མཁྱེན་བླ་མ་འདི་ནི་ངེས་པར་སངས་རྒྱས་འཇིག་རྟེན་དུ་བྱོན་པའམ། རྗེ་རྒྱལ་བ་གཉིས་པ་སླར་བྱོན་པ་དང་ཁྱད་པར་མེད་མོད་ཀྱང་། འཁོར་ཕུན་སུམ་ཚོགས་པ་གཙིགས་ཆེ་བས། མདོ་སྨད་ཕྱོགས་སུ་ཕེབས་ན་ཡུལ་ལུགས་དང་བསྟུན་པའི་འཇིག་རྟེན་གྱི་མཐུན་འཇུག ། སྦྱིན་

བདག་གི་ངོ་འཛིན། འཇམ་སར་འཇམ་པ། རྩུབ་སར་རྩུབ་པ། བྱ་བ་གང་སྒྲུབ་ནའང་མཐའ་རྗེས་ལེགས་པར་ཐོན་པ་ཞིག་བྱེད་དགོས། ལྷག་པར་ཕེབས་དོན་གྱི་གཙོ་བོ་མཆོད་ཡོན་ཐམས་ཅད་ཤུགས་ལང་ཡོད་པའི་ཐོག་འདིར་རྗེ་བླ་མའི་བསྟན་པ་ཡོངས་སུ་རྫོགས་པའི་བཤད་སྒྲུབ་ཀྱི་ཆོས་སྡེ་ཁྱད་པར་ཅན་ཞིག་རྨང་གཞི་མྱུར་དུ་ཐེན་པ་གལ་ཆེ། ཞབས་འབྲིང་མང་ཡང་གཙོ་ཆེར་ཁྱེད་རང་ལ་ཐུག་ཡོད་པས་བྱ་བཞག་གང་ཐད་ལ་རིག་པ་སྒྲིམ་དགོས་ཞེས་བསླབ་བྱ་རྣམ་པ་ཅན་མང་དུ་བསྩལ། ཕྱིར་ཡང་མཁན་རིན་པོ་ཆེ་འདི་ནི་ཆོས་ཕྱོགས་ལ་འཇམ་པའི་དབྱངས་དང་ཞལ་མི་གཉིས་པར་མ་ཟད། འཇིག་རྟེན་ལ་ཡང་མེས་པོ་ཚངས་པའི་བློ་གྲོས་དང་འདྲ་བའི་སྤྱན་ལྟོས་ཀྱིས་རྗེ་འདི་བའང་ཐམས་ཅད་ལ་མཁྱེན་པ་ཏ་ཅང་རྒྱས་པ་ཡིན་ཞེས་ངག་རྒྱུན་དུ་ཐེར་ཞེས་གསང་ཆེན་ཆོས་ཀྱིས་བསྡུགས་པའི་རོལ་མོར་གསུངས། ཕེབས་ལམ་ནས་ལྷ་བཟང་ཏན་གྱིས་ཀུན་མཁྱེན་རིན་པོ་ཆེར་ཕེབས་རྫོངས་ཀྱི་འབུལ་བ་གཏོས་ཆེན་བཏེགས་ཤིང་། རྗེ་འདི་བར་སྐོར་དུ་རྫོངས་ཆ་གྲ་ནོམ་པ་མཛད། དེ་ནས་སོག་ཆུ་ཁར་སླེབས་ཉིན་ཆུ་བྲུབ་ནས་ཕེབས་མི་ཐུབ་པར་འདུག་པའི་ཚེ། ཀུན་མཁྱེན་མཆོག་ནས་རྗེ་འདི་བར་ཕྱག་རྫོར་གནང་སྟེ་ཁྱོད་ནུས་པ་ཆེ་བས་ཆུ་ལ་རྫོ་བསྐྱུར་གསུངས་པ་ལྟར་དེ་ལྟར་མཛད་པས་དེ་མ་ཐག་ཆུ་འདོམ་གང་ཙམ་ཐྲི་ནས་བདེ་བར་བརྒལ་ཐུབ་པ་བྱུང་། རིམ་གྱིས་ཕེབས་ནས་རྩེ་གཞུང་དུ་འབྱོར་བའི་ཉིན་དེར་ཀུན་མཁྱེན་བླ་མས་ལོ་འདི་རྗེ་རིན་པོ་ཆེས་དགའ་ལྡན་ཕྲུག་འདེབས་མཛད་པའི་ལོ་ཡིན་པས། ང་ཚོས་ཀྱང་རྟེན་འབྲེལ་གྱི་ཆེད་ལོ་འདིར་དགོན་པ་འདེབས་རྒྱུའི་སྐར་འཛིན་ཙམ་བྱེད་དགོས་ཀྱི་རེད་གསུངས།

ཕྱིར་ཀུན་མཁྱེན་བླ་མའི་སྐུ་དོན་འགངས་ཆེ་བའི་རིགས་རྗེ་འདི་ལ་གྲོས་ཕུགས་གཏད་པ་ཞིག་ སྟེར་ནས་ཡོད་ལ། ཁྱད་པར་མདོ་སྨད་དུ་ཆིབས་བསྒྱུར་བ་ནས་བཟུང་སྟེ་རྗེ་འདིས་ལས་དོན་ཆེ་ཕྲ་གང་བསྒྲུབ་ལ་བཙོས་བསྒྱུར་ཙུང་ཟད་ཀྱང་མི་མཛད་

ཅིང་། སྐབས་དེར་ཡང་གཉན་རྗེའི་རི་ཞོལ་དུ་དགེ་བའི་བཤེས་གཉེན་ཁ་ཤས་ས་བརྟག་བསླང་དང་བཀྲ་ཤིས་ཀྱི་གསོ་སྦྱོང་དུ་མངགས་པའི་ཚོའང་སྐྱེ་བ་བློ་བཟང་གིས་མདོ་ཐོན་གསུངས་པ་སོགས་གཞན་ལས་ཁྱད་པར་དུ་འཕགས་པའི་གཟིངས་བསྐྱོད་རྒྱུན་དུ་མཛད། ནམ་ཡིན་ཡང་ཞབས་ཕྱི་བ་གཞན་དག་ལ་བཞུགས་སྐར་ཟུར་དུ་མེད་ཀྱང་རྗེ་འདི་བས་བོད་པ་ཁ་ཤས་ཞབས་ཕྱིར་སྐོར་དུ་ཁྲིད། བཞུགས་སྐར་ཡང་ལོགས་སུ་ཕྱེ་ནས་ཕེབས་པས་སྐྱེ་བ་ཚང་ཟེར་ན་དྲག་ཞན་མཐོ་འབྲིང་ཀུན་གྱིས་བརྩི་མཐོང་ཆེ་ཞིང་ཆོས་སྲིད་ཀྱི་མཁྱེན་རྒྱ་དང་། སྟོབས་འབྱོར་ཞལ་དབང་གོ་བབ་གང་ནས་ཀྱང་ཞབས་ཕྱི་ཐམས་ཅད་ལས་མངོན་པར་མཐོ་བ་ཞིག་བྱུང་། རྒྱུན་དུ་བསྒྲུབ་བྱ་དུ་མར་བསྙེན་རྫོགས་གནང་བའི་དུས་སུའང་རྗེ་འདི་བར་ལས་སློབ་བྱེད་དུ་འཇུག་པ་སོགས་ཐམས་ཅད་ལས་བླ་མའི་ཐུགས་ཟིན་པའི་རྣམ་ཐར་ཤིན་ཏུ་མང་། དེའི་ཚུལ་ནི་ཤེས་རབ་སྟོང་ཐུ་ལས། བདོག་པ་རིགས་པས་ཉེར་བསྒྲུབས་ཤིང་། །འཇིག་རྟེན་ཀུན་ལ་ཕན་འདོགས་གང་། །དེ་ནི་འཇིག་རྟེན་ཐམས་ཅད་ཀྱིས། །སྤྱི་ལ་མེ་ཏོག་ཕྲེང་བཞིན་བཀུར། །ཞེས་གསུངས་པ་ལས་མ་འདས་སོ། །

རྗེ་ཉིད་དགུང་ལོ་སོ་བརྒྱད་བཞེས་པ་ལྕགས་སྟག་(༡༧༡༠)ལོར་བཀྲ་ཤིས་འཁྱིལ་དུ་དགོན་གནས་གཟིགས་པར་བྱོན་པའི་དུས་ཀྱང་། སྔོན་མ་ཅིག་ཡུམ་སྲས་ཀྱི་བག་ཆགས་སད་པས་རང་ཁྱིམ་ལ་སླེབས་པ་ལྟ་བུའི་སྤྲོ་ཉམས་དང་བག་ཕེབས་པ་བྱུང་སྟེ། འདིའི་གནས་ལུགས་བཤེས་གཉེན་ཆེན་པོ་རྗེ་ངག་དབང་བཀྲ་ཤིས་དང་ཀློག་ཏུ་གསུང་འཕྲོས་ཀྱང་བྱུང་བར་སྣང་། ཞེས་རྗེ་དཀོན་མཆོག་བསྟན་པའི་སྒྲོན་མེས་གསུངས་སོ། །དགོན་པ་གསར་འདེབས་ཀྱི་སྐབས་སུ་ཀུན་མཁྱེན་བླ་མའི་བཀའ་ལྟར་རྗེ་འདི་བས་འདུ་ཁང་དང་གྲྭ་ཁང་། སྐུ་ཞབས་བླ་བྲང་སོགས་དགོན་པའི་གཞི་གསར་བསྐྲུན། གྲྭ་ཚང་གི་གཏོང་སྒོ་རིང་ཐུང་། ཡུལ་དུས་བབ་བསྟུན་གྱི་ཆོས་སྲིད་ཀྱི་ཁྲིམས་

སོགས་མདོར་ན་དགོན་སྡེ་གསར་བསྐྲུན་དང་འབྲེལ་བའི་བྱ་བ་ལས་ཀྱི་འཕོར་ལོའི་སྒོ་འཕར་ཡོངས་སུ་ཕྱེ་ནས་བསྟན་འགྲོའི་ཕན་བདེ་རྫོགས་ལྡན་ལ་འགོད་པའི་ཆོས་སྲིད་ཀྱི་འཕྲིན་ལས་གསེར་གྱི་གདུང་ཆེན་གོང་དུ་འདེགས་པའི་ཀ་བ་ལྟ་བུ་མཛད། དགོན་པའི་འདུ་ཁང་སོགས་ཀྱི་གཞི་ལེགས་པར་ཐིངས་པ་ན། སྐུ་ཁམས་ཅུང་ཟད་མི་བདེ་བ་དང་བཅས་ཕྱག་མཛོད་ཀྱི་ཁུར་ཕོག་སྟེ། མང་པོའི་བར་སྐུ་མཚམས་བཅད་རྒྱུར་བཞུགས་ཤིང་། བྱང་ཆུབ་ལམ་གྱི་རིམ་པ་དང་རིམ་གཉིས་ཟབ་མོའི་རྣལ་འབྱོར་ལ་ཉིན་མཚན་ཁོར་མོ་ཡུག་ཏུ་གཞོལ་བར་མཛད། ལྷ་ཚོགས་ཀྱི་ལྷགས་བསྐྱེན་ཡང་ཕལ་བའི་བློ་ཡུལ་ལས་འདས་པ་ལྟ་བུ་གནང་། སྐུ་མ་འདས་བར་དུ་མཚན་མོ་མི་འཁྲུགས་པའི་གཟུངས་དང་། གསང་བདག་གི་སྔགས། རྡོ་རྗེ་འཇིགས་བྱེད་ཀྱི་རྩ་སྔགས་སོགས་ཞལ་འདོན་མཛད་ཀྱིན་ཅོག་བུའི་རྣལ་འབྱོར་ལ་བཞུགས་པ་ཀུན་ལ་མཐུན་གྲུབ་ཏུ་གྱུར་ཏོ། །ཕྱིས་སུ་གྲྭ་རྐན་མང་པོས་རྗེ་ཉིད་ཀྱིས་ཞལ་འདོན་གང་ལ་མཛད་ཀྱིན་ཡོད་ཞུས་པར། ནད་ལ་འཇིགས་ནས་རྟ་ཕྱག་ཁྲུང་གསུམ་གྱི་བསྙེན་པ་དུང་ཕྱུར་རེ་མ་མཐའ་སོང་ཡོད་ཚོད་ཡིན། ཉམས་ལེན་གཞན་མི་ཤེས་གསུངས། ཚུལ་དེ་ནི་རྒྱལ་དབང་གསུམ་པའི་རྣམ་ཐར་དུ་སྔགས་གྲངས་མང་པོ་སོང་བར་གསུངས་པ་དང་ཆ་མཚུངས་པའི་རྣམ་ཐར་དུ་སྣང་ཞེས་དཔལ་མང་པཎྜི་ཏས་གསུངས་སོ། །

བཅད་རྒྱའི་སྐབས་སུའང་དགོན་པའི་ཆོས་སྲིད་ཀྱི་ལས་དོན་ལ་ཕྱག་ཕྲིས་ཚུན་ཆད་ཀྱི་སྒོ་ནས་བཀས་ཁྱབ་པར་མཛད་པ་དང་། འཇམ་མགོན་ཁྲི་རིན་པོ་ཆེ་ངག་དབང་བཀྲ་ཤིས་པས་ཀྱང་སྤྱི་སྒེར་གྱི་བྱ་བ་ཐམས་ཅད་རྗེ་འདི་བར་དགོངས་བསྟུན་མ་ཞུས་པར་ཕྱག་ལེན་མི་གནང་བ་ཞིག་ཏུ་འདུག་པས་ལུགས་གཉིས་ཀྱི་འཕྲིན་ལས་རྒྱ་ཆེར་སྤེལ་བའི་གཏིང་རྡོ་ལྟ་བུར་གྱུར། རྗེས་སོར་ཀུན་མཁྱེན་བླ་མ་དག་པའི་ཞིང་དུ་དགོངས་པ་གཏད་པའི་སྐབས་སུ་གྲྭ་སློབ་རྣམས་ཅི་བྱ་གཏོལ་མེད་ལྟ་བུར་གྱུར་

པ་ཐུགས་ཀྱིས་མ་བཟོད་ནས་དགོངས་རྫོགས་སྒྲུབ་ཚུལ་སོགས་ཀྱི་བཀོད་ཁྲབ་དང་འགན་ཁུར་ཡོད་ཚོག་ཐུགས་སུ་བཞེས་ཤིང་། སྐུ་གདུང་ཡིད་བཞིན་ནོར་བུའི་མདུན་དུ་མཆོད་པ་རྒྱ་ཆེན་ཕུལ་ཏེ་བླ་མ་དང་དཀྱིལ་འཁོར་ཐ་མི་དད་པ་ལ་དབང་བཞིའི་བྱིན་རླབས་ཞུ་བ་དང་། ཐུགས་རྗེ་བསྐུལ་བའི་གསོལ་འདེབས་ནན་ཏན་མཛད་དོ། །

རྗེ་ཉིད་དགུང་ལོ་ང་གཅིག་བཞེས་པའི་ཆུ་ཡོས་(༡༧༢༣)ལོར་མཚོ་སྔོན་ནང་འཁྲུག་གི་རྐྱེན་གྱིས་ཕྱོགས་འདིའི་ཆོས་སྡེ་ཕལ་མོ་ཆེ་རླུང་གིས་བསྐྱལ་བའི་ཆུ་ནང་གི་གཟིངས་ལྟར་ཡམ་ཡོམ་དུ་གྱུར་ནས་ཉམས་ཆག་བཟོད་དཀའ་བ་བྱུང་སྐབས། ཆོས་སྡེ་ཆེན་པོ་དཔལ་ལྡན་བཀྲ་ཤིས་འཁྱིལ་ལ་གནོད་སྐྱོན་ཅི་ཡང་མ་བྱུང་ཞིང་གྲྭ་ཟུར་ཙམ་ཡང་མ་ཉམས་པར་འདུག་ཐུབ་བྱུང་བའང་རྗེ་འདི་ཉིད་ཀྱི་བཀའ་དྲིན་ཡིན་པས་ཐུགས་རྗེ་ཤིན་ཏུ་ཆེ། དེ་ཕྱིས་ཙམ་དུ་ཀན་གྱུ་པཎྜི་ཏས་ཀྱང་དགོ་བསྡོང་ལག་སྤྲེལ་གྱི་རྣམ་པས་དགོན་པའི་གནས་ཀྱི་དོན་དུ་རྗོད་པ་བསྣངས་ཏེ་རྒྱ་དཔོན་ཞིག་ཀྱང་ཁྲིད་འོང་བར། རྗེ་འདི་བའི་ཟབ་ཅིང་བརླིང་བའི་བདེན་གཏམ་གྱིས་མ་བཟོད་པར་ཕ་རོལ་བོའི་སྤོབས་པ་རྨིག་མེད་དུ་བཅོམ་ནས་མི་སྨྲ་བའི་བརྟུལ་ཞུགས་ལ་དབང་མེད་གནས་དགོས་བྱུང་བ་སོགས་བཀའ་དྲིན་གཞལ་མཐའ་མེད་པའི་རྣམ་ཐར་བརྗོད་ཀྱིས་མི་ལང་མོད་ཀྱང་། ལྷོ་བྲག་གྲུབ་ཆེན་གྱི་ཞལ་ནས། གདོང་ཐུག་དྲག་པོས་གཡུལ་ངོ་མི་བཟློག རང་འདོད་ཆེ་བས་གཉེན་མི་འཁྱོང་། སེར་སྣ་ཆེ་བས་ནོར་མི་སོག་པས། འདུན་མ་རླབས་ཀྱིས་ཆོད། ཐབས་དང་བློ་ཁོག་སྐྱེད། ཐེག་པས་གཞི་ལྟར་ཆེ་བ་གྱིས། མི་འགྱུར་བ་རི་དབང་ལྟར་གྱིས། མི་འཁྲུགས་པ་རྒྱ་མཚོ་ལྟར་གྱིས། ཞེས་གསུངས་པ་ལས་མ་འདས་པར་འདུག་གོ། །

རྗེ་ཉིད་དགུང་ལོ་ང་དགུ་བཞེས་པ་ལྕགས་ཕག་(༡༧༣༡)ལོར་རྒྱུད་པའི་བླ་མ་ཚོ་འདུ་དགེ་འདུན་རྒྱལ་མཚན་པ་སྐུ་གཤེགས་ནས་རྒྱུད་པར་བླ་མ་བསྐོ་བཞག་བྱེད་

དགོས་པའི་སྐབས། འཇམ་མགོན་ཁྲི་རིན་པོ་ཆེ་ནས་གྲོས་བཏབ་པ་ལྟར་རྒྱུད་པའི་གྲྭ་སློབ་ཐུགས་འདུན་གཅིག་དྲིལ་གྱིས་རྒྱུད་པའི་ཁྲིར་བཞུགས་དགོས་ཀྱི་གསོལ་བ་བཏབ་པས། ཁོང་གི་ཞལ་ནས་བླ་མ་ཆོས་གྲྭ་སོང་སྐྱེ་ཆོས་བཤད་དགོས་ཙ་ན། ང་འགྲོ་འདུག་ཀྱང་མི་ཐུབ། མིག་ཀྱང་མི་གསལ་བ་ཁྱོད་ཚོས་ཤེས་གསལ་ལྟར་རེད་གསུངས་ནས་རེ་ཞིག་ཞལ་གྱིས་མ་བཞེས། གྲྭ་ཚང་གིས་ཡང་བསྐྱར་ནན་ཞུ་བྱས་ནས་ད་ལན་བླ་མ་མ་མཛད་ན་ངེད་ཚོ་ཐུགས་ནས་དོར་བ་ཡིན་ཞེས་གསུངས་པས་གཟིད་ཐུགས་བཞེས་གནང་ཞིང་། དེ་ནས་གཟའ་སྐར་འཕྲོད་སྦྱོར་ཕུན་སུམ་ཚོགས་པའི་ཉིན་གསང་ཆེན་ཆོས་ཀྱི་ཁྲིར་ཞབས་ཀྱི་པདྨོ་ལེགས་པར་བཀོད། དེ་ཉིན་ཆར་རྒྱུན་ཡ་མཚན་པས་མདུན་བསུས་པ་སོགས་ལེགས་ཚོགས་ཀྱི་གཞི་མ་རྟེན་འབྲེལ་ངོ་མཚར་བ་བྱུང་། ཁོང་གི་ཞལ་ནས་དགོན་པ་འདི་བསྟན་པ་ནམ་གནས་ཀྱི་བར་དུ་ཆོས་ཀྱི་འབྱུང་ཁུངས་བྱེད་དགོས་པས། སྒྲོལ་ངན་པ་འཇུགས་མི་རུང་གསུངས་ཏེ་ཞབས་སྐྱེགས་ཀྱི་ཁར་ངལ་གསོ་ལན་བཞི་རེ་ཙམ་མཛད་སྒོ་ནས་ཆོས་གྲྭ་ཆག་མེད་ལྟ་བུ་གནང་བས་འཆད་ཉན་ཤིན་ཏུ་དམར་བ་བྱུང་། སྔར་འགྲེལ་བ་བཞི་སྦྲགས་ཀྱི་ལུང་མ་ཐོབ་པས་དེ་མ་ཐག་ཁྲི་རིན་པོ་ཆེར་ཞུས་ཏེ། སྨད་རྒྱུད་ལྟར་ལོ་རེ་བཞིན་རྫོགས་པར་གནང་ནས་རྒྱུད་སྡེ་ཀུན་གྱི་རྩེ་མོ་དཔལ་ལྡན་གསང་བ་འདུས་པའི་བཤད་སྒྲུབ་དུས་ཀྱི་མཐར་ཡང་མི་ཉམས་པའི་བཀའ་དྲིན་བསྐྱངས། སྔར་རས་བྲིས་ལ་བརྟེན་པའི་བདག་འཇུག་ཙམ་ལས་མེད་ཀྱང་། རྡུལ་ཚོན་གྱི་དཀྱིལ་འཁོར་བཞེངས་པ་བྱེ་མ་སྙེད་ཀྱི་བསོད་ནམས་འཐོབ་པར་རྒྱུད་སྡེ་ལས་གསུངས་པས་ཕན་ཡོན་ཆེ་བ་དང་། དཀྱིལ་འཁོར་བྲི་བའི་ལས་ལ་མཁས་པར་འགྱུར་བའི་གསང་སྔགས་ཉམས་ལེན་གྱི་རྩ་བ་ཞིག་ཏུ་དགོངས་ཏེ་སྨད་རྒྱུད་ལྟར་གྱི་ས་ཐིག་ཆོ་ག་དང་བཅས་པའི་ཕྱག་ལེན་རྣམ་པར་དག་པའི་སྒོ་ནས་རྡུལ་ཚོན་གྱི་དཀྱིལ་འཁོར་བཞེངས་ཤིང་མི་བསྐྱོད་རྡོ་རྗེ་ལྷ་སོ་གཉིས་དང་། འཇིགས་བྱེད་བཅུ་

གསུམ་མ་གཉིས་ཀྱི་སྒྲུབ་མཆོད་བདུན་ཕྲག་གཉིས་ཀྱི་རིང་ལ་སྟོན་ཆོས་གཉིས་པའི་སྙིང་འཆར་ཅན་དུ་བྱེད་དགོས་པའི་སྲོལ་གསར་དུ་བཙུགས། སྤྱི་སོར་བདེ་མཆོག་གི་བཤད་སྒྲུབ་གང་ཡང་མ་ཆགས་པར་ལུས་པ་རྗེ་ཉིད་ཀྱི་ཐུགས་ཀྱིས་མ་བཟོད་པར་ཐབས་མཁས་ཀྱིས་གླིང་བསྐྱེ་ཞིག་གི་སྐབས་སུ་བདེ་མཆོག་རྩ་རྒྱུད་ལ་བཤད་པ་མཛད་ཅིང་། ཁྱད་པར་དུ་བདེ་མཆོག་གི་གནས་ཕོ་བྲང་། ལྷ་རྣམས་ཀྱི་སྐུ་མདོག་ཕྱག་མཚན་དང་འཁྲིང་སྟབས་ཀྱི་ཁྱད་པར། ལུས་ཀྱི་ཆ་ཤས་སོ་སོ་དང་ངོ་བོ་དབྱེར་མེད་ལུགས། མཆོད་པའི་ཁྱད་པར། རྡོ་རྗེ་གླུའི་འཐེན་ལུགས་ཀྱི་གནད་སོགས་ཐུན་མོང་མ་ཡིན་པའི་ཟབ་གནད་རྒྱས་པར་སྩྲོས་པས། བློ་གྲོས་དང་ལྡན་པ་ཀུན་གྱིས་ཧེ་རུ་ཀ་དངོས་སུ་བྱོན་ཡང་འདི་ལས་ལྷག་པ་གསུང་རྒྱུ་མེད་ཅེས་དད་པའི་བསྔགས་བརྗོད་ཀྱི་རོལ་མོ་ཕྱོགས་སུ་བསྒྲགས། རྐྱེན་དེ་ཉིད་ཀྱིས་མཚམས་སྦྱར་ཏེ་རྟིང་བསྐུལ་སོགས་ལ་ཆེར་མ་ལྟོས་པར་ལོ་ཕྱི་མའི་དཔྱིད་ཆོས་གཉིས་པ་ནས་བདེ་མཆོག་ཚོགས་འདོན་དུ་ཆགས་ཐུབ་པ་བྱུང་། དེ་ནས་བཟུང་ཆོས་ཐོག་དེ་ལ་བདེ་མཆོག་ཆོས་ཐོག་ཅེས་ཡོངས་སུ་གྲགས། ཡར་ངོ་མར་ངོའི་ཚེས་བཅུ་དང་བདེ་མཆོག་བསྐྱེད་རིམ་བརྩི་བཞག་ལ་གཏོང་བའི་སྲོལ་ཡང་ཆགས་པར་མཛད་པ་དང་། དེར་མ་ཟད་བྱ་སྟོན་ཐམས་ཅད་མཁྱེན་པས་ཞུ་ལུར་དཀྱིལ་འཁོར་མི་འདྲ་བ་སུམ་ཅུ་སྐོར་གྱི་ཚོག་གྲྭ་དང་། རྗེ་བླ་མས་དགའ་ལྡན་དུ་སྒྲུབ་མཆོད་མང་པོ་མཉམ་དུ་བཙུགས་པའི་ཕྱག་བཞེས་ལྟར། རྒྱུད་ཁང་སྙིང་དུ་ཚོག་གྲྭ་སོ་སོར་དུས་འཁོར་འཇམ་རྡོར་འཁོར་ཆེན་སོགས་ཀྱི་ཚོ་ག་ཕྱག་ལེན་དང་བཅས་ཁྲུངས་བཙུན་ཆགས་ཤིང་། ཁྲི་ཆེན་དགེ་འདུན་ཕུན་ཚོགས་ཀུན་མཁྱེན་བླ་མ་ཁོང་ཉིད་དང་ཐུགས་བསྐྱེད་ལྡན་ཅིག་པའི་རྟེན་འབྲེལ་ཟབ་ཚུལ་སོགས་དཔོན་ཚང་ལ་གསུངས་ནས། ཁོང་གི་སྤྲུལ་སྐུ་དབུས་ནས་གདན་འདྲེན་ཞུ་དགོས་ཞེས་བཀའ་ནན་བསྐུལ་ལ། དེ་སྐོར་གྱི་སྦྱོར་བ་ཐམས་ཅད་རྗེ་འདི་བས་ཐུགས་ཁུར་མཛད་པ་དང་། དེ་

བཞིན་ཁྲི་རྒྱལ་མཚན་སེང་གེ་ཡང་ཀུན་མཁྱེན་བླ་མའི་སློབ་མ་ཁྲི་ཆེན་རྣམ་བཞིའི་ནང་ཚན་ལྷ་སའི་ཇོ་བོའི་མདུན་ནས་བྱང་ཕྱོགས་སུ་བསྟན་པ་སྐྱོང་བའི་སྨོན་ལམ་འདེབས་མཁན་གྱི་གྲངས་ཡིན་པས། ཁོང་གདན་འདྲེན་དགོས་ཚུལ་གསུངས་པ་ལྟར་དཔོན་ཡབ་ཡུམ་གྱིས་དང་དུ་བླངས་ནས་སྤྱན་དྲངས་པ་སོགས་བཀའ་དྲིན་བརྗོད་ཀྱིས་མི་ལང་ངོ་། །

སྔར་རྒྱུད་ཁང་བཟང་པོ་ཞིག་མེད་པས་རྒྱུད་ཁང་གསར་རྒྱག་གནང་ན་དགོངས་ཀྱང་ཆ་རྐྱེན་མེད་པས་རེ་ཞིག་ཐེ་ཚོམ་ངང་དུ་བཞུགས་སྐབས། དག་པའི་སྣང་བར་བཞེད་དོན་འགྲུབ་པའི་ལུང་བསྟན་བྱུང་བ་བཞིན་ཧོར་ཟླ་བཞི་བའི་ཚེས་བཅུ་གཅིག་གི་ཉིན་ཐིག་འདེབས་པར་ཕྱིན། དེར་ཚོགས་ཆེན་དགེ་བསྐོས་རབ་འབྱམས་པ་ཀུན་དགའ་བཀྲ་ཤིས་དང་། སྨོན་ལམ་རྒྱ་མཚོ་གཉིས་མཇལ་དུ་འོང་བས་རྟེན་འབྲེལ་ལེགས། ཁྱེད་གཉིས་མིང་བཟང་དོན་བཟང་ཡིན་པས་ཐིག་སྐུད་འཐེན་རོགས་ཀྱིས་གསུངས་ནས་ཐིག་བཏབ། ས་དེར་དེའུ་འབུར་ཞིག་ཡོད་པས་གྲྭ་རྐན་འགའ་ཞིག་གིས་འདིས་ལག་ཏུ་འགོག་ཅེས་གླེང་པར། རྗེ་ཉིད་ཀྱིས་ངས་བློ་རྩེ་གཏོད་ས་འདི་ག་ཡིན་གསུངས། ཕྱིས་འདུ་ཁང་གི་གྲུང་ས་ཐ་ག་རྗེ་ཚུན་ཆད་གཏེར་རྗོལ་བ་བཞིན་དེའི་ཁོང་ནས་ཚོགས་ཆེར་མ་དགོས་པར་བྱུང་བས་ཐམས་ཅད་ཡ་མཚན་པ་བྱུང་། ཕྱོགས་དེའི་དད་ལྡན་མང་པོས་སྔོང་པོ་མང་པོ་བསྐུལ་མ་དགོས་པར་ཕུལ་བས་ཀཱ་གདུང་ལྷམ་གསེག་ཕལ་ཆེར་རང་ཤུགས་ཀྱིས་འགྲིགས་ཤིང་། སོག་ཡུལ་གྱི་མི་ཚང་འབྱོར་ཕྱུག་ལྡན་པ་ཞིག་གི་གཞིས་སྔོང་པའི་ནོར་རྫས་ཡོད་ཙོག་ཉིད་ལ་ཕུལ་ཏེ་མཐུན་པའི་ཡོ་བྱད་ཀྱིས་ཕོངས་པ་མེད་པར་གྱུར། དེ་སྐབས་འགའ་ཞིག་ལ་རྨི་ལམ་དུ་ཕྱོགས་དེ་གའི་གཞི་བདག་རྣམས་སྟེ་བ་རིན་པོ་ཆེས་རྒྱུད་ཁང་ཕུབ་པ་ལ་རོགས་བྱེད་དུ་འགྲོ་དགོས་ཟེར་བ་རྨིས་ཤིང་། དོན་ལ་གནས་པའི་རྟགས་མཚན་བགྲང་གིས་མི་ལང་པ་

བྱུང་། སྐབས་ཤིག་སྡེན་པད་འོག་ནས་འདུ་ཁང་གི་ཝེད་ཀྱི་བར་དུ་གྱུང་ལ་སེར་ག་བྱུང་པས་ཐམས་ཅད་སྐྲག་སྟེ་སྣན་འབུལ་ཞུས་པར། རྗེ་ཉིད་ཕེབས་ནས་ཕྱག་གིས་གས་སྒྲུབ་ལ་རེག་ཙིང་སྐྱོན་མེད་འདམ་གྱིས་ཚོད་ལ་ཞོག་གསུངས། འཕྲལ་དུ་མི་ཞིག་གིས་བཀའ་གསུང་ལྟར་བྱས་པས་སེར་ག་ཇེ་ཆུང་དུ་སོང་ཞེས་གླེང་། དེ་ནས་བཟུང་སྟེ་དུས་ཕྱིས་ཤིང་ཡོས་ལོ་གཙང་ཁང་མ་བསྐྱོན་བར་དུ་ལོ་བདུན་ཙུ་སྐོར་ཅིག་སོང་ཡང་སེར་ག་ཇེ་ཆེར་མ་སོང་པ་ཡང་ནུས་མཐུ་བསམ་གྱིས་མི་ཁྱབ་པའི་ཆེ་བར་སྣང་། ཞེས་རྗེ་དབལ་མང་པཎྜི་ཏའི་གདན་རབས་ལྷའི་ཪ་ཆེན་དུ་གསུངས་སོ། །

དེ་ལྟར་ཆོས་སྲུང་རྣམས་ཀྱིས་རྒྱུད་བསྐུལ་ཏེ་མི་དང་མི་མ་ཡིན་མཐའ་དག་གིས་མཐུན་སྐྱབ་བླངས་པས། མ་འགྱུར་བར་རྒྱུད་ཁང་ཀ་བ་ཉི་ཤུ་ཤིང་རྩི་ལོགས་རིས་དང་བཅས་པ། ནང་དུ་འཇིགས་བྱེད་མགོན་ཆོས་རྣམས་ཀྱི་ལྷེར་སྐུ་ཐོག་ཚད། ལྷ་ཁང་གཡས་སུ་ཐུབ་དབང་གི་འབག་སྐུ་ཐོག་ཚད་དང་མཉམ་པ། རིགས་ལྔ་ཡུམ་བཞི་འབག་དེའི་ཕྱེད་ཙམ་རེ་བཞེངས་ཤིང་ཐོག་ཤོད་གཉིས་སུ་རྒྱལ་བའི་བཀའ་འགྱུར་རིན་པོ་ཆེ་སོགས་སྐུ་གསུང་ཐུགས་ཀྱི་རྟེན། མདོ་ལུགས་གཉིས་ཀར་གང་དགོས་ཀྱི་མཆོད་རྫས་ཡོ་བྱད་ཆ་ཚང་བ་ཚོན་རྩིའི་ལྷེབས་རིས་དང་བཅས་པ་དགོས་ཆས་ཐམས་ཅད་གསར་འཛུག་གནང་སྟེ་ལེགས་གྲུབ་བྱུང་། །

ཉིན་གཅིག་མགོན་ཁང་དུ་རྒྱུན་དུ་བསྐང་གསོ་བ་གྲྭ་བ་བཞི་ཡོད་པའི་མིག་ལམ་དུ་ཆོས་རྒྱལ་གྱི་འབག་སྐུ་ཙུང་ཟད་སྒྱུར་ཡོད་པ་ལྟ་བུ་བྱུང་། ཞིབ་ཏུ་བལྟས་ཚེ་རིམ་གྱིས་རིམ་གྱིས་སྒྱུར་འགྲོ་བར་མགོན་ཁང་པ་རྣམས་རྟབ་རྟབ་པོར་གྱུར་ཏེ་རྗེ་ཉིད་ལ་ཞུས་པར། མྱུར་དུ་ང་ཡོང་ཁྱོད་ཚོ་སྐྲག་དགོས་མི་འདུག་ཅེས་གསུངས། ཁོང་དེར་ཕེབས་ནས་སྣན་དར་ཕུལ་ཅིང་འཕྲིན་བཅོལ་གང་རྒྱས་གནང་ནས་ལྕགས་ཐག་གིས་བརྟོད་པ་དང་། ཞལ་ནས་ངས་འདི་ལ་འབྲས་སྤུངས་ཀྱི་ཆོས་རྒྱལ་ལྕགས་ཐག་མ་འདྲ

བ་ཞིག་འོང་དུ་རེ་བས་འདོད་དོན་འགྲུབ་པ་ཡིན་ཞེས་གསུངས་ནས་དགྱེས་ཚོར་ལྷག་ཏུ་མཛད། ཡང་སྐབས་ཤིག་ལྷ་མོ་རེ་མ་ཏིའི་སྐུ་ཡོགས་རིས་སུ་ཡོད་པར་སྙན་ཤལ་ཕུལ་པས། ལྷ་མོས་སྙན་ཤལ་ཕྱག་གིས་མངོན་སུམ་དུ་བཞེས་པས་དེ་ལ་ཕྱིས་སུ་ལྷ་མོ་དར་ལེན་མར་གྲགས། ཕྱིས་གཙང་ཁང་ཞིག་གསོས་ཀྱི་དུས་སུ་སྙན་དར་ཐམས་ཅད་བསལ་བའི་འོག་ན་སྔོན་གྱི་སྙན་ཤལ་དེ་ཀ་མདོག་ཙམ་ཡང་མ་ཉམས་པར་ཐོད་ཁྲག་འཛིན་པའི་ཕྱག་ཏུ་ཡོད་པ་རྒྱུད་པའི་བླ་མ་ལས་ཁྱུར་བ་སོགས་མང་པོས་མཐོང་པར་བཤད། སྐབས་དེར་ལག་པའི་འདུ་བྱེད་ཀྱིས་ལེན་པ་སྦྱོར་བ་བརྩམས་ཀྱང་མ་ལོན་པར་འཕྲིན་བཅོལ་སོགས་ཞུས་པས་རང་ཤུགས་ཀྱིས་ནམ་ཡང་ཆ་མེད་པར་མཆོད་ཁྲིའི་སྟེང་དུ་བྱུང་བས་ཐམས་ཅད་ལ་ཡིད་ཆེས་བརྟས་པར་གྱུར། དེ་ལྟར་རྒྱུད་པའི་ཁྲིར་བཞུགས་རིང་དོན་གཉེར་ཅན་སོ་སོའི་མོས་པ་ཇི་ལྟ་བ་བཞིན་ཆོས་བཀའ་དུ་མ་སོགས་བསྟན་འགྲོའི་དོན་སྒོ་ཐམས་ཅད་ནས་གང་འོས་ཀྱིས་བསྐྱབས་ཤིང་། ཚོགས་ཆེན་གྱི་དུས་བཟང་རིགས་གྲྭའི་སྐབས་སུ་ཚོགས་ལ་ཆག་མེད་དུ་ཕེབས། ཚོགས་སུ་བཞུགས་དུས་ཀྱང་ཚོགས་ཆེན་ཞལ་ངོ་ཉེ་འཁོར་དུ་སླེབས་པ་ན། ན་བཟའ་སོགས་ལྷག་པར་ཚུལ་མཐུན་གྱིས་བཞེས་ཤིང་དབུ་དུད་དེ་བཞུགས་པར་བཤད་པའང་དགེ་འདུན་གྱི་སྨྱུན་ལྟོས་ལ་དགོངས་པར་མངོན། ཁྱད་པར་དུ་སྐབས་ཤིག་ནས་བཟུང་ཁྲི་རིན་པོ་ཆེ་སྐུ་བསྟན་གྱིས་ཟིན་པས། རྗེ་ཉིད་ཀྱིས་ལོ་ངོ་གཉིས་ཙམ་གྱི་རིང་གསོ་སྦྱོང་གསུང་ཆོས་སྨོན་ལམ་གཏོར་རྒྱག་སོགས་ཚོགས་ཆེན་བླ་མའི་བྱེད་སྒོ་ཕལ་ཆེར་མཛད་དགོས་བྱུང་སྟེ་རང་ཤུགས་ཀྱིས་ཁྲི་ལས་ཐོག་པ་ལྟ་བུར་སོང་། དེ་ནས་ཁྲི་རིན་པོ་ཆེ་སྐུ་འདས་ཁར་རྗེ་འདི་ལ་ཁྱེད་ཀྱི་སྐུའི་ཕྱོགས་རིང་ལ་རྒྱས་པའི་གཏོར་སྒྲུབ་དང་ལྷུགས་མཁར་གཉིས་མ་ཆག་པར་གྱིས་ཞེས་ཁྲི་མཛད་རྒྱུ་ཤུགས་ཀྱིས་གསུངས། གྲྭ་བ་འགས་ཁྱེད་ཀྱི་འཕྲོར་སུ་བསྐོ་བཞག་གནང་དགོས་ཞུས་པར། ངེད་ལས་ལྷག་པ་ཨ་

ལགས་ཚང་ཡིན་མོད། ཁོང་ལ་གསོལ་བ་བཏབ་ན་ཁྱེད་ཚོ་ཐམས་ཅད་ལ་ལེགས་པོ་འོང་གསུངས། འོན་ཀྱང་། ཁ་ཅིག་གིས་དེའི་སྐོར་ལ་འཆལ་གཏམ་སྣ་ཚོགས་སྤེལ་བར་བརྟེན། ཁྲི་རིན་པོ་ཆེ་ཐུགས་ཤིན་ཏུ་སྐྱོ་སྟེ། ང་ལ་ཆོས་ཀྱི་དྲིན་གཟོ་མེད་ན་ཡང་སྐབས་འདི་ལ་ཐུག་ནས་སེམས་རྩ་དཀྲུགས་པ་ཨང་ཞེས་ཐུགས་སྐྱོ་ཞིང་ཞེན་པ་ལོག་པའི་ངང་སྐུ་གཤེགས་དགོས་བྱུང་། འོན་ཀྱང་དེ་ནས་ཅང་མ་འགོར་བར། ཁྲི་རིན་པོ་ཆེ་ཞི་བར་གཤེགས་པའི་ལོ་དེའི་ཟླ་བ་བཞི་བར་དབང་མོ་རྣམ་རྒྱལ་སྒྲོལ་མ་ཆོས་སྡེ་ཆེན་པོར་ཕེབས་ཤིང་། གྲྭ་མང་དང་བཅས་ཁྲི་རིན་པོ་ཆེའི་ཞལ་ཆེམས་དོན་དུ་ཁྱེད་ལ་ཕོག་པས་ཆོས་སྡེ་ཆེན་པོའི་ཁྲིར་བཞུགས་དགོས་ཞེས་ཡང་ཡང་ཞུས་ངོར། རྗེ་ཉིད་དགུང་ལོ་རེ་དྲུག་བཞེས་པའི་ས་རྟའི་(༡༧༣༨)དབྱར་ཆོས་ཀྱི་ཐོག་མར་རྒྱལ་བའི་ལུང་གིས་ཟིན་པའི་ཆོས་སྡེ་ཉིད་ཀྱི་ཆོས་ཁྲིར་མངའ་བསྐྱུར་ཏེ་འདུས་པ་རྒྱ་མཚོའི་གཙུག་གི་རྒྱན་དུ་གྱུར། ཕྱི་སྣེར་མཐའ་དག་ནས་ལེགས་འབུལ་རྒྱ་ཆེ་བ་བསྟར། རྒྱུད་པའི་བླ་མ་གནང་སྐབས་ཆོས་གྲྭའི་ལམ་ནས་ཡང་ཡང་ངལ་གསོ་དགོས་པ་ཞིག་ཡོད་ཀྱང་། ཕྱིས་ཟེར་ཡང་དུ་སོང་སྟེ་ཚོགས་ཆོས་གྲྭ་གང་ལ་ཕེབས་ཀྱང་ཐོགས་པ་མེད་པ་ལྟ་བུར་གྱུར། ཆོས་སྲིད་གང་ནས་ཀྱང་སྔར་སྲོལ་གང་ཡོད་པ་མ་ཉམས་པར་མཛད་པས་གྲྭ་ཚང་ལ་གྲྭ་གྲངས་སྟོང་ལྷག་བརྒལ་བ་འདུས་པས་མ་དད་པ་རྣམས་ཀྱིས་ཀྱང་དབང་མེད་དུ་གུས་པས་བཀུར། གྲྭ་ཚང་གི་འགྲིགས་ལམ་དང་འཆད་ཉན་གང་ཡིན་ཀྱང་ཡར་ངོའི་ཟླ་ལྟར་གོང་ནས་གོང་དུ་འཕེལ་པས་ཤིན་ཏུ་དམར་བ་བྱུང་། །

དེ་སྔོན་འཇམ་མགོན་ཁྲི་རིན་པོ་ཆེའི་དུས་སུ་དབུ་ཕར་གྱི་ཟུར་བཀོལ་རྣམས་བཙེ་བཞག་ལ་གནང་སློལ་ཡོད་པ་རྗེ་འདི་བས་རེ་ཞིག་ལ་དེ་ལྟར་མ་མཛད་པས། འགའ་ཞིག་གིས་ཁྲི་རིན་པོ་ཆེས་དེ་འདྲ་མི་འོང་འདུག་ཟེར་པ་རྗེ་ཉིད་ཀྱིས་གསན་ནས། དཔྱིད་ཆོས་ཆེན་མོ་ཞིག་ལ་འཛིན་གྲྭ་བཅུ་གཉིས་པོ་རེ་རེ་ལ་ཤོག་གུ་མདའ་

ཚད་མ་བཞི་བཅུ་སྐོར་རེ་བཏང་པས་ཕལ་ཆེར་གྱིས་བརྩི་བཞག་གི་རྗེས་ཟིན་དཀའ་བ་བྱུང་། ཆོས་ཐོག་གི་མཇུག་ཏུ་ཚོགས་གཏམ་གྱི་ཞར་ལ་ཏ་ཙང་བརྩི་བཞག་མང་པོ་བཏང་ན་ཁྱེད་རང་ཚོས་དཀའ་སློམ་པ་མ་གཏོགས་ངས་གྲྭ་ས་སེ་འབྲས་དགེ་གསུམ་ལ་བརྩི་བཞག་གཏོང་དགོས་ནའང་ལག་ཐོགས་མེད་ཅེས་གསུང་བཤད་གཟབ་རྒྱས་གནང་། ཡང་འགའ་ཞིག་གིས་གསུང་བཤད་གང་རྒྱས་གནང་དགོས་ཞེས་ཞུས་པར། ཁོང་གི་ཞལ་ནས་མ་བཤད་ཡོག་བཤད་ཏ་ཙང་བཤད་པའི་སྐྱོན་གསུམ་སྤངས་ནས་འཆད་དགོས་པ་གལ་ཆེན་ཡིན། ཏ་ཙང་མང་མི་དགོས་གསུངས་ཤིང་གང་གསུང་གནད་དུ་དྲིལ་བ་ཞིག་ཡོད་པ་བུ་སློབ་རྣམས་གྲགས་ཆའོ། །ཡང་ལ་ལས་ཡིག་ཆ་གསུང་རྩོམ་གནང་དགོས་ཞུས་པར། ཚད་མར་གྱུར་པ་རེ་རེས་བརྩམས་ན་ལེགས། མཁས་པ་མང་ན་ཡུལ་འཛིག་ཟེར་གསུངས་པས། དེ་ནི་ལྷུན་པོ་མཁས་པར་རློམ་པ་རྣམས་སྨྲ་བ་ཉུང་ན་བསྟན་པ་ལ་ཕན་པའི་གསུང་དུ་སྣང་། རྗེ་ཉིད་སྔ་མོ་ནས་རྒྱ་བོད་ཀྱི་ལོ་རྒྱུས་ལ་ཤིན་ཏུ་མཁས་པས་ཁོང་གི་ཞལ་ནས། དེང་སང་ང་འདྲ་བའི་ལོ་རྒྱུས་ཤེས་མཁན་དཀོན་བསམ་པ་ཡོད་ཅེས་ཡང་ཡང་གསུངས་ཏེ་ཆོས་འབྱུང་ཞིག་རྩོམ་བཞེད་ཡོད་ཀྱང་སྐུལ་མཁན་གྱི་ལྷན་ཅིག་བྱེད་རྐྱེན་མ་བྱུང་བས་ཉེར་ལེན་ཙམ་གྱིས་རྗོ་ག་ལ་ཐོགས། འཇམ་མགོན་ཁྲི་རིན་པོ་ཆེ་ངག་དབང་བཀྲ་ཤིས་པའི་རྣམ་ཐར་ཞིག་ལྷུགས་རྩོམ་གྱི་དཔེ་བཅམས་ཡོད་ཀྱང་། ཕྱོགས་ལྷུང་གི་འཐེན་ཁྱེར་དུ་སོང་ནས་རྙིང་བསྐྱལ་མ་ཞུས་པས་རྩོམ་འཕྲོར་ལུས་སྣང་། སྐབས་དེ་དག་ཏུ་རབ་བྱུང་བསྙེན་རྫོགས་དང་། དབང་ལུང་ཆོས་བཀའ་གང་ཞུས་ཅི་འདོད་དུ་བསྩལ་པ་དང་། ཀུན་མཁྱེན་རིན་པོ་ཆེ་ནས་བརྒྱུད་པའི་ཆོས་རྒྱུན་ཏ་ཙང་དཀོན་པ་རྣམས་གཞན་གྱིས་མ་ཞུས་ཀྱང་ཆེད་དུ་གཉེར་ནས་སྐལ་ལྡན་གྱི་གདུལ་བྱ་རྣམས་ལ་གནང་བ་སོགས་སྒོ་དུ་མ་ནས་གཅེས་པར་བསྐྱངས། གཞན་ཡང་འཆི་ནད་ཐེབས་ཏེ་མོ་སྨན་མཐའ་དག་གིས་

པོར་ནས་ཉིད་ལ་སྐྱབས་བཅོལ་པ་འགའ་ཞིག་ལ་ཁྱོད་ད་རེས་འཆིར་མི་འཇུག་ཅེས་ཐོག་མ་ནས་ཞལ་གྱིས་བཞེས་ཏེ་ཕྱག་དོན་དུ་བཀལ་བ་དང་། ཀླུ་གདོན་གདུག་པ་ཅན་ཞིག་གིས་གཙེས་ནས་མི་མང་དུ་ཤི་བའི་སར་ཕེབས་ཏེ་རིམ་གྲོ་མཛད་པས་གཟུགས་དངོས་སུ་བསྟན་ཅིང་དམ་ལ་བཏགས་པས་ཤི་ཁ་ཆོད། ཕ་རོལ་ནུས་ལྡན་འགའ་ཞིག་གིས་ཟན་པས་གཟའ་བདུད་གཟུགས་སུ་བསྟན་ནས་འོངས་ཏེ་གཟིམ་ཁང་ཉེ་འཁོར་དུ་ཞག་གཅིག་བསྡད་ཀྱང་གནོད་པ་མ་ཐེབས་པར་སླར་ལོག གཏོར་རྒྱག་ཞིག་གི་ཚེ་འཚུབ་ལྟས་ཀྱི་རྣམ་པས་མདུན་ནས་མེ་ལྕེ་ཚུར་ལོག་པས་སྐུ་རྒྱབ་ངོས་ཀྱི་ཐག་རིང་པོར་ཡོད་པའི་དངོས་པོ་དུ་མ་བསྲེགས་ཀྱང་། སྐུ་དངོས་ལ་མེའི་དཀྱིལ་གྱིས་གནོད་པ་ཅུང་ཟད་མ་བྱུང་། གླིང་བསྲེའི་སྐབས་ཤིག་ཏུ་བཞུགས་ཁྲི་མཐོན་པོའི་སྟེང་ནས་གསོལ་དཀར་རྡོ་མཐིལ་གྱི་སྟེང་དུ་བརྡབ་པ་ཐིང་སྒྲ་དང་བཅས་རྒྱང་རིང་པོར་སོང་ཡང་སྣོད་མ་ཞུགས་པར་རྡོ་ལ་རྗེས་གསལ་བར་བབ་པ་སོགས་གྲུབ་པའི་མཚན་མ་སྐྱེ་བོ་མཆོག་དམན་ཀུན་གྱི་ངོ་མཚར་བའི་ཡུལ་དུ་གྱུར་པ་ཆེས་མང་ཚུལ་གསང་ཆེན་ཆོས་ཀྱིས་བརྟགས་པའི་རོལ་མཚོར་གསལ་ལོ། །

ཀུན་མཁྱེན་བླ་མའི་ཡང་སྤྲུལ་གྱི་ཐད་དུའང་། འདི་སྐབས་མི་བསྲུན་པའི་སྐྱེ་བོ་དུ་མས་བརྐྱང་སྤྱོད་འཐེན་འཁྱེར་སྣ་ཚོགས་བྱས་ཏེ་ཟིང་ཆ་བསླངས་ཤིང་དགེ་འདུན་རྣམས་ཕྱོགས་གཉིས་སུ་གྱེས། ཡུལ་དུས་ལ་ལྟོས་པའི་ཁ་དྲག་དུ་མའང་ཅིག་ཤོས་སུ་ཕྱོགས་པ་སོགས་སྦྱོར་ངན་གྱི་འགལ་རྐྱེན་ཏུ་འཛིང་པ་ལྟ་བུ་བྱུང་བས། གཞན་ཞིག་ཡིན་ན་རང་ཅག་གི་མི་ཏོག་ཐོག་པའི་ལྷ་སྐལ་མཆོག་སྤྲུལ་རིན་པོ་ཆེ་ཉིད་རང་གི་གདན་སའི་གསེར་ཁྲིར་ཞབས་ཟུང་བཀོད་དེ་མཛད་པ་འཕྲིན་ལས་ཀྱིས་ནོར་འཛིན་ཡོངས་སུ་འགེངས་པའི་དགའ་སྟོན་ལ་རང་ཅག་གིས་ཅི་དགར་ལོངས་སྤྱོད་རྒྱུ་འབྱུང་ཐུབ་པ་ལྟ་ཞོག དགོན་པའང་ཆག་འཇིག་གི་གནས་སུ་གྱུར་ངེས་པ་བཤད་མ་དགོས་

མོད་ཀྱང་། སྐབས་དེ་དག་ཏུ་རྗེ་ཉིད་ཀྱིས་ཐུགས་བསྐྱེད་པའི་རང་ཚུགས་བཟུང་སྟེ་གཞན་དབང་དུ་ཙུང་ཟད་ཀྱང་མ་ཤོར་པ་མཛད། ཚོགས་གཏམ་གྱི་དུས་སུའང་། ཁོང་གིས་ཁྱེད་རང་ཚོའང་སྐབས་འདིར་སློན་ལམ་བཏབ་ནས་འོངས་པ་རེད་དེ། ང་ཡང་ཁྱེད་ཚོའི་གཉེན་པོར་གསོལ་བ་བཏབ་ནས་འོངས་པ་ཡིན་ཞེས་དང་། སྔོན་ནས་ད་ལྟའི་བར་དུ་སྡིག་པ་མི་དགོས་པ་ལ་གོམས་པའི་བདུད་རིགས་ཁྱེད་ཚོས་དགོན་པ་འདི་བཤིག་ཐུབ་ངེས་མེད། རིང་པོ་མ་ཐོགས་པར་ཆོས་སྐྱོང་སྲུང་མ་ཆོས་ཁྱེད་ཚོ་ལ་རྟགས་བསྟན་ཡོང་། ཁྱོད་ཚོས་ང་རྐས་འདུག་པས་མྱུར་དུ་ཤི་ཡོང་ཟེར་ནས་བཤད་ཀྱིན་འདུག་པ་ཐོས་མོད། ཆོས་སྡེ་འདི་སླར་བསྐྱན་པའི་འབྱུང་ཁུངས་བྱེད་དགོས་པས་ང་ལོ་ཅི་ཙམ་ལོན་ཡང་འདི་བསྐྱན་པའི་བདག་པོ་ཞིག་གི་ཕྱག་ཏུ་མ་སྤྲད་བར་དུ་འཆི་རྒྱུ་མིན། ཞེས་སོགས་བཙན་བརྗིད་བསྐྱེད་རྫམ་ཅན་གྱི་བཀའ་བསྐྱོན་འགའ་ཤས་གནང་བར་བརྗེན། སྐབས་དེའི་ནག་ཕྱོགས་ལ་སྦྱོ་བ་རྣམས་སྤྱ་བཀོད་ཞིང་གཟུར་གནས་རྣམས་ཡིད་དགུག་པའི་གནས་སུ་རང་དབང་མེད་པར་བཀོད་དོ། །

ཡང་ཁྱེད་ཚོས་གྲོས་ཅི་བྱེད་ཀྱིན་ཡོད་པ་ངས་ཤེས། ང་ལ་ཉེན་པར་མིས་བཤད་ཀྱི་ཡོད། མཚན་མོར་འདྲིས་བཤད་ཀྱི་ཡོད་ཅེས་གསུངས་པ་ནི་ཆོས་སྲུང་རྣམས་ཀྱིས་འཕྲིན་ལས་སྒྲུབ་པའི་གསུང་དུ་སྣང་ལ། ཚོགས་གཏམ་རེ་གནང་རྒྱུའི་སྔ་དགོང་ཕ་རོལ་པོ་ཁ་ཅིག་གི་རྨི་ལམ་དུ་ཡང་བུད་མེད་དྲེའུ་ཞོན་པས་བསྡིགས་པ་དང་། སྣང་སྲོན་པོ་འཇིགས་སུ་རུང་པས་བདས་པ་སོགས་ངེས་ཅན་དུ་རྨི་བ་འབྱུང་པས་རེ་དོགས་དང་སེམས་ཉེའི་དྲ་བར་ཚུད་དགོས་བྱུང་། དེ་མཐུན་སྤྲུལ་སྐུའི་སྐོར་དབུས་སུ་ལྷ་དང་གླ་མར་ལུང་ཞུས་མངགས་པ་ཡང་ཕྱིར་འཁོར་པས་ལུང་བསྟན་ཐམས་ཅད་དགོངས་པ་མཐྲིན་གཅིག་ཏུ་མཐུན་ཞིང་། ཁྱད་པར་དུ་གནས་ཆུང་དང་། དགའ་གདོང་གཉིས་ནས་གངས་ཅན་འགྲོ་བའི་མགོན་པོ་བསྟན་པ་ཐམས་ཅད་ཀྱི་བདག་པོ་མྱུར་

ཏུ་གདན་སར་ཕེབས་ཤིག ཁྱོད་མི་མཐུན་པར་བྱེད་མཁན་ཚོ་ལ་ཆུ་སྲིན་གྱི་སྡེར་མོ་བཏབ་ཡོང་ཞེས་རྗེ་དམ་པའི་གསུང་རྟེང་དངོས་སུ་མནན་པས་ཐམས་ཅད་འཇིགས་ཆུམ་གྱིས་སོང་། །

དེ་ནས་བཟུང་ཆོས་སྡེ་ཆེན་པོ་དེ་ཉིད་ཀྱི་རྩོད་པ་ཆོས་ཕྱོགས་སུ་ཞི་བས་དཀར་འཛམ་ཡུག་གཅིག་ཏུ་བཏང་ལ། ཀུན་མཁྱེན་གོང་མའི་མཆོག་སྤྲུལ་གདན་འདྲེན་སྐབས་སུའང་ཕྱོགས་སོ་སོར་བརྡ་འགྲེམ་གྱིས་མདོ་སྨད་ལྷོ་རྒྱུད་ན་གནས་པའི་ཆེ་དགུ་མཐའ་དག་བསྡུས་ཏེ་བསུ་བའི་བཀོད་པ་དང་། ཚ་བབ་ཞག་བབ་སོགས་ཀྱི་ག་སྒྲིག་ཕེབས་ལམ་བཅོས་རྒྱུ་སོགས་ཕྱོགས་འདིར་སྔར་མ་གྲགས་པ་ལྟ་བུའི་བཀོད་ཁྱབ་ཆེན་པོའི་ལུགས་སྲོལ་དང་མཐུན་པར་མཛད། རྗེ་རང་ཉིད་ཀྱིས་ཀྱང་ཀུན་མཁྱེན་འཇམ་དབྱངས་བཞད་པའི་རྡོ་རྗེ་དེ་ཉིད་སྐུའི་རྣམ་པ་ཙམ་རྗེས་ཏེ་ཕེབས་པ་ལ་ཆོས་སྲིད་མཐའ་དག་གྲྭ་མ་ཉམས་པར་འཕེལ་རྒྱུ་བྱུང་བས་འདོད་དོན་ཐམས་ཅད་གྲུབ་པ་ཡིན་ཞེས་དགྱེས་ཚོར་དཔེ་མེད་སྣང་། རྒྱུ་མཚན་དེ་བས་ན་དབལ་མང་པཎྜི་ཏས་ཀྱང་། རང་ཅག་རྣམས་ཀྱི་མི་ཏོག་ཕོག་པའི་ལྷ་གཅིག་སྐྱབས་མགོན་རྡོ་རྗེ་འཆང་བཀའ་དྲིན་འཁོར་མཐའ་མ་མཆིས་པ་དེ་ཉིད་རང་གི་བཞུགས་གདན་གསེར་ཁྲིར་ཞབས་ཟུང་བཀོད་དེ་མཛད་པ་འཕྲིན་ལས་ཀྱིས་ནོར་འཛིན་ཡོངས་སུ་འགེངས་པའི་དགའ་སྟོན་ལ་རང་ཅག་གིས་ཅི་དགར་ལོངས་སྤྱོད་རྒྱུ་བྱུང་བ་འདི་ནི་རྗེ་བླ་མ་འདི་ཉིད་ཀྱི་བཀའ་དྲིན་ཡིན་པས་འབྲས་བུ་ཕུན་སུམ་ཚོགས་པ་ལ་གུས་པ་རྣམས་ཀྱིས་རྒྱུ་ཕུན་སུམ་ཚོགས་པ་ལ་ཡང་གུས་པར་བྱ་དགོས་པ་ཉིད་དོ། །ཞེས་གསུངས་པ་ལྟར་རོ། །

རྗེ་ཉིད་དགུང་ལོ་དོན་གཉིས་བཞེས་པའི་ཤིང་བྱི་(༡༧༨༨)ལ་ཁྲི་ཟུར་བཞུགས་མཛད་ཅིང་། དེ་སྐབས་ཞལ་ནས་དགོན་པ་འདིའི་ཆོས་སྲིད་ཀྱི་བྱ་བཞག་ཐམས་ཅད་བདག་པོ་ལ་འཕྲོད་པས་བསམ་དོན་ཐམས་ཅད་གྲུབ་པ་ཡིན། ལོ་ཁ་ཤས་ལ་སོས་བདེ་

མོར་བསྟོད་ནས་ཕ་བླ་མའི་མཆོག་སྤྲུལ་གྱི་མཛད་པ་འཕྲིན་ལས་ལ་མཇལ་ཁ་ཞུ་རྒྱུ་ཡིན་གསུངས་ཤིང་། དེ་ནས་བཟུང་སྐུ་མ་འདས་ཀྱི་བར་དུ་ཟབ་གསང་རྡོ་རྗེའི་རྣལ་འབྱོར་ལ་གཅིག་ཏུ་གཞོལ་ཏེ་བཅུད་རྒྱ་ལྟ་བུའི་ཚུལ་དུ་བཞུགས། སྐབས་བར་རྗེ་ཉིད་སྐྱབས་མཆོག་རིན་པོ་ཆེའི་སྤྱན་སྔར་ཕེབས་ཏེ་ཆོས་ཀྱི་གསུང་གླེང་མཛད་ཅིང་ཞལ་གདམས་གནད་དུ་ཐོན་པ་དུ་མ་སྣན་སྒྲོན་དུ་ཕུལ། སྐྱབས་མགོན་མཆོག་ནས་ཀྱང་ཕྱིས་སུ་དུས་འཁོར་གྲྭ་ཚང་གསར་འདེབས་དང་འཆམ་ཆེན་འཛུགས་སྐབས་སུ་འདི་དག་བདེ་ལེགས་ཡོང་བ་ནི་སྡེ་ཁྲི་རིན་པོ་ཆེའི་བཀའ་དྲིན་ཡིན་ཞེས་ཡང་ཡང་གཟིངས་བསྟོད་གནང་ལ། དེར་བལྟས་ནའང་རྗེ་བླ་མ་འདི་ཉིད་ལ་ཀུན་མཁྱེན་མཆོག་གི་འཕྲིན་ལས་ཀྱི་གདུགས་དཀར་པོ་མ་ཉམས་པར་བཟུང་པའི་བཀའ་དྲིན་བླ་ལྷག་ཏུ་ཆེ་བར་མ་ཟད། མ་ཅིག་ལབ་སྒྲོན་དང་། ལྷ་དང་ཆོས་སྐྱོང་དུ་མས་ཀྱང་ལུང་དུ་བསྟན་ཡོད་ཚུལ། ཀུན་མཁྱེན་དཀོན་མཆོག་འཇིགས་མེད་དབང་པོ་གདན་སར་བཀོད་རྗེས། འཇམ་དཔལ་ཞི་ཁྲོ་དགྱེས་བཞད་རྡོ་རྗེ་ཡི། །བཞེད་དོན་སྒྲུབ་པར་མྱུར་མཛད་མགོན་པོ་སོགས། །བསྟན་སྲུང་དུ་མས་ལུང་བསྟན་ཆོས་ཀྱི་རྗེ། །བློ་བཟང་དོན་གྲུབ་ཞབས་ལ་གསོལ་བ་འདེབས། །ཞེས་གནང་བའི་ཚིགས་བཅད་འདི་ལས་ཀྱང་རྟོགས་ནུས་པ་ལྟ་བུའོ། །

དེ་ནས་དགུང་ལོ་དོན་བཞི་བ་མེ་སྟག་(༡༧༩༨)གི་ལོར་སླེབས་དུས་སྐུ་ཚེ་དེའི་ངོ་སྐལ་གྱི་བསྟན་འགྲོའི་དོན་དང་། དངོས་ཀྱི་གདུལ་བྱའི་མཐའ་རྫོགས་ཏེ་དག་པའི་ཞིང་དུ་དགོངས་པ་གཏད་པས་ཅུང་ཟད་སྐུ་བསྙུང་པའི་ཚུལ་བསྟན། སྐུ་འཁོར་རྣམས་ཀྱིས་ཞབས་བརྟན་ཐོན་ཆེན་པོ་བསྒྲུབ་རྩིས་བྱས་པར་ངེད་ཀྱི་ལུས་ལ་ན་ཚ་མངོན་ཅན་ཅི་ཡང་མེད་པས་དེ་འདྲ་མི་དགོས་གསུངས་ནས་བྱེད་དུ་མ་བཅུག ཕྱིས་ཅང་མ་འགོར་པར་སྐུ་ཁམས་རིམ་ཡོད་དུ་སོང་སྟེ་ཧོར་ཟླ་དྲུག་པའི་ཚེས་ཉེ་ཤུའི་ཐོ་རངས་ཁར་རྟག

འཛིན་གྱི་འཆིང་པས་དམ་དུ་བཅིངས་པའི་སྐྱེ་བོ་རྣམས་ཆོས་ལ་བསྐུལ་ཕྱིར་གཟུགས་སྐུའི་བཀོད་པ་རེ་ཞིག་ཆོས་ཀྱི་དབྱིངས་སུ་བསྡུས་པའི་ཚུལ་བསྟན་ཏོ། །རྗེ་ཉིད་ཀྱི་སྐུ་གདུང་མཆོད་རྟེན་དཔལ་ལྡན་བཀྲ་ཤིས་འཁྱིལ་གྱི་རྒྱུད་སྨད་གྲྭ་ཚང་གི་རྟེན་གྱི་གཙོ་བོར་བཞུགས། གསུང་ལས་སྐྱེས་པའི་བུ་སློབ་ཡང་བཀྲ་ཤིས་འཁྱིལ་གྱི་གདན་རབས་བཅུ་གསུམ་པ་རྡོ་རྗེ་འཆང་བློ་བཟང་སྐལ་གྲགས་དང་། གདན་རབས་བཅོ་ལྔ་བ་སྨྲ་བའི་དབང་ཕྱུག་ར་བསོད་ནམས་དབང་རྒྱལ། གདན་རབས་བཅུ་བདུན་པ་གྲུབ་པའི་དབང་ཕྱུག་རྗེ་བསོད་ནམས་གྲགས་པ། གདན་རབས་བཅོ་བརྒྱད་པ་ཁྲི་ཆེན་རབ་བརྟན་རྒྱ་མཚོ། དུས་འཁོར་དཔོན་སློབ་མཁས་དབང་བློ་བཟང་རིན་ཆེན། བྲག་དཀར་དཔོན་སློབ་ཀུན་དགའ་བཀྲ་ཤིས་སོགས་མང་ངོ་། །

དེ་ལྟར་རྗེ་ཉིད་ཀྱི་མཛད་བཟང་རྣམས་དྲན་པའི་ཕྱིར་སྣར་ཕྱོགས་གཅིག་ཏུ་དྲིལ་ན། ཀུན་གཟིགས་སྐྱབས་མཆོག་རྡོ་རྗེ་འཆང་ནས་རྗེ་འདི་བའི་མཆོག་སྤྲུལ་རིན་པོ་ཆེར་གཟིགས་བསྟོད་ཀྱི་བཀའ་ཤོག་བསྩལ་པའི་ནང་། ཐོག་མར་དགེ་བའི་བཤེས་གཉེན་མང་དུ་བསྟེན་ནས་གསུང་རབ་ཀྱི་དོན་ལ་ཐོས་བསམ་གྱིས་སྒྲོ་འདོགས་བཅད་དེ་མཁས་པའི་དབང་པོར་གྱུར། ཐོས་པའི་དོན་དེ་ཉིད་བསྒོམ་པ་དང་བསྒྲུབས་པས་རྟོགས་པ་མཆོག་བརྙེས། དེ་ནས་བར་སྐབས་སུ་ཀུན་མཁྱེན་ཆེན་པོ་སྒོ་མང་གི་ཆོས་ཁྲི་མཛད་རིང་ལ་སྐུ་ཞབས་སུ་རྒྱུན་འཁྱུད་ནས་བཞུགས་ཏེ་ཀུན་དགའ་བོ་དང་འཕྲོམ་སྟོན་པའི་རྣམ་ཐར་གྱི་རྗེས་སུ་འགྲོ་བའི་ཞབས་ཏོག་ཟླ་མེད་པ་བསྒྲུབས་ཤིང་། ཆོས་གྲྭ་ཆེན་པོ་འདི་ཉིད་གསར་འཛུགས་ཀྱི་སྐབས་སུ་གང་ཅིའི་སྐོར་ལ་སྐུ་དྲིན་ཤིན་ཏུ་ཆེ་བ་དང་། གྲྭ་ཚང་ཕན་ཚུན་གཉིས་ཀྱི་ཁྲི་མཛད་སྐབས་སུ་སྐུ་ཚོགས་ལ་མ་བལྟོས་པར་འཆད་ཉན་དམར་པོ་མཛད་པས་དགེ་འདུན་གྱི་སྡེ་ཡང་དབྱར་མཚོ་ལྟར་འཕེལ། རྒྱུད་པར་འདུ་ཁང་གསར་སྤུབ་སོགས་མཛད་པ་ཕྱག་རྗེས་རྒྱ་ཆེ་བ་དང་ལྷག་དོན་ཆོས་གྲྭ

ཆེན་པོ་འདིའི་ཆོས་སྲིད་བྱ་བ་བླ་མ་བཟང་པོའི་སྐྱོང་འཕྲོ་ཉམས་སུ་མ་བཙུག་པར་མ་ཟད། གོང་འཕེལ་དུ་གཏོང་བཞིན་པའི་ངང་ནས་ཁོ་བོ་ཅག་ལ་གཏད་པ་སོགས་གང་ས་ནས་གཞན་དང་ཟླ་མེད་པ་བྱུང་ཞེས་བཀའ་དྲིན་ཆེ་བའི་བསྔགས་བརྗོད་འདིའི་ནང་འདུས་པར་སྣམ་མོ། །འདི་དག་ནི་དཔལ་མང་རིན་པོ་ཆེ་དང་། འཇམ་པའི་དབྱངས་བསྟན་པའི་སྒྲོན་མེ། བྲག་དགོན་པ་བསྟན་པ་རབ་རྒྱས་སོགས་ཀྱིས་མཛད་པའི་རྗེ་ཉིད་ཀྱི་རྣམ་ཐར་རྣམས་གཞིར་བཟུང་ནས་བཀོད་དོ།། ||

གཉིས་པ། སྐྱབས་རྗེ་སྡེ་ཁྲི་རིན་པོ་ཆེ་སྐུ་འཕྲེང་གཉིས་པ་རྗེ་བཙུན་འཇིགས་མེད་ལུང་རིགས་རྒྱ་མཚོ་དཔལ་བཟང་པོ།

འཇིགས་མེད་བློ་གྲོས་རྩ་བ་རབ་བརྟན་ཅིང་། །
ལུང་རིགས་འདབ་བརྒྱའི་ཕུང་ཕུང་རྣམ་པར་གཡོ། །
འཆད་རྩོད་རྩོམ་པའི་མེ་ཏོག་གྲོང་པ་ཅན། །
དོན་གཉིས་ལྷུན་འགྲུབ་རྒྱ་མཚོས་རིང་དུ་སྐྱོངས། །

སྡེ་ཁྲི་རིན་པོ་ཆེ་སྐུ་འཕྲེང་གཉིས་པ་རྗེ་འཇིགས་མེད་ལུང་རིགས་རྒྱ་མཚོ་མཆོག་ནི། མདོ་སྨད་རོང་པོ་དགོན་ཆེན་གྱི་གདན་རབས་དགུ་བ་མཁན་ཆེན་རྡོ་རྗེ་འཆང་དགེ་འདུན་རྒྱ་མཚོའི་དབོན་པོར་རབ་བྱུང་བཅུ་གསུམ་པའི་ས་འབྲུག་(༡༧༤༨)ལོར་སྐུ་འཁྲུངས། དེ་ནས་དགུང་ལོ་ལྔ་བཞེས་པའི་ཆུ་སྤྲེལ་(༡༧༥༢)ལོའི་ཟླ་དྲུག་པའི་ནང་གདན་ས་ཆེན་པོ་དཔལ་ལྡན་བཀྲ་ཤིས་འཁྱིལ་ལ་སྤྱན་དྲངས་ཤིང་དགའ་སྟོན་རྒྱ་ཆེར་བསྐྱབས་ཤིང་། སྐྱབས་མགོན་དཀོན་མཆོག་འཇིགས་མེད་དབང་པོ་མཆོག་ནས་སྡེ་ཁྲི་གོང་མའི་སྐུའི་ཆེ་བའི་ཡོན་ཏན་དང་། ལྷག་པར་དུ་དགོན་པའི་ཆོས་སྲིད་གཉིས་ཆར་ལ་བཀའ་དྲིན་ཤིན་ཏུ་ཆེ་ཚུལ་གྱི་བསྔགས་བརྗོད་རྒྱ་ཆེར་གནང་ལ། ཞལ་ནས། སྤྲུལ་སྐུ་འདི་བ་བླ་མ་དེ་ཉིད་ཀྱི་སྐྱེ་བ་ཡིན་པར་གཟིམ་ཁང་ཕུ་ནས་ཟབ་བརྟག སྐུ་ཞབས་སྟོང་འཁོར་རིན་པོ་ཆེས་ལུང་བསྟན་ཅིང་། ངེད་ཀྱི་རྨི་ལམ་སོགས་སུའང་རྟགས་དང་མཚན་མ་འཁྲུལ་མེད་བྱུང་བས། ད་ཆ་གདན་ས་ལ་སྤྱན་དྲངས་ནས་ཐོབ་གོ་ས་སོགས་དཔོན་སློབ་གོང་མའི་རིང་ལྟར་ཕུལ་ཡོད་པས། ཆོས་སྡེ་ཆེན་པོ་བཀྲ་ཤིས་འཁྱིལ་ཉིད་

ལ་གཏོགས་པའི་སེར་སྐྱ་དྲག་ཞན་ཚང་མས་དེ་ལུགས་བརྩི་འཛོག་བཀུར་གཟོས་དགོས་ཚུལ་གྱི་བཀའ་རྒྱ་ཞིབ་མོ་གནང་ཞིང་ཚོགས་པའི་དབུས་སུ་བསྒྲགས་འདོན་བྱེད་དུ་བཅུག དེ་ནས་རིམ་གྱིས་མདོ་སྨད་ཡོངས་རྫོགས་ཀྱི་དགེ་བའི་བཤེས་གཉེན་ཆེན་མོ་བཀའ་བཅུ་དཀོན་མཆོག་རྒྱ་མཚོ་ཡོངས་འཛིན་དུ་བསྟེན་ནས་གློག་སྦྱོར་སོགས་སྦྱངས། དགུང་ལོ་བཅུ་གསུམ་པ་ལྕགས་འབྲུག་(༡༧༦༠)ལོར་གདན་སའི་ཆོས་གྲྭར་ཞུགས་ནས་བསྡུས་གྲྭ་དང་། བློ་རྟགས། ཕར་ཕྱིན་སོགས་མདོ་སྔགས་ཀྱི་གཞུང་ལ་གསན་སྦྱོང་མཛད་དོ། །

དགུང་ལོ་བཅུ་བཞི་བཞེས་པའི་ལྕགས་སྦྲུལ་(༡༧༦༡) ལོའི་ནུབ་ཅིག་མནལ་ལམ་དུ་ཁྲོད་ལ་གཟའ་ཕུར་བུས་གནོད་པ་འོང་བས་མྱུར་བར་ཙཀྲ་མ་ཐོན་ཟེར་བ་ཞིག་བྱུང་བས། མཆོག་སྤྲུལ་ཉིད་ཀྱིས་ཙཀྲ་མ་དང་། བླ་མགོན་དབྱེར་མེད་ཀྱི་གསོལ་འདེབས་འབག་གསུངས་ནས་གཟིམས་ཤིས་གནང་ཡང་གཟིམས་གཏན་ནས་མ་འོངས་པས། འཇིགས་བྱེད་ལྷ་བཅུ་གསུམ་མ་ཚར་གཅིག་དང་མཇུག་ཏུ་འཇམ་དཔལ་མཚན་བརྗོད་གསུང་པ་ན་གཟིམས་ཆུང་གི་གཡས་ཕྱོགས་གྲུ་ནས་འོད་ཅིག་དཀར་ལམ་མེ་སོང་བར་གཟིགས་པས་མིག་ཡ་ཅིག་འོད་ལམ་མེ་ཡོད་པར་མཐོང་། དེར་བཞེངས་ནས་རྗེ་གོང་མའི་ན་བཟའ་ཞིག་བཞེས་ཏེ་མཚན་བརྗོད་གསུང་བཞིན་པའི་ངང་གཟིགས་པས། མགོ་དགུ་ཡོད་པ་ཞིག་ཚུར་ནུར་ནས་ཡོང་པ་ལ་ནང་ཐམས་ཅད་འོད་ཀྱིས་ཁྱབ། དེར་ཕོང་གིས་རྡོ་རྗེ་འཇིགས་བྱེད་ཡིན་ནམ་སྙམ་སྟེ་གཟིགས་པ་ན་རྣ་མི་འདུག མགོ་དགུའི་དང་པོ་བྱ་རོག་གི་མགོ་ལ་མཇུག་མ་སྦྲུལ་དུ་ཡོད་པ། ལག་པ་གཡས་པས་རྡོ་རྗེ་བཟུང་ནས་མདུན་གྱི་ཀ་བ་ལ་གཏད། གཡོན་པ་བརྐྱངས་ནས་ཞགས་པ་དང་གྲི་གུག་བཟུང་སྟེ་གཡོ་འགུལ་མེད་པར་འདུག་པ་མཐོང་ཙ་ན། དེ་ནི་གཟའ་མཆོག་རཱ་ཧུ་ལ་ཡིན་པར་ཤེས་ནས་ཕྱག་རྡོར་ཞིག་སྒོམ་དགོས་སྙམ་ཡང་མཚན་བརྗོད་ཀྱི། ཏ་ལ་ཏ་ལ་

གདོང་བརྒྱ་བ། །གཤིན་རྗེ་གཤེད་པོ་བགེགས་ཀྱི་རྒྱལ། །ཞེས་པའི་མཚམས་སུ་སླེབས་འདུག་པས་རྡོ་རྗེ་འཇིགས་བྱེད་ལ་དམིགས་པ་ཙུང་ཟད་གཏད་པ་ན་མགུལ་ནས་སེལ་སྒྲ་དང་བཅས་མི་གནང་པར་གྱུར་ཅེས་རྗེ་རང་ཉིད་ཀྱི་ཞལ་ནས་ཐོས་པ་ལྟར་བྲིས་པའི་ཟིན་བྲིས་ཞིག་ལས་འབྱུང་ཞེས་གདན་རབས་ལྷའི་ རྔ་ཆེན་ལས་གསུངས།

ཡང་རྗེ་ཉིད་ཀྱིས་སྐྱབས་མཆོག་འཇིགས་མེད་དབང་པོའི་མདུན་ནས་འཇིགས་བྱེད་ཀྱི་དབང་གསན་པའི་སྐབ་གོན་གྱི་དགོང་མོ་ཞིག་ཏུའང་། རྨི་ལམ་དུ་རྗེ་རང་གིས་མདའ་གཞུ་ཐོགས་འདུག་པ་མི་གཞན་གྱིས་ཁྱོད་ཀྱིས་མདའ་གཞུ་ཐོགས་པ་ཅི་ཡིན་དྲིས་པའི་ལན་དུ། ཤེས་རབ་རལ་གྲི་མདའ་གཞུ་ཐོགས། །ཉོན་མོངས་མི་ཤེས་གཡུལ་ངོ་སེལ། །དཔའ་བོ་བདུད་དགྲ་བདུད་འདུལ་པ། །བདུད་བཞིས་འཇིགས་པ་སེལ་པར་བྱེད། །ཅེས་པའི་སྔོབ་སྦྱོར་ཏ་ཙང་ལེགས་པའི་ཚིགས་བཅད་འདི་གསུངས་པར་བཤད་དོ། །

ཚུང་སྐྱ་རྡོ་རྗེ་འཆང་དགོན་ལུང་དུ་ལན་གཉིས་པ་ཕེབས་སྐབས་མཇལ་དུ་བྱོན་པར། ཚུང་སྐྱ་མཆོག་ནས་ཀྱང་བཀུར་གཟོས་མཛད་པར་མ་ཟད། སྐུ་གོང་མ་དེ་ཉིད་དགོན་པ་ལ་བཀའ་དྲིན་ཤིན་ཏུ་ཆེ་བས་ཨེར་ཏི་ནི་མེར་གན་ཤི་རེ་ཐུ་མཁན་པོ་ཞེས་པའི་ཚོ་ལོ་དང་། བཀའ་ཤོག་སོགས་ཀྱིས་གཟེངས་བསྟོད་གནང་། ཀུན་གཟིགས་སྐྱབས་མགོན་མཆོག་གི་འབྲུངས་རབས་གསོལ་འདེབས་ཤིག་བཀའ་རྩོམ་ཞུས་ཏེ་འཕྲས་སྐོ་མང་གྲྭ་ཚང་དང་བཀྲ་ཤིས་འཁྱིལ་གཉིས་ཀར་མང་འགྱེད་ཐོག་ཚོགས་འདོན་དུ་བཙུགས། དགུང་ལོ་ཉེར་གཅིག་བཞེས་པའི་ས་བྱི་(༡༧༦༨)ལ་ཡུལ་དབུས་ཆོས་ཀྱི་ཞིང་དུ་ཆིབས་ཀྱི་ཁ་ལོ་མངོན་པར་བསྒྱུར་ཅིང་བཀྲ་ཤིས་སྒོ་མང་གི་ཆོས་གྲྭར་བཀའ་པོ་ཏི་ལྔའི་སློབ་གཉེར་ཡང་དག་གནང་བས། སྤྲུལ་སྐུ་སྤྱི་ལུགས་ཀྱི་བམ་འཇོག་ཙམ་མ་ཡིན་པར་ལྷ་སའི་སློན་ལམ་གྱི་གྲྭ་སྐོར་མཛད།

དགུང་ལོ་ཉེར་བརྒྱད་པ་ཤིང་ལུག་(༡༧༧༥)ལོར་ཨ་མདོ་ནས་གདན་འདྲེན་པ་ཐོན་སྐབས། ཁོང་གིས་མནལ་བྱུང་བའི་ལྟས་མི་ལེགས་པས་ང་མི་འགྲོ་ཞེས་གསུངས་མོད་ཀྱང་མི་ཕེབས་ཐབས་མེད་བྱུང་བར། པཎ་ཆེན་རིན་པོ་ཆེ་ནས་འཇམ་དཔལ་ནོ་མོན་ཧན་ཞེས་པའི་ཚོ་ལོ་དང་། གོང་ས་རྒྱལ་དབང་མཆོག་ནས་ཨེར་ཏེ་ནི་ཞེས་བསྟན་ཏེ་ཡབ་སྲས་གཉིས་ཀ་ནས་བཀའ་ཤོག་དང་བཅས། རྟ་དར། འབོག་ལྷུག ཐམ་ཀ་སོགས་མཁན་ཆས་ཀྱིས་གཟེངས་བསྟོད་གནང་། དགོན་པ་ནས་ཀྱང་ཆིབས་བསུ་སྣ་ཕྱི་དང་སེར་སྤྲེངས་སོགས་ཀྱིས་བཀུར་གཟོས་ཆད་དུ་བྱུང་བ་མཛད་ཅིང་ཕྱི་ལོའི་ཧོར་ཟླ་བདུན་པའི་ནང་དུ་དགོན་པ་རང་དུ་ཕྱག་ཕེབས། བཀའ་བློན་རྡོ་རིང་པཎྜི་ཏ་ཞེས་ཆོས་སྲིད་རིག་གནས་ལ་བལྟ་བའི་བློ་མིག་ཅན་དེ་ཉིད་ལ། རྣམ་བཅུ་དབང་ལྡན་ལྷ་སའི་ཁྲམས་ར་ཆེན་མོའི་ནུབ་ཕྱོགས་ན་ཡོད་པ་ཇི་ལྟ་བ་བཞིན་སྐྲུབ་ཐེབས་དངུལ་དཀར་སྲང་ལྔ་བརྒྱ་སོགས་ཕུལ་ནས་སྐྲུན་བཙུག་པར་ལེགས་པར་བསྒྲུབས་ནས་གནང་ཡང་། འདི་ཐེག་པའི་ལྷ་ཁང་ཨ་མདོ་ན་ཡོད་དམ་གསུངས་པའི་རྣམ་བཅུ་དབང་ལྡན་དེ་ད་ལྟའི་གསེར་ཁང་ཆེན་མོའི་སྲིན་པད་ཀྱི་རྒྱན་དུ་མཛེས་པ་དེ་ཡིན་ནོ། །དེ་བཞིན་དུ་འདུ་ཁང་ཆེན་མོའི་སྒོ་ཤན་སྒོ་ཕོར་དང་བཅས་པ་རྡོ་རིང་པཎྜི་ཏ་ནས་གནང་། གསེར་ཁང་ཆེན་མོའི་མཆོད་རྫས་བསམ་འཕྲུལ་ཕོ་བྲང་ནས་དང་། བླ་བྲང་ཐུབ་བསྟན་ཕོ་བྲང་གི་ཚོམས་ཆེན་གྱི་མཆོད་ཆས་རྟ་ཚག་ནོ་མོན་ཧན་ལ་ཞུས་པ་ལྟར་འདོད་འཇོ་དཔལ་མོ་ནས་བསྒྲུབས་པ་སོགས་གནས་འདིའི་བྱ་བ་ལས་ཀྱི་འཁོར་ལོ་རྣམས་ཀྱང་ཁྱུངས་ལྡན་ཤ་སྟག་ཏུ་བསྒྲུབས་སོ། །

རྗེ་ཉིད་དགུང་གྲངས་སུམ་ཅུ་བཞེས་པ་མེ་བྱ་(༡༧༧༧)ལོའི་ཧོར་ཟླ་གཉིས་པའི་ཡར་ཚེས་ལ་ཀུན་མཁྱེན་དཀོན་མཆོག་འཇིགས་མེད་དབང་པོའི་བཀའ་ལུང་ལྟར་ཚོགས་ཆེན་ཁྲིར་ཞབས་ཀྱི་པད་མོ་ལེགས་པར་བཀོད། བསྟི་བཞུག་གནང་སྐབས་འཛིན་གྲྭ་

རེ་ལ་ཉུང་མཐའ་ཤོག་གྲུ་རེ་ལས་མི་དམའ་ཞིང་རྒྱུན་དུ་དེ་ལས་ཀྱང་མང་བ་གནང་སྟེ། གྲྭ་ཚང་འདི་ལྟ་བུ་གསུམ་ལ་འཆད་ཉན་བྱེད་དགོས་ན་ཡང་བྱེད་རྒྱུའི་སྤོབས་པ་ཡོད་ཅེས་ཚོགས་གཏམ་གྱི་སྐབས་སུ་ཡང་ཡང་གསུངས། སྐབས་འགར་ཆོས་གྲྭར་རྒྱུན་རིང་བཞུགས་ནས་འཛིན་གྲྭ་རེས་མོས་ཀྱིས་དམ་བཅའ་རྩུགས་པ་ལ་གཟིགས་རྟོག་དང་། དབྱངས་ཆགས་ལ་ཆེད་གཉེར་གྱིས་ཕེབས་ནས་དབྱངས་སློབ་པ་དང་དག་ཐེར་སོགས་མཛད་ཅིང་། སྤྱོད་ཆོས་མེད་པའི་སྐབས་སུ་ཡང་དགུང་མོའི་སྐུ་རིམ་ལ་ཐེངས་འགའ་ཕེབས་པ་དང་། འཁྲིག་འགལ་ཕྲན་ཚེགས་ཀྱི་སྐོར་བསྙེལ་དོགས་ནས་སམ་ཏ་ལ་ཕྱག་བྲིས་གནང་བ་བསྡམས་ཤིང་ཆོས་གྲྭར་ཚོགས་གཏམ་གནང་བ་སོགས་རྗེང་བསྐྱལ་ཆེ་བ་མཛད། དམིགས་བསལ་ཞིག་གི་ཚེ་གཏོར་རྒྱག་གནང་སྐབས་ཞལ་ལ་ལྟ་མི་བཟོད་པའི་འཇིགས་རྔམ་ཆེ་ཞིང་། དམིགས་ཡུལ་གྱི་མཐུ་དཔུང་རྨིག་མེད་བཅོམ་པའི་རྟགས་མཚན་མངོན་དུ་གྱུར། འདུལ་བ་ནས་བཟུང་སྐེ་ཁ་དོག་དཀར་དམར་གྱི་བརྩི་བཞག་ཁེར་རྒྱུགས་ལེན་པར། དཔེ་ཆ་ཁོང་ཉིད་ཀྱི་ཕྱག་ཏུ་བསྡམས་ཏེ་མི་དང་པོ་དེའི་འདོན་འཕྲོ་ནས་གཉིས་པ་དེས་འདོན་དགོས་པ་སོགས་མཐར་ཆགས་སུ་རྫོགས་པ་ན་ཕྱིར་མཐུག་འདོན་མཁན་གྱི་མི་དེ་ལ་ཡང་བསྐྱར་གྱིས་མགོ་ནས་འདོན་འཛུག་པ་སོགས་ལུགས་ལྡོག་མཛད་པས་རྩལ་མིན་གྱི་གཡོ་སྒྱུ་ཙུང་ཟད་ཀྱང་བྱེད་ཐབས་མེད་ཅིང་། རྒྱུགས་མ་འཕྲོད་པ་རྣམས་ལ་བབ་འོས་ཀྱི་ཆད་པ་བཀློག་ཏུ་མེད་པར་འགེལ་བས་འཛིན་སྐྱོར་ཤིན་ཏུ་འཕེལ། རིགས་གྲྭ་ལན་གཉིས་བཏང་ཞིང་འདུ་ཁང་སྟེང་དུ་ལམ་རིམ་ལྷ་ཁང་བཞེངས་རྩིས་ཀྱི་བསོད་སྙོམས་ལ་ཕེབས་སྐབས་གསོལ་ཚོགས་བསགས་ནས་གྲྭ་ཚང་ལ་ཤའི་ཚབ་ར་གཏོང་བར་གནང་། དགུང་གྲངས་སོ་གཅིག་པ་ས་ཁྱི་(༡༧༧༨) ལོའི་དཔྱིད་ཀར་དགོན་སྟེ་རི་ཁྲིད་སོགས་ལས་ཕེབས་པའི་གྲྭ་བ་ཉིས་སྟོང་ལྷག་ལ་ལམ་རིམ་འཇམ་དཔལ་ཞལ་ལུང་གི་དཔེ་ཁྲིད་ཞིབ་རྒྱས་བསྩལ། ལོ་དེ་

གའི་ཧོར་ཟླ་བཅུ་གཉིས་པའི་ཚེས་གསུམ་ལ་ཆོས་སྲིད་གཉིས་སྐྱོང་བཞིན་པའི་མུར་གློ་བུར་དུ་སྐུ་བསྡུང་བཞེས་པའི་ཚུལ་བསྟན་ནས་ཐབས་གང་གིས་ཀྱང་བཟློག་མ་ནུས་པར་གཟུགས་སྐུ་རགས་པའི་བཀོད་པ་ཆོས་དབྱིངས་སུ་བསྡུས་པའི་ཚུལ་བསྟན་ཏོ། །

དེ་ནས་སྐྱབས་མགོན་མཆོག་ནས་མྱུར་འབྱོན་གསོལ་འདེབས་ལྷུགས་རྩོམ་མཛད་པ་ཚོགས་སུ་བཙུགས་ཤིང་གྲྭ་མང་བཤྲུམས། སྤྱིར་དམ་པ་འདི་ཉིད་ལ་ལྷ་དང་བླ་མའི་གཟིགས་སྣང་གི་གཏམ་ཡང་ཐོས་ལ་ལུང་བསྟན་ཐོགས་པ་མེད་པ་སོགས་ཀྱི་རྣམ་ཐར་ཐུན་མོང་མ་ཡིན་པ་མང་ནའང་ཡིག་ཐོག་ཏུ་བཀོད་པ་ཏ་ཙང་ཅུང་པས་འདིར་འདི་ཙམ་ལས་མི་འཇོག་ཐབས་མེད་བྱུང་ངོ།། །།

གསུམ་པ། སྐྱབས་རྗེ་སི་ཏྲི་རིན་པོ་ཆེ་སྐུ་འཕྲེང་གསུམ་པ་རྗེ་བཙུན་འཇམ་དབྱངས་ཐུབ་བསྟན་ཉི་མ་དཔལ་བཟང་པོ།

འཇམ་མགོན་རྒྱལ་བའི་རང་ལུགས་གསེར་སྦྲུངས་བཙོ། །
གསུང་དབྱངས་ཡན་ལག་དྲུག་ཅུའི་འཕྲུལ་འདོགས་ཀྱིས། །
ཐུབ་པའི་བསྟན་ལ་ཐུབ་པ་མཆོག་ཉིད་བཞིན། །
ཇི་བཞིན་གསལ་བའི་ཉི་མ་གང་དེ་རྒྱལ། །

སི་ཏྲི་རིན་པོ་ཆེ་སྐུ་ཕྲེང་གསུམ་པ་རྗེ་འཇམ་དབྱངས་ཐུབ་བསྟན་ཉི་མ་དཔལ་བཟང་པོ་ནི། མདོ་སྨད་རྫི་གཞུང་དུ་ཏ་ཐོན་མདའ་ཚན་གྱི་ཡབ་ཡི་བོ་ཕུན་ཚོགས་སམ་ཀ། འབུམ་སྨན་པ་ངག་དབང་ཕུན་ཚོགས་དང་ཡུམ་ལྷ་མོ་སྐྱིད་གཉིས་ཀྱི་སྲས་སུ་རབ་བྱུང་བཅུ་གསུམ་པའི་ས་མོ་ཕག་(༡༧༧༩)གི་ལོའི་ཟླ་བདུན་པའི་ཡར་ངོའི་ཚེས་བརྒྱད་ཀྱི་ནམ་ཕྱེད་ཙམ་ཡོལ་བའི་དུས་སུ་བབས་པ་ན། གུར་གྱི་ནང་ཟླ་བ་ཤར་བ་ལྟ་བུའི་འོད་དཀར་པོས་ཐམས་ཅད་གསལ་བར་སྣང་བ་སོགས་ངོ་མཚར་བའི་ལྟས་དུ་མ་དང་བཅས་མཚན་དང་ལྡན་པའི་ཁྱེའུ་ལྟ་བས་ཆོག་མི་ཤེས་པ་ཞིག་ཡུམ་ལ་ཉེ་ཚོ་མེད་པར་སྐུ་འཁྲུངས། དེ་ནས་སྐན་འགྱུར་ནས་ཡོད་པ་ཟླ་བ་ཚང་བ་དང་མཉམ་དུ་ཕྱེ། སྐེར་དཔོན་སྤྱགས་པ་ཞིག་ཡོད་པ་དེས། རིགས་བརྒྱུད་ལ་འགོ་བའི་ལྷ་དང་སྲུང་མར་ལྷ་བསང་སྔོན་དུ་འགྲོ་བས་བཀྲ་ཤིས་ཀྱི་ཚོ་ག་ལེགས་པར་བསྟར་ཏེ། མཚན་ལ་ཏ་མགྲིན་སྐྱབས་ཞེས་གསོལ། ཆུང་དུའི་དུས་ནས་བྱིས་པ་ཕལ་པ་ལྟ་བུའི་གནས་ངན་ལེན་གྱི་སྐྱོན་མཐའ་དག་དང་བྲལ་ཞིང་རྩེད་མོའི་རྣམ་པ་མཛད་པའི་ཚེ་

ཡང་། འཁོར་ལོ་གསུམ་གྱི་བྱ་བའི་རྗེས་སུ་མཐུན་པའི་སྤྱོད་པ་འབབ་ཞིག་ལ་གཞོལ་པས། སུས་ཀྱང་མཐོང་པ་ཙམ་ནས་ཡིད་དད་པར་བྱེད་པ་ཞིག་བྱུང་། ཅུང་ཟད་སྐུ་ནར་སོན་པ་ན། སྔར་གྱི་མཚན་དེ་ནས་པོས་ན་ངུ་བ་སོགས་མི་མཉེས་པའི་རྣམ་པ་མཛད་ཅིང་། སོག་སྐད་ཀྱིས་དེ་ངའི་ལྷ་མ་རེད་ཅེས་གསུངས་ལ། ཚུལ་དེ་ནི་སྐུ་ཚེ་སྔོན་མ་རྣམས་སུ་ཡང་དགེ་ལྡན་རིང་ལུགས་སྤེལ་པའི་བསྟན་འཛིན་རིམ་བརྒྱུད་དུ་བྱོན་པར་མ་ཟད། སྐུ་འདིར་ཡང་རྗེ་བླ་མའི་བསྟན་པ་རིན་པོ་ཆེ་ཉམས་པ་མེད་པར་བསྐྱངས་ཤིང་ཕ་རྗེས་བུས་ཟིན་པའི་རྣམ་ཐར་བདག་གིར་བཞེས་པའི་དགོས་པ་ཅན་གྱི་གསུང་དུ་སྣང་། ནམ་ཞིག་ཚེ། འབྲུངས་ཡུལ་དེར་རོང་བོའི་ཤར་ནོ་མོན་ཧན་རིན་པོ་ཆེ་ཕེབས་སྐབས་ཤིག་ཏུ། ཡབ་ཡུམ་གཉིས་ཀྱིས་ཁོང་ལ་མཚན་ཞུས་པ་ན་འཇམ་དབྱངས་ཐུབ་བསྟན་ཉི་མ་ཞེས་གསོལ་པར་མཛད།

མཆོག་སྤྲུལ་ཉིད་དགུང་ལོ་ལྔར་སོན་པའི་ཆུ་ཡོས་(༡༧༤༣)ལོར། དུས་གསུམ་རྒྱལ་བའི་སྤྱི་གཟུགས་སྐྱབས་མཆོག་དཀོན་མཆོག་འཇིགས་མེད་དབང་པོ་གང་ཉིད་ཕྱང་ཆེན་པོའི་ཞུ་ཕྱིར་ཕེབས་རྒྱུའི་གཏམ་གསན་སྐབས། ཐུགས་དགའ་སྤྲོ་ཚད་མེད་པ་དང་བཅས་ཞལ་ནམ་མཇལ་ན་སྙམ་ནས་སྡོད་མི་ཚུགས་པ་བྱུང་ལ། སྐུ་ཞབས་ཆེན་མོ་ཕེབས་ཉིན་སྔ་མོ་ནས་བལྟས་ཀྱང་སྐུ་གཟུགས་ཆུང་བས་གསལ་པོར་མ་མཐོང་པས། མ་ཡུམ་ལ་ང་ཡར་བཏེགས་ནས་སྡོད་ཅེས་གསུངས་ཀྱང་ཡུན་རིང་མ་བཏེགས་པས། ཁོང་ཉིད་ལྷེ་བ་སྤུངས་ཡོད་པ་ཞིག་གི་སྟེང་དུ་ཕེབས་ནས་གཟིགས། སྐབས་ཤིག་ཆིབས་རོགས་མང་པོས་བསྐོར་ནས་ཕེབས་བར་རྒྱ་གླིང་འབུད་པ་གསན་པས་ཐུགས་བཟོད་གླགས་མེད་པར་སྤྱན་ཆབ་དབང་མེད་དུ་བསིལ་བ་བྱུང་། དེ་ནས་ཉིན་ཅིག་སྐུ་ཕྱོགས་སུ་མཇལ་བར་ཕེབས་པས་སྐྱབས་མགོན་མཆོག་ནས་སྐུ་པང་དུ་བླངས་ཏེ། ཁྱེད་སུ་བ་ཡིན་ཞེས་བཀའ་འདྲི་གནང་བྱུང་བར། སྒོ་བ་ཚང་ཡིན་ཞེས་ཞུས་པས། བཞད་

ཚུང་དང་སྤྲུགས་ཕྱག་གིས་བྱུགས་པ་མཛད་བཞིན་སྡེ་བ་ཚང་ཡིན་སྡེ་བ་ཚང་ཡིན་ཞེས་ཐུགས་མཉེས་མཉེས་མཛད།

ཀུན་མཁྱེན་མཆོག་གདན་སར་ཕྱིར་ཕེབས་རྗེས། དགའ་ལྡན་བཀྲ་ཤིས་འཁྱིལ་གྱི་སྨད་རྒྱུད་གྲྭ་ཚང་གི་བླ་མ་དང་དབུ་མཛད་སྨན་ལུང་བ་འཇམ་དབྱངས་གྲགས་པ་ངོ་གཡོག་ཆེད་དུ་དངོས་འཛིན་གྱི་སྐོར་འབུལ་དུ་བཏང་། སང་མཇལ་རྒྱུའི་དོ་ནུབ་རྗེ་ཉིད་ཀྱི་ལྷ་སྡེའི་གྲས་ཁད་པོ་ཐར་རེ་དང་གཉིས་མེ་ཤིང་སློང་ཁྱུལ་གྱིས་ཁྱིམ་དུ་སོང་ནས། རྗེ་ཉིད་ལ་ང་ངོ་ཨེ་ཤེས་ཞུས་པར། ཡོས་ཤེས་ཐར་རེ་རེད་མོ་གསུངས་པས་ཁད་པོ་དད་པ་སྐྱེས་ཏེ་མིག་ནས་མཆི་མ་འཁྲུགས་པ་བྱུང་། དེའི་ཕྱི་ཉིན་དངོས་འཛིན་རྣམས་ཕུལ་སྐབས། རྗེ་གོང་མའི་གསོལ་ཕོར་ཕྱག་ཏུ་བཞེས་ནས། འདི་ངའི་རེད་དེ་ངའི་ཕོར་བ་ལ་ལྟེ་བ་ཞིག་ཡོད་ཨང་ཞེས། སྔར་གྱི་གསོལ་ཕོར་ཞབས་ན་དངུལ་གྱི་ལྟེ་འབུར་ཞིག་ཡོད་པ་མི་འདུག་པས་སློན་གནས་རྗེས་དྲན་གྱི་གསུང་གདོང་ལྡིའི་ང་རོའི་དབྱངས་འཇིགས་པ་མེད་པར་བསྒྲགས་པས་ན་དེར་འཁོད་རྣམས་ཡིད་ཆེས་བརྟན་པོ་སྐྱེད། དེ་འཕྲལ་རྗེ་ཉིད་སྐུ་གོང་མའི་ཁྲི་ལ་འགོད་རྒྱུའི་ཐུགས་དགོངས་གཏད་ཀྱང་། སྐྱེ་བོ་ཡིད་མི་རྟོན་ཅིང་ཕྱོགས་སུ་ལྷུང་པ་དང་རྫོངས་པའི་ནང་ཆ་ཕྱིར་འདོན་པ་དུ་མས། ཡང་སྲིད་དངོས་ཡིན་མིན་གྱི་སྙིང་བརྗོད་མང་དུ་བྱུང་བར་བརྟེན། སྐྱབས་མགོན་མཆོག་ནས་ཀུན་མཁྱེན་གོང་མའི་གདུང་མདུན་ནས་དོགས་སེལ་གྱི་ཟན་བསྒྲུར། དེ་སྐབས་སྐྱབས་མགོན་མཆོག་གིས། ཀུན་མཁྱེན་བླ་མ་འཇམ་དབྱངས་བཞད་པའི་རྡོ་རྗེ། ཡིད་དམ་རྡོ་རྗེ་འཇིགས་བྱེད། མྱུར་མཛད་ཡེ་ཤེས་ཀྱི་མགོན་པོ་ཕྱག་དྲུག་པ། དམ་ཅན་ཆོས་ཀྱི་རྒྱལ་པོ་ཕྱི་ནང་གསང་གསུམ། གནས་ཚུང་བེ་ཧར་རྒྱལ་པོ་ལ་སོགས་པ་ཆོས་སྐྱོང་སྲུང་མའི་ཚོགས་དང་བཅས་པ་རྣམས་ཀྱིས་ཡེ་ཤེས་ཀྱི་སྤྱན་གྱིས་གཟིགས་ནས་བྱིས་པ་འདི་གསུམ་གྱི་ནང་ནས་སྡེ་ཁྲི་རིན་པོ་ཆེའི་ཡང་སྤྲུལ་འཁྲུལ་མེད་

གང་ཡིན་པ་དང་སེམས་ཅན་ལ་ཕན་ཐོགས་པ་གང་ཡིན་པ་དེའི་མིང་ཡིག་སྔོན་ལ་ཐོན་པར་མཛོད། མ་ནོར་བར་ད་ལྟ་སྔོན་ཅིག་ཅེས་ལྷུགས་རྩོམ་མཛད་དེ་ཚར་གསུམ་གསུང་བཅུག་ནས་མཚན་བྱང་ཕྱེ་བར། སྔ་མ་དང་མཐུན་པ་བྱུང་བས་ཁྱེད་ཚོ་ང་ལ་ཡིད་མི་ཆེས་ན་འཇམ་དབྱངས་བཞད་པ་ཚང་ལ་ཡིད་ཆེས་མོད་ཅེས་གསུང་ཉུས་པ་ཅན་ཡང་ཕེབས། དེ་ལྟར་གོང་ཞབས་ནས་སྔ་གོང་དུ་གསུངས་པ་དང་འདི་སྐབས་ཟན་བསྒྲུར་མཛད་པ་གཉིས་མཐུན་པར་བབས་པས། སོམ་ཉི་སྤྲུལ་གྱི་མདུད་པ་ལྟ་བུ་དེ་དག་རང་གྲོལ་དུ་གྱུར་ཏེ་ཡབ་སྲས་གཉིས་ལ་ཡིད་ཆེས་ཀྱི་ངེས་པ་བརྟན་པོ་རྙེད།

དེ་ནས་ཀུན་མཁྱེན་ཆེན་པོའི་བཀའ་ལུང་གིས། རྗེ་ཉིད་དགུང་གྲངས་དྲུག་པ་ཤིང་འབྲུག་(༡༧༤༨) ལོའི་ཟླ་བཞི་བའི་ཡར་ཚེས་དགེ་བར་བསུ་བསྐོད་ཕུན་སུམ་ཚོགས་པ་དང་བཅས་གདན་དྲངས་ནས་གསང་འཛིན་ལག་ན་རྡོ་རྗེའི་རྣམ་རོལ་དཔལ་ལྡན་གྲུབ་པའི་དབང་པོ་རྗེ་གོང་མ་རིམ་བྱོན་གྱི་ཞབས་སེན་ཉེ་བར་བཀོད་པའི་གདན་ཁྲི་མཆོག་ལ་མངའ་གསོལ། གཞི་བྱེས་མཐའ་དག་ནས། སྤྲུལ་པའི་སྐུའི་ཞལ་བཟང་མཐོང་དུ་གྱུར་པའི་ལེགས་སོའི་དཔའ་དར་ཕུལ་ཞིང་ཡུལ་ལུགས་དང་མཐུན་པའི་དགའ་སྟོན་རྒྱས་པར་མཛད། དེ་ནས་ཚོགས་ཆེན་གྱི་ཚོགས་དབུར་གདན་དྲངས་ནས་གོང་ཞབས་མཆོག་གི་གསུང་བཀོད་ལྟར་བླ་མ་དབུ་མཛད་འཇམ་དབྱངས་གྲགས་པས་མཆོག་སྤྲུལ་ཉིད་ཀྱི་སྐུ་བརྟེགས་ཏེ་བཞུགས་ཁྲིར་བཀོད། དགེ་འདུན་མང་ནས་མཇལ་ཁ་ཞུས་པས་ཚོགས་ལ་ཕེབས་རིམ་གྱིས་རྒྱུད་པའི་གྲྭ་བགྲེས་འཇམ་དབྱངས་དགའ་བ་ཟེར་བ་ཐ་མར་མཇལ། སྐྱབས་མགོན་ཀུན་མཁྱེན་མཆོག་ནས་མཇུག་ཏུ་སུ་མཇལ་བཀའ་འདྲི་གནང་བར། དེའི་གནས་ཚུལ་ཞུས་པས་ལེགས་པོ་འདུག་གསུངས་ནས་ཞིན་ཏུ་དགྱེས། ཚོགས་ཆེན་བཞུགས་གྲལ་སྐབས་ཨ་ཧུ་ཧོར་ཆེན་ནས་ཞབས་དྲུང་བླ་མ་ཞེས་པ་ཧོར་ཤ་དེ་ཀའི་སྤྱི་བླ་ཞིག་ཕེབས་ཡོད་པ་སྤྱིན་བདག་གི་གྲལ་མགོར

འདུག་རྒྱུའི་བཀོད་ཁྲབ་གོང་ཞབས་ནས་གནང་ལ། དེ་ནི་ཕྱིས་སུ་རྗེ་འདིའི་འཕྲིན་ལས་ཀྱི་གདུགས་དཀར་གཅིག་གིས་ཤར་ཕྱོགས་རྒྱ་མཚོའི་མཐའི་བར་ཁེབས་པར་གྱུར་པའི་ལུང་བསྟན་ཡིན་པ་གོར་མ་ཆག་པར་གསུངས།

དེ་ནས་རིང་པོ་མ་ལོན་པར་སྐུ་འཕྲེང་དྲུ་མའི་རིགས་ཀྱི་བདག་པོ་ཀུན་མཁྱེན་ཆེན་པོ་དཀོན་མཆོག་འཇིགས་མེད་དབང་པོའི་ཞལ་སྔ་ནས་ལས་རབ་ཏུ་བྱུང་སྟེ། ངུར་སྨྲིག་གི་གོས་ཀྱི་རྒྱལ་མཚན་ལེགས་པར་བཞེས་ཤིང་མཚན་སྔར་ལྟར་འཇམ་དབྱངས་ཐུབ་བསྟན་ཉི་མ་ཞེས་འདོགས་པར་མཛད། སྐབས་དེ་ནས་བཟུང་རྗེ་གོང་མའི་དུས་ལྟར་ཕྱོགས་ལས་རྣམ་པར་རྒྱལ་བའི་གཞུང་ས་ཆེན་པོའི་བླ་བྲང་ཐུབ་བསྟན་ཕོ་བྲང་དུ་རྒྱུན་བཞུགས་མཛད་དུ་བཅུག་པ་སོགས་གོང་ནས་སྤྱན་སྐྱོང་གང་ཆེ་གནང་། སྐུ་ཞབས་ཆེན་མོ་དབུས་གཙང་དུ་ཆིབས་ཀྱི་ཁ་ལོ་བསྒྱུར་ནས་གྲགས་པ་དོན་ལྡན་གྱི་ཐུགས་སྲས་དམ་པ་ཀུང་ཐང་རིན་པོ་ཆེ་དབུས་ན་བཞུགས་པ་དང་མཇལ་འཕྲད་མཛད་སྐབས། སྐུ་ཞབས་མཆོག་གི་ཞལ་ནས། རང་རེའི་ས་ཆའི་སྐད་སྙན་ཞིག་བཤད་རྒྱུ་ཡོད་པ་སྲེ་ཁྲི་རིན་པོ་ཆེའི་ཡང་སྤྲུལ་འཁྲུལ་མེད་ཅིག་ལག་ཏུ་ཚུད་ཡོད་ཅེས་གསུངས། ཕྱིས་སུ་རྗེ་འདི་བས་ཀྱང་དབུ་བླའི་ཁྲིད་ནས་སྐྱབས་མཆོག་ཀུན་མཁྱེན་རིན་པོ་ཆེ་ཉིད་འགྲན་གྱི་དོ་མེད་དུ་འཛིན་ཅིང་། ཐུགས་དང་ཐུན་མོང་མ་ཡིན་པ་ཞིག་ཡོད་པའི་དབང་གིས་མཚན་ཙམ་བརྗོད་པ་ན་ཡང་གཞན་དང་མི་འདྲ་བ་ཞིག་ཡོད་དེ། རྗེ་ཉིད་ཀྱི་བཀའ་རྩོམ་གསོལ་འདེབས་གསང་བ་རྒྱ་ཅན་དུའང་། གཙུག་ཕུད་བླང་ནས་བསྟན་པའི་སྒོ་རུ་བཅུག །དཀྱིལ་འཁོར་བརྒྱ་ཕྲག་ཞལ་ཕྱེ་དབང་བསྐུར་མཛད། །གཏན་གྱི་སྐྱབས་གནས་ཁྲབ་བདག་འགྲོ་བའི་མགོན། །དཀོན་མཆོག་འཇིགས་མེད་དབང་པོར་གསོལ་བ་འདེབས། །ཞེས་གསུངས་པའི་གསུང་གི་ནུས་པས་ཀྱང་གོ་བར་ཡོད་དོ། །སྐྱབས་མཆོག་ཀུན་མཁྱེན་རིན་པོ་ཆེའི་བཀའ་ལྟར་

འདུལ་འཛིན་ཆེན་པོ་དཔའ་རིས་འཇིགས་མེད་དམ་ཆོས་དགེ་རྒན་དུ་བསྟེན། ཁོང་གིས་ཀ་ཁ་རྐྱུས་པ་གསར་རྩོམ་བགྱིས་ཏེ་དེའི་སྟེང་ནས་ཐྲལ་སྦྱོར་གྱི་སློག་ཚུལ་དག་ཐོན་པ་བསླབས། ཉིད་ལ་ཆོས་མཐུན་གྱི་བསླབ་བྱ་དོ་དམ་གང་དྲག་མང་པོ་གནང་བས། རྗེ་ཉིད་ཀྱིས་ཀྱང་ངས་ཡི་གེ་ཤེས་པ་འདི་ཁོང་གི་བཀའ་དྲིན་ཡིན་ཞེས་ཐུགས་དང་ཆེན་པོ་གནང་། དེའི་ཚུལ་ཡང་གསོལ་འདེབས་གསང་བ་རྒྱ་ཅན་ལས་ཀྱང་། གཙུག་ལག་ཀུན་གྱི་ཕྱི་མོ་ཡི་གེ་དང་། །སྡོམ་གསུམ་གཞི་མ་བག་ཡོད་ལ་བཀོད་དེ། །དལ་བའི་རྟེན་ལ་དོན་མཆོག་སྒྲུབ་པའི་རྗེ། །འཇིགས་མེད་དམ་ཆོས་ཞབས་ལ་གསོལ་བ་འདེབས། ཞེས་གསུངས་འདུག་ལ། རྗེ་ཉིད་ཀྱིས་རང་གི་བཀའ་དྲིན་ཆེ་བའི་བླ་མ་དང་དགེ་བའི་གཤེས་གཉེན་ལ་དད་གུས་ཚུལ་བཞིན་བྱེད་པའི་ངང་ཚུལ་འདི་རང་རེའི་རྗེས་འཇུག་པ་རྣམས་ཀྱིས་ལེགས་པར་ཤེས་དགོས་པ་ཞིག་ཏུ་སྣང་ངོ་། །

དགུང་ལོ་བརྒྱད་པ་བཞེས་པའི་མེ་རྟ(༡༧༨༦)ལོར། སྐྱབས་མཆོག་ཀུན་མཁྱེན་རིན་པོ་ཆེ་དབུས་ནས་མར་ཕེབས་པ་དང་ལྷན་དུ་གུང་ཐང་འཇམ་པའི་དབྱངས་ཀྱང་ཕྱིན་པར། མཇལ་མ་ཐག་དད་གུས་ཚད་མེད་པ་འཁྲུངས་ཤིང་དེ་ནས་བཟུང་ཞབས་པད་ཚུལ་བཞིན་བསྟེན། ཕྱི་ལོ་མེ་ལུག(༡༧༨༧)ལ། ཀུན་མཁྱེན་རིན་པོ་ཆེ་ལས་འཇིགས་བྱེད་ལྷ་བཅུ་གསུམ་མའི་དཀྱིལ་འཁོར་དུ་དབང་བསྐུར་བ་ཐོག་མར་གསན་ཞིང་། གསང་མཚན་ལ་རིན་ཆེན་རྡོ་རྗེ་ཙ་བཏགས། དགུང་ལོ་བཅུ་བ་ས་སྤྲེལ(༡༧༨༨)ལོའི་ཟླ་བ་གཉིས་པའི་དམར་ཕྱོགས་རྒྱལ་བ་དང་པོ་ནས་བཟུང་། ཟླ་གཅིག་གི་རིང་ལ་སྐྱབས་མཆོག་རྡོ་རྗེ་འཆང་གི་ཞབས་དྲུང་ནས་མི་ཏྲ་བརྒྱ་རྩའི་དབང་ཆེན་མི་ཏྲ་རང་གི་ཐུན་མོང་མ་ཡིན་པའི་དཀྱིལ་འཁོར་དྲུག་ཅུ་རེ་དྲུག་གི་དབང་ཡོངས་སུ་རྫོགས་པ་གསན་ཏེ་གསང་ཆེན་ཆོས་ཀྱི་མངའ་བདག་ཆེན་པོར་གྱུར་ཏོ། །

རྗེ་ཉིད་དགུང་ལོ་བཅུ་གཅིག་བཞེས་པའི་ས་བྱ(༡༧༨༩) ལོར། དཔྱིད་ཆོས་ཆེན་

མོའི་ཡར་འཚོགས་ལ་དཔལ་ལྡན་བཀྲ་ཤིས་འཁྱིལ་གྱི་ལུང་རིགས་སྨྲ་བ་བྱེ་བའི་བསྟི་གནས་ཐོས་བསམ་གླིང་གི་ཆོས་གྲྭར་ཞུགས། དགའ་ལྡན་རབ་འབྱམས་པ་དང་རྐང་ཚའི་དཀའ་བཅུ་བ་གཉིས་རིམ་པར་དགེ་རྒན་དུ་བསྟེན་ནས་རིགས་ལམ་ལ་སྦྱངས། ལོ་འདིའི་ཟླ་བ་ལྔ་བ་ལྷག་པས་ཟླ་སྟོན་མའི་ནང་སྐྱབས་མཆོག་ཀུན་མཁྱེན་རིན་པོ་ཆེ་ལས། ཇོ་བོའི་ཆོས་ཆུང་བརྒྱ་རྩ། འདུལ་པ་སུམ་བརྒྱ་བ། འདུལ་པ་འོད་ལྡན། རྒྱལ་མཆོག་སྐལ་བཟང་རྒྱ་མཚོའི་བཀའ་རྩོམ་དུས་འཁོར་རྒྱས་པ། པཎ་ཆེན་གསུང་གི་དེའི་ཚ་ག་བསྡུས་པ། རྣམ་སྣང་མངོན་བྱང་གི་བདག་བསྐྱེད་སོགས་ཀྱི་ལུང་བཅས་གསན་པར་མཛད། དགུང་ལོ་བཅུ་གཉིས་པ་ལྕགས་ཁྱི་(༡༧༡༠)ལོའི་ལྔ་བའི་ཚེས་དྲུག་ནས་འདུ་ཁང་ཆེན་མོར། སྐྱབས་མགོན་ཀུན་མཁྱེན་མཆོག་གི་དྲུང་ནས་འཁྲིད་བ་ཀྲི་ཡ་སྦྲགས་པའི་དཀྱིལ་འཁོར་ཞི་ལྷའི་དབང་ཉིན་བརྒྱད་པའི་ལུགས་སུ་རྫོགས་པར་གསན་ཤིང་། མན་ངག་ལྷན་ཐབས་དང་། གཅོད་དབང་ནམ་མཁའ་སྒོ་འབྱེད་སོགས་ཀྱང་ཞིབ་རྒྱས་གསན་པས་ཕ་ནོར་བུ་ལ་འབོག་པའི་ཚུལ་ཇི་ལྟ་བར་གྱུར།

དགུང་ལོ་བཅུ་བཞི་ལོན་པ་ཆུ་འབྲི་(༡༧༡༢)ལོའི་མགོ་ཟླ་བའི་བཅོ་ལྔའི་ཉིན། རྗེ་ཀུང་ཐང་པ་དཀོན་མཆོག་བསྟན་པའི་སྒྲོན་མེ་དཔལ་བཟང་པོའི་ཞབས་པད་ནས་ཚོགས་སྡ་མ་དགེ་ཚུལ་གྱི་སྡོམ་པ་ཡང་དག་པ་གསོལ། ལྔ་དང་བཅས་པའི་འགྲོ་བ་མ་ལུས་པའི་ཡོན་གནས་དམ་པ་དྲི་མ་མེད་པའི་གསེར་གྱི་མཆོད་སྡོང་བཞིན་མངོན་པར་མཛེས་པར་གྱུར། དེ་ནས་བཟུང་ཉིན་རེ་བཞིན་བསླབ་བྱ་བསྒོ་བགྲངས། ཆོས་གྲྭ་འགྲིམ་བཞིན་པའི་སྐབས་འདིར་ཕྲུག་རྫས་ཤིན་ཏུ་སྲབ་པ་བྱུང་ཡང་། དཀའ་སྤྱད་དང་ལེན་གྱིས་མཛད་པ་རྨད་དུ་བྱུང་བས། དབུལ་བས་མ་མནར་དོན་གཉིས་རྩེར་སོན་གྱི་རྣམ་ཐར་མང་པོ་འདུག་གོ། །ཕྱི་ལོ་ནས་ཁྲི་རིན་པོ་ཆེ་ཀུང་ཐང་བ་ལས། ལམ་རིམ་ཆུང་ངུ། འགྲེལ་བ་དོན་གསལ་གྱི་སྙིང་ནས་མདོ་རྒྱན་སྦྱར་བའི་གཟབ་བཤད་

སོགས་སྨྱི་ཆོས་དང་། ཟུར་ཆོས་ཀྱང་འཇིགས་བྱེད་དཔའ་གཅིག་དང་། ལྷ་བཅུ་གསུམ་མ། བདེ་མཆོག་ལུ་ནག་དྲིལ་གསུམ་སོགས་ཀྱི་དབང་དང་། སྒྲུབ་ཐབས་རྒྱ་མཚོ། བ་རི་བརྒྱ་རྩ། སྣར་ཐང་བརྒྱ་རྩ། ས་སྐྱའི་གསེར་ཆོས། མགོན་པོ་བཀའ་བཅུ་གསུམ། རྣམ་སྲས་བཀའ་བཅོ་ལྔ་སོགས་ཀྱི་དབང་རྗེས་ལུང་གསུམ་མང་པོ། བདེ་ལམ་གྱི་ཁྲིད་གསན་ཏེ་ཟིན་བྲིས་ཀྱང་ཆད་དུ་བྱུང་བ་ཞིག་མཛད། ཁྱད་པར་རྗེ་འདི་ལས་ཟབ་མོ་དབུ་མའི་ལྟ་བ་རྙེད་པའི་ཚུལ་ནི། གསང་བ་རྒྱ་ཅན་ལས། སྡོམ་གསུམ་ལ་བགོད་སེམས་ཏ་དམུ་རྒོད་འདུལ། །སྣང་ཤེས་གདོན་ཚོགས་དམིགས་མེད་དབྱིངས་སུ་བསྒྲད། །མཐའ་བྲལ་ལྟ་བ་མཆོག་གི་མིག་སྒྲིན་མཁན། །དཀོན་མཆོག་བསྟན་པའི་སྒྲོན་མེར་གསོལ་བ་འདེབས། །ཞེས་གསུངས་པ་ལྟར་རོ། །རྟགས་རིགས་ཀྱི་ཚོགས་སླེང་གནང་སྐབས་རིགས་ལུང་རྗེ་ཚབ་ཆེ་བ་བཏང་བར་ཡོངས་ཀྱི་དགེ་བའི་བཤེས་གཉེན་ཆེན་པོ་ཁ་གྱ་དར་རྒྱས་སོགས་ཀྱིས་བསྔགས་བརྗོད་ཆེ་བར་མཛད།

དགུང་ལོ་བཅུ་དྲུག་བཞེས་པ་ཤིང་སྟག་(༡༧༩༤)ལོར་འཇོན་གྲྭ་གཞུང་གསར་དུ་ཕེབས། འཇོན་གྲྭ་གཏུག་སྐབས་དྲི་མ་མེད་པའི་རིགས་ལམ་གྱི་ཕྲེང་བ་གློག་ཞགས་དྲག་པོའི་གདེངས་ཀ་བཞིན་ཅེར་ཡང་འཁྱུ་བས། རྟོག་གེའི་ཡོན་ཏན་གྱིས་འཁྱིང་པའི་ཀན་པོ་དག་གི་ཁེངས་པའི་རི་བོ་མིང་གི་ལྷག་མར་བསྒྱལ། ཁྲི་ཆེན་དཔལ་རིས་པ་དཀོན་མཆོག་བདེ་ཆེན་ལས། ལམ་རིམ་ཆེན་མོའི་བཤད་ལུང་། གསང་བ་འདུས་པའི་དབང་། མགོན་ཆེན་བཅུ་གསུམ་གྱི་རྗེས་གནང་སོགས་གསན་ཞིང་། ལྷག་པར་བླ་མགོན་དབྱེར་མེད་ཀྱི་བྱིན་རླབས་ཟབ་མོའི་སྐོར་གྱི་བཀའ་བབས་པ་ཡིན་སྣང་སྟེ། གསང་བ་རྒྱ་ཅན་ལས། བླ་མ་ཡི་དམ་རང་སེམས་དབྱེར་མེད་དུ། །བྱིན་རླབས་འདི་ཕྱི་བར་དོའི་འཇིགས་ལས་བསྐྱལ། །མཆོག་ཐུན་དངོས་གྲུབ་བདེ་བླག་སྩྩོལ་མཁས་པ། །དཀོན་མཆོག་བདེ་ཆེན་ཞབས་ལ་གསོལ་བ་འདེབས། །ཞེས་སོ། །

དགུང་ལོ་ཉེ་ཤུ་བ་ས་ཧ་(༡༧༦༨) ལོའི་ཟླ་བཞི་བའི་ཚེས་བཅོ་ལྔའི་ཉིན་སློབ་དཔོན་ཟླ་བ་གྲགས་པའི་འབྲལ་སྤྱངས་ཐུབ་དབང་གི་སྐུ་བྱིན་རླབས་ཅན་གྱི་མདུན་དུ་འཛམ་མགོན་བླ་མ་དཀོན་མཆོག་བསྟན་པའི་སྒྲོན་མེ་དཔལ་བཟང་པོའི་ཞལ་སྔ་ནས་ལས། དད་པའི་དགེ་འདུན་གྲངས་ཚང་པའི་དབུས་སུ་བསྙེན་པར་རྫོགས་པ་དགེ་སློང་གི་སྡོམ་པའི་དངོས་པོ་ཡང་དག་པར་བཞེས་ཏེ་བསྟན་པ་མཐའ་དག་པའི་རྩ་བ་ལྷག་པ་ཚུལ་ཁྲིམས་ཀྱི་བསླབ་པ་རིན་པོ་ཆེ་ཡོངས་སུ་རྫོགས་པས་ཐུགས་རྒྱུད་ལེགས་པར་ཕྱུག་པས་མཉམ་མེད་ཐུབ་པའི་དབང་པོའི་ཆོས་ཀྱི་རྒྱལ་ཚབ་ཆེན་པོར་གྱུར། དེ་ནས་རི་ཁྲོད་འཛིན་པའི་གནས་བརྟན་ཞིག་གི་མདུན་ནས་ཡོ་བྱད་བྱིན་རླབས་གནང་བ་ནས་བཟུང་། རྣམ་བརྟག་དང་བྱིན་རླབས་སོགས་འདུལ་བ་ནས་གསུངས་པ་ལྟར་མཛད་ཅིང་། གུང་ཚིགས་ཆག་མེད་གནང་བ་སོགས་འདུལ་བའི་ལག་ལེན་ཕྲ་མོ་ཙམ་ཆད་ལྟོད་ཡངས་སུ་མ་སོང་བར་ཇི་ལྟ་བ་བཞིན་ཉམས་བཞེས་སུ་གནང་། དུས་རྒྱུན་པར་ཡང་བཞུགས་འདིང་བཏིང་ཞིང་སྐུའི་ཉེ་འཁོར་དུ་ལྷུང་བཟེད་འཁར་གསིལ་སོགས་འཛོག་པ་གནང་བས་མཐོང་བ་ཙམ་གྱིས་དད་པས་ཡིད་འདྲེན་པ་ཞིག་ཡོད་དེ། དེ་ནི་རྗེ་ཉིད་ཀྱི་སྐུ་ཚེ་སྟོན་མ་སློབ་དཔོན་ཡོན་ཏན་འོད་ཀྱི་རྣམ་པར་ཐར་བ་བདག་གིར་མཛད་པའི་འབྲས་རྟགས་སུ་ཐུའུ་བཀྭན་རིན་པོ་ཆེས་གསུངས། གསུང་བཤད་ཀྱི་སྐབས་རྣམས་སུའང་འདུལ་བ་ཐུགས་གཙིགས་ཆེ་བའི་ཚུལ་མང་དུ་འབྱུང་ཞིང་འདུལ་བ་མདོ་རྩ་བ་སོག་ཡུལ་ནས་ཐུགས་འཛིན་གནང་ལ། ཕྱིས་དགུང་ལོ་མཐོན་པོའི་སྐབས་སུ་ཡང་ཐུགས་ཐོག་ནས་ཤར་ཤར་ཐོན་པ་ཞིག་འདུག རྗེ་ཉིད་ནས་རང་གིས་རང་ལ་བཀགས་བཅད་ལྟ་བུར་ཉམས་ལེན་གྱི་སྡོམ་ཚིག་ཞིག་ཀྱང་མཛད་འདུག་པ་ནི། སྔ་དྲོ་ལངས་ལ་འཕེན་པ་བཏང་། །རྣལ་འབྱོར་གཅིག་གིས་གོས་ཚགས་བཅོས། །ཁྲུས་ཀྱི་རྣལ་འབྱོར་ཕྱག་འཚལ་ཏེ། །མི་རྟག་བྱམས་རྩེའི་སེམས་བསྐྱེད་བསྒོམ། །དེ་ནས་

བཟའ་བའི་རྣལ་འབྱོར་བྱ། །དེ་ནས་རིགས་དྲུག་སེམས་ཅན་དང་། །ལྷན་ཅིག་ཕྱག་མཆོད་གང་རྒྱས་དང་། །ཁ་འདོན་ཆོས་ཀྱི་སྦྱིན་པ་ཡིས། །ཉིན་གུང་བར་དུ་དགེ་ལ་འབད། །ཟས་ཀྱི་རྣལ་འབྱོར་ཆོས་སྟོན་བྱ། །ཇོ་བོའི་ལུགས་ཀྱི་ཚྭ་དགུ་གདབ། །བསྐོར་བ་གང་ནུས་བྱས་ནས་ནི། །གཏོང་ལེན་བསྒོམ་བཞིན་ངལ་གསོས་ལ། །སླར་ཡང་ཡན་ལག་བདུན་པ་དང་། །སེམས་བསྐྱེད་བཤགས་བསྡམ་བཟླས་བརྗོད་ཀྱིས། །འགྲོ་བ་ཀུན་དང་ཐུན་མོང་པའི། །དགེ་ལ་ཉལ་ཁའི་བར་དུ་འབད། །སང་གི་ཞོགས་ཀའི་དུས་ཀྱི་བར། །གལ་ཏེ་ཤི་བར་མ་གྱུར་ན། །དེ་རིང་བཞིན་དུ་འབད་སྙམ་དུ། །འཕེན་པས་དགོང་གི་ཐུན་ལ་ཉལ། །སྔ་བར་ལངས་ཏེ་སྔར་བཞིན་འབད། །དེས་ནི་དགེ་སྦྱོར་འཕེལ་བར་འགྱུར། །ཞེས་འབྱུང་བ་ལྟར། ཐུན་དྲུག་ཏུ་བསླབ་བྱ་བསྒོ་བགྲང་ཕྱག་སྦྱངས་མཎྜལ་བདག་འཇུག་སོགས་ལ་འབད་པ་ལྟར་བཞེས་ངོས་ཚོགས་ཆོས་འཁྲིམ་པའི་ཞར་ལ་ཁྲི་ཆེན་འཇམ་པའི་དབྱངས་ལས་མི་འཁྲུགས་པ་ལྷ་དགུ། ཚེ་དཔག་མེད། ཐིག་ལེ་བཅུ་དྲུག་རྣམས་ཀྱི་དབང་སོགས་གསན་ཞིང་། དབང་གང་ཐོབ་ཀྱི་བསྙེན་པ་ལས་རུང་ཁ་སྐོང་དང་བཅས་བསྒྲུབ་པར་མཛད་པ་སོགས་ཅི་གསུང་བཀའ་བཞིན་དུ་བསྒྲུབས་པས། འཇམ་མགོན་བླ་མ་ནས་ཀྱང་དགྱེས་པ་ཚད་མེད་པས་སྤྱན་གྱི་འབྲས་བུ་བཞིན་བསྐྱངས། སྐུ་ཆས་ཤིན་ཏུ་བཀྲིན་ཀྱང་དཀའ་སྤྱད་དང་སྙིང་རུས་ལྷུར་བཞེས། འཛིན་གྲྭ་དབུ་མར་སླེབས་སྐབས་ཐུགས་གཉེར་གྱི་ཆེད་དབུས་སུ་ཕེབས་བཞེད་ནར་མར་བྱུང་བས་གུང་ཐང་རིན་པོ་ཆེར་དགོངས་བསྟུན་ཞུས་པར། རི་བོ་རྩེ་ལྔར་སྐུ་མཚམས་ཤིག་མཛད་ན་སློབ་གཉེར་དེས་འཕྲུས། དེ་བས་སྨད་སོག་ཕྱོགས་སུ་ཕེབས་ནས་རྟེན་བཞེངས་རེ་མཛད་ན་ལེགས་ཚུལ་གསུངས། ཉིད་ནས་ཀྱང་འབྱུང་འགྱུར་གཟིགས་པའི་གསུང་ཟུར་ཙམ་ཉེ་གནས་འཇམ་དབྱངས་དཔལ་ལྡན་ལ་གནང་། ཀུན་གཟིགས་མཆོག་ནས་ཀྱང་གསང་བའི་གནད་དུ་མ་ལྷུག་སྟོལ་མཛད་དོ། །

དེ་ནས་བླ་མ་འཇམ་པའི་དབྱངས་ཀྱི་བཀའ་ལྟར། དུས་འཁོར་དཔོན་སློབ་ངག་དབང་དོན་གྲུབ་ལས། དུས་འཁོར་འདུ་ཁང་དུ་དཔལ་དུས་ཀྱི་འཁོར་ལོའི་སྐུ་གསུང་ཐུགས་ཡོངས་སུ་རྫོགས་པའི་དཀྱིལ་འཁོར་དུ། ཇི་ས་པ་ལྟར་འཇུག་པའི་དབང་བདུན། གོང་མ་གོང་ཆེན། རྡོ་རྗེ་སློབ་དཔོན་བདག་པོ་ཆེན་པོའི་དབང་དང་བཅས་གསན་པར་མཛད་ཚུལ་གསོལ་འདེབས་གསང་བ་རྒྱ་ཅན་ལས། མཆོག་གི་དང་པོའི་སངས་རྒྱས་དཀྱིལ་འཁོར་དུ། །བཅུག་ནས་དབང་མཆོག་རྫོགས་པར་ལེགས་བསྐུར་པ། །དཔག་ཡས་འབྲས་བུ་བདེ་བླག་སྟོལ་མཛད་པ། །ངག་དབང་དོན་ཀུན་གྲུབ་ལ་གསོལ་བ་འདེབས། །ཞེས་གསུངས་པ་ལྟར་ལ། དུས་དེ་ནས་བཟུང་རྗེ་ཉིད་དཔལ་དུས་ཀྱི་འཁོར་ལོ་ལ་བརྟེན་ནས་འཕྲིན་ལས་ལྷག་པར་རྒྱས་ཤིང་། སྔ་ཕྱིར་འདིའི་དབང་ཆེན་བརྒྱ་ཕྲེད་བརྒྱལ་བ་གནང་པས། དམ་པའི་འཕྲེང་རབས་དང་ལྡན་ཞིང་མཁས་གྲུབ་ཀྱི་ཡོན་ཏན་གྱིས་ཕྱུག་ཅིང་ལུང་དང་ལས་ཀས་མངོན་པར་མཐོ་བའི་ཆེ་དགུ་མང་པོའི་སྲིད་ཞིའི་གཙུག་རྒྱན་གཅིག་པུར་གྱུར། དཔལ་ལྡན་བཀྲ་ཤིས་འཁྱིལ་གྱི་དུས་འཁོར་གྲྭ་ཚང་དུ་ས་གར་མཆོད་གར་སོགས་རྒྱུད་ཀྱི་དགོངས་པའི་ཕྱག་བཞེས་འཁྲུལ་པ་མེད་པ་གསར་འཛུགས་གནང་བ་དང་། ས་ཕྱོགས་གཞན་དུའང་དུས་འཁོར་གྲྭ་ཚང་མང་པོ་ཞིག་གསར་འཛུགས་གནང་། བསྐྱེད་རིམ་གྱི་རྣམ་གཞག་སོགས་དུས་འཁོར་གྱི་སྐོར་ལ་སྔར་མ་བྱུང་བའི་ལེགས་བཤད་ཁྱད་དུ་འཕགས་པ་དུ་མ་གནང་བར་མཛད། རྗེ་ཉིད་ཀྱི་མཛད་པའི་མཇུག་ཀྱང་དུས་འཁོར་གྱིས་བསྡུ་བར་གནང་བ་སོགས་ཆོས་འདི་ལ་ལྷག་པར་བཀའ་བབས་ཤིང་འབྲེལ་ཆེ་བའི་ཚུལ་མང་པོ་ཞིག་ཡོད་དེ་རྒྱས་པར་གསང་གསུམ་རྒྱན་གྱི་རི་མོར་གསལ་ལོ། །

རྗེ་ཉིད་དགུང་ལོ་ཉེར་གཅིག་བཞེས་པ་ས་ལུག་(༡༧༩༩)ལོར་འཛིན་གྲྭ་དབུ་མ་ཉིང་པར་ཐེབས་ཤིང་། དུས་འཁོར་གྱི་བློས་བསླང་ཞིག་བཞེངས་པར་བཞེད་ཀྱང་

མ་ཡིག་མེད་པས། ཛོ་ནང་ཏྭ་ར་ན་ཐའི་བསྐྱེད་རིམ་ཆེན་མོ་ལ་ཞིབ་གཟིགས་གནང་ཞིང་། རང་ལུགས་དང་མི་མཐུན་པ་རྣམས་ཏེག་ཆེན་དང་བསྟུན་ནས་གསར་བཞེངས་མཛད། འདི་སྐུ་ཚེ་འདིའི་རྟེན་བཞེངས་ཀྱི་ཐོག་མ་ཡིན་པར་གསུངས། དེ་ནས་བཀྲ་ཤིས་དགེ་འཕེལ་གྱི་རྒྱབ་རི་རྡོ་རྗེ་བྲག་རྫོང་གི་ངོས་སུ་རྗེ་སྐལ་ལྡན་རྒྱ་མཚོའི་སྒྲུབ་ཕུག་དང་འབྲེལ་བར་སྒྲུབ་ཁང་ཤིན་ཏུ་དབེན་ཞིང་ཉམས་དགའ་བ་ཞིག་བཞེངས་པའི་ནང་དུ། གྲུབ་ཆེན་ཆོས་རྡོ་རྗེ། རྒྱལ་བ་དབེན་ས་པ། མཁས་གྲུབ་སངས་རྒྱས་ཡེ་ཤེས་ཏེ་དགེ་ལྡན་སྒྲུབ་བརྒྱུད་ཀྱི་བདག་པོ་རྣམ་གསུམ་གྱི་ལོགས་རིས་བཞེངས་ཤིང་ལོ་སྔ་ཕྱིར་དེར་ཡུན་རིང་བཞུགས་པར་མཛད།

རྗེ་ཉིད་དགུང་ལོ་ཉེར་གཉིས་པ་ལྕགས་སྤྲེལ་(༡༨༠༠)ལོར་འཛིན་གྲྭ་མཛོད་དུ་ཕེབས་ཤིང་། ལོ་འདི་དག་གི་སྔ་ཕྱི་རིམ་གྱིས་སྒོ་མང་མཁན་ཟུར་ཁྲི་བློ་བཟང་ཆོས་དར་བ་ལས་གྲུབ་རྒྱལ་ལུགས་ཀྱི་ཚེ་དབང་གསན་པས། སྐུ་ཚེ་མཐར་ཕྱིན་པའི་བྱིན་རླབས་ཀྱི་རྟེན་འབྲེལ་ངོ་མཚར་བ་ཞིག་བརྟེས་པ་ཡིན་སྣང་སྟེ། གསང་བ་རྒྱ་ཅན་ལས། གྲུབ་པའི་དབང་མོའི་ཐུགས་བཅུད་ལེགས་བསྐུལ་ནས། །མི་བཟད་འཆི་བདག་གཡུལ་ངོ་ཀུན་བཅོམ་སྟེ། །ཚེ་མཐར་ཕྱིན་པར་བདེན་པས་བྱིན་བརླབས་པ། །བློ་བཟང་ཆོས་དར་དཔལ་ལ་གསོལ་བ་འདེབས། །ཞེས་གསུངས་པ་དང་། རྗེ་རྒྱལ་བ་གཉིས་པའི་རྒྱལ་ཚབ་ཁྲི་ཆེན་འཇིགས་མེད་རིགས་པའི་སེང་གེ་ལས། རྗེ་གསུང་འབུམ། པཎ་ཆེན་བློ་བཟང་ཆོས་ཀྱི་རྒྱལ་མཚན་གྱི་གསུང་འབུམ། ལྕང་སྐྱའི་གསུང་འབུམ། ཀུན་མཁྱེན་འཇིགས་མེད་དབང་པོའི་གསུང་འབུམ། བཀའ་གདམས་གླེགས་བམ། འཇིགས་བྱེད་ར་པོད། དཔལ་པོད། ལྷ་མོའི་བེའུ་བུམ། ལྕམ་སྲིང་བེའུ་བུམ། སྨན་གྱི་རྒྱུད་བཞི། མན་ངག་བཀའ་རྒྱ་མ་རྣམས་ཀྱི་ལྷུགས་ལུང་། འགྲེལ་བ་བཞི་སྦྲགས་ཀྱི་བཤད་ལུང་། སྒྲུབ་ཐབས་རིན་འབྱུང་གི་ལྷ་ཚོགས་སུམ་བརྒྱའི་རྗེས་གནང་སོགས་གསན་

ཞིང་། ཁྲི་ཆེན་འདི་ཉིད་ལས། དཔོན་གཡོག་ཉི་ཤུ་སྐོར་གྱིས་གདུགས་དཀར་ལྷ་བཅུ་གསུམ་མའི་དབང་གསན་སྐབས་ཤིག་འཁྲུས་ཀྱི་སོ་ཤིང་རྗེ་འདི་ལ་འཕེན་བཅུག་པས། ཀྱིན་འགྲེང་དུ་བསྐྱད་པར། སྟེགས་བུ་བླ་མའི་ཕྱག་གིས་བཏེགས་ནས་ཁྱེད་ཐམས་ཅད་ཀྱིས་རིག་འཛིན་གྱི་དངོས་གྲུབ་ཐོབ་པ་འདི་རེད་ཅེས་གསུངས་ལ། ཚུལ་འདི་ནི་དཔལ་ཧེ་རུ་ཀ་ཡབ་ཡུམ་དང་དུས་ཀྱི་འཁོར་ལོའི་ལམ་བཟང་ལ་བརྟེན་ནས་མཁའ་སྤྱོད་རིག་པ་འཛིན་པའི་གོ་འཕང་བརྙེས་པར་བླ་མ་དང་ལྷག་པའི་ལྷས་ལུང་བསྟན་པ་ཡིན་པར་ཐུའུ་བཀྭན་རིན་པོ་ཆེས་གསུངས། ཁྲི་ཆེན་དེ་ཉིད་ཀྱི་ཐུགས་ཀྱི་སྲས་པོ་དམ་པར་གྱུར་པའི་ཚུལ་ཡང་། རྒྱ་ཅན་ལས། དབང་ལུང་མན་ངག་བདུད་རྩིའི་བགོ་སྐལ་གྱིས། །སྙིང་གི་བུ་ལྟར་མཆོག་ཏུ་གཅེས་པར་བསྐྱངས། །འཕྲུལ་དང་ཡུན་གྱི་ཕན་བདེའི་སྒོ་བརྒྱ་ཕྱེ། །འཇིགས་མེད་རིགས་པའི་སེང་གེར་གསོལ་བ་འདེབས། །ཞེས་གསུངས་པ་ལས་རྟོགས་ཐུབ་བོ། །རྒྱལ་མཁན་ཆེན་གྲགས་པ་རྒྱལ་མཚན་གྱི་མདུན་ནས། རྒྱལ་ཚབ་མཁས་གྲུབ་ཟུང་གི་གསུང་འབུམ་ལུང་རྒྱུན་གང་ཡོད། ལྕང་སྐྱ་རོལ་པའི་རྡོ་རྗེའི་གསུང་འབུམ་དང་། སྔར་འདུལ་བ་མདོ་རྩའི་བཤད་ལུང་ཁྲི་ཆེན་འཇམ་པའི་དབྱངས་ལས་གསན་ཀྱང་ཆོས་ཐུན་འགའ་རེ་ཆད་པའི་རྐྱེན་གྱིས་ཡང་བསྐྱར་གསན་པར་མཛད་པ་སོགས་ཀྱིས། རྒྱ་ཅན་ལས་ཀྱང་། འཇམ་དབྱངས་སྲས་ཀྱི་ཐུ་བོའི་ལེགས་བཤད་རྒྱུན། །མི་ནུབ་ཆེས་ཆེར་སྤེལ་བའི་སྙིང་སྟོབས་ཀྱིས། །བདག་རྒྱུད་ལེགས་པར་བརྩེ་བས་སྐྱོང་མཛད་པ། །གྲགས་པ་རྒྱལ་མཚན་ཞབས་ལ་གསོལ་བ་འདེབས། །ཞེས་གསུངས་སོ། སྐབས་འདི་དུས་སྐྱབས་མགོན་རྡོ་རྗེ་འཆང་སྐུ་འཕྲེང་གསུམ་པ་སྐུ་ན་ཕྲ་བའི་དུས་ཡིན་ཀྱང་། རྗེ་ཉིད་ཀྱིས་ནམ་མཇལ་གྱི་དུས་གོང་ནས་ཐུགས་ཏ་ཅང་དགྱེས་དགྱེས་གནང་བས་ཀུན་མཁྱེན་གོང་མའི་དུས་ལྟར་གསལ་པའི་རྣམ་ཐར་མང་པོ་ཞིག་རྗེ་འདི་ཉིད་ལ་རྩེད་མོའི་ཚུལ་དུ་གསུང་གནང་འདུག་གོ། །འདི་

སྐབས་ཞིག་ཏུ་སྐྱབས་མགོན་ཀུན་མཁྱེན་མཆོག་གི་བཀས། རྗེ་ཉིད་ཀྱིས་བླ་བྲང་ཆེན་མོར་ལྕགས་མཁར་སྒྲུབ་པའི་སློབ་དཔོན་མཛད་པས། བསྒྲལ་ཆོག་སྐབས་ཕྱོགས་ནས་འཚུབ་སྐོར་མང་པོ་འདུ་བ་དང་། སྒྲུབ་གྲྭ་བ་ཞིག་གི་རྨི་ལམ་དུའང་གྲྭ་ཚང་དབུ་མཛད་ཀྱི་གཟན་ཁུག་ཏུ་མང་པོ་ཞིག་ཁྱེར་འོང་ནས་རྗེ་འདིའི་སྐུ་མདུན་དུ་སྤུངས་པར་ནང་ཁྲོལ་ཀླངས་པ་ཐོ་ལེ་བར་འདུག་པ་རྨིས་ལ། དེ་ནི་དྲག་པོ་མངོན་སྤྱོད་ཀྱི་ལས་སྒྱུར་གནད་དུ་སོང་བའི་མཚན་མ་དམ་ཅན་ཆོས་ཀྱི་རྒྱལ་པོས་མངོན་སུམ་དུ་བསྟན་པ་ཡིན་འདུག་པས། ཆོས་སྐྱོང་བྲན་དུ་འཁོལ་བའི་རྣལ་འབྱོར་གྱི་དབང་ཕྱུག་ཆེན་པོའི་རྣམ་ཐར་དུ་སྣང་ལ། དེ་ལ་བརྟེན་ནས་ཡབ་རྗེ་བླ་མའི་སྐུ་དགྲ་གདུག་པ་ཅན་འགའ་ཞིག་སྐྱེ་འགྲོའི་སྲོག་གི་བདག་པོས་ཁྱུར་མིད་བྱས་འདུག་གོ། །

དགུང་ལོ་ཉེར་བཞི་བ་ཆུ་ཁྱི(༡༨༠༢)ལོར་འཛོན་གྲྭ་བཀའ་རམས་སུ་ཐེབས། རྗེ་རམས་པའི་མཚན་བཏགས་ཞུལ་ཀྱང་དམ་བཅའ་མ་བཞག་པའི་སྐབས་ཞིག་ཏུ་ཐུགས་མི་བདེ་བ་ལྷ་བུའི་སྙུན་གཞི་ངན་པ་ཞིག་བྱུང་བའི་རྐྱེན་གྱིས། ད་སྒྱུར་དུ་ཤི་ན་དགའ་བ་ལ་སྙམ་པའི་དགོངས་པ་ཡང་ཡང་ཤར་ཡང་ཕྱི་རོལ་ཏུ་གཏན་མི་མངོན་པར་མཛད་ནས་བཞུགས་ཡོད་སྐབས། ཉིན་ཅིག་བླ་མ་འཇམ་པའི་དབྱངས་ལ་མཇལ་དུ་ཐེབས་པར། ཚེ་དཔག་མེད་ཀྱི་སྐུ་རྒྱ་ནག་ལི་མ་ཐོན་ཤིན་ཏུ་ལེགས་པ་ཞིག་རྒྱུ་མཚན་མེད་པར་གནང་ནས། ཁྱོད་ལ་ད་ལྟ་སྐུ་འདྲ་མང་པོ་མི་འདུག་པས་འདི་ཁྱོད་ལ་སྟེར་དགོས་སྙམ་ནས་བཞག་པ་ཡིན། ད་ཁྱེར་ལ་གཟིམས་ཚུང་དུ་ཞོག་གསུངས། དེའི་ཉིན་ནས་ཐུགས་ཀྱི་འཆར་སྒོ་དེ་ཡང་འགགས་ཤིང་། ཐུགས་རླུང་ཡང་རང་དྭངས་ལ་སོང་བར་བཤད་ལ། དེ་ནི་རྗེ་ཉིད་སྐུ་ཚེ་མཐར་ཕྱིན་ཏེ་འཕྲིན་ལས་ཀྱིས་སའི་སྟེང་ཁྱབ་པར་འགྱུར་བའི་རྟེན་འབྲེལ་ཞིག་ཡིན་པར་ཐུའུ་བཀྭན་རིན་པོ་ཆེ་ནས་གསུངས་སོ། །

རྗེ་ཉིད་དགུང་ལོ་ཉེར་བདུན་བཞེས་པ་ཤིང་གླང(༡༨༠༥)ལོར། དཔལ་ལྡན་བཀྲ

ཤིས་འཁྱིལ་གྱི་དགོན་ལག་ཚ་གན་པེ་ཤིང་གི་ཁྲིར་གོང་ནས་བསྙོ་བཞག་མཛད་པས། དེར་ལོ་གཉིས་ཙམ་བཞུགས་ཏེ་ཆོས་སྲིད་གང་ཐད་ནས་བཀའ་དྲིན་ཆེ་བར་བསྐྱངས། སྐབས་ཤིག་སོག་ཡུལ་ནས་དད་ལྡན་གྲྭ་སློབ་སྦྱིན་བདག་འགས་སྨད་ཕྱོགས་སུ་གདན་འདྲེན་ཞུས་པར། སྟར་སོག་ཡུལ་དུ་ཕེབས་དགོས་རྒྱུ་ཞིག་གསུང་ཡོད་སྐབས་ཁོང་འཇམ་པའི་དབྱངས་ལ་ཞུས་པས། ད་ལམ་སོང་ཡང་དགོས་པ་མེད། སླད་ནས་ཕང་པླེ་ཡི་ཚོའི་བླ་མ་བྱས་ན་བཟང་མོད་གསུངས་པས་མ་བྱོན། དེ་ནས་མི་རིང་པར་ཨ་རུ་ཧོར་ཆེན་ནས་དཔོན་པླེ་ཡིའི་མི་སྣ་རྗེ་རམས་པ་བཟང་པོ་ངོ་གཡོག་འཁྱོར་ཏེ་གདན་དྲངས་ཀྱང་། རྗེན་དུ་མའི་དབང་གིས་ཕེབས་སྐབས་མ་འགྲིག་པར་མངོན་ནོ། །སྐབས་འདིར་སྨད་སོག་འགས་འཇམ་པའི་དབྱངས་ལ་དུས་འཁོར་གྱི་དབང་ཞུས་པར་ངས་བསླེན་པ་མ་སོང་། སྡེ་བ་ཚང་ལ་ཞུས་གསུངས་པ་ལྟར། རྗེ་ཉིད་ལ་གསོལ་བ་བཏབ་པས། དུས་འཁོར་འདུ་ཁང་དུ་ཐུགས་དཀྱིལ་གྱི་རྟུལ་ཚོན་ལ་བརྟེན་ནས་དཔལ་དུས་ཀྱི་འཁོར་ལོའི་དབང་ཆེན་གྱི་ཐོག་མ། ཤཱཀྱ་ལའི་རྒྱལ་པོ་རིགས་ལྡན་རྣམ་གནོན་གྱི་ཁྲི་ལོ་གྲུ་གཅིག་པ། རབ་བྱུང་བཅུ་བཞི་བའི་ཐོག་མའི་མེ་ཡོས(༡༨༠༧)ལོར་ལེགས་པར་བསྐྱལ་ཏོ། །

དེ་ནས་དགུང་ལོ་སུམ་ཅུ་བཞེས་པ་ས་འབྲུག(༡༨༠༨)ལོར་ཨ་རུ་ཧོར་ཆེན་ནས་དད་ལྡན་བསྟན་པའི་སྦྱིན་བདག་ཆེན་པོ་མིའི་དབང་ཕྱུག་དཔོན་པླེ་ཡི་ཡུམ་སྲས་ཀྱིས་ཨུ་ཚུགས་མཐར་སྐྱེལ་གྱིས་ཞུ་ཤོག་བསྐྱར་མ་ཕུལ་བར་བརྟེན་སྨད་དུ་ཕེབས་རྒྱུའི་གྲ་སྒྲིག་མཛད། འཇམ་མགོན་བླ་མ་ཁྲི་ཆེན་གུང་ཐང་རིན་པོ་ཆེ་ནས་འཕྲུལ་ཡུན་གྱི་བསླབ་བྱ་འགངས་ཆེ་བ་དང་ལུང་བསྟན་ཟུར་འཕྲིལ་དུ་གནང་བ་ཐམས་ཅད་ཕྱིས་ཐོག་ཏུ་མ་འཕེལ་པ་གཅིག་ཀྱང་མ་བྱུང་བས་ཡིད་ཆེས་དང་དད་གུས་ལྷག་པར་འཕེལ། ཡང་ཉིན་ཞིག་ཧོར་ཚང་རིན་པོ་ཆེར་མཇལ་དུ་ཕེབས་པར། ཁྱེད་ཀྱིས་ང་ལ་འཛིགས་

ཁྱེད་ཞལ་ཕྱག་ཡོངས་རྫོགས་ཀྱི་རྗེས་གནང་ཞིག་བསྐུར་དགོས་གསུངས། དེ་མི་ཉུང་ཞེས་པར། ཅིས་ཀྱང་དགོས་ཞེས་ནན་ཅན་མཛད་པས་ཁྲི་ཆེན་རང་ནས་མཆོད་གཡོག་གནང་སྟེ་ངས་ཕུལ་པ་ཡིན། དེ་ཕྱིན་ཞལ་མ་མཇལ་ཡང་ཕྱིས་སུ་སྤྲུལ་སྐུ་ཚང་ནས་ཁོང་ལས་བཀའ་ཆོས་གསན་པའི་ཐོག་མ་དེ་ཡིན་པའི་རྟེན་འབྲེལ་བསྒྲིགས་པ་ཡིན་འདུག་གསུངས། སྨད་ཕྱོགས་སུ་ཕེབས་རྒྱུར་རྗེ་ཉིད་ནས་སྐྱབས་མགོན་ཀུན་མཁྱེན་རིན་པོ་ཆེར་ཐོན་ཕྱག་དང་སྐྱབས་འཇུག་རྣམས་ཞུས་ཟིན་ཀྱང་། སང་ཕེབས་རྒྱུའི་དོ་ནུབ་སྐུ་མདུན་དུ་ཤོག་གསུངས་པས་དེ་མ་ཐག་ཕེབས་པར། སྐྱབས་མགོན་ཀུན་མཁྱེན་མཆོག་ནས་མཆོད་གཏོར་ཞིག་བཤམས་ཏེ་བཞུགས་འདུག་པ་ལ་མཇལ་བས། ངས་ཁྱེད་ལ་ཆོས་རྒྱལ་ཕྱི་ནང་གསང་གསུམ་གྱི་རྗེས་གནང་ཞིག་བསྐུར་གསུངས་ནས་ཁོང་གཅིག་པུ་ལ་བསྐུར་བར་མཛད། དེ་ནི་འཇམ་དབྱངས་སྤྲུལ་པའི་ཞིང་དུ་བསྟན་འགྲོའི་དོན་རླབས་པོ་ཆེ་འགྲུབ་པའི་འཕྲིན་ལས་འཇམ་དབྱངས་བཀའ་སྲོད་རྣམ་གསུམ་ལ་བླ་མ་འཇིགས་མཛད་ཇོ་རྗེས་ཆེད་དུ་གཏད་པ་ཡིན་པར་ཐུའུ་བཀྭན་རིན་པོ་ཆེ་ནས་གསུངས། དེ་ནས་སྤྱི་སྐོར་མཐའ་དག་ནས་ཆིབས་སྐྱོལ་དང་བཅས་ཞབས་ཀྱི་པདྨོ་དབང་ཕྱོགས་སུ་བཏེགས་པ་ན། ཨ་ཏུ་ཧོར་ཆེན་ནས་བླ་དཔོན་མི་ཆེན་སོགས་ཀྱིས་མཚོན་པའི་སྐྱ་སེར་གྱི་བསུ་བ་རིམ་པ་མང་པོ་བརྒྱུད་དེ། སྦྱིན་བདག་དམ་པ་མིའི་དབང་པོ་པླེ་ལི་དཔོན་གྱི་ཨུ་ཤིར་ཕྱག་ཕེབས་སོ། །

ལོ་འདིའི་དགུན་ཀུན་མཁྱེན་སྐུ་འཕྲེང་གསུམ་པ་མཆོག་དབུས་གཙང་དུ་ཐུགས་གཉེར་ལ་ཕེབས་རྒྱུའི་གཏམ་ངེས་ཅན་གསན་འཕྲལ་རྫོངས་འབུལ་གྱི་ཆེད་མི་སྣའི་གདོང་ལ་ཤེལ་སྤྱད་དང་། དངུལ་སྲང་ལྔ་བརྒྱ། གོས་ཡུག་མང་བཅས་ཕེབས་རྫོངས་ཚན་ཆེ་བ་ཕུལ་ཏེ། མི་སྣ་རྣམས་ས་སྤྲུལ་(༡༨༠༩)ལོར་སྐྱབས་མགོན་ཀུན་མཁྱེན་རིན་པོ་ཆེ་སང་འབྱོན་རྒྱུའི་སྔར་ཉིན་དེར་འབྱོར། དགུན་པེ་ཅིན་དུ་ཙན་དན་ཇོ་བོ་ལ་

མཇལ་བར་ཕེབས་ཤིང་། ཁྲི་ཆེན་ནམ་མཁའ་བཟང་པོའི་སྤྲུལ་སྐུ་ཟམ་ཚ་རྟ་ཐོག་ཐུ་འཇིགས་མེད་ནམ་མཁའ་དཔལ་བཟང་པོ་དང་མཇལ་འཕྲད་གནང་བས། ཁོང་གི་ཞལ་ནས། ད་ལོ་ངེད་རང་དགོན་དུ་སོང་སྐབས་སེང་གེ་ང་རོའི་ལྷ་ཁང་གསར་སྐྲུན་གྱི་ཐིག་འདེབས་རྒྱུའི་ཆེད། སྐྱབས་མགོན་མཆོག་སྤྲུལ་རིན་པོ་ཆེའི་སྐུ་མདུན་དུ་གུང་ཐང་རིན་པོ་ཆེ། རྟོར་ཚང་རིན་པོ་ཆེ། ངེད་ཐམས་ཅད་འཛོམས་ཐོག་ཏུ་ཁྱེད་ཀྱི་དབུས་ཇོངས་འབུལ་མཁན་གྱི་ཨེལ་ཆེ་སླེབས་བྱུང་བར། ཁོང་འཇམ་པའི་དབྱངས་ཀྱིས། རྟེན་འབྲེལ་བཟང་། སྡེ་བ་ཚང་གིས་ཀྱང་ལྷ་ཁང་འདི་འདྲ་ཞིག་བཞེངས་རྒྱུ་ཡིན་པ་འདྲ་ཞེས་སྐུ་རྩེད་ཀྱི་ཚུལ་དུ་གསུངས། ང་ཚོས་ཡང་དེ་བཞིན་དུ་གྱུར་ཅིག་ཅེས་མཐུན་འགྱུར་བྱས་པ་ཡིན་གསུངས་པ་སོགས་གསུང་གླེང་མང་དུ་འཕེལ། རྗེ་ཉིད་ཀྱི་ཞལ་ནས་ཀྱང་། དེ་སྐབས་རྟེན་བཞེངས་ཀྱི་རྩོལ་བ་བྱེད་འདུན་མེད་ཀྱང་། ཕྱིས་བསམ་བློ་བཏང་ཚེ་ཡབ་སྲས་ཀུན་ཞལ་མཐུན་པར་མགྲིན་གཅིག་གིས་ལུང་བསྟན་ཏེ་བྱིན་གྱིས་རླབས་པར་གདོན་མི་ཟ་ཞེས་གསུངས། དེར་ཁྲི་ཆེན་མཆོག་གི་མདུན་ནས་ཁྱབ་བདག་སྟག་ཕུ་བ་ཆེན་པོ་གར་དབང་ཆོས་ཀྱི་དབང་ཕྱུག་གི་དག་སྣང་བླ་མེད་ལུགས་ཀྱི་སེང་གདོང་ནགས་སྒྲོལ་གྱི་བྱིན་རླབས་ཀྱི་དབང་ཟབ་མོ་གསན། ཁྲི་ཆེན་འདི་ཉིད་རྣལ་འབྱོར་གྱི་དབང་ཕྱུག་ཆེན་པོ་ཞིག་ཡིན་འདུག་པས། ཁོང་ལ་བརྟེན་ནས་རྟོགས་པ་ཁྱད་པར་ཅན་བསྙེས་པ་དང་གསང་བའི་རྣམ་ཐར་མང་པོ་ཞིག་ཀྱང་གསུང་ཡོད་ཚོད་ཡིན་ཏེ། གསང་བ་རྒྱ་ཅན་ལས། ཡི་དམ་མཁའ་འགྲོའི་འཕྲིན་གྱིས་བྱིན་རླབས་བསྐུལ། །བསྟན་སྲུང་ཚོགས་ལ་བཀའ་བསྒོས་བར་ཆད་བསལ། །སྐྱེན་བརྒྱུད་བདུད་རྩིས་སྙིང་གི་ཚ་གདུང་བཅོམ། །འཇིགས་མེད་ནམ་མཁའ་དཔལ་ལ་གསོལ་བ་འདེབས། །ཞེས་གསུངས་འདུག་གོ། །

དགུང་གྲངས་སོ་གཉིས་བཞེས་པའི་ལྕགས་རྟ་(༡༨༡༠)ལོའི་དུས་སྐབས་ཤིག་ནས་

དགོས་པ་ཁྱད་པར་ཅན་ལ་གཟིགས་ནས་རྟེན་བཞེངས་ཤིག་གནང་རྒྱུའི་དགོངས་པ་ཐུགས་ལ་འཁྲུངས། ཡོངས་འཛིན་ཨ་ཀྱཱ་རིན་པོ་ཆེ་ལ་དབང་རྒྱུན་དཀོན་པ་འགའ་གསན་རྒྱུ་དང་ཆབས་ཅིག་ཆེད་གཉེར་གྱིས་ཏལ་ཏར་ཕྱོན། ཡོངས་འཛིན་མཆོག་ལས་རྫོར་དབྱིངས་དང་། འཇིགས་བྱེད་ཞི་དགུ་མ། རོ་ལངས་བརྒྱད་སྐོར་སོགས་གསན། རྗེ་བཙུན་དམ་པར་ཆོས་འབྲེལ་ཞིག་ཞུས་པར་ཅི་དགོས་གསུངས་པས། དགའ་ལྡན་ལྷ་བརྒྱ་མའི་ལུང་ཞིག་ཐུགས་རྗེས་གཟིགས་པར་ཞུ་ཞུས་པ་ལ། དེ་མི་ཐོན་དཔེ་ཆ་ཞིག་ཁྱེར་ཤོག་གསུངས། སངས་རྒྱས་ཆོས་ཚོགས་མ་གསུང་སྐབས་གསུང་འདར་ཞིང་དཔེ་ཆ་མཇུག་ནས་ཡར་དྲིལ་མགོ་ནས་མར་དྲིལ་ནས་ཏ་ཅང་ཐུགས་ཚབ་པའི་ཚུལ་མཛད་ནས། ཡི་གེ་ཅམ་ཡང་ཕེར་མི་ཕེར་ལྟ་བུ་གནང་། དེ་ནས་ཉིན་གཅིག་ཐང་ན་རས་གུར་ཆེན་པོ་ཕུབ་ཅིང་། མི་ཚོགས་ཏ་ཅང་ཆེ་བར་འདུག་པ་ལ། ཡོངས་འཛིན་ཨ་ཀྱཱ་ཚང་ནས་ཁྱེད་ཀྱིས་སྐུ་ཞབས་ལ་བཀའ་ཆོས་ཤིག་ཞུས་པ་ཨེ་ཡིན་གསུངས། དེ་མིན་ཞུས་པར། གོང་ནས་ཁྱེད་ལ་བཀའ་ཆོས་གནང་རྒྱུ་ཡིན་གསུང་གིན་འདུག་གསུངས། དེ་ནས་རྗེ་ཉིད་ལ་འབོད་མི་བཏང་ནས་ཕེབས་གསུངས་པ་ལྟར་ཕྱོན་པས། རས་གུར་ནང་དུ་རྗེ་ཉིད་ལ་གོས་འབོལ་སུམ་བརྩེགས་ཞིག་བཏིང་འདུག །རེ་ཞིག་ནས་སྐུ་ཞབས་མཆོག་དབུ་གདུགས་རྒྱ་གླིང་སོགས་དང་བཅས་ཕེབས་ནས་རྗེ་ཉིད་ལ་འབོལ་གདན་སྟེང་དེར་བཞུགས་གསུངས། ཁྲི་ཁར་ཕེབས་ནས་ཤེར་སྙིང་གི་དབུ་བསྐུལ་ཞིང་། དེ་ནས་ཏལ་ཏ་བ་རྣམས་བསྐོར་པའི་ཚུལ་གྱིས། ངས་ཁྱོད་ཚོ་ལ་བཀའ་ཆོས་གནང་རྒྱུ་རེད་ཨེ་བསམ། ཁྱེད་ཚོ་ལ་ཆོས་མི་དགོས་ཨང་། སྡེ་བ་ནོ་མོན་ཧན་འདི་བ་ཆོས་ཀྱི་ངོས་ནས་རྒྱལ་དབང་རིན་པོ་ཆེས་ནོ་མོན་ཧན་ཞེས་ཆོས་ཀྱི་རྒྱལ་པོའི་ཆོ་ལོ་གནང་བ་རེད། ང་རང་ཚོ་ལྟར་དངུལ་གྱིས་ཉོས་པའི་ནོ་མོན་ཧན་དེ་མ་རེད། ཀུན་མཁྱེན་འཇམ་དབྱངས་བཞད་པ་ཟེར་པ་དགེ་ལྡན་པའི་བསྟན་པའི་བདག་པོ་

རེད། འདི་བ་དེའི་ཐུགས་ཀྱི་སྲས་པོ་ཡིན་པས་འདི་བཏོན་པ་ཡིན་ཞེས་སོགས་ཚོགས་གཏམ་དྲག་པོ་གནང་སྟེ། འཇམ་དཔལ་མཚན་བརྗོད་ཀྱི་ལུང་དང་སྒྲུགས་ནས་བཤད་པ་ངོ་མཚར་བ་གནང་ཞིང་། དཔལ་ལྡན་རྒྱུ་སྐར་དཀྱིལ་འཁོར་ཅན། །ཕྱོགས་བཅུའི་ནམ་མཁའི་མཐས་གདུགས་པར། །ཆོས་ཀྱི་རྒྱལ་མཚན་ལེགས་པར་འཛུགས། །ཞེས་པའི་མཚམས་བརྒྱངས་བསྐྱུམས་དང་བཅས་ཉེ་གཞོན་འཆར་ཀ་མ་ཞིག་གསུངས་རྗེས། ཁྱེད་ཚོས་འདི་ཅི་ལ་བཏོན་ཨེ་བསམ། བླ་མ་འདི་དགེ་ལུགས་པའི་བསྟན་འཛིན་ཆེན་པོ་རེད། འདི་ཉིད་ཞབས་པད་བརྟན་པའི་ཕྱིར་བཏོན་པ་ཡིན་ཞེས་སོགས་གསུངས་ཏེ། འགྲོ་ན་གདུགས་གཅིག་ཡངས་པ་སྟེ། ཞེས་པ་མན་ཆད་ཕན་ཡོན་དང་བཅས་པ་ཤར་མར་གསུངས། མཇལ་འདོན་སྐབས་ཧར་གྱིས་བཞེངས་ནས་ཕེབས་སོང་། དེའི་རྗེས་བདེ་མཆོག་དྲིལ་བུ་ལྷ་ལྔའི་དབང་ཞིག་ཀྱང་འདི་བའི་མདུན་ནས་གསན་པས་རྟོགས་པ་ཁྱད་པར་ཅན་རྒྱུད་ལ་འཁྲུངས་སོ། །

དེ་ནས་ཨ་ཏུ་རྟོར་ཆེན་ཨོ་བོ་ཧེས་བླ་མ་བློ་བཟང་བསྟན་འཕེལ་ལས། ཀྱཻ་རྡོར་དང་། བདེ་མཆོག་འཁོར་ཆེན། བདེ་མཆོག་བོང་ཞལ་ཅན་གྱི་དབང་སོགས་དུ་མ་གསན། ཕྱི་མ་འདི་ལ་ཆོས་རྗེ་བཀའ་འགྱུར་བའི་དཀྱིལ་ཆོག་སྟེང་དུ་རྗེ་རང་ཉིད་ནས་སྦྲས་དོན་ཀུན་གསལ་དང་བསྡུར་ནས་མཆན་བུ་ཡང་འདེབས་པར་མཛད། དེའི་ཚུལ་ནི། རབ་འབྱམས་དཀྱིལ་འཁོར་རྒྱ་མཚོའི་ཞལ་ཕྱེ་སྟེ། །རྣམ་དག་དབང་བཞིས་དྲི་མ་ཀུན་སྦྱངས་ནས། །སྐུ་བཞིའི་ས་བོན་ཐེབས་མཛད་ཆོས་ཀྱི་རྗེ། །བློ་བཟང་བསྟན་འཕེལ་ཞབས་ལ་གསོལ་བ་འདེབས། ཞེས་གསུངས་འདུག་གོ། །

དགུང་ལོ་སོ་ལྔ་བཞེས་པའི་ཆུ་བྱ(༡༨༡༣)ལོར། རྗེ་ཉིད་ཐུ་མེད་པེའི་ཟེའི་དགོན་ཆེན་དུ་ཕེབས་སྐབས། དཔལ་ལྡན་བཀྲ་ཤིས་འཁྱིལ་དུ་འཇམ་དབྱངས་ཀུན་གཟིགས་ཀྱི་ལྷ་ཁང་རྟེན་དང་བརྟེན་པ་བཞེངས་རྒྱུའི་ཐུགས་བཞེད་ཀྱིས། ཐུ་མེད་ཀྱི་ལྟོ་ཐུང་

ཅང་ཟེར་པའི་བཟོ་གྲྭ་ལ་འཇམ་དབྱངས་ཀུན་གཟིགས་ཀྱི་སྐུ་བཞེངས་དགོས་པའི་བཀའ་གནང་ཞིང་། ལོ་མཇུག་ཙམ་དུ་གཉེར་པ་འཇམ་དབྱངས་མཁས་མཆོག་ལས་དཔོན་དུ་བསྐོས་ནས་ཕྱིར་རང་དགོན་བཀྲ་ཤིས་འཁྱིལ་ལ་བརྫངས། ཕྱི་ལོའི་དབྱར་དུས་སུ་སྐྱབས་མགོན་ཀུན་མཁྱེན་རིན་པོ་ཆེ་དང་། གསེར་ཁྲི་རྣམ་གཉིས་གཙོས་ལྷ་ཁང་གི་ཐིག་འདེབས་མཛད། མེ་བྱི(༡༨༡༦)ལོར་སངས་རྒྱས་སྟོང་སྐུ་དང་བཅས་པའི་རྟེན་ཐམས་ཅད་ལེགས་པར་གྲུབ་པས། གོང་མ་ཀྭ་ཆིན་གྱིས་ཐུགས་དགྱེས་པ་ཆེན་པོས་ཀུན་ཏུ་བཀྲ་ཤིས་གླིང་ཞེས་པའི་ཅི་པེན་གནང་བ་དང་། སྐུ་འདྲ་གདན་འདྲེན་གྱི་ཆ་རྐྱེན་གང་དགོས་བསྐྱུན། དེ་སྐབས་ཤིག་ཏུ་མེ་རིན་ཐོག་ཐོ་ཧོའི་ལྷ་ཁང་ཆུང་ངུ་ཞིག་ཡོད་པ་རྗེ་ཉིད་ནས་རྒྱ་བསྐྱེད་དེ་དུས་འཁོར་གྱི་གྲྭ་ཚང་དུ་བསྒྱུར། འཇམ་དབྱངས་ཀུན་གཟིགས་ཀྱི་སྐུ་བརྙན་ཧ་ཅང་ཆེ་བས་ཐེལ་པོ་སྟབས་གཅིག་ལ་མ་ཐུས་པར་ཐེབས་གཉིས་བྱས་ནས་གདན་འདྲེན་མཛད། མེ་གླང(༡༨༡༧)ལོར་དཔལ་ལྡན་བཀྲ་ཤིས་འཁྱིལ་ནས་དགེ་འདུན་པ་མང་པོས་བསུ་བ་སེར་སྦྲེང་དང་བཅས་བཀུར་སྟི་ཆེན་པོས་ལྷ་ཁང་གསར་པའི་ནང་དུ་སྤྱན་དྲངས་པས་རྟགས་མཚན་ཡ་མཚན་པའི་ལྟས་མང་པོ་བྱུང་། སྐྱབས་མགོན་མཆོག་སྤྲུལ་རིན་པོ་ཆེ་དང་། གུང་ཐང་འཇམ་པའི་དབྱངས་རྣམ་གཉིས་ཀྱིས་བཀྲ་ཤིས་པའི་ཤིས་བརྗོད་གནང་བར་མ་ཟད། ཁོང་འཇམ་པའི་དབྱངས་ནས་སྐལ་བཟང་རྣམ་འདྲེན་རྒྱལ་བའི་ཕོ་བྲང་ཞེས་པའི་མཚན་བསྩལ། སྐབས་འདི་དུས་ནས་རྗེ་ཁོང་ཉིད་ཀྱི་བླ་བྲང་གཟིམས་ཁང་སུམ་ཐོག་དང་བཅས་གསར་བཞེངས་མཛད་དོ། །

སྨད་ཕེབས་དང་པོའི་སྐབས་ཀྱི་མཛད་པ་ཞིབ་མོའི་ས་བོན་མེད་པས་ཐེར་ཆགས་སུ་མི་ཤེས་ཀྱང་། འདི་དག་གི་སྐབས་སྔ་རྗེས་སུ་དོ་ལོན་བུ་ལག་དགོན་གསར་འདེབས་དང་། ཧར་ཆིན་བེ་ལིའི་དགོན་པར་དུས་འཁོར་གྲྭ་ཚང་གསར་འཛུགས། དུས་འཁོར་

གྱི་དབང་དང་། སྒྲུབ་ཐབས་བརྒྱ་རྩ་སོགས་ཀྱི་རྗེས་གནང་། ལམ་རིམ་བློ་སྦྱོང་གི་ཁྲིད་སོགས་ཀྱིས་མཚོན་པའི་ཆོས་ཀྱི་འཁོར་ལོ་རྒྱ་ཆེར་བསྐོར། །འཇམ་དཔལ་གྱི་ཞིང་ཁམས་རི་བོ་རྩེ་ལྔར་གནས་མཇལ་དང་ཐུགས་དམ་མཛད་པས་ཉམས་རྟོགས་ཀྱི་སྣང་བརྙེས། ལྷུང་སྐུ་ཐམས་ཅད་མཁྱེན་པ་རྗེ་ཡེ་ཤེས་བསྟན་པའི་རྒྱལ་མཚན་དཔལ་བཟང་པོར་མཇལ་པ་ནས་བཟུང་དམ་ཆོས་འཛིན་པའི་སློན་ལམ་དང་། ཐུགས་བསྐྱེད་ལུ་གུ་འཁྱུད་པའི་ཕན་ཚུན་གྱི་འབྲེལ་པ་ཟམ་མ་ཆད་པའི་དབང་གིས་ཡབ་སྲས་གཉིས་ཤིན་ཏུ་ཐུགས་གཅུགས་པར་གྱུར། ལྷུང་སྐུ་མཆོག་གི་ཞལ་སྔ་ནས་ལས་སྣན་ལྷ་བདེ་གཤེགས་མཆེད་ཀྱི་དབང་གསན། ཕྱིས་སུ་སྐུ་ཞབས་མཆོག་ནས་ཀྱང་རྗེ་བླ་མ་འདི་ཉིད་ཀྱི་དྲུང་ནས་དཔལ་དུས་ཀྱི་འཁོར་ལོའི་དབང་སོགས་ཆོས་བཀའ་རྒྱ་ཆེར་གསན་པས་ཕན་ཚུན་བླ་སློབ་ཏུ་གྱུར་པ་སོགས་འཕྲིན་ལས་མཁའ་དང་མཉམ་པར་རྒྱས་སོ། །

དེ་ནས་དགུང་ལོ་ཞེ་བཞི་བ་ཆུ་རྟ(༡༨༢༢)ལོར། འཇམ་མགོན་བླ་མ་བགཏན་པའི་སྒྲོན་མའི་ཞལ་སྔ་ནས་ཀྱིས་རྗེ་ཉིད་ལ་ཡི་གེ་གནང་བའི་ནང་དུ། ང་ལ་ཐུག་འདོད་ན་སང་ཕོད་ཚུན་ལ་ཅིས་ཀྱང་ཡོང་དགོས་ཞེས་གསུངས་འདུག་པ་འཇོར་འཕྲལ། ཁོང་ཉིད་ཕྱིར་ཕེབས་ཀྱི་ཆིབས་བསྐྱོད་གནང་བར་གདན་ས་བཀྲ་ཤིས་འཁྱིལ་ནས་ཀྱང་བླ་མ་ཁྲི་གདན་ཟུར། ལས་སྡེ་ཆེ་ཆུང་། ནང་ཆེན་ཁག་རྣམས་ཀྱིས་ཕེབས་བསུ་རིམ་པར་ཞུས་ཤིང་། དགུན་ཟླ་ཐ་མའི་ཆོས་གཅིག་གི་ཉིན་གདན་སར་འཇོར་མ་ཐག་ཡབ་རྗེ་བླ་མ་འཇམ་པའི་དབྱངས་མཇལ་པས། ཁོང་ཡང་གཟིམས་ཁང་གི་སྒོར་ཕེབས་ཏེ་མཇལ་འཕྲད་གནང་ཞིང་། ཞལ་ནས་ད་ངོ་ཐུག་པས་སེམས་དགའ་བ་ཡིན་ཞེས་གསུངས་བྱོན་པའི་རྐྱེན་གྱིས། རྗེ་ཉིད་ཐུགས་སྐྱོ་བ་དང་དད་པས་རང་དབང་མེད་པར་སྤྱན་ཆབ་བྱུང་། དེ་ནས་སྐྱབས་མགོན་ཀུན་མཁྱེན་རིན་པོ་ཆེར་འཇོར་ཕྱག་ཞུས་སོ། །

དགུང་ལོ་ཞེ་ལྔ་བ་ཆུ་ལུག་(༡༨༢༣)ལོའི་ཟླ་བ་དང་པོའི་ཚེས་གསུམ་ནས་ཚེ་འཕྲུལ་སྨིན་ལམ་ཡོངས་རྫོགས་བཏང་སྟེ་གྲྭ་མང་སུམ་སྟོང་ཉེ་བར་དངུལ་སྲང་རེའི་འགྱེད། ཚེས་བརྒྱད་ཉིན་ཀུན་གཟིགས་སྐྱབས་མགོན་མཆོག་ཚོགས་དབུར་གདན་དྲངས་ཏེ་དངུལ་སྲང་སྟོང་ཕྲག་གཅིག་གིས་གཙོས་པའི་དངོས་འབུལ་གཏོས་ཆེ་བ་བཏེགས། འཇམ་དབྱངས་ཀུན་གཟིགས་གསེར་བཞུགས་ཀྱི་སངས་རྒྱས་སྟོང་སྐུའི་ལྷ་ཁང་རྟེན་བརྟེན་པ་གཟིམ་ཁང་དང་བཅས་པ་གསར་བཞེངས་གྲུབ་པས། ཀུན་གཟིགས་སྐྱབས་མགོན་ཡབ་སྲས་ཀྱིས་བཀྲ་ཤིས་སྙེ་མའི་སྒོ་ནས་རབ་གནས་སྨིན་རྒྱས་སུ་མཛད་དེ་བྱིན་རླབས་ཀྱི་གཏེར་དུ་རྫོགས་པའི་མཆོད་སྟོང་ཆེན་པོར་བསྒྲུབས། དཔྱིད་ཀར་འཇམ་དབྱངས་ཆོས་སྐོར་གྱི་རྗེས་གནང་དང་། ཕྱག་རྡོར་འཁོར་ཆེན་གྱི་དབང་གསུང་བཤད་རྒྱས་པ་བཅས་སྩལ། ཉིན་གཅིག་ཁྲི་ཆེན་འཇམ་པའི་དབྱངས་ནས་ཚེ་དཔག་མེད་ཀྱི་ཞལ་ཐང་གཅིག་དང་། ལམ་རིམ་ཆེན་མོའི་དཔེ་ཞིག་གནང་སྟེ་ལམ་རིམ་འདི་རྗེ་བླ་མའི་གསུང་གི་སྙིང་པོ་ཡིན་པས། འདིའི་སྒོ་ནས་བསྟན་པ་ལ་ཕན་གང་ཐོགས་ཀྱིས། ཚེ་དཔག་མེད་ཀྱི་འབུར་སྐུ་མང་པོ་ཁྱེད་ལ་ཡོད་ཀྱང་འདི་གཟི་བརྗིད་ཆེ་བས་ངས་ཁྱེད་ལ་ཕུལ་བ་ཡིན། བཀྲ་ཤིས་འཁྱིལ་འདི་མི་རེ་གཉིས་ཀྱིས་ཁུར་བཟུང་གིན་བཟུང་གིན་བསྟན་པ་སྤྱིའི་བྱ་བ་བསྒྲུབ་པ་ཞིག་རེད། དེ་ཐུགས་ལ་བཟུང་གསུངས་ལ། དེ་ནི་མ་ཧཱ་པའི་རྟེན་སྨམ་སྦྲིད་ལེན་ལྟ་བུ་མ་ཡིན་པར། འཁོར་ལོས་བསྒྱུར་བའི་རྒྱལ་སྲིད་རང་རིགས་ཀྱི་སྲས་དམ་པས་འཛིན་པ་བཞིན་རྗེ་རྒྱལ་བ་གཉིས་པའི་བསྟན་པ་ནང་ཐུགས་ཀྱི་སྲས་པོ་གཅིག་པུའི་ཕྱག་ཏུ་གཏད་པར་མཛད་པ་ཡིན་ནོ། །ཟླ་བ་ལྔ་བའི་ནང་སྐྱི་དགུའི་བསོད་ནམས་ཀྱི་མཐུ་ཉེ་བར་ཟད་པ་དང་རང་བསྟན་གྱི་གེགས་ཆགས་དུས་སུ་བདོ་བ་ལྟ་བུས། ཁྲི་ཆེན་འཇམ་པའི་དབྱངས་ཞེས་རང་རེའི་དགའ་ལྡན་བསྟན་པའི་ཉི་མ་ཆེན་པོ་དེ་ཉིད་དགའ་ལྡན་མཁའ་སྤྱོད་སོགས་དག་པའི་ཞིང་ཁམས་རྣམས་

སུ་གཤེགས་པའི་ཚུལ་བསྟན་སྐབས། རྗེ་ཉིད་ནས་སྐུ་གདུང་ཡིད་བཞིན་གྱི་ནོར་བུར་སྲི་ཞུ་གང་དགོས་ཁུར་དུ་བླང་ཞིང་གདུང་མདུན་དུ་རྒྱུན་བཞུགས་གནང་ཞིང་། རྗེ་བླ་མ་རང་ནས་སློབ་དཔོན་མཛད་དེ་ཞུགས་འབུལ་མདོ་རྒྱུད་ཀྱི་དགོངས་པ་དང་མཐུན་པར་མཛད་དོ། །

དགུང་གྲངས་ཞེ་དྲུག་པ་ཤིང་སྦྲེལ་(༡༧༢༥)ལོའི་ཟླ་གཉིས་པའི་བཅུ་གཅིག་གི་ཉིན། ཀུན་གཟིགས་སྐྱབས་མགོན་རིན་པོ་ཆེའི་བཀས་དཔལ་ལྡན་བཀྲ་ཤིས་འཁྱིལ་གྱི་འཆད་ཉན་གྱི་སྲོལ་ཀ་འཛིན་པའི་བྱེད་པོར་ཚོགས་ཆེན་གྱི་ཁྲིར་མངའ་གསོལ། ཆོས་ཐོག་ནམ་ཡིན་ལ་གུང་ཚོགས་ཀྱི་ཆོས་གྲྭ་ཆག་མེད་ཀྱིས་བསྒྲི་བཞག་ཤུག་ཤིན་རིང་བ་སོགས་རྩོད་གྲྭ་འཕེལ་བའི་ཐབས་སུ་གང་འགྱུར་མཛད། ས་དཀར་ཆོས་ཐོག་དང་ལྷ་མཆོད་ཀྱི་སྐབས་སྲིད་ཆོས་ལ་ཡང་ཆག་མེད་དུ་ཕེབས། དཔྱིད་ཆོས་གཉིས་པར་བསྒྲི་བཞག་གི་རྒྱུགས་བླངས་ཏེ་ཕར་ཕྱིན་སྔོན་མོ་མན་གྱི་མ་འཁྲིད་པ་རྣམས་ལ་བསྡུས་ཆུང་ཚུགས་པ་སོགས་རྟིང་བསྐྱལ་ཚ་དྲག་གནང་བས་སྔོན་ཆོས་ཀྱི་རྒྱུགས་ལ་སྐྱེད་ཐོན། འཛིན་གྲྭ་གཏུག་དུས། གླིང་བསྐྱེའི་དམ་བཅའ། རིགས་གྲྭའི་ཚོགས་གླེང་། སྔོན་དཔྱིད་ཀྱི་རྗེ་རམས་པའི་དམ་བཅའ། དགུན་ཆོས་ཀྱི་ཕར་ཕྱིན་སྔོན་མོའི་དམ་བཅའ། སྨོན་ལམ་རབ་འབྱམས་པའི་དམ་བཅའ་སོགས་གང་གི་སྐབས་སུ་ཡང་ཐལ་སྐད་གཏོང་ལུགས། འཕོར་གསུམ་སྐོར་ལུགས། ཐལ་མོ་རྡེབ་ལུགས། ཁྱབ་མཐའ་འགོད་ལུགས། རིགས་ལུང་གཏོང་ལུགས་ཐམས་ཅད་གྲྭ་ས་ཆེན་མོའི་མིག་ལྟོས་མ་ཉམས་པ་དགོས་ཚུལ་གྱི་ངོ་དམ་ཞིབ་ཏིག་མཛད་པ་རྐྱལ་ཕྱི་རྐྱལ་མཐའ་དག་གིས་ཁུར་དུ་བཞེས་པས་རིགས་ལུང་ཤིན་ཏུ་དམར་པ་བྱུང་། དབྱར་ཆོས་ཆེན་མོའི་སྟེང་བཅའ་ཡིག་དང་སྦྲགས་པའི་ཚོགས་གཏམ་ཞིབ་རྒྱས། དུས་རྒྱུན་གང་ཤེས་རང་རྒྱུད་ལ་སྦྱོར་བའི་ཐོས་བསམ་གནད་དུ་སྨིན་པ་དགོས་ཚུལ་གྱི་ཞལ་ཏ་དང་། འཕྲིག་འགལ་ཕྲ་རགས་ལ་དམིགས་ཕུག་

པའི་ཚོགས་གཏམ་མཛད་པ་སོགས་ཀྱིས་ཕན་ནུས་རླབས་ཆེན་པོ་ཐོན། དཔྱིད་ཆོས་ནས་ལམ་རིམ་ཆེན་མོ་དང་། གླིང་བསྲེའི་བཤད་པ། སྔོན་ལམ་གསུང་ཆོས་རྣམས་ལ་དཀའ་གནད་ཐང་མར་བརྡལ་བའི་གསུང་བཤད་མཁས་པའི་ཡིད་འཕྲོག་པ་བསྩལ་པས་བསྟགས་བརྗོད་ཀྱི་རོལ་མོ་མགྲིན་གཅིག་ཏུ་འཁྲོལ་ལོ། །དེ་ནས་ཕྱི་ལོའི་ཤིང་བྱ་(༡༤༢༥)ལ་སྨོན་ལམ་གསུང་ཆོས་ཕྱུག་སྲོལ་ལྟར་གནང་རྗེས། སྟར་ཁྲི་ཆེན་འཇིགས་མེད་ནམ་མཁའ་དཔལ་བཟང་པོའི་ལུང་བསྟན་ཡོད་པ་བཞིན་དཔྱིད་འདིར་ཁྲི་ཁུར་ཛོགས་པར་མཛད། འདི་སྐབས་ལོ་སྟོ་མར་ཉིད་ཀྱི་སྐུ་གོང་མའི་སྐུ་མཆེད་ཡུ་ངོགས་མཁན་ཆེན་དོན་ཡོད་རྒྱ་མཚོ་ཞི་བར་གཤེགས་པས་ཆེད་གཉེར་གྱིས་རོང་བོར་ཐེབས་ཤིང་གང་ཅིའི་ལས་དོན་མཐའ་དག་ལ་ཐུགས་ཁུར་ཆེར་བཞེས་གནང་། དེ་ཕྱིས་ཙམ་དུ་དཔའ་རིས་གོར་རྩ་དཔོན་སློབ་དང་། ཨ་སྐྱིད་རི་ཁྲོད་པ་དཀོན་མཆོག་དར་རྒྱས་གཉིས་ཀྱིས་གསོལ་བ་ནན་ཆེན་པོ་བཏབ་པ་ལྟར། བསྐལ་བཟང་ལྷ་ཁང་དུ་ནག་ཟླ་དང་བསྟུན་ནས་དུས་འཁོར་དབང་མོ་ཆེ་གནང་བར་མཁས་གྲུབ་ཆེན་པོ་རྗེ་དབལ་མང་རིན་པོ་ཆེ་ཡང་དབང་གྲལ་དུ་ཐེབས། སྐབས་དེར་ད་དུང་འགྲེལ་ཆེན་དྲི་མེད་འོད་ཀྱི་བཤད་ལུང་དང་། འཇིགས་བྱེད་ཞི་དགུ་མ། རོ་ལང་བརྒྱད་སྐོར། བདེ་མཆོག་བོང་ཞལ་སོགས་ཆེས་དཀོན་པའི་དབང་ལུང་དུ་མའི་སྒྲོག་གི་ཆད་མཐུད་མཛད་དོ། །

རྗེ་བླ་མ་དགུང་ལོ་ཞེ་བརྒྱད་བཞེས་པའི་མེ་ཁྱི་(༡༤༢༨)ལོར་སྦྱིན་བདག་རྣམས་ཀྱིས་ཉེ་བར་བསྐུལ་བས་མཚམས་སྦྲར་ཏེ། སླར་ཡང་ཐེངས་གཉིས་པར་ཆེན་པོ་ཧོར་གྱི་ཡུལ་གྲུར་ཆིབས་ཀྱི་ཁ་ལོ་མངོན་པར་བསྒྱུར། སྟོན་འགྲོ་མགོན་ཆོས་རྒྱལ་འཕགས་པས་སོག་ཡུལ་དུ་ཧོར་གྱི་རྒྱལ་པོ་སེ་ཆེན་ཏན་ལ་ཀྱཱི་རྡོར་གྱི་དབང་ཆེན་བསྐུར་བ་སོགས་ས་སྐྱའི་ཆོས་དར་བར་བྱས་ཤིང་སངས་རྒྱས་ཀྱི་བསྟན་པ་ཉིན་མོ་ལྟར་གསལ་བར་མཛད་པའི་རྗེན་འབྲེལ་ལ་དགོངས་ནས་རིགས་ལྡན་སྟོབས་པོ་ཆེ་ཁྲི་ལོ་དང་

པོ་མེ་ཕག་ལོར། ཨ་ཏུ་ཧོར་ཆེན་པླེ་ལིའི་དགོན་དུ་དཔལ་གྱི་རྡོ་རྗེའི་གྲྭ་ཚང་གསར་འཛུགས་དང་། དེའི་དབང་ཆེན་གནང་སྟེ་གསང་ཆེན་ཆོས་ཀྱི་ཕོ་བྲང་ཆེན་པོར་བདེ་བླག་ཏུ་འཇུག་པའི་ཐེམ་སྐས་བརྟན་པོ་བཙུགས། མཁས་གྲུབ་རྗེའི་དཀྱིལ་ཆོག་ཡོངས་རྫོགས་སོག་སྐད་དུ་བསྒྱུར་ཏེ་ས་སྐྱའི་དུས་ལྟར་ཧོར་གྱིས་རང་སྐད་དུ་འདོན་རྒྱུའི་སྲོལ་འཛུགས་པར་བྱས། ཕྱི་ལོར་(༡༨༢༧)བཅའ་ཡིག་གནང་བ་སོགས་ཀྱིས་མཚོན་ཧོ་ཤོ་འདི་ཀར་རྗེ་བླ་མའི་འཕྲིན་ལས་ཀྱི་སྒོ་འཕར་ཐོག་མར་ཕྱེ་བས། ཁོང་ཉིད་ནས་ཀྱང་སྟ་ཕྱི་ཀུན་ཏུ་བཀའ་དྲིན་བསམ་གྱིས་མི་ཁྱབ་པས་སྐྱོང་བར་མཛད་དོ། །ལོ་སྟ་མ་ཞིག་ཏུ་ཨ་ཙ་ར་ཞིག་འོང་པ་ལ་ཨར་སྐད་ཀྱིས་གསུང་གླེང་རྒྱུན་པར་གནང་བས། ཨ་ཙ་ར་དེ་རྗེ་ཉིད་ཀྱིས་རྒྱ་གར་གྱི་ཡུལ་སྐད་གཞན་ལས་མ་བསླབ་པར་རང་བཞིན་གྱིས་མཁྱེན་པ་ལར་ཡ་མཚན་ཆེན་པོ་སྐྱེས། རྗེ་བླ་མ་ཁོང་ཉིད་ཀྱི་ཞལ་ནས་ཀྱང་ཨ་ཙ་ར་ལས་འཕགས་ཡུལ་གྱི་ལུགས་སྲོལ་མང་དུ་གསན་པས་འདུལ་བ་ལ་ཕན་ཐོགས་ཆེན་པོ་བྱུང་ཞེས་གསུངས། སྟར་སླད་དུ་ཕེབས་སྐབས་གདན་ས་ནས་ལམ་རིམ་ཆུང་ངུའི་བཤད་ལུང་ཞིག་གནང་བའི་མཇུག་ཏུ། རྗེ་དཔལ་མང་རིན་པོ་ཆེ་གཙོས་པའི་དཔོན་སློབ་ཚང་མས་ལོ་རྗེས་མར་མ་ཕེབས་ན་ཚང་མ་ཐུགས་ནས་དོར་བ་ཡིན་ཞེས་ནན་ཆེར་ཞུས་པའི་ངོར་ལོ་འདིར་ཕྱིར་གདན་སར་ཕྱག་བབས་སོ། །

དགུང་ལོ་ང་གཅིག་བཞེས་པའི་ས་གླང་(༡༨༢༩)ལོར། སྐྱབས་མགོན་ཐམས་ཅད་མཁྱེན་པའི་བཀའ་ལྟར་ས་སྐྱོང་ཕང་བཀྲ་ཤིས་འབྱུང་གནས་ཀྱི་དབུ་བླར་བཞུགས། ལོ་འདིའི་ཟླ་བཅུ་བའི་ནང་རྗེ་གུང་ཐང་རིན་པོ་ཆེའི་སྤྲུལ་སྐུ་གདན་སར་བཀོད་པའི་ཚིབས་བསུར་ཁྲུང་རྩེ་ཐང་དུ་ཕེབས། དངུལ་སྲང་ལྔ་བརྒྱ་སོགས་ཀྱིས་མཚོན་པའི་ཁྲི་འབུལ་གཟབ་ཅིང་སྤྱམ་མཐོ་བ་བརྟེགས། གདན་ཁྲིར་བཀོད་པའི་ཉིན་དེའི་ཞུབ་སོར། རྗེ་ཉིད་ཀྱི་མཚན་ལམ་དུ་འདུ་ཁང་ཆེན་མོའི་ཚོགས་ཆེན་ཁྲི་བའི་ཁྲི་མདུན་དུ་

ཆོས་རྒྱལ་ནང་སྒྲུབ་དང་། གཡས་གཡོན་གྱི་གྲལ་མཐར་འཁོར་བཞི་པོ་བཅས་གཟིམ་འཐུག་པོར་ཡོག་ནས་རྗེ་རང་གིས་བོས་ཀྱང་མི་སད་པ་ཞིག་རྨིས། དེ་ནི་ཐུའུ་བཀྭན་རིན་པོ་ཆེས་ཕྱིས་འབྱུང་གི་བརྡ་ཡིན་པར་གསུངས་སོ། །

ཕྱི་ལོ་ལྕགས་སྟག（༡༨༣༠）གི་དབྱར་མདའ་ཚན་མདའ་བཙུ་གཅིག་དང་ཐུ་མེད་ཐོར་གོད་སོགས་སུ་དད་ལྡན་རྣམས་ཀྱི་རེ་མོས་བཞིན་ཕེབས་བཞུགས་གནང་།དེ་སྐབས་ཤིག་ཏུ་བོད་པ་བུ་ལག་ཟེར་བར་བཞུགས་སྐབས། རྗེ་ཉིད་ཀྱི་ཞལ་ནས་འདི་ཀར་བསྡད་ན་ངའི་སེམས་སྐྱོ་བ་ཞིག་འདུག་གསུངས། དེའི་རྒྱུ་མཚན་ཞུས་པར། འཇམ་དབྱངས་བཞད་རྒན་ཚང་དང་ངེད་ཚོ་འདིར་བསྡད་པ་དྲན་གསུངས། སྒྲོལ་མའི་སྐུ་འབུམ་ཞིག་ཡོལ་རྒན་ཉིན་ལ་འཛོག་རྒྱུའི་བཀོད་པ་གནང་ནས་སྐུ་པར་གྱིན་ཡོད་སྐབས། ཁ་ཆར་མང་དུ་བབས་ནས་སྐུ་མང་པོ་ཞིག་པས་ཞལ་ནས། རྨ་ཆེན་གཉན་ཆེན་གཉིས་ལ་བསང་ཐོངས། ངེད་ཚོ་ལ་གྲོགས་བྱས་པ་རེད་དེ་གནོད་བྱས་པ་ལྟར་འདུག་གསུངས་པ་བཞིན་བསང་བཏང་པས་ཆར་ཆད། དེ་ལྟར་ཟླ་བཅུ་བའི་ཚེས་གཅིག་ལ་སྐུ་འབུམ་ལེགས་གྲུབ་ཀྱི་རབ་གནས་གཟབ་རྒྱས་གནང་བ་སོགས་གཞན་ཕན་གྱི་བྱ་བ་ལས་ཀྱི་འཁོར་ལས་དུས་འདའ་བར་མཛད་དོ། །

རྗེ་བླ་མ་དགུང་གྲངས་ང་བཞི་བཞེས་པའི་ཆུ་འབྲུག（༡༨༣༢）ལོར། སྐྱབས་མགོན་རྡོ་རྗེ་འཆང་ནས་ཚོགས་མང་ལ་རྫོར་འཕྲེང་གི་དབང་ཆེན་བཀའ་དྲིན་བསྐྱངས་པས་ཁོང་ཉིད་ཀྱང་ཆེད་ཕེབས་ཀྱིས་གསན་པར་མཛད། དེ་སྐབས་རྗེ་ཉིད་ལ་སྐྱབས་མགོན་མཆོག་ནི་ཡབ་གཅིག་གོང་མ་དང་ཁྱད་པར་ཅུང་ཟད་ཙམ་ཡང་མེད་པར་ངེས་པ་ཐུན་མོང་མ་ཡིན་པ་རྙེད་པའི་ཚུལ་ནི། གསང་བ་རྒྱ་ཅན་ལས། གཞན་སེམས་ཤེས་པའི་དཔལ་གྱིས་ཁེངས་པ་བཙོམ། །སྔོན་གནས་རྗེས་དྲན་གསུང་གིས་དབུགས་དབྱུང་མཛད། །སླར་ཡང་དཀྱིལ་འཁོར་མཆོག་ཏུ་སྨིན་མཛད་པ། །བློ་བཟང་འཛིགས་མེད་

རྒྱ་མཚོར་གསོལ་བ་འདེབས། །ཞེས་གསུངས་ལ། དེ་དག་གི་སྐབས་སུ་སྔ་ཕྱིར་མཚན་ལམ་ཡ་མཚན་པ་འགའ་བྱུང་བ་ཕྱོགས་གཅིག་ཏུ་བསྒྲིགས་ཏེ་ཐོ་ཆུང་ཞིག་ཀྱང་མཛད་དོ། །དུས་དེར་གྲོ་པཎྜི་ཏས་སྔ་མའི་དབང་གི་རྗེས་མ་ཟིན་པས། རྗེ་ཉིད་ལ་གསོལ་བ་བཏབ་བཞིན་རྡོར་ཕྲེང་གི་དབང་དང་། རྡོར་དབྱིངས་ཀྱི་བསྙེན་པ་ཁ་སྐོང་དང་བཅས་པ་དང་། དེའི་ཟུར་བཀའི་དབང་བཅས་ཞིབ་རྒྱས་སྩལ་པར་དགའ་ལྡན་ཁྲི་སྤྲུལ་རྣམ་གཉིས་དང་དཔལ་མང་རིན་པོ་ཆེ་སོགས་བླ་སྤྲུལ་ཆེ་མཐོ་མང་པོ་ཐེབས། རྗེ་དཔལ་མང་བའི་ཞལ་ནས། སྐུ་ཕྱོགས་ནས་བརྒྱུད་པའི་རྡོར་དབྱིངས་ཞིག་དགོན་འདི་ལ་ཡོད་རྒྱུ་མ་རེད་སྙམ་ཡང་། ད་སེམས་སྙིང་གི་འཛོར་མ་བླང་པ་ཡིན་ཞུས་པར། རྗེ་བླ་མ་ཉིད་ནས། དེ་རིང་ཆོས་ཉན་པ་ཡང་མང་པོ་འདུག ངས་ཀྱང་སྐུ་ཕྱོགས་དེའི་ཐུགས་དགོངས་རྫོགས་ཡོད་སོད་སྙམ་ནས་སེམས་ཤིན་ཏུ་དགའ་བར་འདུག་གསུངས། དེ་དང་འབྲེལ་བར་རྣམ་སྣང་མངོན་བྱང་གི་དབང་ཡང་ཤིན་ཏུ་དཀོན་པས་བཀའ་དྲིན་དུ་སྩོལ་པར་མཛད། ཐུགས་བསྐྱེད་ཚུལ་དང་བཀའ་བབ་ཚུལ་ཞིག་གིས་དབང་རྒྱུན་དཀོན་པ་ཕལ་ཆེར་རྗེ་བླ་མ་མཆོག་དང་། ཟབ་ཁྲིད་ཤིན་ཏུ་དཀོན་པའི་རིགས་དཔལ་མང་རིན་པོ་ཆེ་གཉིས་ནས་ཐུགས་རྩོལ་ཆེན་པོས་གསན་པར་མཛད་དེ་སྤེལ་པ་ཡིན་འདུག་པས། ཁོང་ཡབ་སྲས་ཀྱི་བཀའ་དྲིན་རང་རེས་འཁོར་པ་ཇི་སྲིད་དུ་གཞལ་པར་ག་ལ་ནུས། དེ་ནས་དགུན་དུས་སུ་ལྕང་སྐྱ་ཐམས་ཅད་མཁྱེན་པའི་གསུང་འབུམ་གྱི་ལུང་དང་། རྒྱལ་མཁན་ཆེན་བསྟན་པ་རྒྱལ་མཚན་རིན་པོ་ཆེས་ནན་གྱིས་ཞུས་ངོར་ཐུགས་རྗེ་ཆེན་པོའི་དབང་འབུལ་བར་མཛད་དོ། །

ཕྱི་ལོ་ཆུ་སྦྲུལ་(༡༨༣༣)ལ་རྗེ་ཉིད་རྒྱབ་ཡོལ་རི་ཁྲོད་དུ་བཞུགས་ཏེ་བཅད་རྒྱ་ཡུན་རིང་གནང་བ་དང་། འདི་སྐབས་དབུ་མའི་འཛིན་གྲྭས་ཞུས་ངོར། འཇུག་པའི་ལུང་དང་སྦྲགས་ནས་བཤད་པ་ཞིབ་མོར་གནང་བ་ལ་ཟིན་བྲིས་རྒྱས་པ་ཞིག་ཀྱང་ཡོད་པར

གསུངས། སྟག་ལུང་སྤྲུལ་སྐུའི་ཞུས་ངོར་སྒྲུབ་ཐབས་རིན་འབྱུང་གི་ལུང་རྗེས་གནང་ཆ་ཚང་དང་། ཛ་རྐོང་སྤྲུལ་སྐུ་ལ་བདེ་མཆོག་ནག་པོའི་ལུགས་ཀྱི་དབང་བཀའ་དྲིན་དུ་བསྩལ། སྐབས་འདི་ཡས་མས་གང་ཙུང་ཞིག་ནས་ཡབ་རྗེ་བླ་མ་ཧྲ་ཛའི་ཞལ་སྔ་ནས་ཀྱི་མདུན་ནས་ལོ་སྔ་ཕྱིར་རིམ་གྱིས་ལམ་རིམ་ཆེན་མོ་མཆན་བཞི་སྦྲགས་མའི་བཤད་ལུང་། བདེ་གསང་འཇིགས་གསུམ་གའི་བསྐྱེད་རྫོགས་ཀྱི་དམར་ཁྲིད། ཁྲིད་ཆེན་བརྒྱད་དྲུག འཕྲུལ་འཁོར་ཁམས་གསུམ་རྣམ་རྒྱལ་གྱི་སྙིང་ནས་མན་ངག་ཞལ་ཤེས་ཕྱག་ཁྲིད་དང་བཅས་པ། པཎ་ཆེན་བློ་བཟང་ཆོས་རྒྱན་གྱི་ཕྱི་སྒྲུབ་དང་ནང་སྒྲུབ་ལ་བརྟེན་པའི་ལྟུགས་མཁར་ཚོ་ག་མཚོན་འབར་འཕྲུལ་འཁོར་སོགས་རི་བོ་དགེ་ལྡན་པའི་ཟབ་ཆོས་ཐུན་མོང་མ་ཡིན་པ་སྙན་བརྒྱུད་ཀྱི་གདམས་པའི་བདུད་རྩི་མང་པོའི་ཆུ་རྒྱུན་གྱི་བདག་གིར་བཞེས་སོ། །

རྗེ་བླ་མ་ཉིད་དགུང་ལོ་ང་བརྒྱད་བཞེས་པའི་མེ་སྤྲེལ་(༡༨༣༦)ལོར། གདན་སའི་ཚོགས་འདུས་ཞུས་ངོར་སློབ་ལམ་གསུང་ཆོས་ཀྱི་མགོན་དུ་ཉིན་རེར་ཕེབས་ཏེ། སྐྱེས་རབས་དང་། རྒྱུད་བླ་མ། རྗེའི་བསྟོད་འགྲེལ་གསུམ་གྱི་བཤད་པ་འབྱམས་ཀླས་གནང་། ཟླ་བ་གཉིས་པའི་ཆོས་ལ་རེབ་གོང་ཕྱོགས་སུ་ཆིབས་བསྒྱུར་བས་ལམ་དུ་རོང་བོ་ནོ་མོན་ཧན་གྱི་བླ་བྲང་དང་། རོང་བོ་ནང་སོ། ནང་ཆེན་ཁག་གྲྭ་ཚང་གསུམ་སོགས་ཀྱིས་བསུ་བ་གཟབ་སྤྲོས་ཞུས། དགོན་པའི་ཉེ་འདབས་ནས་དགེ་འདུན་སྟོང་ཕྲག་བརྒྱལ་པའི་སེར་སྲེང་བཅས་མཁན་ཆེན་བླ་བྲང་དུ་ཕྱག་ཕེབས། ནང་ཆེན་ནས་བཞུགས་གྲལ་སྟོན་མོ་སོགས་གང་རྒྱས་བསྐྱར་ཅིང་། དད་འདུས་ཀྱི་མཇལ་པ་མང་པོར་ཕྱག་དབང་བསྩལ། དེ་ནས་ཤར་བླ་བྲང་ཆེན་མོར་ཕེབས་ཏེ། གྲུབ་དབང་སྐལ་ལྡན་རྒྱ་མཚོའི་སྐུ་འཕྲེང་བཞི་བ་རྗེ་བློ་བཟང་ཆོས་གྲགས་རྒྱ་མཚོ་དང་། ལྕང་སྐྱ་རིན་པོ་ཆེའི་སྐུའི་ཚ་བོ་ནོ་མོན་ཧན་བློ་བཟང་ཆོས་གྲགས་རྒྱ་མཚོ་རྣམ་གཉིས་དང་མཇལ་

འཕྲོད་གནང་། ཡུལ་ལུགས་ཀྱི་བཞུགས་གྲལ་རྒྱས་པ་ཞུས་ཐོག་ཕན་ཚུན་གསུང་གླེང་མང་དུ་འཕེལ། དེར་གྲྭ་ཚང་སོ་སོར་འགྱེད་དང་འབུལ་ཆེན་བསྐྱབས་ཅིང་། མཁན་ཆེན་དགེ་འདུན་རྒྱ་མཚོའི་སྤྲུལ་སྐུ་བློ་བཟང་དཔལ་ལྡན་རྒྱ་མཚོ་ཆོས་གྲྭར་གསར་འཛུག་མཛད། ཤར་བླ་བྲང་ནས་ཡང་བསྐྱར་གདན་དྲངས་ནས་ནོ་མོན་ཧན་རིན་པོ་ཆེ་དང་གསོལ་ཚོགས་ལྷན་རྒྱས་ཐོག་ཐུགས་ནང་གཤིན་ཆེ་བའི་གསུང་གླེང་ལུགས་དང་འབྲེལ་བ་ཡུན་རིང་མཛད། གསུམ་པའི་ཆོས་ལ་དུས་འཁོར་གྲྭ་ཚང་གི་བླ་མ་ལས་སྡེ་གྲྭ་ཐན་ཀུན་བློ་མཐུན་གྱིས་རྗེ་བླ་མ་མཆོག་ལ་གསོལ་བ་ནན་ཏན་བཏབ་པའི་ངོར། སྤྲུལ་སྐུ་བློ་བཟང་དཔལ་ལྡན་རྒྱ་མཚོ། ཆོས་རྗེ་དགེ་འདུན་གནས་བརྟན་སོགས་སྐྱེ་སྤྲུལ་མང་པོ་དང་། དུས་འཁོར་གྲྭ་ཚང་གི་འདུས་མང་བཅས་ལ་དཔལ་དུས་ཀྱི་འཁོར་ལོའི་དབང་མོ་ཆེའི་བཀའ་དྲིན་བསྩལ། གྲྭ་ཚང་ནས་ཀྱང་བརྟན་བཞུགས་དང་འབྲེལ་བར་དབང་ཡོན་རྒྱ་ཆེན་བཏེགས། གཉན་ཐོག་ཟེར་པའི་སྐར་གྲོང་གིས་གདན་དྲངས་པས། དད་ཅན་མཇལ་པ་སྐྱ་སེར་མང་པོར་ཕྱག་དབང་དང་ཆོས་འབྲེལ་སོགས་སྐུ་གསུང་ཐུགས་གསུམ་ཀའི་སྒོ་ནས་བྱིན་གྱིས་བརླབས་ཏེ་རེ་འབྲས་སྨིན་པར་མཛད། ཟླ་བཞི་བའི་ཆོས་ལ་སླར་གདན་ས་བཀྲ་ཤིས་འཁྱིལ་དུ་ཕྱག་ཕེབས། དགའ་ལྡན་ཁྲི་སྤྲུལ་རྣམ་གཉིས་སོགས་སློབ་མའི་ཚོགས་ཆེན་པོར་སྐལ་བཟང་རྣམ་འདྲེན་རྒྱལ་བའི་ལྷ་ཁང་ནས་ས་ཆོག་དང་རྡུལ་མཚོན་གྱི་དཀྱིལ་འཁོར་བཞེངས་པ་སོགས་སྔོན་དུ་འགྲོ་བའི་དུས་འཁོར་གྱི་དབང་ཆེན་ཞིབ་རྒྱས་གནང་། སྔར་དུས་གྲྭ་ཚང་ལ་སྦྱིན་བསྲེག་ཚུགས་མེད་པར་སྐབས་འདི་འདྲ་ཞིག་ཏུ་རྒྱུད་ཀྱི་དགོངས་པ་དང་དམ་པའི་ཕྱག་བཞེས་ཇི་ལྟ་བ་བཞིན་སྦྱིན་བསྲེག་ཚད་དང་ལྡན་པ་འཛུགས་པར་མཛད། དོན་གཉེར་ཅན་དུ་མར་སྒྲུབ་ཐབས་རིན་འབྱུང་། འགྲེལ་བ་བཞི་སྦྲགས། རིམ་ལྔ་གསལ་སྒྲོན། བཀའ་རྩོམ་དུས་འཁོར་བསྐྱེད་རིམ་གྱི་བཤད་ལུང་དང་། བློས་བསླངས་ལག་ཁྲིད། བདེ་ལམ་བླ་

མཆོད་ཕྱག་ཆེན་བཅས་ཀྱི་ཁྲིད་སོགས་ཟབ་ཅིང་རྒྱ་ཆེ་བའི་ཆོས་བཀའ་གནང་སྐྱིན་བསྩལ།

ས་ཕག་(༡༨༣༩)ལོར་སྐྱབས་མགོན་ཀུན་མཁྱེན་རིན་པོ་ཆེ་བྱམས་པ་འབུམ་གླིང་དང་། བདེ་མཆོག་རང་བྱོན་སོགས་ལ་མཇལ་པར་ཕེབས་སྐབས། ཧོ་གྲུའུ་མཁར་(ཀ་ཙུ་མཁར)གྱི་རྒྱ་དཔོན་ཚོས་ཟ་འདོད་ཀྱི་སྣད་འདོགས་ཀྱིས་ཕེབས་ལམ་བཀག་ནས་སྐུ་ཞབས་ཆེན་མོ་མཁར་ནང་དུ་བཞུགས་དགོས་བྱུང་བར། རྗེ་ཉིད་ཀྱིས་ཐུགས་ཁུར་དང་ བླངས་སྙོམས་ལས་སྣེ་ཚོགས་འདུ་སོ་སོ་ལ་གསུང་བགོད་གནང་སྟེ། གྲྭ་ཚང་སོ་སོས་རིམ་གྲོ་གཏོས་ཆེན་པོ་བསྒྲུབས་ལ། རྗེ་ཉིད་ཚོགས་དབུར་བྱོན་ནས་གནོད་པ་ཕྱིར་བཟློག་གི་གསོ་སྦྱོང་མཛད་པ་དང་། ཆོས་རྒྱལ་གྱི་འཕྲིན་བཅོལ་འཇམ་དཔལ་དཔའ་བོ་མ་ཚོགས་སུ་འཇུགས་པར་མཛད། རྗེ་ཉིད་ཧོ་གྲུའུ་མཁར་ལ་ཕེབས་ཏེ་སྐུ་ཚབ་ཏུ་བཞུགས་ནས་ཀུན་མཁྱེན་ཆེན་པོ་གདན་སར་ཕྱིར་ཕེབས་ཐབས་གནང་། དེ་ནས་ཆེར་མ་འགྱངས་པར་དོན་དག་ཐག་ཆོད་ལེགས་པར་བྱུང་རྗེས། ཁོང་ཉིད་ཐེ་བོའི་ཆབ་ཚན་ལ་ཆིབས་བསྒྱུར་གནང་བའི་ལམ་ནས་ཆོས་འཁོར་ཕྱོགས་ནས་ཨ་གསལ་བླ་མས་གདན་དྲངས་ཏེ་དགོན་པ་ཆུང་ངུ་ཞིག་ཡོད་པ་དེ་དང་། ལྷ་སྟེ་འགའ་ཞིག་བཅས་ཕུལ་ཏེ་ཆོས་འཁོར་ཚོ་བ་བཅུ་གཉིས་ཀྱི་སྤྱི་དགོན་ཞིག་ཕྱག་འདེབས་གནང་དགོས་ཚུལ་ཞུས་པར། རྗེ་བླ་མ་ཉིད་ཀྱིས་དགོན་གསར་འདེབས་ཀྱི་རྟེན་འབྲེལ་མཚོན་ཕྱིར་ལམ་རིམ་ཆེན་མོའི་དབུ་ནས་ཆོས་ཐུན་གཅིག་གསུངས་ཤིང་། བསང་ཆེན་པོ་བཏང་བས་རྒྱབ་རིའི་ནགས་ནས་སྨུག་སྤྲིན་ཞིག་ཆད་དེ་བཞུགས་སྐར་གྱི་སྟེང་བཏུམ་ཞིང་ཆར་ཟིམ་བུ་བབས་པ་སོགས་ཐོག་མའི་འཕྲོད་ལམ་ཆེ་བ་བྱུང་། །

རྗེ་ཉིད་དགུང་ལོ་རེ་གཉིས་བཞེས་པའི་ལྕགས་བྱི་(༡༨༤༠)ལོར་ཨ་གསལ་བླ་མ། ཤིས་ཚང་དཔོན་པོ་བསོད་ནམས་རྒྱ་མཚོ། ཐང་ལུང་འགོ་བ་སོགས་ཀྱི་གཙོས་

པའི་ཆོས་འཁོར་ཚོ་བཅུ་གཉིས་ཀྱིས་གདན་དྲངས་ཏེ་བདེ་གསང་འཇིགས་གསུམ་གྱི་དབང་ཞུས། སྔར་གྱི་དགོན་ཕྲན་ཆུང་དུ་སིལ་བུར་ཡོད་ཚད་ཕྱོགས་གཅིག་ཏུ་བསྡུས་ཏེ་སྡེ་དགོན་ཕྱུག་འདེབས་གནང་རྒྱུའི་ལས་རིམ་གསལ་བར་ཐག་བཅད་རྗེས། རྗེ་ཉིད་ཀྱིས་བཀྲ་ཤིས་གསོ་སྦྱོང་ས་བརྟགས་བསླང་ལྟོ་འཕྱེའི་ཐིག་འདེབས་པ་སོགས་རྒྱུད་སྡེ་ལས་བཤད་པ་ལྟར་མཛད་ཅིང་། ཞིང་ལའི་རྗོ་རམས་པ་བསྟན་དར་ལ་མིང་བཀྲའི་ཁྲིད་ནས་ལྟོ་འཕྱེ་བསྐོ་བ་ཐིག་སྐུད་འཛིན་དུ་བཅུག གྲུབ་པ་དུང་རྣ་ཟེར་བས་གཞོར་འཛོར་ཞིག་ཕྱུལ་ཡོད་པ་དེས་ཐོག་མར་ས་བསྐོ་བར་མཛད། དེ་ལྟར་དགོན་གནས་ལེགས་པར་བཙུགས་ཕྱིན་མར་ཕེབས་ཏེ་ཆུ་བཟང་དུ་ཆིབས་ཁ་བསྒྱུར། ནག་ཟླ་དང་བསྟུན་རྟུལ་ཚོན་གྱི་དཀྱིལ་འཁོར་བཞེངས་ཏེ་སྲིད་ཞིའི་གཙུག་རྒྱན་ལྕང་སྐྱ་ཐམས་ཅད་མཁྱེན་པ་དང་དེ་ཉིད་ཀྱི་སྐུའི་གཅུང་ཆུ་བཟང་ཧོ་ཐོག་ཐུ་རྣམ་གཉིས་ལ་ལན་སྔ་ཕྱིར་དཔལ་དུས་ཀྱི་འཁོར་ལོའི་དབང་ཆེན་ལེགས་པར་ཕུལ། དབང་གྲལ་སྔ་ཕྱིར་ན་ཁོ་ཧོ་ཐུག་ཐུ། ན་རོ་ཧོ་ཐོག་ཐུ། ལུའུ་ཀྲུ་སྒོམ་ཆེན་གྱི་དཔོན་པོའི་སྐྱེ་བ་སྒོམ་ཞིའི་མཁན་པོ་སོགས་དགོན་སྒྲུབ་སྡེ་མང་པོ་ནས་བླ་གྲྭ་མང་པོ་འདུས་སོ། །དེ་ནས་དཔལ་ལྡན་བཀྲ་ཤིས་འཁྱིལ་དུ་ཕྱིར་ཕེབས་རྗེས་འཁོར་ལོ་ཆེན་པོ་དང་གདུགས་དཀར་ཟླུང་གི་དབང་གནང་པ་སོགས་བཤད་སྒྲུབ་ཆོས་ཀྱི་འཁོར་ལས་དུས་འདའ་བར་མཛད། ལོ་འདིའི་ནང་སྐོར་ཡང་བསྟན་འགྲོའི་དོན་དུ་སྨད་སོག་ཕྱོགས་སུ་ཐེངས་གསུམ་པར་ཆིབས་ཀྱི་ཁ་ལོ་བསྒྱུར་དགོས་པ་བྱུང་བར་དགོན་པའི་བླ་གྲྭ་ཀུན་གྱིས་ཕེབས་སྐྱོལ་གཟབ་རྒྱས་ཞུས། དེ་ནས་རིམ་གྱིས་ཕྱུག་ཕེབས་ཏེ་འཇམ་དཔལ་སྤྲུལ་པའི་ཞིང་ཁམས་རི་བོ་རྩེ་ལྔར་ཡུན་རིང་དུ་བཞུགས། སོ། །

རྗེ་ཉིད་དགུང་ལོ་རེ་གསུམ་པ་ལྕགས་གླང་(༡༨༤༡)ལོའི་ཟླ་དང་པོར་པེ་ཅིང་དུ་ཕེབས་ནས་ལྕང་སྐྱ་རིན་པོ་ཆེ་དང་མཇལ་འཕྲད་གནང་། སྔ་ཕྱིར་གོང་མའི་ནང་བློན

ཐུ་མེད་ཟེ་པླེ་ཟེ་དང་། སོ་ཉིད་ཐོ་ཡོན་ཆོས་རྗེ་སོགས་ལ་ཚེ་དབང་དང་དྲག་པོ་གསུམ་བསྒྲིལ་གྱི་རྗེས་གནང་དང་། གཡུང་ཧོ་ཀོང་(དགའ་ལྡན་བྱིན་ཆགས་གླིང་)དུ་ཞྭང་སྐྱ་རིན་པོ་ཆེ་དང་། ཁྲི་རྒྱ་ནག་པ། ཨ་ཀྱཱ་ཧོ་ཐོག་ཐུ་སོགས་ལ་དཔལ་དུས་ཀྱི་འཁོར་ལོའི་དབང་ཆེན་དང་། གདུགས་དཀར་ལྷ་བཅུ་བདུན་མའི་དབང་། ལེགས་ལྡན་མཆེན་གསུམ་གྱི་རྗེས་གནང་། དུག་དབང་རྨ་བྱ་རྒྱས་པ་སོགས་ཆོས་ཀྱི་འཁོར་ལོ་རྒྱ་ཆེར་བསྐོར། དེ་ནས་ཕོ་བྲང་ནས་ཐོན་ཏེ་གོང་མའི་ཚ་བཤོལ་གྱི་གནས་ཡེ་ཧོར་ལ་ཕེབས། ཧླ་ཕོ་ཟེ་སོགས་ལ་ཉིན་འགར་མཆོད་མཇལ་དང་བཅས་དེ་གའི་དད་ལྡན་དག་གི་ངོར་དུས་འཁོར་རྗེས་གནང་སོགས་ཀྱི་ཆོས་བཀའ་གནང་། དེ་ནས་ཐུ་མེད་ཕྱོགས་སུ་ཕེབས་ཏེ་རྗེ་རང་གིས་ཕྱག་འདེབས་གནང་བའི་དོ་ལོན་བུ་ལག་ཏུ་ཕྱག་བབས། དེར་ཟླ་བ་གཅིག་ལྷག་ཙམ་བཞུགས། མཆོད་རྟེན་གསུམ་གྱི་དགོན་དུ་མཇལ་པ་སྟོང་ཕྲག་ལྷག་ལ་སྐྱབས་ཁྲིད་དང་། ཆོས་སྤྱོད་རབ་གསལ་གྱི་ལུང་གནང་སྟེ། དོ་ལོན་བུ་ལག་ཏུ་ཕྱིར་ཕྱིན་ཅིང་དུས་འཁོར་སྒྲུབ་མཆོད་ཀྱི་ཚོགས་དབུར་ལན་འགའ་ཕེབས། དེར་ཚོགས་སྡེ་ཕྱིའི་སྡོམ་པ་མང་པོ་བསྒྲུབས་པས་སྟོན་པ་བཅོམ་ལྡན་འདས་ཀྱི་རྗེས་འཇུག་གིས་ནོར་འཛིན་མའི་ཁྱོན་ཁྱབ་པར་མཛད། གཙོད་པའི་བུ་ལག་སྐར་དང་ཧ་ལུ་ཐུའི་དགོན་ལ་འཇིགས་བྱེད་ལྷ་བཅུ་གསུམ་མའི་དབང་དང་ཐུན་དྲུག་རྣལ་འབྱོར་སོགས་བསྩལ། དེ་ནས་ཨ་རུ་ཧོར་ཆེན་ནས་རྩ་བའི་སྦྱིན་བདག་པླེ་ལི་དཔོན་གཡོག་ཉེ་ཤུ་སྐོར་བཅས་བསུ་བར་འབྱོར་བས་ཐུ་མེད་དགོན་ཆེན་དུ་ཕྱག་ཕེབས། ཕྱི་ཉིན་འདུ་ཁང་ལ་རབ་གནས་མདོར་བསྡུས། མཇལ་བ་བཞི་སྟོང་ཙམ་ལ་ཕྱག་དབང་གནང་། སྐབས་དེ་དག་ཏུ་ཐུ་མེད་དགོན་དང་། ཤེལ་ཕན་ཐུའི་དགོན། གུར་ཕྱོལ་ཐུའི་དགོན་སོགས་དགོན་སྡེ་དུ་མར་རབ་བྱུང་བསྙེན་རྫོགས་མང་པོ་གསར་སྒྲུབ་དང་། སྒྲོལ་དཀར་རྗེས་གནང་། ཐུགས་རྗེ་ཆེན་པོའི་དབང་བཅས་གནང་། བཞི་བའི་ནང་མོལ་གོལ་

ཆེན་དགོན་ཆེན་དུ་ཆིབས་བཏེགས་ཏེ་སྟག་ཕུའི་དག་སྣང་གི་སྒྲོལ་དབང་དང་བསྙེན་རྫོགས་བརྒྱ་དང་བཅུ་དགུ། དགེ་ཚུལ་ཉེར་བཞི་བཅས་སྒྲུབས། མི་ཉི་ཧོ་ཐོག་ཐུའི་དགོན་ནས་བསྒྲུབ་བྱ་དོན་བརྒྱད་ལ་དགེ་སློང་དང་། བཅུ་ལ་དགེ་ཚུལ་གྱི་སྡོམ་པ་བསྩལ། དུས་འཁོར་གྱི་འདོན་རྟ་དབྱངས་ལ་ཞིབ་གཟིགས་གནང་། དེ་ནས་ཚེ་ཧོར་ཕྱོགས་སུ་ཕེབས་ལམ་དུ་མཇལ་བ་བགྲང་གིས་མི་ལང་པ་ལ་ཕྱག་དབང་གནང་བཞིན། པླེ་ལིའི་ཡླ་ལྷུན་དུ་ཕྱག་བབས། དེར་རྗེ་རང་གི་རྩ་བའི་སྦྱིན་བདག་ས་སྐྱོང་དམ་པ་ཨ་རུ་ཧོར་ཆེན་པླེ་ལིའི་གཙོས་པའི་སེར་སྐྱ་སྟོང་ཕྲག་ལྷག་གིས་ཆིབས་བསུ་དང་། ཛ་ཐབ་སྟོན་མོ་གང་རྒྱས་དྲངས། གྲྭ་ཚང་གིས་སེར་ཕྲེང་སྤྱོས་རོལ་དང་བཅས་དགོན་པར་ཕྱག་ཕེབས། ཧོ་ཤོ་ཕྱོགས་སུ་ཟླ་བ་གཉིས་ཙམ་བཞུགས་རིང་དགེ་ཚུལ་སློང་སུམ་བརྒྱ་ལྷག་བསྒྲུབས་ཏེ་བསྟན་པའི་བདག་པོའི་ཐུགས་ཀྱི་བཞེད་པ་ཡོངས་སུ་བསྐང་། པླེ་ལིའི་ཨུརྒེ་ནས་རྗེ་ཉིད་ལ་བདེ་མཆོག་དཀར་པོའི་སྒོ་ནས་བརྟན་བཞུགས་ཕུལ་ཞིང་གཅེས་ནོར་ཡོད་དགུ་ཕུལ་བ་ལྟ་བུའི་འབུལ་ཆེན་བཏེགས། པླེ་རིན་ཕང་གི་ཐོ་ཡོན་མཁན་པོ་དང་སྲས་གཉིས་པ་ཁལ་ཀ་ཨུ་ལག་བཅས་གདན་འདྲེན་ལ་འབྱོར་བས། ཕྱོགས་དེར་ཞབས་སོར་བཀོད་དེ་ཚོགས་པ་སྟོང་ཕྲག་དུ་མར་དཔལ་དུས་ཀྱི་འཁོར་ལོའི་དབང་ཆེན་སྟ་གོན་དང་བཅས་པ་རྫོགས་པར་གནང་ནས་སྐུ་བཞིའི་ས་བོན་ཁྱད་པར་ཅན་བསྐྲུན་པར་མཛད། ཕང་ཆེན་པོས་གཏང་རག་གི་འབུལ་ཡོན་རྣམ་གྲངས་མང་པོ་སྤྲམ་མཐོར་བཏེགས། ཚུར་ཕེབས་ལམ་དུ་འཆི་མེད་སུ་མུས་གདན་འདྲེན་ཞུས་ཤིང་། དགོན་གནས་སྤྱོར་རྒྱུའི་ས་གཟིགས་མཛད། བརྒྱད་པའི་ནང་ཨ་རུ་ཧོར་ཆེན་དུ་ཕྱིར་ཕེབས་ནས་གྲྭ་མང་དང་བཅས་སྐྱོ་སངས་ལ་བྱོན་ཅིང་། སྐབས་དེར་སྤྱོད་འཇུག་ཆེན་མོ་སོགས་ཀྱི་ལུང་གནང་། གཞན་ཡུལ་ཕྱོགས་དེ་གའི་ཟླ་དཔོན་མང་པོར་དབང་ལུང་ཁྲིད་རྗེས་ཀྱི་ཆོས་བཀའ་གང་མང་བསྩལ་ཏོ། །

རྗེ་ཉིད་དགུང་གྲངས་རེ་བཞི་བཞེས་པའི་ཆུ་སྟག་(༡༨༤༢)གི་ལོ་སར་དགྱེས་སྟོན་པཱ་ལིའི་དགོན་དུ་མཛད། དེ་གར་ལམ་རིམ་ཆེན་མོའི་བཤད་ལུང་སོག་སྐད་དུ་བསྒྱུར་ནས་ཉིན་བཅོ་བརྒྱད་ཀྱི་བར་དུ་རྒྱས་པར་གནང་བས། དད་ཅན་དག་གི་རྒྱུད་ལ་ཐར་པའི་ས་བོན་ཁྱད་པར་ཅན་བསྐྲུན། ཅག་གྲི་སུ་ཐུའི་སུ་མུའི་ཉེ་འཁོར་གྱི་མཚོ་ཁར་ཕེབས་ཏེ། བསང་དང་གླུ་གཏོར་གནང་བས་ཤར་ཕྱོགས་ནས་ཆུ་བྱ་མང་པོ་འོངས་ཏེ་མཚོའི་ནང་དུ་བབས། དུས་དེ་ནས་བཟུང་སྔར་ལོ་ཁ་ཤས་ལ་བྲི་བཞིན་པའི་མཚོ་དེ་ཤིན་ཏུ་རྒྱས་པར་གྱུར།

ཕྱི་ལོ་ཆུ་ཡོས་(༡༨༤༣)ཟླ་བ་དང་པོའི་ཚེས་གཅིག་ཉིན། རྗེ་ཉིད་ཐུ་མེད་དགོན་གྱི་འདུ་ཁང་དུ་དཔལ་ལྡན་སྲིད་གསུམ་གྱི་བདག་མོའི་ཆོས་གཏོར་གྱི་གྲལ་དབུར་ཕེབས། ལོ་སར་གྱི་བཞུགས་གྲལ་རྒྱས་པ་ཚོགས་གླིང་སོགས་ལུགས་གཉིས་དང་འབྲེལ་པའི་དགའ་སྟོན་ཕུལ་ཞིང་གྲྭ་མང་ལ་ཕྱག་དབང་བསྩལ། ཚོ་འཕྲུལ་སྨོན་ལམ་གྱི་ཉིན་འགར་གསུང་ཆོས་ཀྱི་མགོན་དུ་བཞུགས་ནས་རྗེ་རྒྱལ་བ་གཉིས་པའི་ཕྱག་བཞེས་བཟང་པོ་ཉམས་པ་མེད་པ་མཛད། དེ་སྐབས་ཆོས་གྲྭར་བྱོན་ནས་བཀའ་པོད་ལྔའི་བརྡི་བཤག་གནང་། འདུ་ཁང་དུ་སེར་སྐྱ་ཁྲི་ཕྲག་ཙམ་ལ་གདུགས་དཀར་གྱི་དབང་སྟ་ཟུང་འབྲེལ། རྒྱུད་ཁང་དུ་འཇིགས་བྱེད་ཀྱི་རྗེས་གནང་དང་རྒྱུད་གཞུང་གི་ལུང་སོགས་བཀའ་དྲིན་བསྩལ། དེའི་རི་ཁྲོད་དུ་གསང་འདུས་བདག་འཇུག་གསར་དུ་བཙུགས། ཆ་གན་བུ་ལག་ཏུ་བཀའ་འགྱུར་རབ་གནས་དང་མི་འཁྲུགས་པ་ལྷ་དགུའི་དབང་གནང་། དེ་བཞིན་དུ་ཨོ་རིན་སུ་མུ་དང་། ཤ་ནེ་སུ་མུ། ཨེ་གེའི་དགོན། པཱ་ལིའི་དགོན་སོགས་སུ་དུས་དབང་གིས་མཚོན་པའི་ཆོས་བཀའ་མང་པོ་གནང་ཞིང་དད་ལྡན་བརྒྱ་ཕྲག་དུ་མ་སངས་རྒྱས་ཀྱི་བསྟན་པའི་སྒོར་འཛུད་པར་མཛད། མཚོ་བདུན་ཕྱོགས་སུ་ཆིབས་བསྒྱུར་སྐབས་ཧུ་ཀོ་ཐུ་ཚང་སྐུ་རིན་པོ་ཆེར་མཇལ་འཕྲད་

མཛད་པར་གསོལ་སྟོན་གང་རྒྱས་ཀྱིས་བསྐུལ། གཟིམས་ཁང་གསར་པར་རབ་གནས་དགེ་ལེགས་ཆར་འབེབས་གནང་བར་སྐུ་ཞབས་ཆེན་མོ་ནས་ཀྱང་སྐུ་ངོས་ཀྱིས་མཆོད་གཡོག་མཛད་པ་སོགས་རིགས་ཀྱི་ཅོད་པཎ་དུ་བསྐུར་པར་མཛད། ཉིན་ཁ་ཤས་ལ་ལྕང་སྐྱ་རིན་པོ་ཆེ་དང་ཡབ་སྲས་གཉིས་ལྷན་དུ་མཚོ་བདུན་གྱི་ཕྱོགས་སོ་སོར་བྱོན་ནས་བུམ་གཏེར་སྦ་བ་དང་། ལབ་ཙེ་སྟོད་པ་སོགས་ཡུལ་ཕྱོགས་སུ་དགེ་མཚན་འཕེལ་བའི་ཐབས་དམ་པའི་བཀའ་དྲིན་གནང་བར། སྦྱིན་བདག་རྣམས་ཀྱིས་སྟོན་མོ་རྒྱས་པ་བསྟར་ཐོག་སོག་ལུགས་ཀྱི་མི་ཆོས་གནའ་སྲོལ་བཟང་པོ་དགྱེས་པའི་མཆོད་པར་ཕུལ་ལོ། །

རྗེ་ཉིད་དགུང་ལོ་རེ་དྲུག་བཞེས་པའི་ཤིང་འབྲུག་(༡༧༨༨)གི་ལོ་སར་གྱི་དགྱེས་སྟོན་དོ་ལོན་བུ་ལག་ཏུ་མཛད། སྨོན་ལམ་གསུང་ཆོས་ལ་ཕེབས་ཏེ་སྐྱབས་ཁྲིད་ཞིབ་རྒྱས་དང་། ཐུགས་རྗེ་ཆེན་པོའི་དབང་དང་རྗེས་གནང་། ཇོར་གཙོད་ཀྱི་ལུང་བཅས་བསྩལ་པས་དད་ལྡན་བགྲང་གིས་མི་ལང་པ་འདུས། ཕྱི་ར་བན་སོབ་རག་ཏུ་ཕེབས་ནས་བདེ་གསང་འཇིགས་གསུམ་གྱི་དབང་གནང་ཐོག་དེར་རྒྱུད་གྲྭ་གསར་ཚུགས་མཛད། རྗེ་ཉིད་ནས་ཆོས་གྲྭར་འགྲེལ་པ་བཞི་སྦྲགས་ཆོས་ཐུན་གཅིག་དང་། མདོ་རྒྱུད་ཀུན་གྱི་བླ་མ་དཔལ་གསང་པ་འདུས་པའི་རྩ་རྒྱུད་ཀྱི་ཀློག་ལུང་བསྩལ། དོ་ལོན་བུ་ལག་ཏུ་ཚོགས་པ་ཤིན་ཏུ་མང་པོ་ལ་རྡོ་རྗེ་ཕྲེང་བའི་དབང་ཆེན་བཞི་བཅུ་ཞེ་ལྔ་ཡོངས་རྫོགས་གནང་སྟེ་རྡོ་རྗེ་ཐེག་པའི་རིགས་ཅན་དཔག་ཡས་སྨིན་པར་མཛད། འདི་དུས་རྡོར་དབྱིངས་ཀྱི་དབང་གི་སྐབས་དཀྱིལ་འཁོར་གྱི་ཐད་དྲང་གི་ནམ་མཁར་འཇའ་གུར་དཀར་པོ་ཟླུམ་པོ་ཞིག་གྲོལ་རག་ལ་བསྟད་པ་ཀུན་གྱིས་མཐོང་། ལོ་འདིར་དགེ་ཚུལ་སློང་བརྒྱ་ཕྲག་མང་པོ་སོ་སོའི་བསླབ་གཞིར་བཀོད་དེ་ཆོས་འདུལ་བ་ལ་བྱ་བ་བྱས་པས་བསྐྱེད་བཀུར་གཟབ་རྒྱས་ཞུས་ཤིང་མཆོད་ཡོན་ཀུན་གྱིས་རྣམ་དཀར་གྱི་བྱ་བ་རླབས་

པོ་ཆེ་བསྐྱབས་སོ། །

དགུང་གྲངས་རེ་བདུན་པ་ཤིང་སྤྲེལ་(༡༨༩༥)ལོའི་ལོ་སར་གྱི་དགྱེས་སྟོན་ཨ་ཏུ་ཏོར་ཆེན་ནས་མཛད། དེ་གར་ལམ་རིམ་ཆེན་མོའི་བཤད་ལུང་ཏོར་གྱི་རང་སྐད་དུ་བསྒྲིལ་ནས་ཚོགས་པ་ཉིས་སྟོང་ལྷག་ལ་རྒྱས་པར་གནང་། དེ་སྐབས་མཆོད་པ་རྒྱ་ཆེན་པོ་དང་བཅས་སེམས་བསྐྱེད་མཆོད་པ་མཛད་དེ་ཐེག་པ་ཆེན་པོའི་རིགས་གཅིག་ཏུ་སད་པར་བྱས་སོ། །མི་ཧྲི་ཧོ་ཐོག་ཐུ་མཇལ་པར་ཕེབས་པ་ལ་སྨན་བླ་དང་མི་འཁྲུགས་པའི་དབང་། དུག་དབང་དང་དམ་ཅན་གྱི་སྲོག་གཏད་བཅས་བཀའ་དྲིན་བསྐྱལ། ཚ་གན་ཨོ་བོ་སུ་མར་ལམ་གཙོའི་བཤད་པ་རྒྱས་པ་དང་། ལུང་ཕྲན་ཁ་ཤས། འཁོར་ཆེན་དང་ཚེ་དཔག་མེད་ལྷ་དགུ། སྨན་བླའི་དབང་། ཆོས་གྲྭར་བཅོ་བཞག་དང་རྒྱུད་པ་ལ་བདེ་མཆོག་རྩ་རྒྱུད་ཀྱི་ལུང་སོགས་དམ་པའི་ཆོས་ཀྱི་སྒོ་མོ་འབུམ་ཕྲག་དུས་གཅིག་ཏུ་ཕྱེ་སྟེ་སྐལ་ལྡན་དཔག་ཏུ་མེད་པ་སྨིན་ཅིང་གྲོལ་བར་མཛད། ཕྱོ་རོང་སོ་ཉིད་ཀྱི་མོ་ཏོ་སུ་མུ་ནས་འཁོར་ཆེན་དང་། འཇིགས་བྱེད་དཔའ་གཅིག་གི་དབང་། རྒྱུད་གཞུང་གི་ལུང་སོགས་གནང་བ་དང་། བསྐྱབ་བྱ་བཞི་བརྒྱར་ཉེ་བ་བསླབ་པའི་གནས་ལ་ཡང་དག་པར་བཀོད་དོ། །

དེ་ལྟར་ཐེངས་འདིར་སོག་ཡུལ་དུ་ཕྱག་ཕེབས་པའི་འདི་ཕྱིའི་ལས་དོན་ཐམས་ཅད་ལེགས་པར་འགྲུབ་མཐར་སླར་རང་ཡུལ་དུ་ཕྱིན་པས། རྗེ་བླ་མ་ཉིད་དགུང་ལོ་རེ་བརྒྱད་བཞེས་པའི་མེ་ཁྲ་(༡༨༩༨)ལོའི་ཟླ་བ་དང་པོའི་ཚེས་ལ་དགའ་ལྡན་ཁྲི་སྤྲུལ་རྣམ་གསུམ། བླ་བྲང་ཕྱག་མཛོད་ཆེན་མོ། བླ་མ་ཁྲི་གདན་ཟུར་མཁན་པོ་རྣམ་པ་སོགས་ཁྲ་བསུ་རིམ་པ་མང་པོ། ཆོས་འཁོར་ཚོ་བཅུ་གཉིས་ཀྱི་བསུ་བ་ཇ་ཐབ་གྲྭ་ཚང་གི་སེར་ཕྲེང་བཅས་ཚེས་བཞིའི་ཉིན་རྗེ་རང་གི་བཀྲ་ཤིས་འཁྱིལ་གྱི་བླ་བྲང་དུ་བབས། དེ་འཕྲལ་སྐྱབས་མགོན་ཐམས་ཅད་མཁྱེན་པར་མཇལ་འཕྲད་ཞུས་རྗེས། ཆོས་བཅུ་

གསུམ་གྱི་ཉིན་ནས་མགོན་པོ་བཀའ་བཅུ་གསུམ་གྱི་རྗེས་གནང་བསྩལ། དེ་ཡང་རྗེ་ཉིད་སྨད་ཕེབས་ཀྱི་ཞུལ་ནས་ཁོང་གི་བཀའ་ཁྱབ་ལྟར་གཉེར་པ་འཛམ་དབྱངས་ཀྱིས་ལས་ཁུར་བཟུང་ནས། ཆོས་འཁོར་དགོན་གསར་དགའ་ལྡན་བཤད་སྒྲུབ་ཆོས་འཁོར་གླིང་གི་འདུ་ཁང་བརྒྱ་ཤིས་འཁྱིལ་གྱི་ཚོགས་ཆེན་འདུ་ཁང་དང་མཉམ་ལ་ཁད་པ་ཕུའི་བྱམས་ཁང་མགོན་ཁང་དང་། རྗེ་རང་གི་བླ་བྲང་གཟིམ་ཁང་སོགས་གསར་བཞེངས་གྲུབ་པས། དཔྱིད་དུས་འདིར་ཆོས་འཁོར་ཕྱོགས་སུ་ཆིབས་ཀྱི་ཁ་ལོ་བསྒྱུར། སྐབས་དེར་རྗེ་ཉིད་ཀྱིས་དགོན་པར་གསེར་ཟངས་ཀྱི་རྒྱལ་མཚན་ཁ་བཅུ་དགུ་རེ་ཡོད་པ་ཚ། དེ་མཚུངས་ཀྱི་གཉེར། སྣར་ཐང་དཔར་མའི་བཀའ་བསྟན་འགྱུར་སོགས་ཀྱི་འཛོག་ཏུ་བསྩལ། ཆོས་གྲྭའི་རིགས་ལུང་ལ་གཟིགས་ཤིང་དཔོན་པོ་འགོ་བ་སོགས་ལ་བདག་རྐྱེན་སྤྲམ་མཐོ་བ་བསྩལ་ལོ། །

དེ་ནས་ཕྱིར་ཕེབས་པ་ན་ལྕང་སྐྱ་རིན་པོ་ཆེ་ཚུ་བཟང་དུ་ཕེབས་ཡོད་པ་གསན་པས་དེར་ཆེད་དུ་བྱོན། ལམ་ནས་བིས་མདོ་སྐར་བས་གདན་དྲངས་པར་ཀུན་རིག་གི་དབང་གནང་། ཚུ་བཟང་དུ་བྱོན་ནས་ལྕང་སྐྱ་མཆོག་གི་ཐུགས་བཞེད་ལྟར་ཁོང་ལ་ཀུན་རིག་གི་དབང་ཕུལ། སྐབས་དེར་མཚན་ལམ་དུ་མཁས་གྲུབ་སངས་རྒྱས་ཡེ་ཤེས་ཕེབས་གིན་འདུག་ཅེས་ཟེར་བར། རྗེ་རང་གིས་མཇལ་པར་དགོངས་ནས་ཕེབས་པར་ལྕང་སྐྱ་རིན་པོ་ཆེ་ཡིན་འདུག་པས། རྟ་དཀར་པོ་ཞིག་བཅིབས་ནས་ཕེབས་ཏེ་ཉིད་ཀྱི་དབུར་ཞབས་ཀྱིས་མཇལ་ཁ་ཞིག་གནང་སྟེ། ཁྱོད་བདེ་མོ་གྱིས་གསུངས་ནས་ཐག་རིང་པོ་ཞིག་ཏུ་ཕེབས་སོང་བ་ཞིག་རྨིས་གསུངས། དེ་ནས་མ་འགྱངས་བར་ཞྭ་སེར་བསྟན་པའི་ཉི་མ་ཆེན་པོ་དེ་ཉིད་དག་ཞིང་དུ་ཕེབས་པར་གདུང་མདུན་དུ་དཔལ་འཁོར་ལོ་སྡོམ་པའི་བདག་འཇུག་བཞེས་པ་སོགས་ཐུགས་དགོངས་རྫོགས་པའི་ཞལ་འདོན་ཞིབ་རྒྱས་གནང་། ཕྱིར་ཕེབས་ལམ་དུ་མ་དང་ཊཱ་ཀི་འདུ་བའི་གནས་ཁྱད་པར་ཅན་គན་

ཀྱིའི་ཐུག་དཀར་ཞེས་གྲགས་པར་དྲིལ་བུ་ལྷ་ལྔ་གསུངས་ཏེ་ཚོགས་ཀྱི་འཁོར་ལོ་ཚོམ་པ་དྲུག་ལྡན་དུ་རོལ་པར་མཛད་དེ་དྲུག་པའི་ཟླ་མཇུག་ལ་དཔལ་ལྡན་བཀྲ་ཤིས་འཁྱིལ་དུ་བབས། རིགས་གྲྭ་གྲོལ་ནས་ཆོས་འཁོར་ལ་ཕེབས་ཞོར་དུ་སྟོན་པོ་ཐང་། ཨ་མཆོག་དགོན་པ་སོགས་ཀྱིས་གདན་འདྲེན་ཞུས། རང་དགོན་ཆོས་འཁོར་དགོན་དུ་བཞུགས་ཡོད་ཐོག་ནང་གི་བློན་ཆེན་ཧལ་ཧ་ཁྲི་ཕང་ཟེར་བ་གོང་མའི་བཀས་མངགས་ནས་ལྷུང་སྐྱ་མཆོག་གི་སྐུ་གདུང་རིན་པོ་ཆེ་རི་བོ་རྩེ་ལྔར་གདན་འདྲེན་ཚུལ་གསན་པས། རྗེ་ཉིད་འཕྲལ་མྱུར་དུ་ཚུ་བཟང་དུ་ཕེབས་ནས་སྐུ་གདུང་རིན་པོ་ཆེར་ཆིབས་སྐྱེལ་མཛད། དེ་ནས་ཕྱིར་ཕྱིན་ཏེ་དགུན་གདན་ས་བཀྲ་ཤིས་འཁྱིལ་དུ་བཞུགས་གནང་མཛད་དོ། །

དགུང་ལོ་རེ་དགུ་བ་མེ་ལུག་(༡༨༤༧)ལོའི་དཔྱིད་ཀར་གུང་ཐང་མཆོག་སྤྲུལ་རིན་པོ་ཆེ་དཀོན་མཆོག་བསྟན་པའི་རྒྱ་མཚོས་ཞུས་ངོར་སྐྱབས་ཐབས་རྒྱ་མཚོ་དང་། བླ་རི་བརྒྱ་རྩའི་རྗེས་སོགས་ཀྱི་ཆོས་བཀའ་གནང་། གཞན་ཡང་ཞུ་བ་པོ་སོ་སོའི་ངོར་ས་སྐྱའི་གསེར་ཆོས་བཅུ་གསུམ། དེའི་སྟོན་འགྲོའི་དྲིལ་བུ་ཕྱི་ནང་གི་དབང་། སྦྱོང་རྒྱུད་དཀྱིལ་འཁོར་བཅུ་གཉིས་ལས་མི་ཏྲའི་ནང་བཞུགས་བཅུའི་ཟུར་བཀའ་སོགས་བསྩལ། གུང་ཐང་སྤྲུལ་པའི་སྐུ་ཉིད་ཀྱིས་ཀྱང་རྗེ་བླ་མ་ཉིད་བསམ་སྦྱོར་གཉིས་ཀྱི་སྒོ་ནས་ཚུལ་བཞིན་བསྟེན་པས་ཐུགས་སྲས་དམ་པར་གྱུར། དགའ་ལྡན་ལྔ་མཆོད་ཆེན་མོའི་ཉིན་ལམ་རིམ་ཆེན་མོ་མཆན་བཞི་མའི་དབུ་བཙུགས་ཏེ། དབུ་ཞྭ་སྔེ་རིང་བཞེས་ཤིང་ཐུགས་དགྱེས་ཉམས་ཆེན་པོ་དང་བཅས་བཤད་པ་ཤིན་ཏུ་རྒྱས་པ་གནང་། ཆོས་མཚམས་ལ་རྒྱུད་འདེབས་མཆན་བུ་དང་བཅས་ནས་ཉིན་རེར་ཆོས་ཐུན་རིང་པོ་གཉིས་རེ་ལེགས་པར་བསྩལ་པས་རྒྱལ་བ་དགྱེས་པའི་ལམ་བཟང་པོར་འཇུག་པའི་སྐལ་བཟང་ཅན་དུ་སྒྱུར་བར་མཛད།

དགུང་ལོ་བདུན་ཅུར་སླེབས་པ་ས་སྦྲེལ་(༡༨༤༩)ལོར། སྟར་རྗེ་ཉིད་སྨད་ཕེབས་

གྱི་དུས་གནམ་བསྐོས་གོང་མཆེན་པོ་ཏྭ་བཀྭང་མཆོག་ལ་དངུལ་སྲང་སྟོང་ཕྲག་དྲུག་དང་བདུན་བརྒྱ་སྐོར་ཕུལ་ཏེ། སྐྱབས་མགོན་ཀུན་མཁྱེན་ཆེན་པོར་ཚན་ཕྲིའི་ལས་ཐམ་ཞུས་པ་ཡོར་འདིར་འབྱོར་བས་གནམ་གྱི་བཀའ་ལུང་ལ་བཀུར་སྟི་ཆེན་པོའི་སྒོ་ནས་བསུ་བ་དང་བཅས་གདན་དྲངས། གཟིམས་ཁང་གསར་པ་གཟི་བྱིན་འཁྱིལ་པར་རྗེ་འདིས་གསེར་ཡིག་ལྷུགས་གླེག་གནང་སྟེ་ཐམ་གསར་དང་བཅས་གོང་ཞབས་རིན་པོ་ཆེའི་ཕྱག་ཏུ་ཕུལ། རྗེ་འདིས་ཐོག་དྲངས་གསེར་ཁྲི་རྣམ་གསུམ། ཁྲི་གདན་ཟུར། མཁན་སློབ་རྣམ་པ་བཅས་ནས་བཀྲ་ཤིས་པྣ་ཡར་གྱི་དཔའ་དར་ཕུལ་ཏེ་མཇལ། ཧོར་ཟླ་བརྒྱད་པར་སྐྱབས་མགོན་རྗོ་རྗེ་འཆང་ཚོགས་དབྱར་སྤྱན་དྲངས་ལ། གདོང་གྲལ་གྱི་དབུས་ནས་རྗེ་བླ་མ་ཉིད་ཀྱིས་གསེར་གྱི་ལུང་ཁྲིམ་དུ་བསྒྲག་པར་མཛད་དེ་ཚོགས་གཏམ་མདོར་བསྡུས་གནང་། གོང་སར་རྗེ་ཉིད་ནས་བརྟན་བཞུགས་ཀྱི་ཞུ་འབུལ་རྒྱས་པ་དང་དངུལ་སྲང་བདུན་བརྒྱ་སོགས་དངོས་འབུལ་སྤྲམ་མཐོ་བ་བཏེགས། ཀུན་གཟིགས་མཆོག་ནས་ཀྱང་ཁྲི་ཟུར་ཐོག་ཀ་ཚང་ལ་རྗེ་བླ་མ་འདི་བའི་བརྟན་བཞུགས་ཀྱི་ཞུ་འབུལ་བྱེད་དུ་བཅུག་ནས་དངུལ་སྲང་ལྔ་བརྒྱ་སོགས་ཀྱི་བཀའ་དྲིན་གཟོ་བའི་བདག་རྐྱེན་བསྩལ། རྗེ་ཉིད་ནས་ཞུ་ལན་དུ་སྐུ་ཞབས་རིན་པོ་ཆེའི་ཞབས་པད་བརྟན་ན་བླ་ཆན་ལོ་ལོན་ནས་འཚོལ་འགྲོ་བའི་བར་ཕྱག་གཡོག་ལོས་སླེབ་ཅེས་ཞལ་བཞེས་གནང་བ་ཕྱིས་སུ་དེ་ཁོ་ནར་གྱུར་ཏོ། །

རྗེ་བླ་མ་ཉིད་དགུང་གྲངས་དོན་གཅིག་བཞེས་པའི་ས་བྱི་(༡༨༨༨)ལོའི་ཧོར་ཟླ་གསུམ་པའི་ཚེས་བཅོ་ལྔའི་ཉིན་ལ། དཔལ་ལྡན་བཀྲ་ཤིས་འཁྱིལ་གྱི་དུས་འཁོར་འདུ་ཁང་དུ་སྐྱབས་མགོན་ཀུན་གཟིགས་རིན་པོ་ཆེར་དཔལ་དུས་ཀྱི་འཁོར་ལོའི་དབང་ཆེན་ཡོངས་རྫོགས་དང་། བླ་བྲང་གཟིམས་ཁང་གསར་པར་བདེ་གསང་འཇིགས་གསུམ་གྱི་ཟུར་བཀའི་དབང་དང་། ཀྱཻ་རྡོར་འཁོར་ཆེན། རྡོར་དབྱིངས་སོགས་དབང་རྗེས་ཀྱི་

ཆོས་བཀའ་མང་དུ་ཞུས་བར། གོང་ནས་ཀྱང་བསྙེན་བཀུར་དང་དངོས་འབུལ་གཟབ་རྒྱས་ཞུས། རྗེ་རང་གི་གཟིམས་ཚུང་ནས་གསེར་ཁྲི་རྣམ་གསུམ་སོགས་སློབ་མ་ཉུང་ཤས་སྐོར་ལ་འགྲེལ་ཆེན་དྲི་མེད་འོད་ཀྱི་ལུང་གནང་། སྐབས་དེར་དུས་འཁོར་གྲྭ་ཚང་ལ་གནང་རྒྱུའི་ཐུགས་བཞེད་ཀྱིས་ཚོམས་ཆེན་ནས་སྔོན་འགྲོར་དུས་འཁོར་སྒྲུབ་བཀའི་དབང་བསྐུར་ཏེ་འདུས་རྒྱུད་འགྲེལ་ཆེན་མཆན་དང་བཅས་པ་མཇུག་ཏུ་ལྷ་ཞལ་རྣམ་གསུམ་གྱི་རྗེས་གནང་བཅས་རིམ་བཞིན་བཀའ་དྲིན་བསྩལ། མཇུག་ཏུ་དུས་འཁོར་གྲྭ་ཚང་ནས་བརྟན་བཞུགས་ཕུལ་བར་ཐུགས་བརྩེ་བས་གསུང་བགོད་ཡིད་འཕྲུལ་པ་གནང་། དེ་མཚུངས་རྒྱུད་གྲྭ་ནས་ཞུས་ངོར་བདེ་གསང་འཇིགས་གསུམ་གྱི་སྟགས་བཏུའི་རྗེས་གནང་། དམ་ཅན་གྱི་སྲོག་གཏད། སྨན་པ་གྲྭ་ཚང་ལ་སྨན་བླའི་དབང་དང་། མི་འཁྲུགས་པ་ལྷ་དགུའི་དབང་། ཞང་བློན་གྱི་རྗེས་གནང་སོགས་བསྩལ་ཏེ་དགེ་འདུན་འདུས་པའི་ཚོགས་དུ་མའི་ཐུགས་བཞེད་ཡོངས་སུ་བསྐངས། དབྱར་ཐོག་རང་དགོན་ཤིས་ཚང་དགོན་གསར་ལ་ཕྱག་ཕེབས་ནས་སྐྱབས་མགོན་ཀུན་མཁྱེན་ཆེན་པོ་གདན་འདྲེན་ཞུས། བབས་ཉིན་རྗེ་ཉིད་སེར་འཕྲེང་གི་མགོར་ཆིབས་བསུར་ཕེབས་ཡོད་པ་གཟིགས་མ་ཐག་ཁོང་ཕེབས་བྱམས་ལས་བཤོལ་ཏེ། མི་མང་གི་དབུས་སུ་ཕྱག་ལན་མཛད་པ་སོགས་དབུ་བླར་བཀུར་པའི་ཆོས་ཀྱི་ཆེ་བ་འདོམས་པར་མཛད། དེ་སྐབས་སྐྱབས་མགོན་ཀུན་མཁྱེན་ཆེན་པོ་ཚོགས་དབུས་སུ་ཐོག་མར་གདན་དྲངས་ཤིང་། རྗེ་རང་གི་བླ་བྲང་དུ་ཆེད་དུ་གདན་འདྲེན་ཞུས་ཏེ་ཤིས་ཚང་གི་དགོན་ཆོས་གཞི་དང་བཅས་པ་ཁོང་ལ་ཕུལ་ནས། དེང་ཕྱིན་ཆད་བླ་མ་ལས་སྣེ་སོགས་གོང་ནས་བསྐོ་བཞག་དང་། བཅའ་ཡིག་འཛུགས་རྒྱུའི་སྐོར་སོགས་གསེར་སྙན་དུ་སྒྲོན་པར་མཛད། རྗེ་ཉིད་ནས་གསེར་ཟངས་ཀྱི་ཇོ་བོ་དང་མགོན་ཆོས་འཇིགས་གསུམ་གྱི་འབག་སྐུ། དཀའ་བྲུ་ཞབས་དྲུང་གིས་བྱམས་པའི་སྐུ་ཆེན་པོ་སོགས་བཞེངས་གྲུབ་པར་ཀུན་མཁྱེན་

ཆེན་པོ་ལ་རབ་གནས་རྒྱས་པ་ཞུས་པས་དམ་ཡེ་གཅིག་ཏུ་བསྲེ་བའི་ཚོ་ག་སྨིན་རྒྱས་སུ་མཛད་དེ་རྟེན་དང་བརྟེན་པར་བཅས་པ་ལ་ཡེ་ཤེས་ཀྱི་བྱིན་ཆེན་པོ་ཕབས། གོང་ཞབས་ནས་མར་རྒྱ་མ་སུམ་བརྒྱའི་བརྩིས་ཀྱི་ཛ་ཐུག་ཉིན་འཁྱོངས་དང་། སྤྱི་འཛོག་སོགས་བདག་རྐྱེན་གཟབ་རྒྱས་བསྐྱལ། སྔར་དགེ་འདུན་གྱི་བཞེས་པ་བྱུང་ཚད་ཅུང་ངུར་འགྲོ་ཞིང་སྣུམ་བཅུད་མེད་པ་ལྟ་བུར་གྱུར་པ་ལ། དུས་འདི་ཉིད་ནས་བཟུང་ཛ་ཐུག་གང་བྱུང་སྣུམ་བག་དང་ལྡན་ཞིང་ཟད་མི་ཤེས་པའི་ལོངས་སུ་སྤྱོད་པ་བྱུང་ཞེས་གྲགས། ཡང་ཀླུ་ཆུ་ལ་ཟམ་འཕང་ཡོད་པ་ལོ་བསྐྱར་བཞིན་ཆུས་བཤིགས་ནས་སྡོད་འཇུག་མ་ཐུབ་པའི་ཚུལ་སྐྱབས་མགོན་ཀུན་མཁྱེན་རིན་པོ་ཆེར་ཞུས་པས། དེ་ཕྱིན་ཆུའི་འཁྲིར་མ་ནུས་པ་སོགས་ལོ་རྒྱུས་ངོ་མཚར་པ་མང་པོ་ཡོད་པར་གསུངས། ཕྱིས་སུ་རྗེ་བླ་མ་ཁོང་ཉིད་ཀྱི་ཞལ་ནས་ཀྱང་ཆོས་འཁོར་དགོན་གསར་འདི་ཕྱག་འདེབས་གནང་དུས་མི་ལོ་ལོན་བསམ་བློ་ཐོང་དུས་ཡིན་པས་ངེས་པར་སངས་རྒྱས་ཀྱི་བསྟན་པའི་དོན་བསམ་པ་མ་གཏོགས་ཀུན་སློང་གཞན་མ་འདྲེས་པས་དེ་ལམ་དུ་སོང་ཡོད་སྙམ་པ་འཆར་གསུངས། ཚུལ་འདི་ཡང་པྲ་ཉེ་མཁན་སྤྲུལ་རིན་པོ་ཆེ་ངག་དབང་ཐུབ་བསྟན་རྒྱ་མཚོས་མཛད་པའི་རྗེ་ཉིད་ཀྱི་གསང་རྣམ་གསོལ་འདེབས་དད་པའི་སྙེ་མ་ལས། ཆོས་འཁོར་གདན་སའི་དོན་སོགས་ཞལ་འཕྲོས་འགར། །དེང་དུས་ན་ཚོད་སྨིན་པའི་གོ་ཡུལ་ལས། །གང་བརྩམས་ཆོས་བརྒྱད་སྐྱོན་དང་མ་འདྲེས་པས། །བསྟན་འགྲོར་སྨན་པའི་ལས་སུ་འགྱུར་ངེས་གསུངས། །ཞེས་བཀོད་འདུག་གོ། །དགོན་པའི་མདུན་ཕྱོགས་སུ་ཀླུ་ཆུར་གྲགས་པའི་ཀླུང་ཆེན་འབབ་བཞིན་པ་དགོན་པ་དང་ཁད་ཧ་ཅང་ཉེ་བས། རྗེ་ཉིད་ཀྱི་བཀའ་ལྟར་དེ་ཕར་ཕྱོག་རྒྱུའི་ཆེད་དུ་ཆུ་རགས་བརྩིགས་ཤིང་རྟེན་འབྲེལ་གྱི་བཅོས་ཀ་སོགས་སྐུ་དངོས་ཀྱིས་མཛད་པས་ཆུ་རང་ཤུགས་ཀྱིས་ཕར་ལོག་སོང་པ་སྣང་རི་ཐང་པའི་རྣམ་ཐར་དང་ཆ་འདྲ་བ་བྱུང་བ་དང་། འདིར་མ་ཟད་སྨད་

དུ་བཞུགས་སྐབས་སྟོ་ཕྱིར་ཆུ་འཇིགས་ཆེན་པོས་ཉེན་པའི་ཡུལ་གྲུ་འགའ་ཞིག་གིས་སྐྱབས་ཞུས་བྱས་པར། ཡུལ་དེ་དག་ཏུ་ཆེད་དུ་ཕེབས་ནས་བཞུགས་པས་ཆུ་དང་གིས་ཕར་ཕོག་པ་སོགས་སེམས་མེད་པའི་བེམ་པོ་ཡང་ལས་སུ་བཀོལ་ནུས་པ་ཕྱི་ནང་གི་རྟེན་འབྲེལ་གྱི་ཆོས་ལ་མངའ་བརྙེས་པའི་རྣམ་ཐར་མང་ངོ་། །ཐུ་མེད་ཤོག་ཕྱོར་བན་སོབ་རག་ཅེས་པའི་མཁར་གྱི་ཉེ་འདབས་ན་རྒྱ་ཁྲིམས་ཀྱིས་མི་གསོད་ས་ཞིག་ཡོད་པ་དེར། གྲི་འདྲེ་གདུག་པ་ཅན་ཞིག་གནས་ནས་ཡུལ་མི་རྣམས་ལ་གནོད་འཚེ་བྱེད་ཀྱིན་འདུག་པ། རྗེ་བླ་མ་འདི་ཉིད་དེར་ཕེབས་ན་ལོ་འགར་མེད་འགྲོ་ཞེས་དེ་ཀའི་མི་དག་གླིང་པར་བཤད། དེའི་ཚུལ་ཡང་གསང་རྣམ་དད་པའི་སྙེ་མ་ལས། ཐན་པས་གདུང་ལ་མོས་བཞིན་ཆར་འབེབས་ཤིང་། །ཤྭ་འོད་ཆེ་དང་གདོན་གྱིས་གཙེས་པའི་སར། །ལན་རེ་བཞུགས་པས་ཞི་དང་རྒྱུན་ཆད་པས། །ཉམ་ཐག་དབུགས་དབྱུང་རྣལ་འབྱོར་དབང་ཕྱུག་ཆེ། །ཞེས་གསུངས་སོ། །

དེ་ལྟར་རང་དགོན་ཆོས་འཁོར་དགོན་གསར་འདི་ཉིད་ཕྱུག་འདེབས་ཀྱི་སྐོར་ལ་སྟོ་ཕྱིར་རགས་རྩིས་དངུལ་སྲང་ཁྲི་ཕྲག་གཉིས་ལྷག་དང་། གཞན་རྒྱུ་དངོས་ཀྱི་འགྲོ་སྒོའི་རྣམ་གྲངས་དཔག་ཏུ་མེད་པ་བཏང་བས། འདི་ཉིད་གཅིག་པུའི་བཀའ་དྲིན་ཡང་ངེད་ཅག་གིས་གཟོ་དཀའོ། །དེ་བཞིན་དུ་དགོན་འདིར་འཆམ་ཚུགས་རྒྱུར་ཀ་མདོའི་འཆམ་རྙིང་ལ་བསྒྱུར་བཀོད་གནང་སྟེ་ཆོས་རྒྱལ་ཡབ་ཡུམ་དང་ལྷ་མོ་གཙོ་འཁོར་གསུམ་བསྟན་དྲུག་ཙུ་བ་དང་འབྲེལ་པར་བསྒྲལ་ཚོག་ལ་དབེན་སའི་ལྷུགས་མཁར་གྱི་འཆམ་རྟུང་བྱེད་རྒྱུའི་གསུང་བཀོད་དང་། འཆམ་གོས་ཞལ་འབག་དང་དུང་ཆེན་རྐང་གླིང་སོགས་ཆ་རྐྱེན་གང་དགོས་འབྱོར་འཛོམ་གནང་། རྗེ་ཉིད་སྨད་ཕེབས་ཀྱི་ཤུལ་ནས་འཚུབ་ཆ་ཙུང་ཟད་བྱུང་བར། ལྷ་མོ་བསྟེན་དགོས་ཀྱི་མོ་ལུང་བབས་པས་རྗེ་བླ་མར་ཞུས་པར་དེ་ལེགས་ཁྱེད་ཚོའི་ལྷ་མོ་དེ་ལ་ལབ་རྒྱུ་མང་པོ་འདུག ལྷ་མོ་ལ་གནས་

ཁང་ཞིག་བཞེངས་ཐབས་ཀྱིས། ཀྱུན་གསུམ་གྱི་དབུས་མ་ལྷ་མོའི་སྐུ་དང་། གཡས་སུ་རྟ་མགྲིན་ཆེ་ཚད། གཡོན་དུ་རྣ་ཆེན་ལ་རྫོང་ལྷ་བཅུ་གསུམ་གྱིས་བསྐོར་བ་བྲིས་གསུངས་ཀྱང་། བཞེངས་ལུགས་བཀའ་ལྟར་མ་བྱུང་འདུག་པས་ཅུང་མ་མཉེས་པར་སྣང་། ཡང་རྗེ་ཉིད་ཀྱི་ཞལ་བཀོད་ལྟར་རྒྱལ་འདྲེ་གདུག་པ་ཅན་ཞིག་ཡོད་པའི་གཉེན་པོར་ཟམ་སྣེར་རྟ་མགྲིན་གྱི་སྐུ་འབུམ་བཞེངས་པ་ཕྱིས་སུ་བྱིན་རླབས་ཤིན་ཏུ་ཆེ་བར་གྲགས། དཔལ་ལྡན་བཀྲ་ཤིས་འཁྱིལ་ལ་ཕྱིར་ཕེབས་ནས་ཆུ་ཀློག་གནང་བའི་རྐྱེན་ལྟ་བུས་སྐུ་བསྙུང་བཞེས་པར་ཞབས་བརྟན་མང་དུ་བསྒྲུབས། དགུན་ཐོག་མི་ཉི་ཧོ་ཐོག་ཐུ་ལ་ཟུར་བཀའི་དབང་རྒྱུན་དགོན་པ་མང་དུ་གནང་བ་སོགས་བཤད་སྒྲུབ་ཀྱི་འཁོར་ལོ་བར་མེད་དུ་བསྐོར་ཏོ། །

དགུང་ལོ་དོན་གཉིས་པ་ལྕགས་ཁྱི་(༡༨༥༠)ལོར་ཆས་པ་རྒྱ་མཁར་བླ་མ་ཆེ་བའི་ཞུས་ངོར། གཉིས་པའི་ཆོས་བརྒྱད་ལ་སྔ་གོན་མཛད་ནས་གྲུང་ཐང་སྤྲུལ་པའི་སྐུ་སོགས་བླ་སྤྲུལ་ཆེ་རིགས་བཅས་ཆོས་ཉན་པ་སུམ་བརྒྱ་ཙམ་ལ་མི་ཏྲ་བརྒྱ་རྩའི་དབང་ཆེན་ལེགས་པར་བསྐྱལ་མཐར་བླ་མཆོད་ཀྱི་ཚོགས་འཁོར་གཅིག་ཏུ་སྒོམ་པར་མཛད།

དགུང་ལོ་དོན་བཞི་བཞེས་པའི་ཆུ་བྱི་(༡༨༥༢)ལོར་རང་དགོན་ཆོས་འཁོར་དགོན་གསར་དུ་ཕེབས་ཞོར་འབྲུངས་ཡུལ་སོག་པོར་ཆིབས་སྒྱུར་གནང་། ཧེབ་བསང་གཞུང་ནས་ཡབ་གཅིག་རྡོ་རྗེ་འཆང་དང་རྗེ་རྣམ་གཉིས་ཞལ་འཛོམས་མཛད། དེ་སྐབས་ཐུའུ་བཀྭན་མཆོག་སྤྲུལ་རིན་པོ་ཆེ་ཡང་སྐྱབས་མགོན་ཀུན་མཁྱེན་རིན་པོ་ཆེའི་ཕྱག་ཕྱིར་ཡོད་པས། ཐུའུ་བཀྭན་མཆོག་སྤྲུལ་རིན་པོ་ཆེའི་གསེར་ཞལ་ཐེངས་དང་པོར་མཇལ། ཡབ་སྲས་གཉིས་ཕན་ཚུན་ཕྱག་འབྲུལ་རེས་སོགས་གནང་སྐྱེ་ཡུན་རིང་ཙམ་གསུང་གླེང་མཛད། དེ་ནས་ཧེབ་བསང་ནས་ཞག་འགའ་བཞུགས། ཉིན་ཁ་ཤས་ལ་གྭ་བ་ཚོར་སྡེ་བརྒྱད་མཆོད་པ་བསྟོར་བཅུག་པས། ཉིན་ཞིག་སེར་བ་དྲག་པོ་འོང་པས

ཐོག་མར་སེར་བ་རེ་གཉིས་བབ་འཕྲལ་གཅིག་ཁྲིར་ཤོག་གསུངས་ནས་སེར་རྡོག་གཅིག་ཕྱག་ཏུ་ཕུལ་པར་བསྣམས་ནས་ཞུར་བཙུག་པས་སྐར་སྐྱིད་དུ་ཆུ་ཆར་ལས་མ་བབས་ཀྱང་ཁོར་ཡུག་ཏུ་སེར་བ་དབྱར་དུས་དེར་ཉིན་ཁ་ཤས་ལ་ཞུ་མི་ཐུབ་པ་བབས། དེ་ནས་རྩེ་གཞུང་དུ་ཆིབས་བསྒྱུར་གནང་བས་ལྷང་རྒྱལ་ཆེན་པོས་ཕེབས་བསུ་ཞུས་པར་ཕེབས་བྱམས་བཤོལ་ཏེ་ཐུགས་དགྱེས་ཉམས་ཆེན་པོས་མཇལ་འཕྲད་མཛད། དེ་ནས་ཨུ་རྐེར་ཕེབས་ནས་ཟླ་ཕྱེད་ཙམ་བཞུགས། ས་སྐྱོང་ཆེན་པོར་ཡེ་ཤེས་ཀྱི་མགོན་པོའི་རྗེས་གནང་བཀའ་དྲིན་བསྐྱལ། དེ་ནས་ཕྱིར་ཆིབས་བསྒྱུར་བར་བ་ཡན་ཐུ་ཁྲུམ་ཐང་བར་དུ་མིའི་དབང་པོ་མཆོག་ནས་ཆིབས་སྐྱེལ་ཞུས་པར་དགྱེས་པ་ཆེན་པོས་འབྲལ་མི་ཕོད་པ་ལྟ་བུར་མཛད། ཁིས་ཆག་ལ་ཐོག་ཏུ་བསང་ཆེན་བཏང་ཞིང་རླུང་རྟའི་དར་ལྕོག་བཙུགས། ཕེབས་བྱམས་འབྲུངས་ཕྱོགས་སུ་ཞལ་བསྒྱུར་ཏེ་གང་སེར་མ་དང་། དགེ་ལྡན་བསྟན་འབར་མ་གསུངས་ཤིང་ཕྱག་ནས་འཐོར་པར་མཛད། དེ་ཕྱིས་ཕྱོགས་དེར་ཕེབས་མ་སྐྱོང་བར་སྣང་ངོ་། །དེ་ནས་ལམ་བར་གྱི་ཀྲུ་སྟེ་སོ་སོའི་བསྙེན་བཀུར་དང་བཅས་བཀྲ་ཤིས་འཁྱིལ་དུ་ཕྱག་བབས་སོ། །ལོ་མཇུག་ཙམ་དུ་སྨད་སོག་ནས་གདན་འདྲེན་པ་འབྱོར་པས། ཐུགས་སྲས་ཁྲི་ཆེན་རྣམ་གཉིས་སོགས་བླ་མ་ཁྲི་གདན་ཟུར་དང་བཅས་པའི་དགེ་འདུན་མང་ནས་རྗེ་ཉིད་དགུང་ལོ་བགྲེས་པས་མི་ཕེབས་རྒྱུ་ཡང་ཡང་ཞུས་ནའང་། གདན་འདྲེན་པ་རྣམས་ཨུ་ཚུགས་མཐར་སྐྱེལ་བྱས་པའི་ངོ་བཟློག་པར་དགུང་ལོ་དོན་ལྔ་བཞེས་པ་ཆུ་གླང་(༡༨༥༣)ལོའི་ཧོར་ཟླ་གཉིས་པའི་ཚེས་མགོ་ལ་ཐེངས་བཞི་བར་སྨད་དུ་ཕེབས་རྒྱུའི་ཞལ་གྱིས་བཞེས་པར། ཀུན་གཟིགས་སྐྱབས་མགོན་མཆོག་ནས་དངུལ་སྲང་བརྒྱ་དང་རྟ་འཕྱུག་སོགས་ཀྱི་ཕེབས་རྫོངས་རྒྱ་ཆེར་གནང་། དཔལ་མང་རིན་པོ་ཆེར་མཇལ་པས་ཕན་ཚུན་ཐུགས་ཉེ་བའི་གསུང་གླེང་ཞིབ་རྒྱས་དང་། ཞྭ་འཕྱུག་སེར་པོ་འབྲེལ་མ་ཞིག་ཕྱག་གིས་ཕུལ་ཏེ་

སྨོན་ལམ་གནང་། ཟླ་དེའི་བཅུ་དྲུག་གི་ཉིན་དཔལ་ལྡན་བཀྲ་ཤིས་འཁྱིལ་ནས་ཧོར་ཡུལ་གྱི་གདུལ་བྱ་ཐ་མའི་དོན་དུ་ཉེ་བར་དགོངས་ཏེ་ཆིབས་ཀྱི་ཁ་ལོ་ཤར་ཕྱོགས་སུ་མངོན་པར་བསྒྱུར། གསུམ་པའི་བཅོ་ལྔའི་ཉིན་ཨ་ལག་ཤ་རྗེ་དྲུང་དགོན་དུ་ཆིབས་བསུ་དང་བཅས་བབས། དཔའ་ཅིག་དང་དྲིལ་བུ་ལྷ་ལྔའི་དབང་། འཕོར་ཆེན་བསྐྱེད་རིམ་གསང་ཆེན་རོལ་མཚོའི་ལུང་རྣམས་བཀའ་དྲིན་བསྐྱངས་ཏེ་འདུན་པ་བསྐངས། བཞི་པའི་ནང་མཁར་སྟོན་ཤེ་རེ་ཐུ་དཔོན་མི་ཉུང་པས་ཆིབས་བསུ་དང་བྱམས་ཁོང་གི་བླ་བྲང་དུ་ཕེབས། ཤེ་རེ་ཐུས་གསོལ་དོན་གཉེར་ཅན་དུ་མར་སྐྱབས་མགོན་འཛིགས་མེད་དབང་པོའི་གསུང་གི་མཇལ་བཞི་བ་སོགས་ཀྱི་ལུང་གནང་། ལྔ་བའི་ནང་རི་བོ་རྩེ་ལྔའི་མཆོད་རྟེན་ལྡང་གུར་མཇལ་ཏེ་ལུང་པའི་མདོར་ཕེབས་པ་ན་མདུན་ཕྱོགས་ནས་སྤྲིན་དཀར་པོ་དར་གྱི་ལྡ་ལྡི་འཕེན་པ་ལྟ་བུའི་ནང་ནས་ཆར་ཟིམ་བུ་ཕོན་ཆེ་བ་ཞིག་བབས་པར། ཚུལ་དེ་ནི་ཐུའུ་བཀྭན་རིན་པོ་ཆེའི་ཞལ་ནས། རྗེ་བླ་མ་ཉིད་ལ་རྗེ་བཙུན་འཇམ་པའི་དབྱངས་ཀྱིས་ལྷ་རྣམས་ལ་སྤྲན་ཏེ་བསུ་བ་བགྱིས་པ་ཡིན་སྙམ་པ་བྱུང་ཞེས་གསུངས། ཐོག་མར་ཕོའུ་ཏེང་ཞེས་བྱང་ཆུབ་སེམས་དཔའི་སྤྱོར་གྲགས་པ་དེར་བབས། དེ་ནས་འཇམ་དབྱངས་མདའ་ཟུག་མ་ལ་སོགས་པར་མཇལ་ཏེ་སྟོན་མའི་སྐབས་རྣམས་སུ་ལན་དུ་མར་བཞུགས་སྒྲོང་བའི་ཞུའུ་ཤིང་ཟེའམ་མཚར་སྟུག་སྐྱུ་བརྟན་གླིང་དུ་ཕེབས། ལོ་འདིར་ཆར་ཆུ་ཏ་ཅང་དཀོན་པས་ཐན་པ་ཤིན་ཏུ་ཆེ་བ་ལ་རྗེ་ཉིད་ཕེབས་ཕྱིན་ནས་ཆར་ཤོད་ཆེ་ཏ་སོང་པས་རྩི་ཤིང་ལོ་ཏོག་རྣམས་རྒྱས་པར་གྱུར་པ་ན། བོད་སོག་མ་ཟད་རྒྱ་མི་ཚོས་ཀྱང་རྗེ་བླ་མ་འདིའི་ཐུགས་རྗེ་ཡིན་ཞེས་མགྲིན་གཅིག་ཏུ་གླེང་ཞིང་ཐམས་ཅད་དད་པའི་གནས་གཅིག་ཏུ་ཟླུམ་པར་མཛད། དྲུག་པའི་ཆོས་ལ་ཆོས་རྒྱ་མཚོའི་གླིང་ཞེས་གྲགས་པ་ཅིན་ཏེའི་ཟེར་བྱོན་ནས་ལྷུང་སྐྱ་རོལ་པའི་རྡོ་རྗེའི་སྐུ་གདུང་མཆོད་རྟེན་བྱིན་རླབས་ཀྱི་གཏེར་ཆེན་པོར་མཆོད་མཇལ་མཛད་པ་ན་དྭངས་

ཤིང་བསིལ་བའི་བདུད་རྩིའི་རྒྱུན་བབས། ལྕང་སྐྱ་རིན་པོ་ཆེ་སྐུ་འཕྲེང་བཞི་པའི་འདུས་མཆོད་དུ་སྐུ་གདུང་མདུན་ནས་ལྷ་མཆོད་གསུངས་ཤིང་ཚོགས་འཁོར་བསྐོར། བཅུ་དྲུག་ལ་ཏལ་ཏ་སར་ཐོ་དྷ་ཛ་སག་གི་ཐོ་ཡོན་མཁན་པོ་འཇམ་དབྱངས་བསྟན་དར་སོགས་བསྒྲུབ་བྱ་སུམ་ཅུར་ཉེ་བར་བསྙེན་རྫོགས་ཀྱི་སྡོམ་པ་མནོས་ཏེ་བསླབ་པ་ཡོངས་སུ་རྫོགས་པའི་གཞིར་བཀོད། ཉེ་ཤུའི་ཉིན་ཐོག་མར་ནུབ་རིའི་རྩེ་སྐོར་ལ་ཕེབས། དེ་ནས་དབུས་རིའི་རྩེར་ཕེབས་ནས་ཞག་བཞུགས་གནང་། གནས་དེར་ཕྱག་རྗེས་ཞབས་རྗེས་རྡོ་ཡིག་རང་བྱུང་སོགས་ཡོད་པར་གཟིགས་རྟོག་སྐབས། ཕ་བོང་ཆེ་བ་ལེབ་མོ་ཞིག་གི་སྟེང་དུ་བྱམས་པའི་བཞུགས་སྟབས་ཀྱིས་ཡུན་རིང་བཞུགས། བཞུགས་ཤུལ་དུ་གཡུང་དྲུང་གི་རི་མོ་གསལ་བར་བབ་འདུག་པ་སྐུ་འཁོར་རྣམས་ཀྱིས་མཐོང་བས་ཤིན་ཏུ་ངོ་མཚར་བར་གྱུར། དེ་ནས་རིམ་གྱིས་ཕེབས་ཏེ་བྱང་རིའི་རྩེར་ཚ་བབ་དང་ཤར་རིའི་རྩེར་ཞག་བབས། ལྷོ་རིའི་རྩེ་སྐོར་ལ་ཕེབས་སྐབས་ཤིག་ཏུ། རྗེ་བླ་མ་ཉིད་ནས་གློ་བུར་དུ་གུང་ཚོགས་བཞེས་འཕྲོ་བསྡུས་ནས་ད་ལྟ་ངེད་ཅག་རི་རྩེར་འགྲོ་གསུངས། གསོལ་དཔོན་གྱིས་བཞེས་པ་གནང་ཚར་ནས་ཕེབས་ན་ཞུས་པར་མི་དགོས་གསུངས་ནས་དེ་མ་ཐག་རྗེ་ཉིད་བཞེངས་ཏེ་ཞབས་ཐང་ལ་སྦོན་དུ་ཕེབས། རི་རྩེར་མཆོད་རྟེན་ལ་ཞལ་ཕྱོགས་ནས་དགུང་བཞུགས་གནང་ཞིང་། ཞབས་ཕྱི་ཚོ་ལ་ཡར་མར་ན་ཅང་ཨེ་རིག་གི་ལྟོས་གསུངས་པར་ཐམས་ཅད་ཀྱིས་བསྒྲིམས་ནས་བལྟས་པས་སྐབས་ཤིག་སྤྲིན་ཁ་དོག་སྣ་ཚོགས་པ་ཞིག་ནུབ་ངོས་ཀྱི་ལུང་པའི་ནང་ནས་གློ་བུར་དུ་བྱུང་བ་རིམ་གྱིས་དཀར་པོར་སོང་ནས་རི་རྩེ་ཐམས་ཅད་ཁྱབ་འགྲོ་བ་ཞིག་མ་གཏོགས་གཞན་གང་ཡང་མ་མཐོང་། དེ་དག་གི་རྒྱུ་མཚན་ཞུས་པར་ལན་གཞན་ཅི་ཡང་མི་གནང་བར། གནས་སྐོར་ལ་སོང་ཟེར་བ་འདི་འདྲ་བ་ཞིག་ལ་ཟེར་བ་ཡིན་ཞེས་གསུངས་ནས་ཐུགས་ཤིན་ཏུ་སྤྲོ་བའི་རྣམ་པ་མཛད། དེ་ཀའི་གནས་ཆེན་སོ་སོར་མཇལ་སྐབས་བསྟན་འགྲོ་

སྤྱིར་སྨན་པའི་ཐུགས་སྨོན་རྒྱ་ཆེན་པོ་གནང་། བདུན་པའི་ཚེས་ལ་ལྷུང་སྐྱ་རིན་པོ་ཆེའི་སྐུ་གདུང་མཆོད་རྟེན་ལ་ཡང་བསྐྱར་མཇལ། ཕེབས་ལམ་དུ་ཐོ་ཡོན་འཇམ་དབྱངས་བསྟན་དར་སོགས་ཀྱི་ཞུས་ངོར་བློ་སྦྱོང་དོན་བདུན་མའི་བཤད་ལུང་སོག་སྐད་ཀྱི་ལམ་ནས་གནང་བ་སོགས་ཀྱིས་མཚོན་པའི་གང་ལ་གང་འཚམ་གྱི་ཆོས་བཀའ་མང་པོ་བསྩལ། དགུ་བའི་ནང་བཱ་རིན་དུ་ཕེབས་ནས་ཏཱ་ཤང་གི་ཡཱ་མོན་དུ་བཞུགས། དེ་ནས་ཨ་ཏུ་ཧོར་ཆེན་དུ་སྐུ་བསྐྱོད་དེ་ཆིབས་བསུ་སེར་འཕྲེང་དང་བཅས་སྦྱིན་བདག་དམ་པ་ས་སྐྱོང་པཱེ་ལིའི་དགོན་པར་ཕྱག་བབ། གོང་མའི་བཀའ་བློན་གོ་ཤོག་ཨམ་ཧྲན་ནེ་མན་ཨེ་ཕུ་ཤང་རྗེ་འདི་ཉིད་ལ་མཇལ་ཕྱིར་གོང་དུ་ཟླ་ངོ་ཙམ་གྱི་གནང་བ་ཞུས་ཏེ། རང་གི་ཧོ་ཤོ་ལ་ཕེབས་ཡོད་པའི་རྒྱུ་མཚན་དང་བཅས་ཨེལ་ཆི་གདན་འདྲེན་པ་འབྱོར་བ་བཞིན་ཆིབས་བསྒྱུར། ཕེབས་ལམ་དུ་བསུ་བ་ཇ་ཐབ་སོགས་བཀུར་སྟི་ཆེན་པོས་གདན་དྲངས་ཏེ་ཡཱ་མོན་དུ་བཞུགས། མི་དབང་ལ་གསང་འདུས་ཀྱི་དབང་ཆེན་སྔ་གོན་དང་བཅས་པ་ཉིན་གཉིས་ལ་གནང་སྟེ་ཆོས་ཀྱིས་ཚིམ་པར་མཛད། །ལོ་མཇུག་སྐོར་ཨ་ཏུ་ཧོར་ཆེན་དུ་བཞུགས་སོ། །

རྗེ་ཉིད་དགུང་གྲངས་དོན་དྲུག་པ་ཤིང་སྟག་(༡༨༥༤)ལོའི་ལོ་སར་གྱི་དགའ་སྟོན་ཨ་ཏུ་ཧོར་ཆེན་ནས་བཞེས། གསུམ་པའི་ཚེས་ལ་ཤ་ཏ་སུའི་ཆབ་ཚན་ལ་ཕེབས། ལམ་བར་སྤཱ་རིན་ཏཱ་ཤང་གི་སར་ཕེབས། ཧོང་ལ་འཇིགས་བྱེད་དཔའ་གཅིག་གི་དབང་གནང་། བཞི་བའི་ཚེས་ནས་བདུན་ཕྲག་གསུམ་གྱི་རིང་ལ་ཆབ་ཚན་ལ་བཞུགས་གནང་མཛད་པས་སྐུ་ལ་ཤིན་ཏུ་འཕྲོད་པ་བྱུང་། ཨུ་ཅི་མི་ཆེན་ཤང་གིས་གདན་འདྲེན་ཞུས་པ་བཞིན་ཧོང་གི་ཨུ་རྒྱེར་ཕེབས་བཞུད་གནང་སྟེ། ཚེ་དཔག་མེད་ལྷ་དགུའི་དབང་གནང་ཞིང་ཟླ་ངོ་གཅིག་ལྷག་ཙམ་གྱི་རིང་བསྙེན་བཀུར་ཞུ་ནོམ་པ་ཞུས། འདི་ཕྱོགས་སུ་དགོན་པ་སོ་སོར་སྡེ་ཕྱིར་དགེ་སློང་བདུན་བརྒྱ་ལྷག་དང་། དགེ་ཚུལ་ཉིས་བརྒྱ་ཙམ་

བསླབ་གཞི་ལ་བཀོད། དེ་ནས་ཨ་ཅུ་ཧོར་ཆེན་དུ་ཕྱིར་ཕེབས་ལམ་ཧར་གོ་དེ་ཡན་ཆེའི་སྤྲུལ་སྐུ་མཆོག་གིས་གདན་འདྲེན་ཞུས་ངོར་དེར་ཕེབས་ཏེ་སྤྱན་རས་གཟིགས་རྒྱལ་བ་རྒྱ་མཚོའི་དབང་གནང་ངོ་། །དགུ་བའི་ཚེས་ལ་ནེ་མན་ཧོ་ཤོའི་སུ་མུར་ཕྱག་ཕེབས། མཚན་ཉིད་གྲྭ་ཚང་གསར་འཛུགས་མཛད་པར་འཛིན་གྲྭ་གསུམ་དུ་ཕྱེ། ཉིན་ཁ་ཤས་ལ་ཚོས་གྲྭར་ཕེབས་ཏེ་གསུང་ཆོས་སུ་ལམ་རིམ་ཆེན་མོ་བསྟུལ། འཛིན་གྲྭ་གོང་འོག་རིམ་པར་གཞི་གསུམ་ཆོ་ག ཀུན་མཁྱེན་བླ་མའི་ཕར་ཕྱིན་སྐབས་དང་པོ། བཙན་པོའི་བསྡུས་གྲྭ་བཅས་ཀྱི་བསྒྲི་བཞག་གཟབ་རྒྱས་གནང་། བཅུ་བའི་ཚེས་ལ་ཧལ་ཧ་ཚེ་ཧོར་པླེ་ལིའི་དགོན་དུ་ཕེབས་ཏེ་ཐུགས་དཀྱིལ་གྱི་རྟུལ་ཚོན་ལ་བརྟེན་ནས་དཔལ་དུས་ཀྱི་འཁོར་ལོའི་དབང་ཆེན་སྣ་གོན་དང་བཅས་ཡོངས་སུ་རྫོགས་པ་སེར་སྐྱ་ཁྲི་ཕྲག་བརྒྱལ་བར་གནང་སྟེ་རྡོ་རྗེའི་རིགས་གཅིག་ཏུ་སྨིན་པར་མཛད། བཀའ་ཆོས་འགྲུབ་སྟོན་སོག་སྐད་ཀྱི་བརྟན་བཞུགས་ཚིག་དོན་འཇེབས་ཤིང་འབྲེལ་ཆགས་པ་དང་དངུལ་སྲང་ལྔ་བརྒྱ་སོགས་དངོས་འབུལ་རྒྱ་ཆེ་བ་ཕུལ། བཅུ་གཉིས་པའི་ཚེ་མགོར་པེ་ཅིང་ཕྱོགས་སུ་ཕེབས་བཞིད་ཀྱིས་སྐུ་བསྐྱོད། ཉི་ཤུའི་ནང་པེ་ཅིང་གི་ལྟེང་སྐྱ་བླ་བྲང་ཆེན་མོ་ཟུང་ཧྲུ་ཟེར་ཕྱག་བབས། དེ་ཉིན་ཐམ་ག་བླ་མ་ཁྲི་ཐོག་པ་ཟམ་ཚ་ཧོ་ཐོག་ཐུས་གཙོས་པའི་ཡུང་དགོན་དང་། ཟུང་གྲུ་ཟེ་སོགས་ཀྱི་བླ་མ་ལས་སྡེ་ཁག་གིས་ཧོ་ཐོག་ཐུ་ཆེ་ཁག་ཕེབས་པའི་ལུགས་སྲོལ་ལྟར་གདན་འདྲེན་ཞུས་ཤིང་ཟླ་ངོ་གསུམ་ཙམ་ཕོ་བྲང་དུ་བཞུགས་སོ། །

ཤིང་ཡོས་(༡༩༥༥)ལོའི་གནམ་ལོ་གསར་ཚེས་ཀྱི་དགའ་སྟོན་པེ་ཅིང་ལྟེང་སྐྱ་བླ་བྲང་དུ་མཛད། ཕོ་བྲང་ནང་གི་བླ་དཔོན་ཕལ་ཆེ་བ་དང་། ཡུང་ཧོ་ཀོང་དགོན་མཚན་ཉིད་གྲྭ་ཚང་དང་། དུས་འཁོར་གྲྭ་ཚང་གཉིས་སོགས་མཇལ་པ་སྟོང་ཕྲག་ལྷག་ལ་མཇལ་ཁ་དང་དགའ་ལྡན་ལྷ་བརྒྱ་མའི་ཁྲིད་དང་། མཚན་བརྗོད་ཀྱི་ལུང་སོགས་

གནང་། པེ་ཅིང་ནས་སྐུ་བཏེགས་ཏེ་ཡེ་ཧོར་དུ་ཕེབས་རིང་ཏར་ཆེན་ཏཱ་ཤང་ཆེན་པོས་གདན་དྲངས་པར་ཕོ་བྲང་དུ་ཕྱག་བབས། དེར་གསང་བདག་འཁོར་ལོ་ཆེན་པོའི་དཀྱིལ་འཁོར་གྱི་དབང་གནང་། དབྱར་ཨོང་ཉོད་དུ་ཕེབས་ཏེ་ཨོང་ཉིད་ཤང་ལ་ཕྱག་རྫོར་གོས་སྔོན་གྱི་དབང་དང་། ཐུ་མེད་ཤོག་གི་དོན་ཡོན་བུ་ལག་ཏུ་དུས་འཁོར་སྒྲུབ་མཆོད་ཀྱི་ཚོགས་དབུར་བྱོན། རྗེ་ཉིད་ནས་ས་གར་དང་མཆོད་གར་གསར་འཛུགས་མཛད་པ་ལ་གཟིགས་རྟོག་གནང་པས་ཐུགས་ཀྱི་དགོངས་པར་སོན་པས་དགྱེས་ཚོར་ཆེན་པོ་བྱུང་། ཕྱོགས་ནས་ཆེད་གཉེར་གྱིས་འོང་པའི་བསླབ་བྱ་ལྔ་བརྒྱར་ཉེ་བ་ལ་དགེ་ཚུལ་སློང་གི་སྡོམ་པ་ཕོག་སྟེ་མཉམ་མེད་ཤཱཀྱའི་སྲས་སུ་བསྐྲུན། སྟོན་མོང་གོལ་ཆེན་ནས་གདན་དྲངས་པ་ལྟར་དེར་ཕེབས་ཤིང་ཆེ་གི་གེན་སྤྲུལ་སྐུ་སོགས་བླ་དཔོན་མང་པོར་འཇིགས་བྱེད་བཅུ་གསུམ་མ་སོགས་ཀྱི་དབང་ལུང་རྗེས་གནང་སོགས་ཆོས་ཀྱི་ཆར་གྱིས་ཚིམ་པར་མཛད། དེ་ནས་བེང་ཐུ་ཤང་གི་ཧོ་ཤོ་ལ་བྱོན་ནས་དེར་མི་ཏྲ་ལུགས་ཀྱི་འཁོར་ཆེན་དང་། རྒྱལ་བ་རྒྱ་མཚོའི་དབང་བསྐུར་སོགས་ཆོས་བཀའ་མང་པོ་གནང་། སྐབས་འདིར་སྐྱབས་མཆོག་སྐུ་འཕྲེང་གསུམ་པ་ཆེན་པོ་རྗེ་བཙུན་བློ་བཟང་འཇིགས་མེད་ཐུབ་བསྟན་རྒྱ་མཚོ་ཞལ་མ་བཞུགས་ཚུལ་གསན་པས་སྤྱན་ཆབ་མང་དུ་བྱུང་ཞིང་ཐུགས་སྐྱོ་ཚད་མེད་གནང་། དགུན་མོ་ཧི་ཧོ་ཐོག་ཐུའི་དགོན་དང་། དེ་ནས་ནེ་མན་ཧོ་ཤོའི་སུ་མུར་ཕེབས་ནས་མཚན་ཉིད་གསར་འཛུགས་ཀྱི་རིགས་ལུང་གི་རྒྱུགས་ཕུལ་པར་གཟིགས་རྟོག་མཛད་དོ། །

རྗེ་བླ་མ་ཉིད་དགུང་ལོ་དོན་བརྒྱད་བཞེས་པའི་མེ་འབྲུག་(༡༩༥༨)ལོའི་ལོ་སར་གྱི་དགའ་སྟོན་ཨ་རུ་ཧོར་ཆེན་པླེ་ལིའི་དགོན་དུ་གནང་། དཔྱིད་མགོར་ཧོར་ཆེན་ཇོ་རིག་ཐུ་ཏཱ་ཤང་གིས་གདན་དྲངས་པ་ལྟར། ཚོགས་པ་ཁྲི་ཕྲག་བརྒྱལ་པར་དང་པོའི་སངས་རྒྱས་དཔལ་དུས་ཀྱི་འཁོར་ལོའི་དབང་ཆེན་བསྩལ། ཨུ་བ་ཏེའི་དགོན་པར་ས་

ཆོག་གནང་སྡེ་སྐུ་གསུང་ཐུགས་ཡོངས་སུ་རྫོགས་པའི་དཀྱིལ་འཁོར་བཞེངས། ཉིན་གསུམ་གྱི་རིང་མདོ་རྒྱུད་གཞན་དང་མི་འདྲ་བའི་ཤིང་རྟའི་སྲོལ་ཆེན་རྒྱུད་ཀྱི་རྒྱལ་པོ་དཔལ་ཀཱ་ལ་ཙཀྲའི་དཀྱིལ་འཁོར་ཞལ་ཕྱེ་ནས་སྦྱོར་དངོས་མཇུག་གསུམ་ཡོངས་སུ་རྫོགས་པའི་དབང་ཆེན་ཚོགས་པ་སྟོང་ཕྲག་བརྒྱད་དུ་ལོངས་པ་ལ་བསྐུར་བས་སྟོང་གཟུགས་ཕྱག་རྒྱ་ཆེན་པོ་འགྲུབ་པའི་སྐལ་པ་མཆོག་ལ་སྦྱར། འདིས་མཚོན་པས་དེ་གའི་དགོན་མཆོད་གཞིས་སོ་སོར་རང་རང་གི་འདོད་མོས་ཀྱིས་དབང་ལུང་མན་ངག་དུ་མའི་ཆོས་སྦྱིན་གནང་བ་དང་། རབ་བྱུང་བསྙེན་རྫོགས་དུ་མ་གསར་སྒྲུབ་མཛད་པ་སོགས་བསྟན་འགྲོའི་དོན་རྒྱ་ཆེར་མཛད། དབྱར་རང་ཡུལ་དུ་ཕྱིར་འཁོར་པའི་སྦྱོར་པ་བརྩམས་ཤིང་ལམ་བར་དུ་སོག་པོའི་བླ་དཔོན་དང་དད་ལྡན་སོ་སོའི་འདོད་མོས་ལྟར་ཟབ་རྒྱས་ཆོས་ཀྱི་འཁོར་ལོ་རྒྱ་ཆེར་བསྐོར། དེ་ནས་ལོ་མཇུག་བསུ་བ་སེར་འཕྲེང་རྒྱ་ཆེན་པོ་དང་བཅས་དཔལ་ལྡན་བཀྲ་ཤིས་འཁྱིལ་དུ་ཕྱག་ཕེབས་སོ། །

དགུང་ལོ་དོན་དགུར་བཞེས་པ་མེ་སྦྲུལ(༡༨༥༧)ལོའི་དབྱིད་ཀ་ཁྲི་རིན་པོ་ཆེ་ནས་ཁུར་བཞེས་ཀྱིས་གྲྭ་ཚང་གིས་བརྟན་བཞུགས་ཕུལ་བར་དགྱེས་པའི་ཞལ་བཞེས་དང་། སྤྲུལ་སྐུ་ཆེ་ཁག་རྣམས་ལ་སྐུ་མདུན་དུ་དམ་བཅའ་ཚུགས་བཙུག་སྟེ་གཟིགས་རྟོག་མཛད། བཞི་བའི་འཛིན་གྲྭ་གཏུགས་ཀྱི་དུས་སུ་ཉིན་རེ་བཞིན་དུ་མ་ཆད་པར་ཕེབས་ཏེ། ཁྲིབ་མཐའ་འགོད་ལུགས། ཁྲིབ་འགྲིག་གཅོད་ལུགས་སོགས་གང་ཅིར་ཐུགས་བཞེས་ཟབ་པ་དང་། དབལ་མང་པཎྜི་ཏའི་སྤྲུལ་སྐུ་ཐུགས་ཐག་བཅད་དེ་རབ་བྱུང་གནང་། རྒྱལ་མཁན་པོ་སོགས་བླ་སྤྲུལ་འགར་བསྙེན་རྫོགས་བསྒྲུབས། ཧོར་ཟླ་བདུན་པར་སྐྱབས་མགོན་ཀུན་གཟིགས་མཆོག་གི་གདུང་རྟེན་གསེར་བཞེངས་ཀྱི་དངུལ་གདུང་བཞེངས་པ་ལ་རབ་གནས་མཛད། དུས་འཁོར་གྲྭ་ཚང་ལ་ས་གར་མཆོད་གར་བཅས་བཙུགས་ཤིང་འཆམ་གོས་སོགས་དགོས་ཆས་ཐམས་ཅད་ཉིད་ནས་

བཞག །བླ་བརྒྱད་པར་ལྕང་སྐྱ་མཆོག་སྤྲུལ་རིན་པོ་ཆེར་མཇལ་ཞུའི་ཆེད་ཆུ་བཟང་དུ་ཕེབས། སྤྲུལ་པའི་སྐུ་ལ་བདེ་གསང་འཇིགས་གསུམ་གྱི་དབང་སོགས་གནང་། དེ་ནས་དགོན་ལུང་དུ་ཐུའུ་བཀྭན་མཆོག་སྤྲུལ་རིན་པོ་ཆེ་དང་མཇལ་འཛོམས་མཛད་དོ། །

དགུང་གྲངས་བརྒྱད་ཅུར་ཕེབས་པ་ས་རྟ(༡༨༥༨)ལོར་འདུ་ཁང་ཆེན་མོའི་དྲི་གཙང་ཁང་གི་བྱམས་སྐུའི་གཟུངས་གཞུག་བསྐྱར་འབུལ་གྱི་བཀོད་ཁྲབ་དང་ཨར་ཆོག་རབ་གནས་དང་བཅས་པ་རྗེ་ཉིད་ནས་གནང་། ཕྱི་ལོ་ས་ལུག(༡༨༥༩)ལོའི་ཟླ་གསུམ་པར་དུས་འཁོར་གྲྭ་ཚང་གིས་ཞུས་ངོར་དུས་འཁོར་གྱི་དབང་ཆེན་ཞིབ་རྒྱས་བསྩལ།

དགུང་ལོ་གྱ་གཉིས་བཞེས་པའི་ལྕགས་སྤྲེལ(༡༨༦༠)ལོར་སྐྱབས་མགོན་སྐུ་འཕྲེང་གསུམ་པའི་ཡང་སྤྲུལ་རྗེ་བླ་མ་འདི་ཉིད་ཀྱིས་ཁུར་བཞེས་ཀྱིས་ཐུགས་ཐག་བཅད་དེ་གདན་སར་བཀོད། དཔྱིད་ཀར་ཐུའུ་བཀྭན་མཆོག་སྤྲུལ་རིན་པོ་ཆེར་ལམ་གཙོའི་ཁྲིད། གསང་འདུས་འཕགས་ལུགས་དང་བདེ་མཆོག་དྲིལ་བུ་ཕྱི་ནང་གི་དབང་སོགས་ཆོས་བཀའ་མང་པོ་གནང་། ཉིད་ཀྱི་བླ་བྲང་དུ་སྡར་བཞུགས་ལམ་རིམ་བླ་བརྒྱུད་ཀྱི་ཁ་བསྐང་། དུས་འཁོར་གྱི་སྐུ་བརྙན་གསར་བཞེངས་དང་འབྲས་སྤུངས་མཆོད་རྟེན་བཅས་ལ་རབ་གནས་མཛད། རྒྱ་ཁང་རྩེ་ཐོག་གསར་བཞེངས་ལ་རབ་གནས་དང་། ལོ་ལྟར་རྒྱུད་ཁང་དུ་རབ་གནས་དགེ་ལེགས་ཆར་འབེབས་ཀྱི་རྒྱུན་བཙུགས། ཕྱི་ལོ་ལྕགས་བྱ(༡༨༦༡)ལོར་དུས་འཁོར་གྲྭ་ཚང་གི་བླ་གྲྭ་ཁུང་བརྩུས་ལ་མངོན་བྱང་གི་སྒྲུབ་མཆོད་འཛུགས་པའི་ཆེད་དུ་དེའི་དབང་གནང་ཞིང་སྲུ་ཉིད་ཞབས་དྲུང་ལ་གཏོང་ཐེབས་འཇོག་ཏུ་བཅུག ཐུའུ་བཀྭན་མཆོག་སྤྲུལ་རིན་པོ་ཆེ་ཆེད་གཉེར་གྱིས་དུས་འཁོར་དབང་ཞུ་བར་ཕེབས་པའི་ཐུགས་བཞེད་ཡིད་བཞིན་དུ་བསྐངས། བཀའ་རམས་འཛིན་གྲྭའི་ཞུས་ངོར་འདུལ་པ་མདོ་རྩའི་བཤད་ལུང་དང་འདུལ་པ་སུམ་བརྒྱ་པའི་ལུང་སོགས་ཞིབ་གསལ་གནང་། དེ་ནས་རྗེ་བླ་མ་ཉིད་དགུང་ལོ་གྱ་བཞིར་ཕེབས་

པ་ཆུ་བྱི་(༡༨༥༢)ལོའི་སློན་ལམ་སྐབས་སོག་འགྲུལ་རྣམས་ལ་ཚེ་དབང་གནང་། བླ་བྲང་རང་གི་ལས་དོན་གང་ཅིར་ཇུས་བཀོད་གནང་རྗེས། ཏོར་ཟླ་གཉིས་པའི་ཆོས་བཞིའི་ཉིན་དུས་འཁོར་ལས་གསུངས་པའི་འབྱུང་བ་རྩུད་རིམ་ལྟར་གནོད་པ་ཅི་ཡང་མེད་པར་གཟུགས་སྐུའི་བཀོད་པ་ཆོས་དབྱིངས་སུ་བསྡུ་བའི་ཚུལ་བསྟན་ཏོ། །དེར་རྗེ་རང་གི་བླ་བྲང་དང་སློབ་ཚོགས་སྤྱི་སྒེར་སོ་སོ་ནས་མཆོད་སྤྲིན་བསམ་གྱིས་མི་ཁྱབ་པ་ཉིན་མཚན་ཁོར་མོ་ཡུག་ཏུ་བསྒར་ཞིང་། ཆོས་སྐྱོད་བདག་འཇུག་གཞུང་ཆེན་གྱི་སྐོར་སྒྲུངས་སོགས་ཐུགས་དགོངས་རྫོགས་པའི་ཐབས་ལ་བརྩོན་པ་ལྷུར་བསྐྱེད། སྐྱབས་མགོན་མཆོག་སྤྲུལ་རིན་པོ་ཆེ་གཙོས་པའི་དཔལ་ལྡན་བཀྲ་ཤིས་འཁྱིལ་དང་། རང་དགོན་ཆོས་འཁོར་དགོན་པ་སོགས་གཞིར་བྱས་པའི་ཕྱོགས་ཡས་མས་ཀྱི་སྐྱེས་ཆེན་དང་དགོན་སྡེ་ཆེ་ཕྲ་མང་པོར་དངོས་འབུལ་མང་འགྱེད་སོགས་ཀྱི་དགོངས་རྫོགས་གཏོས་ཆེན་བསྐྲུབས། དེ་ནས་རིམ་གྱིས་གདུང་རྟེན་དུ་དངུལ་གྱི་མཆོད་རྟེན་བཟོ་བཀོད་ལེགས་ཤིང་ཕྲ་རྒྱན་གྱིས་མཛེས་པ་བཞེངས་ཤིང་། སྐུ་གདུང་ཡིད་བཞིན་གྱི་ནོར་བུ་རིན་པོ་ཆེ་དེར་བཞུགས་སུ་གསོལ་ཏེ་སྲིད་ཞིའི་མཆོད་སྡོང་དམ་པར་རྒྱུད་སྨད་པའི་འདུ་ཁང་དུ་སྐུ་གོང་མའི་གདུང་རྟེན་གྱི་གཡོན་ངོས་སུ་བཞུགས་པར་བྱས་སོ། །

རྗེ་བླ་མ་འདི་ཉིད་ཀྱི་གསུང་ལས་སྐྱེས་པའི་སློབ་མའང་བོད་སོག་རྒྱ་ཡུལ་གང་སར་ཆེས་མང་ཡང་འདིར་དཔེར་མཚོན་ཙམ་བཀོད་ན། མཚོ་སྔོན་ཕྱོགས་ནས་ལྕང་སྐྱ་སྐུ་འཕྲེང་བཞི་བ་རྗེ་བཙུན་ཡེ་ཤེས་བསྟན་པའི་རྒྱལ་མཚན་དང་། ལྕང་སྐྱ་སྐུ་འཕྲེང་ལྔ་བ་བློ་བཟང་ཐུབ་བསྟན་དར་རྒྱས། ཐུའུ་བཀྭན་སྐུ་འཕྲེང་དྲུག་པ་བློ་བཟང་བཤད་སྒྲུབ་དབང་ཕྱུག་རྒྱ་མཚོ་ཚུ་བཟང་ཏཱ་ཐོག་ཐུ་སྐུ་འཕྲེང་བཞི་བ་བློ་བཟང་ཐུབ་བསྟན་རབ་རྒྱས། ཨ་ཀྱཱ་ཧོ་ཐོག་ཐུ་སྐུ་འཕྲེང་བཞི་བ་ཡེ་ཤེས་མཁས་གྲུབ་རྒྱ་མཚོ། སྟོང་སྐོར་ཧོ་ཐོག་ཐུ་སྐུ་འཕྲེང་དགུ་བ་ཐུབ་བསྟན་འཇིགས་མེད་རྒྱ་མཚོ། རོང་བོ་མཁན་ཆེན་སྐུ་

འཕྲེང་ལྔ་བ་བློ་བཟང་དཔལ་ལྡན་རྒྱ་མཚོ་སོགས་དང་། མདོ་སྨད་བླ་བྲང་ཕྱོགས་ནས་ཀུན་མཁྱེན་སྐུ་འཕྲེང་གསུམ་པ་རྗེ་བཙུན་བློ་བཟང་འཇིགས་མེད་རྒྱ་མཚོ་དང་། ཀུན་མཁྱེན་སྐུ་འཕྲེང་བཞི་བ་སྐལ་བཟང་ཐུབ་དབང་ཕྱུག ཀུང་ཐང་འཇམ་པའི་དབྱངས་དཀོན་མཆོག་བསྟན་པའི་རྒྱ་མཚོ། ཟམ་ཚ་གསེར་ཁྲི་སྐུ་འཕྲེང་བཞི་བ་འཇིགས་མེད་བསམ་འགྲུབ་རྒྱ་མཚོ། ཧོར་ཚང་གསེར་ཁྲི་སྐུ་འཕྲེང་བཞི་བ་འཇིགས་མེད་བསྟན་པའི་ཉི་མ་སོགས་དུས་ཐོག་དེ་ཀའི་སྐྱེ་སྤྲུལ་ཕལ་ཆེར་བུ་སློབ་ཏུ་མ་གྱུར་པ་མེད་པ་ལྟ་བུ་དང་། ཆེན་པོ་ཧོར་གྱི་ཡུལ་ལ་མཚོན་ནའང་ནང་གི་ཚོ་ཆེན་ཞེ་དགུ་དང་། ཕྱིའི་ཚོ་ཆེན་ང་བདུན་བཅས་སུ་ཕྱང་དང་པླེ་ལི་སོགས་མཚོན་པའི་བླ་དཔོན་སློབ་མར་གཏོགས་པ་ཆེས་མང་ངོ་། །

ཇོམ་པ་ཞིགས་བཤད་ཀྱི་ཆ་ནས་ཀྱང་དེང་དུས་ཀྱི་རྡོ་རྗེ་སློབ་དཔོན་དག་ལ་ཕན་ཞིང་དབང་རྒྱུན་གྱི་གསོས་སུ་གྱུར་པ་དཀྱིལ་ཆོག་གི་སྐོར་དང་། དུས་འཁོར་གྱི་གཞུང་བསྐྱེད་རིམ་འཇམ་དཔལ་ཞལ་ལུང་། རྩ་ལྟུང་རྣམ་བཞག བསྙེན་པའི་ཡི་གེ་ཐུགས་དཀྱིལ་ངག་འདོན། སྦྱིན་བསྲེག་ཆེ་ཆུང་སོགས་རྒྱུད་དང་འགྲེལ་བ་གུང་བསྒྲིགས་པའི་སྔོན་མེད་ཀྱི་ཞིགས་བཤད་ཡོད་བརྒྱུད་ལྷག་བཞུགས་སོ།། །།

བཞི་པ། སྐྱབས་རྗེ་སྡེ་ཁྲི་རིན་པོ་ཆེ་སྐུ་འཕྲེང་བཞི་པ་རྗེ་བཙུན་བློ་བཟང་ལུང་རིགས་ཉི་མ་དཔལ་བཟང་པོ།

བློ་བཟང་རྒྱལ་བའི་གསང་གསུམ་དབྱངས་སྙན་མཛོད། །
ལུང་རིགས་གཙང་མས་དུས་མཐར་སྤེལ་པ་ལ། །
འཁྲུལ་བྲལ་སྨིན་སྟོང་ཉི་མ་ཡོངས་ཤར་བའི། །
གདན་གྱི་སྐྱབས་གནས་གང་དེར་སྙིང་ནས་འདུད། །

སྡེ་ཁྲི་རིན་པོ་ཆེ་སྐུ་འཕྲེང་བཞི་པ་མཆོག་སྤྲུལ་བློ་བཟང་ལུང་རིགས་ཉི་མ་དཔལ་བཟང་པོ་ནི། མདོ་སྨད་ཀྱི་སའི་ཆ་སྤར་ཙོ་ནེ་དཔོན་ཆེན་གྱི་མདའ་རིས་སུ་གཏོགས་པ་ཨ་འཁོར་ཐག་དཀར་གནས་ཆེན་གྱི་ཉེ་འཁོར་དུ་རབ་བྱུང་བཅུ་བཞི་པའི་ཆུ་ཁྱི་(༡༨༦༢)ལོར་རིགས་གཟུགས་དང་གཏོང་འཕྱོར་བ་ཕུན་སུམ་ཚོགས་པའི་རྒྱན་གྱིས་མཛེས་པ། རྟག་གུའི་ཡབ་ནམ་མཁའ་དོན་འགྲུབ་དང་ཡུམ་མཁའ་འགྲོ་གཉིས་ཀྱི་སྲས་སུ་སྐུ་འཁྲུངས་སོ། །

དགུང་ལོ་ལྔ་བཞེས་པའི་མེ་སྟག་(༡༨༦༦)ལོའི་དཔྱིད། རྗེ་ཉིད་ཀྱི་ཟླ་བྲང་དང་། སྐུ་གོང་མའི་སློབ་མར་གྱུར་པ་རོང་པོ་མཁན་ཆེན་དགེ་འདུན་རྒྱ་མཚོའི་སྤྲུལ་སྐུ་བློ་བཟང་དཔལ་ལྡན་རྒྱ་མཚོ་དང་། ཀུན་མཁྱེན་སྐལ་བཟང་ཐུབ་བསྟན་རྒྱ་མཚོའི་ཡོངས་འཛིན་རྗེ་བཙུན་ཤེས་རབ་རྒྱ་མཚོ་སོགས་ཀྱིས་གཙོ་འཁན་བཞེས་ཏེ། ཧོར་ཟླ་བཞི་པའི་ཚེས་བཅུ་གསུམ་ཉིན་ཐུགས་ཐག་བཅད། དེ་ནས་ལོ་དེའི་དགུ་པའི་ཡར་ཚེས་བཟང་པོར་གསང་འཛིན་ལས་ཀྱི་རྡོ་རྗེ་རིམ་པར་བྱོན་པའི་གདན་ཁྲིར་ཞབས་ཀྱི་པདྨ་མངོན་པར་བཀོད། ཕྱི་ལོར་ཧོར་ཟླ་བཞི་བའི་ཉ་ལ་གདངས་ཅན་གྱི་ཉེ་བར་འཁོར་

ཆེན་པོ་རྗེ་བཙུན་ཤེས་རབ་རྒྱ་མཚོ་བའི་ཞལ་སྔ་ནས་ལས་རབ་ཏུ་བྱུང་ཞིང་མཚན་བློ་བཟང་ལུང་རིགས་ཉི་མར་གསོལ།

དགུང་ལོ་བདུན་བཞེས་པའི་ས་འབྲུག(༡༨༦༨)ལོའི་ཟླ་བཞི་བའི་ཚེས་བརྒྱད་ཉིན་རྗེ་བཙུན་ཤེས་རབ་རྒྱ་མཚོ་བ་གང་གི་སྤྱན་སྔ་ནས་ཀྱིས་དགེ་ཚུལ་གྱི་ཁྲིམས་གཙང་བསྙོའི་སྒྲུབས་སུ་རྣམ་གྲོལ་སྦྲང་རྩིའི་དོག་པས་ཕྱུར་བུར་བཀང་སྟེ་སྐལ་བཟང་ཨང་དྲུག་ཡོངས་ཀྱི་ཉེར་འཚོ་ཟླ་ན་མེད་པར་བསྐྱབས་ཤིང་ཞབས་བརྟན་གསོལ་འདེབས་ཀྱང་ལྷུགས་རྫོམ་མཛད། མཆོག་སྤྲུལ་རིན་པོ་ཆེའི་སྐུའི་ཟླ་ཞལ་གསར་དུ་ཆོས་པ་ནས་ཀྱང་བག་མེད་བྱིས་པའི་ངང་ཚུལ་རིང་དུ་དོར་ཏེ། སྔོན་གོམས་དམ་པའི་རང་རྟགས་ལུང་རྟོགས་ཡོན་ཏན་གྱི་འོད་དཀར་ལྷན་སྐྱེས་སུ་འགྲོགས་པས་གཟུར་གནས་དཔྱོད་ལྡན་ཀུན་གྱི་ཡིད་ཀྱི་བརྟན་པ་རང་དབང་མེད་པར་འཕྲོག་ཅིང་། འཇམ་མགོན་པཎྜིའི་མཚན་ཅན་ལས། བདེ་གསང་འཇིགས་གསུམ། ཀྱཻ་རྡོར་དུས་འཁོར་སོགས་རྒྱུད་སྡེ་བཞིའི་ཟུར་བཀའི་དབང་གང་ཡོད་དང་། མི་ཏྲ་རྫོ་ཕྲེང་སོགས་ཀྱི་བཀའི་དབང་། རིན་འབྱུང་། བརྒྱ་རྒྱམ། ཆོས་སྐྱོང་སོ་སོའི་རྣམ་འགྱུར་མི་འདྲ་བ་དུ་མའི་བྱིན་རླབས། གྲོལ་བྱེད་ཁྲིད་ཀྱི་རིགས། རྒྱབ་རྟེན་ལུང་གི་སྐོར་སོགས་ཆོས་བཀའ་མཐའ་ཡས་པ་གསན་ཏེ། ཟབ་རྒྱས་ཀྱི་གདམས་པ་རྒྱ་མཚོ་ལྟ་བུའི་གཏེར་དུ་གྱུར་ཏོ། །

མཆོག་སྤྲུལ་ཉིད་དགུང་གྲངས་དགུ་བཞེས་པའི་ལྕགས་རྟ(༡༨༧༠)ལོར། ཆོས་འཁོར་འདི་ཉིད་ཀྱི་ཕྱོགས་སུ་ཆིབས་ཀྱི་ཁ་ལོ་བསྒྱུར་ཏེ། དགོན་གྲོང་ཚང་མས་གསོལ་བ་བཏབ་པའི་ངོར། འདུ་ཁང་ནང་ནས་ཉམས་རྟོགས་ལྡན་གྱིས་གྲུབ་པའི་རང་མདངས། ཕྱི་གཞན་སྣང་ཟིལ་གྱིས་གནོན་པའི་རྣམ་འགྱུར། ཡབ་རྗེ་གོང་མའི་སྐུ་ཉམས་མིག་ལ་མངོན་སུམ་དུ་བསྟེན་ནས། གཞུང་ལུགས་ལ་ཡུན་དུ་སྦྱངས་པའི་བློ་ཆེན་ཅན་པོ་དག་གི་ཁེངས་པའི་རི་བོ་བཤིལ་པར་བྱེད་པའི་ལེགས་བཤད་ཀྱི་སྐྱེས་

དང་བཅས་གྲུབ་པའི་རྒྱལ་མོ་ནས་བརྒྱུད་པའི་ཚེ་དབང་ཟབ་མོ་སྨིན་རྒྱས་སུ་བསྩལ་ཅིང་། གྲྭ་ཚང་གི་འཆད་ཉན། ཚོགས་ཆོས་གྲྭའི་འགྲིག་ལམ། རྩོད་པ། འདོན་རྟ་དབྱངས་སོགས་ལ་ཞིབ་གཟིགས་ངོས་ཉམས་མེད་ཡར་རྒྱས་ཀྱི་ཞལ་བཀོད་དང་། སེར་སྐྱ་དྲག་ཞན་ཐམས་ཅད་ལ་གང་ལ་གང་འདོད་ཀྱི་ཆོས་དང་ཟང་ཟིང་གི་ཆར་ཕབ་སྟེ་བསྡུ་བའི་དངོས་པོ་བཞིའི་སྒོ་ནས་དད་གུས་འགྱུར་བ་མེད་པའི་ས་ལ་བཀོད། ཆེན་པོ་ཧོར་ཡུལ་གྱི་ས་སྐྱོང་དད་ལྡན་དུ་མས་ནན་ཆེན་པོས་ཡང་ཡང་གདན་དྲངས་པ་ལྟར། དགུང་ལོ་བཅུར་སོན་པའི་ལྕགས་ལུག་(༡༨༧༡)ལོར་རྒྱ་ཡུལ་བརྒྱུད་དེ། འཇམ་བུའི་གླིང་གི་གནས་ཆེན་ལྔའི་ཡ་གྱལ་རྗེ་བཙུན་འཇམ་པའི་དབྱངས་ཀྱི་ཞིང་ཁམས་རི་བོའི་རྩེ་ལྔར་ཕྱིན་ནས་ཟླ་ལྷག་ཙམ་བཞུགས། ནང་སྐོར་དང་རྩེ་སྐོར་སོགས་ཞིབ་མཇལ་དུས་སུ་དག་པའི་གཟིགས་སྣང་ཡ་མཚན་པ་མང་པོ་བྱུང་། དེར་ལྕང་སྐྱ་སྐུ་འཕྲེང་ལྔ་པ་རིན་པོ་ཆེ་རྗེ་བཙུན་བློ་བཟང་ཐུབ་བསྟན་དར་རྒྱས་དང་མཇལ་པས། ཕོང་རྣམ་གཉིས་ཡབ་སྲས་ཐུགས་ཡིད་གཅིག་འདྲེས་ཀྱིས་ལྕང་སྐྱ་རིན་པོ་ཆེས་མཆོག་སྤྲུལ་ཉིད་ལ་བཀུར་བཟོས་ཁྱད་པར་དུ་འཕགས་པ་མཛད། འཇམ་དབྱངས་གོང་མའི་ནང་བློན་ཆེན་པོ་དུ་མས་ཞབས་རྟུལ་ཕྱི་བོར་བླངས། དེ་ནས་རིམ་གྱི་པླ་རིན་ཕང་། ཨ་ཏུ་ཧོར་ཆེན་པེ་ཅི། སེ་ཧྲ་ཧོ་ཐོག་ཐུ་སོགས་བླ་དཔོན་སོ་སོའི་དད་མོས་ཀྱི་རེ་བ་ཡིད་བཞིན་དུ་སྐོང་པའི་མུ་ནས། ངོ་ལོན་བུ་ལག་སོགས་སུ་བཞུགས་སྐབས་ཤམ་ཧྲ་ལའི་ལོ་རྒྱུས་ཀྱི་ཞལ་འཕྲོས་ཡང་ཡང་གླེང་པ་ཞིག་བྱུང་ཞིང་། ལོ་འདིའི་ཧོར་ཟླ་བཅུ་གཉིས་པའི་མར་ངོ་ཙམ་ནས་གདུལ་བྱའི་བསོད་ནམས་ཤིན་ཏུ་དམན་པའི་དབང་གིས་མཆོག་སྤྲུལ་ཉིད་སྐུ་བསྡུང་ཚུལ་བསྟན་པ་དང་། དེ་ནས་དགུང་ལོ་བཅུ་གཅིག་བཞེས་པ་རབ་བྱུང་བཅོ་ལྔ་བའི་ཆུ་སྤྲེལ་(༡༨༧༢)ལོའི་ཚེ་འཕྲུལ་གྱི་ཆོས་བརྒྱད་ལ་ཞིང་འདིར་གཟིགས་སྐུ་རགས་པའི་བཀོད་པ་བསྡུས་ཚུལ་བསྟན་ཏོ།། །།

ལྔ་པ། སྐྱབས་རྗེ་སྲེ་ཁྲི་རིན་པོ་ཆེ་སྐུ་འཕྲེང་ལྔ་པ་རྗེ་བཙུན་འཇིགས་མེད་ཐུབ་བསྟན་ཉི་མ་དཔལ་བཟང་པོ།

འཇིགས་མེད་སྟོབས་བཅུའི་དཔུང་ལ་དབང་བསྒྱུར་ཞིང་། །
ཐུབ་བསྟན་ཕྱོགས་མཐར་སྤེལ་པའི་མངའ་བདག་ཆེ། །
སྨྲ་བའི་ཉི་མ་སྲིད་གསུམ་སྐྱེ་དགུའི་གཉེན། །
ཐེག་མཆོག་བཤེས་གཉེན་སྤྱི་བོའི་རྒྱན་དུ་མཛེས། །

སྲེ་ཁྲི་རིན་པོ་ཆེ་སྐུ་འཕྲེང་ལྔ་པ་ཆེན་པོ་རྗེ་བཙུན་འགྲོ་བའི་མགོན་པོ་འཇིགས་མེད་ཐུབ་བསྟན་ཉི་མ་དཔལ་བཟང་པོ་ནི། མདོ་སྨད་ས་ཡི་ཐིག་ལེ། དགེ་བཅུའི་འདབ་བརྒྱ་རྣམ་པར་བཞད་པའི་ས་ཆ། ཚངས་པའི་འཇིག་རྟེན་དབང་དུ་བྱེད་པའི་མངའ་བདག་ཙོ་ནེ་དཔོན་ཆེན་གྱི་ཐུགས་རྗེ་འོད་ཟེར་གྱིས་ཉེ་བར་སྐྱོང་བའི་ཡུལ་གྲུ་ཨ་འཕོར་དུ་འབོད་པའི་སའི་ཆར་རིགས་རུས་ཕུན་སུམ་ཚོགས་པའི་རྒྱུད་དུ་ཡབ་ནམ་མཁའ་དོན་འགྲུབ་དང་ཡུམ་མཁའ་འགྲོ་གཉིས་ཀྱི་སྲས་སུ་ངོ་མཚར་པའི་ལྟས་མང་པོ་དང་བཅས་རབ་བྱུང་བཅོ་ལྔ་བའི་ཤིང་ཁྱི(༡༨༧༩) ལ་སྐུ་བལྟམས། སྐུ་ཆུང་ངུའི་དུས་ནས་སྔོན་གོམས་དམ་པའི་རང་རྟགས་ལྷན་སྐྱེས་སུ་ཆས་པས་ཟབ་མོའི་ཆོས་ལ་སྤྱུང་པའི་ཐུགས་འདུན་ཤིན་ཏུ་ཆེ་ཞིང་མཁྱེན་རབ་ཀྱི་རྩལ་རབ་ཏུ་ཡངས་པས་ཡུལ་མི་ཀུན་གྱི་དད་པའི་སོར་འདབ་སྙིང་ཀར་དབང་མེད་དུ་སྦྱོར་དགོས་པ་ཞིག་ཏུ་གྱུར། རྗེ་ལ་ཞབས་རྗེས་འདམ་བཟློས་ལྟར་འཇོག་ཐུབ་པ་སོགས་སྟོབས་བཅུ་མངའ་བའི་དབང་ཕྱུག་ཏུ་གྱུར་པའི་དན་རྟགས་ངོ་མཚར་མང་པོ་མངའ་ཞིང་། དགུང་གྲངས་

དྲུག་བཞེས་པའི་སྟེང་སྐྱབས་མགོན་ཀུན་མཁྱེན་རིན་པོ་ཆེ་རྗེ་བཙུན་སྐལ་བཟང་ཐུབ་བསྟན་དབང་ཕྱུག་ཉིད་ནས་གསང་བའི་མཛོད་འཛིན་གྲུབ་པའི་དབང་ཕྱུག་ཆེན་པོ་རྗེ་བཙུན་བློ་བཟང་ལུང་རིགས་ཉི་མའི་ཡང་སྤྲུལ་དུ་ངོས་འཛིན་གནང་ཞིང་མཚན་འཇིགས་མེད་ཐུབ་བསྟན་ཉི་མ་ཞེས་གསོལ། བསྟན་པ་སྤྱི་དང་ཁྱད་པར་མདོ་སྔགས་བསྟན་འགྲོའི་མངའ་བདག་ཏུ་དབང་བསྐུར་ཏེ་བསྟན་པའི་འབྱུང་གནས་དཔལ་ལྡན་བཀྲ་ཤིས་གཡས་སུ་འཁྱིལ་པའི་ཆོས་སྡེ་ཆེན་པོར་གདན་དྲངས། དེ་ནས་དེ་གའི་གདོང་ལྔའི་དབང་པོས་མཛོ་བར་བཏེགས་པའི་མི་འཇིགས་ཆོས་ཀྱི་ཁྲི་ལ་ཞབས་ཀྱི་པདྨ་རྣམ་པར་བཀོད་དེ་དང་ལྡན་སྐྱེ་བོ་ཀུན་གྱི་བསོད་ནམས་ཀྱི་དཔལ་དུ་བཞུགས། དུས་གསུམ་རྒྱལ་བའི་སྤྱི་གཟུགས་སྐྱབས་མཆོག་རིན་པོ་ཆེའི་སྤྱན་སྔར་རབ་ཏུ་བྱུང་ནས་ཚོགས་སྡེ་མ་དགེ་ཚུལ་གྱི་སྡོམ་པ་ལེགས་པར་མནོས། མཁན་རིན་པོ་ཆེ་ངག་དབང་ཐུབ་བསྟན་རྒྱ་མཚོ་སོགས་མཁས་པའི་དབང་པོ་དུ་མའི་ཞབས་སེན་སྤྱི་བོར་མཆོད་དེ་གཞུང་བཀའ་པོད་ཆེན་པོ་ལྔའི་དགོངས་དོན་ཚིག་སྤྱི་ཙམ་དུ་མ་ལུས་པའི་གསན་སྦྱོང་ཕུ་ཐག་ཆོད་པ་མཛད་དོ། །

གཞན་སྐད་སོག་དང་རྒྱ་ནག་སོགས་ཀྱི་ཡུལ་གྲུ་མང་པོར་ཕེབས་ཏེ་ཤར་ཕྱོགས་རྒྱ་མཚོའི་མཐའི་བར་འཕྲིན་ལས་ཀྱི་དབྱར་རྔས་ཀུན་ཏུ་འགེངས། དེ་ནས་རྗེ་ཉིད་ཀྱི་ཐུགས་བསྐྱེད་སྨོན་ལམ་རྣམ་པར་དག་པའི་མཐུ་ལས་ལེགས་པར་འཕོས་པའི་ཆོས་སྡེ་ཆེན་པོ་འདིར་ཕེབས་བཞུད་གནང་སྟེ་ཆོས་ཀྱི་ཆར་གྱིས་ཚིམ་པར་མཛད། རྗེ་འདི་ཉིད་དགུང་ལོ་མང་དུ་མ་བཞུགས་ཀྱང་དེ་ཚེ་བཙུན་པའི་བྱ་བ་བསླབ་གསུམ་གྱི་ཉམས་ལེན། མཁས་པའི་བྱ་བ་འཆད་རྩོད་རྩོམ་གསུམ། གཞན་ཕན་གྱི་བྱ་བ་འཁོར་ལོ་གསུམ་གྱི་སྒོ་ནས་མཁས་གྲུབ་སྐུ་འཕྲེང་དུ་མའི་རྣམ་ཐར་བདག་གིར་བཞེས་ཏེ་ཟབ་གསང་ཆོས་ཀྱི་ཟ་སྒྲ་ཆེན་པོ་བར་མ་ཆད་པ་བསྒྲགས་ཤིང་ཉིན་མཚན་དོན་ཡོད་དམ་པའི་

ཆོས་ཀྱིས་དུས་འདའ་བར་མཛད་པ་དང་བསྟུན། བྲང་ངེས་རྣམ་འབྱེད་ཀྱི་ཐེན་ཤྲིས་བླ་མའི་ཐུགས་རྗེ་འོད་སྟོང་ཟེར་གྱིས་ཕྱེ་བའི་ལེགས་བཤད་པདྨ་དཀར་པོ་དང་། སྟེ་ཁྲི་འཇམ་དབྱངས་ཐུབ་བསྟན་ཉི་མའི་གསང་གསུམ་གྱི་རྟོགས་བརྗོད། འཇམ་དབྱངས་དཀར་པོའི་བསྟོད་པ་སོགས་ལྷུགས་རྩོམ་མང་པོ་བསྟན་འགྲོའི་དཔྱིད་དུ་སྤེལ། དེ་ནས་དགུང་ལོ་ཉེར་ལྔ་བཞེས་པའི་རབ་བྱུང་བཅོ་ལྔ་བའི་ས་ཁྲི(༡༥༥༥)ལ་ཞིང་འདིའི་གདུལ་བྱ་རྫོགས་པར་དགོངས་ནས་དག་པ་མཁའ་སྤྱོད་དུ་གཤེགས་སོ། །

གཞན་ཡང་ཀུན་མཁྱེན་སྐུ་འཕྲེང་བཞི་བ་རྗེ་བསྐལ་བཟང་ཐུབ་བསྟན་དབང་ཕྱུག་མཆོག་གི་རང་རྣམ་དུ་རྗེ་འདི་ཉིད་མེ་བྱ(༡༥༧) ལོའི་ཟླ་བཅུ་གཅིག་པའི་ཉི་ཤུ་དྲུག་བདུན་ཡས་མས་ལ་ཞལ་མ་བཞུགས་པའི་གཏམ་ཐོས་ཚུལ་གསལ་པར་གསུངས་པས་དཔྱད་པར་འཚལ་ལོ།། །།

དྲུག་པ། སྐྱབས་རྗེ་སྲེ་ཁྲི་རིན་པོ་ཆེ་སྐུ་འཕྲེང་དྲུག་པ་རྗེ་བཙུན་སྐལ་བཟང་མཁྱེན་རབ་རྒྱ་མཚོ་དཔལ་བཟང་པོ།

སྐལ་བཟང་བསོད་ནམས་ཆུ་གཏེར་གཡོ་བ་ལས། །
མཁྱེན་རབ་ཟླ་བ་སྟོང་གི་ཟེར་བརྒྱ་ཡིས། །
རྒུད་པའི་ཚ་གདུང་སེང་གི་ལྷག་མ་ཅུ། །
མཛད་མཁས་ཡོན་ཏན་རྒྱ་མཚོའི་མགོན་དེ་རྒྱལ། །

སྲེ་ཁྲི་རིན་པོ་ཆེ་སྐུ་འཕྲེང་དྲུག་པ་རྗེ་བཙུན་སྐལ་བཟང་མཁྱེན་རབ་རྒྱ་མཚོ་དཔལ་བཟང་པོ་ནི། མདོ་སྨད་རེབ་གོང་གི་སའི་ཆར་གཏོགས་རོང་འབྲོག་ཚོ་ལྔ་ཞེས་གྲགས་པའི་ནང་ཚན་དགེ་བཅུའི་དཔལ་གྱི་ལང་ཚོ་དར་པ་ཐེའུ་སར་ཐེ་སང་གི་ཁྱིམ་གཞིར་ཡབ་ཚེ་བརྟན་དང་། ཡུམ་ཡི་དམ་སྐྱིད་གཉིས་ཀྱི་སྲས་སུ་རབ་བྱུང་བཅོ་ལྔ་བའི་ས་ཁྱི་(༡༨༥༥)ལོའི་སྟོན་ཟླའི་ཚེས་བཟང་པོར་དགེ་མཚན་གྱི་ལྟས་དུ་མ་དང་བཅས་སྐུ་བལྟམས། ཆུང་དུའི་དུས་ནས་དམ་པའི་བག་ཆགས་སད་དེ་ཆོས་དང་མི་མཐུན་པའི་རྩེད་མོ་མི་མཛད་པ་དང་། སྔོན་གནས་རྗེས་དྲན་ལ་ཐོགས་པ་མེད་པ་ཞིག་ཡིན་པར་གསུངས་སོ། །

ཆུ་སྟག་(༡༩༠༢) ལོར་ཀུན་མཁྱེན་སྐུ་འཕྲེང་བཞི་བ་སྐྱབས་མཆོག་སྐལ་བཟང་ཐུབ་བསྟན་དབང་ཕྱུག་མཆོག་གི་ཞལ་ནས། དཔལ་ལྡན་བཀྲ་ཤིས་འཁྱིལ་དང་རང་དགོན་ཆོས་འཁོར་དགོན་གསར་གྱི་ལས་སྡེ་རྣམས་ལ་ཕྱི་ལོར་རྗེ་ཉིད་ཀྱི་ཡང་སྤྲུལ་ཐུགས་ཐག་གཅོད་རྒྱུའི་སྣ་གོན་བྱེད་དགོས་པའི་བཀའ་ཁྱབ་མཛད། དེ་ནས་མཆོག

སྤྲུལ་ཉིད་དགུང་ལོ་ལྔ་བཞེས་པའིཆུ་ཡོས་(༡༩༠༣) ལོའི་ཧོར་ཟླ་དང་པོའི་ཚེས་བཅུ་གཅིག་ཉིན། སྲིད་ཞིའི་གཙུག་རྒྱན་སྐྱབས་མཆོག་བསྐལ་བཟང་ཐུབ་བསྟན་དབང་ཕྱུག་དཔལ་བཟང་པོའི་ཞལ་སྔ་ནས་ཀྱིས་དམ་པ་འདི་ཉིད་གྲུབ་དབང་སྟེ་ཁྲི་རིན་པོ་ཆེའི་ཡང་སྤྲུལ་འཁྲུལ་མེད་དུ་ངོས་འཛིན་གནང་། དེ་ནས་བསུ་བ་སེར་སྦྲེང་རྒྱ་ཆེན་པོ་དང་བཅས་དཔལ་ལྡན་བཀྲ་ཤིས་འཁྱིལ་གྱི་དམ་པ་གོང་མའི་མི་འཇིགས་ཆོས་ཀྱི་ཁྲི་ལ་མངའ་གསོལ། མེ་རྟ་(༡༩༠༨)ལོའི་ཟླ་བཞི་བའི་ཚེས་བརྒྱད་ཉིན་གོང་ས་སྐྱབས་མགོན་མཆོག་གི་དྲུང་ནས་རབ་ཏུ་བྱུང་ཞིང་དགེ་ཚུལ་གྱི་སྡོམ་པ་བཞེས་པས་མཚན་སྐལ་བཟང་མཁྱེན་རབ་རྒྱ་མཚོ་ཞེས་གསོལ།

དགུང་གྲངས་བཅུ་གཅིག་སྟེང་ཆོས་གྲྭ་ཆེན་པོ་རྨད་བྱུང་ཐོས་བསམ་གླིང་གི་ཆོས་སྒར་ཞུགས། མཁས་གྲུབ་སྨྲ་བའི་དབང་ཕྱུག་བློ་བཟང་རྒྱ་མཚོ་བ་ཡོངས་འཛིན་དུ་བསྟེན་ཏེ་བསྡུས་གྲྭ་ནས་བཟུང་ཕར་ཕྱིན་གྱི་གཞུང་རྣམས་ལ་གསན་སྦྱངས་མཛད་པས་གཞན་དྲིང་མི་འཇོག་པའི་མཁྱེན་རབ་ཀྱི་སློང་རྫོལ། གསེང་བར་རྣམས་སུ་ཁྲི་ཆེན་གུང་ཐང་རིན་པོ་ཆེ་རྗེ་འཇམ་དབྱངས་བསྟན་པའི་ཉི་མ་དཔལ་བཟང་པོའི་ཞབས་པད་སྤྱི་བོར་བསྟེན་ཏེ་དབང་ལུང་རྗེས་ཁྲིད་སོགས་ཟབ་རྒྱས་ཀྱི་ཆོས་བཀའ་མང་དུ་གསན། བསྟན་པའི་མངའ་བདག་དབལ་མང་རིན་པོ་ཆེ་རྗེ་འཇམ་དབྱངས་བསྟན་འཛིན་རྒྱ་མཚོའི་སྤྱན་སྔར་འགྲེལ་བ་བཞི་སྦྲགས་ཀྱི་ཞལ་ལུང་སོགས་ཟབ་ཆོས་ཀྱི་གདམས་པ་མང་པོ་དང་། དཔལ་དུས་ཀྱི་འཁོར་ལོའི་དབང་ཆེན་གསན་ཤིང་ལྷ་མཆོག་དེ་ཉིད་ཀྱི་ལྟ་གས་བསྙེན་གནད་སྨིན་མཛད།

དགུང་གྲངས་བཅུ་དགུ་བཞེས་བའི་མེ་འབྲུག་(༡༩༡༦)ལོར་ཕར་ཕྱིན་དམ་བཅའི་མཚན་བཏགས་གནང་བར་མཁས་དབང་མགུ་པའི་གྲགས་སྙན་གྱིས་ས་སྟེང་ཁྱབ། དེ་ནས་དངུལ་རྔའི་ཁྲི་དང་། རང་དགོན་ཆོས་འཁོར་དགོན་གསར་བཤད་སྒྲུབ་ཆོས་

འཁོར་སྒྲིང་གི་ཁྲིར་ཕེབས་ཏེ་འགོག་རིང་ཐུང་གི་དམ་བཅའི་སྒྲོལ་གསར་ཚུགས་དང་། སྨད་སོག་ནས་གདན་དྲངས་པའི་བཟོ་སྦྱབ་ཆེས་ལེགས་ཀྱི་བླ་བྲེས་ཆ་ཚང་བ་སྦྱོར་འཛུགས་གནང་བ་སོགས་ཆོས་སྲིད་ཟུང་གི་སྒོ་ནས་འགྲོ་ཕན་རྒྱ་ཆེར་བསྐྱངས། ཆོས་སྡེ་འདི་ཉིད་ཀྱིས་གསོལ་བ་བཏབ་པ་བཞིན། དཔལ་དུས་ཀྱི་འཁོར་ལོའི་དབང་སྟ་གོན་དང་བཅས་པ་དམ་པ་གོང་མའི་ཕྱག་བཞེས་བཞིན་གནང་སྟེ་སྐལ་ལྡན་ཀུན་གྱི་རེ་འབྲས་དོན་ལྡན་དུ་སྨིན་པར་མཛད། རྗེ་ཉིད་དགུང་གྲངས་ཉེར་གཉིས་བཞེས་པའི་ས་ལུག་(༡༧༡༨)ལོའི་ཧོར་ཟླ་གཅུ་གཅིག་པར་སྐྱབས་མགོན་ཀུན་མཁྱེན་རིན་པོ་ཆེའི་ཡང་སྲུལ་གྱི་ཆེད་དུ་ཁྲི་ཆེན་གུང་ཐང་རིན་པོ་ཆེ་དང་མཉམ་དུ་ཁམས་ལི་ཐང་ཕྱོགས་སུ་ཕེབས། ཕྱི་ལོའི་ཧོར་ཟླ་དགུ་བར་སྐྱབས་མགོན་ཀུན་མཁྱེན་རིན་པོ་ཆེའི་ཡང་སྲུལ་གདན་ས་བཀྲ་ཤིས་འཁྱིལ་དུ་སྤྱན་དྲངས་པར། རྗེ་ཉིད་ཀྱི་བཀའ་ལྟར་ཆོས་འཁོར་ཚོ་བ་བཅུ་གཉིས་ཀྱི་སྔར་གྲོང་འཐུས་ཚབ་རྣམས་ཀྱིས་མཇལ་ཁ་གཟབ་རྒྱས་ཞུས། དེ་ནས་ཏ་ལམ་ཤིང་སྦྲང་(༡༧༢༥)ལོ་ཡས་མས་ལ་ཨ་ཏུ་ཧོར་ཆེན་ལྷང་གིས་གདན་དྲངས་པ་ལྟར་སྨད་ཕྱོགས་སུ་ཕེབས་ཏེ་སྐལ་ལྡན་གྱི་གདུལ་བྱ་རྣམས་ལ་ཟབ་རྒྱས་གསུང་གི་བདུད་རྩིས་སྨིན་གྲོལ་ལམ་ལ་འགོད་པར་མཛད། རབ་བྱུང་བཅུ་དྲུག་པའི་ལྕགས་ལུག་(༡༧༣༡)ལོའི་དབྱར་རྗེ་ཉིད་ཀྱིས་གཙོ་འགན་བཞེས་ཏེ་ཁྲི་ཆེན་གུང་ཐང་རིན་པོ་ཆེའི་ཡང་སྲུལ་ངོས་འཛིན་གྱི་ཆེད་བྱམས་མེར་ཕེབས་ཤིང་ཟླ་དགུ་བར་བཞུག་སྡོམ་ནས་གདན་ས་ཆེན་པོར་གདན་འདྲེན་ཞུས། དགུང་ལོ་སོ་བདུན་བཞེས་པའི་ཤིང་ཁྱི་(༡༧༣༥)ལོར་མདོ་སྨད་བསྟན་པའི་འབྱུང་གནས་དགེ་ལྡན་བཤད་སྒྲུབ་དར་རྒྱས་བཀྲ་ཤིས་གཡས་སུ་འཁྱིལ་པའི་ཆོས་སྡེ་ཆེན་པོའི་ཚོགས་ཆེན་ཁྲིར་ཞབས་ཀྱི་པདྨོ་ལེགས་པར་བཀོད་དེ་གཞུང་བཀའ་པོད་ལྔའི་འཆད་ཉན་དང་། གྲྭ་ཚང་གི་འགྲིག་ལམ་ཀུན་སྤྱོད་སོགས་ལ་ཐུགས་ཁུར་ཆེ་བཞེས་གནང་ཞིང་འཇམ་མགོན་རྒྱལ་བའི་རིང་ལུགས་དྲི་

མ་མེད་པའི་རྒྱལ་མཚན་སྲིད་པའི་རྩེ་མོར་བསྒྲེངས་པར་མཛད།

དགུང་གྲངས་སོ་དགུ་བ་མི་ཕྱི་(༡༧༣༨)ལོའི་ཧོར་ཟླ་དྲུག་པའི་ཚེས་བཅུའི་ཉིན། རྒྱལ་བའི་གདུང་འཚོབ་དམ་པ་པཎ་ཆེན་ཐམས་ཅད་མཁྱེན་ཅིང་གཟིགས་པ་ཆེན་པོ་རྗེ་བཙུན་བློ་བཟང་ཐུབ་བསྟན་ཆོས་ཀྱི་ཉི་མ་དགེ་ལེགས་དཔལ་བཟང་པོའི་སྤྱན་སྔར་གོང་ས་སྐྱབས་མགོན་ལྷ་བ་ཆེན་པོ་དང་ལྷན་དུ་བསྟན་པའི་གཞི་མ་བསྙེན་རྫོགས་ཀྱི་སྡོམ་པ་ཡང་དག་པར་བཞེས་ཏེ་འདུལ་འཛིན་ཡོངས་ཀྱི་གཙུག་རྒྱན་དུ་མངའ་གསོལ་མཛད། དེ་ནས་གོང་ས་སྐྱབས་མགོན་ཐམས་ཅད་མཁྱེན་པ་མཆོག་དང་ལྷན་དུ་བསྟན་འགྲོ་སྤྱིའི་ཞབས་རིམ་དུ་ཞི་དྲག་གི་ལས་རབ་འབྱམས་སྒྲུབ་པ་སོགས་ཀྱི་ངོས། དགུང་གྲངས་ཞེ་གཉིས་བཞེས་པའི་ས་ཡོས་(༡༧༣༨)ལོའི་ཧོར་ཟླ་བཅུ་གཉིས་པའི་ཚེས་བཅུའི་ཉིན། ངོ་མཚར་སྒྱུ་འཕྲུལ་བཀོད་པ་སྣ་ཚོགས་གཟིགས་པའི་ཉམས་སྣང་དང་བཅས་གཟུགས་སྐུའི་བཀོད་པ་ཆོས་དབྱིངས་སུ་བསྡུས་པའི་ཚུལ་བསྟན་ཏོ།། །།

བདུན་པ། སྐྱབས་རྗེ་སེ་ཁྲི་རིན་པོ་ཆེ་སྐུ་འཕྲེང་བདུན་པ་རྗེ་བཙུན་འཇམ་དབྱངས་བསྟན་པའི་རྒྱལ་མཚན་དཔལ་བཟང་པོ།

འཇམ་དབྱངས་མཁྱེན་བརྩེའི་རླབས་ཕྲེང་མཁའ་ཏུ་འཁྱོ། །
བསྟན་འཛིན་བྱེ་བའི་དབུས་སུ་ལྷུན་པོ་ལྟར། །
ཡེ་ཤེས་ཉི་མ་གཞོན་ནུའི་རྩེ་དགའ་རྐྱོད། །
ཆོས་ཀྱི་རྒྱལ་མཚན་སྲིད་ཞིའི་སྤྱི་ན་ལྡེམ། །

སེ་ཁྲི་རིན་པོ་ཆེ་སྐུ་འཕྲེང་བདུན་པ་རྗེ་བཙུན་འཇམ་དབྱངས་བསྟན་པའི་རྒྱལ་མཚན་དཔལ་བཟང་པོ་ནི། མདོ་སྨད་ལྷོ་རྒྱུད་ཀྱི་ཡུལ་གྲུ། དགེ་བཅུ་ཚང་བའི་གནས་མཆོག ཆོས་འཁོར་ཚེ་བཅུ་གཉིས་ཀྱི་ཁོངས་གཏོགས་དཔལ་རྒྱུར་འབུམ་ཁང་སྐང་དུ་ཡབ་ལྷ་མོ་དོན་འགྲུབ་དང་ཡུམ་ཧ་མགྲིན་སྐྱིད་གཉིས་ཀྱི་སྲས་སུ་རབ་བྱུང་བཅུ་དྲུག་པའི་ས་ཡོས་(༡༩༣༩)ལོར་ངོ་མཚར་བའི་ལྟས་དུ་མ་དང་བཅས་ཏེ་སྐུ་འཁྲུངས། ཧོར་སྤྲུལ་པའི་སྐུ་རྗེ་བཙུན་འཇམ་དབྱངས་མཁས་གྲུབ་རྒྱ་མཚོ་ལ་མཚན་སློང་པས་འཇམ་དབྱངས་རྒྱ་མཚོ་ཞེས་བསྩལ། སྔར་སྐྱབས་མགོན་ཀུན་མཁྱེན་རིན་པོ་ཆེ་ཐེ་བོའི་ཆབ་ཚན་ལ་ཕེབས་སྐབས་ཁྱིམ་ཚང་འདི་བའི་གསོ་ལུག་གི་རྭ་རྩེར་ཁ་དར་ཞིག་འདོགས་མྱོང་བས། དེ་ནི་ཁྱིམ་གཞི་འདིར་སེ་ཁྲི་རིན་པོ་ཆེའི་ཡང་སྤྲུལ་འཁྲུལ་མེད་ཅིག་འཁྲུངས་ཡོད་པའི་རྟགས་མཚན་དུ་མངོན། ཡང་ཁྱིམ་ཚང་འདི་བར་རྒན་མོ་ལོང་པ་ཅི་ཡང་མི་མཐོང་བ་ཞིག་ཡོད་པ་དེས་ཀྱང་རྗེ་འདིའི་སྐུ་ལུས་ཀྱི་འོད་གོར་མཐོང་བ་སོགས་ངོ་མཚར་བའི་རྣམ་ཐར་བརྗོད་ལས་འདས་པ་ཡོད་དོ། །

མཆོག་སྤྲུལ་ཉིད་དགུང་ལོ་ལྔ་བ་བཞེས་པའི་ཆུ་ལུག་(༡༩༨༣)ལོར། སྐྱབས་མགོན་ཀུན་མཁྱེན་རིན་པོ་ཆེ་རྗེ་བཙུན་བློ་བཟང་འཇམ་དབྱངས་ཡེ་ཤེས་བསྟན་པའི་རྒྱལ་མཚན་དཔལ་བཟང་པོའི་ཞལ་སྔ་ནས་ཀྱིས་རྗེ་འདི་ཉིད་གསང་འཛིན་གྲུབ་དབང་སྟེ་ཁྲི་བསྐལ་བཟང་མཁྱེན་རབ་རྒྱ་མཚོའི་ཡང་སྤྲུལ་དུ་ངོས་འཛིན་གནང་། མཚན་ལ་འཇམ་དབྱངས་བསྟན་པའི་རྒྱལ་མཚན་ཞེས་གསོལ་ཏེ་གདན་ས་ཆེན་མོ་དཔལ་ལྡན་བཀྲ་ཤིས་གཡས་སུ་འཁྱིལ་པའི་ཆོས་སྡེ་ཆེན་པོའི་མི་འཛིགས་གདོང་ལྔའི་བཏེགས་པའི་ཁྲི་འཕང་མཐོན་པོར་ཞབས་ཀྱི་པདྨོ་ལེགས་པར་བཀོད། ཡོངས་ཀྱི་དགེ་བའི་བཤེས་གཉེན་ཆེན་པོ་རྒྱ་ཞབས་དྲུང་བསྐལ་བཟང་དཀོན་མཆོག་རྒྱ་མཚོ་མཆོག་གི་མདུན་ནས་ཚོགས་སྡོམ་དགེ་ཚུལ་གྱི་སྡོམ་པ་ཡང་དག་པར་བཞེས།

རྗེ་འདི་ཉིད་ཀྱི་སྐུའི་ལང་ཚོ་ཤིན་ཏུ་གཞོན་ན་ཡང་། གདུལ་བྱའི་བསོད་ནམས་དམན་པས་ཡུལ་ཕྱོགས་ལ་ནད་ཡམས་མི་ཧོག་གནམ་འབེབ་ཅེས་པ་བྱུང་པའི་སྡུག་བསྔལ་ལ་གཟིགས་ནས་གཞན་དོན་ཁུར་དུ་འཁྱེར་པའི་བརྩེ་བ་སྙིང་རྗེ་ཆེན་པོས་ཡིད་དྲངས་ཤིང་འགྲོ་བའི་སྡུག་བསྔལ་མཐའ་དག་བདག་གིར་བཞེས་ཏེ། དགུང་གྲངས་དྲུག་པ་ཤིང་སྦྲུལ་(༡༩༨༣)ལོའི་ཧོར་ཟླ་གཉིས་པའི་ཚེས་ཉེར་གཅིག་ཉིན་རེ་ཞིག་གཟུགས་སྐུ་རགས་པ་ཆོས་དབྱིངས་སུ་བསྡུས་པའི་ཚུལ་བསྟན། རྗེ་འདི་ཉིད་སྐུ་གཤེགས་རྗེས་སུ་ནད་ཡམས་དེ་དག་མིང་གི་ལྷག་མར་གྱུར་ཏེ་རང་ཞིར་སོང་ཞེས་མི་ཀུན་རྣམས་ཀྱི་ངག་རྒྱུན་དུ་རླུང་ལྟར་གྲགས་སོ།། །།

བརྒྱད་པ། སྐྱབས་རྗེ་སྲི་ཁྲི་རིན་པོ་ཆེ་སྐུ་འཕྲེང་བརྒྱད་པ་རྗེ་བཙུན་འཇམ་དབྱངས་ཐུབ་བསྟན་རྒྱ་མཚོ་དཔལ་བཟང་པོ།

འཇམ་དཔལ་དབྱངས་དངོས་དགྱེས་བཞད་རྡོ་རྗེ་དང་། །
དབྱེར་མེད་ཐུབ་བསྟན་ཕྱོགས་མཐར་སྤེལ་པ་ལ། །
འཕྲིན་ལས་ཟླ་བའི་འོད་དཀར་སྤྲོ་མཁས་པ། །
འདུལ་བྱ་རྒྱ་མཚོའི་མགོན་པོས་དགེ་ལེགས་སྩོལ། །

སྲི་ཁྲི་རིན་པོ་ཆེ་སྐུ་འཕྲེང་བརྒྱད་པ་རྗེ་བཙུན་འཇམ་དབྱངས་ཐུབ་བསྟན་རྒྱ་མཚོ་དཔལ་བཟང་པོ་ནི། མདོ་སྨད་མཛོད་དགེ་ཤོག་བཅུ་གཉིས་ཀྱི་ནང་ཚན་བྱམས་མེའི་དཔོན་སྐོར་ཞེས་གྲགས་པའི་ཡུལ་དུ། རབ་བྱུང་བཅུ་དྲུག་པའི་ཤིང་སྤྲེལ་(༡༩༤༤)ཧོར་ཟླ་དགུ་བའི་ཚེས་བཅོ་ལྔའི་ཉིན་ཡབ་བསམ་གཏན་དང་ཡུམ་བསོད་ནམས་སྐྱིད་གཉིས་ཀྱི་སྲས་སུ་སྐུ་བལྟམས། དགུང་ལོ་དྲུག་བཞེས་པའི་ས་གླང་(༡༩༤༩)ལོའི་ཟླ་གཉིས་པའི་བཅུ་གཅིག་ལ་ཐུའུ་བཀྭན་ཧོ་ཐོག་ཐུ་རྗེ་བསྐལ་བཟང་དམ་ཆོས་ཉི་མ་དང་གསེར་ཁྲི་རྣམ་གསུམ་གྱིས་གཙོས་པའི་བླ་གྲྭ་མང་པོ་དང་བཅས་ཀུན་གཟིགས་སྐྱབས་མཆོག་རིན་པོ་ཆེ་སྐུ་འཕྲེང་རིམ་བྱོན་གྱི་གདུང་རྟེན་ཟ་མ་ཏོག་གི་མདུན་ནས་ཟན་བསྒྲུར་ཏེ་ཐུགས་ཐག་བཅད། ཆོས་འཁོར་དགོན་གྲོང་དང་གདན་སའི་ཕྱོགས་ཀྱི་མི་སྣ་ལྷན་འཛོམས་ཐོག་སྟར་སྤྲོལ་བཞིན་ཁ་དར་ལེགས་འབུལ་ཞུས། དེ་ནས་ཧོར་ཟླ་དགུ་བའི་ཚེས་ལ་ཐལ་སྐད། དར་འབོད་ཆིབས་སྐྱོལ་སོགས་ཀྱི་རྟེན་འབྲེལ་དང་བཅས་གདན་ས་ཆེན་པོ་དཔལ་ལྡན་བཀྲ་ཤིས་གཡས་སུ་འཁྱིལ་པའི་ཕྱོགས་སུ་ཆིབས་

ཀྱི་ཁ་ལོ་མངོན་པར་བསྒྱུར་སྐབས། གསེར་གཞུང་ཀླད་དུ་ཕེབས་པར་ཉེ་བ་ན་ཤིས་ཚང་ཚོ་བཅུ་གཉིས་ཀྱི་སེར་སྐྱ་ཐུན་མོང་ནས་ཆིབས་བསུ་གང་རྒྱས་ཞུས། ཟམ་ཚ་ཁྲི་ཆེན་རྗེ་སྐལ་བཟང་ལུང་རིགས་རྒྱ་མཚོ། ཁྲི་ལས་ཐོག་པ་ཙ་ཡུས་ཐོག་ག་སྤྲུལ་པའི་སྐུ། སུམ་མཐིལ་སྤྲུལ་པའི་སྐུ། ཨ་གསལ་སྤྲུལ་པའི་སྐུ་སོགས་བླ་སྤྲུལ་མང་ནས་ཁ་དར་ཕུལ། ཀླུ་རྒྱལ་ཕྱུགས་མོར་གྲགས་པའི་སར་ཇ་ཐབ་བཏང་བའི་ཐོག་བཞུགས། དེར་ཆོས་འཁོར་ཚོ་བ་བཅུ་གཉིས་ཀྱི་སྐར་གྲོང་ཐུན་མོང་ནས་ཁྲི་ཆེན་གུང་ཐང་རིན་པོ་ཆེར་མཆོག་སྤྲུལ་ཉིད་ཀྱི་ཞབས་བརྟན་གསོལ་འདེབས་ཞུས་པས་དུས་ཐོག་ཏུ་གནང་། དེ་ནས་ལེ་ཁོག་བརྒྱུད་ཕྱུག་ཕེབས་ངོས་ཁྱུང་རྩེ་ཐང་དུ་བླ་བྲང་གཞུང་ནས་ཆིབས་བསུ་ཛ་ཐབ་སོགས་བསུ་བའི་བཀོད་པ་རྒྱས་སྤྲོས་ཀྱིས་མདུན་བསུས་ཤིང་། ཟླ་འདིའི་ལྔ་བབས་དུས་ཆེན་གྱི་ཉིན་ལ་རྗེ་གོང་མའི་བླ་བྲང་དུ་འབྱོར་འཕྲལ་འཇིགས་བྲལ་རྡོ་རྗེའི་ཁྲི་ལ་ཞབས་ཟུང་གསེར་གྱི་འཁོར་ལོའི་དགེ་མཚན་རྣམ་པར་བཀོད། རྒྱ་ཞབས་དྲུང་རྗེ་སྐལ་བཟང་དཀོན་མཆོག་རྒྱ་མཚོའི་སྤྱན་སྔ་ནས་ཀྱི་མདུན་རབ་བྱུང་དང་དགེ་ཚུལ་གྱི་བསླབ་ཁྲིམས་དཀྱུས་གཅིག་ཏུ་མནོས། ཡོངས་ཀྱི་དགེ་བའི་བཤེས་གཉེན་ཆེན་པོ་རྗེ་བློ་བཟང་མཐའ་ཡས་ཚང་ཡོངས་འཛིན་དུ་བསྟེན་ཏེ་ཡི་གེ་སྦྱོར་ཀློག་སོགས་བསླབ་པར་སྦྱོན་གོམས་བག་ཆགས་སད་པའི་དབང་གིས་རིང་མ་འགྱངས་པར་རང་སྟོབས་ཀྱིས་ཕེར་ཐུབ་པ་བྱུང་། ཕྱི་ལོ་རང་དགོན་ཤིས་ཚང་དགོན་གསར་དུ་ཐོག་མའི་ཕེབས་བཞུད་གནང་ཞིང་། ལུགས་ཡོས་ལོའི་གནམ་ལོ་གསར་ཆོས་ཀྱི་དགའ་སྟོན་འདི་གར་གནང་། དད་ལྡན་ཕྱོགས་འདུས་མང་པོས་བསྙེན་བཀུར་ཞུས་པར་སོ་སོའི་རེ་འདོད་ཡིད་བཞིན་དུ་བསྐང་སྟེ་མངོན་མཐོ་དང་ངེས་ལེགས་ཀྱི་ས་བོན་རྒྱུད་ལ་བསྐྲུན་པར་མཛད། དེ་ནས་བཟུང་མཆོག་སྤྲུལ་རིན་པོ་ཆེ་དགུང་ལོ་ཕྲ་ཡང་འདི་ཕྱོགས་ལ་ཐུགས་མོས་ཤིན་ཏུ་ཆེ་སྟབས་ཐེངས་མང་ཕེབས་པའི་བཀའ་དྲིན་ལ་བརྟེན་ནས་སྔ་ཕྱིར་

འདུས་སྡེ་སྤྱི་ལ་གྲུབ་རྒྱལ་ལུགས་ཀྱི་ཚེ་དབང་དང་བཤད་ལུང་སོགས་མང་དུ་གནང་པར་མ་ཟད། སྐབས་དེ་དག་ཏུ་བླ་རི་མགུལ་དང་། མ་ཏྲ། རྫས་ཚ། མ་ངེ། ཤིས་ཚང་། རྒྱ་རྒྱུར། རོང་ཕྱོགས་ཀྱི་ལྷ་སྡེ་མི་སྡེ་སོ་སོར་རེ་རེ་བཞིན་ཕེབས་བཞུགས་གནང་ཞིང་། དེ་དག་ཏུ་ཚེ་དབང་སོགས་ཀྱིས་མཚོན་པའི་ཆོས་བཀའ་མང་པོ་དགྱེས་པའི་གསུང་གིས་དབུགས་དབྱུང་བསྩལ། དཔལ་ལྡན་བཀྲ་ཤིས་འཁྱིལ་དུ་ཕྱིར་ཕེབས་ཕྱིན་རྒྱ་ཞབས་དྲུང་ཚང་རྗེ་སྐལ་བཟང་དཀོན་མཆོག་རྒྱ་མཚོ་དང་བདེ་ཐང་སྤྲུལ་པའི་སྐུ་རྗེ་བློ་བཟང་ཆོས་ཀྱི་ཉི་མ་རྣམ་གཉིས་ཀྱི་དྲུང་ནས་ཁྲིད་བཤད་དབང་ལུང་མན་ངག་སོགས་ཆོས་བཀའ་མང་པོ་བུམ་པ་གང་བྱོའི་ཚུལ་དུ་གསན།

དགུང་ལོ་བཅུ་བཞིས་པའི་ཆུ་སྦྲུལ་(༡༩༥༣)ལོར་གདན་ས་ཆེན་པོ་དཔལ་ལྡན་བཀྲ་ཤིས་འཁྱིལ་གྱི་ཆོས་གྲྭར་ཞུགས་ཤིང་། ཀུན་གཟིགས་སྐྱབས་མཆོག་རིན་པོ་ཆེ་ནས་ན་བཟའ་ཆ་ཚང་དང་སྡེར་ཆེན་གྱི་བདག་རྐྱེན། བླ་བྲང་གཞུང་དང་གྲྭ་ཚང་སོ་སོ་ནང་ཆེན་བཅས་ཀྱིས་སྡེར་ཆེན་གྱི་ནོམ་པ་ཕུལ། སྐབས་དེར་སྨད་སོག་གི་སྐུ་མགྲོན་འགའ་ཆེད་དུ་མཇལ་བར་ཐོན་ནས་དཔལ་དུས་ཀྱི་འཁོར་ལོའི་བློས་བསླང་སྒྲུབ་ལེགས་ན་བཟའ་ཉེར་སྤྱད་སོགས་ཀྱིས་མཚོན་དངོས་འབུལ་སྤྲམ་མཐོ་བ་བཏེགས། དེ་ལྟར་ལོ་ངོ་ལྔ་ཙམ་གྱི་རིང་དཔེ་གཟིགས་ཐུགས་འཛིན་སོགས་གསན་སྦྱངས་གང་ལེགས་ཞུ་ཨུས་ཀྱི་སྐབས། དུས་འགྱུར་གྱི་གཞན་དབང་དུ་གྱུར་ནས་བསང་ཕོག་སོགས་སུ་ངལ་རྫོལ་གྱི་ལས་ལ་ཞུགས་ཏེ་ལོ་མང་དུ་བཞུགས་དགོས་པ་བྱུང་།

ཕྱིས་སུ་མི་རིགས་སྲིད་ཇུས་ཀྱི་ཉི་མའི་འོད་ཟེར་ལོག་སྤྱོད་ཀྱི་སྤྲིན་ཚུམ་འཐུག་པོའི་དབྱིངས་ནས་སླར་ཡང་སྲོ་བའི་སྐལ་བ་དང་ལྡན་པ་ན། ཐོག་མར་རྗེ་ཉིད་བསང་ཆུ་རྫོང་སྲིད་གྲོས་སུ་གདན་དྲངས་ཏེ་ཕྱག་ལས་གནང་ཞིང་དེར་ཀྲུའུ་ཞི་གཞོན་པའི་ཐུགས་འགན་བཞེས། སྐབས་དེར་རང་དགོན་གྱི་གྲྭ་བགྲེས་དགེ་སློང་སྐལ་བཟང་

ཐབས་མཁས་སོགས་ལ་རྗེ་ཉིད་ནས་སེ་ཁྲི་སྐུ་འཕྲེང་གསུམ་པའི་སྐུ་བརྙན་དང་ཀུན་མཁྱེན་སྐུ་འཕྲེང་གསུམ་པའི་སྐུ་བརྙན་སྣར་བཞེངས་གནང་རྒྱུའི་ཞལ་བཀོད་གནང་། དེ་དག་གིས་ཀྱང་ཐུགས་བཀོད་དང་བླངས་ཀྱིས་ཟླ་གཉིས་ཙམ་གྱི་རིང་བཞེངས་པ་ལེགས་གྲུབ་བྱུང་། དེའང་ཉིན་ཞིག་གཟུངས་འབུལ་གྱི་སྐབས་ཤིག་ཏུ་རྗེ་ཉིད་དངོས་སུ་ཕེབས་ནས་ཁྲིས་པའི་ཚུལ་གྱིས་གཟུངས་སྒྲུབ་པ་རྣམས་ལ་ཁྱིད་ཚོའི་གཟུངས་གཞུག་གི་མགོ་རྟིང་ནོར་མེད་དམ་ཞེས་དྲིས་པར། དེ་དག་གིས་མེད་ཅེས་ཞུས་པར་རྗེ་ཉིད་ནས་གཟུངས་གཞུག་གི་ནང་ནས་གཅིག་ཕྱུག་ཏུ་བསྣམས་ཏེ་ཞལ་ཕྱེས་ཚེ་མགོ་རྟིང་ནོར་ནས་བཞག་ཡོད་པར་འདི་ནོར་པ་མ་ཡིན་ནམ་ཞེས་ཀུན་ལ་བསྟན་པར་གཟུངས་སྒྲུབ་པ་རྣམས་ཀྱིས་ནོར་ཡོད་པ་མངོན་སུམ་དུ་མཐོང་པས་ཀུན་ངོ་མཚར་གྱི་གནས་སུ་བཀོད། དེ་ནས་འདྲ་སྐུ་རྣམ་གཉིས་རྒྱུད་པའི་འདུ་ཁང་དུ་སྤྱན་དྲངས་ཤིང་། རང་དགོན་གྱི་གྲྭ་རྒན་འགའ་དང་བཅས་རབ་གནས་བསྟུས་པ་གནང་། སྐབས་དེར་ཁོང་གིས་ཞུས་པ་ལྟར་ཀུན་གཟིགས་མཆོག་ཀྱང་ཕེབས་བཞུད་གནང་ནས་རབ་གནས་མཛད་པ་སོགས་བྱིན་རླབས་ཀྱི་ཚོ་ག་གང་ལེགས་སྩལ།

ལྕགས་གླུ་(༡༡༨༡)ལོའི་ཧོར་ཟླ་གཉིས་པའི་ཡར་ཚེས་ལ་འདྲ་སྐུ་རྣམ་གཉིས་རང་དགོན་དུ་གདན་འདྲེན་བྱེད་སྐབས་རྗེ་ཁོང་ཉིད་དང་སྟག་ཚ་སྤྲུལ་པའི་སྐུ་རྣམ་གཉིས་ཀྱིས་ཁ་དར་ཕུལ་ཅིང་། རྒྱུད་སྨད་གྲྭ་ཚང་དང་བཅས་འདུ་ཁང་སྣར་གསོའི་རྟེན་འབྲེལ་དུ་དངོས་འབུལ་རྒྱ་ཆེར་བཏེགས། ལྷ་བའི་ཉ་ལ་རྗེ་ཉིད་ཀྱི་མཚན་ལམ་དུ་མི་རྟ་ནག་ཅན་ཞིག་འོངས་ནས་ཁོང་ལ་མདུང་བསྟུན་པར་བརྩམས་ཚེ་རྗེ་རང་ཉིད་ཀྱིས་མདུང་མགོ་བཅད་པ་ཞིག་རྨིས་གསུངས་པར། ཕྱི་ཉིན་བཅུ་དྲུག་ལ་བདེ་ཡངས་ཀྱི་ག་པ་བསླངས་ཟིན་པ་སློ་བུར་དུ་འགྲེལ་ཀྱང་གྲྭ་མང་ལས་པ་བཅས་ལ་གནོད་པ་ཅི་ཡང་མ་ཐེབས། ཟླ་ཕྱི་མར་རྗེ་ཁོང་ཉིད་ཀྱི་གསུང་བཀོད་ལྟར་དགེ་བསྐོས་ལས་སྣེ་སོགས

གསར་དུ་བསྐོ་བཞག་གནང་སྟེ་རྒྱུན་ཇ་དང་། ཆོས་སྒྲ་དབྱར་གནས་ཀླུ་དབང་བུམ་སྒྲུབ་སོགས་སྟར་གྱི་ཕྱག་ལེན་འགག་སྙར་གསོ་གནང་། བདུན་པའི་ཡར་ཚེས་ལ་རྗེ་ཉིད་དང་། ཁྲི་ཆེན་གུང་ཐང་རིན་པོ་ཆེ། རྟུན་དཀར་ཚང་བཅས་རང་དགོན་དུ་ལྷན་འཛོམས་བྱུང་ཐོག་ཁྲི་ཆེན་མཆོག་ནས་ལུང་མང་གནང་། སྐབས་དེར་ལྷ་ཁང་སོ་སོ་དང་གྲྭ་ཤག་བཅས་ཉམས་གསོ་བྱེད་དགོས་ཚུལ་གྱི་བཀའ་ཁྱབ་གནང་། དེ་བཞིན་དུས་འདི་སྐབས་ཤིག་ཏུ་རིགས་གྲྭ་དང་། ལྔ་མཆོད་ཆེན་མོ། ཧོར་ཟླ་བཅུ་གཉིས་པའི་ནང་མཚམས་སྒྲིན་སྲེག་ལྟུགས་མཁར་གྱི་དོད་དུ་རེ་ཞིག་ཁྲོ་བཅུའི་གཏོར་བཟློག་ཚུགས་པ་སོགས་ཕྱག་ལེན་མང་པོའི་གཞི་སྙར་གསོ་མཛད། ལོ་འདིའི་དབྱར་ཐོག་ཅིག་ཏུ་རྗེ་ཉིད་ཁུལ་སྲིད་གྲོས་ཀྱི་རྒྱུན་ལས་ལས་འཛིན་པར་བསྐོ་བཞག་གནང་། དགུན་བསང་ཚུ་ཇོང་གི་ཇོང་དཔོན་གཞོན་པའི་ཐུགས་འགན་བཞེས་དགོས་བྱུང་བ་དང་། ཕྱི་ལོའི་དབྱར་ཀུན་གཟིགས་སྐྱབས་མཆོག་རིན་པོ་ཆེ་དང་ལྷན་མ་ཧྭ་ཅི་ནའི་ཡུལ་གྱི་གནས་ཆེན་ཕལ་མོ་ཆེར་མཇལ་སྐོར་དུ་ཕེབས་ཤིང་། དེ་ནས་རང་དགོན་དུ་ཆིབས་བསྒྱུར་སེར་སྲིང་གང་རྒྱས་དང་བཅས་ཕྱག་ཕེབས་གནང་ལ། དེ་སྐབས་སྟོན་ཆོས་ཆོས་ཁྲི་བཞེངས་རྒྱུའི་ཞལ་བཀོད་གནང་བ་སོགས་ཀྱིས་དགོན་པའི་ཆོས་སྲིད་ལུགས་གཉིས་ཀྱི་བྱ་བ་སྙར་གསོ་འཕྲུས་ཚང་དུ་སྤེལ་བའི་ཐུགས་བཀོད་ཞིབ་རྒྱས་བསྐྱལ། ཧོར་ཟླ་བརྒྱད་པར་ཀུན་གཟིགས་པཎ་ཆེན་རིན་པོ་ཆེ་འདི་ཕྱོགས་སུ་ཕེབས་སྐབས་རྗེ་ཉིད་ཀྱི་ཞུས་ངོར་བཙུགས་ཤིང་ཆུ་མིག་དང་བཀྲ་ཤིས་ཆུ་མིག་གཉིས་ལ་རབ་གནས་བྱིན་རླབས་མཛད།

རྗེ་ཉིད་དགུང་ལོ་བཞི་བཅུ་བཞེས་པའི་ཆུ་ཕག་(༡༨༦༣)ལོའི་དཔྱིད་ཟླར་ཁོང་ཉིད་དང་མཁན་རིན་པོ་རྗེ་སྐལ་བཟང་ཡེ་ཤེས་བསྟན་པའི་རྒྱལ་མཚན་རྣམ་གཉིས་དགོན་འདིར་ཕེབས་ཏེ་ལྷ་མོའི་བཙན་ཁང་གི་གཞི་བཏིང་བར་རབ་གནས་གང་ལེགས་ཞུས།

དབྱར་ཟླ་དང་པོ་ཡས་མས་སུ་ཀླུ་ཆུ་རྫོང་ཐོག་ཏུ་ཕེབས་བཞུད་གནང་ནས་ཁྲི་ཆེན་ཀུང་ཐང་རིན་པོ་ཆེ་རྗེ་འཇིགས་མེད་བསྟན་པའི་དབང་ཕྱུག་མཆོག་དང་མཉམ་དུ་མ་ངེ་དང་ཨ་མཆོག་ཉི་མ་ལུང་གི་བར་གྱི་ལོ་ངོ་བརྒྱ་ཕྲག་རིང་བསྟུམ་མ་ཐུབ་པར་ལུས་པའི་རྩ་སའི་རྩོད་གླེང་ཞི་འཇགས་སུ་མཛད། སྐབས་དེར་ཕྱོགས་གཉིས་ཀའི་ཡུལ་མི་ཀུན་གྱིས་རྗེ་ཉིད་ནི་མཐུ་སྟོབས་ནུས་པའི་མངའ་བདག་ཕྱག་ན་རྡོ་རྗེ་འཛིན་པའི་སྤྲུལ་པ་དངོས་མིན་ན་འདི་འདྲ་འོང་ག་ལ་ཐུབ། ཅེས་བསྔགས་བརྗོད་ཀྱི་མེ་ཏོག་དཀར་པོས་བར་མེད་དུ་མཆོད། ཧོར་ཟླ་བཅུ་པར་བསང་ཆུ་རྫོང་དམངས་ཆེན་གྱི་བདག་གཙོ་གཞོན་པ་དང་། བླ་བྲང་དགོན་པའི་ངོ་དམ་ཁང་གི་བདག་གཙོའི་འགན་བཞེས། ལོ་མཇུག་སྐྱབས་མགོན་ཀུན་མཁྱེན་རིན་པོ་ཆེའི་བཀའ་ལྟར་པེ་ཅིན་ལ་གོང་ས་པཎ་ཆེན་མཆོག་གི་མདུན་དུ་ཕེབས་ཏེ་གདན་ས་བཀྲ་ཤིས་འཁྱིལ་གྱི་བྱ་བ་མང་པོ་ཞིག་དང་སྒོས་སུ་བསྟན་འགྲོ་སྤྱིའི་ཕན་བདེ་ལ་དགོངས་པའི་འཕྲལ་ཕྱུགས་ཀྱི་སྐྱབས་འཇུག་གནང་སྙིན་ཞུས། ཕྱི་ལོའི་དབྱར་དུས་སུ་རྗེ་ཁོང་ཉིད་ཀྱི་ཞལ་བཀོད་ལྟར་འདི་ཕྱོགས་ནས་ཇོ་བོ་རིན་པོ་ཆེ་དང་། རྗེ་རིན་པོ་ཆེ། ཀུན་མཁྱེན་དང་པོ་དང་ལྔ་པ་སོགས་ཀྱི་སྐུ་བརྙན། གོས་སྐུ། འཆམ་འབག་འཆམ་ལྭ་དང་བཅས་པ་སླར་གསོ་དང་། དུས་ཕྱིས་ཚོགས་ཆེན་འདུ་ཁང་སླར་བཞེངས་ཀྱི་ཐད་ཐུགས་བཞེད་ཕྲ་ཞིང་ཞིབ་པ་འབྱུས་ཚང་དུ་བསྐུལ་པའི་བཀའ་དྲིན་གྱིས་སྐྱོང་བར་མ་ཟད། ཆོ་བཅུ་གཉིས་ཀྱི་དགོན་སྤྱོང་ཐུན་མོང་གི་ཡུལ་སྐྱོང་ཆེན་པོ་ལྷ་ཆེན་ནོར་བུ་མཛེས་ལྡན་གསར་དུ་བསྟད་དེ། དེ་སྐབས་སེར་སྐྱ་མང་པོ་འཚོགས་པའི་དབུས་སུ་དགེ་འདུན་རྣམས་ཐུགས་མཐུན་ཁྲིམས་གཙང་གི་སྒོ་ནས་ཆོས་འཆད་ཉན་ལ་འབད་དགོས་པ་དང་། གྲོང་པ་རྣམས་ཏག་ཀུན་སྲོག་གཅོད་སོགས་སྤངས་ནས་རྣམ་དཀར་དགེ་སྒྲུབ་ལ་འབད་དགོས་པའི་བསླབ་སྟོན་ཡིད་འཕྲུལ་པ་མང་དུ་གནང་ངོ་། །

དེ་ནས་རབ་བྱུང་བཅུ་བདུན་པའི་མེ་ཡོས་(༡༨༤༧)ལོའི་ཧོར་ཟླ་དྲུག་པའི་ནང་ཕྲ་ཉེ་མཁན་རིན་པོ་ཆེ་རྗེ་སྐལ་བཟང་ཡེ་ཤེས་བསྟན་པའི་རྒྱལ་མཚན་དང་ལྷན་དུ་རང་དགོན་གྱི་འདུ་ཁང་སྟུག་གི་བྱམས་ཆེན་དང་། ཕྱག་རྡོར་འཁོར་ཆེན། མགོན་ཆོས་ལྷ་མོ་གསུམ་གྱི་སྐུ་བརྙན་སོགས་ལ་གཟུངས་འབུལ་རབ་གནས་དང་བཅས་རྒྱས་སྤྲོས་དང་། འཆམ་པ་གྲྭ་ཚང་གིས་འཆམ་རྒྱུགས་ཕུལ་པར་ཁོང་ཉིད་ཐུགས་མཉེས་མཉེས་གནང་སྟེ་བདག་རྐྱེན་སྨམ་མཐོ་བ་གནང་། འདི་སྐབས་ཤིག་ཏུ་གཞུང་གི་འཛིན་གྲྭ་གཏུག་གི་སྐྱོལ་སླར་གསོ་མཛད། དེ་ཕྱིས་གོང་ས་ལྷ་མའི་རྣམ་འདྲེན་པཎ་ཆེན་ཐམས་ཅད་མཁྱེན་ཅིང་གཟིགས་པ་ཆེན་པོ་རྗེ་བཙུན་བློ་བཟང་འཕྲིན་ལས་ལྷུན་གྲུབ་ཆོས་ཀྱི་རྒྱལ་མཚན་དཔལ་བཟང་པོའི་དགོངས་བཞེད་ལྟར་གསར་དུ་ཚུགས་པའི་ཀུང་གོའི་བོད་བརྒྱུད་ནང་བསྟན་མཐོ་རིམ་སློབ་གླིང་དུ་ཕེབས་ཏེ་རྒྱ་བོད་ཀྱི་རིག་གནས་སྤྱི་དང་ཁྱད་པར་མཚན་ལྡན་བཤེས་གཉེན་མང་པོར་བསྟེན་ནས་གཞུང་བཀའ་པོད་ལྔ་ལ་ཐུགས་གཉེར་གང་ལེགས་ཞུས་པ་དང་། དེའི་ཕྱི་ལོའི་དབྱར་རང་དགོན་དུ་ཕེབས་བཞུད་གནང་ཐོག་འཛིན་གྲྭ་སོ་སོའི་ནང་དུ་ཞབས་ཀྱིས་བཅགས་ཏེ་གང་ཅིའི་ཐད་གཟིགས་རྟོག་ཕྲ་ཞིབ་གནང་། དེ་སྐབས་ལྷ་སྡེ་ཁ་གསུམ། ཆ་རིས། ཆོས་འཁོར། རྫས་ཚ་རོང་འབྲོག་བཅས་སུ་ཕེབས་ནས་གང་ལ་གང་འཚམ་གྱི་ཆོས་བཀའ་བསྩལ་ལོ། །

དགུ་བའི་ཉེར་གཉིས་ཀྱི་ཉིན་ཚོགས་ཆེན་འདུ་ཁང་ལེགས་གྲུབ་བྱུང་བར་རྗེ་ཉིད་ནས་རྒྱལ་བའི་བཀའ་འགྱུར་རིན་པོ་ཆེ་དག་ཚར་གཅིག་བཅས་རྟེན་འབྲེལ་གྱི་དངོས་ཆས་ཀྱི་ནོམ་པ་མང་པོ་སྤྱི་འཛོག་དང་། མགོན་ཁང་དུ་མགོན་པོའི་སྐུ་བརྙན་མི་ཚད་ལས་བརྒལ་པ་སྤྱུས་ལེགས་གསར་དུ་བཞེངས་པ་སོགས་བཀའ་དྲིན་ཤིན་ཏུ་ཆེའོ། །ཉིན་དེར་གྲྭ་མང་གིས་བཞུགས་གྲལ་རྒྱས་པ་ཕུལ། སེར་སྐྱ་ཐུན་མོང་ལ་སྐྱབས་འགྲོ། དགའ་ལྡན་ལྷ་བརྒྱ་མ། རིགས་གསུམ་མགོན་པོ། ཚེ་ལྷ་རྣམ་གསུམ། ཡོན་ཏན་

གཞི་སྒྱུར་མ་སོགས་ཀྱི་ལུང་རྒྱས་པ་གནང་། ཧོར་ཟླ་བཅུ་གཅིག་པར་སྲིད་ཞིའི་གཙུག་རྒྱན་དམ་པ་ཀུན་གཟིགས་སྐྱབས་མཆོག་རིན་པོ་ཆེ་དང་མཉམ་དུ་དབུས་འགྱུར་ཆོས་ཀྱི་ཞིང་ཁམས་སུ་རླངས་འཁོར་གྱི་ཁ་ལོ་མདོན་པར་བསྒྱུར་ཏེ། ཐོག་མར་རྡོའི་ཁང་ལ་མཆོད་མཇལ་དུ་ཕེབས་པ་ནས་རིམ་གྱིས་དེ་གའི་གནས་ཆེ་ཕྲ་ཕལ་མོ་ཆེར་མཆོད་མཇལ་མཆོད་འབུལ་སོགས་གང་ནུས་མཛད། བཀྲ་ཤིས་ལྷུན་པོ་ནས་གོང་ས་པཎ་ཆེན་རིན་པོ་ཆེར་འབྱོར་ཕྱག་ཞུས། དེར་གོང་ས་མཆོག་ཁོང་ཉིད་ནས་རབ་གནས་རྒྱས་པའི་སྒྲིན་སྲིག་ཕྱུལ་པར་ཆེད་དུ་བྱོན། དེ་ལྟར་རིམ་བཞིན་སྣར་ཕྱག་ཕེབས་ཏེ་སློས་ངད་ལྡན་གྱི་གྲོང་ཁྱེར་ཆེན་མོར་གྲགས་པ་ཁྲིན་ཏི་ལ་འབྱོར་ཐོག་ཀུན་གཟིགས་པཎ་ཆེན་རིན་པོ་ཆེ་སློ་བུར་དུ་ཞལ་མ་བཞུགས་པའི་གནས་ཚུལ་གསན་པས། དེ་འཕྲལ་ལྷ་ལྡན་ཕྱོགས་སུ་སྣར་ཕེབས་དགོས་བྱུང་། དེར་གོང་ས་མཆོག་གི་སྐུ་གདུང་ལ་མཇལ་ཞིང་མཆོད་འབུལ་གང་གཟབ་ཞུས་ཏེ་ཐུགས་ཀྱི་དགོངས་པ་ཡོངས་སུ་རྫོགས་པ་དང་། བསྟན་འགྲོའི་དོན་དུ་མཆོག་སྤྲུལ་མྱུར་གསལ་གྱི་སྨོན་འདུན་ཤུགས་དྲག་མཛད། ཡོངས་འཛིན་རྒྱ་ཡག་རིན་པོ་ཆེའི་མདུན་དུ་བྱོན་ནས་འབྲེལ་མཆིས་སྐོར་གྱི་ཞལ་མོལ་མང་དུ་འཕེལ། ས་སྦྲུལ་(༡༨༤༨)ལོའི་ཟླ་གསུམ་པའི་ནང་གདན་ས་ཆེན་པོ་དཔལ་ལྡན་བཀྲ་ཤིས་འཁྱིལ་གྱི་ཚོགས་ཆེན་འདུ་ཁང་བསྐྱར་དུ་བཞེངས་གྲུབ་བྱུང་བའི་སྟོན་མོའི་བཀོད་སྒྲིག་དང་། སྐུ་གསུང་ཐུགས་རྟེན་འདུ་ཁང་དུ་སྤྱན་འདྲེན་ཚུལ་སོགས་ཆོས་སྲིད་ཀྱི་བྱ་བ་མང་པོས་དུས་འདའ་བར་མཛད། ཟླ་བདུན་པར་རིགས་གསུམ་འཆམ་ལ་གཟིགས་རྫེས་རང་དགོན་དུ་བབས་པས་སེར་སྐྱ་ཐུན་མོང་ནས་སེར་སྲེང་བསུ་མ་དང་བཅས་མདུན་བསུས་ཤིང་། འདི་གར་བཞུགས་རིང་ཆོས་བཀའ་མང་དུ་བསྩལ་པས་ཀུན་གྱི་རེ་བ་ཡིད་བཞིན་དུ་བསྐངས། རྟ་མགྲིན་གྱི་སྐུ་འབུམ་བཞེངས་གྲུབ་བྱུང་བར་རབ་གནས་རྒྱས་པ་གནང་། ཆོས་སྡེའི་ཕྱོགས་བཞིར་གདུགས་དཀར་གྱི་

འཁོར་ལོ་གསར་དུ་བཙུགས། སྐབས་དེར་ཚོགས་འདུ་རྙིང་པ་རྣམས་སླར་ཡང་བཀོད་སྒྲིག་མཛད་ཅིང་། ཕྱིར་གདན་སར་ཕེབས་རྗེས་ཀུན་གཟིགས་སྐྱབས་མགོན་རིན་པོ་ཆེ་དང་ལྷན་དུ་ལྷ་ཁང་སོ་སོར་མཆོད་མཇལ་ཞིབ་རྒྱུས་གནང་ཐོག་ཁོང་རྣམ་གཉིས་ཀྱིས་ཐུགས་སྨོན་རྣམ་པར་དག་པའི་སྨོས་རྗེན་མང་ལ་གཟྲངས་གཞུག་ཕུལ།

དགུང་གྲངས་ཞེ་བདུན་པ་ལྕགས་རྟ་(༡༩༩༠)ལོའི་ཟླ་དང་པོའི་ནང་རང་དགོན་དགའ་ལྡན་བཤད་སྒྲུབ་ཆོས་འཁོར་གླིང་དུ་ཕྱག་ཕེབས་ཤིང་། ལྷ་མོའི་གཏོར་སྒྲུབ་ཡར་ཚོགས་ཀྱི་ཚོགས་དབུར་ཕེབས་ནས་གཏོར་སྒྲུབ་དང་ཆང་མདོས་གཉིས་ཀྱི་སྲོལ་རིམ་བཞིན་གཏན་འཇགས་གནང་། ཚོགས་ཆེན་མགོན་ཁང་དུ་རྗེ་ཉིད་དང་གྲྭ་མང་ལྷན་འཛོམས་ཀྱིས་མགོན་ཆོས་བསྐང་གསོ་གསུངས་ཤིང་སྔར་ཁོང་ཉིད་ནས་ཆོས་མཚམས་གཏོང་བའི་སྲོལ་ཚུགས་ཡོད་པ་འདི་ནས་བཟུང་མཚམས་བཞག སྐབས་དེར་འཆམ་རྒྱུགས་ཕུལ་པས་ཐུགས་དགྱེས་གཟིགས་དཔེ་མེད་གནང་། ཕྱིས་ཀུན་མཁྱེན་རིན་པོ་ཆེའི་སྤྱན་སྔར་ཕྱིན་ནས་གདན་ས་བཀྲ་ཤིས་འཁྱིལ་གྱི་དཔེ་མཛོད་ཀྱི་དཔེ་ཆ་དག་ཐེར་དོ་དམ་བྱེད་ཐབས་སྐོར་ཐུགས་གྲོས་གང་ལེགས་ཞུས། སྤྱིར་རྗེ་འདི་བའི་སྐུ་འཕྲེང་གོང་མ་རིམ་བྱོན་དང་སྐྱབས་མཆོག་ཉིད་ཐུགས་འབྲེལ་གཞན་ལས་ཆེ་བ་དང་། ལྷག་པར་དུ་སྟེ་བ་བློ་བཟང་དོན་གྲུབ་པའི་རིང་ཁོང་གིས་བྱ་བ་ཅི་མཛད་ལ་ཀུན་མཁྱེན་མཆོག་གིས་བཅོས་བསྒྱུར་མི་མཛད་པ་ལྟ་བུའི་ཐུགས་ཉེ་བྱུང་ཚུལ་གྱི་རྣམ་ཐར་རང་ཆས་སུ་མངའ་བས། དུས་རྒྱུན་ཀུན་གཟིགས་མཆོག་དང་མི་འབྲལ་པ་ལྟ་བུའི་ངོས་ཐུགས་མཉེས་པའི་ཞབས་ཞུ་ཅི་ལྕོགས་ཀྱིས་བསྒྲུབས་ཤིང་། ཀུན་གཟིགས་སྐྱབས་མགོན་ཁོང་ཉིད་ནས་ཀྱང་རྗེ་ཉིད་ལ་གཞན་ལས་ལྷག་པའི་ཐུགས་གཅིགས་ཆེའོ། །

དེ་ནས་ལྕགས་ལུག་(༡༩༩༡)ལོའི་ས་ག་ཟླ་བའི་དུས་ཆེན་གྱི་ཉིན་ནས་རྗེ་ཉིད་ཀྱིས་གཞན་དོན་བསྒྲུབ་པའི་ཡན་ལག་ཏུ་ཀན་ལྷོ་ཁུལ་དམངས་ཆེན་གྱི་བདག་གཙོ་གཞོན་

པའི་ཐུགས་འགན་བཞེས་ཤིང་། དེ་ནས་ཕྱིར་ཕེབས་ཕྱིན་ཁྲི་ཆེན་ཟམ་ཚ་མཆོག་སྤྲུལ་རིན་པོ་ཆེ་དང་། ཧོར་ཚང་གསེར་ཁྲིའི་སྤྲུལ་སྐུ། བླ་མ་དཀར་པོ། ཁྲོ་དགེ་ཚང་བཅས་ཐུགས་ཐག་གཅོད་མིན་གྱི་གྲོས་གཞིའི་ཚོགས་འདུའི་སྟེང་ཕེབས་ཏེ་གསུང་བཤད་ནུས་པ་ཅན་གང་མང་གནང་། དབྱར་ཟླ་ཐ་མའི་ཟླ་མཇུག་ཙམ་དུ་ཀུན་གཟིགས་སྐྱབས་མཆོག་རིན་པོ་ཆེ་ནས་གདན་འདྲེན་ཞུས་པ་ལྟར་བསང་ཡོག་ཏུ་སྤྲོ་བསང་ལ་ཕེབས། ཤིང་སློང་གྲོལ་རྗེས་རང་དགོན་དུ་ཕྱག་བབས་ཏེ་འདུ་ཁང་ལྷ་ཁང་སོ་སོར་མཆོད་མཇལ་ཞིབ་རྒྱས་དང་། ཆོས་འཁོར་ཕྱོགས་སུ་ཕེབས་ལམ་ཆ་རིས་མདོ་བའི་ཡུལ་མི་སྐྱིའི་ཞུས་ངོར་ཕྱག་དབང་བསང་མཆོད་སོགས་ཀྱི་བཀའ་དྲིན་བསྐྱལ། ཆོས་འཁོར་ནས་འཇིགས་བྱེད། མགོན་པོ། བཤགས་གཏོར། སེང་གདོང་དགུ་བཟློག་སོགས་རིམ་གྲོ་མང་པོ་ཡོང་ཉིད་ནས་དངོས་སུ་ཐུགས་བཞེས་སུ་བསྟར་པར་མ་ཟད་ས་བཅུད་བུམ་གཏེར་ས་བདག་སྙིང་གཏེར་བཅས་ཀྱང་ཕུལ། ཚོགས་མང་ལ་སྡིག་སྤོང་དགེ་སྒྲུབ་ཀྱི་ལས་ལ་གཞོལ་དགོས་ཚུལ་དང་། བྱིས་པ་རྣམས་སློབ་གྲྭར་བཏང་སྟེ་བོད་ཡིག་སོགས་ལ་སློབ་སྦྱོང་ཡག་པོ་བྱེད་དུ་འཇུག་དགོས་ཚུལ་སོགས་དགྱེས་པའི་གསུང་གིས་དབུགས་དབྱུང་ཚད་མེད་མཛད། ཕྱིར་ཕེབས་ནས་གཏོར་ཆེན་ལ་ཚོགས་མཇལ་གནང་ཞིང་སྐབས་དེར་མགོན་པོའི་ནག་ཐང་མགོན་ཁང་དུ་མཛད་དེ་བསྟན་འགྲོའི་སྤྱི་ལ་དམིགས་པའི་ཐུགས་བཞེས་གང་ལེགས་བསྐྱངས། དེ་ནས་ཉིན་འགའི་རྗེས་སུ་ལན་ཀྲོའུ་ལ་ཕེབས་ཏེ་ཞིང་ཆེན་ན་གཞོན་མཉམ་འབྲེལ་ལྷན་ཚོགས་ཀྱི་ཚོགས་འདུའི་གཙོ་འགན་བཞེས། དེ་ཡང་དམ་པ་གང་ཉིད་ཀྱིས་ཐོས་བསམ་སྒོམ་གསུམ་ལས་གཞན་འདི་འདྲའི་སྤྲོས་པ་མང་པོ་ལྷུར་བཞེས་ན་ནི་ག་ལ་འཚམ་སྙམ་ན་དེ་ནི་མ་ཡིན་ཏེ། ཚུལ་འདི་ལ་རྒྱལ་དབང་སྐལ་བཟང་རྒྱ་མཚོའི་ཞལ་ནས། ལས་དང་པོ་བ་ཡི་གང་ཟག་བཞིན། །དོན་བྱ་བ་ཉུང་བ་ལྷུར་ལེན་པ། །སྤྱིར་དམ་པས་བསྔགས་འོས་མཆོག

ཡིན་ཀྱང་། །ཁྱེད་སེམས་དཔའ་ཆེ་ལ་མཛེས་མ་ཡིན། །ཞེས་གསུངས་པ་བཞིན་གཞན་དོན་སྒྲུབ་པའི་ཐབས་མཁས་ཀྱི་སྤྱོད་པ་ཡིན་པས་འདོར་མི་རིགས་ཤིང་། བློ་གྲོས་རྒྱ་མཚོས་ཞུས་པའི་མདོ་བསྟན་བཏུས་སུ་དྲངས་པ་ལས་ཀྱང་། གཅིག་ཏུ་དབེན་པར་གཞོལ་པས་གཞན་དོན་རྒྱ་ཆེ་བ་དོར་ན་བྱང་ཆུབ་སེམས་དཔའི་བདུད་ལས་སུ་འགྱུར་བར་གསུངས་ཡོད་པ་ལྟ་བུ་མང་ངོ་། །

དེ་ལྟར་ཧོར་ཟླ་དགུ་བའི་ཡར་ཚེས་ལ་རྗེ་ཉིད་གདན་ས་ཆེན་པོ་དཔལ་ལྡན་བཀྲ་ཤིས་འཁྱིལ་ནས་རང་དགོན་དུ་ཕྱག་བབས། དེ་སྐབས་སྨན་ཁང་དང་། ཚོང་ཁང་། འདུ་ཁང་སྣང་ཀྱི་མཆོད་རྫས་ཁང་སོགས་ལ་གཟིགས་ཞིབ་དང་ཞལ་བཀོད། འཆམ་གྱི་སྐོར་གཟིགས་འབུལ་ཞུས་པར་ཐུགས་དགྱེས་ཉམས་ཆེ་བ་གནང་། ཟླ་རིམ་གྱུལ། ཟམ་ཚའི་འབྲོག་སོགས་ཡུལ་སྡེ་མང་པོ་ཞིག་ཏུ་གདན་ཞུས་ལྟར་ཞབས་སྐྱེས་བཀྲ་ཤིས་ཀྱི་རི་མོ་ཉེ་བར་བཀོད་དེ་གང་ལ་གང་འདུལ་གྱི་ལེགས་གསུང་ཟླ་ཟེར་བདུད་རྩིས་རྣམ་གྲོལ་ཀུན་དའི་འདབ་བརྒྱ་ཡོངས་སུ་གྲོལ་པར་མཛད། ལོ་མཇུག་བཅད་རྒྱ་དམ་པོའི་སྒོ་ནས་ཐུགས་དམ་ཉམས་བཞེས་ཟབ་མོའི་བདེ་བ་མཆོག་གི་རོ་ལ་རྟག་ཏུ་རོལ་པའི་ཕྱིར་སྐུ་མཚམས་སུ་བཞུགས།

དེ་ནས་སྐུ་ཡུལ་བྱམས་མེ་ཕྱོགས་སུ་ཕེབས་ཏེ་ཆུ་སྤྲེལ་(༡༩༩༢)ལོའི་གནམ་ལོ་གསར་ཚེས་ཀྱི་དགའ་སྟོན་དེར་རོལ་ནས་ཟླ་དང་པོའི་བཅུ་གསུམ་ཉིན་ཀླུ་ཆུ་རྫོང་ཐོག་ཏུ་བབས་པར་གྲྭ་བགྲེས་ལས་སྡེ་དང་བཅས་མི་འགའ་གདན་འདྲེན་དུ་ཕྱིན། རྗེ་རང་ཉིད་སྔར་ནས་རང་དགོན་དུ་ཕེབས་བཞེད་ཡོད་པ་དང་བཅས་དེ་ཉིན་ཆིབས་བསྒུ་སེར་སྦྲེང་རྒྱས་པས་མདུན་བསུས་ཏེ་ཕྱག་ཕེབས་ཤིང་བཞུགས་གྲལ་ཞུས། ཚོགས་ཆེན་འདུ་ཁང་དུ་མཆོད་མཇལ་མཛད་རྗེས་གོས་སྐུ་ཐང་ལ་ཕེབས་བཞུད་གནང་ནས་གོས་སྐུར་ཁ་དར་སྲིད་དུ་རིང་བའི་མཆོད་སྤྲིན་ཞུས། ཕྱིར་ཕེབས་ནས་ཕྱོགས་འདུས་

དད་ལྡན་མང་པོར་ཕྱག་དབང་གི་རེ་འབྲས་སྨིན་པར་མཛད། ཕྱི་ཉིན་འཆམ་གཟིགས་གནང་བ་དང་། ཕྱི་དྲོའི་གཏོར་རྒྱག་སྐབས་སྔར་གྱི་བོའུ་རྒྱུགས་དང་སྦྲགས་མ་བྱེད་པའི་ལམ་སྲོལ་ཉམས་དམས་སུ་གྱུར་ཟིན་པ་ལོ་འདིར་ཁོང་གི་ཐུགས་རྗེ་ལས་སླར་གསོ་ཐུབ་ནས་ཆོས་འཁོར་ཅུ་བཞི་ནས་དགུ་བཟུང་བར། ཁོང་ཉིད་ཀྱིས་རྟེན་འབྲེལ་ལ་དགོངས་ཤིང་ཆེད་དུ་ཕེབས་ནས་གཟིགས་རྟོག་གནང་བ་སོགས་དགོན་སྡེ་འདི་ཉིད་སླར་བསྐྱུན་དང་འབྲེལ་པའི་བྱ་བ་ལས་ཀྱི་འཁོར་ལོའི་སྒོ་འཕར་ཡོངས་སུ་ཕྱེ་བ་ནས་བསྟན་འགྲོའི་ཕན་བདེ་རྫོགས་ལྡན་དཔལ་ལ་འགོད་པའི་ཆོས་སྲིད་ཀྱི་འཕྲིན་ལས་གསེར་གྱི་གདུང་ཆེན་གོང་དུ་འདེགས་པའི་ཀ་བ་ལྟ་བུ་མཛད། དེ་ནས་ཕྱིར་ཕེབས་ཕྱིན་ཀུན་མཁྱེན་རིན་པོ་ཆེའི་བཀའ་ལྟར་ཟམ་ཚ་ཁྲི་ཆེན་སྤྲུལ་པའི་སྐུ་གདན་སར་དགོད་རྒྱུའི་བྱ་བཞག་ཐམས་ཅད་བཀོད་སྒྲིག་གང་འོས་མཛད་པར་བརྟེན་མཆོག་སྤྲུལ་ཉིད་བདེ་བླག་ངང་གདན་ཁྲིར་མངའ་གསོལ་ཐུབ་པ་བྱུང་། དེའང་སྔར་མཆོག་སྤྲུལ་འདི་བ་གདན་སར་འགོད་མ་ཐུབ་པའི་བར་ཆད་ཀྱི་སྐབས་རྗེ་ཁོང་ཉིད་ནས་མཚོ་སྔོན་ཕྱོགས་ཀྱི་འབྲེལ་མཆིས་ལས་སྡེ་སོ་སོར་འཕྲིན་བསྐུར་སོགས་ཀྱི་སྒོ་ནས་ཐུགས་ཁུར་ཟབ་བཞེས་གནང་། ལོ་མཇུག་རང་དགོན་དུ་ཞབས་སོར་བཀོད་དེ་སྔར་ཁོང་གི་བཀའ་བཀོད་ལྟར་གྱི་ལྕགས་མཁར་སླར་ཚུགས་པའི་ཚོགས་དབུར་བྱོན་ནས་གཟིགས་ཞིབ་དང་འཕྲིན་བཅོལ་ཉེར་གཏད་སོགས་ཐུགས་སྨོན་གང་རྒྱས་ཞུས།

དེ་ལྟར་ཆུ་བྱ་(༡༩༩༣)ལོའི་གནམ་ལོ་གསར་ཆོས་ཀྱི་དགའ་སྟོན་འདི་ནས་གནང་ཞིང་། ཧོར་ཟླ་གསུམ་པ་ནས་ཁུལ་དམངས་ཆེན་གྱི་བདག་གཙོ་གཞོན་པ་དང་ཞིང་ཆེན་སྲིད་གྲོས་མི་རིགས་ཆོས་ལུགས་ལྷན་ཚོགས་ཀྱི་བདག་གཙོ་གཞོན་པའི་ཐུགས་འགན་གཅིག་ཚུགས་གནང་། སྔར་ཆོས་འཁོར་ཚོ་བ་བཅུ་གཉིས་ཀྱི་སེར་སྐྱ་ཐུན་མོང་དང་ལྷག་པར་དུ་ཤིས་ཚང་དཔོན་འཁོར་གྱི་སྦྱིན་བདག་རྣམ་དཀར་དགེ་ལ་གཞོལ་པ་

ཆོས་ལྡན་ཟེར་བས་ཡང་བསྐྱར་ཞུས་ངོར་ལོ་འདི་གའི་སྟོན་དུས་སུ། ཕྲ་ཉེ་མཁན་སྤྲུལ་རྗེ་སྐལ་བཟང་ཡེ་ཤེས་བསྟན་པའི་རྒྱལ་མཚན་དང་། ཕྱོགས་འདུས་སེར་སྐྱ་ཁྲི་ཕྲག་ཁ་ཤས་ལ་ཐུགས་རྗེ་ཆེན་པོའི་དབང་དང་། འཇིགས་བྱེད་དཔའ་བོ་གཅིག་པའི་དབང་གནང་། སྐབས་དེར་རང་དགོན་གྱི་གྲྭ་མང་གཞིར་བཅས་ཨ་འཁོར་བྲག་དཀར་དགོན་པ་དང་། རྫོག་ཏུ་དགོན། ཤིས་ཚང་སྣར་རྙིང་སོགས་ཀྱི་གྲྭ་བ་བརྒྱ་ཕྲག་འགར་མགོན་ཆོས་གཉིས་ཀྱི་རྗེས་གནང་ཞིབ་རྒྱས་བསྩལ།

ཤིང་ཕག(༡༩༩༥)ལོའི་ཧོར་ཟླ་གཉིས་པའི་ཚེས་བཅུ་གཅིག་ཉིན། རྗེ་ཉིད་དབུར་བཞུགས་ཀྱིས་དཔལ་ལྡན་བཀྲ་ཤིས་འཁྱིལ་གྱི་འཇམ་དབྱངས་ཀུན་གཟིགས་ལྷ་ཁང་བསྐྱར་བཞེངས་ཀྱི་སྐར་འཛིན་མཛད་ཅིང་། དེ་ནས་ལོ་དེ་གའི་ཕྱི་བཞིན་ཟླ་བའི་ཚེས་དྲུག་ལ་དགེ་བའི་བཤེས་གཉེན་ཆེན་པོ་འཇམ་དབྱངས་རྒྱ་མཚོ་ཚང་དང་། རྡུན་དཀར་མཁན་པོ། སང་ཚང་སྤྲུལ་པའི་སྐུ། ཐོ་བྲང་རྒྱུད་སྨད་གྲྭ་ཚང་གི་ཚོག་གྲྭ་བ་དང་བཅས་ས་བདག་ལྷ་འཕྲུལ་ཐིག་འདེབས་སོགས་སྟོན་འགྲོའི་རིམ་པ་རྣམས་ལེགས་པར་བསྒྲུབས། ཕྱི་ལོའི་སྟོན་པ་སངས་རྒྱས་ཀྱིས་ཆོས་ཀྱི་འཁོར་ལོ་བསྐོར་བའི་དུས་ཆེན་བཟང་པོར་ལྷ་ཁང་གི་ཀ་བ་དངོས་སུ་སློང་སྐབས། སྐྱབས་མཆོག་ཀུན་མཁྱེན་རིན་པོ་ཆེ་དང་མཉམ་དུ་ཚོ་ག་རྒྱས་སྤྲོས་ཀྱི་སྒོ་ནས་རབ་གནས་གནད་སྨིན་གནང་།

མེ་གླང་(༡༩༩༧)ལོའི་ཧོར་ཟླ་ཐ་མའི་ཚེས་བཞི་ནས་རྗེ་ཉིད་ཀྱི་ཞལ་བཀོད་ལྟར་དབུས་ཀྱི་ལྷ་བཟོ་བ་རྣམས་ཀྱིས་སྔར་གྱི་ལྷ་ཁང་གི་རྟེན་བཞེངས་ཚུལ་གཞིར་བྱས་ཏེ། རྟེན་གྱི་གཙོ་བོ་གསེར་ཟངས་ལས་གྲུབ་པའི་འཇམ་དབྱངས་ཀུན་གཟིགས་ཆེན་མོའི་སྐུ་བརྙན་མཐོ་དམའ་ཐོག་ཚད་གཉིས་ཀྱི་ཚད་ཅན་དང་། གཡས་གཡོན་གཉིས་སུ་རྗེ་སྐུ་དང་བྱམས་སྐུ་ཐོན་ལེགས་གཙོ་སྐུ་དང་ཕལ་ཆེར་མཉམ་ལ་ཁད་པ། སྐལ་བཟང་སངས་རྒྱས་སྟོང་གི་སྐུ་བརྙན་ཁྲུ་ཚད་དང་བརྒྱལ་པ་བཅས་ལེགས་པར་བཞེངས་

གྲུབ། ས་ཡོས་(༡༩༩༩)ལོར་རྗེ་ཁོང་ཉིད་གཙོར་བཞུགས་ཀྱིས་ཧུན་དཀར་མཁན་པོ་ཚང་དང་། བཤེས་གཉེན་ཆེན་པོ་འཇིགས་མེད་དཔལ་ལྡན་རྒྱ་མཚོ། དཔྱིག་གྱི་སྤྲུལ་པའི་སྐུ། དཔའ་རིས་པ། ཤེས་ཚང་ཧོར་སྤྲུལ་པའི་སྐུ། ཁྲ་ཤི་སྤྲུལ་པའི་སྐུ། ཨ་གསལ་སྤྲུལ་པའི་སྐུ་སོགས་བླ་སྤྲུལ་མང་དང་བཅས་ཕྱག་བཞེས་རྣམ་པར་དག་པའི་སྒོ་ནས་གཟུངས་འབུལ་གྱི་ཆོ་ག་ལེགས་པར་སྒྲུབ་རྗེས། གདན་ས་བཀྲ་ཤིས་འཁྱིལ་གྱི་རྒྱུད་སྟོད་སྨད་གཉིས་ཀྱི་དགེ་འདུན་མང་གིས་རབ་གནས་གང་རྒྱས་ཞུས། དེ་ནས་ལོ་ངོ་ལྔ་ལྷག་འགོར་པའི་ལྕགས་འབྲུག་(༢༠༠༠)ལོའི་ཟླ་དྲུག་པའི་ཚེས་བཞིའི་དུས་ཆེན་གྱི་ཉིན་ལྷ་ཁང་ཆེན་མོ་རྟེན་དང་བརྟེན་པར་བཅས་པ་ལེགས་པར་གྲུབ་པའི་དགའ་སྟོན་དང་འབྲེལ་བར། འདུས་སྡེ་རིན་པོ་ཆེར་མང་ཇས་ཐོག་དྲངས་པའི་བསྙེན་བཀུར་རྒྱ་ཆེར་ཞུས། ལོ་འདིའི་དགུན་ཟླར་ཞིང་ཆེན་ནང་བསྟན་མཐུན་ཚོགས་ཀྱི་ཚོགས་གཙོ་གཞོན་པ་དང་། དེ་ནས་བགྲང་བྱ་གཉིས་སོང་པའི་ཆུ་རྟ་(༢༠༠༢)ལོར་གོང་གི་བཀའ་ལྟར་ཞིང་ཆེན་ནང་བསྟན་སློབ་གླིང་གི་གླིང་གཙོ་གཞོན་པའི་ཐུགས་འགན་བཞེས་དགོས་བྱུང་།

ཕྱི་ལོའི་ཆུ་ལུག་(༢༠༠༣)ལ་ཞིང་ཆེན་སྲིད་གྲོས་ཀྱི་ཀྲོའུ་ཞི་གཞོན་པར་བསྐོ་བཞག་གནང་། དེ་ནས་བཟུང་དེ་སྔའི་བར་དུ་སྐབས་རིམ་འཇོག་ལྟར་རྒྱལ་ཡོངས་མི་དམངས་འཐུས་མི་ཚོགས་ཆེན་སྐབས་བརྒྱད་པ་དང་དགུ་པའི་འཐུས་མི། རྒྱལ་ཡོངས་སྲིད་གྲོས་སྐབས་བཅུ་བ་ནས་བཅུ་གཉིས་པའི་བར་གྱི་རྒྱུན་ལས་ཚོགས་མི་སོགས་ཀྱི་ཐུགས་འགན་བཞེས། མེ་ཁྱི་(༢༠༠༦) ལོར་ཤེས་ཚང་ཚོ་བ་བཅུ་གཉིས་དགོན་གྲོང་འདུས་སྐྱེ་ཐུན་མོང་ནས་ཞུས་ངོར། རྗེ་ཉིད་ཀྱིས་རང་དགོན་ཤེས་ཚང་དགོན་གསར་དུ་ལོ་དེའི་ཤོལ་ཟླ་བདུན་པའི་ཚེས་གཅིག་ལ་སློབ་མ་རྗེས་འཛིན་གནང་ཞིང་། ཚེས་གཉིས་ནས་ས་ཚོག་རྒྱས་པ་གསུངས་ཐོག་རྡུལ་ཚོན་གྱི་དཀྱིལ་འཁོར་འབྲི་བའི་དབུ་བཙམས། དེ་ནས་ཉིན་བདུན་ལ་དུས་འཁོར་གྱི་ཚོ་ག་བསྒྲུབས་ཤིང་རྡུལ་ཚོན་གྱི་དཀྱིལ་འཁོར་

བཞེངས་ཏེ་ཚེས་བཅུ་གཅིག་ཉིན་དུས་འཁོར་བདག་འཇུག་ཞིབ་རྒྱས་གསུངས། བཅུ་གཉིས་ལ་དཔལ་དུས་ཀྱི་འཁོར་ལོའི་དབང་གི་སྔ་གོན་དང་། བཅུ་གསུམ་ལ་བྱིས་པ་ལྟར་འཇུག་པའི་དབང་བདུན། བཅུ་བཞིའི་ཉིན་གོང་མ་གོང་ཆེན་གྱི་དབང་། བཅོ་ལྔའི་ཉིན་རྡོ་རྗེ་སློབ་དཔོན་བདག་པོ་ཆེན་པོའི་དབང་ཆོས་སྐོར་དང་བཅས་པ་གནང་བས། བོད་རྒྱ་ཧོར་སོགས་ཀྱི་སློབ་མ་དད་ལྡན་འབུམ་ཕྲག་གཉིས་ལ་ཉེ་བར་སྐུ་བཞིའི་ས་བོན་བསྐྲུན་ཅིང་། དཔལ་དུས་ཀྱི་འཁོར་ལོའི་བཤད་སྒྲུབ་དྲི་མ་མེད་པ་དར་ཞིང་རྒྱས་པར་མཛད་དོ། །

ཡང་སྔར་ནས་རྗེ་ཉིད་ཀྱི་ཐུགས་དགོངས་ལ་མདོ་སྨད་ཕྱོགས་སུ་བཀའ་གདམས་གོང་མའི་ཕྱག་བཞེས་སྐྱོང་མཁན་མང་ཡང་ཇོ་བོ་ཡབ་སྲས་རྗེས་སུ་དྲན་པའི་ལྷ་ཁང་ཏ་ཙང་ཞུང་བར་དགོངས་ཏེ། ས་གླང་(༢༠༠༩)ལོའི་ཟླ་ལྔ་པའི་ཚེས་གཅིག་ལ་རང་དགོན་དུ་བཀའ་གདམས་ལྷ་ཁང་སྐལ་བཟང་མཐོང་གྲོལ་ཆེན་མོ་གསར་བཞེངས་ཀྱི་ལས་སུ་ཞུགས་པར། ཐོག་མར་རྗེ་ཉིད་དངོས་ཞབས་ཀྱིས་ཡོངས་ཀྱི་དགེ་བའི་བཤེས་གཉེན་ཆེན་པོ་འཇིགས་མེད་དཔལ་ལྡན་རྒྱ་མཚོ་སོགས་བླ་སྤྲུལ་དགེ་བཤེས་མང་དང་བཅས་ས་གདུལ་ཐིག་འདེབས་སོགས་སྔོན་འགྲོའི་ཆོ་ག་གང་དགོས་ལེགས་པར་སྒྲུབ་ཐོག ཟླ་དེའི་ཚེས་བཅུ་བདུན་ནས་བཞེངས་སྐྲུན་དངོས་ཀྱི་དབུ་བཙུགས། ཕྱི་ལོ་ལྕགས་སྟག་(༢༠༡༠)ལོ་ནས་ཀུང་གོ་ནང་བསྟན་མཐུན་ཚོགས་སྐབས་བརྒྱད་པའི་ལས་འཛིན་ཚོགས་པའི་རྒྱུན་ལས་ལས་འཛིན་གྱི་འགན་བཞེས། དེ་ནས་ཆུ་འབྲུག་(༢༠༡༢)ལོའི་ཧོར་ཟླ་བརྒྱད་པའི་བར་ལོ་ངོ་གསུམ་ལྷག་གི་རིང་ལྷ་ཁང་རྟེན་དང་བརྟེན་པར་བཅས་པ་ལེགས་འགྲུབ་བྱུང་བས། ཟླ་དེ་གའི་ཚེས་བཅུ་གཅིག་ཉིན་དཔལ་ལྡན་བཀྲ་ཤིས་འཁྱིལ་གྱི་རྒྱུད་སྨད་གྲྭ་ཚང་ཆེད་ཞབས་ཀྱིས། ཉིན་འགའི་ཡུན་ལ་དཔལ་གསང་བ་འདུས་པའི་ཆོ་གའི་སྟེང་ནས་རབ་གནས་ཀྱི་མཛད་སྒོ་རྒྱ་ཆེར་སྤེལ་བར་བཀྲ་ཤིས་པའི་ལྟས་

མང་དུ་བྱུང་། དེ་ནས་ཧོར་ཟླ་དགུ་པའི་ཡར་ཚེས་བཟང་པོར་སྐུ་ཉིད་དངོས་སུ་ཕེབས་ནས་འདུས་སྡེ་རྒྱ་མཚོ་དང་ལྷན་དུ་ལྷ་ཁང་ཆེན་མོར་བྱིན་ཕབ་པའི་རབ་གནས་རྒྱས་པ་གནང་རྗེས། ཉིན་དེ་ནས་ཆོས་ཀྱི་ལུགས་དང་མཐུན་པའི་ལེགས་འགྲུབ་ཀྱི་མཛད་སྟོན་གཟབ་རྒྱས་སྤེལ་པ་སོགས་ད་ལྟར་ཆོས་སྲིད་ཟུང་གི་འཕྲིན་ལས་ཀྱི་འཇུག་པ་རྣམ་པར་དག་པའི་འོད་ཟེར་སྟོང་ལྡན་གྱི་སྣང་བས་བསྟན་འགྲོའི་ཕན་བདེའི་པད་ཚལ་སྐྱོང་བཞིན་པའི་སྐད་ལགས་སོ།། །།

མཇུག་བྱང་།

སྨྲས་པ། སྒྲོ་སྐུར་སྤྲིན་གྱིས་མ་བསྒྲིབས་ཤིང་། །ཆགས་སྡང་རྡུལ་གྱིས་མ་དཀྲིགས་པར། །དམ་པའི་རང་བཞིན་ཀུན་གསལ་མདངས། །ཇི་བཞིན་གསལ་མཛད་འདི་ཀོ་ཐད། །བདེ་ཀུ་དོན་གཉེར་སྐྱེ་བོའི་ཚོགས། །འདོད་འཛོའི་དཔལ་ལ་འགོད་མཁས་ཤིང་། །སྤྱངས་རྟོགས་ཡོན་ཏན་འབྲས་སྨིན་པའི། །རྣམ་ཐར་དཔག་བསམ་ལྗོན་བཟང་འཁྲུངས། །འདིར་འབད་རྣམ་དཀར་དགེ་བས་འབྲེལ་ཐོགས་རྣམས། །སྐྱེས་རབས་འཕྲེང་བར་དལ་འབྱོར་རྟེན་ཐོབ་ཅིང་། །ཐེག་པ་མཆོག་གི་དགེ་བའི་བཤེས་གཉེན་གྱི། །ཞབས་པད་བསྟེན་པའི་རྒྱུ་ཚོགས་འགྲུབ་པར་ཤོག །བདག་སོགས་ལྷོས་བཅས་ཚེ་རབས་ཐམས་ཅད་དུ། །མགོན་པོ་ཁྱོད་ཀྱི་ལེགས་བཤད་བདུད་རྩིའི་རྒྱུན། །ཟད་མེད་ལོངས་སྤྱོད་སྐལ་ལྡན་རིགས་གྱུར་ནས། །བླ་མའི་བཞེད་དགོངས་ཇི་བཞིན་སྒྲུབ་ནུས་ཤོག །རྒྱལ་བསྟན་ཉིན་བྱེད་གླིང་བཞིའི་ཁྱོན་ཡོངས་སུ། །རྣམ་རྩེན་བསྟན་འཛིན་དམ་པའི་ཚོགས་རྣམས་ཀུན། །འཕྲིན་ལས་ཟེར་བརྒྱ་སྤྲོ་ལ་དབང་འབྱོར་ཞིང་། །ཕན་བདེའི་དགེ་མཚན་སྣང་བས་མཛེས་གྱུར་ཅིག། །།

ཅེས་དུས་གསུམ་སངས་རྒྱས་ཐམས་ཅད་ཀྱི་ངོ་བོ་རིགས་དང་དཀྱིལ་འཁོར་རྒྱ་མཚོའི་མངའ་བདག་བཀའ་དྲིན་མཚུངས་མེད་སྐྱབས་རྗེ་སྡེ་ཁྲི་རིན་པོ་ཆེ་སྐུ་འཕྲེང་རིམ་བྱོན་གྱི་རྣམ་ཐར་མདོར་བསྡུས་སུ་བཀོད་པ་ས་གསུམ་མཛེས་པའི་རྒྱན་ཞེས་བྱ་བ་འདི་ནི། སྐྱབས་རྗེ་སྡེ་ཁྲི་རིན་པོ་ཆེའི་བླ་བྲང་ནས་ཐུའུ་བཀྭན་ཧོ་ཐོག་ཐུ་རྗེ་བློ་བཟང་བཤད་སྒྲུབ་དབང་ཕྱུག་རྒྱ་མཚོས་མཛད་པའི་སྡེ་ཁྲི་རིན་པོ་ཆེ་སྐུ་འཕྲེང་གསུམ་པ་ཆེན་མོ་རྗེ་བཙུན་འཇམ་དབྱངས་ཐུབ་བསྟན་ཉི་མ་དཔལ་བཟང་པོའི་རྣམ་ཐར་གཞིར་བྱས་ཐོག རྗེ་ཉིད་ཀྱི་སྐུ་འཕྲེང་རིམ་བྱོན་གྱི་རྣམ་ཐར་མདོར་བསྡུས་ཤིག་བྲིས་ཏེ་མཉམ་དུ་སྒྲིག་དགོས་ཚུལ་གྱི་བསྐུལ་མ་གནང་བར་བརྟེན། ཕྱི་མ་ནི་ཁོ་བོས་སྔར་གདན་རབས་སུ་སྐྱབས་རྗེ་ཁོང་ཉིད་ཀྱི་སྐུ་འཕྲེང་དག་གི་རྣམ་ཐར་ཉུང་ཤས་ཤིག་བསྒྲིགས་ཡོད་པར་འཕྲི་སྣོན་དང་ལེགས་བཅོས་གང་དགོས་བྱས་པ་ཡིན་ལ། སྤྱིར་རང་ཉིད་ནས་ཀྱང་འདི་འདྲ་ཞིག་སྒྲིག་རྒྱུའི་བགོ་སྐལ་ཐོབ་པ་ནི་དམ་པའི་མཛད་པ་ལ་བག་ཆགས་འཇོག་པའི་སྐལ་ལྡན་དུ་གྱུར་པ་ཡིན་སྙམ་པ་དང་། སྐྱབས་རྗེ་ཉིད་ཀྱི་མཛད་པ་འཕྲིན་ལས་ཀྱི་ཞབས་འདེགས་ཀྱི་རྗེས་སུ་འགྲོ་བ་ཞིག་ཀྱང་ཡིན་སྙམ་པས་ཀུན་ནས་བསླངས་ཏེ། སྐྱབས་རྗེ་སྡེ་ཁྲི་རིན་པོ་ཆེའི་བཀའ་འབངས་ཀྱི་མཐར་གནས་སློམས་ལས་པ་ཚ་རིས་སྐལ་བཟང་ཐོགས་མེད་དམ་མི་ཕམ་ཚངས་སྲས་དགྱེས་པའི་བློ་གྲོས་སུ་འབོད་པས་རབ་གནས་ཆུ་སྦྲུལ་ལོའི་དགུན་ཟླ་འབྲིང་ལ་སྦྱར་བའི་ཡི་གེ་བ་གམ་བཅར་དཔྱོད་ལྡན་འཇམ་དབྱངས་རྒྱ་མཚོས་བགྱིས་པའི་དགེ་བས། སྐྱེ་དགུའི་སྐྱབས་རྗེ་གང་གི་བཞེད་དོན་མཐའ་དག་གེགས་མེད་ལྷུན་གྱིས་གྲུབ་ཅིང་། རྗེ་རྒྱལ་བ་གཉིས་པའི་ལུགས་བཟང་དྲི་མ་མེད་པས་ཡངས་པའི་ས་ཆེན་ཁྱབ་པར་གྱུར་ཅིག། །དགེ་ལེགས་འཕེལ།། །།

༄༅། །སྐྱབས་རྗེ་སྡེ་ཁྲི་རིན་པོ་ཆེ་སྐུ་འཕྲེང་རིམ་བྱོན་གྱི་རྣམ་ཐར་བཞུགས་སོ། །

ཚ་རིས་སྐལ་བཟང་ཐོགས་མེད་ཀྱིས་སྒྲིག་རྩོམ་བྱས།

རྩོམ་སྒྲིག་འགན་འཁུར་པ། ཚངས་པོ།
གདན་ཞུའི་རྩོམ་སྒྲིག་པ། རྟ་མགྲིན་རྡོ་རྗེ།
མདུན་ཤོག་ཇུས་འགོད་པ། ཞོགས་འོད།
པར་སྒྲིག གཙུག་ལག་ཕྲིང་བ་པར་སྒྲིག་ལས་གཉེར་ཁང་།

འགྲེམ་སྤེལ། ཀྲུང་གོའི་བོད་རིག་པ་དཔེ་སྐྲུན་ཁང་།
པར་འདེབས། ཀྲུང་གོའི་སློག་བརྙན་དཔེ་སྐྲུན་ཁང་གི་པར་ཁང་།
དེབ་ཚད། 787mm × 1092mm 1/16
དཔར་ཤོག 19
དཔར་གྲངས། 0001-5000
པར་གཞི། 2018ལོའི་ཟླ་2པར་པར་གཞི་དང་པོ་བསྒྲིགས།
དཔར་ཐེངས། 2018ལོའི་ཟླ་2པར་དཔར་ཐེངས་དང་པོ་བཏབ།

དཔེ་རྟགས། ISBN 978-7-5211-0023-5/ B•259 རིན་གོང་སྒོར། 38.00

图书在版编目（CIP）数据

历辈德瓦仓活佛传 : 藏文 / 恰日 · 嘎藏陀美编著
. -- 北京 : 中国藏学出版社 , 2018.2
ISBN 978-7-5211-0023-5/B•259

Ⅰ . ①历… Ⅱ . ①恰… Ⅲ . ①活佛 – 列传 – 中国 –
藏语 Ⅳ . ① B949.92

中国版本图书馆 CIP 数据核字 (2018) 第 022787 号

历辈德瓦仓活佛传

恰日 · 嘎藏陀美　编著

责任编辑：聪博
特约编辑：丹真多杰
封面设计：晨光
排　　版：宗拉昌瓦排版工作室

出版发行：中国藏学出版社
印　　刷：中国电影出版社印刷厂
开　　本：787mm × 1092mm　1/16
印　　数：0001–5000册
印　　张：19
版　　次：2018年2月第1版
印　　次：2018年2月第1次印刷

书　　号：ISBN 978-7-5211-0023-5 / B•259　定 价：38.00元